没有谁是一座孤岛，在大海里独踞；每个人都像一块小小的泥土，连接成整个陆地。如果有一块泥土被海水冲刷，欧洲就会失去一角……

——约翰·多恩，《生死边缘的沉思录》

湖岸

Hu'an publications®

湖岸®
Hu'an

房间里的成年人

ADULTS *in* THE ROOM

My Battle with
Europe's Deep Establishment

[希] 雅尼斯·瓦鲁法克斯 著
沈丹琳 译

中信出版集团 | 北京

图书在版编目（CIP）数据

房间里的成年人 / (希) 雅尼斯・瓦鲁法克斯著；沈丹琳译. -- 北京：中信出版社，2021.10（2023.9 重印）

书名原文：Adults in the Room: My Battle with Europe's Deep Establishment

ISBN 978-7-5217-3154-5

Ⅰ.①房… Ⅱ.①雅… ②沈… Ⅲ.①债务危机—研究—希腊 Ⅳ.①F815.456

中国版本图书馆CIP数据核字(2021)第 097227 号

房间里的成年人

著　　者：[希] 雅尼斯・瓦鲁法克斯
译　　者：沈丹琳
出版发行：中信出版集团股份有限公司
　　　　（北京市朝阳区东三环北路 27 号嘉铭中心　邮编　100020）
承 印 者：北京中科印刷有限公司

开　　本：880mm × 1230mm　1/32　　印　　张：23　　字　　数：468 千字
版　　次：2021 年 10 月第 1 版　　印　　次：2023 年 9 月第 3 次印刷
京权图字：01-2021-1069
书　　号：ISBN 978-7-5217-3154-5
定　　价：98.00 元

献给渴望寻求妥协但最终宁愿被碾压
也不愿妥协的每一个人

中文版自序

当我听说这本书要出中文版时，有那么短暂的几秒钟，我还好奇它是否能够以及如何能够与我的中国朋友们展开心灵对话。不过，我几乎立刻就笑了出来。我深信，对于一个大国的人民来说，这本书将会带给他们的不亚于我身在的那个小国——这两个国家同样有着悠久而光荣的历史，而且历史中都镌刻着击退外来占领者的记忆。

《房间里的成年人》讲述了希腊人民如何在 2015 年那个夏天被打败的故事。故事虽然发生在一个南欧小国身上，但它的意义超越了国界，也超越了时代。同样，它所提供的宝贵教训也是给所有人的，其中包括中国人民。你们必须学会去面对、去战胜那股蛮横的力量，而那股力量是我曾在那些人自己的会议室、办公室和走廊里亲身感受过的。

当然，各国人民之间不尽相同，各个时代之间也不尽相同。不过，有些经验教训是有普适性和关联性的。我相信这本书中所包含的那些经验教训就属于这一种。

2015年7月6日，在我们被打败之后，[1]西方建制派长舒了一口气。他们可以安心了，历史再一次证明，他们有能力整垮一个有自尊的小民族。但他们错了，不是他们打败我们的，是我们允许他们打败我们的。希腊不是被国际货币基金组织、欧洲央行、德国总理或欧盟委员会的过度权力整垮的。不，击败我们的不是他们的铁拳。我们本来是可以取胜的。可惜，我们队伍的不团结成了我们内部最现实的敌人。

在接下来的书页里，我尽可能做到了公正，做到了对我的敌人和同志一视同仁。我还讲述了我和中国之间的往来，而这段往来的重要之处在于，它揭示了西方最强大机构加诸我们两国政府的束缚有多么骇人。然而，我内心最终只有一个目的：告诉你，亲爱的读者，告诉你一个真实的故事。这个故事既还原历史又不无裨益，在这个权力愈发被赋予了那些最不配拥有它的机构、企业、部门和个人的世界里，帮助你评估你自身以及中国所面临的严酷选择。

雅尼斯·瓦鲁法克斯

2021年8月11日

（姚天宜　译）

---

1. 详见本书第十五章《毁灭倒计时》。——编者注

本书主要人物[1]

雅尼斯·瓦鲁法克斯（1961— ），本书作者，希腊财政部长。

米歇尔·萨潘（1952— ），法国财政部长。

达娜厄·斯特拉图（1964— ），艺术家，瓦鲁法克斯的夫人。

安格拉·默克尔（1954— ），德国总理。

马里奥·德拉吉（1947— ），欧洲央行行长，意大利人。

沃尔夫冈·朔伊布勒（1942— ），德国财政部长。

克里斯蒂娜·拉加德（1956— ），国际货币基金组织总裁，法国人。

埃马纽埃尔·马克龙（1977— ），法国经济部长。

---

[1] 以出场先后为序。职务主要指时任职务（2015 年 1 月至 7 月），个别涉及曾任职务和后任职务。——编者注

乔治·奥斯本（1971— ），英国财政大臣。

贝拉克·奥巴马（1961— ），美国总统。

拉里·萨默斯（1954— ），美国经济学家，瓦鲁法克斯的支持者。曾任美国财政部长。

雅尼斯·德拉加萨基斯（1947— ），希腊副总理，执政党激进左翼联盟党员。

诺曼·拉蒙特（1942— ），英国上议院议员，瓦鲁法克斯的支持者。曾任英国财政大臣。

安东尼斯·萨马拉斯（1951— ），希腊在野党新民主党领导人。前总理。

亚历克西斯·齐普拉斯（1974— ），希腊总理，激进左翼联盟领导人。

尼科斯·帕帕斯（1976— ），希腊国务部长，激进左翼联盟党员，齐普拉斯首席幕僚。

雅尼斯·斯图纳拉斯（1956— ），希腊央行行长。曾任萨马拉斯政府财政部长。瓦鲁法克斯在雅典大学任教时的同事。

尼古拉斯·提奥卡拉基斯（1956— ），希腊财政部负责财政政策的秘书长。瓦鲁法克斯的密友和在雅典大学任教时的同事。

波尔·汤姆森（1955— ），国际货币基金组织欧洲部主任，丹麦人。

欧几里德·察卡洛托斯（1960— ），希腊外交部负责对外经济关系的常务副部长，激进左翼联盟党员。瓦鲁法克斯在雅典大学任教时的同事。瓦鲁法克斯辞职后接任财政部长。

乔治·斯塔萨基斯（1953— ），希腊经济部长，激进左翼联盟党员。进入政府前是克里特大学经济学教授。

乔治·胡利亚拉基斯（1980？— ），希腊财政部经济顾问委员会主席。进入政府前是曼彻斯特大学经济学讲师。

杰夫·萨克斯（1954— ），美国经济学家，瓦鲁法克斯的顾问。

托马斯·维泽尔（1954— ），欧元集团工作组组长，具有美国和奥地利双重国籍。

杰伦·戴塞尔布卢姆（1966— ），欧元集团主席，荷兰财政部长。

皮埃尔·莫斯科维奇（1957— ），欧盟委员会委员，主管经济与金融事务及该总司，法国人。

斯皮罗斯·萨吉亚斯（1947— ），齐普拉斯政府内阁秘书长。进入政府前是律师。

德克兰·科斯特洛（1970？— ），欧盟委员会经济与金融事务总司主管，负责成员国经济一分部和希腊事务，爱尔兰人。

伯努瓦·克雷（1969— ），欧洲央行董事会成员，法国人。

目录

CONTENTS

第二部分　必将到来的春天

第三部分　终局

附录

关于引文的说明

本书的内容在很大程度上取决于谁对谁说了什么。鉴于它的这种 *ix*
性质，我已尽可能确保引文的准确性。为此，在写到关于诸多官方会议和会谈的部分时，我调取了自己手机上的录音记录，查阅了当时记下的笔记。如果手头没有可供查考的录音或笔记，我则依靠记忆，并在可能的情况下寻求其他当事人的佐证。

读者应注意到，书中记录的许多谈话都是用希腊语进行的。无论是与财政部的属下还是与总理，无论是在议会还是在内阁，无论是在雅典街头还是与伴侣达娜厄之间，所有交谈都说希腊语。出于必要，我已将这些对话翻译成英语。

本书中仅有的一段既不说希腊语也不说英语的交谈，发生在我与法国财政部长米歇尔·萨潘之间。实际上，萨潘是欧元集团中唯一不用英语在会议上发言的成员。我们之间的交流有时通过翻译，但通常的情况是，他对我说法语，我对他说英语，我们对这两种语言的掌握程度足以应付这些对话。

在每个事例中，我都将自己的记述严格限制在事关公众利益的范围之内，并因此只涉及能够重点阐明影响千百万人生计的大事的部分。

前言

我的上一本书《弱者任人摆布？——欧洲、紧缩政策和对全球稳定的威胁》从历史的角度解释了，欧洲几十年来如何一步步丢掉团结、放弃灵魂，最终走到今天这一步。2015 年 1 月，在即将写完上一本书的时候，我当上了希腊财政部长，随后发现自己被塞进了我一直在写的那头野兽的肚子里。希腊是一个长期负债累累的欧洲国家，面对的债主是欧洲最强大的政府和机构。就在希腊与债主们矛盾重重之际，我接受了财政部长一职，这让我亲眼看到，是什么样的具体情况和直接原因导致我们所在的欧洲大陆陷入或许久久无法摆脱的泥潭。 1

这本新书讲述的正是那段经历。可以说，这是一名学者当上政府部长不久后变成吹哨人[1]的故事。也可以说，这是一本以安格拉 · 默

[1] 吹哨人（whistle-blower），即身处某组织内部，检举或揭发该组织非法或不当行为的人。——译者注（正文注释，脚注均为译者注，章节尾注均为原书注）

克尔、马里奥·德拉吉、沃尔夫冈·朔伊布勒、克里斯蒂娜·拉加德、埃马纽埃尔·马克龙、乔治·奥斯本和贝拉克·奥巴马等权势人物为主角的秘闻回忆录。抑或可以说，这是一段逸事：一个破产小国，为了不被债主抓进监狱，迎战欧洲的巨人们，尽管最后惨遭碾压，但虽败犹荣。然而，所有这些描述都无法体现我撰写此书的真正动机。

2015年，希腊对欧盟的反抗——也被称为“希腊之春”或“雅典之春”——遭到无情镇压。不久之后，左翼政党“我们能”党在西班牙失势。显然，许多潜在选民担心，西班牙在凶残的欧盟手中会遭受和希腊一样的命运。看到欧盟全然漠视希腊的民主制度，英国工党的许多支持者日后选择在公投中支持英国脱欧。英国脱欧帮助了唐纳德·特朗普。唐纳德·特朗普的胜利令全欧洲和全世界的排外民族主
2 义者气焰更盛。弗拉基米尔·普京肯定不敢相信自己的眼睛，西方竟然以如此不可思议的方式自挖墙脚。

本书讲述的故事不仅象征着欧洲、英国和美国正在走向何方，还使我们能够真正醒悟，我们的政党和社会经济如何以及为何变得支离破碎。我们不应忘记，正如所谓的“自由主义建制派”抗议“另类右翼”[1]叛乱者制造假新闻一样，在2015年，同样是建制派，对一个欧洲小国的亲欧盟民选政府发动了一场极其有效的歪曲真相和人身攻击运动。

不过，虽然我希望这样的视角是有用的，但我撰写本书的动机不

[1] “另类右翼”是美国极右翼保守主义的一个变种，常作为部分极右翼个人和松散团体的总称，主要特点是：以白人种族-民族主义为基本价值观，持有极端保守观点又拒绝主流保守主义，活跃于互联网，反对变革，反对全球化，反对建制派。

止于此。我意识到，在我经历的各个具体事件的背后，隐藏着一个普世皆同的故事——在一个几乎察觉不到的、非人性的权力关系网络所创造出的残酷环境中，人类发现自己只能任人宰割时会发生什么。这就是本书中没有“好人”与“坏人”之分的原因。取而代之的是，书中有的是一个个的人，他们在自己选择不了的环境中，按照自己的理解，竭尽所能。我遇到的并在书中写到的每一个人都相信，他们是在做恰当的事情，但他们的所有行为加在一起给整个欧洲带来了不幸。这难道不是真正的悲剧之处吗？这难道不是索福克勒斯和莎士比亚的悲剧在历经千百年后，今天仍能引起我们共鸣的原因吗？

有一次，国际货币基金组织总裁克里斯蒂娜·拉加德恼怒地说，要想结束这场闹剧，我们需要“房间里的成年人”。她是对的。在上演这场闹剧的许多房间里，成年人可谓少之又少。不过，就性格而言，他们可以分成两类：庸才和英才。庸才的工作就是在上司交给他们的指示清单上逐条逐项打钩。但在很多时候，他们的上司——沃尔夫冈·朔伊布勒等政客，以及克里斯蒂娜·拉加德和马里奥·德拉吉等官僚——则全然不同，这些人有能力对自己以及自己在这场闹剧中所扮演的角色进行反思，而这种自我对话的能力使他们极易落入自我应验预言的陷阱。

实际上，看着希腊的债主们在工作，就像看着《麦克白》在俄狄
浦斯的故乡上演。俄狄浦斯的父亲底比斯国王拉伊俄斯因为相信了自 3
己将死于儿子之手的预言，无意中招致自己被杀。与拉伊俄斯一样，这场闹剧中最聪明、最强大的几个角色因为惧怕宣告自己厄运的预言，最终也为自己招来了厄运。希腊的债主们敏锐地意识到，权力很容易从自己的指缝中溜走，这种不安全感让他们抓狂。由于担心希腊尚未

宣布的破产可能导致他们失去对欧洲的政治控制，他们将政策强加给那个逐渐削弱他们政治控制的国家，不仅是对希腊的控制，而且是对欧洲的控制。

直到某一刻，就像麦克白一样，他们感到自己的力量变成了难以忍受的无能为力，他们觉得必须要做最坏的事情。有几回，我几乎能听到他们说：

> 我已经两足深陷于血泊之中，
> 要是不再涉血前进，
> 那么回头的路也是同样使人厌倦的。
> 我想起了一些非常的计谋，
> 必须不等斟酌就迅速实行。
>
> ——《麦克白》第三幕第四场（朱生豪译）

在这样一出你死我活的大戏之中，任何一位主角讲述故事时都难免带有偏见，也难免有喊冤的欲望。因此，为了尽可能地做到公平公正，我尝试以古希腊或莎士比亚悲剧原作的视角，审视自己和他人的行为。在古希腊和莎士比亚的悲剧中，不论好人坏人都遭逢意想不到的后果，而这些后果正是由他们心目中自己的本分之事所带来的。我怀疑，在描写我眼中的英才时，我几近做到了公平公正，但对于那些让我无感的庸才，我做得可能差些。就这点而言，我认为自己很难道歉，尤其是因为不这么做就会削弱我所记录历史的准确性。

第一部分　我们的不满之冬

第一章 引子

在酒店的酒吧，穿透昏暗的唯一颜色是他面前的玻璃杯里摇曳的 6
琥珀色液体。当我走近时，他抬起眼睛，向我点头示意，然后低头继续凝视他的那杯威士忌。我瘫坐在华丽的沙发上，精疲力竭。

这时，他熟悉的嗓音听起来极其忧郁。“雅尼斯，”他说，“你犯了个大错。”

春夜已深，华盛顿特区笼罩上了一层白天难以想象的温柔。随着政客、游说者和阿谀奉承者的散去，紧张的气氛消失了，酒吧里只剩下少数几个没有理由早起的人，以及更少的几个因负担太重而睡不着的人。那天晚上，和之前的 81 个晚上一样，或者确切地说，和从那之后的 81 个晚上也一样，我属于后者。

从位于西北区 19 街 700 号的国际货币基金组织大楼，走到要去见他的酒店酒吧，我花了 15 分钟。我从没想过，在沉闷的华盛顿一个人散步会是这么惬意。一想到要与这位大人物见面，我备感轻松：在与一些太过平庸或太过胆怯而不敢说出自己想法的要人隔桌对坐了15个小时之后，我即将见到一个在华盛顿内外拥有巨大影响力的人物，一个没人能指责他平庸或胆怯的人。

所有这一切都被他一针见血的开场白所打破，昏暗的灯光和游弋的阴影让气氛变得更加冰冷。

我假装不动声色，回应说："我犯了什么错，拉里？"

"你赢得了选举！"他给出了答案。

那是2015年4月16日，我短暂的希腊财长任期刚刚过半。不到半
7 年前，我还过着学者的生活，暂别雅典大学，在得克萨斯大学奥斯汀校区的林登·约翰逊公共事务学院任教。2015年1月，我当选希腊议会议员，生活从此天翻地覆。我的竞选承诺只有一个：用尽一切办法，把我的祖国从欧洲邻国和国际货币基金组织强加的债务奴役和毁灭性紧缩措施中解救出来。正是这个承诺把我带到了这座城市，带到了这个酒吧。我得到了亲密的团队成员埃莱娜·帕纳里蒂斯的协助，是她促成了这次会面，也是她在那天晚上陪我一起来的。

我对他的冷幽默报以微笑，以掩饰我的不安。我当时就想，他是打算用这种方式坚定我对抗敌人构建的一整个帝国的决心吗？想到这位美国第71任财政部长和哈佛大学第27任校长并不以让人放松的风格出名，我感到一丝宽慰。

我决定过一会儿再谈正经事，于是示意调酒师给我也来杯威士忌，然后我说："在你指出我的'错误'之前，容我说一句，拉里，过去几周你给我的支持和建议实在是太重要了。我真的非常感激。然而，这么多年来我一直叫你'黑暗王子'。"

拉里·萨默斯泰然自若地对我说："至少你叫我王子。我听过更糟的。"

在接下来的两个小时，谈话变得严肃起来。我们讨论了技术问题：债务互换、财政政策、市场改革、"坏账"银行。在政治方面，他提醒我，我正在输掉这场宣传战，被他称为"欧洲人"的那些欧洲大国想要整垮我。我同意他的说法，即对我那长期遭受苦难的祖国来说，要想达成任何新协议，都应当得到德国总理的支持，保证她愿意将其作为她的想法、她的个人政治遗产提交给她的选民。

事情的进展比我预想的要好，在所有重要的事情上都达成了大致的共识。有权有势的机构、政府和媒体集团要求我的政府投降，并要我全盘接受。在与他们的斗争中，赢得令人敬畏的拉里·萨默斯的支持绝非易事。最后，我们就下一步举措达成了一致。在疲劳和酒精的双重作用迫使我们不得不结束这次谈话之前，萨默斯盯着我，提出了一个精心设计的问题。我怀疑在我之前，他用这个问题测试过其他人。[1]

"政治人物分为两种，"他说，"局内人和局外人。局外人重视自 8
由，认为他们有权说出自己看到的真相。这种自由的代价是，他们被掌握重要决策权的局内人忽视。局内人则奉行一条神圣不可侵犯的规则：永远不要与其他局内人作对，永远不要对局外人透露局内人的言行。回报是什么？获得内部消息，有机会——但不能保证——对要人和结局施加影响。"说到这里，萨默斯抛出了他的问题。"那么，雅尼斯，"他说，"你是其中哪一种？"

我本能地想用一个词来回答；但我没有，我说了挺多的。

"就性格而言，我是天生的局外人。"我一开始这样说道。"但是，"我急忙补充，"我可以改变我的性格，如果这能帮助希腊达成新协议，让我们的人民走出债务监牢的话。拉里，这一点毋庸置疑：我会表现得像一个天生的局内人，只要这有助于在谈判桌上达成一项可行的协议——为了希腊，实际上是为了欧洲。但如果与我打交道的局内人最后还是不愿将希腊从永远的债务奴役中解放出来，我会毫不犹豫地变成揭发他们的吹哨人——回到局外，反正这是我本来的领地。”

“也对。”他沉思片刻后说。

我们起身离开。在我们交谈的时候，天突然下起雨来。我目送他坐进出租车，倾盆大雨瞬间浸透了我的春装。看着他乘坐的出租车飞驰而去，我得到了一个实现自己狂野梦想的机会，这个梦想使我在之前几天乃至几周的冗长会议中坚持了下来：独行雨中，无人注意。

雨幕下，只有我一个人在艰难前行，脑海里回味着这次会面。萨默斯是盟友，尽管是不情愿的盟友。他没工夫去管我们政府的左翼政治，但他明白，我们的失败不符合美国的利益。他知道，欧元区的经济政策不仅对希腊而言是糟透的，对欧洲来说也是不利的，甚至对美国也是如此。他知道，希腊只是这些失败的政策在欧洲各国落实之前进行测试和研发的实验室。这就是萨默斯施以援手的原因。尽管政治上的意识形态不同，但经济上我们有着共同的语言，关于我们的目标
9 是什么，应该采用什么样的战术，我们毫不费力地就迅速达成共识。尽管如此，我的答案显然让他感到担忧，虽然他没有表现出来。我觉得，如果我对变成局内人表现出一些兴趣，他上车时的心情会好很多。正如本书的出版所佐证的那样，那种事永远不大可能发生。

我回到酒店，盥洗完毕，此时距离闹钟叫醒我回到前线还剩两个小时。我思忖着一个极其令人焦虑的问题：祖国那边的同志们，我们政府的核心圈子成员，内心里会如何回答萨默斯的提问？那天晚上，

我坚定地相信，他们会给出和我相同的答案。

在不到两周后，我开始对此有了第一次真正的怀疑。

“超级黑箱”

2012 年 8 月 29 日，约戈斯·夏齐斯失踪了。他最后一次被人看见是在希腊北部小镇锡阿蒂斯塔的社会保障办公室。在那里他得知，他每月 280 欧元的残障津贴已经停发。目击者称，他没有说一句抱怨的话。“他似乎惊呆了，一时说不出话来。”一家报纸写道。不久后，他最后一次用手机给妻子打电话。家里没人，于是他留下一条信息：“我觉得自己没用。我再也给不了你什么了。照顾好孩子们。”几天后，他的尸体在一处偏远的树林里被人发现，他在悬崖边上了吊，手机放在附近的地上。

希腊大萧条引发的自杀潮在几个月前引起了国际媒体的关注。当时，77 岁的退休药剂师季米特里·克里斯图拉斯在雅典宪法广场的一棵树下饮弹自尽，留下了一份令人心痛的政治宣言：反对紧缩措施。曾几何时，克里斯图拉斯和夏齐斯的亲人们无言、庄重的悲痛，会让最铁面无私的执达吏羞愧难当，开不了口；但在“纾困斯坦”（我对 2010 年之后希腊的讽刺称呼），我们的执达吏与受害者保持距离，把自己关在五星级酒店里，坐在车里成群结队呼啸而过，用毫无依据的对经济复苏的预测数据为偶尔泄气的自己壮胆。

那一年，2012 年，也就是拉里·萨默斯教我局内人和局外人之分 10
的三年前，我的伴侣达娜厄·斯特拉图在雅典市中心的一家美术馆展出了一件装置艺术作品。她给它起名为《是时候打开黑箱了！》。这件作品由 100 个均匀放置在地面上的黑色金属箱组成。每个箱子里面都有一个单词，这些单词是她从雅典人在社交媒体上给她贡献的数千个答案中挑选出来的。她提出的问题是："用一个词回答，你最害怕的是什么，或者说你最想保留的一件东西是什么？"

达娜厄的想法是，人们可以在追悔莫及之前打开这些箱子——而非像失事飞机的黑匣子那样。雅典人选择最多的词并不是"工作"、"养老金"或"存款"。他们最害怕失去的是，尊严。克里特岛的居民以自豪感闻名于世，危机来袭后，他们经历了人数最多的一次自杀潮。当萧条加剧，当愤怒的葡萄长得"沉甸甸的，等着被收获"[1]，带来最大绝望的是丧失尊严。

在我为这次展览撰写的作品简介中，我把这件作品与另一种黑箱做了比较。我写道，在工程术语中，黑箱是指一种设备或系统，其内部工作过程对我们而言是不透明的，但它将输入转为输出的能力可以很容易地被我们理解和利用。例如，手机可以把手指的动作可靠地转化为一通电话或一辆接单的出租车，但对我们大多数人而言（电子工程师除外），智能手机里发生了什么是个谜。正如哲学家所言，他人的头脑就是典型的黑箱：我们终究无法确切得知另一个人的脑子里在想什么。（在本书记录的 162 天里，我经常不由自主地希望，我身边的人，特别是我的战友，在这方面并不像黑箱。）

然而，还有我所说的"超级黑箱"，其规模和重要性如此之大，以

---

[1] 语出美国作家约翰·斯坦贝克（1902—1968）的小说《愤怒的葡萄》（1939）。作品描写了 20 世纪 30 年代美国大萧条时期破产农民的逃荒生活。作者在描述经济危机中发生的"过剩"商品被大量销毁而人们却无钱消费的惨状时，如此写道："在饥饿者眼中，愤怒在燃烧。在人们心中，愤怒的葡萄充塞着，生长着，结得沉甸甸的，等着被收获。"

至于即使是创造和控制它们的人也无法完全了解其内部运作。例如，即使是设计金融衍生品的金融工程师，也没有真正理解金融衍生品所造成的影响；全球性银行和跨国公司的活动往往不由他们的首席执行官全盘掌握；当然，还有政府以及像国际货币基金组织这样的超国家机构，领导它们的政客和具有影响力的官僚或许只是坐在这个位子上，
但手中几乎没有权力。它们也将输入（资金、债务、税收、选票）转 11
化为输出（利润、形式更复杂的债务、福利金的减少、卫生和教育政策）。这些“超级黑箱”与普普通通的智能手机——甚至他人——之间的区别在于，虽然我们绝大多数人几乎完全控制不了它们的输入，但它们的输出塑造了我们所有人的生活。

这种差异可以用一个词来概括：力量。不是那种与电或颇具破坏性的海浪有关的力量，而是另一种更微妙、更邪恶的力量：拉里·萨默斯提到的“局内人”所掌握的，但他担心我的本性不会接受的力量，因掌握隐藏信息而拥有的力量。

在我担任财长期间以及卸任之后，总是有人问我：“国际货币基金组织想从希腊得到什么？反对债务减免的那些人这么做是不是出于一些见不得人的不正当目的？他们是不是企业的代言人，这些企业想要抢夺希腊的基础设施，比如机场、海滨度假酒店、电信公司等等？”要是事情真的这么简单就好了。

每当爆发大规模危机时，人们总是倾向于将原因归结为权贵之间的某种阴谋。想象一下：烟雾缭绕的房间里，老谋深算的男人们（偶尔会有女人）谋划着如何以牺牲公众福祉和弱者为代价牟取利益。然而，这些都是凭空想象的画面。如果我们急剧恶化的处境可以归咎于某个阴谋，那么这是一个连共谋者也不知道自己是其中一员的阴谋。

许多人眼中的权贵之间的阴谋，其实只是任何“超级黑箱”网络所具有的突生性质[1]。

这种权力网络的关键是排外和不透明。回想一下，在 2008 年危机爆发之前的那些年，纽约华尔街和伦敦金融城上下弥漫着“贪婪即伟大”的风气。许多正直的银行员工对他们看到的和正在做的事情担心得要命。然而，当他们拿到预示着未来可怕结局的证据或信息时，他们就陷入了萨默斯所说的两难困境：向局外人泄密，会遭到排挤；保守秘密，则会成为共谋者；又或者，他们利用自己的权力与其他知情者交换信息，由此结成自发联盟，进而增强双方在更大的局内人网络
12 中的权力。随着更多敏感信息的交换，两人联盟与其他此类联盟建立起联系。结果是，在其他早已存在的网络中形成一个权力网络，参与者成为事实上的共谋者，尽管这并非其有意为之。

当一名知情政客给一名记者喂独家消息，以换取一篇为这名政客利益说话的特别具有倾向性的报道时，这名记者就加入了一个局内人网络，尽管他并没有意识到。当这名记者拒绝写出有利于这名政客的倾向性报道时，他们就可能失去一个宝贵的消息源，并被排除在那个网络之外。这就是权力网络控制信息流动的方式：招募局内人，并把拒绝配合者踢出去。这些网络是自发演变的，受一种目的性超强的动力驱动，任何个人都无法对其进行控制，就连美国总统、巴克莱银行首席执行官以及那些在国际货币基金组织和各国政府占据要职的人也不例外。

---

[1] 突生性质（emergent property），即某个系统的整体具有而其组成部分不具有的性质。

一旦陷入这张权力之网，只有特别勇敢的人才能变成吹哨人，尤其是当一个人在大肆敛财的嘈杂声中无法听到自己内心的声音时。而那些敢于公开叛变的少数人最终就像流星一样，在纷乱的世界中被迅速遗忘。

有意思的是，许多局内人，尤其是那些与权力网络只有松散联系的人，并没有意识到他们为其效力的那个网络的存在，因为他们与网络的接触相对较少。同样，身处网络正中央的那些人由于深陷其中，通常也根本不知道还有一个局外的世界。只有极少数足够通透的人才能注意到他们的生活和工作都在一个黑箱之中。拉里·萨默斯就是这种罕见的局内人。他向我提出的问题实际上是提点我要拒绝局外的诱惑。支撑他信仰体系的理念是，只有在黑箱内部才有可能把世界变得更好。

但我认为，这就是他大错特错的地方。

迷宫门口的忒修斯

2008 年之前，“超级黑箱”一直稳定运行，我们生活的世界似乎能够保持平衡，自我修复。那时候，英国财政大臣戈登·布朗还在赞颂“繁荣与萧条”周期的终结，而不久后将成为美联储主席的本·伯南克 13
则预言了“大稳健”的来临。当然，这一切都是“超级黑箱”造成的错觉，没有人理解其运行过程，尤其是操作它们的局内人。然后，到了 2008 年，令所有人瞠目的是，“超级黑箱”坏了，招来了我们这一代的 1929 年，更不用说小小希腊的衰败了。

在我看来，近十年后仍在影响我们的 2008 年金融危机是世界的“超级黑箱”最终崩溃所致。“超级黑箱”在权力网络之中，而权力网络就是没有共谋者的阴谋，它们塑造着我们的生活。萨默斯盲目地相信，在局内人的正常操作下，那些同样已经失灵的网络将提供化解这场危机的解药。即便在当时，我也对这种极度的天真感到震惊。或许这并不令人感到意外。毕竟，三年前，我就在达娜厄的作品简介中写道："打开这些'超级黑箱'如今已经成为生存的前提条件，体面的生存、我们整个人类族群的生存，乃至我们地球的生存。简而言之，我们再也没有借口了。因此，现在是时候打开这些黑箱了！"但在现实中，这需要怎么做？

> 首先，我们需要准备好认识到，我们每个人很可能已经是网络中的一个节点，一个不自知的事实上的共谋者。其次（这也是维基解密网的高明之处），如果我们能够像进入迷宫的忒修斯[1]一样进入某个网络，那么就切断信息的流动；如果我们能让尽可能多的局内人对不可控的信息泄露感到害怕，那么这个自行其是的失灵权力网络就将在失势的情况下因自身的重量而崩溃。第三，抵制一切用新的封闭网络取代旧网络的倾向。

三年后，当我走进华盛顿的那个酒吧时，我的立场已经缓和了。我的首要任务不是向局外人泄露信息，而是不惜一切代价把希腊从债主监牢中解救出来。如果这意味着假装局内人，那就装吧。不过，倘若进入局内的代价是接受希腊的无期徒刑，我会立即离开。我相信，

---

[1] 忒修斯，古希腊神话中的英雄。他接受克里特国王米诺斯的女儿阿里阿德涅的指点，手持后者赠予的线团和宝剑，进入克里特岛上的迷宫，杀死了住在里面的半人半牛怪兽米诺陶。

在局内人的迷宫里布下阿里阿德涅的线，并准备沿着它找到出口，是保持尊严的一个前提条件，而希腊人民的幸福生活就建基于这种尊严之上。

与拉里·萨默斯见面后的第二天，我见到了时任美国财政部长杰 14
克·卢。在财政部的会面结束后，送我出来的那名官员的一句好意提醒让我大吃一惊：“部长，我觉得有必要提醒你，一周内你将面临来自布鲁塞尔的污名化攻势。”拉里对我说的话——提点我留在所谓的局内有多重要，还警告说我们正在输掉媒体战——突然在我耳边清晰地响起。

当然，这并非完全在意料之外。我在 2012 年写到过，要是有人胆敢把局内人的“超级黑箱”打开给外人看，局内人就会对其施以颜色：“这么做绝非易事。权力网络将做出猛烈的反应，就像他们已经在做的那样。他们将走向更加专制、更加封闭、更加分裂。他们将变得更加专注于确保自身的‘安全’和对信息的垄断，不再信任普通人。”[2]

在接下来的章节里，我将讲述当我固执地拒绝用希腊的解放来换取他们黑箱里的一个特权位置时，这些权力网络做出了什么样的猛烈反应。

此处签字!

归根到底，这一切都可以归结为一张纸上的寥寥几笔——我是否准备在新纾困贷款协议末尾的虚线处签名，而签名意味着把希腊进一步推向如迷宫般的债务监牢。

说来奇怪，我的签名之所以如此重要，是因为与国际货币基金组织或欧盟签署纾困贷款协议的并不是受困国家的总统或总理。这项要命的权力落到了倒霉的财政部长头上。这就是为什么对希腊的债主来说，让我屈从于他们的意愿至关重要。我应该乖乖就范，否则就会惨遭碾压，并由一个更听话的继任者取而代之。如果我签字了，就又有一个局外人变成局内人，对我的赞赏将不绝于耳。在我离开华盛顿的八九天之后，正如那名美国官员提醒我的那样，国际媒体用诸多污蔑性词汇对我大加挞伐，而我本可以避免让这种事情发生。我会是“有担当的”，一个“值得信赖的伙伴”，把国家利益置于自己的“自恋”之上的“改革先锋”。

15 从拉里·萨默斯和我走出酒店、走进倾盆大雨中时的表情判断，他似乎心知肚明：他明白，那些“欧洲人”根本没兴趣与我或与希腊政府达成一份体面的协议；他知道，最后我会不堪重压，在一份投降文件上签名，以换取变成一个真正的局内人。他理解我不愿意这么做。他认为，至少对我而言，这会是一件后悔的事。

就我而言，我明白他是想帮我达成一份可行的协议。我也明白，他会尽可能地帮助我们，只要不违反他的黄金法则：局内人从不与局内人作对，永远不把局内人的所做所言透露给局外人。我不确定的是，他是否会明白，为什么我绝不可能——不论是上天堂还是下地狱——在一份不可行的新纾困贷款协议上签字。我的理由说来话长，但就算有时间，我也担心由于我们的背景不同，他并不理解我的解释。

要是解释的话，我会用一两个故事来说明。

第一个故事大概是从1946年秋天开始，地点是雅典的一个警察局，当时希腊正处于共产党起义的边缘，灾难性的内战即将进入第二阶段。雅典大学化学系的20岁学生约戈斯被秘密警察逮捕，殴打，在冰冷的牢房里被关了几个小时，直到一名更高级别的警官把他带到办公室，表面上是向他道歉。“我对你受到粗暴对待感到抱歉，”他说，“你是个好孩子，不应该受到这种对待。但你知道，现在是变乱时期，我的手下都很紧张。原谅他们吧。签了这个，你就可以走了。我向你道歉。”

这名警官看上去很真诚，约戈斯长舒一口气，恶棍们对他的折磨可算结束了。但随后，当他看到那名警官要他签字的书面声明时，他的脊梁感到一股从上至下的寒意。声明是这么写的：“我在此真心实意地谴责共产主义、共产主义的推动者，以及他们的各种同路人。”

他害怕得发抖，放下笔，尽力用母亲安娜多年来对他言传身教的那种不卑不亢的态度说道：“长官，虽然我不是佛教徒，但我不会在谴责佛教的政府文件上签字。虽然我不是穆斯林，但我不认为政府有权 16
要求我谴责伊斯兰教。同样，虽然我不是共产党，但我认为没有理由要求我谴责共产主义。”

约戈斯的公民自由主张毫无胜算。要么签字，要么等着成套的折磨和无限期拘留——你看着办！恼怒的警察喊叫着。他的怒火建立在完全合理的期待之上。约戈斯具备当一个好孩子的所有素质，天生是局内人。他出生在开罗的希腊人大型聚居区里的一个中产阶级家庭，那个聚居区位于一片多元化的欧洲飞地当中，与法国、意大利和英国侨民相邻，和见过世面的亚美尼亚人、犹太人和阿拉伯人一起长大。在家和母亲讲法语，上学讲希腊语，工作讲英语，上街讲阿拉伯语，上剧院讲意大利语。

20 岁时，约戈斯决定要去寻根，他放弃了在开罗安逸的银行工作，前往希腊学习化学。1945 年 1 月，他乘“科林西亚号”轮船抵达雅典。一个月前，希腊内战刚刚结束第一阶段，那是冷战的序幕。空气中弥漫着一触即碎的缓和气氛，因此，当左翼和右翼的学生活动分子都来找约戈斯，邀请他这个折中人物参选学生会主席时，一切似乎合情合理。

然而，在他当选后不久，校方提高了学费，而那段时间学生正处于极度窘困的境地。约戈斯去找校长，穷尽一切理由反对涨学费。当他离开时，秘密警察在学校的大理石楼梯上抓住他，把他塞进了一辆等在那里的面包车上。他最后做出了一个选择，让萨默斯提出的两难困境看起来就像小菜一碟。

考虑到这名年轻人的资产阶级背景，警方把握十足地预计，只要用了刑，约戈斯要是不欣然签字，也很快就会崩溃。然而，在一次次的殴打之下，约戈斯愈发觉得自己不能签字，结束痛苦，然后回家了。结果是，他被关进了各种牢房和劳改营，而只要在一张纸上签字，他就随时可以出来。四年后，历经磨难的约戈斯从牢里出来，进入了一个残酷的社会，没人知道他当初的另类选择，也没人真的在乎这件事。

17 与此同时，在约戈斯入狱期间，一个比他小四岁的年轻女子成为雅典大学化学系录取的第一名女生，尽管校方曾想尽办法把她拒之门外。她叫埃莱妮，入学时是一名叛逆的原始女权主义者，却对左翼怀有强烈的厌恶：在纳粹占领的那些年里，还是一个小女孩的她被左翼游击队绑架，他们把她错认成纳粹奸细的亲戚。进入雅典大学后，在强烈的反共情绪驱使下，她加入了一个被称为“X”的法西斯组织。她接受的第一个——结果也是最后一个——任务，就是跟踪一名刚从劳改营释放出来的化学系同学。

用一句话说，这就是我从哪儿来的故事。约戈斯是我的父亲，埃莱妮是我的母亲，她后来成为20世纪70年代女权运动的领军人物。鉴于这段历史，我绝不可能为了换取局内人的仁慈在虚线上签字。拉里·萨默斯会理解吗？我觉得不会。

“不是为了我！”

另一个故事是这样的。2015 年 1 月，我赢得议会选举，并被任命为财政部长。在距离选举还有差不多一周的时候，我在雅典和达娜厄同居的公寓里见到了兰布罗斯。那是一个暖洋洋的冬日，竞选活动正在如火如荼地进行，我和西班牙记者伊雷妮约好当天接受她的采访。她带着一名摄影师，还有兰布罗斯来到我的公寓。兰布罗斯是她在雅典找的一名希腊语-西班牙语翻译。其实那次没必要请兰布罗斯，因为伊雷妮和我用英语交流。但他留下了，全神贯注地看着，听着。

采访结束后，伊雷妮和摄影师收拾东西准备出门，这时兰布罗斯向我走来。他握住我的手，不肯松开。与此同时，作为一名以传递信息为生的翻译，他用职业特有的专注力对我说：“我希望你没有从我的外表看出破绽。虽然我尽力掩饰，但事实上我是个流浪汉。”接着，他尽可能简短地向我讲述了他的故事。

兰布罗斯过去有一套公寓、一份教外语的工作和一个家庭。2010
年希腊经济崩溃时，他丢了工作。当他们一家被赶出公寓时，他失去 18
了家庭。过去一年，他一直流落街头。他仅有的收入来自为外国记者当翻译，当时宪法广场上的另一场示威活动把他们吸引到了雅典。这场示威变得不可收拾，因而具有新闻价值。他最关心的事情是赚到几欧元，好给他的廉价手机充电，以便外国记者能够联系上他。

当感觉到有必要结束这段独白时，他急忙要我答应他一件事：

> 我想恳求你答应我一件事。我知道你会赢得选举。我在街上和人们谈过，你肯定会赢。当你获胜时，当你就任时，请记住那

些人。为他们做点儿什么。不是为了我！我完了。我们这些被危机推下悬崖的人，已经回不去了。对我们来说一切都太晚了。但是，求求你，请为还在悬崖边的人做点儿什么。他们正在用手指扒着悬崖边苦苦支撑。他们还没掉下去。为他们做点儿什么。别让他们掉下去。不要放弃他们。不要像你的几个前任那样，他们给你什么你就签什么。你要发誓你不会。你敢吗？

“我敢。”我用两个字回答了他。

一周后，我宣誓就任希腊财政部长。在随后的几个月里，每当决心动摇时，我都会想起那一刻。兰布罗斯永远不会知道，在那 162 天里的至暗时刻，他对我产生了多么大的影响。

本章注释

1. 我辞去财长一职几个月后，我的好友、学术同人托尼·阿斯普罗穆尔戈斯（Tony Aspromourgos）听说了我与拉里·萨默斯的谈话，然后证实了我的怀疑，他给我发来了美国参议员伊丽莎白·沃伦的一段话，这段话出现在 2014 年发表的一篇文章中：

> 深夜，拉里靠在椅背上，给了我一些建议……他是这样开场的：我有一个选择。我可以成为一个局内人，也可以成为一个局外人。局外人可以畅所欲言，但局内人不会听他们的。然而，局内人路子很广，而且有机会推行他们的想法。人们——权势人物——听他们说话。但局内人也明白有一个不能打破的规则：他们不能批评

其他局内人。我被警告了。

——约翰·卡西迪，《伊丽莎白·沃伦的时刻》〔John Cassidy (2014), "Elizabeth Warren's Moment", *New York Review of Books*, Vol. 61 (no. 9), 22/5–4/6/14, pp. 4–8〕

2. 引自达娜厄·斯特拉图 2012 年举办的《是时候打开黑箱了！》展览的作品简介。

第二章 “纾困斯坦”

19 2010 年初，在我上任的大约五年前，希腊政府破产了。几个月后，欧盟、国际货币基金组织和希腊政府组织了世界上最大规模的破产掩盖行动。破产怎么掩盖？不断地烧钱。钱由谁出？普通人，全世界的“局外人”。

2010 年 5 月初，救助协议——这场掩盖行动的委婉称呼——签字生效。欧盟和国际货币基金组织向破产的希腊政府发放了约 1100 亿欧元贷款，堪称历史之最。[1] 与此同时，“三驾马车”——这么称谓是因为它代表了三个机构，欧盟行政机构欧盟委员会、欧洲中央银行和国际货币基金组织——派出的一群强制执行者来到雅典，负责措施的落实，而这些措施必定会减少希腊的国民收入，让最弱势的希腊人承担绝大部分债务负担。一个聪明的八岁小孩都知道，这不会带来好结果。

强迫破产者以收入缩水为代价换取新的贷款，这无异于异常残酷的惩罚。希腊从未摆脱困境。凭借“救助”贷款，以及“三驾马车”派出的热衷于大幅削减收入的执达吏，欧盟和国际货币基金组织实际上是把希腊关进了现代版本的狄更斯笔下的债主监牢，然后丢掉了钥匙。

债主监牢最终被抛弃，是因为这种手段虽然残忍，但既阻止不了坏账越积越多，也没法帮助债主讨回他们的钱。随着 19 世纪资本主义的发展，所有债务都是神圣的这种荒谬观念已经过时，取而代之的是有限责任的观念。毕竟，如果所有债务都能保证得到偿还，放贷者为什么还要负责地放贷呢？还有，为什么一些坏账风险更大的债务给出 20
的利率比其他债务要高？破产和债务减记之于资本主义，就像地狱之于基督教教义——令人不快，但必不可少。然而，令人纳闷的是，在处理希腊政府资不抵债的问题上，在 21 世纪竟然还会出现不允许破产的事情。为什么？难道欧盟和国际货币基金组织没有意识到他们在干什么吗？

他们非常清楚自己在干什么。尽管他们发起巧妙的宣传，坚称他们是在努力拯救希腊，给希腊人民第二次机会，帮助长期以来一直在撒谎的希腊政府进行改革，但这些世界上最具权势的机构和政府并不抱任何幻想。他们认识到，向破产实体提供更多贷款绝不可能使其恢复偿债能力，尤其是当贷款协议要求削减其收入的时候，相比之下，“从石头里榨出血来”要容易得多。他们看得出来，就算“三驾马车”设法没收了希腊的家底，也抵不上为这个衰败国家的公共债务再融资的资金。他们知道，被大肆宣扬的“救助”或“纾困”方案只不过是一张通往债主监牢的单程票。

我怎么知道他们对此心知肚明？因为他们告诉我了。

作茧自缚的囚徒

五年后，身为财政部长的我亲自从债主那里听到了这些话。国际货币基金组织高级官员、德国财政部长、欧洲央行和欧盟委员会领导人物——他们全都以各自的方式承认，这是真的：他们发给希腊的牌根本没有赢的机会。但既然这么做了，他们也看不到回头路。

2015 年 2 月 11 日，在我当选不到一个月后，在布鲁塞尔欧盟办公区的一间很常见的那种单调乏味、没有窗户、只有日光灯照明的会议室里，我发现自己坐在国际货币基金组织总裁克里斯蒂娜·拉加德的对面。她是法国前财政部长，还在华盛顿当过大律师。那天早些时候，她穿着一件华丽的皮夹克优雅地走进这幢大楼，令我身上的传统着装看上去单调乏味。初次见面的我们在走廊里友好地寒暄，然后走进会议室，开始严肃的讨论。

21 会议是闭门举行的，双方各带两名助手，气氛变得严肃起来，但仍算友好。她给了我阐述观点的机会，我介绍了我对希腊局势的根源和性质的基本分析，以及我对如何应对的建议。在大部分时间里，她用点头表示赞同。我们似乎有着共同语言，都渴望建立融洽的良好关系。会议结束后，我们趁着走向门口的时间，进行了一次简短、放松但一针见血的私人对话。克里斯蒂娜重复了我的观点，表示支持我的要求，即把债务减免和降低税率作为希腊复苏的前提条件。紧接着，她用冷静、温和、坦诚的语气对我说："你当然是对的，雅尼斯。他们坚持的这些目标是行不通的。但是，你必须明白，我们在这项方案上投入太多了。我们没有退路。你的信誉取决于是否接受这项方案，并为其工作。"[2]

于是，我明白了。国际货币基金组织总裁对一个破产政府的财政部长说，强加给这个国家的政策行不通。不是说要很费力才能行得通。也不是说行得通的可能性非常低。都不是，她承认，就算上天入地，这些政策也是行不通的。

随着一次次会议的举行——特别是与更加精明、不太缺乏自信的“三驾马车”官员之间的会议，我越来越觉得，这不是一个我们对抗他们、好人对抗坏人的简单故事。一场真正的大戏已拉开序幕，让人想起埃斯库罗斯或莎士比亚的戏剧，剧中有权有势的阴谋家最终落入了自己挖好的陷阱。在我正在亲身经历的这场现实大戏中，萨默斯关于局内人的神圣规则从他们意识到自己无能为力的那一刻开始生效。入口已经封闭，正式与外界隔绝，听凭他们一手造成的僵局在外自动演变为悲剧性后果，他们讨厌这种局面，因为这削弱了他们对事情的掌控力，但他们已在里面被困得更牢。

这一切都是因为他们——国际货币基金组织、欧盟、德国和法国政府领导人——对这项方案投入了太多的政治资本，因此别无选择：希腊人民只能继续受苦。这项方案使希腊进一步破产，民众苦不堪言，年轻人纷纷移民国外。至于我这个政坛新人，我的信誉取决于是否接受那些局内人知道注定失败的政策，并帮助局内人将其推销给投
票给我的局外人，而那些局外人之所以选我恰恰是因为我会推翻这些 22
失败的政策。

虽然很难解释清楚，但我对克里斯蒂娜·拉加德从未有过敌意。我眼中的她充满智慧，和蔼可亲，值得尊敬。如果事实表明，她实际上强烈支持达成一项人道的希腊救助协议，我的人性观就不会陷入迷惘。但这并不重要。作为一名重要的局内人，她的首要任务是保住局内人的政治资本，并最大限度地化解对他们集体权威的挑战。

然而，信誉，就像花钱一样，也是有舍有得的。每买一样东西都意味着失去了购买另一样东西的机会。我在克里斯蒂娜和其他权势人物面前的地位提高了，我在兰布罗斯眼中的信誉就下降了。这名无家可归的翻译曾让我发誓，要为那些还没有像他一样被肆虐希腊的破产洪流所淹没的人服务。这种取舍从来没有成为我个人的两难选择。很早我就已意识到的这种力量，令我最终不得不离开。

一年多后，在2016年6月23日英国全民公投的前夕，我在英国各地发表演讲，主张一种激进的留欧纲领——为了反对欧盟，英国反而应该留在欧盟，以避免欧盟解体，并对其进行改革。这是一个非常难以推销的观点。现实表明，说服英国的局外人投票支持留欧绝对是一场硬仗，尤其是在英格兰北部，因为就连我自己的英国支持者都告诉我，他们觉得必须要给全球建制派一记重击。这些人在思想上和地位上都更接近兰布罗斯，而不是拉加德。一天傍晚，我在英国广播公司的节目中得知，克里斯蒂娜·拉加德和世界银行、经合组织、欧洲央行、英格兰银行等世界其他顶级金融机构的领导人共同向英国的局外人发出警告，告诉他们不要受到脱欧的诱惑。那晚我是在利兹演讲，我立刻给达娜厄发短信："有了这样的盟友，谁还需要脱欧派？"

英国脱欧之所以成功，是因为局内人的所作所为超出了底线。他们几十年来一直如此对待像我这样的人：我们在多大程度上愿意背叛投票给我们的局外人，他们就在多大程度上信任我们；然而，他们仍然认为，不接受他们忠告的就是局外人。在美国、英国、法国和德国——不论在哪儿——局内人都感到他们的权威正在消失。他们是作
23 茧自缚的囚徒、萨默斯两难选择的奴隶，他们与麦克白一样，受到的惩罚就是一步步错下去，直到意识到他们的王冠不再象征权力，权力

已经消失。在我与他们打交道的几个月里，我大致感受到了这种可悲的心态。

问题是（法国和德国的）银行，笨蛋！

朋友们和各路记者经常问我，在与希腊债主谈判的过程中，我认为最糟糕的事情是什么。不能把权贵们私底下对我说的话公之于众当然令人沮丧，但更糟糕的是与那些根本不想把钱讨回来的债主打交道。与他们谈判，尽力和他们讲理，就像与一门心思只想继续打仗的将军谈判缔结和约。他们心里非常清楚，他们自己和孩子们都在安全的地方。

这样的战争是什么性质的？为什么希腊债主的所作所为好像是不想把钱讨回来？是什么让他们设计出如今反而将自己困在里面的陷阱？看一下 2008 年之后法国和德国的银行状况，这个谜团在几秒钟内就可以解开。

希腊长期以来的发展落后、管理不善和腐败是经济一直疲软的原因所在。但希腊最近破产是因为，欧盟及其联盟货币欧元存在根本性的设计缺陷。欧盟最初是由大型企业组成的卡特尔组织，旨在限制中欧重工业之间的竞争，并且确保外围国家——意大利等国，后来加上了希腊——充当其出口市场。希腊等国的赤字反映了德国等国的盈余。德拉克马[1]的贬值对这些赤字起到了抑制的作用。然而，当欧元取代德拉克马时，德国和法国银行的贷款一路把希腊的赤字推高到天际。

2008 年华尔街崩盘后出现的信贷危机令欧洲银行家入不敷出，到

---

[1] 德拉克马，希腊曾经的官方货币和货币单位，2002 年被欧元取代。

了 2009 年，他们便叫停所有贷款。由于债务无法展期，希腊在 2009 年年底掉进了资不抵债的窟窿。突然间，三家法国银行面临外围债务损失，而这些债务的规模至少是法国经济总量的两倍。国际清算银行发
24 布的数据勾勒出一幅真正可怕的画面：这三家银行的风险敞口与可动用本金之比高达 30∶1。这意味着，只要有 3% 的风险敞口变成坏账，即它们向外围国家政府、家庭和机构发放的贷款中有 1060 亿欧元无法偿还，那么法国三大银行就需要法国政府的救助。

仅仅这三家法国银行对意大利、西班牙和葡萄牙政府发放的贷款就占到法国经济总量的 34%——准确地说，是 6270 亿欧元。除此之外，这些银行在前几年还向希腊政府提供了高达 1020 亿欧元的贷款。如果希腊政府无法偿还债务，世界各地的金融家将成为惊弓之鸟，停止向葡萄牙政府放贷，可能还包括意大利和西班牙政府，因为他们担心这三国会是下一批拖欠债务的。意大利、西班牙和葡萄牙的债务加起来将近 1.76 万亿欧元。由于无法以适当的利率进行债务再融资，三国政府将难以偿还法国三大银行的贷款，从而在后者的账面上留下一个黑洞。一夜之间，法国的主要银行将面临 19% 的“资产”损失，而只要 3% 的损失就会使他们资不抵债。

为了堵上这个窟窿，法国政府需要马上拿出 5620 亿欧元的巨资。然而，不像美国政府可以把这些损失转移给央行（美联储），法国在 2000 年加入欧元区时就解散了央行，只能依靠欧洲共同的央行——欧洲中央银行的体恤。可悲的是，欧洲央行在创建时就有一条明文规定：希腊-拉丁地区的坏账，不论是私人的还是公共的，不得转移到欧洲央行的账面上。没得商量。这就是德国当年提出的条件，只有答应这个条件，德国才允许把其珍视的德国马克与欧洲的乌合之众分享，并将

其改名为欧元。

不难想象法国总统萨科齐和他的财政部长克里斯蒂娜·拉加德心中的慌乱，因为他们明白，他们可能无法凭空变出5620亿欧元。也不难想象在拉加德之前担任法国财政部长的时任国际货币基金组织总裁、臭名昭著的多米尼克·斯特劳斯–卡恩有多么焦虑，他本打算利用那段履历在两年后冲击法国总统大位。法国高官们知道，希腊破产将迫使法国政府大举借债，只是为了把相当于法国政府年均税收收入六倍的这一大笔钱交给三家愚蠢的银行。

这根本行不通。如果市场察觉到一丝这种可能，法国自己的公共 25
债务利率就会一路飙升，顷刻间1.29万亿欧元的法国政府债务就会变成坏账。要想凭空来钱，只剩印钞一招。在一个已经放弃印钞能力的国家，这意味着一夜之间变得一贫如洗，从而反过来拖垮整个欧盟，拖垮共同货币，乃至一切。

与此同时，德国总理同样陷入了大伤脑筋的困境。当2008年纽约华尔街和伦敦金融城崩盘时，安格拉·默克尔仍在打造勤俭节约、持审慎财政立场的铁腕总理形象。有一次，她在斯图加特发表演讲时，针对英语国家挥霍无度的银行家进行了一番道德说教，一时间成为热门新闻。她说，美国的银行家应该就财务管理向施瓦本主妇[1]请教一二。可想而知，当她接到本国财政部、央行和经济顾问如热锅上蚂蚁般打来的一连串电话后，她有多么害怕。所有人都莫名其妙地对她说：总理，我们的银行也完蛋了！要想维持自动柜员机的运转，我们

[1] 施瓦本（Swabia），德国历史地名，现为施瓦本行政区（Schwaben），邻近斯图加特。勤俭持家是当地主妇的典型形象。

需要施瓦本主妇们拿出 4060 亿欧元——期限是昨天！

这就是名副其实的政治毒药。多年来，在涉及医院、学校、基础设施、社会保障和环境的问题上，她一直向议员们宣扬锱铢必较的好处。现如今，她怎么能走到他们面前，开口要求一张巨额支票，交给刚刚还在现金河中游泳的银行家？默克尔总理不得不低声下气地走进柏林那座由诺曼·福斯特[1]设计的富丽堂皇的联邦议院，向目瞪口呆的议员传达了这个坏消息，然后带着她想要的支票离开。至少是完事了，她肯定这么想。但事情并非如此。几个月后，她又接到了一连串电话，要求为那些银行再提供几千亿欧元。

为何德意志银行、德国商业银行和其他位于法兰克福的无能金融总部需要更多资金？因为 2009 年他们从默克尔手里拿到的 4060 亿欧元支票，仅够勉强填补有毒的美国金融衍生品交易造成的亏空。他们总
26 共借给意大利、爱尔兰、葡萄牙、西班牙和希腊政府 4770 亿欧元，其中借给雅典的就高达 1020 亿欧元，所以那笔钱肯定是不够的。如果希腊失去偿还能力，三家德国银行将出现另一笔亏损，[3]需要默克尔再拿出一张金额在 3400 亿欧元至 4060 亿欧元之间的支票。但作为一名高超的政治家，默克尔知道，如果她再次走进联邦议院要这么多钱，就是在政治自杀。

总之，要是希腊政府说出真相，即承认破产，这会让法国和德国面临大约 1 万亿欧元的损失，因此两国领导人不会允许这种局面出现。然而，他们仍然必须找到一种方法，在不让议会知道他们在做什么的

[1] 诺曼·福斯特（1935— ），英国建筑师。1993 年至 1999 年间，他以历史建筑为基础，重新设计并改造完成了德国国会大厦（联邦议院所在地）。

情况下，第二次救助银行家。正如时任卢森堡首相、后来担任欧盟委员会主席的让-克洛德·容克曾经说过的那样，当事情变得严重时，你不得不撒谎。[4]

几周后，他们想出了一个小小的谎言：他们把对本国银行的第二次纾困形容为一次团结行动，帮助挥霍和懒惰的希腊人；他们虽然不值得救助，让人难以忍受，但毕竟是欧洲大家庭的一分子，因此还是能帮则帮。顺理成章的是，这就必须向他们提供另一笔巨额贷款，让他们可以把钱还给法国和德国的债主，即那些濒临倒闭的银行。然而，一个技术性障碍首先挡在了面前：欧元区创始条约中有一项条款规定，欧盟不得为各国政府债务提供融资。怎么才能绕开这项条款？一道经典的布鲁塞尔甜点❶解决了这个难题，欧洲人——特别是英国人——心里明白，这是一道令人厌恶的反胃菜肴。

首先，由于国际货币基金组织加入贷款协议，新一轮贷款将不是欧洲贷款，而是国际贷款。如此一来，国际货币基金组织就必须放弃自己的最神圣原则：永远不向破产政府提供贷款，除非债务“剃头”❷——得到重组。但时任国际货币基金组织总裁多米尼克·斯特劳斯-卡恩为了两年后能当上法国总统，不顾一切地想要拯救法国的银行，于是出面说服国际货币基金组织的内部官僚机构对此睁一只眼闭一只眼。有了国际货币基金组织的支持，欧洲人听到的是，这些钱不单是欧盟借给希腊的，而是整个国际社会借出的，为的是巩固全球金

---

❶ “甜点”原文作 fudge，既有“用牛奶、糖、黄油等制成的乳脂软糖”之义，又有“敷衍了事、未彻底解决问题的行动”之义，一语双关。

❷ “剃头”原文作 hair cut，指债权人在债务重组中被迫承受重大损失，放弃相当部分债权，即对债务进行减记。

融体系的更崇高目标。所以，别以为这是欧盟在救助一个欧盟成员国，更别是为了救助提德国和法国的银行了。

27 其次，欧洲提供的大部分贷款也并非欧盟自己提供的。这些贷款将被包装为一系列双边贷款，也就是说，是德国、爱尔兰、斯洛文尼亚等国分别借给希腊的，而每笔双边贷款的规模则反映了贷款提供国的经济实力。卡尔·马克思主张的“各尽所能，按需分配”竟然被用在这里。因此，在通过法国和德国银行交给希腊的每 1000 欧元中，德国承担 270 欧元，法国承担 200 欧元，其余 530 欧元则由小一点、穷一点的国家承担。[5] 这就是希腊纾困方案的精妙之处，至少对法国和德国来说是这样：这个方案将救助法国和德国银行的大部分负担转嫁到别国纳税人身上，有些国家甚至比希腊还穷，比如葡萄牙和斯洛伐克。巴西和印度尼西亚等国际货币基金组织共同出资国的纳税人则被蒙在鼓里，他们和欧洲纳税人的钱一道被强行汇给了巴黎和法兰克福的银行。

与德国人和法国人一样，斯洛伐克人和芬兰人没有察觉到他们实际上是在为法国和德国银行犯下的错误埋单，而是相信他们不得不承担起另一个国家的债务。因此，以帮一把令人难以忍受的希腊人的名义，法德轴心在骄傲的民族之间播下了仇恨的种子。

从“减负行动”到“破产体制”

从纾困贷款涌入希腊财政部的那一刻起，“减负行动”便开始了：也就是将资金立即抽回法国和德国银行的过程。截至 2011 年 10 月，德国银行对希腊公共债务的敞口已大幅减少 278 亿欧元，降至 914 亿欧元。五个月后，即 2012 年 3 月，这一数字降至不到 7.95 亿欧元。另一边，法国银行“减负”的速度甚至更快：截至 2011 年 9 月，他们抛售了 636 亿欧元的希腊政府债券；到了 2012 年 12 月，希腊政府债券已完全在其账面上消失。于是不到两年时间，这项行动就完成了。而这正是希腊纾困方案的全部意义所在。

克里斯蒂娜·拉加德、尼古拉·萨科齐和安格拉·默克尔会天真地认为，破产的希腊政府会连本带利地把他们的钱还回来吗？当然不会。他们明白究竟什么才是真相，那就是损人利己，把损失从法、德 28
银行的账面上转移到欧洲最弱势纳税人的肩膀上。于是难题来了：与我谈判的欧盟债主之所以不着急讨回他们的钱，是因为这反正也不是他们的钱。[6]

玛格丽特·撒切尔过去总是说，社会党人肯定会把财政弄得一团糟，因为总有一天，他们会把别人的钱花光。[7] 如果“铁娘子”天上有知，她的名言到头来非常适合描述那些管理希腊破产问题并号称是她信徒的新自由主义官员，真不知她会作何感想？除了花别人的钱将法、德银行的损失社会化，他们的希腊纾困方案还有任何别的意义吗？

2010 年，我正在撰写《全球米诺陶》一书，当时希腊正处于崩溃的边缘。我在书中认为，自由市场资本主义意识形态将在 2008 年终结，即苏联解体的 17 年后。在 2008 年之前，自由市场的狂热信徒将资本主义形容为达尔文式的丛林，不畏艰难的企业家会适者生存。但在 2008 年金融危机之后，达尔文式的自然选择过程被颠倒过来：一家银行越是资不抵债，特别是在欧洲，就越有可能从每个人身上侵吞大笔收入——来自辛苦工作的人、创新的人、穷人，当然还有在政治上无能为力的人。“破产体制”是我给这种全新模式起的名字。

大多数欧洲人往往认为，由于华尔街的权力以及美国银行和美国政府之间声名狼藉的“旋转门”现象，美国的“破产体制”可比欧洲的要糟糕。他们大错特错了。在2008年之前的那些年里，欧洲银行的管理极其糟糕，相比之下，那些愚蠢的华尔街银行家看起来都算好的。危机爆发时，法国、德国、荷兰和英国银行的风险敞口超过30万亿美元，是美国国民收入的两倍多，是德国国民收入的八倍，几乎是英国、德国、法国和荷兰国民收入总和的三倍。[8]如果希腊在2010年破产，德国、法国、荷兰和英国政府需要立即对银行进行救助，相当于这四国的每名儿童、妇女和男性需要承担约1万美元。与之相比，要是华尔街遭遇类似的市场反转，其所需要的救助规模相对较小，每名美国公
29 民平均负担不超过258美元。如果美国公众理应对华尔街感到愤怒，那欧洲公众理应对欧洲银行感到38.8倍的愤怒。

但事情不止于此。华盛顿可以将华尔街的不良资产转移到美联储的账面上，就一直那么放着，直到这些资产开始得到盘活，或最终被遗忘，留待未来的考古学家去发现。简而言之，就连相对很少的人均258美元税款，美国人也没必要掏。但在欧洲，像法国和希腊这样的国家已在2000年解散了本国的中央银行，欧洲央行又不得吸收坏账，所以救助银行所需的资金只能来自公民手中。如果你曾好奇，与美国或日本相比，为什么欧洲的掌权者那么喜欢采取紧缩措施，那么，这就是原因所在。因为欧洲央行不可以动用自己的账面掩盖银行的过错，所以，这意味着欧洲各国政府别无选择，只能通过削减福利和增加税赋的方式为银行纾困计划筹措资金。

希腊受到的残酷待遇是一个阴谋吗？如果是的话，这也是一个连共谋者自己都没有意识到的阴谋，至少一开始是这样。欧洲的“破产体制”从来不是克里斯蒂娜·拉加德那伙人建立的。当法国银行必死

无疑时，作为法国财政部长的她，还有欧洲其他国家的财长以及国际货币基金组织，除了不惜一切代价拯救银行之外，还有什么别的选择吗——就算这需要立即向 19 个欧洲国家的议会撒谎，隐瞒关于希腊贷款的真正目的？但在撒过一次这种弥天大谎之后，他们很快就不得不用另一个全新的谎言来掩盖这个谎言。坦白无异于职业自杀。在他们察觉到之前，“破产体制”已将他们和欧洲局外人一样牢牢捆住。

当克里斯蒂娜向我透露，“他们”在失败的希腊方案上已经投入太多无法回头时，她暗示的就是这个意思。她还不如借用麦克白夫人那更优雅的说法：“事情已经干了就算了。”

“叛国者”——一项离奇指控的由来

我作为“叛国者”的职业生涯始于 2006 年 12 月。在某位前总理的智库组织的一场公开讨论会上，我受邀对 2007 年希腊国家预算案发表评论。看着那些数字，一股力量迫使我对其嗤之以鼻，认为这是一种 30
可悲的装点门面的做法：

> 如今……我们受到美国房地产和衍生品市场泡沫的威胁……如果泡沫破裂，而且肯定会破裂，不论如何降低利率，都无法在国内激活足以收拾残局的投资，所以这份预算案中的每一个数字都站不住脚……问题不在于这会不会发生，而在于这会以多快的速度导致我们陷入下一次大萧条。

和我一起参加讨论会的其他专家，包括两位前财政部长，看我的眼神就像是看见一个引人不快的傻子。[9] 在接下来的两年里，我会一次又一次地看到这种眼神。即使在雷曼兄弟公司倒闭、华尔街崩溃、信贷危机来袭、大衰退席卷西方之后，希腊的精英们仍然生活在自欺欺人的幸福泡沫中。在晚宴上，在学术研讨会上，在美术馆里，他们会喋喋不休地谈论希腊对“盎格鲁病”[1]的抵抗力，说服自己相信，我们的银行足够保守，希腊经济将完全不受金融风暴的影响。我指出这与事实相去甚远，在他们听来这是逆耳之言，但情况只会变得越来越糟。

在现实中，政府永远不会偿还债务。他们将贷款展期，也就是无休止地推迟还款，只支付贷款利息。只要能继续这样做，他们就仍有偿付能力。[10]不妨把公共债务想象成地上的一个大洞，而把国家总收入想象成旁边的一座山。随着债务利息的累积，这个洞一天比一天深，哪怕政府不再更多地借钱。不过，在景气的时候，随着经济增长，收入之山也在稳步升高。只要山体升高的速度快于债务之洞加深的速度，山顶增加的额外收入就可以填到旁边的洞里，维持洞的深度稳定和政府的偿付能力。当经济停止增长或开始收缩时，就会出现资不抵债的现象：经济衰退不断蚕食一国的收入之山，但债务之洞加深的速度丝毫没有放缓。这时，得到警报的金融家会要求提高他们放贷的利率，
31 作为继续为这个国家再融资的条件，但更高的利率就像是马力过于强劲的挖掘机，挖得越快，债务之洞就越深。

2008 年危机爆发前，相对于收入之山的高度，希腊拥有欧盟最深

---

[1] “盎格鲁病”（Anglo disease），指金融业利润过高导致其他经济部门衰退的现象，最早出现在纽约，后此种情况在伦敦进一步加剧，由此得名。借用自“荷兰病”（Dutch Disease）：20 世纪 50 年代，荷兰发现大量自然资源后，出口激增带来暂时的经济繁荣，但这种繁荣影响了其他经济领域的成长，造成经济发展难以持续的后果。

的债务之洞。但至少收入之山升高的速度快于债务之洞加深的速度，造成了一种可持续的表象。[11]2009年年初，这一切变得岌岌可危：因为在华尔街崩盘后，有毒的美国金融衍生品变得一文不值，兜里满是这些东西的法国和德国银行赔到就要破产的地步。让希腊加倍不幸的是，向希腊政府放贷的那些法国和德国银行，同时还向希腊的企业提供贷款（往往通过希腊政府），而希腊的收入增长此前一直是由这些企业债务推动的。[12]一旦这些银行感到恐慌，同时停止向希腊的公共和私营部门放贷，游戏就会结束。希腊的收入之山将崩塌，而政府的债务之洞将变成深渊。[13]这就是我对任何愿意听的人要说的话。

2009年秋，希腊新政府承诺将增加开支，以此帮助国家重建收入之山，但来自社会民主党泛希腊社会主义运动的新任总理及其财政部长未能兑现承诺。早在他们宣誓就职之前，政府就已经无可挽回地破产了。原本与希腊毫无干系的全球信贷危机阻止欧洲银行向我们放贷。希腊的经济增长由债务驱动，而债务以欧元计价；由于欧元的货币政策完全不受希腊控制，所以它本质上算是外汇。在欧洲各国经济深陷衰退，货币也无法贬值的情况下，希腊的收入之山注定会以债务之洞消耗这个国家的速度下降。

2010年1月，我在接受一家电台采访时提醒总理❶：“不论你做什么，都不要为了避免破产而向欧洲伙伴寻求政府贷款。”我和总理认识，而且关系还算不错。当时，希腊政府恰恰正在以超出常人的努力去这么做。几秒钟内，政府消息人士就把我斥为叛徒——一个傻瓜，不明白

---

❶ 时任希腊总理为乔治·帕潘德里欧（1952— ），2009年10月至2011年11月在任。

这样的预测会成为自我印证的预言：保持市场对政府良好财政状况的信心是继续获得贷款的唯一途径。我确信，不论我们为了稳定市场而
32 发出什么样的杂音，我们的破产是注定的，所以我坚持己见。英国广播公司等外国新闻媒体注意到了我为帕潘德里欧总理写过演讲稿的经历。于是媒体上出现“希腊总理前顾问称希腊已破产”这样的耸动标题，这更加坐实了我是希腊建制派最大敌人的名声。

厄普顿·辛克莱[1]曾说：“当一个人的薪水取决于他不理解某件事时，要让他理解这件事是很难的。”如此说来，希腊统治阶级的收入和财富取决于他们不相信希腊会破产。如果为了保持希腊寡头与外国银行家和政府之间的融洽关系，这一代和下一代的每一个男人、女人和孩子都得被迫承担难以为继的贷款，那又何妨。着眼于其余 99% 的希腊人及其后代利益的任何主张都不可能说服他们。然而，他们越是对逆耳的事实置若罔闻，我就越觉得有责任警告我们的人民，建制派以人民的名义，打着避免破产的旗号所获得的贷款将加速希腊的破产，结果是把希腊人送进债主监牢。朋友和同事提醒我，我的想法或许是正确的，但谈论破产是糟糕的政治。并非天生政客的我用约翰·肯尼思·加尔布雷斯的一句话作为回应：“在政治中，有时你必须站在正确的一边，然后输掉。”当时我一点也不知道，后来的事实将证明这句话多么具有先见之明。

---

[1] 厄普顿·辛克莱（1878—1968），美国左翼作家，20 世纪初美国新闻界“扒粪运动”代表人物。其长篇小说《屠场》（1906）促使美国国会通过了《食品卫生检查法》。1934 年，他曾代表民主党竞选加州州长，以微弱劣势败选后撰写了回忆录《我，州长候选人：以及我是如何被打败的》（*I, Candidate for Governor: And How I Got Licked*，1935）。后引文即出自该书。

于是，我继续孤军奋战，试图说服一个国家接受破产，以免在不破产的情况下成为“济贫院”[1]，而他们正在筹划使希腊走上后面这条路。2010 年 2 月，我在国家电视台的节目中提出，所有“假意展期”贷款的问题在于，和“抢椅子”游戏一样，音乐总会停止。届时，用税款和福利为这些贷款提供资金的欧洲最弱势群体终究会大喊一声：“够了！”但到了那个时候，我们将比现在穷得多，背的债务将多得多，还将受到欧洲同胞的憎恨。2010 年 4 月，也就是接受纾困方案前的一个月，我接连发表三篇文章。第一篇发表于 4 月 9 日，题为《我们破产了吗？》。我在文中主张，如果希腊政府借助“假意展期”纾困贷款，假装并未破产，那么希腊将面临“我们战后历史上最大规模的家庭和企业破产潮”。但如果政府承认破产，立即开始与债主谈判，那么大部分负担将由债务相关责任者共同承担，也就是那些在 2008 年之 33
前大肆发放掠夺性贷款的银行。

建制派给出的回复很简单，而且切中要害：如果希腊政府要求进行债务重组，欧洲会把我们踢出欧元区。我的反驳也很简单且切中要害：这么做将摧毁法国和德国的银行体系，进而摧毁欧元区本身。他们永远不会这么做。但即便他们这么做了，留在一个压榨成员国经济的货币联盟里又有什么意义？因此，与把这次危机视为推动“希腊退欧”机遇的那些欧元反对者不同，我的立场是，要想继续长期留在欧元区，违抗欧元区机构的命令是唯一的方法。

---

[1] 济贫院（workhouse），英国根据 1723 年法令设立的收容失地失业贫民的场所。贫民（其中还有儿童）在这里先被强制学习某种手艺，再被送进工厂做工。内部生活条件恶劣，家庭成员必须分居，被称为“穷人的巴士底狱”。20 世纪三四十年代，设立济贫院的法令被社会保险制度取代。

在还差不到十天就要签署纾困协议的时候，我又给政府泼了两盆冷水。4月26日，在题为《欧洲最后一支探戈》的文章中，我将希腊政府争取获得纾困贷款的努力与历届阿根廷政府的努力进行了比较。利用国际货币基金组织提供的巨额美元贷款，阿根廷政府设法维持了比索与美元之间一比一的汇率。在这段时间里，富人和企业变卖了他们在阿根廷的资产，将所得换成美元，汇到了华尔街——然后任由经济和货币崩盘，任由日积月累的美元债务压垮不幸的阿根廷民众。两天后，我又发表了一篇文章，进行了最后的努力。这篇文章的标题就说明了一切：《要看到破产的光明一面》。

五天后，纾困贷款协议签署。总理选择了一个风景如画的岛屿作为他发表全国讲话的背景，称赞“这是希腊的第二次机会，证明了欧洲的团结，是我们复苏的基础”，诸如此类。这将导致他的失败，是这个国家通往“济贫院”的单程票。

紧缩措施的倡导者

财长生涯结束后，我首次公开露面是在2015年9月，在剑桥的一群观众面前录制英国广播公司的节目《提问时间》。主持人戴维·丁布尔比向观众介绍说，我是欧洲反对紧缩措施的斗士。这等于公开邀请支持紧缩措施的观众与我当堂对质。一个小伙子阐述了他支持紧缩的哲学：“经济学真的很简单。我兜里有十英镑。如果出门在剑桥买三品
34 脱[1]啤酒，我的钱可能不够，需要借钱。如果不停地买，我就会用光所有的钱，我就会破产。这并不难。”

---

[1] 英制1品脱约合0.57升。

生活中，至少在我的生活中，最大的谜题之一就是，好人多么容易受到这种糟糕逻辑的影响。事实上，用个人财务的视角去理解公共财政会得出可怕的结果，就像我在回答中所解释的："在你的生活中，你的支出和收入是完全分开的。因此，当你削减开支时，你的收入不会减少。但如果整个国家大量储蓄，其总收入反而会下降。"

造成这种情况的原因在于，在国家层面，总支出和总收入是完全相等的，因为你赚到的都是别人花掉的钱。因此，如果一个国家的所有人和所有企业都在削减开支，政府一定不能也跟着削减开支。如果政府削减开支，总支出将陡然下降，国民收入也将随之陡然下降，接着导致财政部的税收收入下降，闹出紧缩措施的大乌龙：国民收入不断缩水，造成现有国债无法偿还。这就是为什么说紧缩措施绝对是错误的解决方案。

如果这一点还需要证明，那么希腊已经给出了证明。我们在 2010 年接受的纾困方案有两大支柱：一是巨额借贷，向法国和德国银行提供资金，二是实行大刀阔斧的紧缩措施。不妨从这个角度看待希腊的紧缩措施：在希腊获得"救助"之后的两年里，另一个陷入同样困境的欧元区国家西班牙也被迫实行了紧缩措施，需要削减 3.5% 的政府支出；同样是在 2010 年至 2012 年的两年时间里，希腊大幅削减了 15% 的政府支出。效果如何？西班牙的国民收入下降了 6.4%，希腊的国民收入下降了 16%。与此同时，在英国，新上任的财政大臣乔治 · 奥斯本提倡实施温和的紧缩政策，以此作为他实现梦想的手段：到 2020 年实现政府预算的平衡。[14] 奥斯本是我当选后最早会见的财长之一。在那次会面中，让人最为震惊的是——至少对媒体人士而言，他们本以为这会是一场气氛冷淡或激烈交锋的会晤——我们两人之间几乎不存在有分歧的地方。会谈开始后没几分钟，我就对他说：“尽管我们或许在紧缩措施的好处上意见不一，但乔治，你并没有实施很多的紧缩措施，不是吗？”[15]

他微笑着表示同意。他怎么会呢？如果举办一届紧缩措施奥运会，
35 希腊将横扫奖牌榜，而由奥斯本执掌财政的英国会在奖牌榜上垫底。奥斯本似乎也很感激英格兰银行给予的帮助，从2008年伦敦金融城遭遇信贷动荡的那一刻开始，英格兰银行便开足马力大量印钞，并将印出来的数十亿英镑注入已经沉底的银行，保持经济“流动性”。奥斯本将英格兰银行慷慨解囊与政府削减开支的政策一起统称为“扩张性收缩”。

“它们一路都支持我。”他对我这么说，显然庆幸自己没有处在我的境地，即被一路反对自己的欧洲央行捆住手脚。

“我真羡慕你，乔治。”我哀叹道。“与你不同，我这一路上每走一步，央行都会在背后捅我一刀。你可以想想，换成英国会是什么样子？”我问道，“如果你和我一样，‘扩张性收缩’被迫变成‘紧缩性收缩’呢？”

他微笑着点头，就算这不意味着团结，至少也意味着同情。

来自英国保守党的财政大臣与代表希腊激进左翼的财政部长相谈甚欢，这其实并不像媒体希望人们认为的那样令人费解。三年前，随着欧元危机全面爆发，澳大利亚的一家特许会计师商会在墨尔本召开年会时，出于活跃气氛的目的，搞了一场欧洲左翼和右翼人士的辩论。于是，他们邀请曾在约翰·梅杰政府任财政大臣的诺曼·拉蒙特勋爵与我进行辩论，以为我们肯定会唇枪舌剑激烈交锋。遗憾的是，他们选择了错误的话题：欧元区危机。在等着好戏上场的一大群观众面前，我们两人上了台，之后很快发现，双方几乎在所有问题上的看法都是

一致的。

我们进行了气氛友好的讨论。实际上，我们一起离开会场后，在门外遇到了达娜厄，三人于是去了河边的一家餐馆共进午餐。在明媚阳光的照耀下，友谊之花绽放——就像诺曼总是提醒我的那样，还有少量澳大利亚葡萄酒的助兴。后来，我们一直保持联系，交换意见。事实证明，我们两人之间的共同语言甚至超出我们自己的想象。2014 年 12 月，我告诉诺曼，我将在一个月内成为希腊财政部长，这让他震惊不已。从那天起，在我就任财长的喧嚣数月里，以及之后，诺曼一直是我的力量支柱、可靠朋友和坚定支持者。事实上，在 2015 年我踏 36
入唐宁街 11 号拜访乔治·奥斯本之前，诺曼已经给他打过电话，替我美言了几句，为这次会见铺平了道路。

虽然我与拉蒙特勋爵的友谊令许多人颇感奇怪，特别是我在政府中的左翼同志，但这种类型的友谊不仅局限于我们两人之间。从 2010 年直至今天，在这些惨淡年月里，我作为一个自豪的左翼人士，得到过各路右翼人士（纽约华尔街和伦敦金融城的银行家、德国右翼经济学家，甚至还有美国的自由至上主义者[1]）的支持，我对此一直深感震惊。我举一个例子说明这有多么奇怪。快到 2011 年年底的一天，我在纽约市向三个截然不同的群体发表了三场演讲——一是“占领华尔街”运动的参与者，二是纽约的美联储官员，三是对冲基金经理和银行代表。我用同一个故事向他们讲述了欧洲的危机，三个互为死敌的阵营都向我报以热烈的回应。

---

[1] 自由至上主义者（libertarian），又称“自由意志主义者”或“放任自由主义者”，主张只要个人不侵犯他人的同等自由，个人应该享有以其自身和财产从事任何活动的绝对自由。

真正的自由至上主义者、正在复苏的华尔街银行家和盎格鲁-凯尔特裔右翼人士认可我的左翼立场，而这正是希腊和欧洲的建制派所深恶痛绝的：明确反对用不可持续的“假意展期”贷款把破产包装成流动性不足问题。坚定的自由市场论者十分厌恶用纳税者的钱做慈善。他们坚决反对我的部分观点，即在经济衰退时期应大举进行公共投资，并始终通过税收调节的方式进行收入分配。但我们都赞同，用纳税人的钱出资放贷，从而将破产推迟到未来的做法是对资源的严重浪费，开启了通往苦难的大门。最重要的是，自由至上主义者明白何为债务。因此，我们一致认为，四年后克里斯蒂娜·拉加德强迫我接受的那个方案背后，有着一个自欺欺人的谬论。

建制派在 2015 年提出的那项方案如何能够帮助希腊复苏？官方给出解释或许可以称为“恢复竞争力行动”。其基本逻辑是这样的：希腊使用欧元，因此不能通过货币贬值的方式吸引海外投资，而这是恢复国际竞争力的通常策略。取而代之的是，希腊可以通过所谓国内贬值的方式达成相同的结果，这就需要实行大规模的紧缩措施。具体怎么
37 做？政府大幅削减开支，进而压低物价和工资。于是，对德国、法国和中国的顾客而言，希腊橄榄油、米克诺斯岛上的酒店服务和希腊海运运费将变得便宜得多。因此，随着希腊恢复竞争力，出口和旅游业将企稳回升；看到这种奇迹般的转变，投资者将蜂拥而至，经济从此稳定下来。久而久之，经济再度开始增长，收入回升。任务完成。

要不是自由至上主义者看到“房间里的大象”（在政府、银行、企业和家庭同时资不抵债的国家，没有哪个理智的投资者会来投资），这可能是一个令人信服的观点。随着物价、工资和收入下降，他们还不上的债务不会减少，反而会增多。削减收入、增加债务只会加速这一

进程。当然，这就是希腊从2010年开始经历的过程。

2010年，希腊人每获得100欧元收入，政府就欠外国银行146欧元。一年后，2010年赚到的100欧元就缩水为91欧元，到2012年更是缩水为79欧元。与此同时，随着欧洲纳税人出资提供的官方贷款在流入法国和德国的银行之前进入希腊，等值的政府债务从2010年的146欧元涨到2011年的156欧元。即使上帝和所有天使感召了每一个希腊逃税者的心灵，把我们变成一个由节俭的苏格兰长老会信徒组成的国度，我们也无法扭转破产的命运。因为我们收入太低，债务太多。投资者明白这一点，对希腊的投资项目敬而远之。结果必然导致一场人道主义危机，最终让像我这样的人进入政府。

在我进入政府后，鉴于国际左翼一直处于混乱状态，美国自由至上主义者和英国自由市场论者就成了我最有力的支持者。他们认为，应当任由市场上的输家自生自灭。有趣的是，这种准达尔文式的意识形态正在把他们推向我这边。考虑到过度信贷构成的危险，“每个不负责任的借款人对应着一个不负责任的贷款人”这一信条使他们得出结论，不良贷款应由不负责任的贷款人承担，而不是由纳税人承担。至于不负责任的借款人，他们也应为不负责任付出代价，主要是授信遭拒，直到他们再次证明自己的信誉。

登上黑名单

2010年至2011年，我似乎差不多每隔一天就出现在广播和电视节 38
目中，恳请政府正视问题，开始接受令人不快的现实：希腊公共债务必须得到重组。这一主张并不激进，也不是特别左翼。银行每天都在对问题企业的债务进行重组，这不是在做慈善，而是出于光明正大的自身利益。但问题在于，既然我们已经接受欧盟和国际货币基金组织的救助，我们就不再是与银行打交道，而是与政客打交道。他们当初曾在本国的议会撒谎，以说服议员们同意把银行持有的希腊债务转为本国政府持有。要是进行债务重组，他们就必须回到议会，承认他们此前犯下的过错，而这是他们永远不会主动去做的事情，因为他们担心后果。唯一的选择是继续假装下去，再给希腊政府一笔钱，让希腊假装偿还拖欠欧盟和国际货币基金组织的债务：这就叫第二轮纾困。

我下定决心要给他们搅局：我要尽可能地使更多人知道，接受更多贷款是我们的最坏选择。我用尽了各种比喻——“这就好比申请一张信用卡”，有一次我在电视节目中说，“用来偿还因工资下降而还不上的房贷。这在逻辑上行不通。千万别这么做。尽管房子被银行收回是一件可怕的事情，但永远成为债务的奴隶更可怕。”

一天晚上，我参加完国家广播电视公司希腊广播和电视组织的另一个节目后回到家中，一进门就听到座机的铃声。我拿起话筒，里面传来一个熟悉的声音，是安东尼斯·萨马拉斯。他当时是希腊最大在野党新民主党的领导人，属于保守派。四年后，在 2015 年 1 月的大选中，我帮助我所在政党的领导人击败了他。

“我们素未谋面，瓦鲁法克斯先生，”他说，“但刚刚在希腊电视一台看到你的节目，我就想给你打个电话。因为我不记得上一次我在电视上看到这么深刻的内容而这么受触动是什么时候了。谢谢你有着这样的立场。”

他不是唯一接近我的希腊建制派成员。实际上，在竞选过程中，我与一些社会党人部长、在野党保守派议员、工会领袖以及其他认为我有点见地的人进行过多次秘密交流。每当我向他们阐述我的基本分

析时，没有一个人提出过异议。社会党人说起话来就像海军军士，明 39
知军舰要触礁，但又不敢违抗不相信事实的舰长。保守派至少在2011年11月之前要放松得多：他们的领导人安东尼斯·萨马拉斯一直采取反紧缩、反纾困的立场，因此他们觉得可以更自由地支持我的想法。

几天后，我坐在希腊广播和电视组织的演播室里，准备再度在主要的新闻播报节目中露面。它的首席执行官之前向我提出了一个颇具吸引力的建议：在主要新闻播报完毕后，电视台几乎每天都会请我在随后的一个简短板块中就正在上演的经济戏码发表评论。“政府不会喜欢，但你的观点非常重要，值得播出。”他果决地说。尽管政府强烈反对我的观点，但国家电视台的领导人坚持多元化报道的立场令我满意，也让我受宠若惊，我同意考虑考虑。

当晚，在节目开始前十分钟，首席执行官叫我去他的办公室聊天。坐在他对面的是这家电视台的当家主播，她20年来一直是泛希腊社会主义运动建制派最喜欢的媒体人，以染过的金发、蓝眼睛、迷人的嗓音和娇媚的风情闻名。当首席执行官谈到他邀请我作为节目固定嘉宾时，那位主播热情地附和着。就在我们准备前往演播室之前，在首席执行官的注视下，她向我发出警告：“我知道这是你的专长，但今晚不要提到债务重组。这么说会让你很难保住嘉宾的位置。政府听到这些话时会大发雷霆的。”

我笑了笑，继续走到摄像机前。一切就绪，她开始播报新闻，之后转向我，用她常用的那种专家口吻问道：“瓦鲁法克斯先生，政府告诉我们，这项方案将取得成功。但我们也听到了其他观点。你怎么认为？”

我立即回答说：“如果不进行债务重组，包括这项方案在内的所有方案都不可能成功。”我想我察觉到，在浓妆的掩盖下，她的脸上出现了一丝难以察觉的抽搐。

节目结束后，我径直走向停车场，骑上摩托车回家，确信自己再也不会被邀请参加希腊广播和电视组织的节目了。事实上，在新闻部长的命令下（单单是他的头衔就会让所有自由派人士感到不安），我登上了一份非官方的黑名单。[16] 四年后，同一个罪名——坚持债务重
40 组——导致欧洲大佬要求把我赶出希腊财政部和欧元集团。谁说欧洲建制派之间有矛盾？

2011 年的希腊广播和电视组织禁令是我第一次感受到无能的威权主义，而欧盟就是用这种方式处理欧元区危机。他们对待这场危机的态度是道德说教式的。正如前文所解释的那样，紧缩措施是糟糕的经济政策，在经济低迷时必定失败。但紧缩措施其实根本算不上经济政策。紧缩措施是一出为救场而上演的道德戏码，为危机时期把穷人手里的财富转移给富人的自私行径提供合理解释。在这出戏中，欠债者是导致危机的罪人，必须让他们为自己的不当行为付出代价。“三驾马车”不满足于要求希腊人、西班牙人和他们自己的人屈从于其权威，还要求欧洲的其他弱者，比如许多在贫困中挣扎的德国人，也要为这场危机承担罪责。

德国财政部长沃尔夫冈·朔伊布勒博士曾对我说过，我反对紧缩措施的立场使我成了欧洲的少数派。他指出，民意调查结果显示，民众支持政府削减开支。我回应说，即使这是真的，大多数人或许也并不知道是什么真正导致了他们的疾苦。我提醒他，在 14 世纪黑死病流行的时期，绝大多数欧洲人认为，这场瘟疫是由罪恶的生活方式引起的，可以通过放血和鞭打自己的方式驱除。当放血和鞭打不奏效时，

人们认为这证明忏悔还不够真心，放血还不够多，鞭打还不够狠——就像现在一样，紧缩措施的惨败证明落实还不够认真。

即使沃尔夫冈觉得有趣，他也没有表现出来。但这就是问题所在，撇开道德负担，紧缩措施的真正面目是：建立在没有道德的道德说教之上的失败经济政策。建制派对我怒不可遏的原因在于，我在一定程度上成功地对这个问题进行了冷静的逻辑分析，从而将关于希腊债务问题的辩论去道德化，并利用超越左翼和右翼分歧的一些论点，在双方部分成员中间引起强烈的反响。

这就是为什么，如果他们能做到的话，他们不仅会把我列入希腊广播和电视组织的黑名单，还会把我列入欧洲大陆所有公共论坛的黑名单。

希望广场

就在希腊国家广播电视公司因为我继续宣扬债务重组而将我列入 41
黑名单之际，国际货币基金组织却开始致力于……债务重组。德国人坚决反对，但被欧洲人拖下水、处境愈发艰难的国际货币基金组织坚决要做。为了安抚国际货币基金组织，希腊财政部长假惺惺地咨询了华盛顿的债务重组专家，但心里已经决定要听柏林的话。[17] 与此同时，柏林和巴黎正在得出结论，希腊需要一笔新的纾困贷款、部分债务“剃头”，以及一个新政府。

他们的想法并不复杂：第一笔纾困贷款几乎全部用于支撑法国和德国的银行。希腊政府很快就需要更多资金——多非常多——才能继续假装有能力偿债。但就像用信用卡还房贷一样，你背负的债务只会越来越多。因此，要是不对希腊债务进行某种形式的“剃头”，并将其作为 2012 年第二轮纾困的一部分，那么，将向希腊提供的贷款的惊人数额会让欧洲各国已然非常愤怒的议员们集体心梗发作。萨科齐总统和默克尔总理只得接受对希腊债务进行重组的主意，但条件是，损失只能由那些无力对法、德造成太大伤害的债主承担。2011 年夏，方案敲定："剃头"的损失主要由希腊养老基金、希腊半公共机构和购买了政府债券的希腊储户承担，国际货币基金组织和欧洲各机构在 2010 年提供的贷款自然仍是不可侵犯的。[18]

这将宣告可怜的帕潘德里欧政府的垮台，该政府曾推动议会通过第一轮纾困方案。在他们看来，牺牲帕潘德里欧政府是可以接受的代价。毕竟，帕潘德里欧总理、他的财政部长，以及整个希腊建制派，推动议会通过第一轮纾困方案所用的唯一方法就是反反复复地说，这是希腊的救命稻草，债务重组既不必要也不可取，持反对意见的人就该被涂满柏油、粘满羽毛❶——或者至少按照古希腊人的方式遭到放逐。不到两年后，同一个政府怎么可能推动议会接受同样耗费国力、羞辱国民的债务重组方案，外加比上次数额还大的贷款？他们注定完蛋。

42 帕潘德里欧政府的无能不仅在议会大厦里暴露无遗，在门外的宪法广场上更是显而易见。宪法广场的名字可以追溯到 1843 年反对出身巴伐利亚的奥托国王❷的起义。在那次起义中，起义军把一部成文宪法

---

❶ 这是自近代起，可见于欧洲及其殖民地的一种严厉惩罚和公开羞辱人的行为，通常由暴民作为私刑实施。

❷ 奥托国王，即希腊国王奥托一世（1815—1867），生于奥地利萨尔茨堡，巴伐利亚国王路德维希一世次子。1832 年被英、法、俄立为希腊首任国王。执政期间任用三位巴伐利亚官员摄政，制定新法典，建立常备军，加强中央集权，但其实行的政治制度与希腊传统不合，且信仰天主教，引起不满。1843 年 9 月 15 日（儒略历 3 日），首都雅典爆发起义后，他被迫撤销巴伐利亚籍大臣职位，解散巴伐利亚军队，同意制定宪法，在希腊实行责任内阁制。

强加给他们的外国领主。广场的一头是奥托国王原来的宫殿——现在的议会大厦，另一头是 20 世纪 70 年代建设的丑陋方块楼，即希腊财政部。从广场的某些位置可以看到雅典卫城，使人不仅想起希腊昔日的辉煌，还有人民当家做主的理念。自 1843 年奥托国王被迫让步以来，雅典的几乎每一次示威或集会都离不开议会大厦前的宪法广场，或在这里开始，或从这里经过，或到这里结束。实际上，在 20 世纪 70 年代初，我本人以及同一代的数百万希腊人正是在这里第一次参加反对军政府的示威活动，体会到催泪瓦斯的乐趣，初尝政治的滋味。

2011 年春，随着这个国家已陷入严重衰退，自发占领宪法广场的活动开始了，可能是效仿西班牙所谓的“愤怒者”发起的占领公共场所之类的活动，以示抗议紧缩措施，要求重拾尊严。起初，有一两千人在夜幕降临后聚集于此。但这些人每晚都来，而且每晚都会多出几千人。这种局面整整持续了三个月。最多的时候，有十万人聚集在这个广场上。尽管法西斯分子、防暴警察和戴着卫衣风帽的无政府主义者偶尔挑起短暂的低级别暴力事件，但组织得无可挑剔的辩论是这些集会的特别之处：每个人的发言不能超过三分钟，发言者由抽签决定，每隔几小时更换一次讨论主题。（我记得当时心想，要是在我们的大学里能效仿这么有序的讨论该有多好。）这或许不是有效的民主制，因为这不可能产生具有约束力的决定，但至少这是一个涌动着可能性的巨大古希腊市集，正与相邻的议会大厦里发生的事情形成鲜明对比，那里的所作所为为我们的国家带来了一次大萧条的屈辱。

从我们的公寓走到宪法广场需要十分钟，我和达娜厄会去那里呼吸希望的氧气。我两次受邀向人群发表演讲。就在登上临时拼凑的讲台之前，我想起自己上一次在示威活动中发表演讲是在英国诺丁汉郡 43

的某地，那个地方刚好位于1984年矿工大罢工的对峙线上。至少在宪法广场上，天气暖洋洋的，人也多很多，而我再也不是一个“管闲事的外国人”，当年一名英国警察就曾这样称呼我。然而，兴奋的心情是一样的。在我走下讲台后，达娜厄显然对我的表现很满意，凑到我的耳边问道：“你确定不想竞选议员吗？”我说我不想。我解释说，不论我个人的感受如何，我能为这项事业做出的最大贡献就是，保持我与不同党派政治人物之间已经建立的沟通渠道畅通无阻，并尽力跨越党派分歧做点事情。但在内心深处，我不知道这种状态还能维持多久。分歧之雾越来越浓。

2011年6月，“三驾马车”强迫摇摇欲坠的希腊政府在议会接连通过一些破坏性法案，其中包括事实上取消工会权利的法案。这其实是帕潘德里欧的下台仪式，是在第二轮纾困方案最终把地毯从他脚底下拽走之前的最后一次羞辱。感受到危机的民众在宪法广场上越聚越多，越来越愤怒，很快就变成全天候占领广场。而糟糕的是，分歧开始扩大。广场北面的民族主义者和法西斯分子开始显露出丑恶的一面，他们的口号体现出他们憎恨所有政治人物，实际上是憎恨议会民主制本身——这些正是金色黎明党崛起的可见迹象。进步主义者则聚集在广场南面，人数要多得多。他们依据传统，完善地组织起多元辩论，既竭力反对建制派，也坚决反对聚集在广场北面、野蛮反对建制派的煽动者。

议会里的议员，尤其是执政的社会党议员，会在电话里告诉我，或在关起门来喝咖啡的时候痛苦地向我承认，他们再也受不了了。他们从尖叫、愤怒、感到屈辱的民众身边经过，走进会议室为他们厌恶的议案投下赞成票，这给他们造成了极大的伤害。他们再三对我说，等到下次为“三驾马车”强加给他们政府的议案投票表决时，他们会投反对票。但一次又一次，除了一两个例外，他们都被打回了政府的牢笼。在不到一年的时间里，30 年来得票率一直约为 40% 的社会党发现，其支持率暴跌至可怜的 5%。

6 月下旬的一天，5000 名警察包围了宪法广场。这是一次精心策划的行动，目的是结束示威者的占领。他们使用的催泪瓦斯之多，就相对狭窄的城市空间而言前所未有，加上眩晕弹、烟幕弹、高压水枪和传统的警察暴力，一时间把广场和周边街区变成了荒原。我认识的几名经验丰富的战地记者告诉我，他们从来没想到会在雅典这样的城市目睹这样的政府暴力。墙壁和人行道都被烟雾熏黑，整个城市连续几周散发着化学物质的气味。从那一天起，该政府干净彻底地清除了自己最后残存的那点合法性。

“纾困斯坦 2.0”

帕潘德里欧总理倒台的具体细节极其令人伤感，我不忍在这里讲述。简单来说，与所有精彩的戏码一样，“三驾马车”利用簇拥在大位左右的朝臣，通过政治诡计把地位不稳的总理赶下了台。这种残酷的冷漠就是“三驾马车”对待曾为其忠诚效力之人的典型态度，他们在抛弃乔治·帕潘德里欧之前，还让他遭受了终极的耻辱：2011 年 10 月，他最后一次奉命前往布鲁塞尔，在第二轮纾困贷款和债务重组草案上签字，而他长期以来恰恰一直代表“三驾马车”谴责债务重组，称其“既不必要也不可取”。

成功组建一个能够驱使希腊议会通过第二轮纾困方案的继任政府绝非易事。帕潘德里欧的陨落和执政的社会党议员的倦怠意味着需要举行新的选举。但投票结果是不可预测的，而且选举最早也得等到一个月后举行，但欧盟、国际货币基金组织和希腊精英觉得他们没有这么多时间。替代方案是组建一个临时联合政府，只有等到该政府推动第二轮纾困方案在议会获得通过后，选举才可能最早于2012年春举行。为了组建这个大联合政府，就必须说服在野党保守派领袖安东尼斯·萨马拉斯接受纾困方案的逻辑，放弃他一直以来的抵制态度。

2011年6月23日，萨马拉斯在柏林与默克尔会面。仅仅是这一次
45 会面，就使他放弃了在情感上对我的支持，就像我在希腊广播和电视组织频道上强烈谴责“纾困斯坦”之后，他打电话给我时所说的那样。事实证明，最终当上希腊总理、搬进马克西莫斯官邸的诱惑不可抗拒。他不会是最后一位为了上位而放弃反“纾困斯坦”原则的领导人。计划是这样的：帕潘德里欧辞职后，总理将由一名“技术官员”接任，中左翼（泛希腊社会主义运动）和中右翼（新民主党）负责提供部长人选，以及在议会中的必要选票。一旦他们推动“三驾马车”的第二轮纾困方案在议会获得通过，该政府将举行新一轮选举。鉴于泛希腊社会主义运动承担了第一轮纾困方案所造成的道德和政治成本，导致自身垮台，萨马拉斯的新民主党肯定会赢得选举。只要安东尼斯·萨马拉斯能够说服自己抛弃他的反纾困立场，支持第二轮纾困方案，并从侧翼配合临时政府，他仅需等待六至八个月就能当上总理。后来事情确实也是这么发生的。[19]

被挑中领导联合政府的绅士不是别人，正是刚刚退休的欧洲央行副行长卢卡斯·帕帕季莫斯，这凸显出希腊是多么不受信任。帕帕季莫斯以前和我同在雅典大学经济系担任经济学教授，在搬进马克西莫斯官邸之前，他不得不忘记以前发表的一些不合时宜的言论。就在宣誓就职的

三天前，帕帕季莫斯还在像鹦鹉一样重复着“三驾马车”规定的台词，即希腊债务重组“既不必要也不可取”。然而，当他出现在马克西莫斯官邸门口，面对急等着报道他第一份官方声明的众多记者时，他却面无表情地说，他作为总理的主要职责将是监督希腊的债务重组。

就这样，我们迎来了我国历史上的快乐时刻：把我们这些敢于呼吁债务重组的人谴责为愚蠢叛徒的那些人，到头来发现自己就是“三驾马车”派去落实债务重组的人。如果债务重组真的是为了恢复希腊的偿付能力，那么这件事会是一个有趣的历史注脚。但债务重组绝不是为了这个目的。

对债主违约，正式宣布破产，这是一件可怕的事情，但也有好处：你的债务减少了，你可以通过再次奋斗、自力更生的方式，重新获得潜在投资者的信任。比如，通用汽车在 2009 年之后就是这么复苏的，
实际上德国也是凭借大量的债务减免在 20 世纪 50 年代起死回生的。但 46
希腊不行，希腊注定要创造历史。根据 2012 年达成的第二轮纾困方案的条款，新政府将宣布得到世界历史上最大的一笔不会拨付的贷款，同时也将因这笔世界历史上最大的贷款仍被关押在债主监牢里。

举世无双的 1000 亿欧元债务违约“剃头”重创了希腊无权无势的养老金领取者、专业协会和小额债券持有人（他们将被迫与政府欠他们的钱说拜拜），而创世界纪录的 1300 亿欧元“假意展期”贷款被强行记在这个国家名下，尽管希腊政府本身几乎得不到一分钱。其中很大一笔钱反而流入了希腊银行家的口袋（以过度补偿他们因政府债券“剃头”而承受的损失），还有一大笔钱给了向希腊提供贷款的外国私营贷款机构（以奖励他们接受债务“剃头”），第三笔钱则用于偿还欧盟和国际货币基金组织在第一轮纾困协议中提供的贷款。[20]

三个新机制让“纾困斯坦 2.0”成为比上一个版本更邪恶的政权，这三个机制架空议会，损害民主主权。一个是救助银行家的机制，再一个是管理政府税收和海关的新形式，最后一个是为了债主的利益组织抛售希腊家底的部门——换句话说，私有化就是希腊方案的基调。只须快速读完这几点新手说明，你就会明白什么是“纾困斯坦 2.0”。

这三个机制中最可恶的或许是第一个，即救助银行家的机制。当资金注入私营公司时，提供资金的实体必须获得与注入价值成比例的公司股份，并享有相同比例的公司管理权。第二轮纾困方案规定，银行家将获得 410 亿～500 亿欧元，这些新的公共债务由纳税人承担。然而，提供这笔钱的公众并不能得到破产银行的部分控制权，一个巧妙设计的计划完全避开了这一点。希腊政府出面成立了一个全资拥有的新基金，名为希腊金融稳定基金，在总计 1300 亿欧元的第二轮纾困贷款中，有 500 亿欧元被划拨给该基金，同时明令该基金将这笔钱转交给银行。从法律角度而言，银行家必须要把大约相当于银行八成净资产的股份转让给希腊金融稳定基金，但可以通过两种方式确保议会不
47 享有对银行管理的发言权。首先，议会投票赞成希腊金融稳定基金所持股份不享有投票权。其次，希腊金融稳定基金董事会由“三驾马车”直接任命的外国董事和希腊籍高管（包括首席执行官和董事长）组成，后者的任命需要得到“三驾马车”的批准。此外，除非得到“三驾马车”的同意，政府或议会不能开除任何董事。这项法案获得通过后，尽管这些银行的生存仰仗希腊公民为其举债，但希腊议会能对这些银行采取的最后一项有意义的行动就是放弃对他们的监管。

接下来是希腊政府的税收和海关部门，议会在这个问题上再次吞下苦果：该部门的负责人如今需要得到“三驾马车”的批准才能任命，

没有“三驾马车”的同意不得解雇。在许多国家，税务部门虽独立于财政部，但直接向立法机构负责，比如英国税务海关总署和美国国家税务局。在“纾困斯坦 2.0”，税务和海关部门不向财政部或立法机构任何一方负责。[21]

为了完成三位一体的侮辱，负责实行私有化的那家独立机构也是由“三驾马车”批准的另一名主席领导的，他的理念可以恰如其分地归结为一句话：“一件不留！”从希腊的港口、铁路到原始的海滩、小岛，印刷精美的招股说明书上应有尽有，邀请潜在买家出价。家底都拿出来卖了，得到的钱则由希腊的外国债主任命的本国代理人收走。[22] 没有什么比民众在看到这些小册子时的表情更能体现他们的失望和怨恨。

这项法案否决了希腊议员对政府治理上述三大支柱的管辖权，他们为何会乖乖听话，投下赞成票？他们受到了把希腊踢出欧元区的威胁。任何一套法学体系都不应允许进行这样的表决，只有极其倦怠的议会才会选择默许。

“我得是谁才行？”

“你无权这么做。必须投反对票！”

一名年轻女子对一名议员喊道。这名议员正奋力地从宪法广场的占领者中间挤出一条通往议会大厦的路，他要去为“纾困斯坦 2.0”的一项议案投票。

“你以为你是谁，可以命令我该投什么票，不该投什么票？”他一 48
边用胳膊肘开路，一边对她咆哮，汗水顺着他的脸往下淌。

她随口回以致命一击：“我得是谁才行？”

“纾困斯坦”是一个不好听的词，但它反映了一个可恶的现实：这个体制代表北欧的银行，把希腊变成了债主监牢。宪法广场上的那些夜晚体现了希腊从监牢进一步变成制度化的债务殖民地的过程，但也标志着继信贷危机之后，欧洲又爆发了合法性危机。一个加入欧洲共同货币伟大实验的国家最终沦为一个任人宰割的香蕉共和国，这是对本应建立在共同繁荣和相互尊重基础上的欧盟的泣血控诉。

当然，这一切并不是欧洲当权者想要的。2008 年之前，柏林、布鲁塞尔、巴黎和法兰克福的精英同美国和伦敦金融城的精英一样，对自己的论调深信不疑：资本主义带来了“大稳健”；“繁荣与萧条”周而复始已成为过去；银行找到了一种神奇的方法，能够产生“无风险风险”，并出色地进行了自我监管。当权者认为，历史已经终结，他们的职责属于微观管理，通过细微调整确保一个自我引导、自我管理的宏大体系朝着大局已定的理性方向发展。

然而，当华尔街的自我毁灭导致欧洲金融体系触礁时，欧洲的精英们惊慌失措。完全沉没的前景促使法国和德国银行把手伸进历史的垃圾堆，复活了炮舰外交的阴魂，及其附带的无能经济学。希腊只是碰巧成为这些垃圾的再利用场所，而“纾困斯坦”就是结果。

当一座结构脆弱的桥梁承载了过大的重量时，最不结实的梁会最先断裂。希腊就是那根梁。原因与欧盟无关，完全是因为现代希腊国家的可悲历史以及凌驾于国家之上的寡头集团，但导致这场灾难的原因是糟糕的桥梁设计。即使抽走希腊这根梁，换上一根更结实的梁，这座桥还是会垮塌。

回到 2010 年，希腊的公共和私营部门确实无能、腐败、臃肿、负
49 债累累。这就是欧元危机从那里开始的原因。早在 1827 年现代希腊正
式建立之前，我们希腊人就设法背上了难以为继的债务。从那时开始，

逃税就一直是某种介于奥运会项目和爱国义务之间的东西。20 世纪六七十年代，我们进步主义者了解了我们的政治，走上街头，特别是到宪法广场，厉声反对这种陋习，以及往往用暴政掩饰自己极度无能的希腊寡头集团。然而，所有这一切都不能解释希腊为何在 2010 年之后陷入更深重的危机，也不能为随后建立“纾困斯坦”——地中海上可悲的债主殖民地——正名。

假如希腊在 2000 年没有加入欧元区又会怎样？在启用统一货币的最初八年里，我们的政府和私营部门只能从法国和德国的银行借到很少的钱，银行不会愿意向货币一直贬值的赤字国家放贷。因此，在 2000 年至 2008 年期间，与我们实际经历的由债务刺激实现的繁荣相反，希腊经济会以龟速增长。2008 年金融危机爆发时，希腊会像罗马尼亚或保加利亚那样，经历小幅度、短时间、不严重的衰退。就算希腊政府一如既往地腐败和低效，希腊也只是会像 20 世纪五六十年代那样艰难前行，而不会陷入如今的人道主义危机。对我们的社会弊病深恶痛绝的进步主义者会继续在宪法广场上示威，但其他人看不到也听不到他们的呼声，世界各大媒体的头条新闻也不会提到希腊的新悲剧、希腊对全球金融的威胁，诸如此类。当然，我也永远不会写出这本书。

正如他们所说，人谁无过，但要想以如此惊人的人类代价犯下如此严重的错误，我们似乎少不了欧洲最宏大的经济设计——欧元。希腊是欧元区煤矿里的金丝雀，它的死亡本应是对欧洲货币体系泄漏的致命金融瓦斯的警告。然而在 2010 年，本是牺牲品的弱小希腊反而成了欧洲和欧洲银行的替罪羊。为了使外国议会蒙在鼓里，希腊人不仅替法国和德国的银行扛起了压死人的贷款，被迫过上后现代济贫院的生活，他们还被指望着内化责难，认为错在自己。不过，在宪法广场

上的那些漫长而荣耀的夜晚，欧洲建制派失去了对这场卸责游戏的控
50 制。那名毫不畏惧的年轻女子，用那句了不起的“我得是谁才行？”宣告了她享有质疑权威的权利，象征着转折点的到来。的确，我们的社会滋生了大量恶性肿瘤，但这绝不是对我们施行不同寻常的残酷惩罚的理由。我们不会坐以待毙。

叶卡捷琳娜二世曾说，如果你当不了一个好榜样，你就必须成为一个可怕的警告。在其他欧洲差生看来，希腊确实成为一个可怕的警告：一个由债务和紧缩措施构筑的铁笼子正等着那些违反金融规定的国家，即便这场危机使遵守规定变得不可能。但宪法广场上的年轻女子、无家可归的翻译兰布罗斯，以及数百万愿意做出牺牲但不愿看到自己被扔进希腊债务无底洞的人，决心要向欧洲其他国家证明，不是没有其他人道的选择，欧洲的处境虽然艰难，但不是非得成为悲剧，我们的命运仍掌握在自己手中。

在宪法广场占领者遭残暴驱逐之后，希腊夏天的热浪也发挥了重要作用，占领者再也没有回来。不过，他们渗透到了希腊社会当中，传播理念，静待下一场大火的到来。后来，宪法广场精神发展成一场势不可当的政治运动，用选票建立了一个新政府，而这个政府的任务很简单，就是推翻“纾困斯坦”，拆除监狱围墙。但在实现这个目标之前，我们需要进行四年的艰辛准备。

本章注释

1. 1100 亿欧元中有三分之一来自国际货币基金组织，即来自国际货币基金组织成员国的纳税人，差不多可以说是全世界。剩余贷款则来自欧

盟的纳税人。

2. “方案”是指“三驾马车”关于财政整顿和改革的强制措施，即所谓的“纾困贷款”条件，目的是恢复希腊经济以及希腊政府向私人投资者借贷的能力。事实上，这意味着肆意削减工资和福利，提高税收，代表债主出售希腊的家底。还要注意的是，拉加德用的是“他们坚持”而不是“我们坚持”的说法。这表明，针对“三驾马车”中的欧洲成员向希腊提出的条件，国际货币基金组织一直不赞成其中的一些重要方面。然而，这些分歧从未促使国际货币基金组织动用否决权。总之，尽管国际货币基金组织官员表达了他们的保留意见，甚至向希腊道歉，但国际货币基金组织始终支持欧洲大国的荒谬决定。
3. 希腊政府债券当时的交易价格是面值的 19%，这意味着德国银行若想向投资者出售希腊债券，就必须承受 81% 的损失。
4. http://www.telegraph.co.uk/news/worldnews/europe/eu/10874230/Jean-Claude-Juncker-profile-When-it-becomes-serious-you-have-to-lie.html
5. 这些数字反映出，德国在欧元区总收入的占比约为 27%，法国约为 20%，以此类推。
6. 国际货币基金组织的处境略有不同。国际货币基金组织的非欧洲成员国对克里斯蒂娜·拉加德施加了巨大压力，要求收回借给雅典的每一分钱。这些成员国，比如巴西，对国际货币基金组织的欧洲领导层非常恼火，因为这些人放弃了国际货币基金组织的神圣规则，损害了他们的经济利益，把他们卷入一场本来与自己无关的乱局。
7. 撒切尔夫人经常以各种方式表达这一观点。例如，在接受泰晤士电视台（Thames TV）采访时〔1976 年 2 月 5 日的《本周》（*This Week*）节目〕，她说：“……社会党政府习惯性把财政弄得一团糟。他们（社会党人）总是把别人的钱花光。这是他们的一大特点。”

8. 除此之外，欧洲的银行每拿到 1 块钱，不论是美元、英镑或欧元，他们就借出或押注多达 40 块钱。在所谓 40：1 的杠杆率下，通过简单计算便可得知，即便仅有 10% 的赌注或贷款变成坏账，就必须有人向银行注资 2.25 万亿美元，否则自动柜员机就吐不出钱来，银行的卷帘门将永久关闭。
9. 事实上，其中一位是雅尼斯·德拉加萨基斯。在我担任激进左翼联盟政府财政部长时，他是副总理。
10. 举个例子，2015 年，英国财政部赎回了 18 世纪 20 年代南海泡沫危机期间发行的一笔债券。
11. 直到 2008 年初，希腊的收入之山还在以 5.8% 的速度迅速升高，而债务之洞加深的速度仅为 4.4%。
12. 政府会频繁地向外国银行借款，然后将钱再转给开发商，用于修建高速公路等。
13. 收入之山升高的速度从一年前的 5.8% 降至 4.5%。与此同时，债务之洞加深的速度从 4.4% 同比增至 5.7%。
14. 设想一下，全面的紧缩措施会给英国带来何种结果，是一件有趣的事情。2010 年前后，英国的公共债务达到国民收入的近 80%，即五分之四。与此同时，英国政府的总支出约为国民收入的一半。现在，假设财政大臣奥斯本完全依照自己的本意，疯狂推行紧缩措施，将政府开支削减一半，降至国民收入的四分之一。削减如此之多的政府开支将使国民收入至少下降五分之一。突然间，公共债务在国民收入的占比就从五分之四上升到四分之四，即 100%，这还没算上“不得不”向伦敦金融城银行家提供的所有公共资金。这就是紧缩措施无法在私营部门债务整顿时期按自己的标准进行公共债务整顿的原因。

15. 实际上，数字非常说明问题。在担任财长的前两年（2010—2012 年），奥斯本实际上增加了 6.9% 的政府开支。从这个角度而言，卡梅伦-奥斯本政府根本没有真正实行紧缩措施。他们把紧缩措施当成大规模重新分配开支和减税的幌子，劫贫济富。简而言之，排名前 20% 的富人大捞一笔，排名后 20% 的穷人更加受穷。

16. 封杀令并非立即下达。事情发生在几天后，是当着我的面说的，当时我和那名部长正一起参加一个嘉宾访谈节目。我的批评意见让他恼羞成怒。节目结束后，他愤怒地对制片人说："我们给你们发工资，你们却屡次邀请他来诋毁我们？到此为止！"打那以后，电视台再也没有邀请过我。然而，令我大吃一惊的是，几周后，希腊广播和电视组织的一名制片人打电话给我，邀请我第二天上节目。我告诉她，虽然我非常乐于接受她的好意邀请，但她或许应该再考虑一下，我提醒她我上了黑名单。她自然对此感到不可置信。她说："法西斯时代在希腊广播和电视组织早就彻底结束了。""即便如此，"我说，"你还是找人问问吧。如果你坚持明天让我上节目，给我打个电话，我会去的。"两小时后，我的电话再次响起。她哀伤地低声承认："我之前休产假了，因为不是书面命令，所以我不知道。我从未感到这么难过。不仅为你，更为我们自己。谢谢你保护了我。"

17. 我是在当上财政部长后，有一次去华盛顿访问时发现了这一点的。

18. 与大部分国家一样，法律规定，希腊养老基金必须以希腊政府债券的形式持有大部分储备。这相当于强制养老金领取者把他们的基金储备借给政府。律师协会等专业团体的章程也强制他们的基金经理投资政府债券。希腊银行家也会受到重创，但与养老金领取者和私人投资者不同，他们会得到欧洲纳税人的全额补偿：希腊政府会从借到的第二轮纾困贷款中拿出一部分，还给银行家——当然，完全是出于维护金融稳定的目的。

19. 临时政府于 2011 年秋组建。第二轮纾困法案于 2012 年春获得批准。新选举于 2012 年 5 月举行。这次选举产生了一个没有多数党的议会，于是一个月后重新举行选举，萨马拉斯在这次选举中成为总理，设法与实力大不如前的泛希腊社会主义运动和一个支持建制派的左翼小党组成了联合政府。

20. 由于把钱借给希腊政府，希腊养老基金、专业组织和小额债券持有人损失了多达 90% 的本金。与他们不同的是，希腊政府债券的外国持有人几乎没有损失。原因在于，早在 2012 年“剃头”开始之前，外国银行和其他机构投资者已经以折扣价将手中的希腊政府债券出售给欧洲央行或偏好风险的对冲基金。等到 2012 年，外国机构买入希腊政府债券的价格不足债券面值的 30%。因此，把他们得到的接受“剃头”条款的“奖励”算在内，他们甚至从 2012 年的官方“剃头”中赚了钱。

21. 在我担任财政部长时，掌管税务局的那位优雅女士甚至没有义务向我汇报她正在做什么。即便如此，我和议会在没有得到“三驾马车”同意的情况下都不能解雇她，但我还是要为税务局的任何丑闻、不当行为和未能达成目标向议会负责。

22. 以私有化为政治遗产的政治家玛格丽特·撒切尔对此都会感到震惊。她支持出售公共资产的理由是，这将带来收入，降低运营成本，从而促进竞争，降低税率。在“纾困斯坦 2.0”中，私有化呈现出另一番景象：公共资产卖不了几个钱，因为经济萧条已使价格低到不能再低，换得的钱则随即被扔进希腊所欠公共债务的无底洞。

第三章　“他们弯起舌头像弓一样”

他是在周日凌晨到家的。筋疲力尽的达娜厄和我已经就寝，但直 51
到前门传来砰的一声，我俩才放心入睡。达娜厄的 17 岁儿子当时初涉社会，周六晚上出门参加了雅典青少年的传统活动：和朋友们讨论一切事物的意义，一直谈到深夜。地点通常是在普西里的咖啡馆，那个街区紧邻古市集。雅典是最安全的城市，普西里更是如此，但和所有家长一样，我们期待听到关门的声音。

那天晚上，在我睡着后似乎没多久，座机响了。习惯将午夜电话与家人患病联系在一起的我从床上一跃而起，冲到起居室接电话。有个男人用怪异的从容嗓音对我说：“瓦鲁法克斯先生？”

我睡眼蒙眬地说：“是的，你是谁？”

“我们很高兴看到你的孩子回来了，”那个男人继续说，“在我们看来，他在普西里玩得很开心。他回家时先是走大都会街，然后绕行哈德良路，最后走拜伦街到家。”

我的脊梁感到一股从上至下的寒意，我对着电话怒吼：“你到底是谁？你想干吗？”

他的回答让人不寒而栗。“瓦鲁法克斯先生，你盯着一些银行不放，还写进文章里，你这是误入歧途。如果你想让你的孩子每天、每周六还能回家，你最好到此为止。还有更好的话题等你去干涉。做个好梦。”我最害怕的事情变成了现实。

那是 2011 年 11 月，第二轮纾困已开始产生效果。相对第一轮纾
52 困是让欧洲的弱势群体（主要是希腊的养老金领取者和低收入劳动者）拿钱贴补外国银行家（主要是德国和法国的），第二轮纾困则是贴补希腊自己的银行家：虽然“剃头”剃走了他们高达 328 亿欧元，但作为补偿，他们将获得 410 亿欧元注资，这笔钱是希腊纳税人从欧洲其他纳税人那里借来的。这笔最奇特的转账能否顺利完成，关系到希腊银行家的身家性命。

他们担心两件事。首先，鉴于希腊议会声名扫地，议员四分五裂，银行家担心，这一政治进程会在他们拿到钱之前陷入停滞。其次，欧洲央行对银行家的把戏感到日益窘迫，渴望展现对其予以严厉打击的形象，于是要求银行在得到更多公共资金之前，需要自行筹集一些资金。然而，和希腊政府一样已经彻底破产的希腊银行家如何能够吸引到新的资本？任何理智的投资者都不会把钱存进一家倒闭的银行。

两个男人与一桶威士忌

两名希腊银行家解决了这个问题。我在都柏林的酒吧里听到的一个笑话或许有助于人们理解他们的聪明才智。这个笑话讲的是两个创

业酒鬼的故事。

一贫如洗的阿术和阿骗决定做点事情挣点钱，于是他们说服本地酒馆老板奥尔钱赊给他们一桶威士忌。两人计划把这桶酒推到临近的一个即将举行节日庆典的城镇，在那里按杯出售。他们推着滚动的酒桶出发了，过了一会儿，看见一棵大橡树，于是停下来休息。两人坐在树下，阿术从兜里翻出一个先令，高兴地问道："嘿，阿骗，给你一个先令，我能喝一杯我们的威士忌吗？"

"当然，请便。"阿骗回答说，把先令揣进兜里。

一分钟后，阿骗意识到他现在有一个先令可以花了，便向同伴问道："阿术，你是怎么说的？给你一个先令，我也能喝一杯吗？"

"当然，阿骗。"阿术表示同意，拿回了他的先令。

就这样，他们不停地喝酒，先令不停地倒手。几小时后，阿术和阿骗在树下呼呼大睡，脸上带着心满意足的微笑，桶里空空如也。

我不知道希腊的银行家听没听过这个笑话，但他们解决银行融资 53
问题的方法与阿术和阿骗的方法惊人地相似。不同之处在于，他们不会在酒醒后头痛欲裂。我国的两名银行家——姑且把他们称为阿里斯和佐尔巴——是这样做的。

阿里斯家族创建了若干离岸公司，佐尔巴私下同意在不需要抵押或担保的情况下向这些公司发放数百万欧元的贷款，这些钱正是阿里斯银行所急需的。为什么对竞争对手如此慷慨？因为佐尔巴和阿里斯也坐在笑话里的那颗橡树下。由于急着为自家银行筹集资金，佐尔巴同意了这笔贷款，条件是阿里斯银行向佐尔巴家族的离岸公司提供类似金额的贷款。阿里斯家族和佐尔巴家族随后用离岸账户里的钱购买自家银行的新股，从而满足了监管机构对筹集新资本的要求，于是各自都有资格获得贫穷的纳税人从“三驾马车”那里借来的真金白银。

与阿术和阿骗相比（他们酒醒后想到欠奥尔钱的债务会更加头疼），阿里斯和佐尔巴的高明之处在于，他们有办法让自己最后谁的钱也不欠。这两笔贷款——从佐尔巴银行到阿里斯家族的离岸公司，以及从阿里斯银行到佐尔巴家族的离岸公司——在发放后不久便被减记，转到了银行长长的不良贷款清单上。[1]

当然，阿里斯和佐尔巴并不是独具创意。事实上，他们站在比自己更大的骗子的肩膀上，比如在 20 世纪 80 年代策划美国储贷协会骗局的犯罪者。他们就是模仿了后者的手法。事实证明，在资本主义历史上，阿里斯和佐尔巴的独特之处在于，在国际货币基金组织、欧盟委员会和欧洲央行这三家全球最著名金融机构的积极协助下，他们在行骗后成功逍遥法外。这些大机构犯了以下三宗罪。首先，他们强迫希腊破产的纳税人从欧洲其他国家借钱，再把这些钱以“资本重组”的形式交给阿里斯和佐尔巴，而纳税人永远还不起这笔钱。其次，他们剥夺了希腊纳税人（作为控股股东）现在合法拥有的银行控制权，确保阿里斯和佐尔巴继续掌管银行。最后，他们让希腊纳税人扛起这样
54 的银行业体系：尽管投入大量公共资金，但由于银行家制造了大量不良贷款，银行业仍然完全破产。

整个 2011 年，我开始了个人的讨伐，曝光希腊纾困贷款、发放贷款的国际机构、希腊银行家非凡“创新”和希腊政治体系之间的关系，同时还有两名调查记者在对此进行调查。显然，这种干涉可以让我在

午夜接到有意思的电话。

舌头和弓的故事

当外国记者采访我时，他们通常试图让我承认希腊普遍存在腐败，进而试图让我承认我夸大了欧盟、国际货币基金组织和“三驾马车”对于引发希腊大萧条的责任。让我好奇的是，他们从来没有兴趣讨论媒体在这一过程中所扮演的核心角色。

在我担任财政部长期间，我接受了希腊电视台的多次采访，在其中一次采访过程中发生的有趣忏悔让我记忆犹新。那是一次时间很长的采访，涵盖了几乎所有能够想到的话题。在第一部分的采访中，采访者火力全开，每个问题都夹枪带棒，不等我说出四五个词便提出下一个问题。到了广告时段，他凑过来对我低声耳语：“部长，我对此非常抱歉，但你知道我们近来日子不好过。阿里斯银行是我们唯一的广告客户。”我对他说我理解。接下来，采访以更加轻松的节奏进行，我有了好好发言的机会。看起来至少就那次采访而言，之前做的已经足够确保电视台的生计了。

老实说，这完全在意料之中。希腊的电视台早在2008年之前就已处于亏损状态。事实上，没有一家电视台宣布盈利。希腊的报纸和电台也是这样。如果它们是自负盈亏的企业，早就申请破产了。但它们不是。在由债务刺激的经济不可持续增长时期，希腊媒体为它们的开发商老板提供了施加影响力的重要手段。政府部长要么将利润丰厚的政府合同交给媒体老板，要么等着在节目或报纸上被撕成碎片。这就 55
是希腊高速公路的成本是德国的三倍，医院药品定价过高，潜艇斜得像比萨斜塔，海量资金藏匿在离岸银行账户以及新闻媒体总是亏损但一直不倒闭的众多原因之一。

2010 年希腊破产带来了转机：开发商过去用来养活媒体的食槽没粮了，他们的喉舌突然间只能自食其力，而鉴于广告收入消失和商业模式本来就不可行，这是一项不可能完成的任务。然而，只有一家电视台在危机时期倒闭，其余的尽管亏损成倍增加，但仍在继续运营。这怎么可能呢？阿里斯和另外一两位银行家给出了答案。

很简单，银行家如今负责向媒体提供资金，目的是操纵舆论，进而控制政治博弈，好让他们继续掌管手中的破产银行。不过，与开发商不同，银行家足够精明，他们避开了对资不抵债的电视台和报纸的所有权。取而代之的是，他们用荒唐可笑的价格在媒体上为自家业务做广告，维持媒体的存活，更重要的是向媒体提供了大量“假意展期”贷款，就像他们相互发放的贷款，以及欧盟和国际货币基金组织向希腊政府发放的贷款一样。

“罪恶三角”就此形成：资不抵债的媒体被僵尸银行维持在僵尸状态，僵尸银行被破产政府维持在不死状态，破产政府则被欧盟和国际货币基金组织的纾困贷款维持在永久破产状态。难怪“纾困斯坦”的媒体歌颂纾困的好处，将“纾困斯坦”的银行家描绘成一个不可靠政府的受害者，同时妖魔化任何敢于揭开真相的人。

当我处于斗争最艰难的时刻，有一天，我的美国同道比尔·布莱克给我发来一通邮件，使我会心一笑。布莱克致力于曝光美国的类似把戏，尤其是在曝光 20 世纪八九十年代储贷协会丑闻的过程中发挥了主要作用。他的邮件中只有一句话，我将其解读为一种声援之举：“他们弯起舌头像弓一样，为要说谎话。他们在国中增长势力，不是为行诚实，乃是恶上加恶。”（《圣经·耶利米书》第九章第三节）

“小王子”

普西里，这个夜间被满街的年轻人占领的雅典街区，在白天是一个不同的地方。小作坊仍在挣扎求生，生产螺母、螺栓、纽扣、工具及其他在全球化经济中价值直线下降的东西。空气中充斥着辛勤劳作的嘈杂声，弥漫着面包房的香味，间或还有茉莉花丛的迷人香气，耳边则不时响起吉卜赛音乐人的忧伤歌声，他们拿着手风琴、号角和小提琴游走在狭窄的街头，等着念旧的路人施舍硬币。 56

我对普西里非常熟悉，因为我当时在大学任教的办公室距离这个街区只有几百米，而达娜厄的工作室就在普西里的核心位置。激进左翼联盟破旧的办公室也在不远处，位于普西里的边缘。因此，在 2011 年初，当激进左翼联盟年轻领导人的最亲密助手尼科斯·帕帕斯给我打电话，约我与他们见面，并建议我们三人在普西里见面时，这个安排无可挑剔。

我们在一家低调的精品酒店见面。现在看来，这家酒店和普西里街区的其他一些投资是 2010 年该街区中产化进程的虚假曙光戛然而止的缩影。这里将成为我们经常见面的地方，颜色柔和的墙壁见证了我们之间从那天开始的交流过程：起初是轻松的、近乎学术角度的交流，但到了 2012 年初，我们的交流变得严肃起来，具有目的性。不过，在第一次见面的时候，以及之后的一段时间里，我没有理由认为我们会再见面。

我第一次见到亚历克西斯·齐普拉斯是在雅典随处可见的一张海报上，那是宣传他在 2006 年地方政府选举中竞选市长的海报。达娜厄是激进左翼联盟这个希腊特殊左翼派别的长期支持者，她坚定地支持该党 32 岁的候选人竞选长期由呆板的年迈政客把持的市长一职，并以此为跳板入主马克西莫斯官邸。[2] 在那次选举中，亚历克西斯把激进左翼联盟在雅典中心城区的得票率翻了一番。2008 年，该党元老发动内部夺权，推举亚历克西斯为领导人，推翻了原本已经指定亚历克西斯为接班人的那个人。然而，当亚历克西斯首次领导激进左翼联盟参加翌年提前举行的大选时，乔治·帕潘德里欧领导的泛希腊社会主义运动时来运转，大获全胜，占据了媒体的头条，而激进左翼联盟排在第五，得票率仅有可怜的 4.6%，比 2007 年还少 0.5 个百分点。[3]

57 中午时分，当我走进酒店时，他和帕帕斯已经入座，正在点餐。亚历克西斯嗓音温柔，笑容自然，握起手来就像朋友一样。帕帕斯的眼睛更具野性，嗓音高亢。他不停地开玩笑，不论这件事是好笑的还是悲惨的，试图在迎合每个人的同时展现自身权威。从一开始就能看出来，帕帕斯牵着“小王子”的耳朵，对他进行引导、约束和鞭策。即使是在后来的动荡时期，我对他们也一直保持最初的印象：这两个年龄相仿、性格迥异的年轻人，行动和思考时就像一个人。

“我关注你的研究很多年了，从读了你的《经济学的邀请》算起。”帕帕斯率先打破沉默，他说的是 1998 年出版的我写的一本经济学教科书[4]。显然，当他读到这本书时，他还是在苏格兰念书的一名经济学研究生。后来，他读了我和英国工党前议员、萨塞克斯大学经济学教授斯图尔特·霍兰合写的《解决欧元危机的温和建议》一文。我和斯图尔特从 2005 年开始撰写这篇论文，因为我们坚信，欧元将引发一场威胁自身生存的全面危机。[5] 欧元危机爆发后，我和斯图尔特尽最大努力对此文进行了改进和推广，确信这是欧洲避免失败的最佳机会。“和亚历克西斯说说，你在《温和建议》中主张什么观点。”帕帕斯说。

我解释了此文的基本逻辑，然后谈话转向对“纾困斯坦”政治经济的总体评估，以及若想让希腊逃出债主监牢，进步主义者可以采取哪些策略。

我很快就明白了，出于政治上的原因，亚历克西斯在一个基本问题上犹豫不决：希腊是否应该保留欧元。早在 2011 年，激进左翼联盟内部就已出现分歧，围绕是否应该把希腊退欧（退出欧元区，但不一定退出欧盟）作为该党的官方政策吵得不可开交。在我们交谈过程中，亚历克西斯对这个问题的态度给我留下了一种漫不经心的不成熟印象。他更加关心如何保持对党内对立派系的控制，而不是想明白什么才是对的政策。从帕帕斯意味深长的神情判断，他显然也是这么想的，因而希望我能劝说他的党首放弃把希腊退欧当儿戏的想法。

在接下来的大约一小时里，我竭尽全力劝说亚历克西斯，把希腊 58
退欧当目标和无准备退欧是同样严重的错误。我还批评激进左翼联盟的一些承诺很愚蠢，比如当选后将单方面撕毁与欧盟和国际货币基金组织达成的纾困协议。

“为什么我们不能告诉他们，如果他们不接受我们单方面拒绝他们的方案，我们就退出欧元区？”亚历克西斯问道。

我解释说，与“三驾马车”对峙可能有三种结果。最好的结果是，希腊得到一份新协议——包括进行严肃的债务重组，取消适得其反的紧缩措施，推出一系列针对寡头政治的改革，让我们留在欧元区。最坏的结果或许是，希腊留在欧元区，处境毫无变化——被关在债主监牢，收入、前景和希望每况愈下。希腊退欧介于两者之间：远比不上在欧元区内部达成可行协议，但从中长期看，远远好过再忍受五年乃至更久的纾困、紧缩与萧条的恶性循环。

我告诉他，柏林、法兰克福、布鲁塞尔或国际货币基金组织绝不会接受他提出的“不接受就走人”的建议——他们会直接选择走人。因此，发出这样的最后通牒只会带来第三种结果——被踢出欧元区，而且从根本上排除了争取到第一种结果的可能性。为了给最好的结果留有余地，他必须设法谈判。一方面，这意味着希腊不会用退欧相要挟（更不用说当作目标）；另一方面，他要向世界表明，他最担心的不是被迫退欧，而是目前的状况持续下去。然而，我不确定他是否对这个主张中的细微差别很感兴趣。

“雅尼斯，但许多人认为，比如保罗·克鲁格曼，我们不属于欧元区反倒更好。”亚历克西斯反驳说。

我表示，我也认为要是我们从未加入欧元区会更好，但我赶紧补充说，不加入欧元区是一回事，离开欧元区则完全是另一回事。就算退欧，我们也回不到不加入欧元区的发展路线上！

为了让他摆脱惰性思维，我直接告诉他，如果希腊宣布退欧，我预计立刻会发生什么。希腊不是阿根廷，阿根廷可以切断本币与美元的联系，但希腊已放弃使用本国货币。希腊退欧不仅仅是放弃德拉克
59 马与欧元之间一比一汇率的问题。阿根廷放弃联系汇率制的结果是本币大幅贬值，导致出口猛增。这进而导致贸易赤字锐减，最终使经济恢复健康。然而，与阿根廷不同，希腊必须先创造出新的德拉克马，然后才能取消与欧元的联系汇率制。[6]但创造一种货币需要几个月的时间。换句话说，希腊退欧好比是提前几个月宣布货币贬值，而此举将带来可怕的后果：欧元外流，又没有本币进行日常交易。

我问亚历克西斯，他是否准备好在竞选期间站在选民面前，告诉他们这就是他提出的方案？这应该是A计划吗？或者，对选民这么说会不会更好——我们将要求重新谈判，为希腊争取到一项新的协议，

使我们的社会经济能够继续在欧元区内部发展；但是，如果欧盟和国际货币基金组织拒绝进行有意义的谈判，那我们将不再接受来自欧洲纳税人的任何“假意展期”贷款；如果他们想要报复，把我们赶出欧元区，不顾他们和我们都将付出巨大代价，那就随他们的便？

帕帕斯频频点头称是，但亚历克西斯似乎心不在焉。我问他为何沉默不语，他的回答果然印证了，他的心思全用在激进左翼联盟内部的钩心斗角上，而不是恰当地处理眼前的问题上。我对他不以为然。在会面快要结束的时候，我出于好意，冒着被认为好为人师的风险，就另一件事情主动给他提了个建议，尽管这在他看来或许有些唐突：“亚历克西斯，如果想当总理，你需要学学英语。找个老师很有必要。”

到家后，达娜厄问我见面的情况。“他是一个非常随和的人，但我不认为他有那个能力。”我回答说。

后来的事实证明，与亚历克西斯和帕帕斯的初次见面是一个转折点，而且是不止就一个方面而言。在之前的两年里，我已习惯与忧心忡忡的政治人物见面，他们来自各个派别——除了共产党干部，他们生活在永不破灭的自我肯定信念中。但随着 2011 年接近尾声，第二轮纾困方案通过在即，与政治核心人物进行真正对话的机会变少了，不论是与日薄西山的社会党泛希腊社会主义运动成员，还是与保守的新民主党人。前者的许多人只是龟缩在个人的小天地，后者的许多人曾与我有着一样的不祥预感，但他们现在忙于拉拢泛希腊社会主义运动 60
的落后分子与其结盟，为第二轮纾困方案保驾护航，并使本党上台执政。进行跨党派对话的机会像退潮一样转眼间消失不见。在议会中，只剩下激进左翼联盟还在反对建立“纾困斯坦 2.0”。这就是为什么在第二轮纾困方案通过首次审议之后，帕帕斯给我打电话，建议再见一次面时，我一口答应下来：不论有何顾虑，我只能接受他的邀请。

在我们第二次见面以及后来见面的过程中，我感到了惊喜：亚历克西斯看起来变了样。不再沾沾自喜，不再执迷于激进左翼联盟的内部事务，不再随随便便地看待希腊退欧。他显然做了功课，甚至读了《温和建议》一文。[7]他还自豪地告诉我，他请了一名英语老师，并且学习进展顺利。（几年后，当我在他的第一届政府任职时，我旁听了亚历克西斯、德国总理默克尔和法国总统奥朗德参加的一次电话会议，并想起了这个时刻：因为亚历克西斯的英语是三人中最好的。）

就我们这些次见面而言，最值得称道之处是，我们逐渐明确并统一了目标。我花了很多精力劝说亚历克西斯和帕帕斯相信，在与欧盟和国际货币基金组织谈判时，亚历克西斯成功与否在很大程度上取决于他控制希腊银行❶的能力大小。与此同时，亚历克西斯似乎完全接受了我提出的关于建设性违抗的三点政策建议：首先，拒绝接受更多的“假意展期”贷款和随之而来的紧缩措施；其次，提出债务重组、降低税率并针对“罪恶三角”进行改革的温和建议；最后，切莫掉以轻心，一旦德国被逼无奈，为了让希腊放弃债务重组的要求，并避免让默克尔向德国议员坦白她在2010年的所作所为，柏林可能会威胁要把希腊踢出欧元区。

阿基米德点

起初，我没有告诉达娜厄我接到过威胁她儿子的电话。我想先以

❶ 在本书中，希腊银行（Greece's banks）意指希腊的各家商业银行。为防与作为希腊央行的“希腊银行”（Bank of Greece）混淆，本书将后者译为“希腊央行”。

某种方式评估一下风险，以免让她没必要地为此担心。这肯定只是一个吓唬我，让我闭嘴的口头威胁吧？但我意识到，我无权擅自下结论。随着第二轮纾困的临近，媒体、银行和政府都在为最后一搏而兴奋地做着准备。很难说他们能做出什么事情。于是，我鼓起勇气告诉了她。 61

达娜厄不满地看着我，面不改色地发出了简短的最后通牒："你从政要是不能保护我们，我们就出国。"

我毫不犹豫地回答："那我们走。"

我刚好计划在几天后前往美国宣传我写的关于全球危机的新书[8]。在美国期间，我得到了两个工作机会，正好兑现了我对达娜厄的承诺。2012 年初，我们收拾停当，准备前往美国。[9]

登机那天，彭博新闻社的屏幕向金融界播发了两条关于欧元区的快讯。第一条是：在蒙蒂的设法劝说下，默克尔对债务分担折中方案持开放态度。[10] 第二条更加触及我的痛处：大学教授因说出经济真相被希腊驱逐出境。第一条要是真的该有多好，可惜不是，那或许第二条就可能是假的！

就这样，我和达娜厄到了西雅图，我先在威尔乌公司[11]当了几个月的常驻经济学家。然后，我们搬到奥斯汀，我的好友兼同事杰米·加尔布雷斯为我在得克萨斯大学林登·约翰逊公共事务学院找了个教职，教授"欧洲金融危机"等课程。尽管他相当具有先见之明，但我怀疑他在给我找到这个教职时，并不清楚自己未来将卷入什么事情：三年后，杰米随我加入希腊财政部，负责一项至关重要的绝密工作。

在两年多的时间里，奥斯汀相当于一个有利的阿基米德点，既是理想的观察场所，也是理想的行动场所。虽然远远地看着"三驾马车"及其国内党羽把希腊正式变成"纾困斯坦 2.0"令人痛心疾首，但身在奥斯汀是旁观者清。

这段经历还使我有机会为激进左翼联盟的新朋友——尽管不是最天然盟友——打通联系华盛顿的渠道。似乎可以断定，未来的激进左
62 翼联盟政府必将与德国、欧盟委员会和欧洲央行爆发激烈冲突。亚历克西斯和帕帕斯最不需要的就是一个敌对的美国政府。因此，从 2012 年到 2015 年，通过杰米·加尔布雷斯的帮助和联系，我尽可能地向美国舆论制造者和奥巴马政府解释，美国无须担心激进左翼联盟上台执政，该党最想做的是使希腊摆脱沉重的债务负担。

奥斯汀的生活以最美好的方式怪异着：这里是现场音乐发烧友的天堂，一个忘记世界其他地方还有苦难的世外桃源。但这一切与我无关。白天，当希腊人进入梦乡时，我一边备课，一边写书，探讨“欧洲以愚蠢方式应对必然危机”的更深层次原因。[12] 晚上，利用时差，我通过讯佳普网络电话接受希腊电视台采访，关注正在进行的辩论，并撰文继续宣传我的观点。

2012 年希腊的冬春之交充斥着无声的痛苦和压抑的愤怒。宪法广场上几乎看不到 2011 年的那种大规模行动。随着经济衰退加剧，人们把痛苦藏在心底，在家中舔舐伤口，照顾自己需要照顾的人。由欧洲央行前副行长领导并得到泛希腊社会主义运动和新民主党支持的“三驾马车”技术官员联合政府即将完成“纾困斯坦 2.0”的建设。[13] 用不了多久，该政府就将完成使命，届时新民主党领导人安东尼斯·萨马拉斯将召集大选，他希望自己赢得大选，胜利入主马克西莫斯官邸。就这样，选举定于 2012 年 5 月举行。

在 5 月的大选之前，我与亚历克西斯和帕帕斯相距甚远，交流很少。鉴于帕潘德里欧领导的社会党人泛希腊社会主义运动已大不如前，

这次选举的主角是萨马拉斯领导的新民主党和齐普拉斯领导的激进左翼联盟。但我和他们都没想到，一个在上次选举中得票率仅为 4.6% 的政党，不论政治构造板块发生多么重大的变动，都有组建政府的一线机会。

我倾向于激进左翼联盟向选民提出一个基本的、进步主义的、欧洲主义的、逻辑自洽的、非民粹主义的路线，在此基础上打造一个可靠的未来政府的形象，一个有能力与欧盟和国际货币基金组织商谈希腊解脱计划的政府。亚历克西斯和帕帕斯倾向于另一种政治路线，（在我看来是）牺牲长期的逻辑连贯性以换取短期的选举利益最大化。当 63
我读到激进左翼联盟 2012 年竞选宣言的经济政策部分时，我大为光火，读了几页就读不下去了。次日，希腊电视台记者请我就此发表评论。我说，我倾向于支持激进左翼联盟，但我投票支持该党的决心取决于我能否忍住不读该党的经济计划。

5 月的选举产生了一个无多数党议会。泛希腊社会主义运动和新民主党属于政治核心，此前两党总共得到高达八成民众的支持，但这次却被超过一半的选民抛弃。这是两个建制派政党为接受“纾困斯坦”而付出的代价。[14] 称这是一场政治地震都过于轻描淡写。和通常的情况一样，债务型通货紧缩导致政治中间派倒台，纳粹主义露出狰狞面孔，金色黎明党赢得 7% 的选票，成为第六大党。与此同时，小党激进左翼联盟原来的得票率少得可怜，这次翻了两番，仅比安东尼斯·萨马拉斯的新民主党少两个百分点。这是自 1958 年以来，左翼首次取得正式反对党的地位。亚历克西斯和帕帕斯有理由认为自己是正确的，无视我对激进左翼联盟经济政策的猛烈抨击。

但如果最大政党的得票率不足 19%，就不可能产生一个可维持运行的政府。政府必将解散的命运为一个月后——2012 年 6 月——举行新选举铺平了道路。这将是有趣的一个月。在希腊既无政府也无正常议会的情况下，欧盟和国际货币基金组织只好设法制造一些令人叹为观止的新假象，使外界误以为希腊政府正在偿还债务。与此同时，只有激进左翼联盟和新民主党两党在选举中处于上升势头，而且激进左翼联盟的得票率涨得更快，尽管其基数较小。如果继续保持前几周的态势，亚历克西斯有望组建下一届政府。认识到这一点令希腊寡头、“三驾马车”、德国政坛建制派备感震惊，亚历克西斯和帕帕斯更是如此——残酷的神明们竟然在谋划实现他们最大的愿望，他们心中的慌乱可想而知。

警钟

64 为了给 5 月的选举投票，我回到雅典，帕帕斯给我打电话，约我见面。齐普拉斯、他和我还是在普西里的那家酒店见面，情绪相当兴奋：他们不再处于政治博弈的边缘，现在支持他们的这波民意在几周内——而不是几年内——就能带来真正的变化。但正是在这次见面时，我的脑海里开始响起刺耳的警钟。

“你有没有意识到，如果我们赢了，你将代表我们与欧盟和国际货币基金组织谈判？”帕帕斯带着标志性的灿烂笑容问我。

我的心猛地一紧。帕帕斯希望由我出面与欧盟和国际货币基金组织谈判，但问题在于，激进左翼联盟的一揽子经济政策由雅尼斯·德拉加萨基斯负责，他是该党的影子财政部长、一名经验丰富的左翼政治人物，在亚历克西斯晋升党首乃至激进左翼联盟起初创建的过程中居功至伟。尽管亚历克西斯和帕帕斯显然认为德拉加萨基斯并非与欧盟和国际货币基金组织开战的合适人选，但他总归是该党经济路线的制定者，位高权重，是他们得罪不起的人。我猜，亚历克西斯和帕帕斯不愿请他出面谈判可以理解，这就是他们迫切地想由另一个人代替财政部长担任谈判代表的原因，但这种想法实在欠考虑。

我想了一会儿才回答帕帕斯的问题。我注视着亚历克西斯，对他们说，我很荣幸得到他们的邀请，但我认为由两人分担财政部长和谈判代表是行不通的。所有谈判都在欧元集团内部进行，各国政府派出的都是财长：只有在得到政府首脑以及内阁、议会和选民全力支持的情况下，负责谈判的部长级官员才具有可信度和谈判权。派遣一名非民选的技术官员与债主商讨解救希腊经济的事宜，却由另一个人掌管国内经济，这早晚会惹出大麻烦。

看到亚历克西斯同意我的观点，帕帕斯试图挽回局面，请我准备一份简报文件，概述政府的最佳谈判立场，如果激进左翼联盟能在短短三周后，即 6 月 14 日的选举中获胜的话。当天晚上，我伏案完成了那份战略文件的第一版，后来还有许多许多的版本。

其核心内容是，针对希腊债务重组问题，我制订了向欧盟和国际 65
货币基金组织提出的两个方案。首先，政府的破产，即公共债务，应与国内银行的破产及其私人亏损脱钩。这样，破产政府就可以不为它从未收到过的欧洲纳税人的钱负责。更重要的是，银行的重新振兴不会受到政府负债累累的拖累：毕竟，希腊政府要是也破产了，怎么能支持银行？如果不脱钩，希腊政府和在希腊运营的银行将继续相互拖累，就像被困在惊涛骇浪中的两个虚弱的落水者一样，只能抱着对方沉入海底。如何实现脱钩？把欧洲纳税人变成希腊银行的所有者，这样希腊银行就不再等同于希腊政府的负债，反而得到欧洲民众的支持，并让欧盟机构代表欧洲纳税人负责运营。[15] 这是银行重获信任的唯一方法。

其次，希腊在两轮纾困中拖欠欧盟和国际货币基金组织的债务，只有在希腊的经济复苏达到一定速度之后才能偿还。[16] 这是希腊国民经济有机会重新振兴的唯一方法。

总而言之，上述两次债务重组将标志着一个新时代的到来：欧盟和国际货币基金组织将不再像圣诞节前的埃比尼泽·斯克鲁奇❶那样吝啬刻薄。相反，他们将成为希腊的合作伙伴，共同推动希腊的经济复苏，否则他们的纾困贷款只有被粗暴“剃头”的份儿。

我的简报文件只是写给亚历克西斯和帕帕斯看的，我在文件最后预计了欧盟与国际货币基金组织的好人们以及希腊国内的寡头会对此做出怎样的反应：恶狠狠的敌视。尽管这两项方案是理想的选择，能够帮助希腊复苏，从而尽可能多地偿还原本无力偿还的债务，但对我们的对手而言，不论是希腊国内的还是国外的，这将导致严重的政治后果。我的建议如下：

> 如果欧洲官员断然拒绝这两项方案，坚持提供新的“假意展期”贷款，雅典该怎么办？
>
> 除非激进左翼联盟政府准备在债务得到有效重组之前拒绝接
> 66 受任何新贷款，否则赢得选举根本毫无意义。拒绝接受贷款肯定
> 要付出代价。“三驾马车”将威胁关闭银行，政府不得不动用税

❶ 查尔斯·狄更斯（1812—1870）小说《圣诞颂歌》（1843）的主角。在小说开始时，斯克鲁奇是一个守财奴，但在圣诞夜历经过去、现在和未来三个圣诞幽灵的造访后，他变得不再吝啬。

款支付公共部门的工资和养老金。这意味着，你们的政府必须准备好迎来一段艰难的谈判期，在此期间，政府必须严格量入为出（如有必要，可以下调最高工资和养老金，以消除基本赤字），现金交易则用借记卡、网上银行和政府开出的某种形式的借条替代。这绝非易事，但为恢复主权的非常斗争需要非常手段。不过，好消息是：如果你们准备提出温和、合理的要求，同时对他们的“假意展期”贷款说不（坚定地说不！），欧盟和国际货币基金组织几乎肯定会愿意谈判——否则代价太大，不论是财政上还是政治上。

我非常清楚，自2010年以来，“三驾马车”对涉及债务重组的任何方案都反应激烈，因为这相当于让默克尔总理承认，希腊纾困背后有着不可告人的目的。希腊国内现在也会出现同样的反应。在战战兢兢的希腊银行家看来，我主张的债务重组说到底是对他们的清算，因为银行的控制权将被移交给欧盟机构，所有权将被移交给欧洲纳税人。此外，给银行撑腰的是整个政治阶层，他们已经习惯于在没有抵押、担保或审查的情况下从银行家好友那里获得巨额贷款。我想不起来亚历克西斯在多大程度上理解了这一战略的影响，但我确实记得我曾明确告诉他，如果他采纳了我的建议，他将面临何种局面：无异于战争。也难怪他不愿意接受。

“你是在建议我呼吁把希腊银行交给外国人吗？我怎么才能让激进左翼联盟接受这个想法？”亚历克西斯后来在党部的一次会议上问我。

“是的，这就是你必须做的，”我回答。

我解释说，如果他想在欧元区内通过谈判达成协议，他就必须接

受一个基本事实：希腊政府没有钱支持希腊银行。因此，希腊要么孤
67 注一掷退出欧元区，要么继续忍受债务奴役，否则只有把银行的所有权交给欧洲人这唯一的选择。我说，反正这也是迟早的事：就像在美元区内谈论加州银行或得州银行毫无意义一样，以为我们可以在欧元区内保留各国独立的银行体系也是无稽之谈。

亚历克西斯明白了。但这并不意味着他喜欢这个想法。特别是考虑到激进左翼联盟的中央委员会很自然地被银行国有化的想法吸引。希腊媒体会惊呼："亚历克西斯把我们的银行交给外国人！"激进左翼联盟的左翼分子会谴责他放弃了他们长期以来追求的将金融纳入政府控制的努力。看到他对不可避免的激烈反应感到害怕，我警告他，解放希腊意味着与强者为敌，不仅是那些出于政治目的想让希腊继续成为债务殖民地的人，还有激进左翼联盟内部那些希望他在欧元区建设一个社会主义天堂的人。但这无论如何都是不可能的。在欧元区内唯一可能做到的就是把希腊从债主监牢里解救出来。为了实现这一目标，他只能寄希望于说服大多数德国人，让他们视自己为希腊复苏的合作伙伴，而不是长期往希腊黑洞里扔钱的资助者。要让他们向希腊银行注资，就必须给他们这些银行的股份。这样他们才会认为，他们与希腊的复苏息息相关。这招能使他打破"罪恶三角"。

亚历克西斯笑了。他告诉我，他不介意与银行家对抗他认为，要是不对在希腊运营的商业银行施加影响，政府就不可能落实产业政策或发展和重建计划。他只是觉得激进左翼联盟中央委员会不可能接受这个想法。他说得不无道理。

你这样和他们说，我建议道。作为真正的国际主义者、进步的欧洲主义者，我们将把破产银行从腐败的希腊私掠者手中夺走，将其交

给欧洲的普通人，就是出钱为这些银行注资的那些欧洲公民。目前，银行无力为希腊经济复苏和增长提供所需的投资资本，因此我们交出银行及其负债有利无弊。我建议，与此同时，我们可以开设一家全新的公共开发银行，由其掌管希腊剩余的公共资产。然后，我们可以用这些资产做抵押，可能与欧洲投资银行合作，以开发为目的创造出新 68
的投资资金流。

亚历克西斯喜欢这种国际主义和进步主义论调，但他喜欢到将其推销给激进左翼联盟中央委员会，并说服德拉加萨基斯接受的程度吗？这位年轻党首的困境暴露出许多弊病，后来在 2015 年春，正是这些弊病毁掉了我们的斗争计划。那天下午在激进左翼联盟党部，我从他的脸上看到了他的为难。一方面，他明白，我提出的方案是希腊在欧元区内部的唯一逃生途径。但与此同时，他做不到让自己与激进左翼联盟内部建制派决裂。

就我个人而言，我确信我提出的方案会被拒绝，这样我就有了与激进左翼联盟保持距离的完美借口。我下定决心，只要亚历克西斯仍被激进左翼联盟的党内妄想所绑架，我就继续袖手旁观，只有在他们问我时，我才会提出关键的建议。置身其外让我松了口气。三天后，即 5 月 24 日，当我读到亚历克西斯详细阐述激进左翼联盟经济政策的演讲全文时，我倍感轻松。他们提出的方案与在欧元区内部实际能够达到的目标之间存在巨大的鸿沟。不到一个小时后，我给亚历克西斯和帕帕斯发去了一通措辞严厉的长篇电子邮件，指出他们刚刚向选民做出的承诺存在无数逻辑缺陷，还质疑了德拉加萨基斯是否有能力制订出令人信服的经济方案。[17]

亚历克西斯令人困惑的公开声明、希腊寡头对激进左翼联盟歇斯底里的反对，加上默克尔总理抵制激进左翼联盟在希腊上台的赤裸威胁，这一切导致亚历克西斯在选举过后仍是反对党。[18] 我立刻长舒一口气，但也有些难过：长舒一口气是因为他可以在下一届议会任期内调整他的行为，有些难过是因为对“三驾马车”唯命是从的新联合政府现在可能会让“纾困斯坦 2.0”成为板上钉钉之事。[19]

友谊的绝唱

我从澳大利亚搬回希腊后，很快便与雅尼斯·斯图纳拉斯熟络起来。那是在 2000 年，我离开悉尼大学，到雅典大学任教，而斯图纳拉斯已经是该校的经济学教授。[20] 我们两人，加上资深教授耶奥戈斯·克林帕斯，还有大名鼎鼎的学者兼亲密好友尼古拉斯·提奥卡拉基斯，
69 四名学院派经济学家组成了一个非正式的小团体。克林帕斯曾是斯图纳拉斯和提奥卡拉基斯的教授和导师，只有我是这里的新面孔。我接替克林帕斯担任政治经济学专业的主任，我们四个人都属于这个专业。

斯图纳拉斯兼职授课，因为他在推动希腊加入欧元区的泛希腊社会主义运动政府中担任过要职。事实上，在 20 世纪 90 年代加入欧元区的谈判期间，斯图纳拉斯担任经济顾问委员会主席。这是财政部的一个重要机构。面对柏林的强烈反对，是他在任内说服柏林和布鲁塞尔同意希腊加入欧元区。[21] 2000 年，希腊加入欧元区的事宜敲定后，作为对他的奖励，泛希腊社会主义运动政府的总理把希腊商业银行交给他管理，由他兼任董事长和首席执行官。[22] 我们初次见面是在他职业生涯的最后这个阶段。

尽管日程繁忙，但斯图纳拉斯一直没有放弃教学工作，而且是快乐地、全心全意地投入教学。虽然我们的经济观点和政治观点都有很

大的不同，但他对大学教职的投入和我们之间的气味相投为友谊的发展奠定了基础。我当时设立了一个国际博士生项目，斯图纳拉斯也加入其中支持我的工作，从而使我们吸引到了更高水平的学生。接着，我们对课程进行了更多的改进，引起了腐败学生干部的愤怒和部分利益受到触动同事的强烈敌意。[23]但四人组立场坚定，并得到了其他许多同事的帮助。很快，我们开始在工作之余交往，甚至共度周末。

2009 年 9 月的大选当晚，在斯图纳拉斯位于雅典城北的公寓里，我和达娜厄，雅尼斯和他的妻子，还有另一对夫妇一起在看电视上的实时计票。乔治·帕潘德里欧在那次大选中上台执政。房间里有八个人❶，只有我和斯图纳拉斯那天没有给泛希腊社会主义运动投票[24]——可能是因为，就像香肠一样，如果你知道里面装着什么……几个月后，希腊破产，第一轮纾困即将来临。

2010 年对希腊而言是意义重大的一年，斯图纳拉斯在这一年做出了令人惊讶的事业调整，到一家经济智库担任主任。该智库最初由希腊全国工业联合会创建，后者是希腊最为树大根深的企业老板行会，
传统上隶属于新民主党保守派。走马上任后不久，斯图纳拉斯开始 70
支持标准的自由市场解决方案，与他在泛希腊社会主义运动政府时长期支持的社会民主原则截然相反。然而，他的举动称不上是对昔日伙伴——社会党人泛希腊社会主义运动的背叛，只是说明了一旦第二轮纾困需要组建大联合政府的话将发生什么。斯图纳拉斯是一个先行者，昭示着中左翼和中右翼的崩溃，并组成一个沆瀣一气、亲建制派、欢迎“三驾马车”的政府——这就是 2012 年 6 月的选举过后最终组建的

❶ 原文如此。

政府。

在距离 2012 年 5 月大选还有一个月的时候，我从柏林返回美国时途经雅典，在一场关于欧元危机的会议上发表了演讲。一到雅典，我就给斯图纳拉斯打了电话。第二天，我们在雅典卫城脚下一家酒店大堂的咖啡厅见了面；我们拥抱、亲吻，介绍了各自女儿和伴侣的近况。进入正题后，我向他简要介绍了我刚刚在柏林与欧洲央行和德国政府的官员以及财经记者等人的交流情况。我还提到，我与金融大鳄乔治·索罗斯有过一次对话。我告诉斯图纳拉斯，索罗斯赞成我对希腊局势的评估，也大体认同我向欧洲提出的经济政策的要点。

接着，斯图纳拉斯和我开始讨论“三驾马车”的希腊方案。显然，希腊的破产使我们之间产生了一条鸿沟，之前的观念分歧变成了理论上、经验上和政治上的巨壑。斯图纳拉斯坚称，只要得到积极实施，“三驾马车”的方案是可行的。我请他解释一下。他像过去一样热情地向我解释了他的观点。

“这很简单，”他说，“这可以在‘三四原则’的基础上实现：4% 的增长率，4% 的政府预算基本盈余，以及为我们的纾困贷款支付 4% 的利息。”[25]

“当然，这就搞定了，”我回答说，“只是有一点，希腊经济不可能一下子实现 4% 的增长率和 4% 的预算基本盈余。”我反驳说，如果政府表示计划实现 4% 的预算盈余，在任何投资者看来，这都意味着更高的税率，肯定会吓跑他们。

谈话无果而终。但我仍然认为，我们的友谊是敌对阵营之间仅存的少数桥梁之一，是可以为更大的利益服务的资产。就在我们分手之前，我说我们两个有责任继续做朋友。他似乎即将登上政府高位，而
71

我的观点把我带向另一个方向，走向反对派。但最重要的是，我们不应允许自己在人的层面上相互仇视。他点头同意，我们拥抱后分道扬镳。现在想来，这个拥抱只是敷衍而已。

两个月后，就在 2012 年 6 月的大选即将举行之前，我向雅典大学经济学系申请停薪留职，这样我就可以回到奥斯汀继续任教。这种申请是完全正常的，教职工投票通过只是走走形式，但我的申请这次却引发了一场激烈的争论。原因是，斯图纳拉斯曾向教职工提过一个问题：既然我在美国是为了与乔治·索罗斯串通做空希腊债券，为什么雅典大学还要批准我返回美国？

做空一国政府债券意味着押注其价值会下跌，实际上是推测该国公债对投资者而言将变得没有吸引力。如果足够多的人用足够多的钱做空某只债券，人们对这只债券的信心就会下降，债券价格下跌，于是空头自我实现。斯图纳拉斯的离奇指控是，我与乔治·索罗斯串通好在纽约货币市场进行投机，导致希腊政府信用评级下调，并从中牟利。

我的对手最爱对我发出这样的指控——我是一个自私自利的投机分子，致力于让希腊政府破产。反犹右翼阴谋论者抨击索罗斯的犹太人身份，因为他领导了一场推翻正教希腊的运动。自从 2010 年我开始主张希腊政府破产并建议接受我们破产的事实，这些小圈子先是含沙射影，后来发展到直接宣称我是索罗斯的走狗。2011 年，当我第一次听到这一指控时，我只是觉得好笑。现在，斯图纳拉斯给这些荒唐的指控增添了一整套新说辞，大概是根据我向他介绍的在柏林与乔治·索罗斯对话的情况。

事实非常简单。我这辈子从未买卖过——更不用说做空——债券或股票。除了 2012 年春我们在柏林同时作为嘉宾出席活动外，我之前 72

从未与索罗斯见过面，也从未进行过交流。

听说了他的惊人指控后，我火冒三丈，立刻拿起电话打给斯图纳拉斯，用尽可能平静的语气问他为什么要这么做。他立即道歉，理由是“压力”，以及关于我为索罗斯工作的媒体报道产生了“不良影响”。我说，我接受他的道歉，但在我的心里，我知道斯图纳拉斯已经渡过卢比孔河[1]，走到了我们之间架不起任何桥梁的境地。

几天后，安东尼斯·萨马拉斯在2012年6月的选举中胜出，组建了联合政府。我听新闻说，斯图纳拉斯将成为希腊下一个由技术官员担任而非选举产生的财政部长。他在这个位置上干了两年，在任内尽可能地落实第二轮纾困的贷款条件——严苛的紧缩措施导致开支一轮又一轮地削减，税收一次又一次地增加，以至于最终动摇了萨马拉斯政府的地位。胜选还没两年，在2014年5月举行的欧洲议会选举中，萨马拉斯的新民主党得到的选票少于激进左翼联盟，并在随后的民意调查中远远落后。一个月后，希腊央行行长任期届满，萨马拉斯趁机任命了斯图纳拉斯。如果建制派在下次大选中失利，至少他们在央行安插了一个人，有意愿也有能力破坏即将上台的激进左翼联盟政府。斯图纳拉斯确实也这么做了。

2012年4月我们见面的酒店咖啡厅竟成为见证我们友谊绝唱的地方。

“成功故事”

当斯图纳拉斯在2012年那个炎热的夏季接管财政部时，欧盟和国

---

❶ 在西方，“渡过卢比孔河”意为破釜沉舟或孤注一掷，将已经决定的事情进行到底。典出公元前49年恺撒破除将领不得带兵渡过卢比孔河的禁令，进军罗马，挑起内战，并最终获胜的经历。

际货币基金组织的官员正试图解决他们自己的一个小难题。第二轮纾困贷款因希腊两次选举而推迟，最早到秋季才能开始拨付。遗憾的是，雅典本应在 8 月 20 日向欧洲央行划拨近 35 亿欧元资金，这是希腊无力偿还的诸多债务中的一笔。金库空空如也，钱从哪里来？

只要“三驾马车”愿意，办法总是有的。以下就是他们让人产生 73
必要错觉的魔术，我用慢放镜头的方式细细道来，这样读者才能充分理解其中的奥妙。

· 欧洲央行授权希腊破产银行发行面值 52 亿欧元的新借条——鉴于银行金库里没钱，这些借条只是白纸。

· 由于任何理智的人都不愿意花钱购买这些借条，银行家便拿着借条找到财政部长斯图纳拉斯，请他代表破产政府提供可靠的担保——实际上这只是做做样子，因为一个破产实体（政府）不可能为另一个破产实体（银行）的借条提供担保。

· 银行家随后把他们一文不值的借条送到隶属于欧洲央行的希腊央行，用作申请新贷款的抵押品。

· 欧元集团给欧洲央行开了绿灯，允许其希腊分行接受这些借条充当抵押，作为交换，提供给银行的现金相当于借条票面价值的 70%（略高于 35 亿欧元）。

· 与此同时，欧洲央行和欧元集团给斯图纳拉斯的财政部开了绿灯，允许他们发行面值 35 亿欧元的新短期国债——这是政府开出的借条，而考虑到政府自己的金库也是空空如也，神志正常的投资者自然不会去碰这些借条。

· 通过抵押自己一文不值的借条，银行家从希腊央行——实际上是欧洲央行本身——拿到35亿欧元，然后用这笔钱买入政府一文不值的借条。

· 最后，希腊政府拿到了这35亿欧元，再把这笔钱还给……欧洲央行！

这种独创性将阿术和阿骗的逻辑推向了令人叹为观止的新高度。顶着全球骂名的华尔街银行家的许多招数与之相形见绌。这为司各特的名句“哦，当我们第一次欺诓/就编出怎样一张纠缠不清的网！”[1]增加了一个全新的维度。不过，要是没有这些纠缠不清的网，就算选出了对的政府，又怎么能让全世界误以为，希腊具有偿债能力并在复苏
74 当中呢？然而，一旦编好了一张网，就必须要编出另一张网。

大约与此同时，克里斯蒂娜·拉加德正受到巴西、印度、日本和马来西亚等国际货币基金组织非欧洲成员国的压力。它们要求国际货币基金组织不要再耍花样，并特别针对柏林表示，除非希腊债务重组，否则国际货币基金组织将甩掉这个烂摊子。2012年秋，就在第二轮纾困方案即将最终敲定时，拉加德采取了一个不同寻常的举动（这意味着她受到的压力已经极大）：她找到斯图纳拉斯，建议他们一起去欧元集团，要求德国财长沃尔夫冈·朔伊布勒对希腊债务大规模“剃头”。

但斯图纳拉斯没有抓住这个与国际货币基金组织结盟的难得机会，而是向朔伊布勒通风报信，告诉他拉加德提议他们联合起来反对他，并请求德国财长接受“剃头”的建议。朔伊布勒当然指示斯图纳拉斯

[1] 司各特（1771—1832），英国诗人、历史小说家。这句话出自他的长篇叙事诗《玛米恩》。

“忘了这件事”。斯图纳拉斯后来也确实忘了。[26]

我当时刚好在美国参加一场银行业会议。会上，我碰到了一位国际货币基金组织的大佬。“他（斯图纳拉斯）在想什么？”他生气地问道，“这些家伙还有更好的维持收支平衡的办法吗？有什么计划吗？我真是想不明白。”

我告诉他，他们确实有计划。只不过，这是一个假装希腊正在复苏，好让政府继续执政的计划。它的代号是“希腊成功故事”（我喜欢这么叫）。

“希腊成功故事”计划包括四个环环相扣的要素：默克尔助推、投机泡沫、欧洲央行担保和假装债务重组。第一个要素，默克尔助推，已经具备。2012 年 9 月，在欧洲央行行长马里奥·德拉吉——可能还有北京——的撮合下，默克尔总理从中国返回柏林时途经雅典。[27] 在逗留雅典的几小时里，她拍了拍萨马拉斯总理的后背，向世界媒体发出了一个信号，即希腊退欧不是台面上的选择，希腊选择了对的政府，将获准留在欧元区。

这段逢场作戏足以拉动希腊房地产价格小幅上涨。此前在 2012 年 5 月至 6 月，看到激进左翼联盟崛起以及雅典选出无多数党议会，全世界对希腊退欧议论纷纷，导致希腊房地产跌破地板价。正如上文解释的那样，如果希腊被踢出欧元区，所有价格都将以新德拉克马重新计 75
算，而后者汇率会立刻下跌，股票、别墅和游艇的价值因而将大幅缩水。但市场往往反应过度。下跌时跌个不停，当听上去是好消息的故事传来时，又会出现不合理的反弹。默克尔的助推就是这种事件：非理性狂热令一个几乎死掉的市场突然反弹。

该计划的第二个要素是——当然得到了“三驾马车”的批准——

在希腊银行周围制造投机泡沫，从而煽动这种狂热。这个想法很简单。多亏了默克尔的助推，金融家开始将希腊视为一个被低估的投资机会，同时政府向他们提出了一个无法拒绝的交易：现在购买希腊破产银行的股票，如果未来价格上涨，政府保证你可以用最初的低价买入更多股票；如果价格下跌，希腊纳税人会慷慨地包赔你的损失。什么样的金融家能说不？

其背后的想法是创造一波投机资金流入破败的希腊银行体系，将其作为复苏的证据，从而吸引其他投机者进入房地产市场，毕竟房地产是一切金融泡沫的天然盟友。听命于“三驾马车”的新政府在向柏林和欧洲央行证明他们正在使这艘破船调转航向后，雅典将向欧洲央行提出自己的要求：支持我们的债务，就像你们支持爱尔兰、葡萄牙、西班牙和意大利的债务一样。[28] 如果总理萨马拉斯和财政部长斯图纳拉斯能够争取到这种支持，就没有什么能阻止他们向私人投资者出售新的希腊债务：即使希腊在流沙中越陷越深，投资者手中的债券也将得到欧洲央行的担保。然后，他们可以告诉希腊选民，他们的祖国再次受到国际投资者的信任，因此不会再破产。这就是他们计划的第三个要素，欧洲央行的担保。

他们计划的第四个，也是最后一个要素是，完全不够用但具有象征意义的假装债务重组。在 2012 年 11 月举行的欧元集团会议上，大概是在斯图纳拉斯拒绝拉加德的前后，朔伊布勒奖赏了斯图纳拉斯，承诺如有可能将在 2014 年 12 月结束之前进行债务重组，尽管是徒有其表的。条件是雅典继续忠于“三驾马车”的方案，按约定贯彻落实，并实现账面上的平衡。[29]

他们希望，“希腊成功故事”的上述四个要素将制造和维持一种复苏的感觉，这种感觉将在 2014 年底达到最高潮，刚好赶上 2015 年初的新选举。[30] 然而，尽管起初势头强劲，默克尔的卖力助推和前景大好的投机泡沫体现在金融指标上，但无情的现实还是令政府的计划陷入泥潭。因为，尽管影响华尔街投机者（如臭名昭著的约翰·保尔森等人，他们看到希腊银行股周围的泡沫便立刻进场牟利）纯利的那些指标欣欣向荣，但对普通希腊人来说，日常生活的指标正变得更加难以忍受。 76

2013 年初，希腊政府开始大肆宣扬"希腊成功故事"。那一年，希腊国民总收入令人心痛地下滑了 5.6% 以上，换作在英国、德国或美国，这个数字可以引发一场革命。在希腊，这是连续第五年急速下滑。然而，不相信政府故事的不仅仅是穷人。为了实现向朔伊布勒承诺的基本盈余，政府推出土地税，从而失去了上层中产阶级的支持，他们或许仍然拥有大量资产，但经济衰退使他们和其他人一样收入甚微。一个新的笑话流传开来：父母威胁孩子说，如果不听话，就把所有财产留给他们。

政府随后大概意识到自己的故事没人肯信，因为大约在那个时候，萨马拉斯总理核心圈子中有影响力的保守派人士开始考虑与金色黎明党联合，以巩固其支持率，甚至寻求与这个改名换姓的纳粹党达成选举协议。

2014 年 4 月，面对民意调查的坚决反对和欧洲议会选举的迫在眉睫，萨马拉斯政府开始求助于欧洲央行的担保。欧洲央行暗示愿意支持该政府发行新债券，有了欧洲央行的支持，财政部自豪地庆祝希腊重返私人债券市场，结束破产状态，向事先同意参与这个圈套的机构投资者借款数十亿美元。这骗不了任何人。投资者和选民能够看到，收入继续缩水，债务不断增多。一个月后，在欧洲议会选举中，激进左翼联盟得到的票数最多。希腊左翼首次赢得全国选举，这虽然是欧洲议会的选举，但为 2015 年初的真正选举铺平了道路。

77 2015 年 1 月，“希腊成功故事”破灭，激进左翼联盟上台执政。后来，我在与德国财政部长会面时，出于好奇，向他提出了一个不期待得到回答的问题：“沃尔夫冈，你是在什么时候决定停止支持萨马拉斯（政府）的？”

他毫不犹豫、直截了当地回答：“2014 年 6 月。”

一切合情合理。萨马拉斯在 2014 年 5 月的欧洲议会选举中失利，尽管 4 月欧洲央行居间的债券发行提升了他的支持率。在朔伊布勒眼里，萨马拉斯成了跛脚鸭。朔伊布勒肯定已经厌倦提心吊胆的日子，每当一项议案提交给希腊议会，萨马拉斯比纸还薄的多数优势就会烟消云散。此外，在欧洲议会选举中失利后，萨马拉斯也多少失去了热情，执行“三驾马车”的指示时开始拖拖拉拉。朔伊布勒肯定极其不满。难怪他在那个月放弃了萨马拉斯政府。

财政部长斯图纳拉斯刚好在 2014 年 6 月接任刚刚空出来的希腊央行行长一职，这绝非巧合。他也在抛弃一艘即将沉没的船。

“五点战略”

整个 2013 年，在遁世之地奥斯汀，我尽己所能帮助亚历克西斯制定一项可靠的战略，同时避免卷入激进左翼联盟的内部斗争。那年年初，他得到了在著名的布鲁金斯学会发表演讲的机会，这有助于他在华盛顿赢得朋友。帕帕斯请我写演讲稿，我欣然应允。我可以借此向美国决策者传达两个如今已经很熟悉但十分重要的观点。首先，激进左翼联盟是一个亲欧洲政党，将尽最大努力让希腊留在欧元区，但这并不意味着接受适得其反的失败政策。为了留在欧元区，实际上是为了在欧元区生存下去，就必须制订一项新方案，把债务重组放在首位，然后是改革，以消除希腊寡头对经济的束缚。[31] 其次，对于激进左翼联盟政府的经济或外交政策，美国没什么好怕的。在我与杰米·加尔布雷斯稍后合写的一篇文章中，我们强调了这一点。此文发表在《纽约时报》评论版。[32] 如前所述，我的想法是，当我们即将与布鲁塞尔、法兰克福、柏林和巴黎开战时，同时与美国为敌绝不明智。然而，包括激进左翼联盟在内的许多希腊人趁机将我描绘成美国的走狗。 78

两个月后，即 2013 年 3 月，来自塞浦路斯的消息让我甚为震惊。我立刻坐下来，给帕帕斯写了一通充满焦虑的长篇电子邮件，让他拿给亚历克西斯看。“我恳请你们认真对待塞浦路斯正在发生的事情，”我写道，“可以把这看成一次带妆彩排，看看‘三驾马车’在你们赢得权力的第二天会做出什么事情。”塞浦路斯刚刚选出新政府。翌日，“三驾马车”关闭了该岛的银行，向新总统下达了重新开放银行的条件。新总统对发生的事情感到不可置信，但他毫无准备，只能在虚线处签字。❶

“他们今天在尼科西亚❷尝试这种战术，”我解释说，“不是因为塞浦路斯有多重要，而是因为相对不重要，所以成了他们新武器的完美试验场。然后他们就会用它来对付你们，对付我们在西班牙、意大利

❶ 在欧债危机大背景下，2012 年 6 月，塞浦路斯受银行业危机拖累，成为继希腊、爱尔兰、葡萄牙、西班牙之后第五个向“三驾马车”申请救助的欧元区国家。2013 年 3 月，救助协议达成，塞浦路斯将获得贷款用于救助本国银行，前提之一是其银行储户须缴纳一次性存款税。塞浦路斯政府按照“三驾马车”要求提交的征收存款税议案引发了社会动荡，随即遭到议会否决。3 月 25 日，塞浦路斯政府被迫对国内最大的两家银行进行重组（包括关闭第二大银行），方才获得救助资金。

❷ 尼科西亚，塞浦路斯首都。

等国的同志。他们这么做旨在以儆效尤，这样你们就知道，‘三驾马车’有意愿也有能力关闭一国的银行，从而把自身意愿强加给政府——特别是要求收回部分主权的新当选政府。引以为戒吧！”

第二天，我和亚历克西斯通电话，他的声音表明他相当惶恐不安。

“我们能做些什么阻止他们吗？”他问。

“能是能，但你不仅要有正确的威慑策略，还需要一个紧密合作的团队将其予以落实。”我回答。

“给我发份方案。”这是他的最后一句话。

我承诺会亲自送过去。

那年5月，在他位于雅典议会大厦的宽敞办公室里，我第一次见到了亚历克西斯的经济团队。除了帕帕斯和影子财长德拉加萨基斯，还有另外两名我认识并且非常喜欢的激进左翼联盟议员：雅典大学的亲密同事欧几里德·察卡洛托斯和克里特大学的经济学教授乔治·斯塔萨基斯。在那次会议上，我阐述了亚历克西斯要求我准备的方案，这是我在2012年6月提出的战略文件的加强版：可持续发展的希腊留在可持续发展的欧元区的五点战略。

79 房间里气氛热烈，这说明我此前劝说亚历克西斯不要把希腊退欧当作目标或威胁手段的努力没有白费。尽管我在整个左翼和激进左翼联盟内部失去了许多朋友，他们绝不会原谅我促使激进左翼联盟放弃将希腊退欧作为政策目标，但亚历克西斯的内部经济团队显然热衷于在欧元区内寻求可行的解决方案。“五点战略”旨在说服他们，想要避免出现塞浦路斯式的剧变实际上是有可能的，并阐述了如何避免的方法。首先是威慑战略。

一、牵制欧洲央行，维持银行开业

从2012年末开始，老谋深算的欧洲央行行长马里奥·德拉吉承诺以政府债券的形式购买意大利、西班牙和爱尔兰等欧洲失败经济体的巨额债务，设法将已经出现裂缝的欧元弥合起来。[33]尽管安格拉·默克尔给德拉吉的计划开了绿灯，但德拉吉的头号敌人是作为德国央行的德意志联邦银行[1]。德国央行行长质疑德拉吉是否有权购买可能成为坏账的南欧国家债务——事实上，这样做直接违反欧洲央行宪章，德拉吉不得不想出一些巧妙的方法绕过宪章的约束。德国央行就此事将德拉吉告上法庭。[34]如果德拉吉面对严峻的司法挑战收回购买这些债务的承诺，那么欧元将失去唯一的生存机会。德国央行反对德拉吉的理由是，购买政府债券如若出现损失，他缺乏承担损失的法律依据。这使希腊政府有了很大的话语权，因为欧洲央行的账面上仍有数百亿欧元的希腊政府债券：这些债券是欧洲央行上任行长在位时，通过证券市场计划在2010年至2011年期间购买的。我对激进左翼联盟的建议是，如果欧洲央行威胁关闭希腊银行，他们政府的反应应该是对所谓的“证券市场计划”债券进行单方面“剃头”（这就使得德国央行进一步针对德拉吉购买法国、意大利、西班牙、爱尔兰和葡萄牙债券以挽救欧元区的计划发起了司法挑战），而且他们应该向德拉吉清楚表明这一点。这会使德拉吉非常不愿意像对待塞浦路斯那样对待希腊。

二、拔掉破产银行家的毒牙 80

正如帕帕斯、亚历克西斯和我之前讨论的那样，废除“纾困斯坦2.0”需要将银行移交给它们的新所有者——欧洲纳税人，并将银行的

[1] 为与德国最大的商业银行德意志银行（Deutsche Bank）做出显著区分，后文统一将德意志联邦银行（Bundesbank）译为“德国央行”。

损失与希腊政府的债务脱钩。因此，激进左翼联盟政府应当与“三驾马车”进行谈判，将银行股份和管理权交给欧洲机构，由欧洲机构代表全体欧洲人进行管理，使银行恢复健康。为达此目的，激进左翼联盟需要联合左翼人士和自由至上主义者，前者信奉银行社会化，后者厌恶由无权无势的纳税人出资扶植贪腐银行家的想法。

三、合理的财政政策和债务重组建议

激进左翼联盟政府应公开宣布，该政府致力于打造一个无论顺境还是逆境都量入为出的政府。从理论上说，这意味着维持小规模的基本预算盈余，不超过国民收入的 1.5%——虽然不够偿还无力还清的公共债务，但足以维持政府的偿付能力，同时使私营部门得到再次喘息的机会。作为前提条件，激进左翼联盟政府需要提出规模足够大的债务重组方案，使 1.5% 的基本盈余足以维持日后的债务偿还。在与欧元集团及其“三驾马车”就这个最终目的进行谈判期间，激进左翼联盟政府应当准备好削减水平最高的工资和最大方的养老金，以克服现金的短缺，这对于维持收支平衡也是必要的。

四、应对人道主义危机的紧急计划

与此同时，激进左翼联盟政府应该立即向状况最差的数十万户家庭提供食品、能源和住所。兰布罗斯和即将坠入深渊的那些人应该是政府的首要任务。现有身份证件可以升级为具有借记支付功能的智能卡，成本很低。处在绝对贫困线以下的家庭可以激活借记支付功能，用于超市购物以及负担电力和住房等必要开支。

81 五、让欧元区行得通的温和建议

作为一支进步的欧洲主义力量，激进左翼联盟政府不仅应当代表希腊人谈判，还应当在布鲁塞尔就欧洲的公共债务、银行、投资政策和扶贫能力提出全方位建议——如果不提出这些建议，欧元区是行不通的。为此，我建议激进左翼联盟经济团队，他们应当采纳斯图尔特·霍兰、杰米·加尔布雷斯和我多年来精心打磨的《解决欧元危机的温和建议》。

为了实现这些目标，我在会上表示，你们的政府必须向布鲁塞尔提出一份不仅对希腊，而且对全体欧洲国家都有利的全面方案；你们必须发出明确信号，雅典再也不会被迫接受更多的“假意展期”贷款；你们必须让欧盟和国际货币基金组织的官员意识到，你们是带着留在欧元区的决心和愿意做出妥协的灵活性前来谈判的。但他们也必须认识到，如有必要，你们准备退出谈判，不论他们发出什么样的威胁，如果你们不这么做，那就没有去谈判的必要了。

亚历克西斯和帕帕斯似乎很满意。欧几里德和斯塔萨基斯也表示基本上同意。德拉加萨基斯提出了一个中肯的问题：“我们如何才能让欧元集团、欧洲央行[1]和‘三驾马车’相信，我们不是在虚张声势？”这个问题极其重要，整个战略都仰仗这一点。

我的回答是，激进左翼联盟的偏好和政策重点必须让人一目了然。必须让所有人都知道，激进左翼联盟政府最希望在欧元区内达成一份可行的协议，否则该政府宁愿选择后果可怕的希腊退欧，也不会选择最糟糕的投降。如果所有人都知道这个优先顺序，那么希腊退欧的责任及其产生的代价和法律问题，将全部由欧盟和国际货币基金组织承担。接下来就看他们怎么选择了，而且所有人都知道一切取决于他们的选择。

当然，即使所有人都知道激进左翼联盟的真正偏好，欧盟和国际

[1] 原文如此。欧洲央行系“三驾马车”之一。后文再出现此类情况不再注明。

货币基金组织的官员也必定会最大限度地考验亚历克西斯的决心。此外，欧盟和国际货币基金组织有可能最终宁愿将希腊踢出欧元区，也不愿主动与激进左翼联盟政府达成协议，或者他们有可能把亚历克西斯逼到悬崖边上，从而意外触发希腊退欧。我们进行了长时间的建设性讨论，考虑了所有可能出现的情况，但我坚持我的核心观点：不论
82 他们能否说服欧元集团、欧洲央行和“三驾马车”相信他们真的坚持这种优先顺序，如果他们不是真的坚持，这一切都毫无意义。我告诉他们，这就是他们自己人之间需要解决的问题：

> 你真的相信“做萨马拉斯”，像他那样向“三驾马车”投降，会比被踢出欧元区更糟糕？如果你不确定，就让萨马拉斯留在马克西莫斯官邸吧。赢得权力就意味着与债主发生冲突，但“三驾马车”一发话就立刻退缩回去，然后为他们的不人道背骂名，这样赢得权力又有什么意义呢？只有你打算来真格的，因为你确信投降比可怕的希腊退欧更糟糕，这才不枉赢得权力。只有这样，希腊才有机会永远留在欧元区，一劳永逸地解决希腊退欧的问题。

帕帕斯在送我出去的时候，用胳膊搂着我的左肩说：“太棒了。从现在开始，这将是我们的路线。”

顾虑的累积

那是在2013年6月11日的晚上，距离午夜还有一小时，电视画面突然停住不动了。在两个小时的时间里，电视一直显示着一名记者正在播报新闻的静止画面。在信号被掐断前，这名记者正在解释说，

政府已决定关闭三个国家电视台、所有地区性和全国性广播电台，以及向希腊海外侨民播放希腊语节目的卫星服务。这相当于英国广播公司的所有电视频道突然黑屏，英国广播公司的每一个电台频段都一片静默。

我不敢相信自己的眼睛和耳朵，脑海中浮现出希腊法西斯独裁者的时代，他们发动政变的第一步就是控制国家电视台。他们当年至少还不嫌麻烦，播放了一幅希腊国旗的画面，尽管背景音乐是军乐。在“纾困斯坦”，听命于“三驾马车”的政府只是让电视画面静止了两小
时。然后，希腊的电视全都变成黑屏。满屏的黑暗恰如其分地揭示了 83
新政府朝着威权主义的转向，因为他们的“成功故事”显然一败涂地。

黑屏几分钟后，示威者闯入希腊广播和电视组织大楼——从 2011 年起，我被禁止入内——开始了长达一个月的占领，重新燃起宪法广场精神。第二天一早，达娜厄、杰米·加尔布雷斯和我飞赴塞萨洛尼基，声援当地的希腊广播和电视组织工作人员。[1]在那里，我在一个座无虚席的大厅里发表了演讲，随后是杰米和亚历克西斯。作为数千名示威者中的一员，以及该机构工作人员在互联网上播放的非官方节目的嘉宾，我重回这家机构的经历实在让人五味杂陈。

受这些事件的推动，在我与激进左翼联盟经济团队会面后，某种合乎逻辑的政治纲领在那天夏天逐步成型。2013 年 11 月，我和杰米在得克萨斯大学组织了一场为期两天的会议，主题是“欧元区还有救

---

❶ 塞萨洛尼基，希腊第二大城市。希腊广播和电视组织所属的希腊电视三台主要在此地制作并面向全国播放节目。2013 年，为裁减国有部门员工，希腊政府关闭了希腊广播和电视组织这一国家广播电视公司。之后，希腊电视三台员工发起了抵制政府决定的运动，同时继续制作新闻节目，并通过互联网播放。

吗？”。亚历克西斯、帕帕斯和斯塔萨基斯出席会议并发表了大受好评的演讲。这个点子是为了将三位激进左翼联盟领导人介绍给欧洲和美国的建制派要员、工会领袖、学者和记者认识。

这也是检验亚历克西斯是否认同“五点战略”背后逻辑的一个绝佳机会。会议期间，他和帕帕斯旁观了我和海纳·弗拉斯贝克之间的一场激烈辩论。弗拉斯贝克是德国左翼经济学家，曾在施罗德政府担任财政部国务秘书。他主张，希腊无法在欧元区内逃离债主监牢。他坚持认为，对激进左翼联盟政府来说，希腊退欧是正确目标，至少是对债主的最有效威胁——这与左翼平台的立场相同，左翼平台是激进左翼联盟内部的一个正式派别，激进左翼联盟中央委员会三分之一的委员都是左翼平台的支持者。[36] 正是在奥斯汀，我开始确信亚历克西斯拒绝这一立场：他坚信，如果有人威胁希腊退欧，那一定是“三驾马车”，而不是激进左翼联盟。

冬天过去了，萨马拉斯政府竭力推销其“成功故事”，而希腊社会进一步陷入经济泥潭。2014 年 4 月，萨马拉斯最后高兴了一次，斯图纳拉斯准备把政府债券卖给看到欧洲央行心照不宣的支持而放下戒心的投资者。但到了 2014 年 5 月，激进左翼联盟在欧洲议会选举民调中
84 荣登榜首，证明没有人上当。一个月后，沃尔夫冈·朔伊布勒放弃了萨马拉斯政府。变化即将来临。

那年 6 月，我回到希腊度夏，与亚历克西斯和他的经济团队碰了面，警告他们出现了新的威胁。欧洲央行刚刚发布了一份本身没有问题的新闻稿，但在附加说明中，欧洲央行宣布近期内将不再接受银行开具的、得到纾困国家背书的借条作为日后贷款的抵押品。换句话说，希腊四大银行用于确保自身日常流动性的骗人手法失去了一个重要的

组成部分。新政策的生效日期在我的脑海里敲响警钟：2015年3月——希腊总统任期届满的那个月，希腊很可能会举行新选举，而激进左翼联盟十有八九将组建政府。

“你们明白我说这个是什么意思吗？”在传达了欧洲央行的重磅消息之后，我向亚历克西斯、帕帕斯、德拉加萨基斯、欧几里德和斯塔萨基斯问道。我警告他们，他们赢得权力的第二天，马里奥·德拉吉就会打电话告诉他们，正如之前宣布的那样，欧洲央行必须拒绝给予希腊银行流动性，立即生效。欧洲央行正在创造必要的条件，使其可以在激进左翼联盟接管政府之际不需要警告和理由就可以让银行关门。

德拉加萨基斯的脸沉了下来：“然后会发生什么？”

我说，银行能够继续运营的唯一方式是希腊央行动用自动裁量权，通过所谓的“紧急流动性援助”机制向银行继续放款。希腊央行实际上是欧洲央行的分支机构，因此即使如此，资金也将来自欧洲央行，不过是间接的，利率更高，而且最终可能被切断。[37]但在所有这一切发生之前，必须先去除一个迫在眉睫的障碍。

“三天后，萨马拉斯总理将把斯图纳拉斯从财政部长调任为央行行长，这是巧合吗？”我问道，“这显然是一种计谋，因为他预计到你会胜选。”

说到这里，亚历克西斯变得愤怒起来。“我当上总理后的第一件事就是要求斯图纳拉斯辞职。必要的话，我会把他从央行拖出来，踢他，骂他。”针对这个问题，帕帕斯提出了许多甚至更加极端的解决方案。

我指出，谁坐在行长办公室无关宏旨——激进左翼联盟政府的首 85
要任务是从一开始就阻止德拉吉关闭银行。根据我在前一年提出的“五点战略”的第一点，他们需要向德拉吉明确表示，欧洲央行关闭银行将促使雅典采取措施，最终很可能导致欧元区瓦解。问题是：他们是否有足够的决心这样做，对抗站在德拉吉一边的所有人，不仅是斯图纳拉斯，还包括我们的阿里斯和佐尔巴等本国银行家？

亚历克西斯和帕帕斯信心十足地回答说，他们会毫不犹豫地这么做。欧几里德，据说是团队中最好战的左翼，表示同意。斯塔萨基斯点了点头。另一边，德拉加萨基斯用一种我能想到的态度回应道："让我们按最好的情况去推进吧。"他又补了一句："如果逼我们，我们将不得不做出回应。"

一周后，在雅典拜占庭和基督教博物馆的宏伟花园里，我和亚历克西斯站在另一大群受众面前，用希腊语介绍了《解决欧元危机的温和建议》的主张。亚历克西斯的整个团队都站在台下，德拉加萨基斯站在前排，突出表明他支持该战略。

几天后，亚历克西斯、帕帕斯和我再次见面。

"你有没有意识到，"帕帕斯问我，"除了你，没人能监督你提出的谈判战略的落实情况？你准备好承担这项职责吗？"

我回答说，我肯定会为这场斗争拼尽全力，但我认为不应把技术官员空降到政治进程中。事实上，我仍然有一些根本性的担忧。代表一国谈判需要得到民主授权。《温和建议》阐明了我的个人理念，我并不赞同经济政策的去政治化，因为这是最具政治性的领域。此外，德拉加萨基斯、欧几里德和斯塔萨基斯几十年来白手起家创立了激进左翼联盟。他们赢得了党员的尊重。相比之下，我永远只是他们的代理人，这将削弱我动用所需授权进行谈判的能力。最后，我对激进左翼联盟的内部政策重点与可靠的政府政策议程之间是否相容仍然心存顾虑。

一周后，我在英国读本科时的好友瓦西里·卡弗罗斯加重了我的疑虑。他问我是不是唯一不知道德拉加萨基斯与银行家关系极为密切 86 的人。我说我不相信。“你的证据在哪里，瓦西里？”我质问他。

“证据我是没有，”他承认，“但众所周知，早在他还是共产党人的时候，他就一门心思地与银行家交好。”

我认为这个指控子虚乌有。尽管疑虑仍像不安分的蛇一样在我的脑海中滑过，但我还是决定，不能为超出自身解决能力之外的问题所困扰心。那些在选举中赢得权力的人必须拉开邪恶之弓。目前我能做的就是指出陷阱所在，并提出绕过陷阱的建议。

本章注释

1. 他们还使用了一个更离谱的伎俩：除了从佐尔巴的银行借来数百万欧元之外，阿里斯家族的离岸公司还从阿里斯家自己的银行借了数百万欧元。这些贷款也被减记为无力偿还或不良贷款，或用于购买办公空间，然后转售给其他方面，只是为了回租给央行，或以虚高的价格出售给央行。新倒腾出来的资金即“利润”也可用于购买同一家银行的新股，继续维持投资者向其注入私人资本的假象。
2. 我的选区是大雅典区（或大家所说的雅典B区），因此我没有机会在那次市长选举中投票给亚历克西斯。不过，无论如何我都不会这么做，因为我当时对激进左翼联盟持怀疑态度。
3. 确切地说，该党当时还不叫“激进左翼联盟”。在2013年之前，该党被称为“左翼与进步联盟”（Synaspismos）。在2009年的选举中，它与许多准独立的政党和运动组成大联盟。在2012年的两次选举（5月和

6月）中，该党以“激进左翼联盟”为名作为一个政党参选，以便享受政党联盟所不具有的特权。直到 2013 年 7 月，激进左翼联盟才举行全国大会，从此变成一个统一政党。

4. 即《经济学的邀请》(Yanis Varoufakis, *Foundations of Economics: A Beginner's Companion*, London: Routledge, 1998)。

5. 2013 年，新加入的合著者杰米·加尔布雷斯帮助改进了《温和建议》一文，这篇文章的提要可以在《弱者任人摆布？——欧洲、紧缩政策和对全球稳定的威胁》(Yanis Varoufakis, *And The Weak Suffer What They Must?: Europe, Austerity and the Threat to Global Stability*, London: The Bodley Head, 2016 ）一书的附录中找到。

6. 阿根廷像墨西哥和其他拉美国家一样，与美元实行一比一的联系汇率制，但这使阿根廷的出口价格高得吓人，导致进口大量涌入。随着阿根廷贸易逆差的迅速膨胀和国内美元债务的累积，每个人最终都清楚地认识到有些东西必须要放弃。最终，阿根廷放弃了与美元一比一的联系汇率制，制止了资本外流，使国内经济免于崩溃。从理论上说，这是一个简单的操作，尽管这给阿根廷人留下了许多美元债务，而比索贬值导致他们无力偿还这些债务。政府需要做的只是在一个周五的下午做出决定，让比索不再与美元等价。

7. 令我真正感到意外的是，我们深入讨论了《温和建议》中提出的对公共债务、资不抵债银行和超低投资等欧洲次要危机的补救措施。

8. 即《全球米诺陶：美国、金融危机的真正原因和世界经济的未来》(Yanis Varoufakis, *The Global Minotaur: America, the True Causes of the Financial Crisis, and the Future of the World Economy*, London: Zed Books, 2011)。后来分别于 2013 年和 2015 年推出两个新版本，后者的副书名

改为《美国、欧洲和世界经济的未来》(*America, Europe and the Future of the World Economy*)。

9. 我第一次移居他国是在 17 岁时，当时我和成千上万的希腊同龄人一起去英国留学。1988 年，由于无法忍受玛格丽特·撒切尔统治下的英国，我移居澳大利亚，在悉尼大学担任讲师。下一次跨国移居是在 40 岁的时候，我决定从悉尼大学辞职，返回希腊，接受雅典大学的教职。2012 年我们搬到美国是我倒数第二次跨国移居，最后一次（我希望并相信如此）是 2015 年搬回希腊进入政坛。
10. 默克尔当然是德国总理安格拉·默克尔。蒙蒂是时任意大利总理马里奥·蒙蒂。后者是位经济学家，未经选举就取代了虽面目可憎但是经民选上台的西尔维奥·贝卢斯科尼。尽管蒙蒂有着默克尔手下的名声，但他确实为祖国付出了巨大努力，向默克尔施压，要求她接受在欧元区内进行债务分担（不要与贷款混淆），并组建一个适当的银行业联盟。他的失败不是因为他不够努力（参见瓦鲁法克斯 2016 年著作《弱者任人摆布？》)，而是因为默克尔不愿出手相助她曾经支持的人，而且蒙蒂在国内缺乏支持。
11. 一家电子游戏公司，其数百万玩家 / 客户群体自发形成了规模庞大的宏观经济，包括不断演变的货币体系，这是我喜欢研究的问题。（中国游戏玩家通常称这家公司为“V 社”。——编者注）
12. 参见瓦鲁法克斯《弱者任人摆布？》。
13. 联合政府还包括一个名为“人民东正教阵线”（LAOS）的小党。该党公开奉行种族主义、极端民族主义和宗教极端主义，后来部分被新民主党吞并，但主要是被新兴的金色黎明党所吸纳。
14. 为第一轮纾困保驾护航后，泛希腊社会主义运动在 2009 年失去了大部分支持（支持率从 44% 降至仅剩 13.2%），而帮助推动第二轮纾困的新民主党的选民基础从 2009 年的 33.5% 降至 2012 年 5 月的 18.8%。

15. 从理论上说，这很简单。第二轮纾困资金来自欧洲金融稳定机构，其中希腊银行家能拿到高达 500 亿欧元。欧洲金融稳定机构（实际上是欧洲纾困基金）属于欧元区全体成员国，代表欧洲纳税人借款，然后将资金提供给希腊银行、西班牙银行、葡萄牙政府等。我提出的方案是，由于欧洲金融稳定机构代表欧洲纳税人向希腊银行注资，欧洲金融稳定机构应该拥有这些银行的股份，代表所有欧洲人成为它们的所有者。接下来，这些银行的董事将由欧洲金融稳定机构（可能还有欧洲央行）任命的人员取代，他们的职责是净化希腊银行并将其“欧洲化”。

16. 这方面的专业术语叫作“名义 GDP（国内生产总值）指数化”。这意味着，在以欧元计算的希腊国民收入超过一定水平（例如，危机前的 GDP 水平或某个商定的百分比），以及其年度增长率超过某个百分比阈值之前，希腊将暂停偿债。

17. 亚历克西斯在演讲中响应了激进左翼联盟核心集团的观点，呼吁对流出希腊的资本征税（在欧元区内是不允许的），打造本国的投资项目（在国内极度缺乏投资资金的情况下），向船东增税（他们大多住在伦敦，希腊税务局对他们无能为力），立法强制希腊人将他们在外国银行的存款汇回国内（在欧盟内这种立法是不可能的），最后但并非不重要的是银行国有化（忽视了我的提醒，即希腊政府无法在欧元区内为银行提供资金）。上述表态中的绝大部分需要希腊退出欧元区，但在演讲中亚历克西斯宣称，激进左翼联盟的政策是留在欧元区。

18. 激进左翼联盟在 2012 年 5 月和 6 月的两次大选中确实取得了长足进步：得票率从 5 月的 16.8% 上升到 6 月的 26.9%。但新民主党也取得了类似的增长，得票率从 18.8% 上升到 29.7%，蚕食了社会党人泛希腊社会主义运动的选票，后者的得票率从 13.2% 进一步跌至 12.3%。

19. 新联合政府与欧洲央行前副行长卢卡斯·帕帕季莫斯领导的上一任联合政府之间存在一个有趣的变化。其核心仍是新民主党和泛希腊社会主义运动，但第三党有了很大的变化：如今已被金色黎明党和新民主党吸纳的人民东正教阵线为民主左翼党（Democratic Left）所取代，这是一个从激进左翼联盟分裂出来的小党，属于温和左翼，接受“三驾马车”希腊方案的基本逻辑。另一个不同之处在于，鉴于泛希腊社会主义运动的自我崩溃，新任联合政府由新民主党领导。

20. 英国《金融时报》的彼得·施皮格尔（Peter Spiegel）和其他人散布的谣言称，斯图纳拉斯在我的任命中发挥了作用，这不是事实。我的任命是经济学系教职工委员会罕见的全体一致表决通过的结果，我和他初次见面是在那之后。事实上，回到雅典并考虑在雅典任教的建议最早是在 20 世纪 90 年代初，由一名留学德国的左翼经济增长理论学家提出的，他在雅典大学担任教授，以其博学和美德为这所古老的大学增光添彩。

21. 关于著名的“希腊统计数据”，斯图纳拉斯给我讲过一个有趣故事，而正是这些统计数据导致毫无准备的希腊陷入欧元区的流沙之中。要想说服欧洲当局接纳希腊加入欧元区，他和同事要做的只是照搬其他国家的伎俩，主要是意大利人，但也包括德国财政部——他们篡改统计数据，使其看上去符合欧元区的规定。考虑到雅典的把戏都是罗马——实际上是柏林——用过的，因此斯图纳拉斯的微妙战略就是让他们知道，如果希腊被排除在外，世界或许会知道罗马和柏林做过什么。换句话说，让希腊进入欧元区的不是希腊的统计数据，而是欧洲的统计数据加上大剂量的虚伪。

22. 该银行后来更名为“艾波奇银行”（Emporiki，在希腊语中意为“商业”）。2004 年，斯图纳拉斯被新任保守派政府解雇后，艾波奇银行被卖给法国农业信贷银行。在 2010 年危机之后，艾波奇银行受到重创。

23. 比如，我们开设的经济学国际博士生项目，要求考生花两年时间攻读全日制课程。以前，一些教授会给博士候选人一点微薄的工资，让他们为自己有利可图的项目（或自己的企业）工作，并向他们承诺，四五年后，他们会拿到博士学位。通过这种制度产生的学位论文自然毫无价值，因为学生既没有受到适当的教育，也没有时间自学。新项目结束了这种做法，使我在那些同事当中非常非常不受欢迎。

24. 斯图纳拉斯曾是泛希腊社会主义运动工作人员，他更愿意认为自己是该党的技术专家。但他与帕潘德里欧的前任关系密切，并曾与之共事，而帕潘德里欧自 2004 年以来一直在尽力清除其前任的遗产。因此，斯图纳拉斯遭到排挤，这让他感到不满，疏远了自己认同的政党。相比之下，我与帕潘德里欧家族关系密切，但与该党关系不密切，我无法让自己投票给该党。尽管我确实回应了帕潘德里欧的请求，帮助他和他的团队撰写演讲稿，进行经济分析，提出促进与企业界合作的建议，等等，但我是以一个局外人的身份去这样做的，是与帕潘德里欧的个人交情。然而，到了 2006 年，我无法再与他的经济团队合作，我甚至辞去了非正式顾问的角色。这出人意料地拉近了我和斯图纳拉斯的距离，因为我们现在都与帕潘德里欧保持距离。

25. 政府的基本预算盈余是其收入减去其支出的差额。收入包括税收、关税、公共投资回报等，支出不包括政府以债务分期（利息和本金）的形式偿还债主的钱。

26. 2014 年 1 月 9 日，英国《金融时报》发表了彼得·施皮格尔和凯林·霍普（Kerin Hope）撰写的一篇报道，文中讲述了这个故事。报道引用斯图纳拉斯的话如下：“波尔（即波尔·汤姆森，国际货币基金组织在雅典的关键人物）和拉加德说，我必须（站）在他们那边，”他回忆道，“我说：‘好吧，但如果我和你们一边，你们那边应该是真正帮助希腊的，但这是完全不可能的。’朔伊布勒对我说：‘斯图纳拉斯，忘了这件事吧。’由于这是不可能的事情，我还能怎么办？”

27. 德国总理在访问北京时提出了一系列请求，其中之一是请求中国动用外汇储备的一小部分为欧元区纾困基金提供资金（通过购买其发行的债券）。一位中国高级官员向我证实，北京同意这样做的条件是安格拉·默克尔将希腊退欧“从台面上拿下来”。中国人是对的：如果欧元区纾困基金发放的大部分贷款很可能被减记，他们就不可能同意为其提供资金——一旦主要接受国希腊不再能够获得欧元，肯定就会发生这种情况。

28. 2012 年夏天过后，市场收到了欧洲央行发出的信号，即欧洲央行将无限量购买爱尔兰、意大利、葡萄牙和西班牙的政府债券，以阻止欧元解体。事实上，马里奥·德拉吉花了近一年的时间才成功发出这一信号，面对德国央行的强烈反对，他成功争取到安格拉·默克尔的支持。欧洲央行从未提出将希腊置于其保护伞之下。

29. 具体条件是，政府实现为正数的基本盈余——即收入超过所有政府支出，但不包括骇人听闻的偿债金额。

30. 2015 年初之所以成为关键节点，是因为希腊总统任期将于 2015 年 3 月到期。希腊总统由议会间接选举产生，如果没有候选人达到必需的票数，议会就会解散。因此，萨马拉斯总理只有在总统选举中争取到小党和独立人士的选票，才能避免在2015年3月举行新选举。他既不喜欢这么做，也不喜欢即使他尝试这么做，成功的可能性也不大的现实。

31. 以下是演讲节选：

> 散布恐慌者会告诉你，如果我们的政党上台执政，我们将撕毁与欧盟和国际货币基金组织达成的贷款协议，而这将使希腊退出欧元区，切断希腊与西方文明世界的联系，希腊将成为新的朝鲜。这是散布恐慌者在尽可能地往坏处想。我的政党激进左翼联盟想要的不是这些。我们一直是，并将永远是一个亲欧洲政党。我们现在认为，欧洲已经迷失方向，将反人类政策强加给自己并不反欧洲的人民。激进左翼联盟忠于欧洲人民。我们坚信，欧洲是我们的家园，我们需要保护欧洲免受正在蔓延的大萧条的影响，这场大萧条不仅威胁着我们欧洲人，也威胁着整个全球经济。我们想要阻止欧洲的分崩离析。而这意味着反对欧洲当前的政策……这是否意味着激进左翼联盟领导的政府将撕毁与"三驾马车"的贷款协议？不是的。我们所说的更加切中根本。我们说的是，现实每天都在违反这项协议。国际货币基金组织本身正在警告布鲁塞尔、法兰克福和柏林，这项协议已经跟不上现实。即使激进左翼联盟说服每个希腊男人、女人和孩子在早上醒来和晚上入睡时都带着落实这项协议的决心，它也是不可能成功落实的……因此，如果激进左翼联盟的激进左翼政治不是为了让希腊退出欧元区，也不是为了撕毁我们与欧盟之间的协议，那么我们的激进左翼标签意味着什么？
>
> 意味着我们不会实行大萧条时代的经济政策。
>
> 意味着我们将继续坚持对欧元区进行理性的重新设计，而不是

让其人民一周七天都忍受酷刑折磨。

意味着我们不会接受赫伯特·胡佛的欧洲化身纠缠欧洲人民。

意味着我们将要求欧洲达成一项新协议，调动欧洲产能对抗匮乏、贫困和绝望。

最后但并非不重要的一点是，在这里，在布鲁金斯学会，我要向台下的各位传达的信息是，我们的政党希望与大西洋彼岸满怀善意的进步主义思想家进行互惠互利的对话。我想对你们说，希腊人民，即使是激进左翼，也认为你们是恢复大西洋两岸繁荣与希望的合作伙伴，这项事业纵然错综复杂，但极其重要。在过去几十年里已经取得长足进步的世界其他国家，正在焦急地注视着我们欧洲人和美国人。我们不能辜负他们的期望，就像我们不能辜负本国人民的期望一样。

32.《只有激进左翼联盟才能救希腊》，刊发于 2013 年 6 月 23 日：

希腊今天的问题是与欧洲之间的问题，齐普拉斯不想挑起与华盛顿的争执。全球金融业可能对激进左翼联盟的胜利感到恐惧。但银行和对冲基金知道，大多数希腊债务由欧洲纳税人和欧洲央行持有，剩下的被投资者抢购，因为他们知道会偿还。金融巨头担心，如果左翼政党在希腊获胜，其他地方可能发生什么。这是银行家的本能反应。但对美国政府而言，被恐惧驱使采取相同立场在战略上缺乏远见。事实上，就目前而言，激进左翼联盟或许是欧洲的最大希望。希腊人既不想退出欧元区，也不想看到欧元区解体——这种结局很可能拖垮欧盟。他们也知道，欧洲应对危机的方法，包括越来越严厉的紧缩措施和更大规模的贷款，已经一败涂地。

33. 这件事的背景是这样的。第一轮纾困期间，在不如马里奥·德拉吉的前行长领导下，欧洲央行购入大量希腊政府债务（债券），竭力维持希腊的偿付能力，但以失败告终。这场注定失败的行动就是所谓的“证券市场计划”。通过购买希腊、葡萄牙、爱尔兰、西班牙和意大利的政府债券，欧洲央行希望平息投资者对这些债券的恐慌性抛售。然而，令人难以置信的是，欧洲央行也向投资者发出信号，表示其支出不会超过 2000 亿欧元——这相当于明确告知投机者要想清楚，证券市场计划的购买可能无法阻止这些债券贬值。证券市场计划失败后，欧洲央行持有数百亿美元无法偿还的希腊债务。2012 年，作为第二轮纾困的一部分，当希腊债务被“剃头”，政府债券的私人持有者蒙受重大损失时，欧洲央行持有的证券市场计划债券却得到豁免。这意味着，破产的希腊政府必须全额偿还欧洲央行的债券，要不是因为欧洲央行前任行长购买债券的愚蠢行为，这些债券将被“剃头”九成以上。简而言之，欧洲央行，即我们国家的中央银行，就像对冲基金一样对破产国家的死咬不放。对冲基金经常以低得离谱的价格购入问题国家的不良债权，等到其他债主与政府达成“剃头”（或债务重组）协议，它们表示拒绝接受，坚持要求全额偿还——这就是为何称其为“拒不合作者”，或更加情绪化地把它们叫作“秃鹫基金”。只有在欧洲，这种具有讽刺意味的事情才能永久存在，并被当作合理的政策加以维护。

34. 德国央行与德国联邦政府的冲突由来已久（参见瓦鲁法克斯 2016 年著作《弱者任人摆布？》）。德国央行行长延斯·魏德曼强烈反对欧洲央行购买南欧国家和银行的潜在坏账，于是他向德国宪法法院起诉德拉吉和欧洲央行（德国央行是欧洲央行不可或缺的一部分），提交了一份长达 120 页、言辞激烈的证词。倒霉的德国法官不愿对这起最奇怪的争端做出裁决，这完全超出了他们的理解和专业知识，于是他们决定……不做决定。

35. 欧洲央行迫切需要维持这样的假象，即希腊正在赎回欧洲央行持有的希腊政府债券，这是之前介绍的“成功故事”那套惊人骗术的更深层次原因。

36. 激进左翼联盟是由社会主义者、环保人士、社会民主党人和共产党人组成的松散联盟。左翼平台是其中较大的派别之一，与亲苏联的旧希腊共产党在其 1991 年分裂之前有着历史渊源。正如共产党人至今坚持的那样，左翼平台传统上支持希腊退出欧元区。欧元危机爆发后，希腊经济陷入严重衰退，左翼平台的激进左翼联盟成员开始强烈要求希腊退欧。

37. 围绕欧洲央行建立的欧洲中央银行体系，是欧元区各成员国央行组成的奇怪联盟。虽然各国央行没有发行货币的权利或设定利率的能力，但它们保留了部分重要职能。其中最重要的是向国内注册银行提供紧急流动性援助。想法是这样的：在正常情况下，希腊或意大利等国的商业银行直接从总部位于法兰克福的欧洲央行获取现金。他们向欧洲央行提供抵押品（他们拥有的政府债券、抵押贷款和其他纸面资产），以换取现金，但如果欧洲央行认为抵押品质量太差，可以拒绝接受。如果任其自生自灭，这些银行只能立即关门，因为他们没有现金拿给储户，从而引发挤兑。这就是启动紧急流动性援助的时候。实际上，欧洲央行告诉商业银行：“我们在法兰克福不会给你们现金，但你们一定要问问友好的本国央行——那里或许会接受你们糟糕的抵押品。”于是，一筹莫展的银行家将糟糕的抵押品拿到本国央行（本质上是欧洲央行的分支机构），恳求得到现金。本国央行不太可能拒绝这位银行家，否则国内银行业将爆发危机。银行家不喜欢从欧洲央行转到本国央行的原因有二：一是有损他们的声誉（表明欧洲央行认为他们的抵押品很差），二是有损他们的利润（银行从紧急流动性援助获取现金的利率高于欧洲央行的利率）。最终，也是非常重要的，本国央行通过紧急流动性援助向银行家提供现金的权利和能力可能受到欧洲央行的限制。只要欧洲央行行长理事会三分之二的成员（欧元区 19 位央行行长中的 13 位）投票赞成，即可叫停某成员国央行的紧急流动性援助。在这种情况下，该成员国的银行将在几小时内用完现金，整个银行业体系陷入瘫痪。

第四章　漂浮不定

石之船，简称“石船”，是水手们对此处的称呼：在萨罗尼科斯湾 87
汇入外海处，有三块巨石兀立海中。从大约一英里[1]外驶来的船上看去，它们确实像是一艘幽灵船，正在缓慢驶向苏尼奥角，那里是迷人的波塞冬神庙的所在地。石船阴影下的海水呈现出令人望而生畏的深蓝色，在距离航道如此之近的地方游泳，也是有点好处的。

2014 年 8 月，我和亚历克西斯在距离石船 50 米左右的地方漂着，尽可能避免隔墙有耳。我们的谈话转向信任问题。亚历克西斯相信他的团队会对阿里斯和佐尔巴等银行家率先发起指控吗？他相信他们在与“三驾马车”谈判时，会不害怕——也不希望——希腊退欧吗？当希腊寡头暴跳如雷时，面对有意愿且准备好通过银行扼杀他们的“三

[1] 1 英里约合 1.6 千米。

驾马车”时，他们还会挺身而出吗？

亚历克西斯巧妙地闪烁其词，语气一如既往地乐观。我尽量保持克制，以免我的疑虑把他压得喘不过气来，但我还是不得不问这个问题，自从瓦西里把这个问题植入我的脑海，它就一直在折磨着我。

“亚历克西[1]，”我说，尽量表现出若无其事的样子，“我听说德拉加萨基斯和银行家的关系非常密切。而且，总的说来，他或许赞同我们的逃亡计划，但实际上他正在努力维持现状。”

他没有立即回答。取而代之的是，他朝远处的伯罗奔尼撒半岛望去，然后转过来看着我：“不，我不这么认为。他没问题。”

我不知道如何理解他的这种简洁回答。他是不是也心存疑虑，但到底是信任这位老同志的正直，还是对我的问题不屑一顾？直到今天
88 我也不知道答案。我只知道他一直在对我说，我别无选择，当时机到来时，我必须在谈判中发挥主导作用。

我不愿再次保留意见，于是立即回答说：“好的，亚历克西，你可以指望我的帮助。但我有个条件。”

“什么条件？”他笑着问道。

“我在选举前对激进左翼联盟的经济议程有重要发言权。我们不能重蹈 2012 年的覆辙。”

亚历克西斯承诺，他会让帕帕斯和我随时保持联系，他们在公布任何经济政策之前都会与我协商。是时候游回贝蒂（亚历克西斯的伴侣）和达娜厄身边了，她们正在一条不太牢靠地抛锚海底的充气小船上等着我们。

---

[1] 亚历克西斯的昵称。

鲜血、汗水和眼泪

一个月后，已经回到奥斯汀的我从新闻中得知，亚历克西斯在塞萨洛尼基发表了一次重要演讲，阐述了激进左翼联盟的经济纲领。我大吃一惊，找到演讲全文读了起来。恶心和愤怒的情绪涌上我的心头。我立刻开始奋笔疾书。在我用了不到半小时写出的这篇文章发表后不久，总理萨马拉斯就用来在议会中抨击激进左翼联盟："就连瓦鲁法克斯，你们的经济大师，都说你们的承诺是骗人的。"这些承诺也确实是。

正如亚历克西斯的演讲所标榜的那样，"塞萨洛尼基计划"的用意是好的，但前言不搭后语，而且绝对不符合亚历克西斯和帕帕斯本该支持的"五点战略"。该计划承诺加薪、补贴、福利和投资，其资金来源要么是虚构的，要么是非法的。还有一些承诺是我们本不应该想要去兑现的。最重要的是，尽管该计划主张希腊应该留在欧元区，但其内容与任何合理的谈判策略都不相符。事实上，这是一个非常站不住脚的计划，我甚至懒得逐条反驳。取而代之的是，我在文章中写道：

> 我想，要是亚历克西斯·齐普拉斯发表一篇不同的演讲该有多好！这篇演讲应该在开头先抛出一个问题："为什么要投票给我们？"然后自问自答："因为我们仅向你们承诺三样东西：鲜血、汗水和眼泪！"
>
> 鲜血、汗水和眼泪，这是温斯顿·丘吉尔在1940年上台执政时 89
> 向英国人民承诺的，以换取他们对赢得战争的支持和帮助。
>
> 鲜血、汗水和眼泪，将为所有欧洲人，不仅仅是我们希腊人，赢得希望的权利。希望结束这场针对尊严和真理的战争——它悄

无声息，但无比残酷。

鲜血、汗水和眼泪，为了使我们的国家重回正轨，我们已经做好挥洒的准备。但如果我们现在继续表现得像模范囚徒，寄希望于早日从债主监牢获释，还由于削减收入导致还不上必须偿还的债务，只能另外举债，那么重回正轨是不可能的。

事实上，如果你们想投票给我们，那么必须是因为你们也认为，我们向你们承诺的鲜血、汗水和眼泪是一个公平的代价。只有付出这种代价才能从各国政府部长的口中听到真相，并在欧洲拥有既不奴颜婢膝也不虚张声势的代表。而这些代表将采取一种迄今为止没有任何政府用过的战略，即“说出”的战略。

向强权说出真话。

向我们的合作伙伴说出真话。

向欧洲公民说出真话。

说出关于我们银行糟糕状况的真话。

说出关于我们“盈余”的真话。

说出关于子虚乌有投资的真话。

最后，最痛苦的是，在破产政府、破产银行、破产企业和破产机构继续自寻死路之际，说出复苏可能性为零的真话。

还有一点，在你们给我们投票之前，要知道相对于败选，我们更害怕胜选。一想到自己可能会赢，我们就吓得要死。但如果你们决定投票支持我们，让我们用承诺的鲜血、汗水和眼泪换取真理和尊严，如果你们能够克服你们的恐惧，我们承诺，我们也能克服我们的恐惧，治理好这个国家，引领它从绝望走向解放。[1]

这篇文章一经发表，我的朋友和敌人都认为，这标志着我与激进左翼联盟领导层短暂关系的结束。我也是这么想的，直到几天后，帕 90
帕斯打来电话，听起来兴高采烈，好像什么事也没有发生。我告诉他，我的文章改变了一切。

“它什么也改变不了，”他随口反驳说，“你将有机会制订真正的经济计划。‘塞萨洛尼基计划’是我们部队的集结号。仅此而已。”

我被激怒了，对他大发雷霆，强调说，尽管我们必须要得到自己队伍的支持，但向他们撒谎很难说得上是争取支持的方法。他毫不掩饰地向我做出了让我预感不好的保证：“党有党的政策，政府有政府的政策。你负责后者，我们负责前者。”

我问谁是“塞萨洛尼基计划”的幕后策划者。帕帕斯说，由德拉加萨基斯负责，欧几里德进行协助。出自德拉加萨基斯之手在预料之中，但欧几里德的参与令人失望。我对朋友有着更高的期待。“不管是谁写出这份可怕的东西，”我说，“都是在给任何理性的谈判战略搅局。”

我放下电话，嘴里又干又苦，只好喝了几杯水，然后才和达娜厄说了这件事。领导层内部讲的是一个故事，党的忠实支持者听到的却是另一个完全不同的故事。面对团结、强大、坚定的对手，这是导致混乱、分裂和溃败的秘诀。我们向人民传达的信息，应该与向“三驾马车”官员、欧盟和国际货币基金组织领导层、柏林和华盛顿，乃至国际媒体和市场传达的信息是一样的，是不可分割的、可信的、立场坚定的。当听到我认为帕帕斯和亚历克西斯的战术必然会搞砸未来的任何谈判时，达娜厄反应坚决：“你不能参与这件事。”

我同意了。

保持距离的决定让我立即松了一口气，但平静的生活只持续了两个月。2014 年 11 月底，当我准备飞赴佛罗伦萨参加会议并发表演讲时，电话再次打来。是帕帕斯。当他得知我准备去意大利时，他恳求我绕道雅典，然后再回奥斯汀。“你务必要来。”他说。我不情愿地改签了机票。

在佛罗伦萨，我向一群忧心忡忡的意大利官员、银行家和学者发表演讲，阐述了《温和建议》的一个新版本，即一套可以在欧洲现有规则范围内立即实施的政策，以阻止欧元危机四处蔓延，不仅局限于意大利或希腊。[2] 第二天上午，我登上开往罗马的火车，然后从那里转
91 乘短途航班飞往雅典，一路上都在想亚历克西斯和帕帕斯要和我说什么。机场的报纸上满是提前选举的传言。我的激进左翼联盟朋友采纳了我文章中的观点吗？

出租车把我放在我们空空荡荡的公寓门口。我放下行李箱，然后惊喜地发现我的摩托车尽管闲置了三个月，但仍然可以启动。一刻钟后，我把摩托车停在亚历克西斯的公寓楼下，两个门卫站在一层迎接我。我坐电梯来到顶层，亚历克西斯、贝蒂和他们的两个可爱小男孩住在那里。帕帕斯和德拉加萨基斯也在。那是傍晚时分。

直到第二天凌晨，我才终于出来，骑车回公寓取行李箱，然后打车去机场，飞回奥斯汀。

“发生了什么事？”达娜厄在电话里问道。

“等我们见面再说。”我回答。由于害怕被窃听，我在电话里什么也没说。

一次全面且坦率的交流

亚历克西斯和贝蒂公寓里的气氛一直很愉快。萨马拉斯政府的民调支持率暴跌，目前看起来选举迫在眉睫，激进左翼联盟现在有可能

获胜，他们想要讨论一下胜选后的战略。

我没有心情分享他们的兴奋。“塞萨洛尼基计划”加剧了我的担忧，即亚历克西斯即将浪费一次把希腊救出债主监牢的机会，而这很可能是我们这一代人的最后机会。因此我特别强调了未来的困难和风险，重申了我在6月的会议上试图向他们灌输的观点。尽管德拉加萨基斯喜欢援引“好的情况”，为此祈祷也很好，但更有可能出现的是糟糕得多的情况，因此我们迫切需要未雨绸缪。

“让我告诉你，我认为你上任第一天会遭遇什么情况，”我们在客厅全部就座后，我开口说道，“等着吧，你当选后的那个周一银行就会出现挤兑。”[3]

我解释说，欧洲央行可能关闭银行的传言将导致储户取出欧元，藏在床垫下或汇到国外，就像2012年希腊的情况和次年塞浦路斯的情况一样。欧盟和国际货币基金组织官员不会急着与他们想要搞垮的政 92
府谈判。他们会袖手旁观，静候时机的到来，从2015年3月起，亚历克西斯和他的团队就要开始向国际货币基金组织和欧洲央行偿还第一笔不可能拿得出来的款项。[4]正如我们在6月讨论的那样，激进左翼联盟政府因此必须准备好从一开始就发出信号，如果欧盟和国际货币基金组织拒绝真心实意的谈判，那么该政府根本不会偿还这些款项。倘若出现这种情况，欧盟和国际货币基金组织无疑会回应说，欧洲央行不再能够向希腊银行提供流动性，因为它们的借条是由违约政府背书的，这一威胁相当于切断了对银行的紧急流动性援助，从而导致银行关门。

房间里的气氛变得阴郁起来。

“我希望这一切不会发生。也许不会。但不做准备是愚蠢的，”我说，“如果他们选择这条好战道路，他们就会想要弄清楚你是怎么想的，你是否在虚张声势，你真正最看重什么。”

“你认为默克尔想要什么？”亚历克西斯说，“我无法相信她会认为挑起另一场危机符合她的利益。”

“柏林不敢关闭希腊银行，这会扰乱市场，”帕帕斯插话说，“希腊不是塞浦路斯。他们这样欺负我们不是没有后果的。”

我提出不同意见。在我看来，默克尔和朔伊布勒绝对不想告诉本国议会，他们支持减免希腊债务，此举相当于承认前两轮纾困都是建立在假象之上。柏林可以避免这种忏悔的唯一方法是安排第三轮纾困贷款，将希腊继续关在债主监牢里，尽管希腊并未正式违约。然而，由于每一轮纾困都需要牺牲一位希腊总理（第一次是帕潘德里欧，第二次是萨马拉斯）和一个新政府去推动纾困方案在议会获得通过，因此他们要么尽力把亚历克西斯争取到他们一边，要么就制造混乱，导致他的政府垮台，然后安排一个听话的技术官员政府上台，就像他们在 2012 年所做的那样。

亚历克西斯表情严肃。“但帕帕斯的观点呢？”他说，“难道他们不怕市场动荡吗？”

“他们怕，”我解释说，“但就在你可能搬进马克西莫斯官邸的时候，欧洲央行将释放大量资金，用于稳定欧元区。”这样的“量化宽松”计
93 划包括使用欧洲央行的数字印钞机大举购买政府债券。这将压低意大利、西班牙和法国等关键国家的利率。这就是马里奥·德拉吉经过两年筹划为欧元争取时间的战略。

“白痴才会认为这是巧合，”我说，“默克尔很可能觉得，一旦欧洲央行的资金大量涌入市场，欧洲央行主导的强制希腊银行放假的计划

对她和欧洲金融家而言会执行得相当顺利。”

“那么我们怎么打乱他们的计划？”亚历克西斯问道。

“要想从他们那里得到一份像样的协议，”我说，“你必须让欧洲央行在关闭银行之前，有充分的理由犹豫不决。”

撒手锏：欧洲央行手里的希腊债务

我们在6月讨论的阻止银行关门的战略——基于我在2013年5月与亚历克西斯经济团队第一次会面时提出的“五点战略”，该战略本身则基于我在2012年6月提出的战略文件初稿——取决于欧洲央行的马里奥·德拉吉与延斯·魏德曼领导下的德国央行之间的法律战。德拉吉承诺从欧洲失败经济体大举购买政府债券，以支撑欧元区。德国央行就此将他告上法庭，声称这违反了欧洲央行宪章。2014年2月，德国法院将此案提交欧洲法院，后者的裁决有利于德拉吉，但他们的裁决中包含警告——据我分析，这些警告给了未来的激进左翼联盟政府相当大的筹码。我对裁决中警告的解读是，德拉吉有权继续购入政府债务，但前提条件是保护欧洲央行已经持有的政府债务不受任何减记的影响。其中包括所谓的“证券市场计划”债券，即欧洲央行从私人投资者手中购买的、作为其标榜的证券市场计划一部分的希腊政府债券。

欧洲央行仍然持有的希腊政府未偿还债券的金额高达330亿美元。对希腊而言，这是一笔巨款，特别是考虑到需要在2015年7月和8月偿还66亿美元。但对欧洲央行而言，与欧洲央行计划释放的至少一万亿欧元相比，这笔钱在账面上微不足道。然而，希腊欠欧洲央行的这区区几十亿债务在法律上威力十足：只要这笔债务出现“剃头”或延 94
期偿还，德拉吉和欧洲央行都将受到德国央行和德国宪法法院的司法挑战，从而破坏欧洲央行债务购买计划的整体信用，并导致与默克尔总理出现分歧，她永远不会同时对抗德国央行和德国宪法法院。面对他们的强大合力，德拉吉必定会发现他的自由受到极大限制，尽管他向市场做出了美妙的承诺，将“不惜一切代价”拯救欧元，但市场对他的信心将大大受损——而只有市场的信心才能阻止欧元的崩溃。

“马里奥·德拉吉即将在2015年3月推出一项重要的债务购买计划，否则欧元就完蛋了，”我说，“他最不希望的就是在这个时候有人搅局。”[5]因此，激进左翼联盟政府必须向德拉吉发出信号，表示希望与欧盟、欧洲央行和国际货币基金组织达成一份对各方都有利的协议，并愿意为此妥协。然而，该政府必须谨慎但坚定地表明，如果德拉吉针对激进左翼联盟获胜而关闭希腊银行，激进左翼联盟会将其视为宣战，立刻立法推迟赎回欧洲央行持有的希腊政府债券，比如说推迟20年。我确信，如果激进左翼联盟政府提前表明，该政府打算以这种方式报复欧洲央行，对欧洲央行持有的希腊证券市场计划债券“剃头”，就能够阻止欧洲央行关闭银行。

“德拉吉是明智的央行行长，不会仅仅为了让柏林打垮你而冒这个险，”我对亚历克西斯说，“当然，话说回来，如果你不能让他相信，你是真的要对这些证券市场计划债券‘剃头’，他就没有必要招惹柏林，拒绝柏林提出的用强制银行歇业逼你倒台的要求。”

和2012年一样，那天晚上，在亚历克西斯的公寓里，我煞费苦心地强调了一件简单的事情：在这件事上以及在他们日后谈判的每一个方面，激进左翼联盟都没有虚张声势的本钱。就算德拉吉真的关闭银行，亚历克西斯的政府也只能做好让经济空转几周的准备。如果届时他仍然坚持自己的立场——向柏林和法兰克福表明，尽管他的政府想要体面地达成协议，但与屈服于债务奴役的噩梦相比，该政府宁可不惜代价选择希腊退欧，这种局面是谁也不希望看到的——那么真正的谈判就会开始。

他们准备好死战到底吗？ 95

我这样问，帕帕斯似乎很不高兴。亚历克西斯比较克制，他无可奈何地说："我们别无选择。"德拉加萨基斯一言不发。

我对他们说，目前的当务之急是制订一个争取时间的计划；想办法熬过几周，这样他们就不必在自动柜员机停止服务的那一刻，必须在希腊退欧和投降之间做出选择。一旦默克尔和德拉吉明白激进左翼联盟是认真的，他们就可以在最终谈崩之前后退一步。要实现这一目标，激进左翼联盟需要一套能在银行关门后立即启动的支付系统。

平行支付系统

我向他们简单介绍了我的方案，我在 2012 年 6 月和 2013 年 5 月的"五点战略"中都间接提到了这个方案。该方案基于我以前的理论研究，即财政紧张的欧元区政府如何通过创新性地利用本国税务局网站而获得一定的回旋余地。其主要内容很简单。

假设政府欠 A 公司 100 万欧元，但由于政府流动性紧张，只能延期还款。再假设 A 公司欠其雇员吉尔 3 万欧元，还欠原材料供货商 B 公司 50 万欧元。与此同时，吉尔和 B 公司分别欠政府 1 万欧元和 20 万欧元税款。现在假设税务局为包括 A 公司、B 公司和吉尔在内的每个纳税人（确切地说，是每个税号）创建一个储备账户。那么，政府只需在电脑上输入 100 万欧元，就可将 100 万欧元"存入"A 公司的储备账户，并向每个纳税人发放一个个人识别码，纳税人可凭此码在储备账户之间转移“资金”。接下来，A 公司可将 3 万欧元转入吉尔的储备账户，50 万欧元转入 B 公司的储备账户，然后吉尔和 B 公司可用这笔钱分别偿还他们欠国家的 1 万欧元和 20 万欧元税款。如此这般，许多欠款便会立刻抵消。

即使在经济最景气的时候，这种系统也可以在葡萄牙、意大利，甚至在法国发挥很好的作用；但在欧洲央行强制希腊银行歇业的紧急
96 情况下，该系统对希腊而言至关重要，能使各种类型的交易得以继续进行，不仅仅是与政府的交易。例如，可把部分养老金存入领取者的税务局储备账户，领取者再把其中的一部分额度转给房东等人，而后者也是需要纳税的。尽管这些额度不能以现金的形式从系统中取出，但只要政府继续接受用其抵消税款，这个方案就一直是可行的。如果在两个方面得到进一步发展，该系统的功能将十分强大。

每个希腊公民都有身份证。设想一下，我们可以重新发放一种智能身份证，带有现代借记卡和信用卡里面的那种微芯片。养老金领取者、公职人员、救济金领取者、政府供货商——与政府有金融交易的所有人，他们的身份证都可关联到自己的税务局储备账户，用于在超市、加油站等场所购买商品和服务。换句话说，即使银行关门，政府流动性不足，政府仍可向居民身份证发放抵税额度，以此履行偿债义务——当然，只要发放额度的总值不会使政府出现财政赤字。

此外，政府可用同一套系统向希腊公民借款，从而绕过商业银行、充满敌意和怀疑的货币市场，当然还有“三驾马车”。除了政府发放的抵税额度之外，公民还可以选择在税务局网站上购买抵税额度，使用关联到正常银行账户的网上银行支付。他们为什么要这么做？因为如果他们以后——比如一年后——使用买入的额度抵税，政府会给他们提

供比如 10% 的折扣。这相当于政府以 10% 的利率向公民借款，现如今任何欧洲人从银行都拿不到这个利率。只要政府给出售的抵税额度设置上限，并保持完全透明，政府就会获得更多的流动性，而且在财政上是负责的，从而使政府可以在更大程度上摆脱“三驾马车”的影响，更快地实现与欧盟和国际货币基金组织达成一份可行新协议的最终目标。

德拉加萨基斯似乎很感兴趣，要求我为这一方案起草一份书面蓝图。而亚历克西斯和帕帕斯似乎感到放心，他们认为该方案能够在他们与债主决裂后，为他们争取到宝贵的时间。回到奥斯汀不到两天，我就把一份长达 10 页的技术蓝图发给帕帕斯，让他转交给亚历克西斯 97
和德拉加萨基斯。

我们暂且将时间快进四个月，去到 2015 年 3 月，在亚历克西斯作为总理主持的一次激进左翼联盟政府内阁会议上。不出所料，“三驾马车”在希腊与之对抗的第一天就开始进行报复。在评估了与“三驾马车”的对抗情况之后，我在会上简要介绍了我领导的财政部向议会提交的一份抗击人道主义危机的议案：向生活在贫困线以下的 30 万个家庭发放借记卡，每月提供几百欧元的额度，以满足他们的基本需求。

“但这些卡片只是开始，”我说，“它们很快就可以取代身份证，为平行于银行运作的一套支付系统奠定基础。”

我首先说明了这套系统的运作方式，然后介绍了它的诸多优点：政府将获得更大的财政空间；既不让穷人蒙受使用优惠券的耻辱，还能帮助他们；最重要的是，向“三驾马车”发出信号，希腊拥有一套支付系统，即使你们关闭我们的银行，我们的经济也能继续运转。最后我指出，如果“三驾马车”决定把希腊踢出欧元区，就像德国财长多年来一直想做的那样，[6] 那么仅需按下按钮，这套支付系统就可以用一种新货币重新计价。

内阁会议休会后，与会的大多数部长都向我表达了他们激动的心情，一些人拍拍我的背，另一些人拥抱我，还有一个人告诉我，她深受感动和鼓舞。

五个月后，我辞职了，随后媒体猛烈抨击我在没有准备 B 计划的情况下开始了一场艰难的谈判。连日来，不仅是反对派政客在媒体上嘲笑我，就连许多激进左翼联盟议员也是如此，他们指责我没有为银行关门制定应对战略就深入虎穴。我等着看亚历克西斯或其他内阁成员是否会站出来澄清事实。没有人站出来。因此，在货币金融机构官方论坛的戴维·马什主持的一次电话会议上，当有人问我，希腊政府与欧盟和国际货币基金组织的谈判出了什么问题时，我在回复中公开了我的平行支付系统计划。

这场讨论本应根据查塔姆大厦规则[1]进行，允许与会者援引其他人
98 的言论，但不能公开发言人是谁。可是有人忽视了这个惯例。我全部发言的录音很快就被公之于众。那些之前嘲笑我没有 B 计划的记者和政客立刻用一套相反的说辞指责我：“瓦鲁法克斯的希腊退欧秘密计划”成为典型的新闻标题，暗示我背着亚历克西斯策划了希腊退欧的邪恶阴谋。要求以刑事罪名起诉我的呼声尘嚣甚上。事实上，就在我写下这几行字的时候，我在希腊议会还面临着一项叛国罪的指控，因

[1] 查塔姆大厦是英国智库皇家国际问题研究所（The Royal Institute of International Affairs）所在地。查塔姆大厦规则系该所为维护会议自由发言与信息保密而确立的规则：与会者在会议或会议讨论中可自由使用会议上收集的材料并加以注明，但不得透露发言者身份或追溯其来源；未经同意，会议主办者不得记录发言者的讲话内容。

为我通过“密谋”的方式拆了总理齐普拉斯的台。

“三驾马车”在希腊国内的啦啦队员利用一切机会诋毁我，这让我深感自豪和喜悦。我把他们的攻击视为颁发给我的荣誉勋章，因为我敢于在欧元集团内对他们的要求说不。然而，看到前内阁同僚、那些排着队称赞我提出的支付系统的人，要么假装对此一无所知，要么加入谴责我的行列，我的心里真不是滋味。

工作邀约

我完全没有想到他们会向我发出工作邀约。午夜时分，在亚历克西斯的公寓，我们的讨论从威慑和平行支付系统转到实际政治方面。亚历克西斯告诉我，提前举行选举的可能性很高。现任政府的任期还有两年多的时间，但人们怀疑它能否撑过 2015 年 3 月共和国总统五年任期届满的时候。除非萨马拉斯总理能够为他选择的总统候选人在议会中争取到绝对多数支持，否则议会将自行解散，随即举行选举。[7] 然后，亚历克西斯在德拉加萨基斯的注视下下，谦逊地向我发出工作邀约。

“如果我们赢了，我们肯定会赢的，我们希望由你来当财政部长。”

在从奥斯汀前往雅典的整个旅途中，我一直在背诵我精心准备的用来婉拒工作邀约的那段话——只不过，我当时以为他会邀请我担任另外一个职务，即在财政部长德拉加萨基斯手下担任首席谈判代表。但现在，亚历克西斯提议将这两个角色合二为一，由我全权负责。 99

为了给自己争取时间，一头雾水的我转向德拉加萨基斯。“但我以为你会是财政部长。”

亚历克西斯替他解释说：“德拉加萨基斯将担任副总理，执掌三大经济部门。”这三个部门即财政部、经济部和新成立的生产重建部。[8]

这打乱了我的所有准备。目前拟定的内阁架构是合理的。眼下能够拒绝亚历克西斯工作邀约的唯一理由就是，我对他和德拉加萨基斯的真实意图、能力或性格心存怀疑。直接挑明我对他们仍然存有根本性疑虑至少说是很尴尬的，于是我指出了另一个原则性问题。

“你也知道，”我说，“我对‘塞萨洛尼基计划’持严重保留意见。事实上，我压根就没把它当回事。考虑到这是你们向希腊人民做出的经济承诺，我想不出来我怎么才能诚实地承担起负责将其落实的财政部长一职。”

不出所料，帕帕斯这时插话，重申他坚持认为“塞萨洛尼基计划”对我没有约束力。“你甚至都不是激进左翼联盟党员。”他指出。

“但如果我成为你们的财政部长，难道我不需要加入吗？”我问。

亚历克西斯给出了一个经过深思熟虑的回答：“不需要，在任何情况下都不需要。我不希望你成为激进左翼联盟党员。你没必要被我们政党烦琐的集体决策程序所拖累。”

我的脑海里响起警钟。亚历克西斯的观点说得通，但潜藏巨大风险。一方面，多年来我一直批评激进左翼联盟的经济政策不足为信，与该党仍然保持一定距离使我难得地保留了一定自由，而且亚历克西斯也可将我做出的那些有违该党政策的决策归咎于我不受其约束。与此同时，这种归咎可能会像滚雪球一样，在亚历克西斯或德拉加萨基斯临阵脱逃时变成对我的谴责，让我承受全党的敌意，而我在与“三驾马车”和希腊寡头做斗争时，党内的支持是必不可少的。这是另一个他们不可能和我感同身受的顾虑。

100 做出决定的压力越来越大，但我需要确定：我们在目标和手段上真的达成了一致吗？如果不是，我还是去过我的幸福小日子好了。

“我们先看看能否就基本问题达成一致，然后再谈我在激进左翼联盟政府的角色。”我说。

我的打算是，在该政府尝试推行我在2012年向亚历克西斯提出的“五点战略”，不过是一个立场坚定、目标明确的最新版本。只可惜该战略最后被不光彩地抛弃了。[9]

约定

我开口说，首先，也是最重要的，是进行有意义的债务重组。[10] 我们必须一致认为，这是激进左翼联盟政府的首要目标。使希腊逃出债主监牢比阻止私有化或激进左翼联盟议程上的其他任何目标都重要。他们表示同意。

我接着说，通过债务重组，我们可以终结紧缩—通缩恶性循环，争取使政府实现小幅盈余——我确定的目标是不超过国民收入的1.5%。这需要大幅下调增值税和企业税税率，以重振私营部门。

“为什么给企业减税？”亚历克西斯抗议。

我解释说，我认为私营部门应缴纳更多税款，但现在企业销售额几乎为零，而且就连盈利企业都无法从破产银行获得贷款。有鉴于此，想要增加私营部门缴纳的总税款，降低企业税税率是唯一的办法。德拉加萨基斯插话说他同意这一点，这显然减轻了亚历克西斯和帕帕斯最初的错愕。

谈到私有化，我接着说，如果我们想与欧盟和国际货币基金组织达成协议，我们就不得不妥协。激进左翼联盟必须用一事一议的政策取代一概拒绝私有化的态度。公共财产不能再继续贱卖，但有些资产，比如港口和铁路，我们可以接受有条件的私有化。比如，设置最低投资门槛，要求买家承诺与劳动者签订适当的合同并允许其参加工会，以及政府保留大量股份（即使股份不占多数）并将所得红利用于充实
101 养老基金。与此同时，可由一家新成立的公共开发银行接手剩余公有资产的管理。该行可将这些公共资产作为抵押品，筹集资金对其进行再投资，以提升它们的价值，创造就业岗位，增加未来收入。他们也表示同意。

现在轮到有关阿里斯、佐尔巴和其他银行家的微妙问题了。回想起我和亚历克西斯在石船阴影下的尴尬对话，我在德拉加萨基斯面前小心斟酌了措辞。我问他们，他们准备在多大程度上与阿里斯和佐尔巴那样的银行家进行对抗，迫使他们交出银行控制权，因为他们的银行从本质上说是纳税人的财产。我提醒他们，我们的银行家和欧洲央行结成了奇特的联盟，后者利用政府背书的借条给银行续命。其中任何一方都有能力扼杀激进左翼联盟政府。

帕帕斯充满革命热情，下令把所有银行家都赶走。亚历克西斯较为谨慎，但也持支持态度。他补充说，这就是为什么要由资深人士担任副总理，对银行家进行约束。他指的是德拉加萨基斯。

但我问，他们是否准备采纳我的建议，将这些破产银行的管理权和所有权交给欧盟？我知道，对于一个一心只想把银行业收归国有的左翼政党而言，这是极其严峻的挑战。没有人说话，气氛相当紧张。

亚历克西斯率先打破沉默，提出了一个绕不开的问题：“但我们为什么不能把银行收归国有？反正政府在其中占有多数股份。我们就不能通过一项法律，把我们的无表决权股份转换成有表决权股份吗？”

我回答说，银行虚假的资本重组令希腊政府背上了沉重的债务负

担，除非我们准备把银行交给欧盟，否则我们就无法摆脱这些债务。只有在希腊退欧的情况下，银行国有化才有意义。“但我们承诺不把希腊退欧当作目标，对吗？”

“对。”亚历克西斯随即回答。

“既然如此，我们是否可以就涉及银行的谈判立场达成一致，即银行的股份以及资本重组所造成的债务，应当移交给欧盟，不再由希腊银行家执掌新的董事会？”

亚历克西斯和帕帕斯表示同意，但我注意到德拉加萨基斯选择不 102
直接回应，只说保持在合法的界限内很重要——这一点应该不言自明。他对这个问题的回避加深了我的怀疑。不过，到目前为止，三人似乎都对这条路线感到满意。不过，我觉得有必要重复一遍我们商定的目标。

“首先是债务重组。其次是基本盈余不超过国民收入的 1.5%，不采取新的紧缩措施。第三是大幅下调销售税和企业税税率。第四是在保护劳工权利和促进投资的条件下进行战略性私有化。第五是成立一家开发银行，该银行将把剩余的公共资产用作抵押品，以推动国内投资，所得红利将注入公共养老基金。第六是出台政策向欧盟转让银行股权和管理权，并创建一家公共‘坏账银行’来处理银行的不良贷款，以防止秃鹫基金盯上小企业，把这些小企业据为己有。”

他们再次表示同意，这一次态度比较坚决。

但我还没说完。他们也必须认同我提出的谈判战略，包括使用“撒手锏”进行威慑，扬言要给我们的证券市场计划债券“剃头”，以及在谈判陷入僵局、银行被迫关门的时候，启动平行支付系统以争取时间。我重申了这几点，他们依然表示同意。

接着，我提出了最后也是最关键的一点：“要想拿到一份像样的协议，关键在于我们所有人都心知肚明，我们不能对‘三驾马车’虚张声势。大家都明白吗？”我焦急地询问。

德拉加萨基斯问我这是什么意思。这是一个真正的问题吗？还是战术性健忘？不管怎样，我非常愿意重申这个最关键的问题。自从我们第一次会面以来，我一直在强调这一点：“不论对方怎么做，我们都不能虚张声势，不打算做的事情就不要发声明。”

亚历克西斯明白了：“我们听懂了。你的意思是，即使我们受到退欧威胁，我们也不能签字。对不对？”

我说这正是我的观点：如果我们不想在欧元区内达成一份可行协
103 议，达成了协议又去破坏它，那就没有必要与世界上最强大的信贷机构开始艰难的谈判，但我们心里也十分清楚，与其投降继续被关在债主监牢，我们宁愿选择希腊退欧。

“我们清楚这一点吗？”我又问了一遍。

“自不必说。”亚历克西斯回答，帕帕斯也激动地表示同意。德拉加萨基斯明显保持沉默，只是友好而疲惫地笑了笑。这是我们距离达成约定最近的一次。

现在轮到我做决定了。

接受还是拒绝？

终于到了最后时刻。摆在我面前的是一个我可以拒绝的工作邀约。接受显然有风险，而且风险极大。尽管我喜欢亚历克西斯并愿意信任他，但想起 2012 年发生的事情，还有前不久他在石船下答应我会让我参与制订激进左翼联盟的“塞萨洛尼基计划”，但最终却随随便便地食言，让我有非常充足的理由持怀疑态度。就像我回到奥斯汀之后达娜厄对我说的，我被利用了，他们把我当作牺牲品。“如果你带回来一份像样的协议，他们会主动邀功。如果没有，你就成了替罪羊。”

不论是对激进左翼联盟还是建制派而言，我都是局外人，因此我是吸引火力的理想靶子，可以转移“三驾马车”、国内建制派以及激进左翼联盟忠实拥趸和党员的视线，让他们放过亚历克西斯及其班底。我不介意当靶子——代表政府首脑和内阁的财长就是干这个用的。这么做是值得的，但前提是他们信守我们的约定，而且每个人都明白，这是一场战斗，如果没有做好死战到底的准备，那就不要开始。我能做到。他们能吗？我没有足够的证据，回答不了这个问题。

与此同时，我面临着道德上的两难境地。我有权利拒绝亚历克西斯的邀约吗？这位候任总理给了我一个践行自己理念的机会——自从希腊被关进特殊监牢，我作为局外人一直在宣传我设想的谈判战略和经济改革计划，现在终于可以将其落实。苏格拉底对美好生活的定义是一种你在临终前不会后悔的生活。等我老了，每当回忆起我拒绝了 104
这个机会的时候，我会有什么感觉？

我想，要是能和达娜厄商量就好了。但我们相隔万里之遥，而且在亚历克西斯的公寓里促膝长谈这么久之后，剩下的只有做决定了。那就做吧。于是我拿定了主义。不过，在接受邀约之前，我还有最后一个条件：我首先要让自己选上议员。我不准备像斯图纳拉斯和他的继任者那样成为另一位非议员出身的财政部长。[11]

“雅尼斯，但你以前从来没有参加过选举，”亚历克西斯表示反对，“你什么准备也没做，选举即将举行，你还住在得克萨斯州！”

帕帕斯提出了一个折中方案：可以把我列入由党首直接分配的议

会席位的名单。[12] 亚历克西斯则表示，把我安排在政党“荣誉”席位名单的后面比较合适，这不会给我议会席位，但足以表明激进左翼联盟对我的高度重视。

我很坚决。“这样不行。要么我赢得选民的直接授权，不需要领导层安排，要么我就走人。”这不是荣誉的问题。“沃尔夫冈·朔伊布勒是一位经验丰富的政客，数十年来一直得到本国民众支持。如果我要在欧元集团内向他发起挑战，我手中就必须也握有支持我的几万张选票。否则，我就没有必要的合法性。”

“但万一你没有当选呢？”亚历克西斯坚持说。

“那意味着人民已经表明，他们不想让我在欧元集团代表他们。就这么简单！我特别反感让技术官员代表无知群众去商谈经济协议，应该摒弃这种做法。”

“你想在哪个选区参选？”德拉加萨基斯问道。

“我这辈子一直在大雅典选区投票，那就大雅典吧。”对我来说答案显而易见。

“大雅典的竞争太激烈了，雅尼斯。你确定？”亚历克西斯问。

“就这样吧。”我回答。

希腊的大多数选区至少选出一名议员。大雅典是全国最大选区，拥有 150 多万名登记选民，在议会 300 个席位中占据 44 席。我非常清
105 楚这也是帕帕斯和德拉加萨基斯的选区。[13]

看到我心意已决，帕帕斯乐观地说：“他很容易当选的。”他的话结束了这场讨论，但没有结束我内心的不安。

不希望我加入激进左翼联盟有一定道理。反对我参选议员则完全讲不通，这凸显出一个令人不安的可能性，即我对亚历克西斯的用处

与我本人的政治合法性成反比。不过，亚历克西斯也有可能只是担心我在投票日得不到足够多的选票。这种想法，加上我们刚才的约定，使我无法拒绝工作邀约，尽管我仍有一大堆疑虑。

当我们往门口走时，心思缜密的亚历克西斯对我说："你需要组建一个团队做好准备，以防他们把我们踢出欧元区。这方面的工作要立即开始。"。

"好的，亚历克西。"我回答说。这就是后来所谓的 X 计划的由来——要是柏林和欧洲央行启动他们的 Z 计划，要把希腊踢下退欧悬崖，我们便会启动自己的 X 计划。[14] "但你要知道，亚历克西，"我接着说，"确保我们在欧元区长期占有一席之地的最佳方法也是唯一方法，就是和债主有商有量，但同时向他们表明，如果他们试图压垮我们，我们将坚决启动威慑战略。"

亚历克西斯点头同意。德拉加萨基斯看上去很疲惫，勉强保持笑容，让我与他随时联系。我答应了。

一场提前知晓的埋伏

2014 年 11 月下旬的那个清晨过后，时间进入加速状态。我和达娜厄立即开始筹划在来年 1 月底之前搬回雅典，刚好赶得上可能在 3 月举行的选举。不过，萨马拉斯总理另有计划。

12 月 8 日，他宣布将总统选举提前，第一轮投票（基本上是仪式性的）将在九天后即 12 月 17 日举行。第二轮仪式性投票是在 12 月 22 日，第三轮——决定性——投票是在 12 月 27 日。[15] 听到这个消息，我立刻知道他一定是找到了某种办法，能够确保他的政府得到再执政两年所需的票数。要不然，他为什么要举行选举，把自己政府的任期整 106

整缩短两个月？

第二天，我开始质疑我的猜测。12 月 9 日，希腊财长向欧元集团申请将原定于 2014 年 12 月 31 日到期的第二轮纾困协议延长两个月。为什么“三驾马车”建议延长六个月，而希腊只申请两个月？如果萨马拉斯能够得到让该政府继续执政两年的票数，他应该希望至少在六个月后再按“三驾马车”的政策要求，推动议会批准第三轮纾困贷款协议。为什么要把自己的绳索剪短？我能想到的唯一解释就是，他不是为自己剪的——是为我们剪的。

在奥斯汀与帕帕斯和亚历克西斯通话时，我确定情况果真如此。萨马拉斯知道自己得不到足够的票数，在 1 月底的选举中一定会输，但他指望着“三驾马车”在纾困协议到期后关闭希腊银行。现在纾困协议延长至 2015 年 2 月 28 日到期，这会扼杀执政刚刚四周的激进左翼联盟政府。与 2012 年的情况一样，这将把一个技术官员政府送上台，从而为第三轮纾困协议的通过铺平道路，接下来萨马拉斯就将成功重返马克西莫斯官邸。我们之间开始把这种策略称为萨马拉斯的“左翼间歇期”。

两件事证实了我们的猜测。首先，针对民调结果预测激进左翼联盟将获胜，萨马拉斯及其部下向媒体表示，他们下台的第二天早上银行就会关门。这简直是现任政府在煽动银行挤兑。接着，在 12 月 15 日，6 月时还是萨马拉斯政府财政部长、如今已执掌希腊央行的斯图纳拉斯在公开演讲时说了一段央行历史上绝无仅有的话：

> 作为希腊央行行长兼欧洲央行行长理事会成员，在职责范围内我必须指出，近几天来危机变得日益严重，市场流动性迅速枯

> 竭，不仅是经济增速下滑的风险很大，希腊经济受到不可逆损害的风险也很大。[16]

从来没有哪位央行行长如此公然违反自身维护金融稳定的职责。107 设立中央银行是为了防止在流动性萎缩之际出现银行挤兑，央行应向市场保证流动性仍然充足。斯图纳拉斯所做的恰恰相反，为了整垮未来的激进左翼联盟政府，现任政府开始煽动银行挤兑，而他的声明加快了银行挤兑的到来。

12 月 20 日，萨马拉斯政府推动议会通过了关于将第二轮纾困贷款协议延长两个月的议案，于是 2 月 28 日成为银行关门的日期，如果希腊与欧盟和国际货币基金组织达不成新协议的话。一周后，萨马拉斯总理支持的总统候选人未能获得必要的多数选票。选举遂定于 2015 年 1 月 25 日举行。大局已定。我必须在短短几天内赶回雅典，在我已离开三年的这个国家参加人生第一次竞选。

在奥斯汀遥望这一切事态的发展，我非常清楚，前面有对我的埋伏。这并不令我感到意外。然而，在生活中有些时候，尽管已经预见到会遭遇恶意，但当真的看到恶意流露时，内心仍然充满悲伤。我想起一个流传已久的笑话：两个高尔夫球手在从一个洞走到另一个洞时聊起各自的人生经历。第一个人承认，他的财富来自银行理赔，当时他的赔钱工厂失火了。第二个人随后也承认，他的财富也来自银行理赔，他的企业被洪水冲毁，保险公司给了一大笔钱。第一个人看上去迷惑不解。“但你是怎么引发洪水的？”他问。

萨马拉斯总理和斯图纳拉斯行长煽动银行挤兑，相当于在我们的大后方放了一把火，我们只能一边灭火，一边与强大的外国债主谈判，而后者压根不想要回他们的钱。与此同时，我们本国央行、欧洲央行、希腊寡头，实际上还有媒体，都在火上浇油。面对这样的联盟，我们能够联合的只有已不堪忍受折磨但仍抱着坚定希望的人民。

不引发恐慌的真话

自从希腊因为无法偿还债务而被关进牢笼，我一直被叫作“傻瓜”。建制派叫我“傻瓜”，因为我拒不承认，对他们的纾困说不就意

108 味着被踢出欧元区。在一场感人的两党合作秀中，许多左翼人士也出于同一个原因称我为“傻瓜”，他们认为我想要在欧元区内解救希腊的目标是白日做梦。

右翼和左翼居然能够罕见地达成共识，这相当于告诉希腊人，摆在他们面前的选择很简单：要么为了保住兜里仅有的几块钱，在债主监牢里默默忍受；要么退出欧元区，甚至可能退出欧盟。尽管在哪个选项更好的问题上，“三驾马车”及其希腊啦啦队员、希腊共产党和激进左翼联盟左翼平台成员之间存在分歧，但他们全都一致认为：往好里说，瓦鲁法克斯是个可以利用的傻瓜，他将导致希腊的反叛民众一败涂地（这是不肯妥协的左翼人士的指控）；往坏里说，他是个危险的自恋者，可能是撒旦势力的代理人，帮助乔治·索罗斯和其他仇视欧元的美国犹太人破坏欧洲稳定（这是建制派对我的暗中讽刺）。这两派人做到了一件不可能做到的事情：指控一个人既是希腊在欧洲地位的敌人，又是布鲁塞尔的代理人。

我意识到，这个威力十足的共识可以带来真正的危险，于是在我在 2014 年初写了一本仅用希腊语出版的书，题为《希腊纾困的起源》。我在书中重申了我多年来一直主张的观点：希腊永远不应寻求退欧，

应该要求在欧元区内达成一份可行的协议。只要我们不被强制退欧的威胁所迫，我们就有可能得到这样的协议，尽管我不能保证。

在距离 2015 年 1 月 25 日大选还有一周的时候，我在雅典迈加龙音乐厅举行了新书发布会，与台下的几百名读者以及通过网络现场直播的方式与另外 20 万名读者分享了此书。这是我在选举前的唯一竞选活动，因此我借此机会向选民介绍了我的谈判目标和战略，就像我对亚历克西斯、帕帕斯和德拉加萨基斯所说的那样。我在最后是这么说的：

> 目前可以得出的唯一结论是，除非我们宁愿希腊退欧也不投降，否则与欧盟和国际货币基金组织谈判毫无意义。如果激进左翼联盟打心眼里认为，希腊退欧比另一轮纾困更糟糕，倒不如在最开始就直接投降——避免当选甚至更好。这并不意味着我们应该希望希腊退欧，或者应该致力于希腊退欧。这意味着在欧元区 109
> 内达成可行协议的唯一方法是，向我们的债主提出通过妥协达成新协议的温和建议，但也决不向希腊退欧的威胁投降。
>
> 至于我们的债主可能选择哪条路，我真心认为希腊退欧是一个空洞的威胁，因为退欧造成的公共债务减记和欧洲金融迷宫内部的破产连锁反应将使欧盟损失约 1 万亿欧元。有趣的是，在 2010 年，我由于敢于说出帕潘德里欧政府有权对柏林和布鲁塞尔说不而饱受批评，因为希腊在 2010 年退欧会拖垮法国和德国的银行；到了 2015 年，同一批人还在指责我，因为我如今提出了本来在 2010 年就会奏效的战略。好吧，我有话要对他们说：我当时是对的，他们现在也承认这一点，我现在很可能也是对的——尽管他们用尽一切办法，希望保护自己免受希腊退欧冲击波的影响，

> 但希腊退欧仍会使他们付出惨痛代价。这就是为什么我仍然认为这是一个空洞的威胁。
>
> 当然，我也可能是错的。他们或许更害怕向我们妥协，甚于害怕希腊退欧。然而，就算我错了，请你们扪心自问：尽管希腊退欧必将付出巨大代价，但继续保留欧元区成员国身份，永远忍受债务奴役和经济衰退难道更好吗？
>
> 女士们，先生们，就像热爱和平的人民不想要战争，但不会因为受到战争威胁而放弃自由一样，我们应该保持十足的理性——像我一样，虽然不希望希腊退欧，但也不准备因为受到退欧威胁就永远生活在大萧条的状态下。[17]

随着选举的临近，关于我可能成为下任财政部长的流言四起，我的处境极其微妙。财长向来对真相守口如瓶。实际上，否认拟定的（比如利率或汇率）变动，被认为是财长的职责，即使他们正在暗中准备，这是为了防止市场出现任何破坏性的先发制人式的反应，导致变动的预期效果打折。就我而言，我不得不向希腊人民坦白关于我们债
110 主的真相以及即将来临的金融侵略，但又不能鼓励银行挤兑，因为这会削弱我代表希腊人民就一份体面的协议进行谈判的能力。

我选择了实事求是的战略，对接下来的好结果充满信心，只要我们仍然遵守我们的约定。一天上午，我在接受一家商业电视台采访时说：“如果激进左翼联盟尚未下定决心，在接到马里奥·德拉吉威胁要关闭银行和自动柜员机的电话时，没有勇气告诉他，他采取的咄咄逼人的行为违反了欧盟条约和精神，然后直接挂掉电话，那么我们当选毫无意义。我们的人民必须要有心理准备，欧洲央行会像威胁爱尔兰

人和塞浦路斯人那样威胁我们。”

作为一个有传言说要去当财政部长的人，我的这番话算不上安抚人心，但鉴于人民是我们的唯一盟友，我不能让他们被蒙在鼓里。他们必须要做最坏的打算。与此同时，我还得让他们振作起来。在接受另一家电视台采访时，我被问到欧洲央行是否会关闭我们的银行。我策略性地回答说：“如果我们打对了牌，发生这种情况的可能性就好比太阳明天不会从东方升起。”

在接受那次电视采访后的第二天，我发表了一篇文章，在文中我更坦率地警告说，在我们谈判期间，股市、股票价格和所有金融指标都会出现急剧波动。但我尽力在直言不讳的同时保持乐观：“在这些谈判进行的同时，市场和投机者将受到沉重打击。但在谈判结束后，随着希腊重新成为一个有偿付能力的国家，市场也会相应地开始逐步好转。”[18]

保持适当的平衡——如何说出实情又不危言耸听，如何发出警告又不煽动恐慌——是一个难以抉择的两难境地。

其他事情就简单多了。

拒绝敌人的武器

我的许多经济学家朋友——他们怀疑我即将走上全世界最糟糕的工作岗位——纷纷给我写信、发电子邮件和打电话，给我鼓劲。一些人建议，我应该在上任的第一天开始实行资本管制。也就是说，与其 111
静待欧洲央行以制止银行挤兑为由关闭我们的银行和自动柜员机——而恰恰是这个举动导致了银行挤兑，我们为什么不先发制人，对储户提取现金或向海外汇款的金额进行限制？此举意在减缓银行挤兑的速度，在银行关门之前争取更多时间，使我们能够在更加冷静的情况下进行谈判。但我拒绝了这个建议，原因有三。

第一，一个政党若想重新使用本国货币，以便通过让本币贬值增强竞争力，实行资本管制显然是第一步。在这种情况下，实行资本管制是必要的，可以防止预期贬值所导致的资本外流。换言之，只有在我们打算退出欧元区——自愿退欧——的情况下，实行资本管制才是正确的举措。因此，这与我的谈判目标以及我把这些目标摆在明面上的战略相矛盾。此外，即使我们设法使布鲁塞尔相信，我们真诚地希望留在欧元区，资本管制也意味着，我们愿意当欧元区的二等公民——即欧元区的落后分子，如果不让他们满意就会被踢出去。我想要表明的态度与此恰恰相反。

第二，我们的偿债时间表决定了我们有多少谈判时间，而资本管制实际上不会为我们争取到任何时间。这些债务将从 2015 年 4 月开始偿还，直至 8 月，这要求我们最晚在 2015 年 6 月底之前达成新协议。即使我挥舞魔棒制止了银行挤兑，谈判顶多也要在四五个月内结束。资本管制对此毫无作用。

第三，资本管制与货币联盟不兼容，违背了货币联盟的精神和现实。欧元区或任何共同货币区的全部意义在于，资金可以畅通无阻地流动。如果我在我们政府上台的第一天就实行资本管制，我怎么能谴责欧洲央行用同样的措施威胁我们？从我这么做的那一刻起，针对我和激进左翼联盟政府的所有指控——持反欧洲立场、准备让希腊退欧、破坏欧元区的整体性——就全都坐实了。此外，我国人民也会迷惑不
112 解：为什么一个正在推动在共同货币区内达成一份良好协议的政府，却不让我们从自己的银行账户里取钱，汇到同一个货币联盟里的其他

国家？早在谈判开始之前，我们就已在卸责游戏中落败。

在帮助激进左翼联盟政府争取谈判时间的诸多建议中，有一个建议来自德意志银行前首席经济学家托马斯·迈尔。他的想法是在希腊境内发行第二种货币，与欧元同时流通，以便创造更多的流动性，同时给我们带来更大的回旋余地。这是一个有趣的想法，但我实际上在2010年就考虑过这么做，但最终放弃将其作为欧元危机的解决方案。[19]这个想法的关键在于提高工资水平，以扭转紧缩措施的影响，工资发放使用得到政府债务背书的新货币。当然，新货币兑欧元的汇率会立即下跌。因此，尽管希腊劳动者的工资和养老金略有增加，但按欧元计算，希腊劳动力价格将低于德国、法国或葡萄牙的劳动力价格，使希腊更具竞争力。

我向托马斯·迈尔说明了我不认可平行货币的两个原因。首先，“反对我们的政党和利益集团已经在制造恐怖气氛，声称我们有秘密计划，要让希腊退出欧元区，掠夺人民的存款，使希腊重蹈阿根廷的覆辙。你的建议对我们的对手具有无限的宣传价值。”其次，我们没有必要这么做，因为我正在研究的平行支付系统将为我们提供所需的灵活性。

几个月后，我突然想到，德国财政部长沃尔夫冈·朔伊布勒博士会利用这两项措施——资本管制和平行货币——来对付我。因此，及早决定拒绝使用敌人那边的武器被证明是正确的。然而，在我辞去财政部长一职之后，有人指责我设计了实行上述两项措施的邪恶计划。

这就是生活，“纾困斯坦”的生活。

温和又坚定

随着选举的临近，我必须要向马里奥·德拉吉和欧盟–国际货币基金组织官僚体系的其他人发出两个信号，一个是温和的，一个是坚
113 定的：你们可以相信我，我会提出一个有里有面的债务重组方案，既给希腊一条生路，又不会与欧洲央行的规则冲突，重要的是，安格拉·默克尔可以将其作为自己的绝妙想法，拿去兜售给心里忐忑不安的德国联邦议院政客；但别搞错了，就算你们关闭希腊的银行，我们也不会被打回牢笼。

2015 年 1 月 17 日，距离大选还有一周之际，我以大雅典选区议员候选人这一当时的正式身份发布了一份新闻稿，阐述了我对重组希腊公共债务的建议。首先，我们应该把希腊公共债务分成四个主要部分：

1. 欧洲央行在 2010 年至 2011 年以债券形式购入的希腊公共债务（即所谓的“证券市场计划”债券，如果欧洲央行没有购入，这笔债务的 90% 本可以在 2012 年“剃头”）。[20]

2. 最大的一部分（占我们债务总额的 60%），是在两轮纾困中欠其他欧洲国家的债务。

3. 欠国际货币基金组织的债务占比较小（约占我们庞大债务的 10%）。

4. 2012 年“剃头”后仍欠私人投资者的债务（约占债务总额的 15%）。

以下是我对各部分债务的处理建议。我们将全部偿还欠国际货币基金组织的债务（3）和欠私人投资者的债务（4）。后者的数目不大，不值得为此和对冲基金开战，否则可能导致一场阿根廷式的国际争端，但不会带来任何好处。此外，他们已经在 2012 年接受了对九成债务的“剃头”。至于国际货币基金组织，尽管他们与柏林和布鲁塞尔串通一气，发布明知是假的经济预测，以帮助后者对希腊进行债务奴役，但

我们不想同时与德国和美国（美国认为国际货币基金组织是自家开的）开战。此外，对国际货币基金组织贷款“剃头”也会误伤马来西亚和日本等非欧洲国家，他们与欧洲的内部争吵无关，本来可能会同情我们的政府。

我们欠欧洲央行的钱（1）是一笔荒唐的债务，我称其为“特里谢遗产”，正是特里谢在担任欧洲央行行长时购入了证券市场计划债券。我们之所以会欠下这笔钱，完全是因为欧洲央行在希腊无力偿债之际错误地购入了希腊债券，欧洲央行大约以七折的票面价值购入，但当 114
时的实际价值顶多不过票面价值的一折。从此之后，正如我在第三章中所写的那样（参见《“成功故事”》一节），我们就一直在可悲地装模作样，从欧洲央行借钱，再还给欧洲央行，以赎回这些债券，同时还要假装没有这么做。这种把戏必须结束。

在一个理性的欧洲，这种荒唐的债务将被直接减记。只可惜，欧洲央行宪章不允许这样做。为了不违反欧洲央行宪章，我借鉴了英国财政部的做法。英国政府长期发行无限期的债券，即永续债券。这些债券会产生利息，但政府可以在自己选择的时间偿还本金，也可以永远不还。事实上，英国财政部直到2014年底和2015年初才偿还了18世纪20年代南海泡沫时期发行的永续债券，以及内维尔·张伯伦和温斯顿·丘吉尔在“二战”期间和之后发行的永续债券。我的建议是这样的：我们的政府将发行新的永续债券，票面价值与欧洲央行持有的债务相等，需要支付少量利息，但不设到期日或赎回日。然后将这些债券与欧洲央行持有的债券置换，欧洲央行资产账簿上的希腊债务将一分不少，但永远都在，不过也一直在产生利息。如此一来，马里奥·德拉吉就遵守了欧洲央行宪章，因为希腊债务在任何时候都不会减记，甚至不会减值。

最后，针对最大一部分债务（2），即在两轮纾困期间累计欠下欧洲纳税人的债务，我建议进行另一种置换。将拖欠欧洲纾困基金的现有债务置换成希腊政府新发行的 30 年债券，债券票面价值依然与现有债务相等（因此不是正式“剃头”），但有两个条件：第一，在希腊的收入恢复至一定水平之前，希腊将暂停支付每年的利息；第二，利率将与希腊经济增长速度挂钩。[21] 于是，我们的债主成了希腊复苏的合作伙伴，乐于看到还给他们的蛋糕不断做大。

在选举前提出的这些债务置换方案，将成为我上任后向希腊债主提出的实际方案的基础。这些方案是温和的，政治上也易被债主接受，因为没有直接“剃头”。它们向公众和潜在投资者表明，欧盟即将接受
115 一个新角色：不再是苛刻的债主，逼着无力偿债的希腊还钱，而是变成了促进希腊经济增长的合作伙伴，因为欧盟自己的收益与希腊名义收入的增速成正比。这足以吸引大量投资涌入亟须投资的希腊。希腊从此将摆脱衰退，所有人都是赢家，除了那些在长期痛苦所造成的污秽中兴旺发展的蟑螂。

欧盟或国际货币基金组织的任何一位官员都没有对这些方案背后的逻辑提出过批评。他们怎么会呢？正如美国一家大型投资银行的首席执行官在听完我提出的方案后所说：“你给他们提出了一份华尔街破产律师也会提出的方案。”确实如此。只有一个激进的左翼政府在希腊当选后，雅典才向布鲁塞尔、法兰克福和柏林提出了温和的债务方案——这表明欧盟在欧元危机爆发后陷入了系统性的愚蠢状态。

然而，2015 年 1 月的时候，我从没相信过，我提出的逻辑严谨、绝对温和的建议能够赢得我们债主的支持。正如我从 2012 年以来一直

对亚历克西斯所说的那样，我们提出的任何方案，只要不符合“三驾马车”的希腊方案，就会受到赤裸裸的攻击和关闭银行的威胁。逻辑几乎不重要。双方的经济利益也无关紧要。债主不想要回他们的钱。对他们来说，权威才是最重要的，而一个左翼政府正对他们的权威发起挑战。如果该政府在谈判中成功地为自己的国家争取到一份新协议，那将是债主的最大噩梦，因为在同样的危机和同样的非理性政策下苦苦挣扎的其他欧洲人可能从中获得灵感。

温和、合理、技术上可行的债务置换方案固然重要，但单靠债务置换是不够的。在迈入财政部的大门之前，我的当务之急是应该让对手明白，他们的咄咄逼人将使自己付出代价——只要他们采取关闭银行的措施，我便会依照我与激进左翼联盟领导层达成的非正式约定，立即亮出我们的“撒手锏”和平行支付系统。2015 年 1 月，我以接受英国广播公司采访的形式发出了我的信号。

> 我对（希腊）下一任财长的建议是：如果欧洲央行威胁关闭
> 希腊的银行，你应该立即做出反应，给欧洲央行仍然持有的希腊 116
> 政府债券“剃头”。这些债券仍受希腊法律管辖，因此欧洲央行只能在希腊的法庭，而不是伦敦或卢森堡的法庭起诉希腊。与此同时，他应该建立一套可与银行平行运转的支付系统，以便创造出以欧元计价的本土流动性。最重要的是，如果欧洲央行真的决定关闭银行，平行支付系统可使经济维持运转。

当我随后要建立这套系统时，他们收到了我的信号。战线就此拉开。[22]

本章注释

1. 《鲜血、汗水和眼泪》，2014 年 9 月 15 日，Protagon.gr 网站。
2. 关于我、斯图尔特·霍兰和杰米·加尔布雷斯共同撰写的《解决欧元危机的温和建议》的简明版本，请参见瓦鲁法克斯 2016 年著作《弱者任人摆布？》附录。直到今天，我仍然坚信，如果这些提议得到实施，欧盟就不会遭受耻辱和解体，包括英国脱欧。
3. 希腊的选举总是在周日举行。
4. 对于任何即将上任的政府来说，2015 年是偿债雷区，仅国际货币基金组织和欧洲央行就要求希腊政府偿还接近其税收收入一半的金额。看看偿债时间表就足以让即将上任的财政部长头疼不已。

2015 年希腊政府偿债时间表

偿债时间	偿债对象及金额（单位：亿欧元）	
	国际货币基金组织	欧洲央行
3 月 6 日	3.018	
3 月 13 日	3.396	
3 月 16 日	5.659	
3 月 20 日	3.396	
4 月 13 日	4.527	
5 月 12 日	9.691	
6 月 5 日	3.018	
6 月 12 日	3.395	
6 月 16 日	5.659	
6 月 19 日	3.395	
7 月		34.9
7 月 13 日	4.527	
8 月		31.7
8 月 6 日	1.895	

续表

偿债时间	偿债对象及金额（单位：亿欧元）	
	国际货币基金组织	欧洲央行
9 月 4 日	3.018	
9 月 14 日	3.395	
9 月 16 日	5.659	
9 月 21 日	3.395	
10 月 13 日	4.527	
11 月 6 日	1.665	
12 月 7 日	3.018	
12 月 16 日	5.659	
12 月 21 日	3.395	
小计	85.3	66.6
总计	151.9	

5. 我从位居欧洲央行高层的一名消息人士那里得知，欧洲央行高级官员担心，给欧洲央行持有的希腊政府债券“剃头”会妨碍他们在 2015 年 3 月全面启动量化宽松（通常指代大规模购买债务的术语）的自由。最近，也就是 2016 年 6 月，德国联邦宪法法院发布的一份新闻稿证实了那名内部人士的消息，针对欧洲法院对欧洲央行购债行为的裁决结果，该新闻稿通报了德国联邦宪法法院对这一裁决的解释，特别是针对所谓“直接货币交易”（Outright Monetary Transactions，OMT）计划的解释——该计划是德拉吉为了推出全面量化宽松计划而进行的试水。德国法官判定：“尽管欧洲法院认为，即使在没有更多细节的情况下，这样的政策决定是被允许的，但其在执行过程中必须满足进一步的条件，以使购买计划不违反欧盟法律。”（着重强调）。什么条件？其中之一是，所有购买政府债券的行为，假定包括过去的购买行为，“都没有明显违反禁止对预算进行货币融资的规定”。正如德拉吉曾当面对

我说过的那样，任何延迟赎回欧洲央行持有的希腊政府债券的行为，都会被视为“货币融资”，从而给德国联邦宪法法院一个把柄，使其能够叫停欧洲央行关键的购债计划。此外，德国法官还规定，“购买的债券只有在特殊情况下”才能“持有至到期日”。如果希腊政府通过立法将还款期限延长 20 年（正如我所提议的那样），德拉吉和欧洲央行就违抗了德国联邦宪法法院的司法解释。即使希腊政府此举没有导致德国宪法法院对德拉吉采取行动，但市场也会恐慌，认为希腊的行为将大大增加欧洲央行万亿欧元购债计划泡汤的可能性。参见德国联邦宪法法院发布的新闻稿第 34/2016 号，2016 年 6 月 21 日，《针对欧洲央行直接货币交易计划的宪法申诉和司法诉讼不成功》，网址为 http://www.bundesverfassungsgericht.de/SharedDocs/Pressemitteilungen/EN/2016/bvg16-034.html，最后登录于 2016 年 11 月 11 日。

6. 一位泛希腊社会主义运动政府的前财政部长在 2011 年说，沃尔夫冈·朔伊布勒曾表示，他倾向于希腊退出欧元区，重新使用德拉克马。我与朔伊布勒博士的交谈证实了这一点，这一点在后面的章节中有详细叙述。

7. 希腊共和国总统由议会选举产生。最多举行三轮投票。在第一轮投票中，获胜候选人必须在 300 名议员中至少得到 200 票。如果没有候选人赢得三分之二多数，则根据同一规则举行第二轮投票。如果依然没有候选人当选，那么将举行最后一轮投票，所需票数从 200 票降至 180 票。如果没有候选人获得 180 票，议会自动解散，下届议会以简单多数（300 名议员中的 151 名）选举总统。2014 年 12 月，萨马拉斯政府只掌握 153 票，必须争取到一个中左翼小党和少数独立人士的支持才能获得必需的 180 票。

8. 经济部统揽贸易、工业、航运、旅游和管理欧盟结构性基金的关键部门。新组建的生产重建部将包括公共工程、能源和环境部门。

9. 后来我私下里问过亚历克西斯，为什么激进左翼联盟抛弃了我的“五点战略”。他巧妙地回答，该党当时还不够成熟。他表示，领导层对赢得 2012 年 6 月选举的信心不足，并承认他们没有为组建政府做好准备。

10. 我还说，我们的方案必须与实质性的债务减免相一致，但也可以让默克尔能够拿来作为自己的想法向德国人民提出。这可以通过金融“工程”或债务置换的方式实现，不需要直接“剃头”——后来我在 2015 年 2 月向柏林和欧元集团提出了此类方案（参见第五章和第六章）。

11. 在英国，各位大臣必须是议员。与英国不同，希腊总理可以任命非议员部长，只要政府在议会赢得普遍的信任投票。

12. 希腊选举法规定，在政党提供的名单上排名靠前的候选人可直接成为议员，只有少量议员通过这种方式产生。例如，如果激进左翼联盟赢得四个此类名额，其名单上的前四人即可成为议员。各个政党的配额取决于该党在全国范围内的得票率。

13. 选民首先选择政党，支持哪个政党就选择哪个政党的选票，然后在上面勾选他们支持该党的哪名候选人进入议会。

14. Z 计划是“三驾马车”把希腊踢出欧元区并对希腊退欧影响进行管控的计划，由欧洲央行内部制订，但也得到了德国政府和欧盟委员会的协助。只有极少数为该计划秘密工作的官员知情。参见彼得·施皮格尔 2014 年 5 月 14 日在英国《金融时报》上发表的《欧洲央行 Z 计划内幕》（“Inside the ECB’s Plan Z”）一文，网址为 https://www.ft.com/content/0ac1306e-d508-11e3-9187-00144feabdc0。

15. 希腊总统选举的前两轮投票是仪式性的，除非两个大党选择支持同一名候选人（参见本章注释 7）。

16. 出自希腊央行行长雅尼斯·斯图纳拉斯于 2014 年 12 月 15 日在希腊央行发表的演讲，题为《克赛诺丰·佐洛塔斯：昔日的类似事件及其对今日的教训》（“Xenophon Zolotas: Parallels and Lessons from back then for today”）。〔克赛诺丰·佐洛塔斯（1904—2004），希腊经济学家，无党派人士。1955—1967 年和 1974—1981 年曾两度出任希腊央行行长。1989 年 6 月，希腊选举结束后，由于没有任何一个政党获得能够单独组阁的半数席位，而小党派联盟因分歧过大始终无法联合组阁，政治陷入僵局。11 月，各党派代表支持由佐洛塔斯出面建立了一个全党派临时政府，一方面应对该国当时面临的严重经济问题，另一方面负责在次年 4 月组织大选。不久之后，临时政府的工资政策引发了大规模罢工，这导致政府再次重组。1990 年 4 月，希腊经过重新大选，新民主党上台执政，该国政局动荡和政府瘫痪的局面才告结束。——编者注〕
17. 有关此论点的更多分析说明，请参见附录三。
18. 建制派的舆论制造者对我的指责既愚蠢，又不负责任。我对此深感不满，于是设计了一些尖锐的问题自问自答。以下是其中的一个问与答，我大约在同一时间发表在网络上。

问：虽然你要求通过谈判达成协议，但如果柏林和法兰克福一口否决你的要求，决定以切断流动性的方式来惩罚你，你会怎么做？

答：这是一个中肯的问题，对希腊而言这样的事态发展非常令人不快。但请允许我用一个问题作为对这个问题的回答：债主有没有什么要求是你会拒绝的，可以招致他们发出类似的威胁？你自己连“细细的红线”也没有吗？〔“细细的红线”（thin red line），典出19世纪中叶克里米亚战争中英俄之间的一次战斗。战斗中，处于劣势的英军步兵抵挡住了强大俄军骑兵的进攻。由于这支英军身着红色军装，同时没有按惯例排成四列而是排成两列，在战地报道中被称为“细细的红线”。后来，该词成为“沉着、镇定”的代名词。——编者注〕如果没有，这难道不是意味着你只能指望债主的善意和智慧了吗？难道还指望他们关心希腊，指望他们在与巴黎、罗马和马德里角力时，别把希腊危机用作附带损害吗？请告诉选民，让他们选择哪种政策最危险，最没有尊严。你的还是我们的？

19. 2014年11月，在我飞往雅典与亚历克西斯、帕帕斯和德拉加萨基斯进行那次重要会面的前一天，我于佛罗伦萨参加会议时遇到了托马斯·迈尔。我们就欧元区问题进行了一次有趣的长谈，详细介绍了各自的方案。他把他的平行货币方案称为“希腊版欧元”。平行货币方案的倡导者还包括巴德学院利维研究所（Levy Institute at Bard College）所长季米特里·帕帕季米特里乌（Dimitri Papadimitriou）。
20. 参见第三章注释32。
21. 确切地说，纾困基金的名称是欧洲金融稳定机构，总部设在卢森堡，为临时性质，后来并入永久性质的欧洲稳定机制。
22. 就连敏锐的私营部门人员也收到了我的信号。在英国广播公司采访播出（2015年1月13日）的第二天，不知是采访导致的结果还是与其并无关联，时任安联集团（Allianz）首席经济顾问兼太平洋投资管理公司（PIMCO）首席执行官穆罕默德·埃里安（Mohamed El-Erian）在他的彭博社专栏文章中这样写道：

> 在激进左翼联盟为可能上台执政做准备之际，该党除了应强调在欧元区内部对经济进行有序管理，还应关起门来对退出机制进行研究，以防事实最终证明希腊退欧不可避免。除了在内部为B计划进行认真且详细的准备，着眼于建立另一套汇率和支付体系，还需要就这种替代性的经济前景与国民进行明确沟通。

我特别想向他表明，虽然我们的政府没有退欧的计划，但如果他们拿退欧相威胁，我们也不会魂飞魄散。于是，我在自己的博客上回应了埃里安的文章，并详细解释了我的观点：我们的替代“支付体系”不包括平行货币，而是一套平行支付系统，将使我们获得在欧元区内通过谈判达成一份体面协议的更大空间。此外，我们也确实准备提出替代性的经济前景，其基础是：取消紧缩措施、使政府永远摆脱赤字、为企业和公民减税，再加上成立一家开发银行创造新的投资、成立一家公共坏账银行处理不良贷款、建立一套更好的系统使人民不再贫穷和绝望。

第五章　“怒斥光明的消逝”

眼看选举越来越近，我既感到受人支持，又感到孤立无援，这是 117
一种奇怪的复杂感觉。在街上，在公众集会上，在出租车上，在我与亚历克西斯及其团队会面的激进左翼联盟总部，我感受到了团结、温暖、同情和鼎力相助。但在内心深处，我知道我是体制内的独行者，缺少资源，全靠自己。正如亚历克西斯所说，我没当过议员，就连党员也不是，此前三年还生活在奥斯汀，我没有后援网络。

有志进入政府的其他同人有秘书、司机、私人办公室和重要的关系网。与之相比，我有达娜厄的精神支持、我的摩托车和我们位于雅典卫城脚下的公寓。我在家里接受采访，召开会议，构思博文，总之一切竞选活动都在家里进行。有一天，我接到激进左翼联盟总部打来的电话，通知我，法律规定，每名议员候选人都要开设一个银行特别账户，我得到的所有竞选捐款和使用的所有竞选开支都要走这个账户。

账户我是开了，因为这是法律强制的，但里面一分钱都没有，因为我既没有寻求也没有得到任何捐款，没有雇用工作人员，在宣传材料上的花费刚好是零。我唯一的竞选工具是我在一个免费的博客平台上开设的希腊语博客，作为我已有的英语博客的补充。就是这些。

尽管我不需要任何常规政治竞选手段的加持就能当选，但我担心的是：当我走进财政部时，我没有自己的团队，只能依靠手下的公务员，而他们在此之前一直是“纾困斯坦”的忠实仆从，其他人员则完
118 全由德拉加萨基斯和激进左翼联盟总部指派。因此，利用选举前的几周，我广募贤才，尽可能召集起一个最佳团队。

我约阿莱科斯·帕帕多普洛斯一起喝咖啡，请他帮我物色财政部副部长人选，这是负责财政部运行的关键职位。阿莱科斯曾在 20 世纪 90 年代担任泛希腊社会主义运动政府的财政部长。我与他相识多年，相信他的为人，认为他是唯一在任期内对国家经济动态了如指掌的财政部长。虽然阿莱科斯仍是激进左翼联盟的反对者，但他对我个人表示支持，答应给我推荐一个人选。当晚，他用短信给我发来季米特里斯·马达斯的名字。我从未听说过这个人，但有个经验丰富的朋友说，他很有能力，为人正直。第二天一早，我便给马达斯打电话，向他发出工作邀约，他根本没想到会有这种事情。[1]

更关键的是经济顾问委员会主席一职。在欧元区成员国，财长是政府首脑在欧元集团的代表，如果得不到财长的密切配合和坚定支持，政府首脑什么都做不成。同理，财政部经济顾问委员会主席是财长在所谓“欧元集团工作组”的代表，如果财长与经济顾问委员会主席之间没有类似的紧密关系，财长也是什么都做不成。欧元集团工作组的本职工作是筹备欧元集团会议，但实际上，这里成了“三驾马车”以

暗箱操作的方式制订计划和决定政策的地方。

然而，早在我还没踏上希腊土地之前，德拉加萨基斯就已替我安排好了人选。德拉加萨基斯选择了30多岁的经济学家乔治·胡利亚拉基斯。在被借调到希腊中央银行工作之前，他任教于曼彻斯特大学。距离选举还有几周的时候，我回到了希腊。德拉加萨基斯第一次同我会面时，告诉了我这个消息："他是一个不错的小伙子，一直在为我们铺路，与经济顾问委员会内部人士一起做了些非正式的工作。"虽然我的密友瓦西里替我不平（他一直对德拉加萨基斯的目的和选择持怀疑态度），但我比较满意的是，已经有人在为选举做准备了。

一见到胡利亚拉基斯，我就对他有好感，尽管他的团队参与度严重受限，而且行事往往过于谨慎。不过，当他告诉我，他大学本科阶段就读于雅典大学，师从两位进步主义经济学家时，我就不那么担心
了。这两位天资极高的经济学家深得我心，其中一位是我的好友兼同 119
事尼古拉斯·提奥卡拉基斯。2000年我到雅典大学任教后，很快加入了一个学术四人组，他和斯图纳拉斯便是四人组成员。[2] 鉴于我计划任命尼古拉斯为负责财政政策的秘书长，这个消息更是锦上添花。

在组建团队的过程中，有一件事令我颇为担心，我们中没人有过与"三驾马车"实际打交道的经验，尽管我想找的正是一群从未为"纾困斯坦"服务过，并被"纾困斯坦"公务员和"三驾马车"官员视同死敌的人。在实际工作中，"三驾马车"的技术官员代表欧盟、欧洲央行和国际货币基金组织来到雅典，走进各个部门，讯问政府部长，像执达吏一样把自己的意志强加于人。幸运的是，有一天，我遇到了埃莱娜·帕纳里蒂斯，她通晓"三驾马车"的话术和手段。

埃莱娜曾在华盛顿工作多年，主要是在世界银行。在那里，她与

所谓“华盛顿共识”（美国为危机经济体提出的一揽子改革方案）幕后机构的权威人物建立了良好关系，包括美国前财政部长拉里·萨默斯——后来是她介绍我们认识（见第一章）——以及国际货币基金组织二号人物戴维·利普顿。她曾担任世界银行驻秘鲁代表，与总统藤森的政权合作，这使她遭到希腊和其他国家左翼的痛恨。她辩解说，不论为谁工作、和谁工作，她的工作本身具有重要和进步的意义，帮助棚户区居民得到栖身棚户的地契，使他们能够对自家住房进行投资，安心地居住其中，并可以在正规市场作为资产进行交易。

乔治·帕潘德里欧当政时，他通过政党名单安排埃莱娜当上议员，她也确实投票支持了第一轮纾困方案。但她从来不相信纾困方案会在财政上奏效、希腊很快就会走出困境的谎言。她当时对我说，她之所以投了赞成票，是因为帕潘德里欧及其手下对她施加了巨大的心理压力。值得称道的是，埃莱娜随后成为纾困方案最强烈的批评者之一。
120 2011 年，在一次至关重要的特别委员会会议上，她挺身而出，用她那标志性的希腊语——这并非她的母语——怒斥各位部长竟默许希腊变成债务殖民地。由于情绪激动，她的声音发颤，这堪称议会闹剧的一个重要时刻。[3] 因此，当我在选举前几天再次遇见她时，我毫不犹豫地邀请她加入我的团队，因为没有人比她更适合与魔鬼战斗——她为魔鬼服务的经历使她视魔鬼如死敌。

娜塔莎·阿瓦尼蒂也是类似的情况，她曾是我和尼古拉斯·提奥卡拉基斯于 2003 年在雅典大学开设的经济学博士生项目的学生。毕业后，娜塔莎当上公务员，被借调到布鲁塞尔，为“三驾马车”工作。作为欧盟委员会的技术官员，她被派往尼科西亚监督塞浦路斯纾困方案的落实情况。娜塔莎目睹过“三驾马车”在其所到之处留下的破坏，是我团队非常欢迎的成员。在娜塔莎和埃莱娜等人的帮助下，我能够更准确地解读“三驾马车”的情绪和信号，从而相应地规划我们的谈判策略。

这些新兵的不利之处在于，在激进左翼联盟和亚历克西斯的核心圈子内，那些急于打倒我的人得到了足够的弹药，指责我是在准备投降。

“我们在党内会遇到问题，雅尼斯，”亚历克西斯有一天提醒我，“你真的必须要用埃莱娜和娜塔莎这样的人吗？她们与纾困方案合作过，是有污点的。我们的人非常愤怒。”

“亚历克西，”我答道，“你有没有意识到，我们与‘三驾马车’的对抗会有多么激烈？这些人，他们绝对不会妥协。我的团队需要有人了解他们，知道他们会耍什么把戏，并被他们视为值得尊敬的对手。”还有其他原因，我解释说：我之所以信任埃莱娜和娜塔莎，是因为她们与我们自己的人不同，她们心怀愧疚。她们体会过“三驾马车”的行径对她们自身造成的侮辱，“三驾马车”使她们变得坚强。因此我相信，与我们党内一些初出茅庐的“三驾马车”仇恨者相比，她们更不大可能被对手收买。

亚历克西斯的担忧并没有扰乱我的计划，我继续向“三驾马车”的其他叛变者寻求帮助，一些人来自国外。格伦·金便是其中之一，在媒体工作的一位盟友向我推荐了他。格伦是一名银行家，曾参与希腊、欧元区和德国之间的诸多大型债券交易，如今自立门户，受聘于欧洲多国政府。当我打算用 GDP（国内生产总值）关联债券置换部分 121
政府债务时，有人告诉我，他在这方面是个“相当懂行的专家”。我立即联系了格伦。

几天后，即距离选举还有十天的时候，格伦和我在一家咖啡店啜饮咖啡，不远处就是斯图纳拉斯领导的希腊央行。他直言不讳地承认，主要受德国财政部等机构邀请，他在希腊纾困方案和欧元区纾困融资机构的设计过程中都发挥了重要作用。[4]

“我们在 2011 年至 2012 年对希腊做了可怕的事情。”他承认。

我问他眼下在做什么。他告诉我，他在为冰岛政府工作，帮助该国重组公共债务，致力于使冰岛摆脱 2008 年当地金融危机后实施的资本管制。

“你提出的 GDP 指数化债券的想法很好，”他对我说，“我想我可以帮你改进一下。我想用这种方式弥补我们以及像我这样的人当年对希腊造成的长期伤害。”

既然他有意弥补，我也不便推辞，于是请他准备好在 1 月 26 日到雅典来，如果我们在前一天的选举中胜出的话。

愤世嫉俗的人可能会说，像格伦这样的专业人士只关心钱和自己的职业目标。可能吧。但我这边有格伦这样的人，知道所有秘密都藏在哪里，相当于一件价值连城的武器（当“三驾马车”官员看见我的团队中有他时，他们几乎中风）。不过我也觉得，就格伦而言，我可以信赖的不仅是他的专业精神，还有某种超越了理性利己主义的东西。选举前两天，格伦在写给我的一通电子邮件中似乎证实了这一点，他写道：“雅尼斯，如果一切按计划进行，希腊（实际上还有整个欧洲）的好人将为他们的未来开辟出一条新道路……一想到这个周末，我就不禁想起荷马《伊利亚特》中的那句话：‘只有一种可信的预兆，那就是为祖国而战。’”

我们的事业还得到了另一个外国巨头的帮助：由达尼埃尔·科昂

和马蒂厄·皮加斯领导的法国投资银行拉扎尔公司。和格伦一样，拉扎尔公司曾是第二轮纾困的顾问机构和推动机构，向陷入困境的希腊政府收取了数千万欧元的服务费。因此，当达尼埃尔和马蒂厄要求和我见面时，我一头雾水，心存戒心和疑虑。但他们向我坦白了他们的共谋行为，并同样坦率地道歉，提出想要帮助希腊重新站稳脚跟，他们将为希腊无偿提供大量服务，这赢得了我对他们的信任。 122

有了这些声名赫赫的人物反叛到我们这边，我们的专业能力得到了极大增强。在激进左翼联盟内部以及该党所知的人中，没有一个人掌握这样的专业知识。他们将成为我的重型武器。我与他们联手自然也被说成是各种各样的罪恶。并非巧合的是，就在格伦现身布鲁塞尔令“三驾马车”目瞪口呆的同一天，一名反对派成员在议会提出了一个问题，质问希腊政府为什么要让一个“韩国人”加入团队，以及他和我有什么关系，暗指我与美国、亚洲和其他黑暗势力之间有着某种龌龊关系。[5] 与此同时，激进左翼联盟的人通常是善意的，他们的担忧是真诚的，他们提醒基本盘选民说，我正准备与“三驾马车”进行浮士德式的交易。

事实上，即使在年轻的激进左翼联盟狂热分子倒下后，埃莱娜、娜塔莎和拉扎尔公司的好心人依然在毫不退缩地对抗“三驾马车”。以前参加过雅典大学经济学博士生项目的其他一些学生和毕业生也加入了他们的行列，这些“三驾马车”的反叛者无私地支持着我们的事业，制作了极好的经济模型，为谈判不懈奔走，并在每次开会之前给予我巨大的精神力量。不论是在欧元集团、马克西莫斯官邸还是其他任何房间里，成年人的表现都非常非常恶劣。

在组建专家团队的同时，我还与希腊之外的朋友和潜在盟友进行了接触。我给诺曼·拉蒙特勋爵写了一份求助信。信上写道：

> 亲爱的诺曼，你或许已从新闻报道中得知，希腊将在这个周末举行选举。不论结果是好是坏，我正在竞选大雅典选区的一个席位。根据民调结果，我似乎"注定"要赢。更糟糕的是，如果我的政党组建政府（这并非不可能），我将接管财政部——只有空荡荡的国库和来自布鲁塞尔和法兰克福的骇人压力。面对即将来临的惊涛骇浪，我能否指望你在未来向我提出忠告？祝一切安好。
>
> 雅尼斯

123 诺曼立刻回复了我。是的，他愿意而且已经准备好提出忠告。我告诉他，问题远不只债务和债券，还事关我们的议会主权，并引出了一个问题：在一个负债累累的国家，民主是不是公民享受不起的一种奢侈？他回复说：

> 当然，我完全同意你关于民主和议会主权的观点。我一直试图提醒卡梅伦和奥斯本，如果他们有机会像他们希望的那样就英国与欧盟的关系重启谈判，重点应该是恢复主权，而非仅仅关注经济和竞争力问题。你和我在这个问题上观点一致。我也同意你认为的，欧元区过于强调仅靠紧缩措施……假如你成为财政部长，我非常愿意尽我所能提供帮助……我有一些想法。祝你好运。永远支持你。
>
> 诺曼

来自勒威克的拉蒙特勋爵是坚定的保守党人和疑欧论者，他在担任财政大臣期间曾一手促成英国退出欧洲货币体系，从而确保了英国在后来没有加入欧元区。我则被看成一个疯狂的左翼极端分子，我俩的友谊并不符合我的这一形象。还有人把这段友谊当作进一步的证据，想说明我在拉蒙特的引导和推动下，一门心思地要让希腊退出欧元区。

当然，事实恰恰相反。几个月后，当事情到了紧要关头，沃尔夫冈·朔伊布勒正迫使我们退欧时，诺曼给我的建议是，一定要三思而后行，要想清楚重新使用国家货币的成本和风险。事实证明，在我担任财政部长的162天里，诺曼是我的力量源泉，针对我提交给欧盟和国际货币基金组织的改革、债务和财政建议的最终草案给出了他的建议。如果有更多的左倾政治人物像他一样立场坚定，结果或许完全不同。

除了诺曼，我的海外支持者还包括哥伦比亚大学经济学家杰夫·萨克斯——他是主要的顾问和宣传员——以及前文提到的托马斯·迈尔（德意志银行知名人物）、拉里·萨默斯和杰米·加尔布雷斯。他们多年来一直与我合作，改进《解决欧元危机的温和建议》，帮 124
助减少华盛顿对亚历克西斯和激进左翼联盟的反感，为亚历克西斯撰写讲稿并组织会议，以便为激进左翼联盟新政府争取英语国家的支持。

11月20日，我给杰米发去一通大快人心的电子邮件。

杰米：

昨天亚历克西斯告诉我，一家大银行的老板打电话给他，威胁说，如果亚历克西斯任命我为财政部长，银行的自动柜员机在我们当选的第二天便会停止运转。亚历克西斯问他多大了。那名银行家回答说，65岁。亚历克西斯接着说：如果你推翻我，我还年轻，可以东山再起。但你不行。

在许许多多这样的时刻，我为我的老朋友和新朋友感到无比自豪，也为自己被恶毒的敌人盯上而备感喜悦。

荒原

若没有 T. S. 艾略特[1]或约翰·斯坦贝克的文笔，很难用文字描述 2015 年 1 月时希腊饱受摧残的程度。好在有数字可供比较。

英国在 20 世纪 80 年代初经历过一次严重的经济震荡，当时失业率翻了两番。这是 1980 年至 1981 年的经济衰退所导致的恶果，在一年的时间里，国民收入下降了 1.26%。十年后，英国再次陷入经济衰退，同样持续一年（1990 年至 1991 年），国民收入缩水 1.78%。前些年，金融危机爆发后，另一次为期一年的经济衰退（2008 年至 2009 年）重创了英国，国民收入骤降 5.15%。可以拿英国人遭受的这三次创伤与希腊人遭受的创伤进行比较。

2010 年，即第一轮纾困启动的当年，希腊国民收入较前一年大幅下降 7.5%。接受纾困后情况有所改善吗？恰恰相反，在 2010 年至 2011 年，希腊国民收入进一步下降 8.9%。相比之下，2011 年至 2012 年的情况还算好，经济仅再次缩水 1.1%。是什么导致了这段相对缓和期？讽
125 刺的是，这要归功于大萧条引发的政治危机。因为政治危机意味着我们不是没有政府，就是政府太弱，无法在议会通过更多的紧缩措施！

然而，等到萨马拉斯政府在 2012 年 6 月凭借微弱但稳固的议会多数优势上台后，“三驾马车”便立即命令他全力开动紧缩机器，以弥补

[1] T. S. 艾略特（1888—1965），长诗《荒原》（1922）的作者，诗人、文学评论家、剧作家，出生在美国，后入籍英国。

失去的时间。结果呢？那是最残酷的一年，截至 2013 年底，国民收入再次暴跌 14%，2014 年又骤降 3.3%。

当英国朋友同情地说，现在的希腊和“大萧条”时期的英国一样时，我感谢他们的善意比较，但我不得不纠正他们。1929 年至 1932 年期间，英国经济缩水 4.9%，失业率从 8% 跃升至 17%。（说到这里，我脑海中浮现出巨蟒剧团的约翰·克利斯在《四个约克郡人》中的那个角色，不过这次是用希腊语喊道：“你很幸运！”“奢侈至极！”）相比之下，希腊经历了连续六年的经济衰退，国民收入下降 28%，两成以上的劳动者失去工作，失业率从 7% 飙升至 27%，其中年轻人的失业率超过 65%。

然而，即使事到如今，就在我写下这些文字时，仍有人认为，希腊经济已从 2014 年底开始逐渐恢复，要不是有些希腊选民在 2015 年 1 月 25 日愚蠢地把票投给像我这样的人，破坏了经济复苏，希腊本来到 2015 年底就会摆脱困境。就像不听话的孩子在汽车后座不停地大喊“我们快到了吗”，打扰了司机的注意力，在希腊即将驶入通往经济复苏的最后一段直道时，希腊选民让他们的国家冲出了道路。要不是他们选出了民粹政府，让令人难以忍受的财政部长胡作非为，根本就没必要进行第三轮纾困。他们说的有道理吗？

图 1 中的灰色锯齿形线显示了希腊的总收入，未经统计手段修饰，是原始的欧元收入。另一条黑线是四个月的收入平均值，更清楚地显示了整体走势。椭圆形阴影部分圈出了据说复苏开始的 2014 年。你能找到经济复苏在哪儿吗？希腊选民找不到。

就是在这样的经济背景下，我可能走上财政部长的岗位。在这一 126
点变得明朗后不久，我向欧洲议会议员、媒体人士和其他所谓的“舆

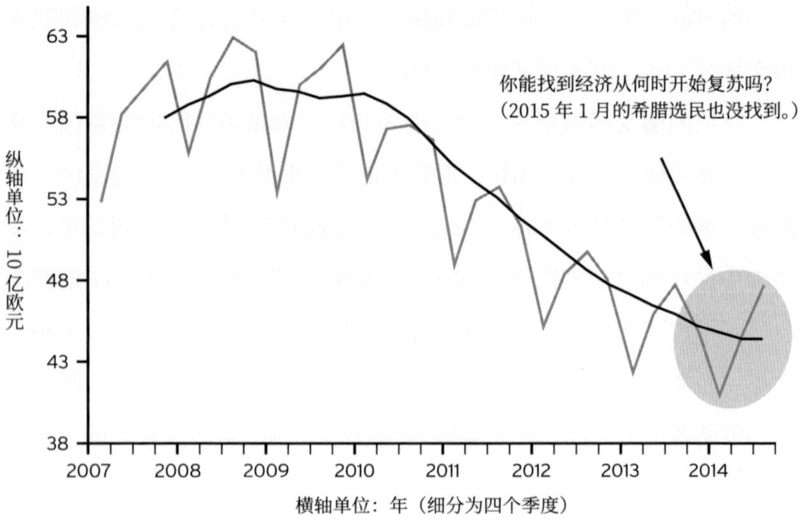

图 1　2007—2014 年希腊国民收入

注：灰线为 2007—2014 年希腊国民收入原始数据，黑线为四个月移动平均值数据。

论制造者”发表了一次演讲。当被问到新政府是否可能危及“最近的复苏”时，我别无选择，只能把那些几乎从未在媒体上出现过的悲惨事实摆到他们面前。

目前有 1000 万希腊人生活在希腊（人口正在迅速外流），他们组成了与税务部门发生“关系”的约 280 万个家庭。

在这 280 万个家庭中，有 230 万个家庭（和 350 万个纳税档案编号）在税务部门有欠款，因为他们无力偿还。

127 100 万个家庭无力全额支付电费，电力公司只好“假意展期”，导致 100 万个家庭生活在对黑暗的恐惧中，电力公司也资不抵债。

事实上，由于拖欠电费，公共电力公司每月大约切断3万个家庭和企业的电力供应。

48.6%的家庭主要依靠养老金生活。与此同时，“三驾马车”要求进一步削减养老金。自2010年以来，原为700欧元的养老金已削减约25%，未来几年将降至原来的一半。

最低工资（在“三驾马车”的要求下）已砍掉40%。

其他福利的降幅超过18%。

约40%的人口表示，他们今年将无力兑现自己的财务承诺。

失业率激增160%，350万就业人员如今供养着470万失业或无业的希腊人。

在希腊的300万劳动人口中，有140万失业。

在140万失业者中，领到失业救济金的仅占10%，领到任何救济金的仅占15%。其余的人必须自寻出路。

在私营部门雇员中，有50万人的工资被拖欠三个月以上。

受雇于公共部门的承包商在完成服务并向税务局预缴营业税之后，最多可拿到24个月的报酬。

2008年至2014年期间，中小型企业的裁员比例为29.3%，产值（按增加值计算）下滑40.2%。

全国仍在经营的半数企业严重拖欠职工养老金和社保基金的企业缴纳部分。

2013年，36%的人口正式生活在贫困或社会排斥的风险中。这一比例正不断上升。

自2010年以来，家庭可支配收入下降30%。 128

仅在2009年至2011年期间，医疗支出就削减了11.1%，艾滋病、结核病和死产病例大幅增加。

这些惨痛的统计数据记录了我们的国家变成荒原的过程，哪里能看出好转的迹象？或许，他们是不是恰好说明了希腊选民为何无法发现自己的国家出现了所谓的“经济复苏”？

希腊式复苏?

尽管如此，希腊政府和“三驾马车”在2014年12月一口咬定：他们的“成功故事”是真的，希腊经济正表现出明显的“绿芽”迹象。他们甚至创造了一个新词：希腊式复苏。然而，制造业产值在2011年下滑4%，2012年再次下滑15%之后（相当于“大萧条”时期英国损失的全部制造业产值），2013年出现小幅回升，但2014年再次开始萎缩。与此同时，2014年工业产值下降3%，净投资为负值。[6]至于就业，尽管最低工资降幅达到创世界纪录的40%，使希腊成为全世界新自由主义者的梦想之地，但全职就业率继续下滑，临时就业率小幅上升，工作总时长下降。[7]哪里有证据能够证明他们的说法?

他们部分依据的是一套奇怪的统计数据。在理论上，实际收入——经济学家的专业术语，指的是剔除商品价格变动之后的收入——有所增加。但这是物价暴跌导致的错觉，购买力看似大大增强，但没有考虑到能够抵消一切的巨额债务成本。附录一全面揭穿了这一无稽之谈。

他们的说法则主要基于这样的事实：截至2013年，希腊已变成顺差国，在本质上意味着希腊的出口超过进口，这说明了总体情况有所改善。自2010年以来，“三驾马车”一直向希腊人保证，降薪的好处是刺激出口，因为希腊国内的营商成本降低，导致竞争力加强。到了2014年底，“三驾马车”和希腊政府联合外国媒体、财经类报纸、受聘于政府和欧盟的经济学家，掀起了一场自吹自擂的热潮。“希腊数十年来首次实现经常项目盈余。”他们如此吹嘘。 129

如果他们看看希腊上次实现贸易顺差时的情况，他们或许就会明白，希腊的处境其实很糟糕。那是在1943年纳粹占领时期，希腊人连饭都吃不饱，更不用说从国外进口商品了，但希腊人仍想方设法出口了一些橙子、苹果等诸如此类的东西。2014年的经济崩溃导致了类似的局面。我们的经常项目之所以出现盈余，也是出于同样可悲的原因，不断加剧的经济衰退导致出口锐减，但货物出口与之前持平，尽管劳动力成本已大幅下降。[8]一个值得悲伤的理由被歪曲成一个值得庆祝的理由。

实际情况显而易见。即使政府把希腊仅剩的家底拿出来贱卖，也鲜有人问津，除了那些身份可疑的买家。例如，当希腊国家彩票运营商挂牌拍卖时，一家财团的出价最高。在我当上财政部长之后，我逐渐摸清了这个财团的套路：他们先用很少的钱买下政府唯一的摇钱树，接着便淋漓尽致地展现出其掠夺绝望者的非凡能力。卖掉国家天然气垄断企业的过程更糟糕，只有最受普京青睐的巨型财团俄罗斯天然气工业股份公司表现出想买的兴趣。在宣布出售的几小时前，“俄气”决定拒绝接受已经低到可怜的要价。他们的发言人给出的理由是，由于希腊经济出现严重的恶性紧缩，他们决定退出交易。如果明天的价格可能只有今天的一半，他们怎么会在今天付钱呢？他们问道。

房地产的情况也同样糟糕。在正常时期，投资房地产相当安全。雅典的海利尼肯机场旧址是一个黄金地块：面积是伦敦海德公园的两倍多，一边紧邻雅典郊区的最高档社区，一边俯视萨罗尼科斯湾的青绿色海水。然而，竞标方只有一个——他们还提出了一个附加条件，
130 政府要对该地块投入与他们的出价大致相等的开发资金。

与此同时，萨马拉斯政府和国际财经媒体则在大肆吹嘘希腊银行在第二轮纾困中成功地进行了大规模资本重组。但在 2014 年 2 月，也就是获得“三驾马车”资金的几个月后，贝莱德资产管理公司发布报告称，希腊银行的不良贷款极多，仍需更多现金。2014 年 6 月，由于朔伊布勒对萨马拉斯政府失去耐心，国际货币基金组织向外界透露，希腊银行还需 150 亿欧元，而第二轮纾困贷款仅剩约 110 亿欧元，远远不够。到了 2014 年底，随着第二轮纾困的时间和资金消耗殆尽，希腊政府来年需要偿还的 220 亿欧元仍无着落，“三驾马车”确信第三轮贷款势在必行。换句话说，国际货币基金组织和朔伊布勒博士心里非常清楚，第三轮纾困贷款是必要的；但另一方面，就像萨马拉斯政府一直坚持的那样，如果第三轮贷款要等到下次大选的时候才能归还，那就不可能有贷款。

关于立即复苏——或是承诺复苏即将来临——的这番谎言完美地定义了“趁火打劫”这个词的含义，这是我最喜欢的一个词。然而，为什么还要打劫？是火势不够大吗？答案是有的，但并不美好。

2015 年 1 月 21 日，在距选举日还有四天的时候，我给杰米·加尔布雷斯打电话，向他倾诉了我最害怕的事情。起初，关于希腊式复苏的一派胡言只是赢得选举的一种战略，但如今萨马拉斯和他的部长们败局已定，因此他们改变了这套复苏谎言的用途，开始为赢得卸责游戏做准备。他们先假装不需要第三轮纾困贷款，等到瞒不住时，他们可以辩解说，都是我们政府的谈判立场惹的祸。实际上，从“三驾马

车”的角度看，让激进左翼联盟政府推出第三轮纾困在政治上是完美的，因为这样一来，他们就不用为自己从 2010 年以来对希腊造成的破坏负责。以后的所有痛苦，包括难以为继的债务展期和新的紧缩措施，都可以归咎于激进左翼联盟试图鲁莽地对抗他们——尤其可以归咎于 131
某个人。

杰米也认为，如果我们在谈判期间立场不坚定，我会有大麻烦，但他确信亚历克西斯会坚持到最后。回想起 2013 年 6 月我们三个人在塞萨洛尼基对热情的群众发表演讲时那激动人心的时刻，杰米认为我无须怀疑群众对我们的支持。再说，还有几天就要选举了，我们需要尽可能地调动起群众的信任和热情。

此外我认为，德国财长沃尔夫冈·朔伊布勒多年来一直支持希腊退欧，但由于德国总理默克尔的反对，他的这一雄心一再受挫。如果沃尔夫冈发现，决心对抗“三驾马车”的激进左翼联盟政府给他提供了一个机会，可以说服默克尔同意现在就把希腊踢出欧元区，我也不会感到意外。他面临的风险是，激进左翼联盟或许会死战到底，最后马里奥·德拉吉和默克尔手下留情，给了亚历克西斯一份公平的协议。对于沃尔夫冈·朔伊布勒来说，这不啻噩梦，因为这将为西班牙人、葡萄牙人、意大利人和其他所有欧洲人在一定程度上重新掌控他们的经济生活铺平道路。

我将为此承担一切责任。但我还有别的选择吗？一个历史的意外让我们获得了一个难得的机会，让我们去做正确的事情，向权力说真话，努力使我们的荒原真正复苏。拒绝这个机会将不可原谅。

希腊式紧缩

虽然我们困难重重，但“三驾马车”也不轻松。国际货币基金组织从一开始就深感不安，来自欧洲的领导层将其拖入了“纾困斯坦”的泥潭。对国际货币基金组织领导层而言，法国银行以及他们与德国领导层的关系比国际货币基金组织的国际规则和凝聚力更重要。自2011 年以来，国际货币基金组织一直在旁敲侧击地表示，债务减免必不可少。2012 年，国际货币基金组织寻求与雅典结成对抗柏林的统一战线，但未成功。2013 年 6 月，国际货币基金组织向外界曝光，称2012 年对希腊银行的资本重组规模不够，且没有效果。最近一次是在
132 2014 年 5 月，国际货币基金组织发布报告称，“债务可持续性仍是一个严重问题”——这是说希腊债务处于灾难性水平的礼貌措辞。[9] 经过多年令人叹为观止的错误分析和预测后，国际货币基金组织的分析师——实际上全是接受过一些经济学培训的“三驾马车”官员——最终意识到，他们的希腊方案存在根本上的缺陷，压根儿就不可能落实。

附录二全面地解释了国际货币基金组织的分析存在何种缺陷，但图 2 较为直观地展示了紧缩措施所具有的自我毁灭的本质。

横轴显示了从金融危机爆发到激进左翼联盟胜选之前的五年间，各国（累计）实行紧缩措施的力度。[10] 德国的总体紧缩幅度为 2%，意大利为 3%，葡萄牙为 5.4%，英国为 6.3%，西班牙为 6.8%，爱尔兰为9%，希腊为 18%。同时，纵轴显示了同期国民收入的累计增幅。很明
133 显，紧缩措施力度越大，国民收入的增速越低。[11] 希腊位于该图右下角，足以说明希腊的惨痛遭遇。

正如克里斯蒂娜 · 拉加德后来亲口告诉我的那样，“三驾马车”面临的难题是，现在承认他们的错误会失去太多的政治资本。[12] 选举的

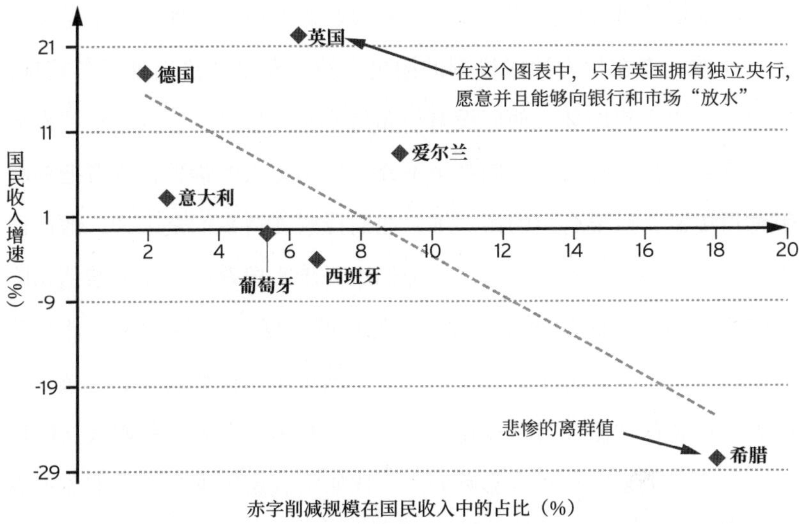

图 2　2009—2014 年紧缩措施与国民收入增速的对比

注：横轴是政府结构性赤字的削减幅度在国民收入中的占比，反映了紧缩措施的力度。纵轴是同一时期名义国民收入增速。

前一天，一名前来采访我的财经记者在采访间歇对我说，“三驾马车”全然罔顾事实，硬说希腊正在复苏。我纠正了他的观点：“他们并非完全不想说真话。他们惊慌失措，只能走一步算一步，首先不想得罪银行家，其次不想得罪默克尔。现在他们担心，如果说真话就会丢掉工作。”

然而，就在我们即将赢得那次选举时，“三驾马车”、媒体和希腊政府讨论的不是如何结束这个厄运循环，而是多大力度的紧缩措施在政治上对他们最有利：要是紧缩措施的力度太小，“三驾马车”会被嘲笑算盘打得前后不一，希腊复苏的故事将岌岌可危，而且无论如何都不会在持怀疑态度的议会中获得通过。[13]

这就是希腊人民投票支持激进左翼联盟的原因。他们并不是突然爱上此前一直在权力边缘徘徊的激进左翼。要是经济出现复苏迹象，他们一点也不想破坏。他们没有与布鲁塞尔、柏林、巴黎、法兰克福和华盛顿对抗的野心。他们甚至不介意做出更大的牺牲，或者把裤腰带勒得更紧，只要有用的话。不，他们投票支持我们是因为，他们已经受够了无谓的牺牲，受够了让他们进一步丢掉尊严、无力偿债和陷入绝望的措施，而其他人却在庆祝他们的“复苏”。这就是为什么我们不仅得到了激进分子以及工厂工人、出租车司机和农民的选票，还得到了正统保守派、苦苦挣扎的生意人、右翼爱国者和神职人员的选票——实际上是所有受到影响的人，比如给我留下深刻印象的流浪者兰布罗斯，还有那些尚未掉进吃人深渊里的人。

首次交手

在竞选期间，德国驻希腊大使邀请我去德国大使馆做客。这个联邦共和国的大使馆戒备森严、外观丑陋，紧挨着同样丑陋的英国大使
134 馆，不远处则是意大利、法国和埃及大使馆优雅的新古典主义大宅。这位德国外交官又高又瘦，我和他一起度过了一个激动人心的漫长下午。帕帕斯提醒我，在我可能被任命为财政部长的消息传出后，德国大使曾向亚历克西斯明确表达了他的不满。尽管如此，他并没有对我表现出来。他表现出来的是，他急于了解我是什么样的人。

我发现他才思敏捷，与他聊天令人愉快，尽管他对于我们在胜选后应该做什么、不应该做什么有非常多的想法。在两个多小时的交谈过程中，他与我进行了一场全面的模拟谈判，让我提前体会了当上财政部长是什么感觉。这场模拟谈判涉及希腊经济的方方面面：债务、

税收、银行、市场改革、私有化和劳动力市场。他非常清楚自己的职责，也不掩饰德国政府的态度：在柏林看来，希腊在很久以前就已丧失主权，希腊政府只能被视为请愿方。不过他也表示，他在一定程度上了解柏林在希腊灾难中的共谋者角色，并暗示他已做好妥协准备。这说明他同情德国社会民主党。

就在同一天，帕帕斯转给我一封邮件，其中提出了我们在当选后应该做些什么的建议。发信人是约格·阿斯穆森，这个年轻人在德国社会民主党内颇具影响力。阿斯穆森的政治生涯始于动荡的2008年，他在沃尔夫冈·朔伊布勒领导的德国财政部任职，当时是默克尔的基督教民主联盟和社会民主党组成联合政府的时期。他是财政部救助德国银行的排头兵，这为他赢得了名声，也使他得以近距离目睹希腊被关进债主监牢的全过程。作为在财政部工作表现的回报，他进入了欧洲央行董事会。对于一个几乎没有银行业履历的年轻人来说，这是一个拥有巨大权威的职务。2013年，在欧洲央行的任期结束后，阿斯穆森回到柏林，担任劳工部副部长，肩负起一项重要任务：推动德国开始实行最低工资制度。默克尔总理同意她的社会民主党执政伙伴进行这项重大改革，而她所领导的基督教民主联盟对此愤怒不已。

一听到阿斯穆森给我们写信，我立刻警觉起来。他的影响力远远超出他的官方职务，我原以为“三驾马车”是派他来试探我们，这是他们和我们之间的第一次交手。他是这个角色的理想人选：在德国
银行即将崩溃之际，这名社会民主党人曾与经济极端保守派沃尔夫 135
冈·朔伊布勒紧密合作；2012年，在马里奥·德拉吉最终下定决心，示意默克尔总理不再将希腊退欧作为选项之前，阿斯穆森位居欧洲央行领导层；他也是欧洲央行少数几个参与过Z计划的人之一——该计

划旨在以最低的成本将希腊与欧元区其他成员国剥离。我没有料到的是，阿斯穆森并不是一个人来找我们。他特意写了这封信，是为了把我们介绍给另一名官员，托马斯·维泽尔，此人的重要性甚至超过阿斯穆森。

我知道维泽尔在欧盟官僚机构中的官方角色。作为欧元集团工作组组长，他领导的这个副手内阁的职责是筹备欧元集团会议，各国财长的所有关键决策都是在这个论坛上敲定的。从理论上说，托马斯·维泽尔那时是荷兰财政大臣兼欧元集团主席杰伦·戴塞尔布卢姆的副手。我当时不知道，后来才明白的是，他其实是布鲁塞尔权势最大的人，影响力远超欧盟委员会主席让-克洛德·容克或欧盟经济与金融事务委员（相当于欧盟财长）皮埃尔·莫斯科维奇，有时甚至超过戴塞尔布卢姆本人。在这种情况下，他似乎总揽全局。

在电子邮件中，阿斯穆森展现了作为我们新政府的左翼潜在盟友的姿态，希望我们取得成功。为此，他请求我们信任维泽尔并与之合作，称这位奥地利社会民主党人是一位“朋友”，“可靠”，“值得信赖”，也是“布鲁塞尔机制中的关键人物”。此外，阿斯穆森表示，维泽尔会帮我们争取到我们进行谈判所需的时间。根据阿斯穆森的说法，维泽尔提出将“纾困方案延期”作为“向前推进的一个好办法，可以在谈判更加深入的同时对希腊提供一定的保护”。阿斯穆森最后说：“如果我能帮上什么忙，请尽管开口。”

听上去前景一片光明。上届雅典政府已与“三驾马车”就纾困方案的延期问题进行了谈判，结果是纾困方案将于我们当选一个月后到期，这段时间与其说是达成新协议的平台期，不如说是砍掉我们脑袋
136 的断头台。所以，我们的确希望进一步延期。如果维泽尔和阿斯穆森

想帮我们实现延期，那就太棒了。但他们做到了吗？

阿斯穆森的电子邮件附有一份未签名的“非正式文件”，即用于谈判目的、完全没有约束力的非官方文件，由维泽尔撰写，开篇就点出一个明摆着的事实，即我们的政府“将面临非常紧张的流动性状况”。[14] 接着，这份文件便是直截了当地声明，我们别指望欧洲央行把欠我们的钱还回来（我们的证券市场计划债券产生了约 19 亿欧元的收益，这笔钱由欧洲央行持有，曾同意还给我们），也别指望得到上届政府得到的用于（假装）偿还希腊债务的贷款。[15] 但维泽尔明确表示，“三驾马车”仍指望我们对其履行希腊的偿债义务。[16] 对希腊政府的这种扼杀将引发“流动性关切”，并不可避免地导致“市场紧张”。简而言之，我们会明目张胆地压榨你们，导致投资者撤出希腊，储户加速挤兑银行，你们的政府将被扼杀。这就是“大棒”。

“大棒”之后是维泽尔的“胡萝卜”：“三驾马车”可以延长现有的第二轮纾困贷款协议，让我们在 2015 年 2 月 28 日免于一死，继续苟延残喘；也可以提高欧洲央行批准我们发行的短期国债的上限——本质上是我们的信用卡额度——从而得到快速现金贷款，这样我们就可以留出一些额外的现金，好在 3 月还给国际货币基金组织。但这一切是有条件的，取决于我们是否对“三驾马车”采取了“合作的态度”。[17]

意思再清楚不过了：我们将遭受“财政水刑”，直到我们同意加入“假意展期”的病态仪式，而我们的当选就是要终结这一切的。[18] 读完这通电子邮件后，我向亚历克西斯和帕帕斯通报了我们的处境：不出所料，他们正在启动对我们的扼杀计划。我借机重申了我们的约定：我们应按维泽尔的提议，设法将贷款协议延期至 2 月 28 日之后，争取谈判机会，但前提是我们仍然信守我们之间的约定，如果他们拒绝就一种不同类型的协议展开真诚的谈判，我们就违约。两人都再次确认了他们的承诺。

然后，我开始给维泽尔回信。我语气温和，表示愿意与他合作。
137 我在信中提出了两个关键问题。第一个问题涉及我们应得的证券市场计划债券收益，维泽尔说我们别指望从“三驾马车”要回这笔钱。“无条件地拒绝归还希腊自己的钱，”我写道，“是难以自圆其说的，即使此前的希腊政府在一定程度上认可这样的法律工具论。我们的观点很明确，欧洲央行应当立即归还这些资金。这样一来，资金就得到了保证，利用希腊自己的合法资产，我们可以坚持到3月底。”

我的第二个观点回应了维泽尔几乎不加掩饰的“市场紧张”威胁，这与斯图纳拉斯12月15日发表的煽动性声明如出一辙。[19]

> 预期中可能出现的僵局确实产生了不确定性，进而或许导致流动性问题。但最初是什么导致了预期中的僵局？是欧盟和欧洲央行官员坚持要求希腊新政府必须在当选几天后就要在协议的虚线处签字，而新政府在竞选中一直主张就协议进行重新谈判。
>
> 民主的欧洲必须给予希腊财政空间，允许希腊新政府提出建议，为可行的协议奠定基础。拒绝给予希腊政府这样的财政空间将导致流动性问题。再将这些流动性问题描述为外部制约因素，是在否认欧洲央行和欧盟是这些问题的始作俑者。

把邮件发出后，我和达娜厄要去参加一个选前会议。出门之前，她问我刚才在忙什么。

“一段美好的新友谊。”我回答。

枪口下的民主

距 2015 年 1 月 25 日还有两天的那个晚上，我的激进左翼联盟朋友都在为我们将以多大优势获胜，是否足以确保议会中的绝对多数席位而感到苦恼。我的心思却在别处。

三天前，格伦发来电子邮件，证实绞索正在收紧。总理萨马拉斯引发了银行挤兑，斯图纳拉斯又在 12 月 15 日火上浇油。从那以后，储
户已从希腊银行取走 93 亿欧元，日取款额最高突破 10 亿欧元。截至大 138
选日，大约有 110 亿欧元被取走，不是汇到海外就是藏在床垫下。[20] 为了拿出这么多钱，希腊银行不得不更加依赖欧洲央行，累计借款 600 多亿欧元。马里奥·德拉吉发出的关闭银行的威胁恰恰提供了他为此自圆其说的条件。[21]

在选举前夕，我仅成功说服一名未来的政府同事认同我的担忧，那就是斯皮罗斯·萨吉亚斯。我和达娜厄在他的公寓与他见了面。他的公寓位于雅典郊区海滨地带，是我从小长大的地方。公寓位于顶层，是宽敞的复式结构，几件精心挑选的当代希腊艺术品点缀着室内空间，窗外的码头一览无余。让我们感到惊讶的是，楼下还有安保人员。萨吉亚斯是一个胖乎乎的中年男子，嗓音低沉，听上去很可靠。他为自己身体不适向我们致了歉。他有心脏病，但这似乎并没有影响到他的智慧，也不妨碍他拥有一双敏锐的眼睛。

萨吉亚斯并非政界人士。他半开玩笑地自我介绍说，他是一名系统性律师（“系统性”这个词是 2008 年之后出现的一个术语，指代那些被认为“太大而不能倒”的银行）。几乎没有哪笔涉及私人利益和公共部门的大型商业交易是萨吉亚斯和他成功的事务所没有参与过的，私有化、大型建设项目、并购，都在他的业务范围内。就在不久前，他

还是中远集团的法律顾问，这家中国企业已收购比雷埃夫斯港的部分码头，并希望接管整个港口。激进左翼联盟强烈反对这个私有化项目。当帕帕斯告诉我，萨吉亚斯肯定会成为我们的内阁秘书长时，我既惊讶又高兴：至少我们的团队有了一位法律界的行家里手，一位知道如何起草议案的顾问，他还知道旧制度的所有秘密都藏在哪里。

萨吉亚斯开门见山，直奔我最关心的问题，问我欧洲央行到底想要如何扼杀我们。我解释说，首先，德拉吉将切断欧洲央行直接提供给我国银行的流动性，迫使我国银行向斯图纳拉斯领导的希腊央行申请利率更高的短期贷款（所谓的“紧急流动性援助”或称“紧急流动性援助机制”，由欧洲央行间接提供资金）。然后在第二阶段，欧洲央
139 行行长理事会将禁止斯图纳拉斯继续向银行提供任何紧急流动性援助，到时银行柜员将拿不出现金，储户骚乱，银行关门。我告诉萨吉亚斯，截至 2015 年 1 月 21 日，希腊四家系统性银行中的两家已向斯图纳拉斯的紧急流动性援助机制申请流动性。“戏台已经搭好，”我总结说，“他们只是在等我们上场。”[22]

接下来，我向他介绍了我们的“撒手锏”战略，以及我与亚历克西斯、帕帕斯和德拉加萨基斯是如何约定的，这是我接受财政部长职务的前提。他赞同这个计划。

“那么，你为什么选择加入这个政府？”我问，“你的背景并不能直接说明原因。”

“我这么做只是因为我相信亚历克西斯。”他给出了回答。他解释说，他年轻时也是左倾的。即使后来他跻身建制派核心位置，成为体制维护者，他在内心深处一直对左翼保持着一种浪漫的情怀。“所以当我遇到亚历克西斯时，我突然决定，我要用我的经验助他一臂之力。

我加入政府不是为了激进左翼联盟。我是为了保护亚历克西斯。他需要很多保护，你也是。雅尼斯，千万不要心存幻想：他们全都想要打倒你，从最糟糕的银行家到德拉加萨基斯，再到激进左翼联盟的每一个人。他们将使用卑劣的手段。”事实证明，在我们即将接管政府之际，满心焦虑的不止我一个。

我意识到，我喜欢萨吉亚斯。他知道自己有污点，几十年来一直与寡头结交，但他并没有隐瞒这一点。我则更倾向于信任那些了解建制派并为建制派工作过的人，而不是年轻的狂热分子，后者更容易向建制派投降。他的坦诚、他加入政府的个人原因、他关于德拉加萨基斯和激进左翼联盟激进人士的警告，以及他公寓墙上的艺术品，使我觉得和他在一起很自在。

然而，在我们准备告辞之际，他承认他仍犹豫不决。“我并不是百分之百确定我是否该接受这个职位。”他对我说。

“你必须接受！”我敦促道。“现在就是 10 月 28 日，”我说，指的是 1940 年 10 月 28 日希腊政府拒绝了墨索里尼发出的要求投降的最后通牒，“我们躲不过的。”

“我会考虑的。”他说话的口气让我相信他会接受。

回到我们的公寓，我收到杰米发来的一封邮件，杰米问：“据你目前所知，有何具体计划？”

“不要从一开始就被‘三驾马车’和当地银行家勒死……”我 140
回答。

在格伦的帮助下，我算出的结果是，仅在 2015 年，希腊政府就需要 424 亿欧元资金，相当于国民收入的 24%，而这仅能维持债务的展期。即使“三驾马车”拨付了第二轮纾困贷款协议中的全部资金，我们仍差120亿欧元。对于一个没有能力向私人投资者借款、国库空空如也、民众遭受重创的国家来说，偿还这些债务就意味着一件事：掠夺养老基金、市政当局、医院和公用事业的剩余储备资金，同时按照“三驾马车”设定的上限借入巨额资金，承诺进一步压榨我们的养老金领取者、市政当局、医院和公用事业，所有这一切都是为了把钱还给“三驾马车”。只有做脑白质切除术才能让我相信这样做符合我们人民的利益。

投票日那天，街上的人们走到我面前，拍拍我的肩膀，要我保证不会食言。我们支持你，但你别想上台就翻脸，如果你这么做，我们会要你好看。人们发出了整齐划一的信息。

非常规合作伙伴

在亚历克西斯起草他的内阁组建计划的同时，我正在尽力削减我们潜在敌人的数量。格伦建议我拉一些私人金融家入伙。这么做有两个原因：一是希腊只有很少一部分债务是欠他们的，因为他们已从纾困贷款中得到了全额偿还（实际上，欠私营机构的债务目前仅占15%），而且他们会算术；二是他们知道我的基本论点是正确的。为什么不把这些有钱有势、人脉深厚的人拉到我们这边，反而要与他们对抗呢？格伦建议我以发声明的形式向他们示好：“我们预计没有必要寻求进一步重组私营投资者手中的希腊政府相关债务。”结果，我更进一步，声明我们不仅预计没有必要，而且我们“反对这个概念”。

与此同时，在我设法挤出来的一点思考时间里，我加入了组建政
141 府的讨论。如果我们没有赢得有效多数，就要组建执政联盟，但我们与谁合作？排除此前一直执政、给我们带来纾困的政党，对此根本不

感兴趣的共产党，当然还有金色黎明党的那帮纳粹分子，只剩两个可能的选择。

一个是大河党。这是一个奉行社会自由主义的中间派政党，由一名媒体人士领导。我和达娜厄跟党首的关系很好，我为他的新闻网站撰写过数百篇文章。就个人而言，这是一个我愿意与之密切合作的政党。该党的关键人物都是我认识的人，我与他们相处融洽。但有一个重大障碍：他们采取了强烈支持“三驾马车”的立场。

他们会告诉我，与“三驾马车”的谈判可以按你的要求尽可能地强硬，但在任何情况下都别想考虑退出。我会反驳说，如果你不准备退出，那么从一开始就没必要进入谈判室。不，与大河党结盟将是战略自杀，实际上毫无意义。“三驾马车”知道，只要他们按下关闭银行的按钮，大河党就会与我们翻脸，在议会指责是我造成了与债主的决裂。

无论如何，激进左翼联盟领导层，特别是亚历克西斯，已经拿定主意。尽管我理解他们的选择，但想到这件事就令人作呕。亚历克西斯与独立希腊人党领导人帕诺斯・坎梅诺斯达成了一项协议。该党创始人坎梅诺斯此前在新民主党政府担任副部长职务，但值得称道的是，他在2011年投票反对由欧洲央行前副行长领导的技术官员联合政府，该政府的任务就是推动第二轮纾困在议会通过。因为这件事，新民主党将他开除出党，他遂与另几名新民主党反叛者组成了独立希腊人党。他们创建的这个政党只可能诞生在“纾困斯坦”的可悲疯狂之中。就强烈反对纾困而言，该党比泛希腊社会主义运动的社会党人、大河党和新民主党保守派都要左，但就社会问题和外交关系而言，该党采取了极右翼立场，表现出极端民族主义、几近赤裸裸的种族主义、强烈的性别歧视和恐同心理。

就像这些还不够似的，坎梅诺斯往往对他不喜欢的政治人物提出
142 毫无依据的指控——这让人想起那些反犹阴谋论，用一些小小的真相拼凑出巨大的谎言。而我不确定他喜不喜欢我，因为在他对乔治·帕潘德里欧及其家人发出指控时，我为后者成功起诉他犯有诽谤罪提供了证词。[23] 想到要与坎梅诺斯在同一内阁任职，我没有什么可高兴的。

亚历克西斯简明扼要地解释了他与坎梅诺斯结盟的决定。他对我说，我们要做一个选择。一个选项是与独立希腊人党迅速且无痛苦地组成联合政府，由坎梅诺斯出任国防部长，条件是他不干涉与谈判或社会问题有关的任何决定。在这些问题上，激进左翼联盟将奉行自己的进步主义纲领。另一个选项是与大河党进行旷日持久的谈判，只是为了组建一个随时可以被“三驾马车”推翻的政府。“这还用想吗？”他总结说。

正如接下来的几个月所揭示的那样，亚历克西斯是对的。坎梅诺斯和他的同僚信守诺言，完全支持我们的谈判立场。当我们第一次见面时，坎梅诺斯的确对我毫无敌意。事实上，情况恰恰相反。他拥抱我，彬彬有礼地与我交谈，承诺将全力支持我的战略。尽管这种伙伴关系是出于极其务实的理由，但我对他们的反感并没有因此减少，他们的立场融合了民族主义、仇外主义，并致力于在教会、军队和政府之间建立前现代关系。在接下来的几周里，外国记者向我提出了很多刁钻的问题，其中最难回答的就是关于这个不稳定联盟的问题。

“如果你是个追梦人——不要被梦主宰”[24]

2015 年 1 月 25 日晚上 8 点左右，我们知道我们已大获全胜。几小

时后，我们得知自己距离绝对多数只差两个席位。[25] 街道上挤满了庆祝的人群。

在加入庆祝队伍之前，我静下心来写了两篇博文，一篇（希腊语）用于感谢投票给我的选民，一篇（英语）向更广阔的世界发送希望的消息。在第一篇博文中，我谈到了前不久与兰布罗斯的相遇。“当我走进财政部大门时，”我写道，“我会想起他的话。不是我们的利率差，不是短期国债的收益率，也不是与‘三驾马车’达成的《谅解备忘录》。只有他的话留在我的脑海里。”针对那些不明白我们为何获胜的非希腊语读者，我在博文里套用了迪伦·托马斯❶的诗句。 143

今天，希腊人民对希望投下信任票。他们利用投票箱，在这场盛大的民主庆典中，结束了一场自我强化的危机。这场危机令希腊忍受屈辱，助长了欧洲的最黑暗势力。

希腊人民今天向我们大陆的东南西北发出了团结的信息。这条消息简单明了，否认危机、相互报复、指手画脚的时代已经结束。自由、理性、民主和正义的理念在发明它们的大陆上得到复兴的时代已经来临。

希腊的民主制度今天选择“不要温和地走进那个良夜”。希腊的民主制度决心“怒斥光明的消逝”。

刚刚得到民主授权的我们，向欧洲人民，实际上是向全世界

---

❶ 迪伦·托马斯（1914—1953），英国诗人。后引本书作者的博文之中，“不要温和地走进那个良夜”和“怒斥光明的消逝”的语句出自迪伦·托马斯 1951 年发表的十九行二韵体名作《不要温和地走进那个良夜》（“Do not go gentle into that good night”）。

人民发出呼吁，请与我们共同打造一个可持续的共享繁荣的世界。

我经常被问到，在接下来的几天和几个月里，我是如何应付排山倒海般的压力的。我的回答是，早在1月9日，也就是我宣布竞选大雅典选区议会席位的当天，我就写好了一封没有标注日期的辞职信。我在博客上写道：

> 我向来无意参加选举游戏。自危机爆发以来，我一直希望与
> 来自不同政党的理性政治人士保持公开对话。只可惜，纾困方案
> 让这样的公开对话变得不可能……我现在最害怕的是，既然我已
> 经投身竞选，我可能会变成一名政客。作为这种病毒的解药，我
> 144 准备提前写好辞职信，放在我的口袋里，一旦我感到有迹象表明
> 我不再保证向权力说真话，那就是把它交上去的时候。

1月25日，在我和达娜厄离开公寓，跟随庆祝队伍前往激进左翼联盟总部之前，我确定这封信就在我的上衣内袋里。从那个周日的夜晚开始，无论我走到哪里，从马克西莫斯官邸或财政部会议室到欧元集团和沃尔夫冈·朔伊布勒的办公室，我都随身带着它。这封信的存在给了我慰藉和自由的感觉。但与所有的自由一样，它是有代价的：我的一些较为精明的对手发现了我的这种自由，并因此憎恶我。

周一早上6点，随着计票完毕，我收到了好友瓦西里发来的短信："难以置信！你获得了14.2万张选票。"然而，当我查看了所有的计票结果后，以大幅优势赢得席位的满足感立即被担忧所取代：没有哪位激进左翼联盟的候选人，实际上是任何政党的候选人，在整个希腊获

得比我还多的选票。我知道，我最终要为这次成功受到惩罚。

那天上午，亚历克西斯在即将离任总统的府邸宣誓就职，然后前往马克西莫斯官邸。正常情况下，上任总理会在那里等他一起举行交接仪式。但由于安东尼斯·萨马拉斯并未现身，亚历克西斯只是走进来，直接开始工作；内阁尚未最终敲定，政府团队将在第二天宣誓就职。

几天前，面对与坎梅诺斯和他的独立希腊人党结盟的决定，我选择听之任之。如今，我对内阁人选的唯一干涉就是坚持要求由欧几里德和斯塔萨基斯掌管另外两个关键经济部门。尽管与欧元集团谈判的重担主要落在我肩上，但我希望欧几里德能够进入内阁，掌管经济决策部门，这样我们两个就可以在柏林、巴黎、布鲁塞尔和法兰克福相互支持。

快到傍晚的时候，最终接受内阁秘书长职务的萨吉亚斯打来电话，商讨程序事宜。在交谈中，他抛出一个重磅消息：亚历克西斯把欧几里德排除在内阁之外。

“到底是为什么……？”我问。

他解释说，为了维持激进左翼联盟的内部平衡，亚历克西斯任命 145
帕纳约蒂斯·拉法扎尼斯掌管这个部。这太糟糕了。与德拉加萨基斯一样，拉法扎尼斯多年来一直是希腊共产党的活跃分子；但后来德拉加萨基斯转投右翼，而拉法扎尼斯仍然坚持苏联的思维方式，领导着左翼平台，激进左翼联盟中央委员会三分之一的委员都支持这个派别。他一次又一次地表明了自己的观点，如果我们不以退欧相威胁，我们永远不会得到一份体面的协议。由于拉法扎尼斯执掌一个关键部门，而欧几里德——他同意我们的约定——被排除在内阁之外，我的谈判战略岌岌可危。

萨吉亚斯一放下电话，我就致电亚历克西斯，告诉他任命拉法扎尼斯是一个错误，我不能接受欧几里德被排除在内阁之外。亚历克西斯回答说，他安排欧几里德担任我的副手，掌管税务局，但欧几里德愤怒地拒绝了，理由是他不具备相关专业知识。

“他骂了我一顿，雅尼斯。去他的！让他作为激进左翼联盟的议会发言人在众议院熬一阵子吧。”

“首先，欧几里德是对的，”我对亚历克西斯说，“税收政策不是他的强项。但不管怎样，之所以我要让他掌管拉法扎尼斯目前掌管的部门，是因为他能在谈判期间站在我这边。”如果欧几里德负责税务局，他将坚守雅典，而我只能独自去谈判。“我们两个都是部长的话，将组成一个强大的团队。这是一个重大损失，亚历克西。”我说。

“现在来不及了，”亚历克西斯回答。“我需要把拉法扎尼斯拉进内阁，让他掌管一个经济部门，这样他就不会吃里爬外。如果我在宣誓就职的前一天晚上将他解职，他会变本加厉地反对我。左翼平台将火力全开。”

他说得有道理。我必须另想办法让欧几里德进入内阁。

“还有一个办法。”我说。外交部设有对外经济关系秘书长一职。我建议把整个职位升格为负责对外经济关系的常务副部长。这样一来，
146 欧几里德能够以正式部长的身份和我一起出行，其职责与德国、欧盟和国际货币基金组织的谈判紧密相关。“你说呢？”我问。

“听上去不错。但欧几里德会接受吗？几小时前我们交谈时，他骂了我一顿，我也回敬了他。”

“你能向我保证，如果我说服他，你会为他设立这样一个职位

吗？”他说他保证。“这件事交给我吧，亚历克西。”

我立即给欧几里德打电话。他的声音既悲伤又愤怒。当我说明我的解决方案时，他总算打起精神，不过他说：“但是，雅尼斯，亚历克西斯的做法糟透了。他这般自食其言，是为了什么？拉法扎尼斯想要在谈判开始前就毁掉谈判，让这样的人掌管一个至关重要的经济部门？我不想和他扯上任何关系。”

我提醒他，我们面临着一个历史性时刻，同时也为亚历克西斯说了几句好话，毕竟他要艰难地保持平衡，这总算让欧几里德平静了一些。

“我对他也很生气，”我接着说，“但现在需要找到一个解决办法。”我解释说，这个新职位非常适合我们两人组成部长级核心谈判小组。“请接受吧。”我恳求他。

“但我不相信亚历克西斯会安排我出任这个职位。”他反驳。

“那你相信我，好吗？”

“我相信你。”他说。

几分钟后，我打电话给萨吉亚斯，欧几里德的名字被加入内阁名单，第二天上午宣誓就职。

就职仪式在总统府举行。部长、常务副部长和副部长在总统面前依次经过，然后分成两组，一组人多，一组人少。我们的队伍为何这么早就出现分裂？我们当中的绝大多数部长拒绝手按《圣经》宣誓就职，而是选择世俗地确认效忠宪法，这在希腊政府历史上尚属首次。但由于独立希腊人党决心手按《圣经》宣誓就职，我们就分成两批宣誓。

仪式不到一个小时便结束了，新部长们急忙前往各自的部门参加交接仪式。只有我不着急，因为我的前任要求给他几个小时清理办公
147 桌。总统离场后，亚历克西斯邀请我到总统府旁边的马克西莫斯官邸聊会儿天，然后再去宪法广场的财政部大楼。为了给亚历克西斯留点安顿的时间，我与另两名交接仪式也被推迟的部长交谈了一会儿，然后才步行至总理官邸。当我走进去时，外面站岗的警察向我敬礼，就好像我是巴顿将军。这是我从来没有经历过，也从来没有习惯过的事情。

一进门，我花了一点时间环顾四周。就一幢在希腊意味着权力的建筑而言，它比我想象的要小，是意大利风格，但独具品味。在前往总理办公室的路上，我经过总理秘书办公室，发现一件有趣的事情：我们的党务工作者更习惯在环境昏暗的激进左翼联盟总部工作，现在置身于富丽堂皇的马克西莫斯官邸，他们果然看上去格格不入。

“你会习惯的，埃莱妮。”我对其中一个人说。

“是的，部长。”她戏谑地回答。

一走进亚历克西斯的新办公室，我看着他，学着埃莱妮的样子，故作谦卑地低头称呼他：“总理……”我们俩都大笑不已。他从椅子上起身，我俩拥抱了一下。“我们到底做了什么？”我问，还是在笑。“下一步怎么办？”我接着说，与其说是问题，不如说是哀叹。

他没有回答，只是咧嘴笑着，摇了摇头。“这是我们自找的。”

我巡视的目光落到了挂在总理办公桌后面的一幅巨型画作上，画的是希腊国旗，但画得极其拙劣。这幅画成功地把一面我实际上非常喜欢的旗帜变得看上去丑陋和专横，与它本应象征的微妙的爱国主义截然相反。

“有它没我。”我对亚历克西斯说。

“别担心，不要它了。太难看了。”他回答说。

当我们的目光再次相遇时，亚历克西斯变成一副严肃的表情，接着他严肃地说：“听着！这里不是享清福的地方。不要学会爱上办公室的身外之物。这些办公室、这些椅子，都不是为我们准备的。我们的地盘在外面，在街上，在广场上，和人民在一起。我们坐进来是为了代表他们完成一项工作。永远不要忘记，这就是我们在这里的原因。没有其他原因。做好准备。如果那些浑蛋找到了阻止我们兑现承诺的办法，我和你必须做好交还钥匙的准备，再次走上街头，计划下一次示威。” 148

就算地球停止转动，我也不会注意到。这是一个值得细细品味的时刻。我为自己对亚历克西斯的疑虑感到羞愧。恐惧和焦虑烟消云散。我不在乎光明的消逝，因为这不可避免。在这里，我们一起怒斥光明的消逝。

是该开始工作的时候了。

本章注释

1. 阿莱科斯·帕帕多普洛斯与我母亲关系密切。我母亲本人是泛希腊社会主义运动的铁杆分子，曾出任南雅典地区某市的副市长。在多次议会选举中，她利用自己非凡的拉票能力支持阿莱科斯，因此他非常感激我母亲。在我结识阿莱科斯并与他共事之前，我母亲就非常喜欢和信任他。2014 年 4 月，我和他在外交部奋战了三天三夜，为泛希腊社会主义运动拼凑出一份竞选纲领，徒劳地试图帮助乔治·帕潘德里欧提出一份还算像样的经济计划。我们的关系因为这件事变得更加密切。

我俩谁都并非真的相信这份纲领是可行的，只是把它当成一次重要的练习。

遗憾的是，最终事实证明，他推荐的财政部副部长人选令我后悔不已。此人上任不到一个月，我就意识到，他没有能力识破本应受他监督的财政部官员的诡计。而且令我担心的是，他显然非常有兴趣影响国有或国家控制机构高层职位的人事选择。

2. 参见第三章的《友谊的绝唱》一节。另外一人是留学德国的经济增长理论家，20 世纪 90 年代初，他找我商谈从悉尼回到雅典大学任教的事宜。
3. 这大约是在我被国家电台和电视台列入黑名单的时候，所以看到议会网站迅速撤掉了她的这段视频，我并不意外。
4. 这些机构是欧洲金融稳定机构及后来的欧洲稳定机制，格伦参与了其章程和规则制度的制定。
5. 种族主义在希腊建制派的圈子里几乎不加掩饰。格伦被视为韩国人，就像贝拉克·奥巴马被视为肯尼亚人一样。
6. 当固定资本形成总额（对机械等有形基础设施的投资）为零时，这意味着没钱更换损坏的机械并弥补折旧的价值。
7. 在严峻的经济多维度衰退中，削减工资并不能增强雇主的信心。如果需要证明，希腊就是明证。与此同时，我向一位做生意的熟人打听，既然劳动力如此廉价，他为什么不雇用更多人？他的工厂生产卫浴设施。他回答说："现在各地的工资都很低，没人负担得起重新装修浴室的费用，谁还会买我的马桶？"
8. "三驾马车"对这一观察结果的标准回应是：出口之所以没有增长，是因为希腊的改革不够充分。但这是偷梁换柱。新自由主义预测，在其他条件不变的情况下，欧元区国家降低平均工资应可提振出口，因此即使没有改革，工资下降后出口也应增加。但事实并非如此。

9. 2014 年 5 月 19 日，国际货币基金组织公开了希腊债务可持续性分析报告。报告称：

> 必须进行更多财政调整才能恢复债务可持续性。要想实现这一目标，在未来多年的整个政治周期内，基本盈余将不得不维持在 GDP 的 4% 以上。现在明显的调整疲劳以及政治领导人承诺的“社会红利”和“不再有新措施”表明，债务战略得到的政治承诺在未来将受到严峻考验。在 2015 年和 2016 年的全国选举举行之前，该战略没有给工资和养老金留下在已有水平上大幅上调的任何空间。相反，在税率已然很高、可自由支配收入受到压缩的情况下，要想实现必要的额外财政调整，除了进一步削减工资和社会转移，以及在 GDP 占比仍然较高的养老金，只剩大幅提高公共部门效率一途……债务可持续性仍是一个严重问题。债务与 GDP 之比尚未见顶，对未来十年债务水平将居高不下的预测表明，对债务可持续性的担忧仍将是阻碍最近有所改善的投资者情绪转变为经济持续复苏的一大因素，特别是在政治决心再次受到质疑的情况下。

10. 此处对紧缩措施的衡量标准是政府预算结构性赤字（或盈余增加）占名义国民收入的百分比。

11. 英国是一个有趣的离群值，因为英国是这张图上唯一拥有本国央行的国家，在财政大臣乔治·奥斯本的“扩张性收缩”政策下，一方面央行向英国经济注入大量资金，另一方面他实行收缩性紧缩措施。

12. 参见第二章的《作茧自缚的囚徒》一节。

13. 第六章注释 2 描述了我的前任给“三驾马车”发去的一通电子邮件，这通邮件是我在接任时看到的，完美地体现了“第 22 条军规”。

14. 仅在 3 月，希腊就需要 11 亿欧元来偿还国际货币基金组织的四期债务。

15. 维泽尔的实际说法是：“基于目前的现金流预测，假定国际货币基金组织或欧洲金融稳定机构不再拨付资金，欧洲央行也不会转移希腊部分证券市场计划债券的收益……”欧洲金融稳定机构是 2012 年希腊获得的第二轮纾困贷款的来源。欧洲央行通过希腊证券市场计划债券获利的过程如下：2010 年至 2011 年，欧洲央行以不足面值 70% 的价格从法德银行购入这些债券，当时它们的市场价格约为面值的 10% 上下（参见第三章注释 32）。对北欧银行而言，这是一个重大利好，假装在帮助希腊债务保值——更多的是假装与希腊保持团结。每当有债券到期时，希腊破产政府就不得不向欧洲纳税人借款（欧洲金融稳定机构），用于按面值偿还给目前持有这些债券的欧洲央行。换句话说，欧洲央行以希腊破产政府和欧洲纳税人为代价赚取了巨额利润。2012 年，欧元集团突然决定将部分利润返还给希腊政府，这并不是因为欧元集团认识到其做法的错误，而是因为面对新闻媒体大肆报道欧洲央行把多少欧洲纳税人的钱交给雅典、用“假意展期”的方式继续掩盖希腊的破产，欧洲央行急切地想要让媒体上的数字变小。有鉴于此，维泽尔这句话的意思是：你们不会得到我们与上届政府达成的任何贷款。你们甚至得不到欧洲央行从希腊债券中赚到的任何利润——这是你们的钱——哪怕我们已经同意返还给你们。但你们仍要偿还上届政府承诺偿还的所有债务。

16. 需要注意的是，雅典对“三驾马车”的还款和“三驾马车”对雅典的拨款在第二轮纾困贷款协议的时间表中已有十分具体的规定。

17. 引用维泽尔的话说：“为了避免希腊债务违约，必须寻求进一步延长现行‘方案’……（一个）填补融资缺口的措施是额外发行短期国债，在 2012 年 8 月的危机期间曾采取过这种措施，（但这）需要‘三驾马车’的批准，而且必须是在新政府配合的情况下。”短期国债是政府发行的借条，期限通常为三个月。由于期限很短，因此短期国债通常被认为是安全的，能够以低利率吸引到投资者。由于安全性高、流动性强，央行愿意接受用短期债券作为现金贷款的抵押品，因此商业银行倾向于购买这些短期债券，拿到央行贴现，还能从政府手中收取利息。当政府除了短期国债之外没有其他借款方式时，问题就出现了。为了防止政府过量发行短期国债，导致安全性下降，央行也不愿意接受其作为抵押品，于是欧洲央行对各国政府的未偿还短期国债总额进行了实时限制。比如，希腊的上限为 150 亿欧元。但在 2012 年夏，就在萨马拉斯政府刚刚当选时，欧洲央行将这一上限提高到 183 亿欧元。欧洲央行这么做是出于私心：2012 年 8 月，希腊政府不得不赎回欧洲央行持有的希腊政府债券；但希腊没有钱，于是欧洲央行允许雅典额外发行 33 亿短期债券，然后再还钱给自己。维泽尔还通知我们，我们需要在 2 月 10 日之前争取到延期，因为延期方案需要在 2 月 28 日处决日之前得到各国议会的批准。

18. 参见瓦鲁法克斯 2016 年著作《弱者任人摆布？》第 160—161 页。
19. 参见第四章的《一场提前知晓的埋伏》一节。
20. 取款额占总存款额的 6.7%，使总存款额降至 1520 亿欧元，接近 2012 年 6 月的上一个低点，当时也是类似的恐慌导致总存款额降至 1505 亿欧元。
21. 他没有其他自圆其说的办法。希腊银行的内部问题并不比——比如说——意大利银行更多。实际上，就在几个月前，欧洲央行自己宣布，希腊银行已经通过欧洲央行进行的压力测试。这与 2013 年的塞浦路斯银行或 2009

年的爱尔兰银行形成了鲜明对比，这两国的银行的的确确是倒闭了。

22. 格伦在 2015 年 1 月 21 日的电子邮件中补充说：

> 欧洲央行也定于今天讨论欧洲银行（Eurobank）和阿尔法银行（Alpha Bank）的紧急流动性援助申请事宜，可能还有其他两家银行的申请。（欧洲银行和阿尔法银行分别是希腊第三大和第二大商业银行。——编者注）
>
> 我原以为，鉴于事件的升级，这些银行获得紧急流动性援助几乎是肯定的，不必等到 2 月底他们的第二支柱债券失去作为欧洲央行资金抵押品的资格。这种流动性枯竭还应该在追加瑞士法郎存款保证金以及政府可能需要继续向投资者出售短期国债进行融资的背景下看待。与此同时，《纽约时报》昨天注意到你的评论，即欧洲央行的量化宽松本身不会解决希腊的流动性问题，以及你呼吁欧洲央行不要把希腊排除在其债权购买计划之外。

23. 长话短说，坎梅诺斯声称乔治·帕潘德里欧故意让希腊破产，以达到中饱私囊的目的。如何操作？帕潘德里欧让自己的弟弟安德烈亚斯（Andreas，我的朋友兼同事）购买信用违约互换（CDS）衍生品，如果希腊政府对希腊邮政银行违约，持有人将得到赔偿（坎梅诺斯提到的数字高达数百亿欧元）。我在证词中表示：上述 CDS 的实际赔付金额相对而言微不足道；安德烈亚斯如果想以这种方式里应外合，他压根不会从希腊邮政银行购买 CDS，而是直接从纽约华尔街或伦敦金融城购买；帕潘德里欧总理的“罪行”并非让希腊破产以中饱私囊，而是他根本不承认政府破产。

24. 摘自吉卜林（Rudyard Kipling）的诗作《如果》（“If”）。

25. 激进左翼联盟赢得了149个席位。独立希腊人党赢得了13个席位，使我们在议会中享有12个席位的优势。正式反对党方面，新民主党赢得了76个席位（创该党史上最低水平），大河党赢得了17个席位，金色黎明党也是17个席位，希腊共产党15个席位，大势已去的社会党人泛希腊社会主义运动赢得了13个席位。

第二部分　必将到来的春天

第六章　一切始于……

马克西莫斯官邸门外的哨兵大吃一惊。“部长，您是一个人出去吗？”他问。 150

我点点头，电动门开启。我注意到等待拍摄的摄影师在外面安营扎寨，但我决心一个人步行前往财政部。他们和哨兵一样惊讶，急忙跟上我。他们扛着很多器材，不停有人被自己或别人的电线绊倒。在我从国家公园转角处左转，进入索菲娅王后大道后，他们已经放弃了。国家公园恰好把马克西莫斯官邸同议会大厦和宪法广场分开。

走过议会大厦侧门时，我想起我曾经目睹的那次交锋——咄咄逼人的议员问“你以为你是谁，可以命令我该投什么票，不该投什么票？”，女性示威者漂亮地反击“我得是谁才行？”。迈向宪法广场的每一步都让我回想起 2011 年那些漫漫长夜里的一张张面孔、一句句口号、一段段记忆。当时雅典群情激奋，抗议对我们的集体侮辱。穿过议会正前方的阿马利娅王后大道，走上宪法广场，就好像走上圣地一样。

太阳已经落山，1 月的凉爽微风吹得树上仅剩的树叶簌簌作响，行人不由得加快了脚步。路灯尚未亮起，在一片昏暗中，我花了一阵子才找到那棵树，树下有祭奠的鲜花和手写的字迹，退休药剂师季米特里·克里斯图拉斯就是在这里饮弹自尽的。四下几乎无人，我花了一点时间，在那棵树和眼前灯火通明的财政部大楼之间搭建了一座精神桥梁。片刻之后，我穿过爱希腊者街，走进财政部，在接下来的 162 天里，这里是我的熔炉。当我走进大楼时，一阵欢呼声从聚集在外面的
151 大约 50 名女性中响起；据说她们是财政部的部分清洁工，两年前被上届政府突然解雇，而且没有补偿。“别出卖我们！”她们高声叫道。

“我不会的。”我一边朝电梯走去，一边坚定地回答。

电梯停在六楼，一名秘书把我带到部长套房，我的前任在那里等我。他独自一人，彬彬有礼地与我打招呼。他的书桌惊人地干净。现代办公室里的各种设备一概全无，连电脑都没有。唯一能够对抗四周茫茫苦海的可见武器是部长办公桌后面书架上的圣母像。粗笨的高背办公椅无疑是为了彰显权威，看上去既难看又不舒服。边桌上的一排老式手机像是从上世纪 70 年代的电影里拿出来的，书架上的书显然是历任部长既不想看也不想带走的礼物。墙上的油画是从国家美术馆借来的。换掉它们只需要一句话，但我并不急于在那间办公室舒舒服服地待着。

其余的家具都带着一股衰败的气息，特别是褪色的红色天鹅绒沙发——我想，对于一个破产政府的财政部而言，它再合适不过了。唯一的例外是一张巨大的长方形木质会议桌，我立即决定把这里当作我

的工作台。部长办公桌在远处，我决心永远不使用它。这张桌子让我有回家的感觉，鉴于最近发生的令人遗憾的事情，在这间充满哀伤的宽敞办公室里有这种感觉难能可贵。这间办公室也有一个突出的优点：有一扇又高又宽的窗户，可以看到宪法广场和远处议会大厦的壮丽景色。任何人看见这种景色，只要他曾对现代希腊长期的民主斗争怀有一丝自豪感，就足以坚定他的信念。

我的前任文质彬彬、待人和善，显然对自己这段磨难的结束感到释怀。他交给我两份卷宗，一份中等大小的蓝色卷宗和一份鼓鼓囊囊的红色卷宗。蓝色卷宗是他没有机会签署的部长法令，他鼓励我考虑考虑。红色卷宗上标注着“FACTA”[1]❶字样，这是美国极力想要强加给每个国家的一份协议，美国财政部凭此协议可对美国公民的境外金融交易进行监控。有趣的是，关于希腊同欧盟和国际货币基金组织之间 152
贷款协议的文件，他一份也没有拿给我，只是向我简单介绍了我们的还款时间表，我自然早已倒背如流。几天后，当我要求得到第二轮纾困贷款原始协议的副本时，我得到了令人瞠目结舌的答复：“部长，您的前任好像带走了唯一的副本，夹在他的私人文件中。”这或许听起来很古怪，但还算不上我上任之初最惊人的事。

我的前任曾试图放手一搏，在三周前结束第二轮纾困方案，但未能成功。我很想借此机会就此事和他进行探讨，纯粹从学术角度出发——最后得出结论，纾困方案不具可行性，原因很简单，它的设计出发点就是失败的。[2]与此同时，希腊的大部分新闻记者、众多摄像师、外国记者和各种好奇的官员已经聚集在财政部新闻发布室，等候卸任

---

❶ 原文如此。应为 FATCA。

和接任部长举行传统的联合新闻发布会，他们等得越来越不耐烦。我们必须出去了。

出去之前，我的前任请求我考虑保留他的三名非永久性员工，特别是其中的一名单身母亲，如果我让她离开，她的生活将极度艰难。我欣然同意。就在那时，我突然意识到，刚才我在部长办公室遇见的三名秘书并不是公务员，而是他的私人雇员。因此他们也要离开。新闻发布会结束后，我将回到空空荡荡的六楼，与世界上最有权势的债主们展开战斗，但我没有秘书，没有下属，实际上连一台电脑都没有。谢天谢地，我那台可靠的笔记本电脑还在背包里。但谁能告诉我 Wi-Fi 密码？

节俭与紧缩

卸任部长发表完庄严的演讲之后，轮到我上台了。我先对前任的付出表示感谢，然后说：“政府必须保持连续性，但目前的错误不能继续下去。从 2010 年开始，这个错误毁掉了我们的社会，而且此后一犯再犯。这个错误就是，认为我国政府无力偿债是流动性短缺导致的。”

我介绍了我的分析结果，即希腊负担不起的债务和拒不承认的破
153 产如何导致了经济萧条。接着，我强调了一个非常重要的区别，这是左翼人士和凯恩斯主义者往往忽视的一点：节俭不同于紧缩。我说：“我们赞成节俭。”在场的许多人对此颇为意外。

> 当我们厉行节约，量入为出，把储蓄用于下一代的教育，为没有负债而自豪时，希腊人做得很棒……但俭朴是一回事，庞氏紧缩是另一回事。在过去几年里，我们经历了一场虚假的紧缩，

> 削减了弱者的微薄收入，在现有的无力偿还的债务山脉上增加了几个新的债务山峰。我们将结束这种做法，从国内开始，从财政部开始，节俭将取代紧缩。

随着私人支出和公共支出均大幅削减，家庭和企业无法维持收支平衡。换句话说，政府试图创造出不可行的公共盈余，使人们无法量入为出。简而言之，公共紧缩措施必须结束，因为这么做扼杀了私人的节俭。我们将从财政部自己的账目做起。为了体现这一原则，我宣布了一个象征性举措：立即出售两辆宝马 7 系防弹豪华轿车。我得知这是以前的某位部长为自己订购的，价格骇人听闻，高达 75 万欧元。我的摩托车相当够用，尤其是考虑到令人恼火的雅典交通状况。我还宣布，我和两位副部长将停止聘用在历届政府执政期间进驻财政部的天价顾问团，更不用说动辄收费数千万美元却给出灾难般建议的跨国咨询公司了。因此，在主要致力于结束紧缩措施的新政府执政期间，财政部将重新开始厉行节约。

几天后，当我前往布鲁塞尔和柏林与那里的官员们开始谈判时，他们最先提出异议的是我在首场新闻发布会上宣布的另一件事：重新雇用被上届政府解雇的 300 名清洁工——其中一些人在我进入财政部时曾为我加油。“改革开倒车”是用来批评我的措辞。一些人甚至表示， 154
重新雇用清洁工相当于正式宣战。在他们看来，我通过真正的节俭省下数倍于清洁工工资的事实无关紧要；为了几天的灾难性顾问服务就随随便便支付数千万欧元，而不愿为跟在这些顾问后面清扫的清洁工支付每月不到 400 欧元的工资，这种不近人情的道德观也无关紧要（卫生标准下降的事实显然也被认为无足挂齿）。如果国家的破产要归咎于受害者，那么财政部清洁工就是理想的替罪羊。

但在我看来，清洁工的性别和阶级、她们明显的无能为力、她们对政府提供一份最低限度的稳定工作的依赖、她们连续几个月在财政部门外安营扎寨的反抗和决心，都象征着其他的一些东西。她们让我想起了 1981 年在格里纳姆公地安营扎寨，和平抗议美国部署新的中程核导弹的英国妇女。[1] 这些妇女受到建制派的敌视，最终演变成仇视，因为建制派认识到，她们对其家长制权威构成挑战。财政部的清洁女工也是如此，她们不仅象征着公众反对紧缩措施的高涨情绪，还威胁要将这场斗争女性化，就像 20 世纪 40 年代反抗纳粹占领的女游击队员一样。

无论如何，她们遭到解雇，就字面意义和象征意义而言，都体现了让大萧条的受害者继续受害的政策。该政策的目的是让希腊公民知道，自己才是希腊崩溃的罪魁祸首。上届政府以解雇的方式证明这些清洁工有罪。我重新雇用她们，比放弃紧缩措施厉行节约的罪过还大。

温和与顺从

在我看来，作为一个破产政府的财政部长，我的任务不是通过虚假的乐观带来虚假的希望，而是推行温和的政策，使人们产生实际的

---

❶ 格里纳姆公地在伦敦以西约 90 千米处，有一处美军核导弹基地。1980 年 6 月，北约以面临苏联导弹威胁为由，宣布将自 1983 年开始在该基地部署地面机动发射的“战斧”巡航导弹。1981 年 9 月，有英国女性团体游行至此地并建起和平营（Women’s Peace Camp），抗议部署决定。抗议活动贯穿整个 20 世纪 80 年代，直至 1991 年 6 月美苏根据《中导条约》撤除各自部署的导弹。抗议活动所依托的营地后被保留至 2000 年。

期待。因此，我很高兴能够以一条好消息结束首场新闻发布会，这条消息事关我们即将举行的谈判。

“几周来，唯唯诺诺的电视福音布道者一直呼吁我们发表一份宣誓 155
效忠‘三驾马车’及其方案的宣言，否则欧洲根本不会与我们谈判，”我说，“发出这种呼吁的人一定对欧洲有着糟糕的印象。”接着，我讲述了选举日当天我与欧元集团主席兼荷兰财政大臣杰伦·戴塞尔布卢姆之间的一次电话交流。

杰伦给我打电话祝贺我们的胜利，然后便不失时机地提出了一个显而易见的问题：我们准备拿目前的希腊方案怎么办？我尽可能大度地回答，但也不得不说明我们的立场。我说，我们的新政府承认上届政府对欧元区做出的某些承诺，同时希望并相信我们的合作伙伴也认识到，我们当选就是为了就我们的贷款协议及其相关方案的某些关键要素进行重新谈判；因此，我们所有人都有责任在现有方案和新政府的重点与观点之间找到共同点——我称之为“桥梁”。杰伦立即表示赞同，直接说“这很好”，提出将在周五即 2015 年 1 月 30 日前来拜访我。出于礼貌，我提出，如果他不是很方便，我可以去布鲁塞尔拜访他。但他坚持说，他和他的助手应该主动拜访他们的希腊新同事，以示欢迎。

杰伦接受了我们的共同任务——在他们的方案和我们得到的民主授权之间架起一座坚实的桥梁，这令我欢欣鼓舞。加之着眼于化解前政权和希腊央行在几周前煽动的银行挤兑，我强调了自己对于找到共同点的决心。至于媒体一直从对抗的角度进行报道，我在这次新闻发布会上也努力想要消除这一点：

> 记者喜欢报道冲突。在他们眼中，枪战大片一样的场景随处可见。我听到英国广播公司把我与杰伦·戴塞尔布卢姆之间即将举行的会晤描绘成一场枪战，一场看谁先眨眼的胆小鬼游戏。我理解这样的描述对流量至上的新闻业而言的吸引力。但杰伦和我一致认为，对好战冲突的预测有其基础，而我们应当瓦解这种基
> 156 础。不存在任何威胁。不是谁先让步的问题。欧元危机只有受害者。英马尔·伯格曼或许会说，唯一的赢家是偏执狂、种族主义者、那些利用恐惧和分裂牟利的人、那些投资“蛇蛋”的人。[3]周五，我将与杰伦·戴塞尔布卢姆共同建立一种关系，制止对欧洲的肢解。

我说的每一个字都是认真的。

新闻发布会结束后，我回到六楼的办公室，发现那里空荡到诡异的程度。我的前任和他的员工都走了，只剩两名几乎在瑟瑟发抖的年轻女性，她们以为自己会被新来的“激进左翼”上司直接解雇。我安慰她们说，我根本没有时间清洗前政权的工作人员，请关上我身后的门，拉一把椅子到那个大桌子旁。我从背包里拿出笔记本电脑，插上电源。趁着开机的工夫，我望向窗外的议会大厦，脑海里飞快地列出了当天的最紧急事项清单。

当我回过头来，看到电脑屏幕时，我想起我没有 Wi–Fi 密码。我站起来，打开秘书办公室的门，喊道：“有人吗？”

两名秘书显然松了口气，还有些尴尬，其中一人很快从稍远的房间里走了出来。半小时后，我们找到了一个人，他知道有谁知道密码。就这样，这位新任部长以非常、非常慢的速度连上了互联网——这并

非一个好的开始，我将与资本主义史上装备最为精良、准备最为充分的债主展开一场漫长而孤独的斗争。

美国朋友

那天傍晚，我接到的第一个国外打来的电话，是一个陌生的美国号码。是达娜厄，她已抵达奥斯汀，问我应付得怎么样。我们刚挂断电话，铃声再次响起。屏幕显示又是一个陌生的美国号码。我接了电话，听到一个遥远、温柔的男声，像是新英格兰口音。

“您不认识我，瓦鲁法克斯先生，但我觉得有必要打个电话祝贺您 157
当选，尽我所能地表示对您的支持。我叫伯尼·桑德斯，是佛蒙特州的联邦参议员。我找我们共同的朋友要了您的电话号码，希望您不介意我的打扰。”

介意打扰？我们需要尽可能多的支持。我首先对他表示感谢，然后解释说我当然知道他是谁——杰米·加尔布雷斯给我详细介绍过佛蒙特州的政治局势。[4]伯尼接着说，他准备给克里斯蒂娜·拉加德写信，明确表示他将密切关注国际货币基金组织对希腊采取的行动。我有什么特别想让他提及的吗？

是的，我有。首先，我请求他明确表示，国际货币基金组织自2010年开始实施的希腊方案已经惨败。其次，我请求他指出，由此引发的大萧条豢养了金色黎明党这头纳粹怪兽。如果我们民主的亲欧洲政府被债主压垮，民主制度本身极有可能在它的诞生地遭到扼杀，就像“二战”时那样。伯尼答应我，他会提及上述两点，并表示他还会提及另一点，而国际货币基金组织会认真加以考虑：如果国际货币基金组织继续恶劣地对待希腊，他将向美国参议院施压，要求减少对国际货币基金组织的拨款。

自 2012 年以来，我和杰米·加尔布雷斯一直在努力争取美国进步人士支持希腊推翻“纾困斯坦”的事业。当我打电话给亚历克西斯，告诉他伯尼愿意帮忙时，亚历克西斯提供了更多的证据，证明这些努力没有白费。奥巴马总统按惯例向他表示祝贺，但他还建议美国财政部长杰克·卢与我尽快举行会晤。我请亚历克西斯转告，我愿意在卢方便的时候尽快与他见面。不久后，奥巴马发表了一份大有助益的公开声明。“你们不能继续压榨正处于萧条之中的国家。”他告诉美国有线电视新闻网的法里德·扎卡里亚，并补充说，“到了某个时候，必须有一个增长战略，才能使他们还清债务，消除部分赤字。”

大约一个小时后，我的手机又响了，还是美国号码。这回是哥伦比亚大学经济学教授兼该校地球研究所所长杰夫·萨克斯。如他所说，
158 他打电话来是要帮助我们打赢这场“值得的斗争”，说服债权人继续有意义地大规模减免债务，并实行可持续的财政政策。杰夫属于越老越开明的那种美国经济学家，随着经验的增长，他变得日益进步。他与国际货币基金组织关系密切，不论在理念上还是在实际行动中。20 世纪 90 年代，他参与了国际货币基金组织的“救援”计划，其中大部分计划都惨淡收场（比如叶利钦领导的俄罗斯），但也有少数例外，比如波兰。经济学家乔·斯蒂格利茨正是在 1998 年东南亚金融危机期间目睹了国际货币基金组织及其计划所犯下的可怕罪行，才成为“华盛顿共识”的坚定批评者。与斯蒂格利茨一样，杰夫也从内部亲眼看到了国际债权人和国际货币基金组织对待阿根廷等破产国家的糟糕行径，并深受影响。通过这些亲身经历，两人作为经济学家和公共知识分子的立场骤然转变，最终成为全力襄助我们事业的忠实支持者。

那天我接到的最后一通美国电话是杰米·加尔布雷斯打来的。我先把关于伯尼、杰夫和奥巴马的好消息告诉了他，然后讨论他前来雅典的事宜。我希望他立即到雅典来筹备我们的X计划——2014年11月，在亚历克西斯的公寓举行的深夜长谈即将结束时，亚历克西斯要求我筹备这项应急计划，以备希腊遭到强制退欧时使用。鉴于欧洲央行已经制订希腊退欧计划，由托马斯·维泽尔和约格·阿斯穆森牵头设计，[5]欧洲各大银行也是如此，我们有责任制订自己的计划。事实上，我是奉总理之命起草这一计划。我选择杰米领导该团队的原因是，这项计划需要在完全保密的情况下制订，一旦公众知晓其存在，无疑将加速银行挤兑；因为人们预计到，更换计划货币必然导致货币贬值，这就为欧洲央行提供了关闭我国银行的完美借口，以此强迫我们退欧——X计划于是自动成为现实。如果我选择财政部的一名公务员领导该团队，致命的泄密将不可避免。事实上，在希腊国内不可能找到像杰米这样兼具专业知识和自由裁量权的人。最后，他为X计划工作了几个月，就在我的旁边——在我的部长办公室的一个里间。

两小时后，伯尼·桑德斯发给克里斯蒂娜·拉加德的邮件出现在我的收件箱里。此信堪称杰作。下面这段节选体现了其中的伟大精髓。

> 本周，希腊人民选出了新政府，授权该政府扭转在过去六年 159
> 里一败涂地的紧缩政策。紧缩不仅使希腊人民陷入贫困，导致失业率超过25%，还创造了一个非常危险的政治真空，新纳粹金色黎明党已在议会获得席位……西班牙、意大利和葡萄牙人民都在关注着，如果在应对这种局面时没有充分考虑到被卷入的广大劳动者和市民，持续紧缩的结果可能导致更严重的政治后果和全球金

融危机。幸运的是，这并非不可避免。

> 国际货币基金组织，作为一个多边机构和“三驾马车”成员……在目前的事件中发挥着重要作用。我作为预算委员会资深成员，担心国际货币基金组织利用美国政府的资源对早已不堪重负的一国人民施加紧缩措施，这么做可能导致严重的金融风险传递……对于美国政府是否应该增加对国际货币基金组织的资源投入，使其用于对外国的放贷，一直存在很大的争论，包括如何计算美国此类投入的成本问题。在不介入这场辩论的情况下，我想了解我们的投入在这种情况下是如何被使用的，以及这些投入是被用于过度紧缩从而导致金融风险传递和右翼政治极端主义，还是用于帮助希腊实现债务负担可控和经济可持续发展。

当我拜读完此信时，已经是凌晨3点。是时候暂且放下友好的美国人，把我脑海中的国内重点事项清单转变为第二天的具体议程了：听主管官员汇报政府的官方融资状况；任命文秘人员和一名新闻发言人；与税务局开会，落实我们打击逃税的战略；与负责税收政策和预算管理的两位副部长建立密切的伙伴关系；把财政部的宏观经济学家和统
160 计学家从“三驾马车”的命令下解放出来，让他们的任务从混淆现实变为尽可能准确地衡量现实。最后，还有一项敏感的任务，那就是组建一个小团队，着手建立平行支付系统。

在接下来的48小时里，六楼的办公室成了我的家。而此前不久，这里还是我国人民发泄愤怒的对象。前一天，达娜厄已经飞回奥斯汀，收拾我们的公寓，把所有东西打包运回希腊，所以我压根没有离开办公室的理由。褪色的红色沙发是理想的休息场所，在财政部每天早上

开工之前，我会在上面打三个小时的盹儿。剩下的事情就靠肾上腺素了。几小时后，明亮的太阳从议会大厦背后升起，整个办公室沐浴在金色的阳光中。新的一天在希望中破晓。

“何谓‘不太糟’？”

首先是与财政部及下属的公共债务管理局的官员开会。我把他们迎进我的办公室，因为我觉得有必要消除他们对我的担心：他们害怕我会开除或排挤他们，以便换成激进左翼联盟的亲信。说完简短的开场白后，我告诉他们，不论他们在政治上对某个政党的效忠或者过去与“三驾马车”的合作有多么热情，在我眼中都无关紧要。[6]我强调，只要他们勤奋、忠实地工作，我就决心成为他们的头号捍卫者。我同样明确表示，如果他们选择为其他利益集团服务，我会是他们的最大梦魇。房间里的气氛骤然缓和，我们本着互相尊重与合作的精神开始了对话。

大桌子上放着表格，我们分享了各种图表，整理出还款和债务清单，制定了时间表（从 2 月中旬起，红色是表格上的主要颜色）。在设好所有条件并考虑到可能的变数后，我问出了那个问题，也是唯一重要的问题：“还有多久？”

那是 2015 年 1 月 28 日。我问的是，国库里的钱还能让我们坚持多少天，而不必做出那个选择：是对我们的大债主国际货币基金组织违约，还是暂停支付两周一发的养老金和公务员工资。随后是几秒钟的沉默。当我的目光与财政部一名高级官员的目光相遇时，他鼓起勇气 161
说：“事情还不太糟，部长。”

“何谓‘不太糟’？”我说。

“大概十一天至五周内。”他回复道，眼睛盯着自己的笔记，避免看我。他总结说：“这取决于我们税收进账的速度，以及我们可以回购（暂时出售）各种储备的操作。”

这就是萨马拉斯政府即将下台时一直在庆祝的“希腊式复苏”和“可观盈余”。他们是在试图说服自己相信，希腊人民用选票把他们赶下台是错误的。并不是我指望有什么不同，但知道这些数字是一回事，坐在电梯上听人念给你听则是另一回事。

“别让我坐牢！”

我给一名以前在政府当过部长的朋友兼同事打电话，解决了我的秘书问题。福蒂妮·巴卡迪马和安娜·卡洛耶罗普卢在她们前任老板的召唤下走马上任。她们的经验一目了然：就好像她们一直在那里工作。在接下来的几个月里，她们将证明自己的忠诚可靠。

团队中的另一个关键职位——办公室主任，在我还没有机会寻觅之前就已定好人选。副总理办公室派激进左翼联盟成员、专业律师乔治·库图尔科斯出任该职务，此人一直在财政部担任公务员。虽然我怀疑他与德拉加萨基斯的关系，但乔治赢得了我的信任——尤其是因为他是一名出过书的小说作家。我觉得，在希腊财政部工作还能出版小说的人不应得不到信任。

尽管我决心与空降的办公室主任好好合作——实际上我们确实合作愉快，但我感觉自己迫切需要一名助手，他只忠于我，而不是我的激进左翼联盟新同志，更不用说副总理了。于是我拿起电话打给瓦西里，他就是一年多前叫我提防德拉加萨基斯的好友。

1978 年，我在埃塞克斯大学读本科一年级时认识了瓦西里。我们

的初次相遇是在篮球场。我们在不同的队伍，抢球时起了冲突，彼此 162
都骂了一些难听的话，既不能写出来，也不能在文明社会里复述，直到队友把我俩拉开。在之后的几个月里，我非常讨厌瓦西里——显然他也非常讨厌我。不过，在漫长的“不满之冬”❶来了又走之后，撒切尔夫人在4月入主唐宁街10号，眼看着6月马上就要考试，笼罩在大家身上的普遍悲观情绪减轻了我们对彼此的厌恶。一天晚上，在学生会酒吧，我俩同意合作完成一项经济学作业。第二天早上，随着作业的完成，反感变成了深厚的友谊，并延续多年至今。[7]

“你想要我做什么？”趁我的办公室只有我俩的时候，瓦西里开口问道，显然对周围的环境和他的朋友成为财政部长的事实不以为意。

“别让我坐牢，瓦西里。”我回答。他明白了。财政部长的命运取决于他们的助手。他们每天签署数十份文件、政令、合同和任命书。仔细检查他们签署的一切东西超出了人类的能力范围。只要助手使坏或一不小心，这位部长突然就会面临公众的怒火或惹上官司。

瓦西里毫不犹疑地接受了，我签署完将他从政府下属的经济与规划研究中心借调过来的信函后，他便投入了工作。随着当天一场场会议的举行，瓦西里在走廊里走来走去，套用列宁的话说，想要弄清楚谁对谁做了什么，以及他们是阻碍还是帮助了我的工作。

---

❶ 语出莎士比亚剧作《理查三世》，最早被英国媒体用于指代本国1978年12月至1979年2月这段时间。在此期间，因工党政府限制工资上涨，工会发起了席卷全国的大规模罢工。1979年5月，声望受挫的工党在提前举行的大选中败给撒切尔夫人领导的保守党（后文称“撒切尔夫人在4月入主唐宁街10号”，有误）。当时，作者正在英国留学。

瑞士奶酪

诺曼·拉蒙特遭约翰·梅杰政府解职后不久，他嘲讽说，该政府仍然“在位但没有掌权”。这句话流传甚广。正如多年后我向他解释的那样，他的这句话用来评价整个希腊政府，特别是我的部门再合适不过了。这不仅仅是因为，和其他政府一样，我们受制于市场的激烈反应。情况远比这糟得多。

正如第二章的《“纾困斯坦 2.0”》一节所讲述的那样，2012 年至
163 2014 年分阶段落实的第二轮纾困贷款的条件不仅包括大幅削减社会支出，还严重打击了希腊国家主权，特别是对财政部关键部门的控制权。此外还要求创建希腊金融稳定基金和一个私有化部门。前者在 2012 年之后代表政府持有银行的大部分股权，后者的职责是甩卖希腊的公共资产。这两个机构都不对希腊人民负责，而是对“三驾马车”负责。税务局的管辖权也被我们的债主——确切地说，是托马斯·维泽尔领导的欧元集团工作组——拿走了。挖走了财政部的这三大块，使其不受希腊民主进程的管束，他们实际上把这个部变成了一块满是孔洞的瑞士奶酪。

希腊税务局是现代新殖民统治的一个典型范例。作为希腊财长，税务局名义上归我管辖，如果发生逃税丑闻，我在议会和公众眼中难辞其咎。然而，我对税务局的行为没有任何发言权。我无权谴责、开除或更换税务局局长，就连税务局如何运转我也插不上话——所有这一切都发生在一个以逃税和为寡头免税而闻名的国家。此外，我需要通过统计部门编纂的政府预算和收支数据来确定希腊是否实现了与债主商定的财政目标，但统计部门不听我的话，还是听命于“三驾马车”。一句话，我需要为这个国家的税收、银行、财产和数据承担责

任，但我无权对其进行管理。

在进入财政部的最初 48 小时里，随着我的思绪集中在欧元集团主席即将来访这件事上，我深刻地认识到，财政部的一众公务员非常明白，他们的职业生涯更多地取决于为布鲁塞尔服务的表现，而不是他们的部长或议会的意愿。在接下来的几个月里，许多公务员将证明自己是勤奋、诚实和爱国的，他们以显而易见的无私精神，顶住了“三驾马车”的巨大压力，废寝忘食地工作。然而，代表我们的议会夺回对政府部门享有的国家主权和民主控制权——以及公务员的效忠——必须与重组我们的公共债务、从源头上摆脱债务奴役同样重要。为了 164
这个目的，我约见了希腊情报部门[8]的负责人。

雅尼斯·鲁巴蒂斯身材不高，但非常引人注目。他说话轻柔，但吐字格外清晰，而且字斟句酌，令人印象深刻。鲁巴蒂斯最初是一名记者，20 世纪 80 年代在安德烈亚斯·帕潘德里欧[9]的社会党政府担任官方发言人，90 年代成为欧洲议会的社会党议员。希腊情报机构以前更为出名的是在美国支持下镇压希腊的民主和左翼人士，而不是保护希腊免受外国敌人的攻击。从履历上看，鲁巴蒂斯似乎非常适合担任这个机构的负责人：年轻时，他在约翰斯·霍普金斯大学攻读博士，写过一篇论文，揭露了美国中央情报局对希腊政府的渗透；20 世纪 80 年代，希腊政府为切断外国情报机构和希腊间谍之间的联系，曾做过大量工作，而他当时就在政府供职。

从一开始，与鲁巴蒂斯的谈话就令我感到自在，考虑到他是间谍头目，至少可以说还算自在。他对我们新政府面临形势的分析与我一致。他宣称忠于政府，表示甘愿为我们效犬马之劳，我对此表示欢迎。他建议我们可以采取一些简单的措施，防止对手在谈判过程中恶意使坏，我都一一采纳。但让我最为赞赏的是，他证实财政部的所有部门都效忠于别处。他让我知道，这些部门的负责人与“三驾马车”官员之间的关系已经极其热络。

第一次见面过后，我时常在马克西莫斯官邸总理办公室旁边的一间办公室里遇到鲁巴蒂斯，他往往在我们“战时内阁”——这是我们对核心谈判团队的称呼，只是半开玩笑性质的——定期会议的之前或之后在那里等着与亚历克西斯见面。[10] 鲁巴蒂斯会向我通报最新情报，并就如何确保我与总理的通信安全提出建议。但我很快就会发现，情报部门的负责人可以在不知不觉间从有用的朋友变成致命的敌人。

最后通牒

1月30日（周五），也就是我接管财政部的三天后，欧元集团主席、荷兰财政大臣杰伦·戴塞尔布卢姆前来拜访。他的随行人员很多，其
165 中包括欧元集团工作组组长、欧元区真正的权力掮客托马斯·维泽尔。我在六楼的电梯口恭候他们。我们见面后热情地握手，先到我的办公室茶歇片刻，然后移步到相邻的会议室，两个团队分坐在大长桌子的两侧。

我这边有两位副部长、我的经济顾问委员会主席胡利亚拉基斯、在七楼办公的经济部长斯塔萨基斯，以及欧几里德。戴塞尔布卢姆和维泽尔那边的“三驾马车”重量级官员还有德克兰·科斯特洛及荷兰驻希腊大使。科斯特洛这名爱尔兰后裔甚至在爱尔兰也因其对债务国的强硬政策而闻名，他目前是欧盟委员会驻希腊代表团团长。德拉加萨基斯说完简短的欢迎辞后立即起身离去。我接着发表了自己的欢迎辞，然后是杰伦·戴塞尔布卢姆代表欧元集团说了几句。在这场只能

形容为紧张的会谈期间，双方商谈了细节问题，并表达了良好的意愿。会谈结束后我邀请杰伦到我的办公室私聊，揭开真相的时刻到来了。

把身后的门关上后，我试图缓和一下气氛，向他分享了前几天我在就职新闻发布会上说过的一些乐观言论。我提议说，让那些说我们要对抗的预言见鬼去吧！让我们一起证明，想象这是一场枪战大片的媒体是错的。我向他保证，我们的新政府只对有助于达成互利协议的妥协感兴趣。但为了促进这种新型伙伴关系的建立，我们需要商定一个更好的谈判流程，不会伤害希腊人的自豪感。“三驾马车”在过去五年里在希腊的做法是适得其反的。

“是的，”他表示同意，“‘三驾马车’在这里没有留下最好的印象。”

“这太轻描淡写了，杰伦。”我笑着说。我建议他从希腊人民的角度看问题。多年来，国际货币基金组织、欧盟委员会和欧洲央行派遣的技术官员一批批地抵达雅典机场，乘坐由警察护送的奔驰轿车飞速前往各大部门。在那里，他们开始审问民选部长，向他们下达政策命令，这些命令将影响数百万人的生活。纵使这些政策非常好，也会招 166
致怨恨。“我们必须找到另一种合作的方式。”我说，一种不论我和他达成何种一致政策，我们的人民都会欣然接受的方式。至少，希腊民选官员可以期待与其他同样是民选的官员进行工作往来——技术官员可以做准备工作，确定事实和数字，但不应参与部长级谈判。

他说，是的，他也认为必须重新考虑谈判流程。我听到后十分高兴，不过我事后怀疑，他的宽容态度与其说是欣赏我说的话，倒不如说他显然急切地想要改变话题，再次提出前几天他在电话中提出的那个问题。“你现在打算拿希腊方案怎么办？你打算完成它吗？”他问。

我重复了我在电话中给他的答案。我回答说，我们的新政府认识到我们继承了对欧元集团的一些承诺；但与此同时，我们相信我们的合作伙伴也会相应地认识到，我们在几天前当选就是为了就希腊方案的一些关键要素进行重新谈判。他突然变脸，变得咄咄逼人。他说：“这可不行。”

我提醒他，三天前，我对同样的问题给出同样的答案时，他当时的回复是：“这很好。”杰伦对我的提醒置若罔闻。他若有所思地说，希腊方案就像一匹马。它要么死了，要么活着。如果它活着，我们就必须爬到它背上，骑它走到终点。如果它死了，那就是死了。我不知道该如何解读他的这个比喻，也不愿接受这种说法，于是我试着和他讲道理。

我解释说，上届政府上台没多久就承认失败并召集选举，是有原因的。安东尼斯·萨马拉斯被选民送到反对派席位上，我们被选上台，也是有原因的。原因很简单：第二轮希腊纾困方案根本不可能完成，选民们也明白这一点。“如果可能的话，杰伦，你和上届政府早就完成了。”我说。

他似乎一时语塞，于是我继续说，“三驾马车”自己给出的数据显示，即使完成方案，希腊获得第二轮纾困资金中剩下的那几十亿欧元，
167 我们还缺 120 亿欧元。我上哪儿去找这 120 亿？这个悬而未决的问题影响了私人投资者，让他们进一步下决心拒绝借钱给希腊政府，除非我们的债务得到大刀阔斧的重组。考虑到更大范围的影响，仅在 2015 年，希腊政府需要偿还的债务就占到预计税收总额的 45%。与此同时，以欧元计算的国民收入继续下降，每个人都认为政府将增税，以筹措偿债资金。任何头脑正常的投资者都不会投资于一个需求萎缩、税收增多的经济体。我连鼓动带恳求地对他说。

我说，我们只有三个选项。一是第三轮纾困，以掩盖第二轮的失败，而第二轮是为了掩盖第一轮的失败。二是按照我的建议，与希腊达成新协议：欧盟、国际货币基金组织和希腊之间的一种新型协议，建立在债务重组的基础上，减少我们对新增债务的依赖，用希腊人民应该享有的改革方案取代无效的方案。第三个选项则是对双方都不利的僵局。

“你不明白，”杰伦对我说，语气中满是傲慢，“目前的方案必须完成，没有别的方案！”

这种表态令人震惊。欧元区“财长之长”对一个简单的融资问题视而不见。这让我不得不问：“但缺少的120亿欧元从哪里来，杰伦？是不是只有在第三轮方案敲定后，第二轮才能完成，我说错了吗？如果（欧元集团）全体19位财长无法在耗时费力的谈判中达成新方案，你能找到具有财政可行性的方法完成第二轮方案吗？就算我甘愿放弃希腊选民赋予我的重新谈判权力，我也无法完成这个方案，这还用怀疑吗？”

杰伦拒绝回应我提出的问题和摆明的基本事实。显然，他来雅典不是为了讨论数字或融资问题。他大概是带着这样的期望来的：我会立即做出180度的大转弯，对纾困方案、欧元集团和债主宣誓效忠；速战速决后，他把我的效忠誓言装进公文包，在雅典机场登上他的飞机 168
扬长而去。

欧元集团主席已经自欺欺人到这种程度，认为这么做是可行的，这一事实堪称当代欧盟历史上的一个有趣注脚。这件事说明，为树大根深的欧洲建制派效力的官僚们已经从经验中得知，在欧洲央行的大炮面前，新当选的政府部长、内阁总理，乃至法国总统，一听到最后通牒就会立即屈服。[11] 自 2008 年以来，欧元区成员国的商业银行只有靠欧元集团的善意才能维持运转——马里奥·德拉吉领导的欧洲央行只有在欧元集团的首肯下才能发布官方豁免文件，允许银行用垃圾抵押品换取现金。有鉴于此，多国政府只能屈从于他们厌恶的政策：波罗的海三国、爱尔兰、塞浦路斯、西班牙、葡萄牙，每个国家都被打到服软。[12] 实际上，戴塞尔布卢姆在接任欧元集团主席不久后曾吹嘘，塞浦路斯在 2013 年受到的待遇是应对未来危机的“模板”。这就是威胁关闭银行的效果。他来和我见面兜里装的也是这张王牌。现在他打出了这张牌。

他对我说，除了承诺完成方案之外，还有另外的选择。听到这话我太高兴了，我满怀希望地看着他。他把目光转向我，故意说：“我和你举行一场联合新闻发布会，在会上我们宣布希腊方案已经失败。”

我回应道，“失败”这个词完全无法令市场和人民放心。我们换个字眼吧？我试探地问。

他的回复是耸耸肩，假装一副迷惑不解的表情。

“你是在用希腊退欧威胁我吗？”我平静地发问。

“不，我可没有这么说。”他表示反对。

“我们能不能坦诚一点？”我说，“这件事牵涉太多的利益，容不得闪烁其词。你确实说，如果我坚持重新谈判，这个方案将宣告失败。这意味着一件事，也只意味着一件事。我们都知道这是什么意思。”

这自然意味着欧洲央行——不论是通过总部还是通过希腊央行——收回豁免权，不再接受希腊银行的抵押品，迫使它们关门。在这种情况下，我们的政府将别无选择，只能发行自己的流动性。如果
169 僵局持续下去，我们名义上以欧元计价的流动性将在某个时刻变成一

种新货币。这就是希腊退欧。

“那么，你是在给我下最后通牒，”我接着说，“你实际上是在告诉我，要么执行一项行不通的计划，要么就被踢出欧元区。你刚才说的话还有别的意思吗？”

欧元集团主席再次耸耸肩，笑了一笑。

“欧洲集团主席向一位刚刚当选的财政部长下达了一份不可能做到的最后通牒，这对欧洲而言是悲哀的一天。”我说，“我们当选不是为了与欧元集团发生冲突，我也不想与你发生冲突。但我们当选时得到了人民授予的重新谈判的权力，我们不会在上台的第一周就接受一个不可能的方案，导致自己下台。”

当我们四目相遇时，我们都意识到了僵局。我们唯一能做的，就是商量好在随后的新闻发布会上各自说些什么，以掩盖僵局，避免影响金融市场。他提出了初稿。我做了两处修改。我们达成一致。我建议在发言完毕后，最好免去回答问题的环节。他不同意，说我们最好还是回答两个问题。他可以借着回答记者尖锐问题的机会稍稍刺激一下市场的神经——这足以些许加快“三驾马车”在几周前启动的银行挤兑。但我不愿被描绘成钳制媒体的人，于是我同意了。

新闻发布室里人头攒动。一旦电视信号接通，嘈杂声平息下来，我开始介绍商定好的细节，这符合我主张的希腊同债主和欧元集团建立新型关系的观点。每句话都是之前说好的。他也遵守了我们的约定，没有偏离剧本。在我们的掩饰下，这场新闻发布会正常到令人乏味。接着是提问环节。

第一个问题是问杰伦的，他是否同意就希腊债务问题召开国际会议，就像 1953 年的伦敦会议，最终使得德国债务得到大幅减免？[13] 他轻率地回答，欧洲已经有了一个永久性的债务会议——那就是欧元集团！我对他的回答报以微笑，心想，要是有合适的机会，我也要这么回答。

170 第二个问题是问我的。我会和“三驾马车”合作吗？我的回答与我在办公室里对杰伦说过的一样：“我们必须清楚地认识到，通过适当的方式建立的欧盟机构，比如欧盟委员会和欧洲央行，以及国际货币基金组织等国际机构——希腊自豪地属于这些组织和机构——与三方委员会之间有着很大的不同，我们的政府之所以当选，就是为了对三方委员会强加给我们的方案提出挑战和质疑。我们的政府将本着最大限度合作的原则，继续与体制健全的欧盟合法机构合作，当然还有国际货币基金组织。然而，我们无意与三方委员会合作。我们认为，他们想要落实的方案在逻辑上是反欧洲的，就连欧洲议会也认为这个委员会的结构经不起推敲。”

这是我刚刚在办公室向杰伦提出的观点，他当时也勉强同意了：我们将与各大机构密切良好地合作，但不包括令人感到屈辱的“三驾马车”机制。随着耳机中传出对这段回答的翻译，他脸上出现了越来越不满的表情。翻译完毕后，他愤怒地摘下耳机，侧身在我耳边低声说：“你刚才杀死了‘三驾马车’！”

“哇！”我回答，“这我可不敢当。”

杰伦立刻起身，怒气冲冲地往外走。我也急忙站起来，向他伸出一只手。我的手势有点令他猝不及防，当他必须经过我才能走到出口时，他才尴尬地和我握了一下手，连停都没停。摄影师得到了猛拍的机会。他们的照片显示，举止失常的欧元集团主席连常规的握手都不想完成，便粗鲁地离我而去。

那次新闻发布会过后，雅典的街道对我来说再也不是老样子了。出租车司机、西装革履的绅士、老妇人、学童、警察、保守的顾家男人、民族主义者和极左翼顽固派会在街上拦住我，为那短暂的一刻表示感谢。一位公交车司机甚至把公交车停在路中间，跑下车来与我握手。前几届政府对“三驾马车”及其政治老板的奴颜婢膝挫伤了全社会的自豪感和自尊心。

与所有的好东西一样，这是要付出代价的。媒体、建制派和寡头 171
现在都把我视为头号公敌。某议员在社交媒体上发帖支持欧元集团主席，他写道：“坚持住，杰伦！”这句话令人想起希腊黑市商人当年支持隆美尔打北非战役的一句著名口号[14]，因为他们担心盟军获胜将导致希腊不再被占领，他们也就没了生意。他们越是指责我自恋、粗鲁、反社会，我在街头感受到的温暖和感激就越多。

杰伦在新闻发布室的滑稽表现除了让我对希腊的“罪恶三角”深恶痛绝之外，还产生了更切实的影响，强化了人们对流动性紧缩升级的预期（继而成为事实）。雅典股指跌至历史新低，银行股跌得更快，取款速度也加快了。离开新闻发布室时，我意识到一刻也不能浪费了。现在必须开始打点行装，开启我此前一直在盘算的北上之旅了。此行的目的是让全球金融家放宽心，此外还要查明，杰伦的最后通牒在多大程度上得到了国际货币基金组织和欧元集团其他国家的支持，尤其是法国政府。[15]

当我回到办公室时，我的秘书通知我，法国财政部长急切盼望在巴黎见到我。巴黎是此行的第一站，除了与法国多位部长举行正式会晤之外，我还安排了四次秘密会晤：分别与国际货币基金组织欧洲部主任波尔・汤姆森、欧盟经济与金融事务委员皮埃尔・莫斯科维奇、欧洲央行二把手伯努瓦·克雷，以及奥朗德总统的办公室主任。下一站是伦敦，金融世界的心脏在这里跳动。在过去的几天里，我一直与诺曼·拉蒙特保持联系，他帮我安排了与伦敦金融城人士、《金融时报》的马丁·沃尔夫和财政大臣乔治·奥斯本会面。此外，德意志银行伦敦分行召集了200多名对我感兴趣的金融家与我开会。后来的事实证明，这次会议意义重大。伦敦之后，我将前往罗马会见意大利财政部长皮耶尔·卡洛·帕多安。最后，法兰克福是必须要去的，我将在他们崭新的办公大楼里与马里奥·德拉吉和欧洲央行董事会的其他成员会谈。

172 我一边走，一边打电话通知欧几里德。我们后天出发，我告诉他。欧几里德抗议说，他先需要把自己部门的事情安排妥当。我打断了他的话：我与亚历克西斯发生冲突，让欧几里德担任现职的全部目的，就是为了让他和我一起奔赴欧洲各地。“至少我可以控制你的右翼倾向，特别是在你的托利党[1]伙伴面前。”欧几里德只是半开玩笑地回答。

办公室只剩我一个人，我坐下来歇口气。我的手机响了。是达娜厄从奥斯汀打来的。她问我过得怎么样。“不能再好了。”我开玩笑说。我给她讲了讲我全天的日程，以及我的出访计划。她也给我讲了讲她在奥斯汀的经历，她与暴君般的公寓管理员和官僚般的搬家公司都发生了冲突。然后她问我，我觉得自己还能否顶得住。我回答说，我最害怕的是近在咫尺的敌人，是眼线遍布财政部的国内建制派。达娜厄只关心我们的团结：“如果亚历克西斯和你坚定地站在一起，你就能做到。”时至今日，我依然认为她是对的。

---

[1] 托利党（Tory），指保守派政党，是自由派政党对其的贬称。

国内战线

在飞往巴黎之前，我有 24 个小时的时间，但我无法等到回来后再对国内建制派宣战。晚上 8 点左右，我的办公室主任库图尔科斯和瓦西里也加入了我的战队。对寡头的开战宣言在选举前就发出了。此前在接受英国第四频道新闻台主持人保罗 · 梅森采访时，我宣称："他们用数十年的时间打造了一个系统、一个网络，恶狠狠地榨取着社会上其他所有人的能量和经济权力。"库图尔科斯和瓦西里负责记录，我口述了我们的计划：追查数十万逃税者，震慑希腊社会的偷税漏税行为；斩断连锁超市之间的勾结，使他们不能再剥削消费者和供货商；拒不接收上届政府同意接收的赌博机，保护财务窘困的民众不受其伤害；让政府自己的反腐监察员掌握权力；最后，策划发动对"肮脏之塔"即希腊四家系统性银行的打击。

"媒体怎么办？"瓦西里问。

帕帕斯负责处理那个烂摊子，我告诉他。 173

"你的好伙伴，嗯？"我的朋友做了一个意味深长的鬼脸，问道。

"这是有人在挖苦我吗，瓦西里？"我问。

"问题是，你是否能察觉到你的伙伴在左翼、右翼和中间派当中散布对你的抨击。"他如是说。

这不是我想要听到的，特别是因为我非常害怕，这或许就是事实。

我们依次讨论了各个战场的情况，最终确定了我们的战略。为了打击偷税漏税，库图尔科斯建议我任命帕纳约蒂斯 · 达尼斯担任财政部打击金融和经济犯罪小组特别干事。这是希腊的税务局唯一不受"三驾马车"掌控的部分。尽管这个小组的权力和人员遭到大幅削减，与过去相比只剩空壳，但终归是正式部门，而且仍在我的控制之下。

有了这个颇为理想的基础，达尼斯可以组建起一支铁面队伍。[16]

按照正常程序追查逃税者不在我们的选择范围内。仅仅是揪出其中的大多数可能就需要几十年的时间，成功起诉他们则需要几百年——我们抓得越多，司法系统积压的案例也就越多。我们需要一种不同的方法。达尼斯走马上任两天后，我们一起想出了一个办法：从银行调取希腊境内转账和跨境转账的所有历史和实时数据，再通过软件将每个税号的相关资金流动与同一税号申报的纳税申报单进行比对。软件将根据算法标记出申报收入似乎大幅低于实际收入的案例。以这种方法找出可能性最大的违法者后，我们会向他们提出一个无法拒绝的建议。

我们的计划是召开一次新闻发布会，我将在会上明确表示，任何人若被新系统查出，需要按 45% 的税率补缴税款，未申报收入则被处以 100% 的巨额罚款，并将遭到刑事起诉；不过，鉴于我们的政府寻求在政府与公民之间建立一种新型信任关系，逃税者有机会在匿名情况下以最低的成本做出补偿。我将宣布，在接下来的两周里，财政部网站将开通一个新页面，任何人都可以在这个页面上登记此前在 2000 年至 2014 年间未申报的收入。这部分收入仅需按 15% 的税率补缴税款，
174 可通过网上银行或借记卡支付。缴税完毕后，纳税人将收到一张电子收据，保证纳税人对此前隐瞒信息的行为享有起诉豁免权。[17]

此外，我决定向瑞士财政部长提议做个简单的交易。希腊许多逃税者把钱存在瑞士，以免缴税。[18] 最近，瑞士被迫同意披露 2017 年之前与欧盟公民相关的所有银行账户信息，这是欧盟的强大力量被用作善举的一个罕见例子。当然，瑞士人担心，欧盟境内的储户不愿意向本国税务部门上报他们的银行流水，因此他们或许会在信息披露截止

日前把资金转移到其他司法管辖区，比如开曼群岛、新加坡或巴拿马。因此，我的建议在很大程度上符合瑞士财政部长的利益：15% 的税率是一个相对较小的代价，只要付出这个代价，那些未申报资金就可以合法化，仍然安全方便地存在瑞士。我会在希腊议会通过一项法律，允许以这种极低的税率对存在瑞士银行的资金征税。作为回报，瑞士财政部长将要求国内所有银行向他们的希腊客户发出友好的通知函，告诉他们必须出示希腊财政部网页上的电子收据和豁免证明，否则他们的银行账户将在几周后冻结。令我颇为意外和高兴的是，瑞士财政部长同意了这个建议。[19]

这项计划的优点是简单易行。我们不要求人们把存在外国银行的钱汇回国内，甚至不要求他们上报存款地点，不论是在瑞士还是在床垫下。取而代之的是，我给他们开出了低税率，没有惩罚，也没有烦琐的手续。我预计此举会筹集到大量资金，可以用来充实国库，为我的部门争取时间和自由。

当我们将这项计划讨论完毕时，已是午夜时分，但我们当晚的讨论远未结束。接下来，我们讨论了即将在我们最脆弱公民群体中暴发的大瘟疫：已经私有化的原国有博彩公司 OPAP 获得了在希腊各地推出约 1.6 万台视频彩票终端机的执照。在严重的心理萧条和经济萧条的影响下，饱受贫困和失业折磨的人口将被大规模安装的赌博机榨走兜 175
里仅剩的钱。我几乎无法想象一个文明的国家会颁布一项比这还要邪恶的政策。

起初，我有过吊销这个执照的想法。问题是，OPAP 将提起诉讼，而且很可能会赢，本就没钱的政府还要白白浪费打官司的钱。但还有一个办法。希腊的博彩业监管机构是名字莫名其妙的希腊博彩委员会[20]，归财政部管。既然无法消灭这种病毒，我们只能对其进行管控：一是设置每人每天的损失上限（以60欧元为限似乎比较合理）；二是要求在彩票机上输入纳税编号，有人或许不想留下正式的赌博记录，这部分人将知难而退，还能将未成年人排除在外，并确保中奖资金可以按照现有法律征税。库图尔科斯喜欢这个想法，并提出博彩委员会主席人选。两个月后，经过重重考验和波折，安东尼斯·斯泰约蒂斯的任命在我的推荐下获得议会批准。[21]

议事日程上的下一个问题是权势企业的腐败行为。北希腊工业联合会的好心人曾提醒我注意某些连锁超市、石油公司和类似企业所采取的卡特尔式限制性做法，这些行为正在损害经济。例如，超市会向小厂商收取上架费，用于在门店“做广告”，相当于迫使小厂商降价。然而，厂商仍按较高的申报价格纳税，超市将差额收入囊中。同样，我通过可靠的消息来源得知，一位石油卡特尔大亨向保加利亚出口了价值3亿欧元的精炼汽油，但保加利亚的报告称，进口额不超过1亿欧元。我问那位线人：“剩下的2亿欧元去哪儿了？”他讽刺地回答说：“被倒进了希腊和保加利亚之间无主之地的某条水沟里。”他的意思是，油罐车载着出口手续齐全的汽油离开希腊，但并未进入保加利亚境内，而是通过一些非法的土路重新进入希腊。这些汽油然后在希腊出售，逃避了增值税和燃油税。

正是我们各个部门内部的腐败让这些大企业得以逍遥法外。瓦西里告诉我，有位拉金齐斯先生，孤身一人与腐败做斗争，他的正式身份是政府监察专员，负责协调反腐工作。我专门和他见了一次面，他
176 的办公室能够调动的资源已严重不足。我增加了这方面的投入，并做了一件前所未有的事情：与他联合举行新闻发布会，宣布财政部全力

支持他和他的办公室。

当晚我们议程上的最后一项是希腊的银行。我问他们，当我向欧盟提议将希腊的银行“欧洲化”时，我该如何应对随之而来的对抗。瓦西里用他的典型方式打断了我：“马已经脱缰了，雅尼[1]。”说着，他递给我一份副总理办公室傍晚送来的得到内阁秘书长全权授权的政令。这份政令规定，银行一切相关事务的管辖权已从财政部转移至副总理办公室。“别说我当年没告诉过你，”瓦西里说，“德拉加萨基斯已经把他的银行家朋友置于自己的羽翼之下，保护他们不被你们这样的人逮住。”虽然我担心瓦西里或许是对的，但我别无选择，只能暂且相信德拉加萨基斯。

在那晚收工之前，我请财政部经济顾问委员会主席胡利亚拉基斯到我的办公室来。一刻钟后，他到了，显然很不高兴我叫他过来，因为他的办公室在走廊的另一头。我告诉他，由于我将与装备精良的“三驾马车”官员举行秘密会晤，如果我的公文包里预先装有一份粗略的债务可持续性分析报告，那会大有用处，可以用来初步说明债务重组为何是我们政府的重中之重。胡利亚拉基斯离开房间，过了一会儿，他拿着一份两页长的文件回来了——这是国际货币基金组织起草的债务可持续性分析报告。考虑到我们三天前才上台，胡利亚拉基斯拿不出我们自己的债务可持续性分析报告是完全可以理解的。但让人无法接受的是，他竟然开始为这份报告的准确性和价值辩护，而我知道就连国际货币基金组织都认为这份报告站不住脚。我以尽可能客气的方式请他回去重写一份。他没有表示同意，找了个借口溜了。

---

[1] 雅尼斯的昵称。

漫长的一天终于结束了，我瘫倒在红色沙发上，瓦西里早已四仰八叉地瘫坐在上面。那是 1 月 31 日（周六）的凌晨 3 点。

“我认为我们今天做得很棒，瓦西里。”我试探着说。

他看着我。“是的，你做得很好，但我准备拿一大笔钱和你打赌，用不了六个月，德拉加萨基斯将成为总理，胡利亚拉基斯将取代你。”

177 “也许吧，”我笑了，“但至少我们知道，自己是尽力做到最好，而他们是尽力做到最糟。”

那天晚上，我时隔 72 小时第一次回家。我一个人走着。经过哈德良拱门对面巨大的梅利娜·梅尔库里[1]半身塑像，右转走到希罗德剧场，然后在新卫城博物馆向左后方转弯，用不了 20 分钟，我就到家了。几名行人和一名出租车司机注意到我，向我竖起大拇指。从财政部到我们的公寓，从马克西莫斯官邸到宪法广场，我独自走过的那些路日后将成为我获得希望和勇气的来源。

我回味着前一天发生的事情，盘算着出访的计划，脑海里浮现出 T. S. 艾略特的一句话：“如果你还超越不了现在的自己，你如何知道你能到达的高度？”

短暂的平静

上午 11 点左右，我被敲门声吵醒。是埃斯梅拉达，达娜厄的女儿，过来看看我怎么样了。过去三天我去哪里了？我还好吗？我向她保证一切都很好。她告诉我，好事者一直聚集在我们位于一楼的公寓门外，

---

[1] 梅利娜·梅尔库里（1920—1994），希腊演员、歌手、社会活动家，曾任希腊文化部长。后文提到的新卫城博物馆就是在她提议下建成的。

想要往里瞅，一些胆子比较大的人还骑在我的摩托车上互相拍照留念。她像妈妈那样提醒我，如果去厨房做咖啡，最好穿上点衣服。

我将在傍晚飞赴巴黎，计划白天在家准备一份关于债务重组的非正式技术文件，一页纸就够了。我知道，我即将会见的官员会用精心准备的措辞竭力劝说我，我的政府提出债务减记的要求在政治上是不可行的。凭借我的这份非正式文件，我试图证明互惠互利是可行的。多年来，我一直在课堂上引用亚当·斯密的一句名言："我们的晚餐并非来自屠夫、酿酒师或者面包师的仁慈之心，而是他们的自利之心。我们不要说唤起他们利他心的话语，而要说唤起他们利己心的话语。我们不说自己有需要，而要说对他们有利。"[22]

同理，指望着债主的仁慈之心，声称希腊受到了不公正的对待，或者以道德为由主张债务减免，都是在白费口舌。这些人对希腊人的
遭遇心知肚明，他们根本不在乎。我的任务是打赢一场战争，而不是 178
赢得一场社会辩论。要做到这一点，我就不得不为债主的利益着想。

因此，在非正式文件（全文请见附录四）中，我阐述了为什么说不签署更多的"假意展期"贷款协议符合债主的利益。我在其中提出了简单的债务置换的想法，否则，从 2010 年持续至今的恶性循环，或者杰伦在前一天暗示我的扼杀我们政府的行为，会让他们在政治上和财政上付出远比这更大的代价。

写完后，我给我的女儿克塞尼娅打了个电话。她 11 岁，住在悉尼。未等我开口，她就抢先说："爸爸，你知道你毁了我的生活吗？"显然，狗仔队盘踞在她的学校门外，等着抓拍希腊财政部长的女儿。我尽力安抚她，但无济于事。"你为什么不干脆辞职呢？现在的生活难以忍受。"她坚持说。我告诉她，她不用担心，很多人都在想方设法让我

辞职。但她一点也不放心。

和克塞尼娅的通话结束后，一种挥之不去的忧虑重新浮现在寂静的公寓里。亚历克西斯、帕帕斯和德拉加萨基斯会支持我的债务重组建议吗？的确，他们在我们的约定中赞同债务重组的基本逻辑，并全权授权我提出债务置换建议。然而，在我加入之前，激进左翼联盟在公共债务问题上的立场只不过是粗暴要求无条件减记债务。党内一半的人仍然要求单方面给绝大部分债务“剃头”，大多数人甚至不知道债务置换的方案，而且三人领导小组只是就我的战略达成了不牢靠的口头约定。我很容易想象，在国外斗争最胶着的时候，我在国内可能会被釜底抽薪。

得到我完全信任且支持我债务重组提议的同事只有欧几里德一人。作为激进左翼联盟内部人士，他能够将我的建议原封不动地介绍给该党的忠实拥护者：这是一种高明的战略，既能让希腊得到所需的债务减免，又不会让默克尔总理在政治上陷入无解的境地。我又花一小时准备了一份发给亚历克西斯的简报，并抄送给帕帕斯和德拉加萨基斯，希望通过这种方式向他们深入浅出地说明我的建议，争取他们的支持。我还提供了一些他们所需的论据和动机，当他们在激进左翼联盟委员会和内阁遇到我的反对者，指责我革命热情不足或开倒车时，他们可以拿出来支持自己的观点。

179 等我写完非正式文件，准备好给亚历克西斯的简报，打完几个紧急电话之后，已经是下午了。我看看表，意识到一个半小时后我必须回到财政部，那里有车（一辆有着十年车龄的小型现代轿车，宝马汽车已经卖了）接我去机场。我的妹妹之前给我发短信说，我们 90 岁的老父亲来她家看她；如果我能抽出时间，最好去她家待会儿，这样我可以同时见到他们所有人：我的父亲和妹妹、她的丈夫和我八岁的小侄女。我跨上摩托车，周六下午路上车不算多，没用五分钟就到了。

走进妹妹的公寓，我卸下部长的角色，进入了另一个世界，这里充满活力，温馨舒适。看到我的家人齐聚一堂，享受着平凡的家庭乐趣，我意识到几项痛苦的缺失：达娜厄远在奥斯汀；我在政界孤立无援；而比这两件事更让我痛苦的是，我母亲的去世，在过去七年里，我一直不敢承认这件事，除非是在我偶尔卸下防备的时刻。

本章注释

1. 即《海外账户纳税遵从法》。这是 2010 年通过的一项法律，要求美国公民上报他们的所有外国交易。
2. 2014 年 12 月，在我们见面的一个月前，我的前任给“三驾马车”发了一通电子邮件，提议进行一系列改革。他和安东尼斯·萨马拉斯希望，“三驾马车”会接受这些建议，将其作为最后一轮紧缩措施，并把“三驾马车”应该还给希腊的剩余 72 亿欧元还回来，这笔钱主要也是用来还给“三驾马车”。这通电子邮件之所以被忽视，主要有三个原因：第一，其中的新紧缩措施太多，萨马拉斯无法推动议会通过；第二，其中的新紧缩措施太少，满足不了“三驾马车”的贪婪胃口；第三，第三轮纾困方案对于希腊维持破产政府的“假意展期”至关重要，但鉴于萨马拉斯政府在议会丧失多数席位，该政府不仅是不愿意，也没能力在议会第三轮纾困方案获得通过。
3. 《蛇蛋》（*The Serpent's Egg*）是瑞典导演英马尔·伯格曼执导的一部电影。我年轻时看过这部电影，片中刻画了纳粹思维是如何在科学家当中产生的。这令我深感震撼。

4. 杰米的哥哥彼得离开国务院外交岗位后，担任佛蒙特州的州参议员。他是美国首任驻克罗地亚和东帝汶大使，也在伊拉克库尔德地区发挥过重要作用。

5. 参见第四章注释 13。

6. 这么说是非常准确的。但我没有说的是，我的激进左翼联盟朋友想让他们走人。特别是副总理德拉加萨基斯自己的官僚圈子日益扩大，他急切地想要换掉他们。

7. 1990 年，在移居澳大利亚后不久，我帮助瓦西里也去了澳大利亚。他在查尔斯·斯特尔特大学（Charles Sturt University）教授经济学，我在悉尼大学教授经济学。四五年后，他回到希腊，加入希腊政府下属的经济与规划研究中心。

8. 即政府下属的国家情报局（EYP），不过大多数希腊人仍称其为“中央情报局”（KYP）。“中央情报局”是该机构在七年独裁时期（1967 年至 1974 年）的名称，当时完全受美国中央情报局控制。

9. 安德烈亚斯·帕潘德里欧，1981 年至 1989 年担任总理，1993 年再度出任总理，1996 年去世。他是乔治·帕潘德里欧的父亲。乔治·帕潘德里欧于 2009 年当选总理。2011 年，拜党内觊觎者所赐，乔治被默克尔总理抛弃了，而这个党正是他父亲当年一手创立的（参见第二章）。乔治的祖父、安德烈亚斯的父亲是老乔治·帕潘德里欧，他在 20 世纪 60 年代担任总理。1967 年 4 月 21 日，老乔治·帕潘德里欧政府被军事政变推翻，希腊的独裁时代开启。我正是成长于那个时代。

10. 只要成员在希腊，没去布鲁塞尔或其他地方，“战时内阁”每天都开会。成员包括亚历克西斯、副总理德拉加萨基斯、亚历克西斯的挚友尼科斯·帕帕斯、我、欧几里德和内阁秘书长萨吉亚斯。经济顾问委员会主席胡利亚拉基斯、经济部长斯塔萨基斯和政府发言人加布里埃尔·萨克拉里季斯（Gabriel Sakellaridis）也经常与会。后来，随着 5 月和 6 月的阴谋愈演愈烈，激进左翼联盟派两名代表加入“战时内阁”，表面上是为了与忠实党员建立联系。

11. 以弗朗索瓦·奥朗德为例。他在 2012 年凭借好战承诺当选，反对默克尔总理的紧缩“财政协定”，试图利用法国的力量推动欧盟实施一项促进增长、以公共投资为主导的复苏方案。然而，他在当选的第二天就忘了那些勇敢的言论，而且再也没有想起来过。为什么？总统身边的消息人士对我说，他当选后立即接到法国央行行长的电话，警告他法国银行仍处在严重困境中，如果他继续与柏林对抗，他们可能得不到急需的欧洲央行的支援。
12. 参见瓦鲁法克斯 2016 年著作《弱者任人摆布？》第六章。
13. 1953 年，美国政府促成了所谓的《伦敦债务协定》（London Debt Agreement）。事实上，美国向英国、法国、希腊、意大利、西班牙、瑞典、南斯拉夫、挪威、瑞士和许多其他国家施压，要求他们减记德国战前欠下的大部分债务。英国政府提出抗议，主张德国有能力偿债，而且也有道义上的义务。华盛顿否决了伦敦的主张，并身先士卒，立即减记了 1945 年之后借给波恩的贷款。在各国和私人投资者借给德国的债务中，七成以上被“剃头”。参见瓦鲁法克斯 2016 年著作《弱者任人摆布？》。
14. Βάστα Ρόμελ!——来自希腊语动词 βαστώ 或 βαστάζω，意思是“忍住”“挺住”“坚持住”。
15. 我自然认为，杰伦只有得到了柏林的首肯，才会发出最后通牒。我也认为，我们不能指望巴黎提供多大支持。然而，在柏林扼杀我们之前，我必须先核实巴黎在多大程度上支持柏林，或者我在多大程度上能指望法国财政部长在欧元集团中支持我。

16. 这个部门叫作“希腊金融犯罪调查组”，简称 SDOE，是希腊语的首字母缩写，代表 Σώμα Δίωξης Οικονομικού Εγκλήματος。

17. 为了使这一切成为可能，我任命米哈利斯·哈齐塞奥佐鲁（Michalis Hatzitheodorou）担任财政部信息系统总干事。他在哥伦比亚大学拿到了图像处理的博士学位，之后回到希腊成立了一家提供信息技术服务的小公司。他与政界或寡头没有任何关系，而且性格坚毅。我个人可以打包票（我们在上学时就是好朋友），他是这个职位的理想人选。

18. 克里斯蒂娜·拉加德在担任法国财政部长时，曾给此前的希腊政府发去一份在汇丰银行瑞士分行开设账户的希腊人名单。这份名单由吹哨人泄露。德国、法国和西班牙的税务部门通过这些信息确定他们的公民是否存在逃税行为，并追回大笔资金。与之形成鲜明对比的是，之前的希腊政府一直拒绝采取行动，这引起人们的注意。这并不是流传出来的唯一名单。然而，尽管对这些名单进行详查很重要，但我不相信税务局有这样的能力和意愿。此外，这些名单是旧的（信息可以追溯到 2004 年），而且仅仅是银行流水的屏幕截图，说明不了实际收入来源。最后，如果没有瑞士当局的配合（在完全保密的情况下），我们用自己手头掌握的信息很难成功发起诉讼。我与瑞士财政部长达成的协议解决了这个根本问题——把希腊的未纳税收入存在瑞士的问题——同时绕过了所有征税障碍。

19. 由于这些协议需要一些筹备时间，我和瑞士财政部长最后于 4 月 28 日在我的办公室举行了签字仪式。

20. 希腊语为 Επιτροπή Παιγνίων。

21. OPAP 极大地破坏了我的政策效果。斯泰约蒂斯勇敢地与之抗争，并为此付出了代价。我离开财政部后，他的任期也被缩短了。

22.《国富论》(1776)，第一卷第二章。

第七章　希望的二月

180 回到公寓，我准备了一个小行李箱，把笔记本电脑塞进背包，走到外面叫了一辆出租车。司机把车停到路边，下车向我表示欢迎，帮我把行李放进后备厢。这在雅典真是少见。十分钟后，我们抵达财政部门口的宪法广场。这名司机是个很可爱的人。他听媒体说，我的这次海外之行对这个国家“至关重要”，于是对我说了很多和他一样可爱的美好祝愿，说的时间太长，以至于我最后差点误了飞机。当我终于设法和他告别时，我太着急了，抓起背包便冲出出租车。等我走到财政部门口，我才意识到把行李箱落在车上了，里面不仅装着我的换洗衣物，还有我的大衣。我只剩身上穿的黑夹克、白衬衫和黑裤子。来不及了，我想，我只能到巴黎再买了。我的这个错误将在文化政治上留下一个小小的印记，至少在英国是这样。

在飞机上，欧几里德正重读简·奥斯汀的小说。坐立难安的我拿出一个笔记本，把我的想法都写了下来。

> 我们给合作伙伴的信息是，不能一切照旧。希腊社会经济一直处于公共债务、私人损失、投资下降、恶性通缩构成的厄运循环之中……
>
> 我们给自己的信息是，不能一切照旧。我们需要改革。改革不是必要的恶——改革是我们的梦想，我们希望希腊的改革是根据我们自己的方案，而不是在我们看来象征着民族屈辱的方案。没有人必须养活我们。但也没有人有权永远把我们关在债主监牢，181
> 阻止我们自食其力。
>
> 在国家日渐贫困的背景下，“三驾马车”的改革议程就像麦肯锡公司在没有股东支持、不顾董事会反对的情况下实施公司重组计划……
>
> 希腊已经凝视深渊太久了。深渊也开始凝望我们。我们现在应该开始凝视希望……
>
> 1967 年，是坦克推翻了希腊的民主。昨天，是欧元集团主席威胁我要关闭银行。民主的欧洲不应容忍这种事情发生。

飞机落地后，我见到了希腊驻法国大使。当时已经是周六晚上 10 点多了。我的秘书此前通知他，我来时没有带大衣和换洗衣物，所以他尽职尽责地急忙带我去香榭丽舍大道，看看哪家商店还没关门。只有 Zara 还开着。我和大使冲到楼上的男装部，没找到大衣，只有两件衬衫还算合适，但都是蓝色的，而且超级紧身。由于没有其他选择，我只好买了这两件衬衫。但大衣怎么办？周日商店都不开门，周一上午 8 点我就要在伦敦开会。更重要的是，气温还不到零度。一想到我要和一些相当有权势的人发生冲突，我就十分焦虑；一想到我和他们对峙的时候还冻得瑟瑟发抖，我更是焦虑万分。

“别担心，部长，”大使把我送回酒店时说，“我一会儿回家，找一件我觉得适合你的大衣带过来。”半小时后，他带着一件长款皮大衣回来了。就连我也能看出来，这件大衣一点也不适合部长穿；但我必须承认，它相当有档次，而且设计别致（它自然加深了我对希腊驻法国大使的印象）。此外，这件大衣有两个主要的优点：我穿上很合身，而且非常暖和。我非常感激地接受了它，丝毫没有意识到两天后这件大衣将举世闻名。

周日上午 7 点，我已经起床，准备出发。在与法国财政部长米歇尔·萨潘和经济部长埃马纽埃尔·马克龙举行正式会晤之前，我当天
182 的日程从一系列秘密会晤开始。这些会议将在我们酒店地下室的一个包间里一场接一场地快速举行，避开记者的窥视。第一个出场的是欧盟经济与金融事务委员皮埃尔·莫斯科维奇，他显然住在不太远的地方。

带来希望的联系人之一：欧盟经济与金融事务委员

在出任欧盟委员之前，莫斯科维奇是法国财政部长。当欧盟委员会掌管经济的最高职位出现空缺时，法国总统弗朗索瓦·奥朗德坚持要让法国人填补这个空缺。但这里有一个问题。柏林向来（如今也是）希望布鲁塞尔能够对法国的财政赤字进行控制，所以他们最不希望的就是把这个职位交给法国人，更不用说是法国前财政部长了。另一方面，柏林不得不奖励奥朗德总统，因为他在赢得选举之后，态度立即

出现了180度的大转弯，放弃了竞选时许下的抵制紧缩措施的承诺，接受了柏林提出的紧缩议程，维护了柏林的利益。这个难题最终还是解决了，但处在皮埃尔·莫斯科维奇位置上的任何人都会感到有损尊严：莫斯科维奇得到了这个职位，但在他之上还设置了一个新职位——欧盟委员会副主席——对他进行监督。雪上加霜的是，柏林将这个新职位交给了拉脱维亚前总理。这位前总理做过的最出名的事情就是实施了极其严格的紧缩措施，导致拉脱维亚半数人口移民国外，从而“解决”了该国的经济危机。

从一开始，皮埃尔就把我当作朋友，甚至是同志。他告诉我，他完全理解我的论点。他还承认，他年轻时是马克思主义者。尽管他不再激进，但他希望我明白，他身上还有足够的左翼精神，能够理解我们政府的立场。难怪柏林不信任他。当我讲述我最近与杰伦·戴塞尔布卢姆的遭遇时，他皱起眉头，对后者的行为感到厌恶，建议我不要理会他的威胁。

皮埃尔的热情鼓舞了我，我试着向他提出我的主张：希腊和欧盟的关系应该建立在一种不同类型的协议之上，这一点至关重要，但为了有机会确定这种协议到底应该是什么样子的，我们需要时间和财政
空间；换句话说，我们需要在欧盟和希腊的旧方案和新契约之间设置 183
六个月的过渡期。本着让-雅克·卢梭的精神，我用了“契约”这个词来解释：一种平等的互利关系。这份新的长期契约必须包括适当的债务重组、务实的财政政策和针对寡头的改革方案。最后，我们需要用尊重希腊感情、尊重欧盟和希腊法治的进程取代“三驾马车”目前对希腊的态度。

皮埃尔表态时，我简直不敢相信自己的耳朵：他对我刚才提出

的主张赞不绝口。他承认，“三驾马车”的做法非常不利于欧盟的形象。他的原话是“这必须结束”。令我高兴和惊讶的是，他还同意我的观点，应该将欧盟委员会、欧洲央行和国际货币基金组织同他们组建的“三驾马车”分开——两天前，正是这一点引起了戴塞尔布卢姆的愤怒。他也同意：“技术官员只能和技术官员谈，部长只能和部长谈。”我补充说，代表希腊央行的官员竟然扮演起执达吏的角色，把他们本应服务的政府拿出去贱卖，这实在是太荒谬了。皮埃尔真心表示同意。他重申，这是不可接受的，他还说，他认为我和他应该在布鲁塞尔就经济问题直接展开政治谈判，踢开“三驾马车”，这不仅对希腊很重要，对欧洲也很重要。

我没什么可说的了。他把我要说的都说了。于是，我们热情地握手，同意保持联系，以便为定于 2 月 11 日举行的第一次欧元集团会议做准备，届时我们的关系将翻开新的篇章。

“我希望这真的是一个新的开始，皮埃尔。”我送他上楼去大堂时说。

“是的，是的。”他热情地微笑着回答。

欧几里德从头到尾都在场，他似乎很开心。“让我们看看国际货币基金组织的朋友会给我们带来什么好消息。”他说。

带来希望的联系人之二：“三驾马车”的代表

我在酒店地下室迎来的下一位客人是波尔·汤姆森，他可能是在希腊最受鄙视的外国人。这个高个子丹麦人的姓氏是“三驾马车”和“纾困斯坦”的同义词。2010 年，当“三驾马车”正在组建时，他被任
184 命为国际货币基金组织希腊事务负责人。

与欧洲央行和欧盟委员会不同，国际货币基金组织有着数十年的海外经验。20 世纪 70 年代，这家机构的技术官员进驻非洲和拉丁美洲的“失败国家”，推行紧缩措施和私有化，关闭学校和医院，放开食品和燃料价格，等等，以便让上述国家换取由这家机构发放的贷款。国际货币基金组织借此扬名立万。当柏林组建“三驾马车”，拿希腊开刀，开始在欧洲外围国家做同样的事情时，他们安排国际货币基金组织技术官员负责带路。然而，与此前的国际货币基金组织驻各国代表团的负责人不同，这次受托管理的是一个第一世界国家的财富。[1]

汤姆森在希腊的彻底失败让他受到了奖励，被提升为国际货币基金组织整个欧洲部的主任。因此，与汤姆森的谈判存在一个特殊的难题：拒绝承认希腊方案的失败符合他的既得利益。这有点像与伯尼·麦道夫谈判如何戳穿伯尼·麦道夫的庞氏骗局。

让我大吃一惊的是，波尔·汤姆森不需要劝说。在听取了我对希腊困境的分析和我提出的方案之后，他给出的回答时至今日仍让我露出笑容：“你看，我们知道，我们不能指望一个左翼政府去做你们的右翼前任都不会做的事情。我明白，你们需要恢复集体谈判，也不能指望你们同意将一切都私有化。[2] 但根据你们自己的声明，有一件事我们可以指望你们，那就是打击寡头，特别是针对逃税行为。”

我是在做梦吗？我告诉他，我向他保证，我们将不遗余力地对寡头进行查处。我们还会向私营部门出售部分资产，只要私有化对我们的社会经济有利，只要新的所有者承诺进行高水平的直接投资，并适当地保护劳动者和环境。不过，我补充说，任何改革方案奏效的前提是，我们需要一张债务监牢的出狱卡。说着，我从文件夹里拿出那份只有一页纸的非正式文件，递给了他，上面介绍了我的债务置换建议。

汤姆森看过之后，笑了，我再一次惊呆了。

“这很好。但还不够。我们需要立即免除你们的部分债务。没有置换，没有展期。只是把 530 亿欧元抹掉即可。”

185 就是这样，我得出结论：我是在做梦！他说的是一次性减免希腊在 2010 年第一轮纾困中欠欧盟成员国的全部债务。是不是激进左翼联盟左翼平台的某个成员潜入了汤姆森的思想？他是不是被某种激进的神灵附体了？

突然，我发现自己处于守势。我告诉他，我完全同意，但怎么才能说服柏林还有其他欧盟成员国政府同意这样的方案呢？这个方案能在各国议会获得通过吗？这在政治上可行吗？

汤姆森的回答谈到了一个技术问题：雅典根据第一轮纾困协议获得的资金非常特殊，因为这些资金都是来自其他欧元区国家首都的双边贷款；与之相比，第二轮纾困贷款则来自欧洲纾困基金——欧洲金融稳定机构，该机构随后也向爱尔兰、葡萄牙、西班牙和塞浦路斯发放了贷款；如果我们重组希腊欠欧洲金融稳定机构的债务，那么都柏林、里斯本、马德里和尼科西亚将寻求类似的债务减免，但如果免除希腊第一轮纾困贷款，其他获得纾困的国家就没有任何理由表示抗议。

我告诉他，尽管他的提议相当诱人，但我仍然想不明白柏林为何会同意，也想不明白他如何能够不受指责，因为他主张减免欠欧洲的债务，而不是欠国际货币基金组织的债务。

“我只是告诉你国际货币基金组织的立场。”他耸耸肩说。

我不想破坏首次见面的良好气氛，于是我把话题转向了希腊的基本盈余目标，强调了将其保持在合理水平的重要性，即大约相当于国民收入的 1.5%。

“我同意。”汤姆森简短地回答。

我在巴黎的这个周日开始得再好不过了。我的下一位客人会破坏气氛吗？

带来希望的联系人之三：欧洲央行的法国代表

名单上的第三个人是伯努瓦·克雷。外界普遍认为，他是法国在欧洲央行董事会的代表。他不喜欢这种形象，但百口莫辩，因为在搬到法兰克福之前，他的整个职业生涯都是在法国财政部度过的。在我眼中，克雷是一个温和可亲的人，他非常清楚，鉴于欧元区糟糕的经 186
济和财政架构，欧洲央行面临着什么样的挑战。

我很高兴他在一开始就提出了迫在眉睫的问题：我真的打算单方面重组欧洲央行持有的希腊政府（证券市场计划）债券吗？他告诉我，法兰克福非常关心这个问题。

我愿意马上解决这个问题。我解释说，在我看来，这些债券既是福也是祸。说它是祸，是因为欧洲央行在 2010 年购入这些债券对希腊丝毫没有帮助，要不是被欧洲央行买下，这部分希腊债务在 2012 年会被减记大约 90%。“现在希腊不得不向欧洲纳税人借钱，用于赎回欧洲央行从一开始就不应该购入的债券，这件事至少可以说是荒唐的。”我说。反过来，说它是福，是因为这些债券让欧洲央行和希腊为了一个共同的目的走到一起——反对戴塞尔布卢姆和欧元集团。如果欧洲央行听从戴塞尔布卢姆的命令，威胁关闭我们的银行，我们也会相应地威胁单方面减记证券市场计划债券。欧洲央行和希腊都不希望出现这种局面。我的建议很简单：我们不要相互威胁。如果伯努瓦告诉杰伦，欧洲央行不会参与推翻雅典政府的政变，那么我们雅典政府压根不会考虑对这些债券采取任何单边举动。“我们能就此达成一致吗？”我问。

他笑了。当然不应该有任何威胁，他表示赞同。

我们接着谈到了我的债务置换方案。我把我的非正式文件递给他，简单地介绍了一下。他感谢我的介绍，不过他显然已经研究过我的方案。他认为，我的方案很好，但欧洲央行董事会最担心的是，他们不想被别人认为他们违反了欧洲央行自己的章程。我辩解说，将证券市场计划债券置换成一种新的永续债券或对等的债务工具完全符合欧洲央行的章程。他想了一会儿，还是有点担心，不过他给出的结论是：“好的，这或许行得通。”

最后，我们讨论了火烧眉毛的流动性问题。我们的政府需要几个月的喘息时间，以便进行谈判，这意味着我们急需找到某种方式，筹措到还给国际货币基金组织的款项，而无须将希腊公共部门搜刮殆尽，
187 挤压养老金和公务员工资。我提醒伯努瓦，2012 年夏天在类似的谈判期间，欧洲央行为了帮助当时新当选的萨马拉斯政府做了什么：欧洲央行将他们的信用卡额度（即短期国债）从 150 亿欧元提高至 183 亿欧元，使他们能够偿还当时应该还给欧洲央行的款项。[3]

伯努瓦记得这件事。他也认为必须要做一些类似的事情。

“但恰恰相反的是，你们甚至在我们当选之前，就在不断收紧套在我们脖子上的绞索。”我对他说。

伯努瓦假装不明白。于是我提醒他，斯图纳拉斯在 2014 年 12 月 15 日发表了引人注目的声明，引发了银行的挤兑。“这是对下一届政府的战争行为，在中央银行的史册上，这种明目张胆的渎职绝无仅有。”我说。

伯努瓦低头对我说，他也认为斯图纳拉斯的声明“不合适”，“令人费解”。

“我认为，要是没有法兰克福的首肯，斯图纳拉斯不会这么做，伯努瓦。在雅典，人们都这么想。”我接着说。

伯努瓦什么也没说。

为了打破沉默，我继续说：如果欧洲央行不采取必要措施，结束其所引发的银行挤兑，如果在我们进行谈判时，欧洲央行不向我们伸出我们急需的援助之手，许多人会认为这是欧洲央行的政治干预——对萨马拉斯政府用一套标准，对我们则用另一套标准。伯努瓦再次露出笑容，这一次笑得更灿烂，似乎承认了法兰克福的奇怪地位：表面上不关心政治，实际上在欧洲政治中发挥着关键作用。

“你是谁？你对我的米歇尔做了什么？”

在那个漫长的上午，我的最后一场非正式会面是与奥朗德总统的一名助手进行的。那次会面无果而终，因为他显然没有权力说出任何实质性的话。然后就该从非正式模式转入正式模式了。希腊大使馆的德国轿车等在酒店门口，准备接我们去和法国财政部长和经济部长见面。我们三个人，欧几里德、大使和我，静静地坐在开往贝尔西的车上，那里是法国财政部和经济部大楼的所在地，位于塞纳河畔。

在大门口，迎接我的是热情洋溢的米歇尔·萨潘。60岁出头的萨 188
潘性格爽朗，是欧元集团中唯一不会说英语的财长。但他用热情的性格弥补了这一点。在我们走向他的办公室的路上，他用典型的拉丁手势和肢体语言让我感到，我是真的受到欢迎。

我们同助手和翻译一起就座后，他让我介绍一下我的来意。我简单阐述了我们经济议程上的主要事项、我的债务重组想法，包括那份非正式文件，萨潘似乎迫不及待地想看。我在文件的开头处表达了对欧洲主义的支持，然后阐述了我的观点，即希腊危机，以及这场危机的久拖不决，将对欧洲造成不必要的伤害。我解释说，我提议基于让-雅克·卢梭的平等契约理念，在希腊和欧盟之间建立一种新型关系。

米歇尔的回答带有一种兄弟情谊："你们政府的成功就是我们的成功。重要的是我们一起改变欧洲——我们用促进经济增长的计划取代这种对紧缩措施的执迷不悟。希腊需要它。法国需要它。欧洲需要它。"

听到他这么说，我觉得有必要向他介绍一下《温和建议》的基本内容，这是我和斯图尔特·霍兰、杰米·加尔布雷斯多年来一直在研究的课题。我解释了欧洲央行如何可以在不"剃头"，不要求德国为其他所有人埋单，即为周边国家的公共债务提供担保的情况下，对整个欧元区的部分公共债务进行重组。我阐述了由投资主导的经济复苏如何可以将欧洲的量化宽松计划引导至基础设施项目或欧洲投资银行发行的绿色能源债券上，从而开启欧洲的新政。米歇尔聚精会神地听着。等我说完后，他宣称，这样的建议是欧洲前进的方向。我们迟迟未能推出这样的政策，他说。我们必须齐心协力重启欧洲，他声如洪钟。米歇尔唯一没有做的事情就是建议我们高唱《马赛曲》，携手冲出巴士底狱。

因为需要翻译，我们的交谈持续了很久，大约一个半小时。其间气氛愉快，没有任何争议。再想到上午的那些鼓舞人心的交谈，我渐渐忘了与杰伦·戴塞尔布卢姆的对抗，认为真的有可能达成一份像样的折中协议。

之后我们必须要举行一场新闻发布会。在我俩从他的办公室前往新闻发布会的路上，他对我说（他用法语说的，我听得懂，然后我用英语回答他，他也听得懂大概意思），柏林一直在与他联系。他们对于我来巴黎，但没提出要去柏林感到非常不安，他小声告诉我。我对他说，我也非常愿意去柏林。我来巴黎，没去柏林的原因是，他邀请了我，而他们没有。我打算邀请沃尔夫冈·朔伊布勒去雅典，因为他未曾邀请我去柏林。米歇尔笑了："你离开法兰克福后应该立即去柏林。他们让我转告你。" 189

"没问题，在所不辞。这是邀请还是传唤？"我只是半开玩笑地问。

"你就去吧。"他一边回答，一边拍拍我的背。

在新闻发布室，两个并排的讲台后面摆放着法国国旗、希腊国旗和欧盟旗帜。米歇尔先发言，他首先向我表示欢迎，并简单谈到了希腊人民在过去几年里所付出的巨大牺牲。但紧接着，他的语气突然来了个大转弯。那种热情和同志情谊消失了，取而代之的是莱茵河对岸更为熟悉的那种严肃：希腊对债权人负有偿债义务，新政府必须履行他们的义务；在现行安排下，纪律必须得到维持，灵活性必须得到遏制。压根没有"结束紧缩措施"，或"采取以公共投资为主导的促增长政策，以造福全欧洲"之类的话。

轮到我时，我坚持发表提前准备好的声明，我是这么说的：

> 对我们希腊人来说，法国不仅是合作伙伴，也是我们的精神家园之一。希腊国家之所以存在，在很大程度上要归功于法国启蒙运动激发了我们自己的启蒙运动，并为希腊民族解放运动提供

> 了哲学精神和革命热情。今天，我有机会向萨潘先生介绍了我们政府的计划，我们要在一个不断变化的欧洲对希腊进行改革。这项计划将结束自我强化的债务—通缩循环——此时此刻，所有欧洲人都在因该循环而受损。在我们看来，要想实现这一目标，我们必须本着让·莫内开创的伟大的欧洲人精神认真思索，找到务实的方法，在看似不可调和的分歧中打造互利的团结。我们要向
> 190 欧洲各国的合作伙伴建议，让我们重振让·莫内的这一处事原则。也就是说，如果各方还是在谈判桌两侧相对而坐，本着早已确定的立场进行谈判，成功的机会将微乎其微。但如果我们坐在谈判桌的同一侧，把问题放在另一侧，在共同繁荣空间如此广阔的欧洲必定会取得成功。今天，我们就坐在谈判桌的同一侧。我们的政府打算在每个欧洲国家的首都都这么做，每次都把问题放到桌子的另一侧。今天，从巴黎开始，请允许我说，我的目标只有一个：不是为了促进希腊普通人的利益，而是为了促进欧洲普通人的利益。我希望确保我们的经济和货币联盟在所有地方都取得成功，从而大获全胜。

尽管我设法完成了事先准备好的赞扬团结和法式理想主义的发言，但我感觉肚子好像被重重地打了一拳。

我们一走出新闻发布室，米歇尔立刻变回了那种爽朗友好的状态，握住我的手，就好像我是他失散多年的表弟。我决定保持外表的镇定，转过身来看着他，假装迷惑不解地问道："你是谁？你对我的米歇尔做了什么？"

令我大吃一惊的是，他不仅完全明白我的意思，看上去也丝毫没

有被激怒。相反，他停了下来，把我的胳膊握得更紧了一点。他表情哀伤，好像练过这句话一样，用英语与我分享了一个具有历史重要性的悲哀观点：“雅尼斯，你必须明白，法国不再是以前的法国了。”

的确，法国不再是以前的法国了。在接下来的几个月里，事实证明，法国政府和该国全体精英既没有能力，也没有意愿阻止针对我们政府的攻击，哪怕从长远来看，巴黎才是最终目标。虽然我从未指望他们会挺身而出，不顾自身利益，向我们施以援手，但我没料到，法国建制派会放弃自己的利益，容许盈余国家加强对财政紧张国家的控 191
制。[4]米歇尔·萨潘那天的表现完美地揭示了法国的错误。

我们走进电梯，准备去见同样在贝尔西办公的埃马纽埃尔·马克龙。米歇尔在路上承认，他不是一名专业经济学家，问我知不知道他的研究生毕业论文写的什么。我说不知道。“埃伊纳岛的古钱币史。”他带着比刚才欢迎我时更灿烂的笑容说。我惊掉了下巴。法国财政部长刚刚代表柏林，对我进行了一次出人意料的公开攻击，现在又试图和我拉近关系，承认自己对经济学所知不多，但他是阿提卡❶——我和达娜厄称之为“家”的地方——对面一个小岛的古币专家。[5]用讽刺一词根本无法形容我的感受。

法国经济部长与财政部长正好相反。当米歇尔·萨潘躲避、推脱和假装时，埃马纽埃尔·马克龙积极地听取了我的意见，并直接参与讨论。他的眼睛炯炯有神，随时反映着他的赞同和反对。他的英语很好，也很懂经济学，这意味着我们很快就达成了共识，认为欧洲需要

---

❶ 阿提卡，指阿提卡半岛，雅典位于该半岛西北部。埃伊纳岛亦属于以阿提卡命名的省级行政区。

一项真正的投资计划，将数万亿闲置储蓄利用起来，实现集体利益。从我们一见面起，我就感到非常遗憾的是，在欧元集团代表法国的不是马克龙，而是萨潘。如果他们互换角色，事情的结局可能完全不同。

终于，在漫长的一天过后，我和欧几里德准备离开贝尔西。当我们告辞时，米歇尔下楼与我们告别。正是在那里，他教会我们一件事，我们将终身受用不尽：如何用法国的方式系围巾。

唐宁街

“欧洲之星”准时抵达。伦敦在向我招手。时间已经不早了。在我还没接管财政部之前，由于斯图纳拉斯和欧洲央行煽动银行挤兑，110亿欧元——占希腊银行存款的 7%——已被取走。希腊的银行早就在申请欧洲央行的紧急流动性援助。[6] 绞索正在收紧。作为此行的第二站，我来伦敦是为了改变金融环境，为我们争取时间。

192 2015 年 2 月 2 日（周一）早晨，我与英国《金融时报》经济版编辑马丁·沃尔夫共进早餐。没过几分钟，他就对我的宏观经济目标和债务重组方案大体表示赞同，只是担心欧洲出于政治上的考虑是否愿意接受我的方案。之后，我与诺曼·拉蒙特以及几位重要的经济学家和金融家会面。这次会面由诺曼的朋友戴维·马什组织，他是英国央行智库货币金融机构官方论坛的负责人。我的目的是一样的：向他们介绍情况，争取他们支持我的方案。鉴于他们的温和派立场和基本常识，我并没有费多大力气。

我和乔治·奥斯本的会晤定在上午 11 点。陪同我和欧几里德的是希腊驻英国大使，他是一个非常聪明的人，担任过希腊情报头目，是鲁巴蒂斯的前任。面带微笑的警察打开了唐宁街的铁门，大使馆的那辆上了年头的捷豹轿车停在离 11 号门口大概 30 米远的地方。那是一个阳光明媚但寒冷刺骨的周一上午。我是应该穿着希腊驻法国大使借给我的那件相当抢眼的皮大衣，还是应该脱掉，冒着在一众摄影师面前冻得瑟瑟发抖的风险，只穿着我的黑色薄夹克？我全神贯注于更加实质性的问题，直接下了车。几天后，媒体上流传着一张身穿皮衣的某财政部长前来会见乔治·奥斯本的照片。

在我抵达伦敦之前，充当中间人的诺曼·拉蒙特暗示我，如果我能避免在公开场合批评奥斯本的经济政策，他将不胜感激。“我们正处于选前阶段，气氛非常敏感。”诺曼对我说。

“既然我希望得到乔治的支持，我自然没有兴趣批评他的政策。”我回答说。

在我们见面之前，奥斯本的办公室已经向媒体解释了，为什么说他有充分的理由与我举行会谈：财政大臣认为，希腊债务危机构成“对全球经济的最大风险”。

多亏了这些准备工作，这次访问进行得十分顺利。在唐宁街 11 号，双方的谈话在友好的气氛中进行，而且直奔主题。当奥斯本开始略带批评地评价起自己对英国经济的处理方式时，事情变得有趣起来。我
没想到他会在一位左翼财政部长面前表现出任何的自我怀疑，这种自 193
我反省的能力让我对他产生了好感。他承认，“一路走来”得到英格兰银行的支持是多么重要，并对我的困境报以同情的微笑。在这方面我俩的境遇可谓天差地别。他也认为，“三驾马车”强加给希腊的政策为紧缩措施带来了可怕的名声。我很想提出我的观点，即他自己版本的紧缩措施也会给他带来事与愿违的结果，但出于礼貌，而且我不想破坏今天的好运气，于是我忍住没说。接着，我们把话题转向了我们认

为应该对欧元做些什么。

在这一点上，乔治·奥斯本进退维谷。他的保守党同僚鄙视共同货币，就连那些支持英国留在欧盟的人也这么想。奥斯本对欧元也没有什么积极的看法，但当我大胆提出，欧元解体可能不利于英国经济时，他毫不迟疑地表示赞同。我分享了自己对这种两难境地的感受："我觉得自己处于一种奇怪的境地，虽然我反对欧元的设计与创立，但我还是要不断地提出扶植欧元的政策。不过，我确实认为，即使是我们当中最反对欧元的人，也有道德和政治上的义务去对其进行修补，原因很简单，因为欧元的解体将给太多的人造成痛苦。"

奥斯本在欧元问题上的立场也有点自相矛盾。尽管他是疑欧论者和欧元反对者，但他也明白，欧元解体将导致动荡，并对英国经济释放出巨大的通缩力量。保护英国的唯一方法就是拯救欧元。拯救欧元的唯一方法就是加强欧元区一体化，而这恰恰是大多数保守党人坚决反对的。为了修补一种我们两个人都不喜欢的货币，我们都提出了激进的举措。他因此失去了英国右翼疑欧派的朋友，我失去了左翼同志中的朋友。尽管我们两人之间横亘着一条意识形态鸿沟，但欧洲荒谬的货币架构造成的这场危机把我们拉上了同一条船。

在谈完大部分正事后，乔治、我和欧几里德啜饮着英国早餐茶，谈起了一些比较轻松的话题。奥斯本觉得有必要恭维一下我的英语水平。

"谢谢你，乔治，但把你的恭维话留到你听完欧几里德说话再说吧。"欧几里德在伦敦长大，他的英语是伦敦音。但真正给乔治留下深
194 刻影响的是，欧几里德是圣保罗中学的校友，这是一所位于泰晤士河畔的公学，乔治也曾在该校就读。他们聊起天来，听上去像是一场上流社会的校友会。后来，每当欧几里德嘲笑我的"托利党伙伴"时，

我都会想起他的公学人脉。

当我们起身告辞时，我向东道主提出了一个临别请求：既然我们一致认为，继续用目前的政策对待希腊实属荒谬，那么当我在欧盟经济与金融事务部长理事会为此进行抗争时，如果他能支持我，就再好不过了。奥斯本点头同意，但事到临头时，他一次也没有帮过我，而是选择了英格兰至上主义者的立场，在布鲁塞尔总是沉默不语，除非影响到英国的狭隘利益，特别是伦敦金融城的利益。这就是伦敦金融城的势力，那里是我们的下一站，我在德意志银行的熟人为我组织了一系列与伦敦金融家的会议。第二天一早，世界各地的彭博社频道将播出我是否赢得了他们支持的消息。与此同时，当我和欧几里德从唐宁街 11 号走向那辆捷豹轿车时，成群的摄影师、电视摄像机和记者再次对准我们一顿狂拍。

在前往这次马拉松旅行的下一站之前，我回到酒店，可以休息半个小时，这时我的手机响了。“你到底在哪儿搞到那件大衣的？”达娜厄问。她是从奥斯汀打来的，她的朋友早上从电视中看到了我，提醒她注意我的时尚品位。

“有什么问题吗？”我问，“我觉得挺好看，不是吗？”

她对我的品味大加贬斥，直到今天依然如此。“我需要把这里的事情收拾好，立刻从奥斯汀回去。”她说。

是的，我心里想。我确实需要她尽快回来，但原因与品味无关。

向金融界精英示好

在一个宽敞的房间里，来自各种金融机构的两百多名代表齐聚一堂。德意志银行的一名希腊裔官员热心地组织了这次活动，他首先做

了简要的介绍。我没有选择站在讲台上发言，而是拿着麦克风边走边
195 说。随着演讲的开始，我痛苦地意识到了摆在我前面的挑战，英国《每日电讯报》经济版编辑安布罗斯·埃文斯–普里查德在他的一篇专栏文章中对此进行了精辟的总结："希腊的困境虽然可怕，但并非古雅典意义上的悲剧：它的命运仍然把握在自己手中。凭借巧妙的策略，希腊仍然能够以喜剧而不是悲剧告终。"

至少在那个房间，我的策略很简单：直接明说，不加掩饰，完全承认我们政府的弱点。把诚实与巧妙的金融工程相结合，没有什么比这个更能给金融家留下深刻印象了。

诚实意味着我不会在两个问题上拐弯抹角。首先，我告诉他们，希腊政府已在2010年破产，再多的紧缩措施、再多的新贷款也改变不了这一点。我可以从他们的表情看出，遇到我这样的希腊财政部长让他们松了一口气，因为我没有像诸位前任那样，试图把希腊政府说成只是缺少流动性，不过正走在恢复偿付能力的正确道路上。这些人知道真相，愿意听到我承认这一点。

其次，我承认我们有一个分裂的内阁。的确，有些人希望希腊退欧，他们无意与欧盟和国际货币基金组织进行谈判，认为不会有什么好结果，直接退欧即可。另一方面，我们这些总理身边的人希望在欧元区内通过谈判解决问题。不过，我乐观地补充说，这种分歧不会影响谈判，谈判将由我的核心团队负责。我们的退欧派同僚不仅不会妨碍我们，还会耐心地给我们一个机会去证明，达成可行的协议是有可能的。只要希腊的官方债权人——欧盟和国际货币基金组织——愿意达成一项互利协议，金融界就不必担心我们政府中的左翼平台成员。

接着，我谈到了我在非正式文件中概述的金融工程方案。考虑到

现场观众的金融专业知识，我向他们透露了非常多的技术细节，这在其他场合是没有过的，这样他们就可以确定，我确实知道自己在说什么——如果有机会，他们自己也会提出这样的方案。

最后，我抛出了私有化问题，这是最受新自由主义金融家青睐的一个话题。我首先承认，在座的许多人可能与我分属政治光谱的两端，或许不赞同我对私有化之利弊的看法。但我说，我确信我们在一件事 196
上可以达成一致，那就是在价格跌至谷底的时候抛售资产是愚蠢的行为——想要低价卖给没有投资计划、只对资产倒卖感兴趣的买家是可怕的想法。考虑到我们所处的艰难环境，我向他们保证，我们的政府在这件事上不会表现出意识形态。如果有人问我，我对私有化是赞成还是反对，我会这么回答：“这取决于具体的资产——港口、铁路、海滩还是电力公司？”我告诉他们，我永远不会出售海滩，就像我永远不会出售帕台农神庙一样。而电网的私有化必定在环境和社会领域带来次优结果。但就港口和机场而言，我会基于四项标准做出判断：买家承诺对资产进行多少投资；买家承诺给予雇员工会代表权，以及体面的薪酬和工作条件；环境标准；买家同意给当地中小企业留出多少空间，方便他们获益。如果满足这四项标准，我不仅同意私有化，还会大力推动私有化。

当我邀请他们提问时，举手的人多到数不过来。在两个多小时的时间里，我绕着房间一圈一圈地走着，回答了他们提出了每一个问题。一些人带有敌意，其他人则比较友好。我竭尽全力地刻意向他们示好。从会议结束时的热烈掌声判断，我觉得这项任务完成了。

当我们的东道主陪同我和欧几里德离开时，房间里最有影响力的三四名金融城人士走过来，对我们说，我的演讲给他们留下了深刻的印象。其中一人一边与我亲切握手，一边向我保证：“你明天就能看到市场的反应。”

欧几里德打趣说：“换作在其他情况下，我会向中央委员会打报告，建议把你送去古拉格。”

我反驳说：“同志，只要能把事情办成，就算因为右翼倾向而被送去古拉格，我也心甘情愿——只要你偶尔来看我就行，好让我想起你刚才脸上的恐怖表情！”

那天晚上，我们应邀前往希腊驻英国大使馆赴宴。诺曼·拉蒙特
197 和戴维·马什也在，还有鼎力支持我的美国顾问杰夫·萨克斯，他直接从希思罗机场赶过来。我很高兴有他在我身边。另一位贵客是礼萨·穆加达姆。礼萨在摩根士丹利工作，但他和杰夫·萨克斯一样，都曾在国际货币基金组织任职。更重要的是，就在一年前，他还在波尔·汤姆森的那个职位上。我和他的谈话很有意思。他证实，我从2010年以来对希腊方案的所有看法都是正确的——国际货币基金组织参与希腊纾困是一个重大错误；“三驾马车”冷酷无情；特别是国际货币基金组织和欧盟之所以想要扼杀我们，只是因为他们负担不起承认自身错误的代价。正如我一直对欧几里德所说的那样（他对我的话半信半疑），我们左翼人士说出这些话是一回事，从直到几个月前还在实际执行希腊方案的人口中亲耳听到这些话则完全是另一回事。

在饭后享用咖啡和饮料的时间，我想知道我的建议是否起到了作用。伦敦金融家、保守党政治人物、著名记者和国际货币基金组织前成员似乎都明白我的意思。是的，我们是一个左翼政府，但我们所要求的不过是一些基本常识能在欧洲权力中心占上风。

那天晚上，主流媒体对我的巴黎和伦敦执行的报道似乎是正面的。

英国广播公司报道说："这位经济学家出身的财政部长寻求就希腊的巨额债务进行重新谈判，他说，他把所有欧洲人的福祉放在第一位，并排除了接受更多纾困资金的可能性……他说：'我们像是渴望毒品的吸毒者。本届政府要做的只是戒断毒瘾。'"[7]

消息终于是传出去了。在飞往罗马之间，我还有几个小时的睡觉时间。不过，在关灯就寝时，我焦急地想知道明天会发生什么。雅典股市会反弹吗？我急需货币市场的提振：以便向投资者和其他欧盟国家政府表明，我们有能力创造一波乐观情绪；从而让欧盟和国际货币基金组织知道，与我们达成协议对他们有利。

意外成果

上午 8 点，在喝完当天的第一杯咖啡后，我接到一个电话，得知了一个最奇怪的消息：我提出的债务置换方案得到了亚当·斯密学会的 198
大力支持。亚当·斯密学会成立于 1977 年，曾为玛格丽特·撒切尔的新自由主义计划铺平道路。在我看来，亚当·斯密学会代表着我在英国那些年所反对的一切事物。该学会研究员拉斯·克里斯滕森发表声明称：

> 欧洲央行的职责是确保欧元区经济在名义上的稳定。欧洲央行不应救助政府和银行。遗憾的是，在过去六年里，欧洲央行一次又一次被迫向欧元区国家伸出援手。因此，欧洲央行再三实行信贷政策（而非货币政策），以防欧元区国家违约……如果按照瓦鲁法克斯的建议，将希腊拖欠欧盟和欧洲央行的贷款与希腊名义 GDP 挂钩，希腊财政就不会那么容易受到欧元区货币政策失败的

> 影响。财政大臣乔治·奥斯本应该是瓦鲁法克斯债务方案的热情支持者，因为这将削减欧洲央行紧缩货币政策的成本，并降低欧元区再次爆发重大危机的风险。[8]

当然，他说得非常对：把未偿还债务置换成与经济增长挂钩的债券，同时打击逃税并维持适度的预算盈余，这更符合自由派人士而不是左翼人士的口味。正如我前一天对伦敦金融城人士所说，一个激进的左翼政府竟然搬出主流的自由派解决方案，足以见得这次欧元危机的严重程度。

虽然得到亚当·斯密学会的认可，但市场会如何回应？答案好得不得了。彭博社的新闻标题令人极其满意：《希腊股市涨疯了》。

> 希腊股市周二大涨，人们寄希望于希腊新上台的激进政府与债权人之间的债务僵局得到解决。截至格林尼治时间下午 3 点 12 分（北美东部时间上午 10 点 12 分），雅典证券交易所综合指数上涨 11.2%。此前，希腊新任财政部长雅尼斯·瓦鲁法克斯告诉《金融时报》，该政府不会要求对其 3150 亿欧元（约合 2370 亿英镑或
> 199 3570 亿美元）的外债进行减记，而是要求将希腊债务置换成两种与经济增长挂钩的新型债券。

我马上给雅典打电话，确认了这个好消息。不仅是股指上涨 11.2%，更重要的是，希腊银行股的涨幅超过 20%，成千上万的储户正在把藏在床垫下的钱存回银行。虽然这是一项短期成就，但也是一项重要成就，它表明：我们提出的关于真正改革和合理债务重组的方案

有可能赢得市场和民众的支持。

是该飞往罗马了。

意大利人的指点

两辆警车和两辆摩托车一路鸣笛，护送我从罗马菲乌米奇诺的机场前往财政部。不过，罗马拥堵的交通令我们动弹不得，我们的护送人员所能做到的只是徒增噪声污染，引起路人的愤怒和我们自己的尴尬。他们制造的噪声多于实质，不由得使我想到马泰奥·伦齐政府。

就许多方面而言，意大利财政部长、经合组织前首席经济学家皮耶尔·卡洛·帕多安是典型的欧洲社会民主党人：同情左翼，但无意改变现状。他知道，根据目前的布局，欧盟正朝着错误的方向前进，但在这一过程中只愿进行无关紧要的调整。他有能力看到欧元区的病根在哪儿，但不想与欧洲的主治医生发生冲突，后者坚持认为没有什么可治疗的。简而言之，皮耶尔·卡洛·帕多安无疑是一个局内人。

我们的讨论友好且高效。我说明了我的方案，他表示理解我的意思，没有提出丝毫批评，但也没有表示支持。好在他说明了原因：几个月前，当他被任命为财政部长时，沃尔夫冈·朔伊布勒特意利用一切机会针对他，主要是在欧元集团内部。在我们见面之前，帕多安已经设法与朔伊布勒达成一项妥协，他显然不准备为了希腊得罪朔伊 200
布勒。

我问他，他怎样打消了朔伊布勒的敌意。皮耶尔·卡洛说，他去问朔伊布勒，要做什么才能得到后者的信任。结果是“劳动力市场改革”——这是削减工人权利的代名词，允许企业更容易地解雇员工，只需很少的补偿或根本没有补偿，然后以更低的工资、更少的保障雇用新人。等到皮耶尔·卡洛在意大利议会通过相应的法案，让伦齐政府付出了巨大的政治代价，德国财政部长终于对他手下留情了。他的建议是：“你为何不试试类似的办法？”

“我会考虑的，”我回答，“不过还是谢谢你的指点。”

央行的阻挠

第二天早上，即2月4日（周三），我把手机闹钟设在凌晨4点。随后，我登上飞往法兰克福的飞机，在那里我第一次见到了同样是意大利人的欧洲央行行长马里奥·德拉吉。

法兰克福的街道上覆盖着黑色的冰，灰蒙蒙的天空似乎就压在轿车的棚顶之上。我抵达时早晨还没过去。欧洲央行新建大楼的四周仍然像是建筑工地，最后一段路还是土路。几名官员在门口迎接我和欧几里德，我们随后乘坐特快电梯迅速到达顶层。一切都是崭新的，大玻璃窗外的风景缓解了油漆的气味。

在董事会会议室，欧洲央行的头面人物齐聚一堂。我几天前在巴黎见过的伯努瓦·克雷是唯一露出友好微笑的人。马里奥·德拉吉看起来很紧张，欧洲央行董事会两名有德国血统的成员彼得·普雷特和扎比娜·劳滕施莱格省去了打招呼的环节。他们都坐在一张长桌的一侧，另一侧是我、坐在我左边的欧几里德，还有他们身后的法兰克福景色。他们让我先介绍一下我的来意。

考虑到言简意赅的重要性，我首先介绍了希腊政府对现行希腊方案的主要想法和意图。然后，我用了不到十分钟的时间，阐述了我们的一系列方案：建立在债务置换基础上的债务重组，全球金融家认为
201 这是明智且适当的；永久性保持1.5%的基本预算盈余；成立一家开发

银行，替代抛售的做法；成立一家公共“坏账”银行，处理银行的不良贷款；在各类市场进行深入改革；等等。在发言的最后阶段，我把那份非正式文件递给马里奥·德拉吉，上面总结了我的债务置换方案。

德拉吉接着发表了简短的讲话，谈到了欧洲央行的独立性，表示他肯定不会在希腊政府和其他欧元区政府之间的谈判中发挥任何政治作用，并强调了禁止欧洲央行通过商业银行进行“货币融资”的禁令。“我必须告诉你，希腊的近期事态发展使我们陷入非常不利的境地，”他不祥地通知我，“今天晚些时候，我们的行长理事会将开会，很有可能取消你们的豁免权。”

这项豁免权允许我们的银行用垃圾抵押品从欧洲央行换回流动性。[9]只有在欧元集团同意的情况下，欧洲央行才能给予这种豁免——这纯粹是一个政治决定，相当于“货币融资”，尽管德拉吉持不同意见。取消豁免权是关闭希腊银行两步走策略的第一步，第二步则是叫停紧急流动性援助。德拉吉刻意避免表现出他是否同意取消豁免权。他只是警告我，如果大多数理事会成员支持，他也不会感到意外。

于是我明白了：在短短几句欢迎辞中，马里奥·德拉吉已经暗示，他将为欧洲央行和希腊央行行长在我们当选之前就已经开始的扼杀行动推波助澜。这是明目张胆、精心策划的挑衅。

我首先表示，我打心眼里对德拉吉怀有极大的敬意，从当上行长的第一天起，他就在竭尽全力地挽救欧元，同时尽可能地遵守了欧洲央行的章程和规定。这种巧妙的平衡为欧洲政治人物赢得了必要的时间，使他们能够想出妥善应对危机的办法，从而缓解欧洲央行自身面对的无解难题：既要拯救欧元区濒临崩溃的经济体，又不能使用任何正常央行都能使用的必要手段。

“唉，我们这些主政者没有把你们为我们争取到的时间利用好，不是吗？”我说。马里奥的脸上露出尴尬的同意表情。我接着说：

202 你们在维持欧元区团结以及让希腊留在欧元区方面做得非常出色，特别是在2012年夏天。今天，我在这里请求你们，在接下来的几个月里请继续这样做，为我们主政者赢得必要的时间和货币空间，以便使希腊和欧元集团达成一项可行协议，一项一劳永逸地结束希腊危机的协议。这样一来，你们可以充分保持你们的独立性，遵守针对希腊的规定，我们主政者也可以着手制定政策，为希腊带来真正的可持续复苏，治愈我们国家的创伤。然而，如果我们得不到你们的支持，这一切都不会发生。

两天前，我去了伦敦，去安抚伦敦金融城的神经，建立信任，扭转你们提到的负面“近期事态发展”。此行大获成功。马里奥，你也知道，昨天银行股和雅典股指大涨。我本以为，央行的职责是帮助财长强化这种市场信心的提振，而不是对其进行打压。如果欧洲央行今天取消豁免权，将无异于摧毁我在伦敦辛辛苦苦创造的市场乐观情绪。

我感到，我对马里奥的指责激怒了他——即指责他要拿法律条款说事，打压市场情绪的改善。他说，执行现行方案是获得豁免权的前提条件。我俩由此发生激烈交锋。

“你们的政府并不想执行现行方案。”他对我说，和杰伦·戴塞尔布卢姆一个调子。

“我们所做的一切都是为了重新进行谈判，使这项方案变得可行。”

我反驳说。

“不论怎样，豁免权将于 2 月 28 日到期。”

“好吧。你为什么不等到下次欧元集团会议（定于下周三 2 月 11 日）举行后再推翻我在伦敦取得的良好成果，取消豁免权呢？马里奥，我们为政府仅仅争取到四周的时间，就该方案进行重新谈判。这个期限短到可笑。但我们的央行今天还要把这个期限缩短三周，这是不可接受的。”

“雅尼斯，既然希腊的银行手头不再有最合格的抵押品，就算我们 203
取消豁免权也没什么区别。”他说话的口气好像取消豁免权的决定在所难免，不受他控制，只能听天由命。

我争辩说，既然他们什么时候取消豁免权无关紧要，那么就没必要非得在那天下午取消了。“为什么不再等几天，等到欧元集团会议？为什么非要推翻我刚刚在伦敦取得的成果？”

他唯一的反应就是坚持说，不是他提议取消豁免权，再度暗示这是他控制不了的。

在这个时候，我本可以痛斥欧洲央行行长，成立央行的目的就是维持市场信心，现在行长理事会所做的一项重大决定恰恰会摧毁市场信心，而他对此竟然置之不理。但我没有这么做，在一定程度上是因为他确实有渺茫的机会反对取消豁免权，但他没有能力加以阻止。取而代之的是，我对他说，我相信他能够说服欧洲央行行长理事会保留豁免权，这样就不会破坏雅典股市昨天的复苏势头，就像我相信他会支持我的债务重组方案一样。“我之所以在这里发言，在欧洲央行，是因为欧洲能够理解和支持我的专家都在这座大楼里，不在布鲁塞尔。”

我在非正式文件中提出的第一点是，建议将欧洲央行持有的证券市场计划债券置换成希腊政府新发行的永续债券。这个问题颇为敏感。我们双方都知道，证券市场计划债券是我的威慑战略支柱，是他的阿喀琉斯之踵。如果希腊单方面减记证券市场计划债券，我们极有可能搞砸他的量化宽松计划。我想知道他会对此说些什么。

他的战术是顾左右而言他，宣称债务置换相当于一种“货币融资”，因此绝无可能。我对此不敢苟同。我承认，减记或许可以被严格地解读为一种间接的货币融资形式，但我的方案是将一种债务（短期）置换成另一种债务（无限期）。希腊政府还是欠欧洲央行 270 亿欧元，但不用在几年内还本，而是承诺永久性地按时向欧洲央行支付小额利息。没有减记，没有货币融资。我总结说：“欧洲央行的规则制定者从未考虑过这种情况，所以何谈禁止。”

204 意想不到的帮助来自伯努瓦·克雷。他对德拉吉说，我的方案有可取之处，值得考虑。即使欧洲央行不愿接受用希腊新发行的永续债券置换剩下的证券市场计划债券，或许我们可以进行“三方置换”：欧洲稳定机制——即欧盟纾困基金——可以用 270 亿欧元现金向欧洲央行赎回证券市场计划债券，然后希腊发行面值为 270 亿欧元的永续债券，交由欧洲稳定机制持有。我立即意识到伯努瓦的点子还有一个优点，那就是欧洲央行的账面上没有留下任何希腊债券（永续债券或证券市场计划债券），因此希腊有资格参加德拉吉即将推出的那轮量化宽松。[10]

德拉吉迅速转移了话题。他抱怨说，既然我在公开场合表示，希腊的银行早已资不抵债，因此他难以允许它们继续营业，因为根据欧洲央行的规定，他不能帮助资不抵债的银行维持运营。我指出，希腊银行之所以获得豁免权，这件事本身就是对它们资不抵债状况的明确承认：否则何须豁免？问题是，这个权宜之计已经成为永久性措施，因为我们未能齐心协力地解决根本性的资不抵债问题。“难道我们目前的任务不是结束资不抵债的银行和资不抵债的政府之间导致死亡的厄运循环吗？一方面，欧洲央行不得不违反自身规定，维持资不抵债银行的运营；另一方面，资不抵债的政府又不断烧掉欧洲纳税人的钱。”

坐在马里奥左边的彼得·普雷特和扎比娜·劳滕施莱格看起来相当震惊，这并不是因为我说的是一派胡言，而是因为——我对这一点相当确信——他们也大致如此评价希腊纾困方案以及欧洲央行在其中所发挥的作用。普雷特开始就私有化问题向我发问。我用回答伦敦金融城朋友的相同答案回答了他。他们似乎对我的主张感到满意，但对希腊的现实完全不满意——这完全是我的感受！又问了几个问题之后，欧几里德发表了一个简短的声明，比我的略微更具攻击性，会议到此结束。

在我们起身离开时，马里奥走过来，与我们一起走出会议室。在避人耳目的走廊上，他试图就欧洲央行行长理事会那天下午可能取消我们的豁免权一事对我进行安抚。我可不吃这套。

“马里奥，如果我们的豁免权在我推动银行股上涨 20% 之后的第二天被取消，我将追究你的个人责任。如果你这样做，这将是中央银行 205
历史上的第一次——央行竟然致力于破坏财长在改善市场情绪方面所取得的成果。”

德拉吉装出一副无辜的样子。他再次抗议说，真的不是他说了算——他控制不了欧洲央行行长理事会。他再次辩解说，我一再提到他的阿喀琉斯之踵，即给证券市场计划债券单方面“剃头”的可能性，这可不是在帮助他保留豁免权。

我向他保证，我只是希望我们能够齐心协力。我承诺说："只要你们不关闭我们的银行，我也不会给这些债券单方面'剃头'，就连想都不会想。"

"我会尽力而为，"他回应道，"但这并不总是由我说了算。"

自欧元危机爆发以来，我不得不一次又一次地纠正一个根本性误解，即这是希腊人与德国人、北方与南方、吝啬的柏林和挥霍无度的欧洲外围国家之前的斗争。相反，破坏欧洲团结、理性和启蒙的敌人遍布于希腊、德国、意大利——无处不在。他们的捍卫者也是无处不在。

欧洲央行的会议结束后，我参加了两场媒体活动，又在法兰克福待了几小时。在此期间，我由四名德国特勤局保镖陪同，其中两人走在前面，两人在我身后几步远的地方跟随。每当我们乘车时，他们总是最后上车，最先下车，以便看清楚周围的环境。他们留着平头，戴着耳机和袖扣式对讲机，穿着橡胶靴子和不显眼的制服，不苟言笑，表情严肃，完全无视我对他们持续陪同的反对。

在我接受完采访之后，他们把我送到机场，在那里他们继续默默、高效地履行着自己的职责，而我将搭乘航班前往柏林。在登机之前，我请求去趟洗手间。其中一人，显然是小组长，跟着我进去，站在离我非常近的地方，足以让我感到不适。但我知道，他只是例行公事，于是我放松了下来，很快就洗手离开了。

在我们与等在门口的另外三名保镖会合前，他第一次开口说话了。他用非常流利的英语请求与我交谈。"当然可以，"我说。

"部长，"他说，"我想让你知道，你正在做的事情非常重要——不仅对你的国家重要，对我们也很重要。你给了我们希望，我们也有机会获得解放。”

每当我听到包括朋友和支持者在内的人们对我说，欧洲完蛋了，德国人、英国人、意大利人和希腊人不可能有共同的道路时，我都会想起那名德国特勤局官员的话。 206

“找你的电话！”

抵达柏林后不久，我与约格·阿斯穆森和杰罗明·策特尔迈尔约好私下里共进晚餐。虽然阿斯穆森身为劳工部副部长，但他是德国政坛的一个关键人物，与欧洲央行关系密切。他从欧洲央行董事会卸任刚刚一年，是德国联合政府次要执政党社会民主党的权力掮客。策特尔迈尔直接为德国联邦政府副总理、经济部长、社会民主党领袖西格马·加布里尔工作。他们约我共进晚餐表面上是为了在激进左翼联盟政府和社会民主党控制的德国政府部门之间架起桥梁。他们说自己是我们在柏林政府内部的盟友和支持者，为我提供建议，并保护我不受“大灰狼”的欺负——他们其中一人开玩笑地把沃尔夫冈·朔伊布勒叫作“大灰狼”。

他们要我一个人去餐厅，做好伪装，打车去，而且不要把他们见面的事情告诉任何人。言下之意是，如果消息泄露，对我们所有人都没有好处。“这件事仅限于我们自己知道。”杰罗明在电话那头说。当然，他把电话打到我的手机上就意味着，这件事已是半公开化了——正如我们政府的间谍头目雅尼斯·鲁巴蒂斯向我说明的那样。正当我准备离开酒店房间时，我收到杰罗明发来的一封邮件，通知我他们改变了预定的餐厅，因为之前的选择“太公开了”，再次证明了谨慎的重要性。于是我把手机留在了房间里，这在一定程度上是出于对保密的考虑，也是因为我已筋疲力尽，想与外界断线两三个小时。

我在附近的一条漆黑阴冷的街道上叫到了一辆出租车，把地址告诉了司机，我们改约在偏远地段的一家比萨店见面。下车后，我按照
207 指示上了二楼，我们把这层都包了。吃着比萨，喝着红酒，我们开始了气氛友好的讨论。

约格和杰罗明就像朋友，甚至是同志一样与我聊天。回想起与米歇尔·萨潘的会面，我想，这正在成为社会民主党人的一种风格。如他们所言，他们的目标是打造激进左翼联盟-社会民主党的共同纲领，要足够缜密，足够高明，让安格拉·默克尔和沃尔夫冈·朔伊布勒——他们在政府中的基督教民主联盟执政伙伴，但总的说来是政治对手——无从反对。我觉得这听上去不错。老实说是太好了。毕竟，如果我能在约格和杰罗明的帮助下敲定一份像样的协议，那很好。如果没有，我又有什么损失呢？

随着我们的讨论从一个话题转到另一个话题，我提出的基本方案似乎满足了他们的要求。他们最关心的问题是，基督教民主联盟党人会提出什么反对意见，以及他们如何应对。我们聊得越多，我就越觉得和我共进晚餐的是一对为我们政府工作的顾问。直到约格的手机响起。他接起来，把手机放在耳边，然后严肃地看着我，对另一头一句话也没说。他对我说："找你的电话！马里奥想和你谈谈。"

我们会面的私密性到此为止。我心想，这些人甚至都不想装下去。我站起来，接过约格的手机，走到比萨店后厨前面的漆黑走廊里，那里弥漫着令人愉悦的气味和噪声。

"你好，马里奥，有何贵干？"

"我想告诉你，雅尼斯，"德拉吉语气平稳地说，"免得你从媒体上

得知这个消息。正如我今天早上提示你的那样，行长理事会通过表决取消了你们的银行豁免权。但这并不意味着什么，你们的银行可以继续通过紧急流动性援助获得你们央行的支持。”

“感谢你通过各种有趣的渠道找到我，亲自告诉我这个消息，马里奥。”我说，“既然你给我机会，直接让我在电话中做出回应，那么请允许我说，这个决定只能被解读为欧洲央行针对希腊政府采取的具有严重政治意味的敌对行动。在我们当选的一周后，我单枪匹马地拉动了银行股的股价，制止了银行挤兑的风潮，但第二天我们的豁免权就被取消了，实际上目前距离我的第一次欧元集团会议还有一周，距离延期后的希腊方案有效期满还有三周的时间。”

德拉吉敷衍地试图否认此举具有任何政治含义，但我根本不买他 208
的账。我告诉他，这个决定在雅典会被解读为毫无根据、过于草率、咄咄逼人的举动，就像欧元集团主席的最后通牒一样。

等我回到餐桌旁时，我发现约格和杰罗明的情绪有所变化。我摆出一副勇敢的表情，假装什么都没发生，但他们当然比我更清楚是怎么回事。充满同志情谊的气氛消失了，我们不再像是一个图谋反对朔伊布勒和默克尔的安排，试图对希腊方案进行修改的联合小组了。所以我不再装模作样，把我对欧洲央行这个决定的评价告诉了他们。阿斯穆森的反应就好像他还是欧洲央行董事会成员，低声说着一些站不住脚的借口。关于激进左翼联盟-社会民主党合作的所有豪言壮语都随着一个电话而烟消云散，将这次聚餐的本质暴露无遗：一场拙劣的表演。

他们也不是坏人

回到酒店，已是午夜时分，我打开手机，给亚历克西斯打电话，告诉他德拉吉已经取消豁免权。

“不要妥协，但看看加布里尔能不能帮上忙。”他建议说，听上去处变不惊。

“亚历克西，从他昨晚派的两个信使来看，我不抱什么希望。”我说。我告诉他，我们需要坚持不懈地向外界表明，一旦他们取消希腊银行的紧急流动性援助，我们就决心使出我们的威慑力量。

“现在去睡会儿吧。你去见朔伊布勒时必须头脑清醒。”亚历克西斯轻松地说。

首先，我必须写一份新闻稿，缓解取消豁免权对我们构成的打击。我思忖着如何完成作为财政部长的这项快乐任务：把一次重创包装成小事一桩。

与此同时，向来警觉且乐于助人的格伦·金在得知这个消息后给我发了一通电子邮件，分析了这件事对财政造成的直接影响。他证实了我的看法，用不着等到股市开盘、储户有机会再次取款，银行就已经遭受重大打击。[11] 我的任务是撰写一份声明，一方面暗示我强烈反对欧洲央行的蛮横行为，同时要稳定紧张情绪，把不可避免的市场情绪
209 的急剧波动幅度降至最低，保住我在伦敦取得的部分成果。

预计白天我去见朔伊布勒时，会有记者等在德国财政部门口，要求我就欧洲央行此举发表评论，为此我准备了下面这份声明。

> 欧洲央行基本上是在努力遵守自己的规则，激励我们和我们的合作伙伴迅速达成政治和技术协议，同时保持希腊银行的流动

> 性。我相信，希腊储户明白，日常稳定是有保证的，我们正在就新的条款进行谈判，而这些条款将带来经济复苏和永久性解决方案。在我们看来，欧洲央行做出决定的时机令人倍感意外，鉴于我们在现有希腊方案于 2 月 28 日到期前的处境，这么做可能造成不必要的紧迫感。我相信，做出这一仓促决定的原因在于欧洲央行行长理事会昨天召开“非货币政策”例会的时机。在他们看来，这可能是正确的时机。

我能做的只有这些。当然，一旦股市下跌，银行股价将随之下跌，存款也将恢复外流。就算前一天的涨幅得以部分保留，取消豁免权之后，这部分涨幅只要一两天也就跌回去了。唯一的希望是，从中期来看，所有这些都不重要。真正的问题是，我们能否说服柏林同意妥协，否则爆发全面的对抗在所难免，就像我自 2012 年以来一直预计的那样。

在前往德国财政部的路上，我的手机收到的两通邮件引起了我的注意。一通来自杰米·加尔布雷斯。他告诉我，伯尼·桑德斯即将致信美联储主席珍妮特·耶伦，请她告知欧洲央行，他们的行为令人震惊，最终将破坏全球稳定。第二通邮件来自格伦。这是一份关于沃尔夫冈·朔伊布勒的情况简介。格伦以前曾为朔伊布勒的办公室提供过咨询服务。作为一名金融家，格伦的发来的情况简介写得像一份产品介绍：

> 他是一名彻头彻尾的律师。 210
>
> 他的经济学知识相当薄弱。我记得不止一次他把收益率和价格混为一谈，在提到金融股的时候都没弄清楚这个词是什么意思。

绝对厌恶市场。认为市场应该由技术官员掌控。

他实际上很喜欢扮演坏警察。

但是：

他也是一名怀着满腔热忱的欧洲主义者。

他相信一种德国式欧洲的命运（尽管他不理解“德国式欧洲”一词中所含有的矛盾）。

他是一个可以与之辩论的人。

在我见到这位大人物之前，敌意已经显而易见。我在德国财政部一楼遇见了一位副部长。在走进电梯之前，他用戏谑的语气向我发问，但其中隐藏的攻击性足以证明他并不是在开玩笑。他的问题是：“我什么时候能拿回我的钱？”我忍不住想说：“当你说服德意志银行把钱还给你的时候。”但我什么也没说，脸上挂着灿烂的笑容，只想完成这场游戏里的主线任务。

电梯门打开，门外是一道又长又冷的走廊，沃尔夫冈·朔伊布勒坐在轮椅上，在走廊的尽头等着我。25年来，我一直在关注这个人的演讲和文章。我心里非常清楚，在他看来，我是一个非常讨厌的人；但我脸上的笑容和主动向他伸出的手意味着，我对他怀有真正的尊重，而且内心希望我们或许可以达成体面、文明的妥协。奇怪的是，这个希望最终竟然实现了，尽管接下来发生的事情令人震惊：德国财政部长拒绝了我的握手请求，他坐在轮椅上迅速掉头，以惊人的速度驶进自己的办公室，同时向我招手，示意我跟上——我当然跟上了，欧几里德跟在我身后也冲了进来。

一进入他的办公室，我的东道主就放松了下来，表情也变得比较亲切。我们围着常用的那张会议桌坐下，他的身旁坐着两位副部长，对面是欧几里德、希腊驻德国大使和我。和往常一样，他们要我先讲几句。我用的还是与萨潘、奥斯本、帕多安和德拉吉会面时的那套开 211
场白，只是稍做改动。不同之处在于，我强调了两点。我知道柏林对这两点深表认同。首先，我没有要求债务减记，我明确表示，我的债务置换方案在总体上将使德国和希腊同时获益。其次，我强调了打击逃税行为和实施改革的重要性，这将促进希腊社会的企业家精神、创造力和廉洁。

朔伊布勒的开场白相当友好，坚持我们之间直呼其名就可以了。但随后，他立即明确表示，他对我刚才说的话丝毫不感兴趣。不过，由于实在不想错过彰显德国人正直和希腊人罪行的机会，他提出派遣 500 名德国税务官前往希腊帮助追查逃税者。我对他说，我非常感谢他的慷慨相助，不过我担心，他的官员恐怕会失望而归，因为他们看不懂希腊的报税表或相关文件，所以无法对我们的纳税人进行审查。我有一个更好的主意：他为何不派人来当希腊财政部税务局局长呢？

我的建议显然吓了他一跳。于是我说了下去。我解释说，税务局归我管，但多亏了“三驾马车”，我管不了税务局——税务局局长不是由我或希腊议会任命的，也不对我或希腊议会负责，而我却要为她的所作所为承担责任。我的建议是：他可以立即任命一名资历无可指摘、声誉毫无瑕疵的德国税务官员出任希腊税务局局长，完全只对我们双方负责，如果这个人需要德国财政部的额外支持，我也没有意见。“我知道你不喜欢与我或我的政府打交道，”我对他说，“即使如此，你大可放心，在打击逃税的问题上，我是你真正的盟友。”最后，我告诉他我制订了一项计划，利用算法追查 2000 年至 2014 年期间的逃税者。

这并不是朔伊布勒博士所期待的。不过，有两件事表明，他也不想认真地考虑这个提议。首先，他开始转移话题，避免在这方面展开卓有成效的讨论，从而使我们有机会就打击希腊的逃税问题达成令人印象深刻的协议，而且他再也没有回到这个话题上来。其次，他把话题转到他的理论上来，即“过于慷慨”的欧洲社会模式难以为继，必
212 须放弃。他拿欧洲维持福利国家的成本同印度等根本不存在社会保障网络的地方进行比较，认为欧洲正在丧失竞争力，如果不大幅削减社会福利，欧洲将止步不前。这就好像在告诉我，他必须从某个地方下手，而希腊或许就是那个地方。

我反驳说，显而易见的解决方案是福利和最低工资的全球化，而不是毫无劳动保障的贫困全球化。作为回应，他详细回忆了自己在 20 世纪七八十年代执行的一项秘密任务，代表他的基督教民主主义者政党与民主德国当局联系。“民主德国人并不坏，”他告诉我，“他们关于社会福利体系的想法很好，只是在经济上不可行。”他的意思已经很清楚了。

“你是在把我比作民主德国的部长，虽然出于好意，但在试图维持一个不可持续的政治和经济体系吗？”我质问道，“我向你保证，沃尔夫冈，不管你在希腊的朋友对你说了些什么，我是自始至终的民主派、坚定的多元主义者和不变的欧洲主义者。我的激进左翼联盟同人也是如此。我们与民主德国的相同点，同基督教民主联盟与皮诺切特政权的相同点一样多：根本毫无共同之处！[12]至于我们的养老金和福利方案，它们是我们总体财政政策的一部分，最终将产生少量但积极的预

算基本盈余。财政和经济的可持续发展是我们的头号任务。希腊人已经受够了靠赤字过日子。”

他回应时的态度软化了，辩解说他绝对无意进行这种比较。

去找那些“机构”吧!

暂且抛开这个令人遗憾的误会之后，我把话题引回了债务重组和我的债务置换方案上。朔伊布勒对我的那份非正式文件连看都没看一眼。他带着轻蔑的神情把它递给了他的副部长，称这是那些“机构”的事情——我在雅典与杰伦·戴塞尔布卢姆举行的联合新闻发布会上正是使用了“机构”这个词，这表明就连德国财政部长现在也对“三驾马车”一词感到不舒服。这是柏林自始至终的标准战术。每当我们向默克尔总理或朔伊布勒部长提出关于债务、私有化、养老金、逃税等问题的建议，他们只是让我们去找那些“机构”。言外之意是，柏林 213
和雅典之间不会有谈判，这根本不是他们的工作。[13]

就在这时，欧几里德出来救场。德国那边，除了沃尔夫冈没人发言。欧几里德用结构优雅的句子指出，事实证明，技术官员过去对希腊财政、债务和社会危机的应对失当，如今又把具有重大政治意义的问题交由他们处理，是不负责任的行为。他的话戳穿了朔伊布勒回应的荒谬之处。多亏了欧几里德帮我抬高要价，我可以趁机提出一个折中的建议。如果我到那些“机构”提出我的方案，争取与他们达成一项可行协议的话，那么允许有一段“祥和与平静”时期将符合所有人的利益。沃尔夫冈点点头，似乎表示同意。

这与欧元集团主席的态度形成鲜明对比。我讲述了他是如何在我的办公室里威胁我要关闭银行的，就在我搬进那间办公室的仅仅三天后。“这可不是一个友好的举动。”我冷冷地说。

沃尔夫冈生气地回应道：“他没有理由去希腊。他没有得到授权。”

朔伊布勒不是一个虚情假意的人，他让我相信戴塞尔布卢姆一定是自作主张。如果他这么做是希望替他的老板轻松取胜，老实说他失败了——他的老板显然并不满意。

出人意料的批评，骇人听闻的表扬

在之后的例行新闻发布会上，沃尔夫冈恢复了严肃的公众形象。他告诉在场的诸多媒体，我们进行了一次友好的会晤，其间他“解释说”，无论哪个政党执政，希腊都必须遵守其所背负的“义务”。

“我们一致认为双方存在不一致的意见。”朔伊布勒说，拒绝承认我们的讨论达成任何共识。

“我们甚至在这一点上的意见都不一致。”我插嘴说。

我想表明的是，我的东道主一直不愿就任何问题进行讨论，不过情况已经发生变化：希腊现任财政部长不会因为希腊政府无力偿债就
214 任人摆布。明确了这一点之后，我发表了一项声明，旨在弥合德国普通人和希腊普通人之间不断拉大的裂痕。“有些人误以为，两国人民的相背而行是解决问题的答案。”我说，

> 今天，我不仅有幸拜访了欧洲经济发动机的财政部长。更重要的是，我见到了一位欧洲政治家，对他来说，欧洲团结是他毕生的事业。自20世纪80年代以来，我一直怀着极大的兴趣关注着他为团结欧洲所做的工作和努力。今天，我向朔伊布勒部长传达的信息是，在我们这届政府中，他有一个潜在的合作伙伴，我们

> 也在为欧洲的各种问题寻找解决方案，这些问题不仅困扰着希腊，也困扰着整个欧盟。

我对着我的东道主说：

> 你将在我们的政府中看到一场理性的狂欢。你将看到，我们的方案不仅着眼于希腊普通人的利益，而且着眼于欧洲普通人的利益——德国、斯洛伐克、芬兰、西班牙、意大利的普通人。你将看到，我们将始终如一地实话实说，没有战术策略或阴谋诡计。这就是我们的承诺。我们所要求的或许是最宝贵的商品：时间。我们的合作伙伴、国际货币基金组织、欧洲央行、欧盟委员会只须等待很短的时间，我们的政府就可以拿出着眼于短期、中期和长期的全面方案和路线图。

关于欧盟面临的更广泛挑战，我建议说，我们应当尊重既定的条约和程序，而不是粉碎民主的娇嫩花蕾。在访问巴黎期间，我曾对法国财政部长说，法国让我有种回家的感觉，我是回到了希腊的一个精神家园。在柏林，我表达了相同的感受，讲述了近两个世纪以来，产生了歌德、贝多芬、黑格尔和康德的这块土地如何成为不同政治派别
希腊人的灵感源泉。然而，还有更多的东西将希腊和德国捆绑在一起， 215
我继续说，

> 严重的债务—通缩危机导致希腊岌岌可危，作为希腊政府的财政部长，我觉得德国是最能理解我们的国家。没有人比这片土

> 地上的人民更清楚，严重的经济衰退，加上日复一日的民族屈辱和无尽的绝望，可能导致社会中的“蛇蛋”孵化。今晚，当我回到雅典时，我将面对着一个第三大党是纳粹政党的议会。我们的总理在宣誓就职后，立即向雅典的一个标志性纪念碑敬献花圈，此举象征着他对纳粹死灰复燃的反抗。[14]德国可以自豪地表示，纳粹在这里已经得到铲除。但纳粹阴魂正在希腊重现，这是历史的一个残酷讽刺，这个国家在20世纪40年代曾经与纳粹进行过英勇的斗争。在这场抗击反人类行为的斗争中，我们需要德国人民的帮助。我们需要这个国家的朋友坚定不移地支持欧洲的战后计划，那就是，永远不再容许20世纪30年代那样的“大萧条”离间自豪的欧洲国家。在这方面，我们将尽到我们的责任。我确信我们的欧洲伙伴也会这么做。

第二天，德国媒体猛烈抨击我说，在戈林的旧航空部大楼里，当着德国财政部长的面，我竟敢提到纳粹。与此同时，希腊的民族主义者对我大加褒奖，说我把朔伊布勒称为纳粹。我不确定我更害怕的是表扬还是批评。

西门子

双方发表完声明之后，沃尔夫冈和我开始回答问题。其中一个问题涉及德国西门子集团和一个名叫米海尔·赫里斯托福拉科斯的人，此人曾是西门子希腊业务的负责人。几年前，美国发起的一项调查发
216 现，赫里斯托福拉科斯一直在贿赂希腊政客，为西门子赢得政府合同，
这是一桩大丑闻。希腊当局对此启动调查后不久，赫里斯托福拉科斯

潜逃至德国，随后被捕。但德国法院一直在阻挠将他引渡至雅典。

一名记者问道：“部长，你是否敦促过你的德国伙伴，德国政府有义务将赫里斯托福拉科斯引渡到希腊，以帮助雅典打击腐败？”

我试图给出一个不偏不倚的合理答案：“我确信，德国当局能够理解帮助我们陷入困境的政府打击希腊境内腐败问题的重要性。我相信，我们的德国伙伴明白，重要的是在欧洲各地都不能出现被人视为双重标准的行为。”

朔伊布勒博士是怎么回答的呢？他似乎有些恼怒，喃喃地说，这不归他的财政部管。或许如此。但西门子案件和朔伊布勒不愿插手的态度折射出希腊和整个欧洲面临的根本挑战。

正如我经常观察到的那样，在欧洲北部，人们普遍认为，欧洲大陆既有勤劳守法的蚂蚁，也有懒惰逃税的蚂蚱，所有的蚂蚁都住在北边，奇怪的是，所有的蚂蚱都住在南边。现实要混乱得多，险恶得多。腐败跨越国界，南北皆有。跨国公司参与其中，他们与根深蒂固的建制派的关系也不受国家边界的约束。我们未能端掉这个强大网络的部分原因在于，建制派拒绝承认其真实性质。当赫里斯托福拉科斯被控把贿赂塞进政客口袋里时，我并不感到意外：一个惊人的巧合是，我的叔叔在 20 世纪 70 年代末辞去了西门子的同一个职务，因为他发现自己被迫要做同样的事情。与千百万希腊人一样，我对德国当局拒绝引渡赫里斯托福拉科斯到希腊受审深感愤怒。更令我震惊的是，在雅典，我的老朋友、时任财政部长斯图纳拉斯于 2012 年 8 月 28 日向议会提交了一份与西门子公司达成的庭外和解协议，终止了对该公司的所有指
控，不仅为赫里斯托福拉科斯，也为被控接受他贿赂的希腊政客逃避 217
审判铺平了道路。

我与朔伊布勒举行的这场新闻发布会拉开了一场充满敌意的媒体攻势的序幕。尤其是在德国，我被描绘成一个反对德国、拒绝改革、自以为是的人，为希腊的腐败和低效辩护。最终，通过纯粹的重复，谎言成为真理。过了几个月，在我辞职后，欧几里德将被描绘成一位理智、负责、被低估的部长，是他让谈判重回正轨，把希腊从我的手中救了出来，而我是一个不专业的、固执己见的人。但欧几里德和亚历克西斯之所以得到奖励，实际上是因为他们对"纾困斯坦"和那个关系网网络不再发起任何严肃的挑战，坐视西门子等企业通过这个网络同希腊和德国的银行与政客绑定在一起。

就在我记录下这段往事时，米海尔·赫里斯托福拉科斯仍在德国逍遥法外；斯图纳拉斯依然是希腊央行行长；西门子丑闻尚未导致有政客受到指控；朔伊布勒博士和欧几里德继续不谈判，把希腊更牢靠地关在债主监牢。令人惊讶的是，希腊议会即将发起一项叛国罪指控——指控对象是我。

社会民主运动的滑铁卢

继沃尔夫冈·朔伊布勒之后，轮到西格马·加布里尔在他的经济部接待我。几乎每个人都认为，我此前在财政部的遭遇是在劫难逃，而经济部之行将是我的一次软着陆，这位和蔼和亲的社会民主党副总理兼该党领袖会安慰我的。但我并没有这样的期待，不仅仅是因为加布里尔的特使约格和杰罗明参与了前一天晚上的表演。

在加布里尔的办公室，会谈进行得十分顺利，约格、杰罗明、欧几里德和希腊驻德国大使也在场。这次会谈几乎是几天前我在巴黎与米歇尔·萨潘会谈的翻版。还是说着那些陈词滥调，同样发誓要永远保持团结。“你们的成功就是我们的成功。”加布里尔在会谈开始时对我说。他接着说——都不用我提词——如此对待希腊是罪恶的，将在很长一段时期内使欧洲蒙上污名，这都是因为在2010年危机爆发时，是 218
基督教民主主义者主导着欧洲政坛。我表示，我们政府的当选给欧洲带来了团结行动的机会，不仅是就希腊这场闹剧而言，而且是通过重新部署现有机构，使宏观经济维持必要的稳定，以抵御民族主义、右翼民粹主义和仇外情绪的崛起。加布里尔听到我这么说似乎喜不自禁。当我说明我们《温和建议》中的基本要素时，他甚至听得专心致志，承诺会仔细研究。

然后，话题转移到了具体的希腊问题上。我介绍了债务置换的操作方法，把我的那份非正式文件递给他。他的态度似乎非常积极，甚至说早就该进行债务重组了。但他更倾向于重点讨论逃税和产业发展的问题。这对我来说没问题。我可以借此机会说明，我正在与我的铁面团队尝试做些什么，他们通过算法追查逃税，而且我计划成立一家开发银行，利用希腊剩余的公共资产招揽本土投资，以此作为针对希腊最具前途行业的产业发展计划的一部分。

加布里尔似乎对谈话的方向很满意，但他想提出一个实际的问题。前一年夏天，他开游艇在希腊游玩，几乎每次在港口停靠时，他都发现缴纳停泊费非常困难。这令他感到震惊。他去找负责此事的海岸警卫队官员，但对方告诉他：“没关系，不用着急——给多少你随意。”没有交费收据，实际上根本没有正规流程。

我对此表示赞同，轻微的腐败被这种不正规的流程所掩盖，对经济和社会构成了日积月累的影响，构成了一个重大问题；但我的财政部缺乏解决这个问题的资源。我还告诉加布里尔，2014年夏天，到访米克诺斯岛和圣托里尼岛的游客人数翻了一番，但同期的增值税收入却下降了 40%。基克拉泽斯群岛的这两个岛最受游客欢迎。当我把这种可耻的情况通报给财政部打击经济犯罪小组的负责人时，他告诉我，由于紧缩措施连年削减经费，而且“三驾马车”试图让他的小组靠边站，他的下属已经不足 100 人，要负责全希腊的事情。当他派遣官员前往米克诺斯或圣托里尼时，在他们搭乘的船驶离比雷埃夫斯港之前，犯罪者就得到他们要来的消息了。

219 我对加布里尔说，为了查明这些腐败行为的真相，我们需要创新的方法，利用人们的恐惧心理打击逃税行为。他表示赞成，并表示，只有当经营者担心他们的下一位顾客或许就是税务局的人时，他们才会变老实。我告诉他，我已经在考虑授权税务局使用外聘人员，在酒吧、餐馆、加油站、医生诊所等场所冒充普通客人。他们没有执法权，只负责用电子设备将交易记录下来，以便当局随后确定是否有理由发起调查或起诉。一旦税务局派出眼线的消息传开，大量的小额逃税行为就会销声匿迹，给政府财政带来巨额收益。加布里尔对这个想法很感兴趣，当我们走向新闻发布室举行另一场联合新闻发布会时，他用胳膊搂着我，鼓励我将其落实。

我们站在各自的讲台上，对面是摄像机、麦克风和形形色色的记者，这一切似曾相识。确切地说，这是巴黎的昨日重现。加布里尔变了一个人。欧洲社会民主党又有一人想要在公开场合比朔伊布勒还朔伊布勒。关于希腊和欧洲社会民主党联合项目的一切讨论早已烟消云散。我们在产业政策、结束紧缩措施和债务重组等问题上建立的一致立场在我的脚下瓦解。关于打击逃税策略的统一意见化为乌有。取而代之的是对希腊政府的步步紧逼，以及关于希腊对债权人负有偿债义务的严厉说教，称在这个问题上丝毫没有谈判的余地。雪上加霜的是，他还提到了“三驾马车”的“灵活性”。

由于前一天晚上与约格和杰罗明的接触，我对欧洲社会民主党人本就很低的期望进一步降低。我继续摆出一副若无其事的样子，发表了我的标准演讲，表示通过《温和建议》中提到的手段，对“三驾马车”失败的希腊方案进行大刀阔斧的调整，我们的政府将寻求维持经济的可持续性。不过，当我们走出新闻发布室时，我问西格马，对他来说，私下里说的是一回事，公开说的是另一回事，这是不是特别容易。我补充说：“我自己觉得这件事特别难。”

他表示不明白我在说什么，不过他确实表示，与基督教民主主义者结盟束缚了他的手脚。我回应道，他应该吸取希腊社会民主党泛希腊社会主义运动的教训。该党也有类似的习惯，为了迎合与保守的新民主党人的结盟，他们调整了自己的表态。“他们的支持率从 40% 暴跌 220
至 4%。我不希望看到维利・勃兰特的政党重蹈覆辙。”这是我对他说的最后一句话。[15]

一个月后，我向那些“机构”提出了允许希腊税务局外聘人员的想法，希望以此改变希腊的社会行为准则，根除习惯性的小额逃税行为——就像那天我与西格马・加布里尔讨论的那样。这只是我提出的税务局众多改革中的一项，最重要的是强制交易数字化，把现金交易限制在 50 欧元以内。“三驾马车”官员把这项方案泄露给媒体，媒体大肆进行了报道。根据他们的描述，我不仅没有进行“三驾马车”要求的严肃改革（比如在人们纷纷逃税的破败经济体中提高增值税率），反而提出愚蠢的方案，弄得游客和家庭主妇紧张兮兮，鼓励希腊人告发他们的邻居。

西格马·加布里尔之前似乎急切盼望我的方案得到落实，他本人，或者他圈子里的任何人有没有为这个方案进行过辩护？答案或许不会让你感到意外。非要说有的话，那就是他的办公室帮助散布了针对我的那些宣传。欧洲社会民主运动目前普遍惨遭滑铁卢，如果有人好奇，其背后究竟是何原因，这个故事或许提供了一丝线索。当然，与西格马·加布里尔在四个月后（即 2015 年 6 月最后一周）的所作所为相比，这次的翻脸程度尚未进入里氏胆小等级表。

本章注释

1. 瓦鲁法克斯在 2011 年著作《全球米诺陶》中提出的“破产体制”的概念与此密切相关。在这个体制中，破产银行基于以下原则进行统治：一家银行的损失越大，它从社会其他人身上榨取租金的权力就越大。
2. 上届新民主党–泛希腊社会主义运动政府在“三驾马车”，主要是国际货币基金组织的要求下，放弃了集体谈判。
3. 正如第五章的《首次交手》一节所解释的那样，我们的新当选政府与萨马拉斯政府处境的唯一不同之处在于，我们把钱还给国际货币基金组织，而不是欧洲央行。
4. 参见瓦鲁法克斯 2016 年著作《弱者任人摆布？》中的内容，关于法国精英与德国共用一种货币的决心如何使法国走上了政治与经济衰落的漫漫长路。
5. 埃伊纳历史悠久，可以追溯到新石器时代，是希腊首个铸造官方硬币的城邦。
6. 紧急流动性援助可以提供约 220 亿欧元的流动性。摩根士丹利方面出于某种原因，认为有必要提醒我，他们观点出现了有利的变化。他们告诉我，除了紧急流动性援助之外，希腊四家系统性银行还有 300 亿欧元可供动用，这笔钱来自他们手头的结构性债券，用行话说是资产担保（ABS）债券或覆盖（Covered）债券。他们还说，在他们看来，欧元区并不敢完全扼杀我们，因为希腊退欧的代价高昂。

7. 参见 http://www.bbc.com/news/world-europe-31083574
8. 参见 http://www.cityam.com/208589/adam-smith-institute-calls-osborne-back-varoufakiss-greek-debt-swap-plan
9. 第三章注释 36 更详细地解释了这一点。在第六章的《最后通牒》一节中，我在讲述与杰伦·戴塞尔布卢姆的对峙时也必不可少地提到了这一点。
10. 面对德国央行的反对，为了让默克尔同意推出量化宽松计划，德拉吉不得不开出了一系列条件，其中包括欧洲央行购买的一国政府未偿还债券 / 债务不得超过一定比例。如果我建议发行的新永续债券留在欧洲央行的账面上，欧洲央行还能追加购入的希腊债券的数量将受到限制，因而制约了量化宽松（关系到希腊政府向私人投资者新增借款的能力）的积极影响。
11. 格伦的电子邮件证实，德拉吉的举动将重创四家希腊银行。“在我看来，”格伦写道，“取消豁免权将涉及大约 270 亿欧元的现金抵押品（在欧洲央行取消豁免权之前，这方面的风险敞口达到 410 亿欧元），将增加 1.55 个百分点的成本。受影响最大的将是欧洲银行（2015 年净利息收入大约减少 6% ~ 7%）和阿尔法银行（6%），比雷埃夫斯银行（Piraeus Bank，4%）和希腊国民银行（National Bank of Greece，2%）所受影响较小。然而，请注意，在存款外流后，银行对欧洲央行的风险敞口加大，我猜大概是200亿至210亿欧元……因此，实际影响可能要大得多。在现阶段，只有欧洲金融稳定机构债券仍然符合欧洲央行的融资资质。”

12. 智利奥古斯托·皮诺切特将军的军政府和基督教民主联盟的朔伊布勒派，在经济口号上有很多相似之处。
13. 当然，当我们向“机构”提出我们的建议时，“机构”也会拒绝给出回复，而是要求提供一沓又一沓的数据。进行这种无休止的数据收集的目的就避免给出任何回复，不论是积极的还是消极的。与此同时，媒体会报道说，我并没有向柏林、布鲁塞尔或法兰克福提出建议。
14. 亚历克西斯敬献花圈的举动在德国被解读为敌对的姿态。〔1944年5月，纳粹在雅典近郊小镇凯萨里阿尼（Kaisariani）枪杀了200名希腊共产党党员。“二战”后，希腊为此在凯萨里阿尼建立了纪念馆和纪念碑。2015年1月26日，新当选的希腊总理亚历克西斯·齐普拉斯宣誓就职后，前往该地献花。——编者注〕我在一次演讲中提到了这件事，试图弥合这一隔阂——我的演讲对德国人成功清除了国内的纳粹主义大加赞赏。我的观点是，既然希腊人和德国人过去共同抵御过纳粹，因此有着共同的目标：打击纳粹背后的经济基础，即永久通缩的经济。
15. 维利·勃兰特在1964年至1987年担任社会民主党领袖，1969年至1974年担任联邦德国总理。在后一个时期，他在边缘化希腊右翼独裁者的同时，为流亡的希腊民主人士提供庇护，为希腊民主运动发挥过重要作用。

第八章　暴风雨来临前的忙乱

周四深夜，我回到雅典。我的第一次欧元集团会议定于下周三（2 月 11 日）举行。我们有一个很长的周末来做准备。 221

在三天三夜的时间里，财政部的六楼挤满了拉扎尔公司派来的人，还有我自己的亲密伙伴，其中包括格伦·金、埃莱娜·帕纳里蒂斯、以前的博士生和其他自愿前来帮忙的技术专家。[1] 第一项任务是准备三份欧元集团要求的关键文件：一份最新的债务可持续性分析报告，说明我提出的债务置换方案不仅与经济复苏的目的相一致，而且对于希腊重新走上可持续增长的道路而言也是不可或缺的；一份适当的进步主义改革清单，以取代“三驾马车”的方案；一份更加合理有效地监督希腊所取得进展的建议。与此同时，杰米·加尔布雷斯从美国赶来，驻扎在部长套房中隐藏的一间小办公室里。我拥抱着欢迎他，对他说：“欢迎喝下金杯毒酒。”[2]

每个人的工作质量和数量都相当惊人，使我信心大增。不过，为了制定一份关于全国性改革的全面政策文件，这个团队也需要其他部门的加入。周五一大早，我就给每一位内阁同僚打电话，请求他们提供各部门计划实施的全套改革方案。这些文件拿到六楼之后，我的团队就立刻对其作用进行评估，然后到我的办公室汇报结果。结果似乎不好。大部分都是激进左翼联盟选前提出的政策方案的简单修改版，内容不够完善，文笔也很糟糕。在把他们提交到布鲁塞尔之前，我们需要做大量的工作。当然，这是意料之中的：我们是一个新政府，大
222 多数新政府需要一个蜜月期；在此期间，经验丰富的公务员可以帮助把选前提出的计划发展为可供执行的政策。我们没有这种特权，或许是因为我们的政府不太像政府，更像是一个策划“纾困斯坦”大逃亡的委员会。

在筛选向欧元集团提交的材料时，我收到了花旗集团全球首席经济学家威廉·比特发来的电子邮件。他表示愿意尽其所能提供帮助，并表达了他对欧洲央行“如此之早”就取消豁免权的惊讶和愤怒。几小时后，保罗·克鲁格曼在他的《纽约时报》专栏文章中提到了同样的问题：“或许德国人觉得，他们可以把 2010 年的情况重新上演一遍，当时欧洲央行威胁要关闭爱尔兰的银行业体系，迫使该国接受了紧缩方案。然而，这对希腊不大可能奏效，该国已经目睹紧缩措施所造成的损害，选出了一个承诺将逆转这种损害的政府。”

这正是我所希望的：面对柏林试图利用欧洲央行对付我们，我们的政府始终坚定不移地坚持自己的立场。我对克鲁格曼文章的唯一不满之处在于它的题目《胆小鬼游戏》。我多年来一直主张，我们与希腊债主，特别是柏林的互动，绝非胆小鬼游戏：如果谁先眨眼谁就输的

话，只有在你认为对手终将让步的情况下坚持自己的立场才有意义。然而，就我们的情况而言，正如克鲁格曼本人也承认的那样，就算我们认为默克尔总理和德拉吉行长绝不会让步，我们也有充分的理由坚持自己的立场。这就是我与亚历克西斯之间契约的本质。

与此同时，用枪战大片的眼光看待这件事情对我们的事业尤其有害，因为这分散了全世界公众舆论的注意力，使真正危在旦夕的事情得不到关注——那就是所有欧洲人的共同利益。为了解决这个问题，我在《纽约时报》发表了一篇评论文章，题为《欧洲没有时间玩游戏》[3]。我在文中提出了三点：首先，作为一个破产小国的财政部长，我没有虚张声势的道德权利。我所能做的只有诚实地陈述经济事实，提出恢复希腊经济增长的方案，解释为什么这些方案符合欧洲的利益，并指出我们出于逻辑和义务而不能跨越的红线在哪里。其次，正如我过去对学生所说的那样，博弈论只有在玩家的动机十分明确时才适用。在扑克或 21 点纸牌游戏中，这种假设是没有问题的；但在目前的较量中，我写道，“关键问题在于形成新的动机。要构建一种全新的思维模式， 223
超越国家间的分歧，消除债权国和债务国的区别，以泛欧洲视角看待问题，把欧洲的共同利益置于琐碎的政治、事实证明无法普遍推广的教条，以及我们之于他们的思维模式之上”。然而，要是拒绝退让的立场最终给希腊人民造成巨大痛苦怎么办？我提出的第三点就是针对这个问题，我写道：“在某些情况下，我们必须去做正确的事情，这并不是出于策略的考量，单纯是因为这么做……是对的……有人或许认为，这种抛弃博弈论的做法是受到一些激进左翼政纲的影响。但事实并非如此。这方面的最大影响来自德国哲学家伊曼纽尔·康德，他告诉我们，理性和自由使人们去做正确的事情，从而逃离了私利的帝国。”

除了撰写这篇文章，并为欧元集团会议忙乱地做着准备之外，我还需要分出精力处理另外两件事。一是我在议会的首次亮相，我将参加新议长的选举，以及我和欧几里德因出差而推迟的就职仪式。二是美国大使的来访，和他一同前来的还有美国财政部代表团。

2 月 6 日（周五）中午，我独自步行前往议会，在穿过宪法广场时耽搁了一会儿，与祝福者交谈。作为一名民选议员走进议会，我内心充满自豪。一名高个子女警察发现我是新来的，不熟悉大厦里的各条走廊，便给我指路，告诉我如何前往议会大厅的部长入口。走进那扇门，我发现自己一下子就到了部长席位区，讲台在我的左边，议长席高高在上。在我的面前，是 300 个座位，排列得如同圆形剧场，对应着 300 名议员。这个数字刚好是著名的温泉关战役中斯巴达勇士的人数。在最右边（这个位置恰如其分），我立刻认出了金色黎明党的 17 名议员。如其所愿，他们不论是穿着还是外表都像极了纳粹。

任命佐伊·康斯坦托普卢为议长的决定具有极强的象征意义。在此前的两个议会任期内，这位身材颀长、毫不妥协的激进左翼联盟议员曾单枪匹马地揭露了前几届政府在议会中采取的严重违反程序的行为，而那些行为都是为了让“三驾马车”指定的立法获得通过。她当
224 选议长令人欢欣鼓舞，也象征着议会绝不会再次自我矮化、沦为橡皮图章。过了一会儿，当佐伊要我向宪法宣誓效忠，从而正式成为国会议员时，我觉得自己已经刀枪不入，全然无惧布鲁塞尔、柏林和法兰克福投向我的明枪暗箭。

带着这种心情，我穿过宪法广场回到财政部，接待了美国大使，以及美国财政部长杰克·卢从华盛顿派来的代表团。杰夫·萨克斯和杰米·加尔布雷斯之前一直在努力游说美国主要官员，比如美联储

的珍妮特·耶伦、联合国的萨曼莎·鲍尔和国际货币基金组织的戴维·利普顿，想要帮我们争取到 90 天的喘息时间。在此期间，银行不会受到威胁，也没有无法兑现的偿债最后期限，使我们可以安心谈判。鉴于奥巴马总统在我们当选后不久就发表了对我们有利的公开声明，加上伯尼·桑德斯写给克里斯蒂娜·拉加德的措辞精妙的邮件，我信心满满地认为，美国会是一个重要的支持来源。可惜，我与大使的会面令这个特别的期望落空。

贝拉克·奥巴马曾公开表示，“你们不能继续压榨正处于萧条之中的国家”，而大使完全不是这个态度。他苦口婆心地教育我，接受该方案的条件并与国际货币基金组织搞好关系是如何重要。我告诉他，我不知道如何才能同时做到这两件事，因为国际货币基金组织早就表示，如果不进行认真的债务重组，并放松目前的紧缩水平，希腊方案不可能奏效。实际上，国际货币基金组织欧洲部主任波尔·汤姆森在巴黎与我见面时明确地对我说，我们需要立即抹掉 530 亿欧元的希腊公共债务，并对希腊方案进行调整，最大限度地削减紧缩措施，重新制定改革议程。大使的脸色很难看，我便转向美国财政部代表团，征求他们对此事的意见。他们的答案似乎比较符合奥巴马的立场，但在几分钟后，大使打断了他们的话，重申了他拒绝妥协的立场。

毫无疑问，不论究竟是何原因，美国驻希腊大使采取了与白宫不同的立场，与美国财政部的立场可能也不同。不过，后来我发现，杰克·卢领导的财政部与大使的立场较为接近，而不是总统的立场。事
实上，卢在我们当选的最初几周并没有邀请我去华盛顿，这与奥巴马 225
总统向亚历克西斯提出的建议相反，我本该注意到这个裂痕。不过，在那个时候，只有一件事情至关重要。几天前，当杰伦·戴塞尔布卢

姆试图以霸凌的方式逼我屈服时，我进行了坚决的反抗。现在，我也必须这么做，否则就是站不住脚的双重标准，不为欧洲所容。

在那个晴朗的冬日，我望向窗外，在无与伦比的希腊艳阳的照耀下，议会大厦呈现出斑斓的色彩。首先，我向大使承认，我没想过成为一名部长。我对他说，的确，我很高兴承担这项工作，但这只是出于我对负债累累的祖国的责任感。这项责任的唯一目的就是重新商定我们与欧盟和国际货币基金组织的契约条款，将双方的关系从掠夺性关系转变为一种可行且平等的关系。因此，接受现行契约条款根本不在选项中。这时，大使再次插话。这一次他发出了威胁，虽然用词模糊、含蓄，但让人一听即明。是希腊人民任命我担任财政部长，出于对他们的尊重，我觉得有必要打断他的话。

“自从我担任财政部长以来，这个房间已经成为千百万人寄托希望和期待的焦点。但这里并不是我熟悉的地方。我熟悉的地方在那里，”我指着宪法广场说，“我在那里示威比在这里办公更快乐，就像我从 13 岁起就一直在做的那样。如果我被迫对那项失败的方案宣誓效忠，让我的人民继续蒙受目前的屈辱，请放心，我会毫不犹疑地回到那里，成为上万名示威者中的一员。事实上，我非常高兴这么做。”

大使明白了我的意思，随即告辞。如果他一回到大使馆就发电报说：“瓦鲁法克斯死不回头。如若继续推行目前的方案，就必须让他下台。”我也不会感到意外。我所不知道的是，他这份电报会发给谁：国务院？白宫？财政部？等到 4 月中旬，我终于知道了答案。

初步定位：七折方案

2月7日（周六）上午，我出席了我们的首次内阁会议。奥斯卡·王尔德关于民主制度的一句妙语在我的脑海中挥之不去："它是不切实际的，也是违背人性的。这就是为什么它值得人们去实施。"[4] 宝贵的几个小时就这么白白浪费了。这场会议基本上是仪式性的，我们中的太多人用了太长的时间，说了太少的内容。我匆忙赶回办公室，拉扎尔公司团队和我的人正在那里准备我要带去布鲁塞尔的三份文件。 226

我觉得他们的进展相当令人满意。我们的债务可持续性分析报告也得到了杰夫·萨克斯的帮助，不论是实证结果还是预测都无懈可击，为我提出的债务置换方案和财政政策提供了明确的支持。改革方案相当全面，特别是关于公共资产和银行不良贷款管理的方案，尽管关键部门（劳工部、能源部、卫生部和环境部）的贡献甚微。最后，取代"三驾马车"流程的替代方案无疑相当合理——我们计划把"三驾马车"拆分成三部分：欧洲央行专注于其主要使命，即保持银行的流动性和金融市场稳定；国际货币基金组织可在多个领域提供协助；欧盟委员会负责与希腊政府的所有政治谈判。

到了周日晚上，这三份文件已经准备好了，我可以集中精力准备我在议会的第一个重要时刻：第二天上午，我将在议会发表我的纲领性声明，即财政部长在整个议会任期内的经济政策大纲。由于我的第一次欧元集团会议将在24小时内举行，我可以借这个机会阐述我将在欧元集团会议上提出的方案，传达其中所包含的精神。有鉴于此，我的声明把重点放在四个方面：透明，分析，不妥协的温和态度，最后是向债主释放善意的主要方案。

我在周一的演讲是这么开场的："女士们，先生们，我想尝试一种全新的做法：来到议会向议员们如实介绍国家所面临的经济形势。”之前的财政部长把我们国家可怕的自由落体状态描述为成功的复苏故事。与他们不同，我承诺在我们恢复偿债能力之前，我不会讳言我们国家的破产状态。这就是我所说的“透明”。

我接着说，前几届政府未能将希腊从困境中拯救出来，是因为他
227 们接受了“他们永远不可能履行的条件，即使他们想要履行——他们的接受使历届希腊政府变得和债权人几乎一样有错，希腊政府错在接受了他们履行不了的条件，而债权人错在施加了他们无权施加的条件”。[5]

这就是我所说的“分析”：“如果‘三驾马车’的方案是可以治愈我们疾病的苦口良药，那我建议服用。但事实上并不是。他们的方案是有毒的，只会使希腊病人的病情恶化。”我总结道。最好的策略就是停止服用。否则，其所产生的通缩效应将毒害整个欧盟，就像 2010 年以后的情况那样，受益的只有极右翼和自由民主制度的敌人。

至于“不妥协的温和态度”，我是这么说的：

> 明天，我将对欧元集团的伙伴说，在前任政府许下的承诺与我们新政府得到的授权之间，我们原则上将保持连贯性……我们的政府并非欧元区的唯一民主政府。我们得到了授权，欧元集团的其他 18 位财长也得到了授权……但这意味着建立共同点，弥合我们的分歧……这么做需要善意和一段平静期，没有各式各样的威胁，尽管威胁已经令人遗憾地出现……我承诺不会在谈判期间通过任何阻碍我们实现基本预算小幅盈余目标的法案。与此同时，我希望我们的合作伙伴认真对待我们的方案和我们的分析……这

是谈判的意义所在。

坐在反对派席位的几名新民主党和泛希腊社会主义运动议员闹嚷嚷地打断了我的话。“你在谈判时爱怎么较劲就怎么较劲，”他们喊道，“但休想与‘三驾马车’闹翻。休想让谈判破裂！”我给出了我能想到的唯一合乎逻辑的回答：

> 如果你无法想象退出谈判的情景，那就永远不要开始谈判。如果你不明白什么叫作僵局，你们或许是把自己定位成乞求者，乞求暴君赐予自己几种特权，但最终接受暴君赐予的一切。人民在 1 月 25 日把权力授予我们不是为了让我们这么做。人民是选我们去谈判的。这意味着既要竭力避免谈判破裂，但也不排除破裂的可能。这就是我向选民许下的承诺，我们也正在兑现这一承诺。228
> 你们曾试图通过模范囚徒战略让希腊走出债主监牢，现在轮到我们了，我们试图通过一场真正的谈判解放希腊。

一场激烈的辩论随之而来，尽管我还没说到本次演讲中最具争议的部分，即对我们的债主摆出善意的姿态：“作为公道的合作伙伴，我们的改革方案将囊括现行方案的七成措施。为了加强这些措施的效果，我们还将制订一项计划，使希腊人民走出人道主义危机。多年来，出于政治原因，这场危机的起因和性质一直遭到否认。”

阐述希腊方案的官方文件被称为《谅解备忘录》，是一份改革清单（紧缩目标、从制度上取消社会福利、私有化目标、行政和司法改革等等），上届政府同意将其作为接受第二轮纾困贷款的条件（“三驾马车”所说的条件）。我们绝不可能全部兑现这些条件，因为这么做将带来巨大的痛苦，但绝对没有任何收获，特别是早在我们当选之前，90%的纾困贷款就已经到位。然而，我在2012年曾仔细研究过《谅解备忘录》列出的清单，我发现，许多措施的实施并不会造成太大的社会损失。接受这部分内容（约占《谅解备忘录》的七成），以达成我们的要求，同时拒绝其余三成真正有毒的措施，是以退为进的策略。正如我在《纽约时报》发表的一篇评论文章中所指出的那样，当谈判中的一方发现自己和我们一样处于下风时，明智的做法是提前讲明自己能做出的所有妥协，然后寸步不让，不虚张声势，没有策略而言。

这种姿态激起了众怒：建制派政党指责我没有向“三驾马车”做出足够的让步，左翼则抨击我让步太多。鉴于议会现在还不信任新当
229 选的政府，作为财政部长，我有机会在第二天上午用实际行动终结这场辩论。在我的演讲中，我试图暂且搁置这件事情。

> 对我们来说，拒绝纾困意味着一件事：不仅现有的私人和公共债务还不上，还要增加新的贷款，得到这些贷款的条件是削减收入，而偿还新债旧债的钱都来自收入……面对这种扭曲的纾困逻辑，我们应该在多大程度上接受？完全不能接受。我们不会接受任何一项强化厄运循环的措施，不能进一步扩大债务收入比率，不能进一步对那些已经因惩罚性税收而精疲力竭的人提高税率。如果《谅解备忘录》中的某句话使一名希腊公民牺牲在否认现实的祭坛上，我们就不会接受。

然而，我总结道，达成协议需要双方的妥协。《谅解备忘录》清单

上的许多措施是没有问题的，可以落实，不会造成我们认为不可接受的牺牲。实际上，其中部分措施，比如设定最低保障收入的措施，就相当可取。

在正常情况下，这样的立场肯定会被认为是明智且温和的。毕竟，被激怒的都是那些极端者——一头是坚定的希腊退欧支持者，另一头是“三驾马车”的死忠分子。然而，希腊并不是在正常情况下。

争取经合组织

在前往布鲁塞尔参加欧元集团会议之前，我还有一项工作要做：接待经合组织代表团。1950 年，华盛顿创立了经合组织，负责在战后的欧洲落实马歇尔计划。经合组织是美国为防止再次出现“大萧条”而设立的三大机构之一，其余两个是国际货币基金组织和世界银行。

碰巧我与经合组织秘书长安赫尔·古里亚的私交甚好。我俩之所以气味相投，是因为我们都认为，对不可持续的债务必须进行重组。安赫尔在担任墨西哥财政部长时一战成名，20 世纪 80 年代，他通过谈 230
判，使墨西哥无力偿还的公共债务被免去了很大一部分。早在我得知自己有可能成为财政部长之前，安赫尔就邀请我去经合组织的巴黎总部就欧洲危机的话题发表演讲，并与他和他的团队会面。他们定期组织这种碰头会，旨在了解关于全球资本主义的最新想法。2014 年 11 月，在与亚历克西斯进行了一次决定命运的深夜会谈，并接受了他发出的政府任职邀约后，我再次与安赫尔及其团队取得了联系。激进左翼联盟缺乏能够为其量身打造一套全面改革方案的专业人士。有了经合组织这种全球知名机构的参与，不仅有助于改革方案的制订，在方案最终敲定后，也不失为一种预先防止在所难免的批评出现的有效手段。

经合组织代表团已于前一天，即2月10日（周二）抵达。我在大不列颠饭店的屋顶花园与他们会面，这是一家老牌酒店，也位于宪法广场。共进晚餐时，我们讨论了希腊的情况，发现我们就双方展开新一轮合作的看法完全一致。我只有一个要求，他们需要公开放弃他们所谓的“工具包”——经合组织在“三驾马车”和希腊前几届政府的要求下，针对希腊普通人提出的一系列改革。安赫尔承诺，我们会重新开始，承认“工具包”并不是经合组织的最佳选择。

晚餐一直持续到午夜过后。第二天一大早，我们又见面了。这次是在马克西莫斯官邸，在摄像机的面前，举行了相当隆重的仪式。总理向经合组织秘书长致欢迎辞，我、副总理德拉加萨基斯和经济部长斯塔萨基斯也在场。于是这相当于正式向外界宣布，激进左翼联盟新政府将与富国俱乐部紧密合作，共同制订促进经济增长的新方案。在回应亚历克西斯的欢迎辞时，安赫尔·古里亚称，他对伙伴关系充满热情，并按照约定表示，他并不赞成经合组织的“工具包”，会用更好、更适当的市场改革加以取代。

那天上午，我对墨西哥前财政部长的欣赏与敬重又增添了几分。他知道，“三驾马车”对此不会高兴，而他们的不高兴会给经合组织带来后果。但听到他说的那些话证明了，我们有可能与享誉全球的机构
231 联手——在我们努力给希腊带来清新空气，驱除停滞和绝望的恶臭之际，他们可以成为我们的合作伙伴，而不是对手。

官方仪式结束几分钟后，我已经在乘车奔赴机场和布鲁塞尔的路上。第一场欧元集团会议在向我招手。

走进欧元集团

当囚犯们默默受苦时，监狱毫无新闻价值。但当他们暴动，当局出手镇压时，卫星转播车就来了。甚至在我的飞机还没飞到布鲁塞尔之前，媒体就一直在报道亚历克西斯最近在议会的发表的演讲，作为我们正在开改革倒车、自掘坟墓的证据。[6]当我真的来到欧盟委员会大楼（欧元集团会议将在这里举行）时，集结于此的媒体大军的喧嚣声令人印象深刻。

在欧元集团会议召开前，我见到了国际货币基金组织总裁克里斯蒂娜·拉加德。她态度积极，对我们的非正式文件中提出的方案表示欢迎，这令我的信心大增（正是在这次会议结束时，克里斯蒂娜要求我配合这项方案，尽管她出人意料地承认，该方案注定会失败，正如第二章所讲述的那样）。事后，她对记者团说："他们有能力，有智慧，他们已经考虑过自己的问题。我们必须听他们的。我们正在着手合作，这一进程正在启动，并将持续一段时间。"

我俩一起前往会场。沿着走廊走了一小段路后，我们遇见了杰伦·戴塞尔布卢姆。看到我和克里斯蒂娜相谈甚欢，杰伦似乎面有愠色。或许，他来雅典拜访我的那次不幸旅程给他留下了不愉快的记忆，而那次旅程现在又浮现在他的脑海中。我们走进会场，各自就座。

欧元集团是一只有趣的怪兽。在欧盟的各项条约中，欧元集团并无法律地位，但欧洲最重要的决策都产生于此。与此同时，大多数欧洲人，包括大多数政治人物，对它几乎一无所知。欧元集团围着一张巨大的长方形桌子开会。各国财长在两侧就座，每人有一名助手陪同，这名助手也是财长在欧元集团工作组的代表。然而，真正的权力掌握在谈判桌的两端。

232 在我左手边的一端，坐着欧元集团主席杰伦·戴塞尔布卢姆。他的右手边是欧元集团工作组组长、桌子这端的实权人物托马斯·维泽尔，他的左手边是国际货币基金组织的代表克里斯蒂娜·拉加德和波尔·汤姆森。坐在桌子另一端的是主管欧元和社会对话的欧盟委员[1]瓦尔季斯·东布罗夫斯基斯，这名拉脱维亚人的真正工作是（代表沃尔夫冈·朔伊布勒）监督皮埃尔·莫斯科维奇，后者是主管经济与金融事务的欧盟委员。此外，在东布罗夫斯基斯的右手边，坐着伯努瓦·克雷，然后是代表欧洲央行的马里奥·德拉吉。

沃尔夫冈·朔伊布勒与德拉吉都坐在桌子的转角处，但朔伊布勒坐在长边的一侧，与德拉吉成直角。他俩的座位如此之近，偶尔会发生剧烈的摩擦，但从未走火。在我看来，与朔伊布勒坐在同一侧的都是他的啦啦队员：芬兰、斯洛伐克、奥地利、葡萄牙、斯洛文尼亚、拉脱维亚、立陶宛和马耳他财政部长。我差不多坐在朔伊布勒的对角，我们这边还有其他挥霍者，排得整整齐齐：我左手边是爱尔兰的迈克尔·努南，右手边是西班牙的路易斯·德金多斯，德金多斯旁边是意大利的皮耶尔·卡洛·帕多安。法国的米歇尔·萨潘也坐在我们这边，紧挨着帕多安。

在常规的欧元集团会议上，一个有趣的程序说明了“三驾马车”及其流程业已接管欧洲大陆治理工作的方式——这就是希腊骇人听闻的闹剧之所以意义重大的一个原因，而上述闹剧催生了“三驾马车”。每当就某项议题展开讨论时，比如法国的国家预算或塞浦路斯银行的发展，戴塞尔布卢姆会首先宣布议题内容，然后邀请各个机构的代表

[1] 原文如此。应为欧盟委员会副主席。

依次陈述他们的观点：第一个发言的是代表欧盟委员会的莫斯科维奇，然后是代表国际货币基金组织的克里斯蒂娜·拉加德（如果她不在就是波尔·汤姆森），最后是代表欧洲央行的马里奥·德拉吉（如果马里奥不在就是伯努瓦·克雷，但这种情况很少发生）。[7]只有当这些非民选官员给出他们的评价，并为讨论定好调子后，各位民选的财长才有机会发言。此外，在我出席的几乎所有会议上，财长们都没有收到过关于讨论议题的任何具有实质性的简报。一个理性公正的旁观者或许很容易就可以得出结论：欧洲集团会议只是为了让各位财长批准三家机构已经做好的决定，使其合法化。

然而，2015 年 2 月 11 日的欧元集团会议并不是一次常规的会议。 233
有一个国家的财政部长正是凭借反对“三驾马车”的政治纲领当选，这是破天荒的第一次，而“三驾马车”是欧元集团的支柱。空气中弥漫着紧张的气氛。根据欧元集团的规定，每个成员国只能派两名代表与会。但在这次会议召开前，戴塞尔布卢姆联系亚历克西斯，主动提出修改规则：鉴于这是我们的政府首次与会，而且这次会议意义重大，杰伦希望副总理也参加。因此，除了德拉加萨基斯任命的乔治·胡利亚拉基斯在我身边之外，德拉加萨基斯也参加了会议。瓦西里认为这是戴塞尔布卢姆与亚历克西斯的合谋，试图淡化我的影响。我一点也不在乎。我想，人越多越有意思。

连续性还是民主

第一次参加欧元集团会议的财长可以在第一次演讲中阐述他们的政策重点。我用各位财长的厌倦作为我的开场白。

> 我理解你们对希腊闹剧的厌倦。但相信我，希腊人民也受够了，而且不只如此……我们政府面临的任务是，我们需要获得一种宝贵的通货，但又不能耗尽一种重要的资本：我们必须争取到你们的信任，但又不能失去我们人民的信任。在欧洲努力解决希腊问题，使希腊稳定下来，实际上是正常起来的过程中，人民的信任是一种重要资本。

接着，我承诺我们的政府将健全财政，深化改革，并对既得利益群体进行大规模打击。“你们为什么要相信我们会做到其他希腊政府做不到的事情？”我问道，“只不过是因为我们不受任何利益集团的束缚……我们不仅承诺改革，我们还会兑现改革。”

但要想成功改革，我们需要人民站在我们这边。我们必须要让他们觉得自己受到公正对待。我解释说，这就是我们重新雇用清洁工和学校门房的原因，根据法院的判决，上届政府听从“三驾马车”的命
234 令将他们解雇是非法的；这就是我们承诺不再削减贫困老人养老金的原因，希腊的贫困线水平已经极低，而这些老人仍生活在贫困线之下；这就是我们正在考虑如何逐步恢复私营部门最低工资的原因。我对他们说，我已经向欧元集团的那些人保证，这些小规模措施对财政造成的影响可以忽略不计。通过这些微小的干预，人们重新感受到公正，而付出的代价微乎其微。把非法解雇清洁工视为改革，把重新雇用她们视为开改革倒车，就算不是荒唐的，也是无济于事的。

为了表明我们欢迎国际组织的参与，我提到了我们与经合组织之间新近开展的合作，并建议与国际货币基金组织和欧洲央行在各自的专业领域紧密合作，同时呼吁欧盟委员会在雅典和其他首都之间发挥

政治调解人的作用。关于私有化和开发公共资产的问题，我宣布，我们的政府

> 不会拘泥于教条……随时愿意就每个项目进行实事求是的单独评估。在资产价格极其低迷的情况下，迅速出清公共资产并非明智的政策。取而代之的是，政府将成立一家开发银行，接管国有资产，通过产权改革提升其股权价值，并将其用作抵押品，以便在欧洲投资银行等欧洲投资机构的协助下，为私营部门提供资金……在欧洲央行的协助下，我们将成立一家公共银行，清理不良贷款，使银行有能力扶持小企业和家庭。

我问，在一个民主国家，如果两个原则出现冲突怎么办？民主国家会找到一个反映共同意愿的折中方案。我表示，我们目前就面临着这样的冲突。一个是连续性原则：我们的政府，不论我们喜欢与否，都继承了前几届希腊政府对一项方案的承诺。但还有一个民主授权变动原则：他们的政府，不论他们喜欢与否，都必须尊重事实，那就是希腊选民赋予了我们挑战该方案的权力。我们在这个欧洲论坛上的职 235
责是什么？建立一种新型伙伴关系，在先前商定的希腊方案和我们政府得到的全新授权之间找到共同点。为达此目的，我邀请国际货币基金组织就我们的债务可持续性和我的债务置换方案发表明确意见。

杰伦·戴塞尔布卢姆曾在雅典开玩笑说，欧盟已经有了一个永久性的债务削减会议——欧元集团。我把这个玩笑变成了建议：“我们欢迎戴塞尔布卢姆先生最近在与我联合举行的雅典新闻发布会上发表的声明，即欧元集团是解决欧元区成员国债务问题的合适论坛，可以作

为永久性的欧洲债务会议。因此，我们建议成立一个专门的欧元集团工作组，由来自各成员国的代表和专家组成。”（在说这番话时，我注意到戴塞尔布卢姆似乎气得说不出话来，朔伊布勒用愤怒的表情看着他，我忍不住露出笑容。）

谈完我们的巨额债务必须得到重组的问题，我接着谈到了必须保持短期金融稳定的问题。“三驾马车”要求破产的希腊政府在 2015 年 7 月之前向国际货币基金组织偿还将近 50 亿欧元，并在 7 月和 8 月向希腊本国央行再偿还 67 亿欧元。我提议，我们先与欧洲央行达成一项温和协议，欧洲央行把前些年希腊证券市场计划债券所产生的 19 亿欧元收益还给我们。[8] 这是希腊自己的钱。如果债主希望我们能继续还钱，他们至少应该让我们拿回自己的钱。否则肯定会导致违约。

> 此外，我们建议紧急制定一种过渡性融资机制，以确保希腊在未来几个月内的流动性头寸……请容许我非常明确地指出：这是希腊政府的要求……条件是，这是真正谈判的起点，以真诚的态度在我们之间达成一份全然不同的契约，基于务实的基本盈余目标，以及高效的、追求社会正义的结构性政策——其中当然包括我们接受的前一个方案的许多要素。在这一点上我们需要得到保证。我们的人民拒绝接受之前方案的逻辑，而这种延续不能被视为一种默许的态度。

236 在深入探讨了一些具体的技术细节后，我做了最后的抗辩：

> 欧洲是一个不可分割的整体。同时，希腊政府认为，希腊是

欧盟和我们的货币联盟无法割舍的永久成员……我知道，你们当中的一些人对一个激进左翼政党的胜利深感不满。我要对你们说的是：把我们当成对手将使你们失去机会。我们是坚定的欧洲主义者。我们非常关心我们的人民，但我们不是向所有希腊人承诺一切的民粹主义者。此外，我们可以说服希腊人民接受一项真正有利于欧洲普通人的协议。你们会发现，我们是值得信任的合作伙伴，我们不会把这些会议当作无中生有、损人利己的手段。

选举还是经济政策

当我在做最后抗辩时，德拉加萨基斯和胡利亚拉基斯频频赞许地点头。我右手边的西班牙人路易斯·德金多斯看上去有些担心。[9] 我话音刚落，法国财政部长米歇尔·萨潘便把他的名牌侧过来放，这是请求发言的标准方式。杰伦批准他发言。

当我宣布愿意在新型伙伴关系的框架下接受《谅解备忘录》的七成措施之后，我收到了巴黎的消息，表示这一姿态对法国政府非常具有吸引力。对于我提出的在希腊方案和我们新政府的计划之间搭起一座桥梁，从而为希腊和欧元集团达成新型契约铺平道路的建议，米歇尔现在赞不绝口。不过，还没等米歇尔说完，沃尔夫冈就把自己的名牌转了 90 度，这不是个好迹象。后来我意识到，这可能是米歇尔·萨潘第一次也是最后一次敢于在欧元集团对我说的任何话表示明确支持。法德轴心内部的指挥链即将建立，这时距离我的第一次欧元集团会议开始还不到一个小时。

朔伊布勒一边说，一边用犀利的目光看着萨潘。“不能容许选举改变经济政策。”他开口说道。根据我的前任与“三驾马车”达成的协 237

议，在希腊方案完全落实之前，希腊的偿债义务不得重新商议。希腊方案无法完全落实的这个事实显然不是他关心的问题。

沃尔夫冈·朔伊布勒认为选举无关紧要还不是让我最震惊的，更让我震惊的是，承认有这种观点丝毫不令他感到愧疚。他的论证很简单：欧元集团有 19 个成员国，要是各国每次更换政府，欧元集团就要被迫另起炉灶，整体经济政策将无从谈起。当然，他道出了本质：欧元集团并不具备类似联邦民主主权这样的东西，在此情况下，当它掌握了对成员国经济政策发号施令的权力时，民主实际上已经死亡。

朔伊布勒博士发言完毕后，他的几名啦啦队员纷纷表示附和——西班牙、爱尔兰，甚至比利时和奥地利财长也是如此，这些国家的总理或首相曾在私下会面时表示支持我们的政府。[10] 立陶宛、斯洛伐克和斯洛文尼亚等国财长对朔伊布勒坚信不疑，认为他对经济政策的看法是完全正确、不言自明的。然而，就连那些不赞成紧缩经济学的财长显然也支持他，比如西班牙、意大利和爱尔兰财长，因为他们担心，如果新来的希腊可以不去做他们已经被迫去做的事情，他们的人民或许会质问他们为何不和希腊一样抵制紧缩措施。此外，还有一个以法国为核心的团体，虽然规模不大，但相当重要。这些国家担心，如果他们给朔伊布勒拆台，朔伊布勒未来也会强迫他们实行紧缩措施。

轮到我发表意见时，我试图轻描淡写地对待沃尔夫冈对民主的柏拉图式蔑视。

> 不能容许选举改变经济政策，实际上是任何政策，这种观点是送给（新加坡国父兼领导人）李光耀支持者的礼物，他们对此深信不疑。当然，质疑民主进程的效率是一项历史悠久的传统。

> 但我情愿认为，这一传统很久以前就已经从民主欧洲的心脏地带清 238
> 除殆尽。现在看来，欧元危机又使其死灰复燃。我呼吁你们所有人团结起来，共同抵制这种现象。民主不是只有债主才能享受、欠债者不得拥有的奢侈品。事实上，正是因为我们的货币联盟的核心缺少应有的民主程序，欧元危机才久拖不决。不过，我或许是错的。各位同人，如果你们认为我是错的，如果你们赞同沃尔夫冈的观点，那么我请你们明确表示，建议希腊这样的国家暂停选举，直到该国的方案完全落实。把钱花在选举上，白白浪费我们人民的感情，选出一个没能力改变任何事情的政府，这有什么意义？

德拉加萨基斯侧过身来，对我表示祝贺。不管我们之间有何分歧，我的这番慷慨陈词使他感到颇为畅快。不过，由于没有其他人就此发表任何意见，戴塞尔布卢姆于是宣布："我们现在休息十分钟，然后回来继续起草公报。"当时是下午 6 点，会议已经持续一个半小时，但我们的工作才刚刚开始：公报显然才是真正重要的事情。

只有公报，没有交流

此前，我曾要求秘书处把我的三份非正式文件分发给欧元集团的各位财长，以便他们在审议我的方案时能够以书面形式了解更多细节。这时，秘书处提醒我，他们遇到困难，杰伦·戴塞尔布卢姆和托马斯·维泽尔过来对我解释说，这是"不可能的"。我感到难以置信，问道："希腊方案是今天讨论的唯一话题。我只是想用几张纸向各位同人简要介绍我们针对希腊方案的几个关键问题提出的建议，难道你们要对我说，你们连这个也不允许吗？"是的，他们就是这么对我说的。

但为什么呢？原因何在？这样的拒绝有道理吗？

等我们重新开会时，我知道了答案——来自沃尔夫冈。他宣称，
239 如果他收下我的文件，他在法律上有义务将其提交给柏林的德国联邦议院。然后，随着他所在政党内的各个派别和反对党提出他们的关切，事情将一发不可收拾。在那些“机构”有机会对其进行考虑之前，我的方案就会夭折。“因此，还是把你的方案交给那些‘机构’吧。”他再次建议。（实际上，在各式各样的欧元集团会议上，每当我试图与其他财长分享我的方案时，我都会遭到拒绝。有一次，杰伦告诉我，如果我用电子邮件把我的方案发送至其他成员国财政部，我将违反规定，这意味着这些方案永远不会被考虑。）我不想立刻与所有人发生冲突，而且公报草案即将分发，于是我忍住没说话。

草案终于发下来了。只要溜一眼就知道我不可能接受，因为草案明确承诺希腊将完全落实第二轮纾困方案，接受《谅解备忘录》的全部措施，“同时为了适应希腊新当局的优先事项，希腊在方案内拥有最大的灵活性”。

“最大的灵活性”是“三驾马车”的行话，相当于亨利·福特推销T型车的那句名言：顾客可以购买任何颜色的T型车，只要它是黑色的。这意味着，削减财政开支的总体水平没得商量，不过雅典可以拿出另一种在民众中分担痛苦的方案。这相当于财政上的“苏菲的选择”[1]。

---

[1] 语出美国作家威廉·斯泰隆（1925—2006）的小说《苏菲的选择》（1979）。作品描绘了主人公苏菲一生的厄运，以及她在或自由或被迫的状态下做出的若干次选择。其中最震撼人心的一次是，她带着一儿一女被投入纳粹集中营，而纳粹只允许她留下一个孩子，另一个则将被送进毒气室。面临选择，她留下了儿子，这也成为她一生痛苦的心理根源。

我在发言时指出，杰伦的草案全盘否定了我们提出的建议，即在《谅解备忘录》方案和我们得到的全新授权之间搭起桥梁，而这项建议也得到了法国的支持。不过，为了显示诚意，我说，加上一个形容词可能会有很大的不同，如果我们大家同意这么做，我就接受。我问杰伦：“你能在‘方案’之前加上‘修正后’吗？”

他对我的建议感到惊喜。实际上，保留“方案”一词是我做出的一个巨大让步。

他回应道：“你愿意承诺完全落实修正后的方案吗？”

我与德拉加萨基斯和胡利亚拉基斯进行了短暂的协商。尽管这项协议可能遭到我们许多内阁同僚和议员的反对，承诺完全落实希腊方案理所当然会令他们感到愤怒，但最终一切都取决于对“修正后”这个词的解释。他们同意了。

“是的，杰伦，我们准备好了。只要修正后的方案在金融上是稳健 240
的，在财政上是可持续的，在社会上是公正的，其所包含的改革是我们的人民可以接受的，我们就会完全落实。”我说。

“我们休会片刻。”欧元集团主席宣布。

在休会期间，我与坐在旁边的西班牙财政大臣路易斯·德金多斯相谈甚欢。尽管我代表的希腊政府对他代表的西班牙政府构成致命威胁，但我们很投缘。“你应该看看我刚得到这份工作时的经历，我们的银行一个个倒闭。糟糕透了！”他朝着沃尔夫冈的方向说。这并不是我们两人美好友谊的开端，而是最终催生了几个月后的一次有趣的争吵，地点就在他的马德里办公室，不过他那边有几名官员相当容易交流，没有那种碍事的龌龊、卑鄙和不可理喻。我们在政治上或意识形态上没有共识，但我们有共同语言，都渴望查明导致眼前问题的真正根源。有一天，我意识到他们有一个共同点：他们全都在高盛公司工作过！

会议重新开始后，杰伦似乎垂头丧气。他宣布，沃尔夫冈不接受在“方案”前面加上“修正后”一词。沃尔夫冈打开麦克风解释说，如果要加上形容词，他就需要将此事提交给德国联邦议院，等候批准。他提醒我们，《谅解备忘录》中阐述的希腊方案已经在德国议会表决通过。任何修正也都需要投票表决。但该方案 17 天后就到期了，现在已没有时间就修正细节达成一致，并提交给德国联邦议院表决通过。因此，希腊政府别无选择，只能承诺执行现有方案，要么就接受银行在 2 月 28 日关门的现实。围绕希腊经济政策和改革方案的冲突，已经变成两国议会之间的事情。然而，尽管沃尔夫冈·朔伊布勒以德国议会为借口，试图迫使希腊议会放弃权力，但我不会对他让步。从他的肢体语言判断，他对此心知肚明。

沃尔夫冈发言完毕后，杰伦带着公开的敌意看着我。“雅尼斯，我希望你明白，如果没有一份协商一致的公报，你无法离开这个房间。摆在你面前的是一个硬性的最后期限。该方案若想延期，至少需要两
241 周的时间，才能在四国议会表决通过，这些国家的宪法要求必须这么做。[11] 我们的芬兰同人告诉我，他们的议会日程非常紧张，他们需要赶在明天上午之前启动批准希腊延期申请的流程。如果今晚不能就公报达成一致，芬兰议会就来不及批准延期，欧洲央行不得不在 2 月 28 日终止方案。所以现在已经没有回旋余地了。要么现在就接受公报，要么火车就要出站了。”

看着他和沃尔夫冈，我回复说：“这是欧洲民主悲哀的一天，当一名刚刚当选的财政部长第一次造访欧元集团时，他被告知，他的主张

和建议根本没人关心，他得到的授权完全无关紧要。因为你就是这么对我说的，杰伦。你对我说，由于各种议会程序和最后期限的技术限制，即使我提出了令在座各位都非常满意的完美建议，可以使我国人民不再忍受可怕的屈辱和困境，但方案还是那个方案，任何变动连想都不要想。作为一名欧洲民主人士，作为一个破产国家的财政部长，我有责任对这种最后通牒说不。”

克里斯蒂娜·拉加德出面圆场。她承认，希腊政府有权“发表意见”，然后就我们的债务问题发出了一些礼貌的噪声，但并没有挑战沃尔夫冈。

多亏了她的介入，一个可以用来替代“修正后”的新词出现了。她问我：“你会接受调整后的方案吗？”

我立即决定，还是灵活些好。这是一个糟糕的替换，“调整”意味着这项方案基本上是良好的，并非因为方案失败，并非无法落实，并非需要真正的修正；但我们可以接受这个新的形容词，以求为公报加入一项具体内容。我说，本着与欧元集团合作的精神，我会向希腊总理建议，我们可以承诺完全落实“调整后的方案”，只要公报也承诺欧元集团将与我们的政府合作，共同致力于解决这项方案目前给我国人民造成的人道主义危机。

“这个我不能接受，”杰伦说，“‘人道主义危机’这个词太政治化了。”

我反唇相讥：“承认人道主义危机就是太政治化了，所以试图忽视 242
它的存在，难道还有比这更政治化的吗，杰伦？”

显然，我们陷入了僵局。当时是晚上 10 点半左右，我们再次休会。在门外，克里斯蒂娜·拉加德走过来，试图说服我接受“调整后”这个词，并劝我撤回在公报中承认希腊出现人道主义危机的要求。

“你有没有意识到，这不只是我一个人的事情？”我说，“如果我宣布，我们得到的授权在我们参加的首次欧元集团会议上毫无效力，我们议会中的一个政党必将奋起反抗。总理正在附近等着我的消息，他会大吃一惊的。”我接着表达了我对她和波尔·汤姆森的失望，在我们私下讨论时，他们曾做出让步，但在欧元集团会议上却只字未提。克里斯蒂娜对此表示，这些事情应当留到以后再说。她坚称，就目前而言，重要的是就公报达成一致，避免我们所有人都摔下悬崖。我对她说，我需要和亚历克西斯商量一下。

拉加德催促我向沃尔夫冈妥协，欧盟委员莫斯科维奇和法国财政部长萨潘对我保持距离，只剩法国经济部长埃马纽埃尔·马克龙是唯一给予我精神支持的法国人。由于他没有欧元集团席位，他只能在会议即将开始时，以打电话的形式预祝我一切顺利。在围绕公报内容进行谈判期间，他不时发信息向我询问最新情况：你觉得怎么样？会议进展如何？我回复说，我准备竭尽全力使公报变得像样一些。“初稿太可怕了。希望事实证明他们并非冥顽不化。”我在发给他的短信中说。10 点 43 分，埃马纽埃尔发来回复，建议我保持冷静，寻求妥协，但前提是他们朝着我们的方向靠拢。11 点 02 分，我回短信说：“他们要把我扫地出门……他们想强行塞给我一份连萨马拉斯都不会签字的公报。”

现在是该与德拉加萨基斯再进行一次磋商了。我告诉他，如果我们接受“调整后”这个字眼，还能为自己争取些时间，否则我们就要冒着银行几乎立即关门的风险，而我们的国家对这种冲击并未做好准备。他看上去精疲力竭，问我有何意见。我说，我倾向于在公报的问题上妥协，这样我们就有机会在银行仍然开门的情况下，将我们达成

一致的计划付诸实施。他同意了，胡利亚拉基斯也同意了。与此同时，243
亚历克西斯和帕帕斯等候在附近一家酒店的房间里，为即将举行的欧盟峰会做准备。在欧洲集团会议期间，我一直通过短信向他们通报最新情况。现在是该和我的总理直接谈一谈了。

我们谈了将近一个小时，尽管杰伦走过来告诉我，在欧元集团开会期间，财长给他们的总理或首相打电话是不正常的。我也告诉他，强迫一名财长当场做出可能导致该国银行业立即关门的决定也是不正常的。这是一次热情洋溢的交谈，但由于房间里的所有其他财长都在三五成群地聊天，同时关注着我的进展，我只能摆出一张扑克脸。

我把草案念给亚历克西斯听，目前的版本使用的是“调整后的方案”。他听了没多久便对我说，这样的内容在我们的内阁都通不过，更别提议会了。我向他转达了杰伦的威胁，“火车就要出站了”。亚历克西斯问我，德拉吉的立场是什么，因为只有欧洲央行开绿灯，这趟火车才能开走。“德拉吉什么也没说。他看上去不太高兴。”我说。

随着我们交谈的进行，我的手机越来越热，我的怒气越来越大。我至少三四次改变主意，在“去他们的”与“我们还是先接受这该死的公报，然后在界定‘调整后的方案’是什么样子时再和‘三驾马车’斗争吧”之间摇摆不定。与此同时，德拉加萨基斯向我示意，我应该说服亚历克西斯让步。我承认，我的意志动摇了，我需要亚历克西斯在电话那头坚定不移地支持我。在一个极其不友好的环境中，经历了连续十个小时的唇枪舌剑之后，我突然产生了一种迫切的需要，想要走出那间开着日光灯、没有窗户的房间。我从没有想过，在二月的一个深夜，我竟然想念起布鲁塞尔寒冷、黑暗、空荡的街道，竟然渴望冲到室外，让雨水浇透我，好好喘口气。但在此时此刻，这就是我的感受。刹那间，我突然明白了在我之前的财长为何会屈从于压力，接受“纾困斯坦”的条款。在人的层面上，我同情他们。当这一切结束后，我回到酒店，给达娜厄打了个电话，向她讲述了那天晚上我身上的重担，以及我的这个想法：“要是没有千百万希腊人信任我们，期待我在欧元集团会议上拒绝接受这项令人憎恶的方案，我大概也会屈服。帕帕康斯坦丁努、韦尼泽洛斯和斯图纳拉斯在国内可以依靠的只有寡
244 头和银行家，他们怎么能够抵抗住如此难以抵抗的压力？”

另一方面，亚历克西斯并不在这个形同熔炉的房间里，他的立场不是那么摇摆不定，而且最终下定了决心。然而，随着我的决心完全恢复，并得到指示，我看到一场不合时宜的游戏在我眼前上演：朔伊布勒和芬兰财长正在走出房间。他们离开后，杰伦几乎是立刻走过来，对我解释说：“我们的芬兰同人不得不奔赴机场赶飞机。沃尔夫冈也离开了。既然他们已经走了，公报也不能再改了。你要么接受这样的公报，要么一切就都结束了。”

没关系，我对杰伦说。沃尔夫冈离开或许是最好的，因为我们不可能在公报上签字。他可别生气，我们只是没有得到这么做的授权。我说，如果荷兰议会拒绝授予他这么做的权力，他肯定也不会签字。

不知怎的，杰伦让自己看上去更生气了。

我再次坐下来，向德拉加萨基斯说明了情况。他质疑亚历克西斯的决定是否明智，但我告诉他，总理是对的，哪怕我也曾犹豫不决。与身在别处的亚历克西斯保持联系至关重要，因为在这个房间里，闷热和紧张已经削弱我们的判断力。

“你的钱刚刚用完了！”

我们不清楚接下来等待我们的是什么，但杰伦和托马斯·维泽尔正在交谈，拉加德不时插上几句，各种官员在一旁提供协助。另一边，莫斯科维奇被排除在外。他在附近徘徊，偶尔向我露出友好的微笑。

过了一会儿，沃尔夫冈回到了房间。“他们在耍我们，”我对胡利亚拉基斯说，“他们越是这样做，我就越坚定地认为妥协是错误的。”

最后，克里斯蒂娜再次走过来，平静地对我说，她认为我们犯了个错误。然后，杰伦再次过来碰运气。他问我，是否愿意抓住这最后一次接受公报草案的机会。我反问，他是否愿意接受我最初的建议，
在“方案”前面加上“修正后”一词，在沃尔夫冈否决之前，他本来 245
是喜欢这个想法的？

我们确定僵局已经无解。各位部长开始往外走。我朝德拉加萨基斯和胡利亚拉基斯挥手，示意是时候离开了。就在我们往外走的时候，朔伊布勒的一名啦啦队员用关切的声音问道：“这就是你们退出欧元区的计划吗？”

“当然不是，”我回答说，“但这并不意味着我们会在受到驱逐威胁的情况下接受无法满足的条件。”

来自曾属苏联集团的另一位部长采取了更加咄咄逼人的立场。他恶狠狠地说：“你的钱刚刚用完了。”

“嗯，没关系，”我笑着回答说，“披头士乐队很久之前就告诉我，金钱反正买不到爱情。”

在走廊里，我注意到德拉加萨基斯走路左摇右晃。我冲到他身后，抓住他的左臂，扶他去洗手间。他脸色煞白，浑身是汗，眼神涣散，呼吸不稳。我在外面等他，看到他步伐稳健，脸上带着显然是笑容的

表情走出来，我松了口气。当我们走向希腊代表团的办公室时，我想起，这一整天的逢场作戏所付出的人力成本与取得的成果完全不成比例。欧洲 19 国财长，加上欧洲央行、国际货币基金组织和欧盟委员会的领导人，更不用提各位副手、数不清的翻译和后勤人员，刚刚浪费了十个小时的时间去勒索一国财政部长。这真是对人类潜能的浪费，我想。

一进办公室，我就给亚历克西斯打电话，通报了最新情况。“要面无惧色，”他说，“他们正在街上庆祝，支持我们。打起精神！”一名秘书向我展示了他在推特上发的一条推文，下面配了一张集会的图片。这条推文写道：“在希腊和欧洲的各座城市，人们正在为我们的谈判而战。他们是我们的力量。”实际上，我在第二天得知，正当我在欧元集团闭门开会时，成千上万的人聚集在宪法广场，欢呼雀跃。他们手舞足蹈，挥舞着横幅，横幅上写着“破产但自由”“停止紧缩”的字样。与此同时，更令人感动的是，成千上万的德国示威者，在“封锁占领”运动的领导下，[1]包围了法兰克福的欧洲央行大楼，以此声援我们。我的脑海中浮现出一名截然不同的支持者：法兰克福机场的特勤局官员。

246 会议或许已经结束，但我的工作远未结束：数百名记者正在新闻发布室等待着我们。杰伦肯定会确保我们拒绝接受公报的消息传遍全世界，以这种方式加速我们的银行挤兑。我的任务就是在市场和公众

---

[1] “封锁占领”，原文作 Blockupy，由 block（封锁）和 occupy（占领）两词结合而成。该运动是受 2011 年美国“占领华尔街”运动影响形成的松散组织，从 2012 年开始多次在德国组织反对紧缩的抗议活动。2015 年 3 月 18 日，欧洲央行新总部大楼举行落成典礼，来自欧洲各地的一万余名示威者在大楼外集体抗议。“封锁占领”运动是策划组织者之一。作者此处的回忆在时间上有误。

面前表现得足够沉着冷静，使他们不会对“房间里的成年人”的不当行为感到绝望。这就是为什么亚历克西斯一直试图让我打起精神。

在前往新闻发布室的途中，安保人员帮我摆脱了摄影师的围追堵截，他们在抓拍揭露真相的特写镜头时一无所获。进入这个拥挤的小房间后，我只能靠自己佯装镇定，不让我的感受在脸上表现出来。我的内心被压力压得喘不过气来，我担心这种紧张会导致我声音颤抖，或者流下一两滴眼泪，那就更糟糕了。但当那一刻到来时，我惊讶地发现，我的身体里住着一个陌生人，他有能力承担起应付媒体马戏团的任务，甚至能从中汲取能量。与体内陌生人的这次相遇，着实让我感到意外。

> 这个欧元集团从来就不打算解决任何问题。可以这么说，我之所以得到邀请是因为我是该集团的新来者。我得到了一个很好的机会，受到了热烈的欢迎，向他们介绍了我们的观点、我们的分析、我们的建议，既有关于实质性问题的，也有关于路线图问题的。既然我们将在周一再次会晤，我认为我们应该可以在周一的会议上接着谈，这是非常正常和自然的。

朋友和批评家都指责我欺骗公众。我已经被问过很多次了：为什么不把那里的真实情况公之于众？为什么不曝光他们的勒索和对民主的蔑视？我给出的答案是：因为时机尚未到来。我们得到的授权是，拒绝向现行方案、上届政府的《谅解备忘录》、任何新的贷款或紧缩措施宣誓效忠。我们的目的是，抵抗到底，绝不退缩。我接手财政部时心里就明白，我们要用自己的威慑方案应对幕后的威胁。换言之，我

247 们的任务是既不宣战，也不在隐秘的战争威胁下投降。此外，当务之急是揭穿杰伦的虚张声势——他说火车当晚就要开走，我们倒是要等到明早看看。

一名记者问我，总理是否真的在欧元集团会议期间打电话过来，支持我和德拉加萨基斯做出抵制公报的决定。我想回答说，德拉加萨基斯和我在是否接受公报的问题上摇摆不定，我要感谢亚历克西斯，在我脆弱的时候给予我支持。但我自然不能说这样的话。取而代之的是，我回答说："没有人抵制任何事情。这场会议主要旨在增进相互了解，并制定未来的路线图。"另一名记者插话问，我对第一次参加欧元集团会议有何感受。"感觉好极了！"我回答说，"我特别享受今晚接触到的非常不同的观点。"

媒体对僵局的报道并非完全如"三驾马车"所愿。《纽约时报》对其进行了完美的总结："在希腊的资金即将耗尽，需要德国提供紧急资金支持之际，瓦鲁法克斯似乎在人手上和武器上都落了下风。然而，恰恰是他在会议上发出了最后通牒：要么重新就 2400 亿欧元的希腊纾困协议进行谈判，要么冒鱼死网破的风险。"

大使馆的车把我送到酒店已是凌晨 3 点。夜色如墨。布鲁塞尔看上去一片凄凉。雨下得很大，落在酒店的遮阳篷上，发出巨大的声响，在北风的作用下几乎是横向运动。但这正是我在过去的那些小时里梦寐以求的景象。我没有回房间，而是走到倾盆大雨中，在空荡荡的街道上漫步。人类的头脑如何能够在纯粹的惨淡中创造出愉快的感觉，这是一个极其有趣的谜题。

本章注释

1. 如果没有这一小群助手，我将受制于乔治·胡利亚拉基斯领导的财政部经济顾问委员会，他已经证明自己和他的团队完全不愿意，可能也没有能力做任何事情，除了照搬“三驾马车”的模型和预测。由于时间紧迫，我认为最好将对抗推迟到与欧元集团达成过渡协议之后。
2. 那项工作结束后，他撰写了一本回忆录，书名表明，这句话一直萦绕在他的脑海中。参见詹姆斯·K. 加尔布雷斯著作《欢迎喝下金杯毒酒：希腊的毁灭和欧洲的未来》（*Welcome to the Poisoned Chalice: The Destruction of Greece and the Future of Europe*, 2016, Yale）。
3. https://www.nytimes.com/2015/02/17/opinion/yanis-varoufakis-no-time-for- games-in-europe.html?_r=0
4. 参见奥斯卡·王尔德著作《社会主义下的人的灵魂》（*The Soul of Man Under Socialism*, 1891）。
5. 我是在转述约翰·梅纳德·凯恩斯的话，他在谈到《凡尔赛和约》时说：“（德国政府）不真诚地接受了……它无意实现的、也不可能实现的条件——德国错在接受了它履行不了的条件，而债权人错在施加了他们无权施加的条件。”参见约翰·梅纳德·凯恩斯著作《梅尔基奥博士：一个被击败的敌人》（*Dr Melchior: A Defeated Enemy*, 1920）和瓦鲁法克斯 2016 年著作《弱者任人摆布？》第八章。
6. 这方面的证据包括重新雇用被财政部非法解雇（根据希腊法院的判决）的清洁工和几百名公立学校门房，并承诺不再削减养老金。此前的 12 次削减已经将养老金腰斩 40%。
7. 尽管东布罗夫斯基斯比莫斯科维奇职位高，但他很少带头。我怀疑这是因为他的演讲技巧还有很多不尽如人意之处。无论如何，他真正的工作是监督皮埃尔，而不是领导任何事情，更不用说讨论了。

8. 回想一下，早在我们当选之前，欧元集团就已同意，欧洲央行将把在证券市场计划中购买的希腊政府债券所产生的收益定期返还给雅典，但约格·阿斯穆森通过电子邮件发来的维泽尔的非正式文件明确表示，“三驾马车”现在打算截留这笔钱。参见第五章的《首次交手》一节。
9. 就在我进入房间之前，格伦·金给我发来警告。根据他的消息源，默克尔总理不愿亲自介入，倾向于让欧盟委员会出面，为希腊新闹剧寻找解决方案，但西班牙政府又踢又叫。原因是在他们即将迎来的选举中，相当于激进左翼联盟的“我们能”党有可能胜选。格伦建议我当心路易斯·德金多斯的任何破坏企图。
10. 奥地利和比利时政府内部存在分歧，因为他们由社会民主党人领导，而他们的财政部长则是沃尔夫冈·朔伊布勒那样的基督教民主主义者。
11. 一些成员国的宪法或议会规则要求，任何对政府财政具有潜在影响的欧盟决定都必须在本国议会获得通过。这包括德国、奥地利和芬兰。但在绝大多数成员国，比如意大利和法国，并不需要议会表决。

第九章　值得细品的黑暗时刻

第二天一大早，帕帕斯、德拉加萨基斯和我在亚历克西斯的酒店套房里见到了他。欧洲理事会峰会将在当晚开幕，所有人的目光都聚焦在乌克兰危机上。默克尔总理和奥朗德总统一直忙于在基辅同莫斯科谈判，将带着一身疲惫回到布鲁塞尔，他们的脑海中全都是克里米亚、普京和战争——这些紧要的问题与希腊的煎熬相去甚远。 248

摆在我们前面的既有风险，也有机遇。从2011年开始，我就一直对亚历克西斯建议，安格拉·默克尔是解决希腊闹剧的关键。自从我当上部长，记者们一再问我，谁是希腊在欧盟内部的最佳盟友。我的回答始终只有一个词：默克尔。“不是奥朗德总统或伦齐总理吗？”他们问。“不是，”我回答说，“默克尔总理是唯一有能力调整欧洲对希腊政策的政治家。”因此，考虑到沃尔夫冈·朔伊布勒在欧元集团一言九鼎，我建议亚历克西斯当晚直接向默克尔提出结束欧元集团僵局的请求。

安格拉·默克尔和沃尔夫冈·朔伊布勒关系紧张是有据可查的。朔伊布勒凭借对戴塞尔布卢姆和主要来自东欧的财长啦啦队的掌控，主宰着欧元集团。只有默克尔有权压制他。正如我后来所发现的那样，她依赖一个人完成这项任务，那就是托马斯·维泽尔，他可能是唯一与她和德国财长保持同等距离的核心建制派官员。但要让默克尔暂时打破朔伊布勒对欧元集团的把持，使通过谈判解决问题成为可能（否则沃尔夫冈是不会考虑的），她需要强有力的动机。被认为给希腊一次机会，或者对我们的人民宽宏大量，这对她不起作用。但什么会起作用呢？

249 自2012年以来，我一直在兜售的答案是马里奥·德拉吉。如果德拉吉说服安格拉·默克尔相信，欧元区的稳定有赖于此，她肯定会出面干预。马里奥又为何要这么做呢？成功地说服他相信，如果他关闭我们的银行，我们就给他持有的证券市场计划债券“剃头”，这将危及他的整个量化宽松计划。

亚历克西斯明白了。他会在峰会期间去找默克尔。为了方便记忆，我在酒店便签上帮他写下了我们的最低条件：第一，结束流动性短缺，为适当的谈判创造空间；第二，用一个设在布鲁塞尔的新机构取代“三驾马车”机制，允许希腊的部长与欧盟委员会直接对话；第三，删除“延长”和“完全落实”当前希腊方案的有毒字眼；第四，达成协议，结束不断升级的紧缩措施，保持小规模的基本预算盈余，不超过国民年收入的1.5%。

正当我们讨论他该如何做时，亚历克西斯的电话响了。“是戴塞尔布卢姆。”他轻声说。显然，杰伦主动提出要来我们的酒店聊会儿天。

当他到达时，我们其他人退到隔壁房间，只剩亚历克西斯一个人。仅仅十分钟后，亚历克西斯就走进了我们等候的房间，脸上带着微笑。杰伦想要和解，提出了一个新的形容词：不是“修正后”或“调整后”，他现在建议我们致力于一项“修订后”或“更新后”的方案。我建议亚历克西斯坚持还要提到人道主义危机。

与此同时，杰伦正在走廊里打电话。他看起来就像是一个被严厉的老师训斥的小学生。“沃尔夫冈又把他否决了。”我小声对帕帕斯说。

不等亚历克西斯带着进一步的要求回去找他，荷兰人杰伦显然就已经心烦意乱了。他承认“修订后”这个词也不行，向我们表示抱歉，承诺将带着更多的建议回来，说完便走向电梯。当他从我身边经过时，我问了他一个问题，一个自从他抵达酒店我就一直想问的问题：“那趟火车现在怎么样了，杰伦？我们有没有误车啊？或许它又退回车站了？它又要开走了吗？”

他当然没有回答。他能怎么回答？欧元集团主席让人看了笑话。在前一天晚上的可耻伏击中，他再三发出的威胁，第二天一早就在比 250
利时的微弱阳光下烟消云散了。

那天下午，杰伦回来了。这一次，他向亚历克西斯建议，他们两人发表一份联合声明，称欧元集团和希腊政府将根据新政府的计划，就脱离现行方案的技术参数进行讨论。这是一次彻底的让步。几分钟后，我给杰夫·萨克斯发去邮件，向他通报了这个消息：“我们今天取得了一场小小的胜利——昨天，我们顶住了巨大的压力，拒绝让步，这导致他们在今天全面退缩，不再坚持要求我们提交延长当前方案的申请。”

这究竟是怎么一回事？直到亚历克西斯从希腊外交部的一名消息

人士那里得到了一些消息，并转述给我们，我们才恍然大悟。乌克兰之行令默克尔精疲力竭，抵达布鲁塞尔后，她打电话给杰伦，希望听到关于希腊的好消息。当她听说出现僵局时，她显然很生气，指示身为欧元集团主席的杰伦，立刻找到解决办法！接下来他就是这么做的。

这确实是一场小小的胜利。但这件事也建立起一种最终证明是致命的模式：亚历克西斯过度依赖默克尔的善意，同时杰伦直接与亚历克西斯对话。当然，希望得到德国总理的帮助和干预，以及为了清除谈判障碍，杰伦和亚历克西斯进行直接交流，不存在任何问题。最终导致灾难的是我们这场胜利的两个副作用的结合：一是亚历克西斯信心大增，不顾我的疑虑，坚信不论我们是否准备好了威慑力量，默克尔都会继续代表我们进行调解；二是戴塞尔布卢姆和亚历克西斯的初次见面最终发展成一个楔子，使总理疏远了唯一能够并且愿意启动威慑力量的部长。

深入虎穴

2 月 12 日（周四）下午，戴塞尔布卢姆又来了，给亚历克西斯带
251 来了两人的联合声明。下一次欧元集团会议定于下周一举行，届时双方需要取得突破。这留给我们三天时间，可以用于搭建我们一直倡导的桥梁。

德国总理希望我们的技术团队与“三驾马车”举行会晤，开始就我们政府的建议和优先事项进行讨论。双方达成一致，将于周五和周六在布鲁塞尔碰面，主政者只需在周日进行最后的审议，然后就是欧元集团会议了。对方是久经沙场的“三驾马车”雇佣兵，而我只有不到一个小时的时间来决定我们出战团队的人员构成。如果第二天就开

始谈判的话，我需要给他们留出赶到布鲁塞尔的时间。我在酒店房间里狂打电话，确保与我们最优秀的人选取得联系，并安排好行程。

与此同时，“三驾马车”能够从国际货币基金组织、欧洲央行和欧盟委员会借调到数百名（乃至数千名）支援幕僚，而这三家机构所掌握的资源在全球名列前茅。他们这些打头硬汉——至少在第一次会议上，他们派出的都是男性——有多年的经验，能够将他们的“特别调整方案”和“纾困”议程硬塞进软弱政府的喉咙，包括希腊政府在内。相比之下，我们的小团队由财政部经济顾问委员会主席乔治·胡利亚拉基斯和德拉加萨基斯在选举前招募的四名年轻专家组成。他们最近才被召集在一起，经验几乎为零，身后也没有支持网络，于是我邀请了两位经验丰富的谈判代表加入：埃莱娜·帕纳里蒂斯，她是我们这边唯一有国际货币基金组织内部经验的人，以及格伦·金，他当然在欧洲纾困基金的设计过程中发挥过重要作用。尽管格伦和埃莱娜带来了火力，但德拉加萨基斯的团队对他们持怀疑态度。此外，我们仍然缺乏有分量的幕后支持。为了改善这一问题，我安排了一位来自拉扎尔公司的技术顾问和杰米·加尔布雷斯坐在与谈判房间相邻的一个房间里，他们可以在那里进行计算并起草提案。最后，我打电话给欧几里德，请他随同我们的团队一起前往布鲁塞尔，负责进行政治监督。在几次抗议之后，他同意把手头的一切事情暂且放下，过来找我。

周五早上，我们全部抵达欧盟委员会大楼，准备开始为期两天的“磋商”。大门口的安保人员对我们进行了严格的盘查，耽搁了半个小时才放我们进去。一进门，我们就被带到一间会议室，“三驾马车”的人在那里等着我们。其中有几张熟悉的面孔：德克兰·科斯特洛，一 252
位爱尔兰大使曾形容他是“很不爱尔兰的爱尔兰人”；当然还有欧洲

央行代表克劳斯·马祖赫，他所做的大量工作使爱尔兰人民与欧洲央行反目成仇。[1]“三驾马车”的代表认出了一张熟悉的面孔——是格伦——并立即提出抗议。

我问，有什么问题吗？他们一时都说不出话来。科斯特洛最后憋出一句：“但他不是希腊人！”

“那又怎样？”我问道，“从什么时候开始希腊政府的谈判团队只能包括希腊人？你们这边不也是跨国团队吗？”

他们的反驳揭开了真相。“但我们认识他。他一直在做债务重组方面的工作。我们不能被外界视为与债务重组专家谈判。”

“既然我没有权力否决你的团队成员，你也必须接受我的。”我回答说。

我们的问候结束了。由于我是房间里唯一享有正部长头衔的人员，于是我首先发表了一份关于我们共同目的的声明。[2]我在结尾是这样说的：

> 我向你们传达的信息是，这是一个只对希腊复苏感兴趣的政府，我们政策框架对整个欧元区也是有疗效的。这不会是另一个试图愚弄你们的政府，骗你们相信我们会采纳某种改革方案，只是为了获得下一笔贷款。你们或许已经猜到，我们对下一笔贷款根本不在乎。我们宁愿一败涂地，也不愿继续遭受这种屈辱。希腊人民一再告诉我们一件事：停止过去几年里的做法，不要再为了乞求你们的更多施舍，假装在改变这个国家。这个国家正在变得畸形，而不是走向改革。

发言完毕，我走出房间，只剩双方团队在欧几里德的监督下进行讨论。这是“三驾马车”的代表第一次奉命在布鲁塞尔与和他们一样的技术人员谈判，而不是在雅典盘问我们的部长。在未来几周，他们 253
把这种降级的感受表达得淋漓尽致。

在随后的两天里，欧几里德和杰米持续向我通报最新进展。起初，“三驾马车”似乎既不咄咄逼人，也不友好。国际货币基金组织代表对我们能从富有的逃税者那里以多快的速度追回多少钱表示怀疑，对我们提出的应该成立相关管理部门负责处理银行不良贷款的想法比较满意，对任何与工会权利有关的想法抱有直截了当的敌意。然而，尽管会议本身是以文明的方式开始的，但肮脏的游戏正在房间外进行，“三驾马车”向媒体透露，“希腊的故事无法自圆其说”。我对记者回应道，希腊提出的方案或许并不完美，但与“三驾马车”注定失败的方案相比，我们的方案非常能够自圆其说。[3]

欧几里德报告说，第二天，“三驾马车”就切换到敌对的档位。他们不愿承认他们的宝贵方案存在设计缺陷，反而表现得好像他们的工作是来评估我们落实该方案的能力。坦率地说，他们提出的一些观点相当荒谬，他们指责我们没有为偿债资金制订融资计划，这为他们赢得了明知故问奖。欧几里德估计，他们正在进行一场精心策划的攻击实验，默许将带来灾难性的结果。杰米的观点是，欧洲当局终于认识到，防止希腊违约需要一个过渡机制和一个关于重大修正的时间框架。为了让他们记住这个基本事实，他的建议是：“在周二下午（欧元集团会议的第二天）离开这片沼泽，如果他们愿意，让他们来找你。提出这种班门弄斧的建议，实在抱歉。”

13 天后关闭银行的威胁

我们的团队与“三驾马车”举行的这场为期两天的会议永远不会取得突破。我们的目的是向默克尔总理表示诚意，她出手干预，确保我们搭建桥梁的建议得到采纳。“三驾马车”的目的是维护自己的方案，同时向媒体透露，我们是无能的傻瓜，想法乱七八糟。真正的战斗将
254 发生在政治层面上，发生在周一的欧元集团会议之前和期间——根据杰伦的威胁，如果我们在 2 月 16 日不能达成协议，希腊的每一家银行和每一台自动柜员机将在 13 天后关闭。

与此同时，我的团队正在疯狂撰写一份新的非正式文件，对我们的各项建议加以整合和改进。杰夫 · 萨克斯就希腊债务问题做了相当出色的工作。拉扎尔公司团队在财政政策、银行和更广泛的改革议程上与埃莱娜通力合作。杰米出色地对这项工作进行了协调。欧几里德竭力阻止我在框架分析中做出太多让步。[4] 国际媒体几乎是异口同声地谴责我们的努力，称我们在开改革的倒车，没有带着任何有逻辑的建议来到布鲁塞尔。他们在一件事情上产生了分歧，即希腊应该如何阻止银行挤兑，尽管他们的报道在很大程度上起到了煽风点火的作用：一半的媒体报道说我计划实施资本管制，另一半媒体则劝诫我不要这么做。

事实上，这是我们内部正在考虑的一个问题，以防在周一的欧元集团会议上无法达成协议。这次内部秘密交流的参与者包括拉扎尔公司团队、杰夫 · 萨克斯、威廉 · 比特（花旗银行）、杰米 · 加尔布雷斯、埃莱娜 · 帕纳里蒂斯、格伦 · 金、欧几里德 · 察卡洛托斯和我本人，我们有时是面对面交流，有时通过电子邮件交流。我用这样一份声明开始了这场讨论：

> 在实施资本管制的欧元区成员国（比如塞浦路斯），“被困在”国家银行里的一欧元的价值低于一欧元纸币或其他地方的一欧元。实际上，人们可以用更少的欧元纸币或存在德法银行账户里的欧元，购买存在塞浦路斯银行里的面额相同的象征性存款。这种折扣相当于汇率。因此，资本管制是一种“退欧”形式——这肯定是暂时的，可逆的，但退欧在所难免。货币的名称不会改变，但在其他所有方面，一旦实施资本管制，货币将在一夜之间贬值。[5]

最早给我发来回复的是埃莱娜、杰米和我的一位拉扎尔公司顾问。他们的要点是，如果我实行资本管制，欧洲央行就免除了造成银行挤
兑的责任，无须再做出切断希腊银行流动性（紧急流动性援助）的痛 255
苦决定。与此同时，资本管制对德国政府而言是天赐良机。由于是雅典强行施加的，此举将被解读为我们承认有必要拒绝我们挥霍无度的公民拿到他们的存款——所有这些对债权人而言都是零成本的，因为我们的债务仍然以正常（非贬值）欧元计算。这将是一次由咎由自取导致的可怕失败。我们不仅将被迫生活在不论从哪个角度而言都是严格的双重货币体系之下，而且“三驾马车”完全有权声称，这是我们自己的选择。唯一受到资本管制伤害的非希腊人是欧洲公司的希腊分公司，但其中大多数——比如家乐福和法国农业信贷银行——自 2010 年以来已经撤离希腊。

对于这种自作自受的资本管制，杰夫·萨克斯是最强烈的反对者。他打电话对我说，在他担任政府顾问的这些年里，他从未见过比财长通过立法阻止公民提取银行存款更有把握的政治自杀方式。从政治角度而言，必须要避免实行资本管制。如果资本管制在所难免（比如欧

洲央行切断紧急流动性援助），那么现任政府必须要表示强烈反对，并名正言顺地将实施资本管制的责任归咎于欧洲央行。威廉·比特也持同样的观点：自我实施的资本管制将耗尽我们的政治资本，同时无助于减少财政政策层面的紧缩措施。他们的意见非常明确：我们永远不应接受资本管制。

更加迫使我们拒绝资本管制的是：资本管制实际上创造了一种双重货币，从根本上损害了欧元区的完整性。激进左翼联盟政府相信尽其所能挽救欧元区并使其为每一个成员国服务的重要性，这不仅仅是为了希腊。由于资本管制将损害欧盟成员国的共同利益，仅出于这个原因，我们就必须予以反对。如果欧洲央行强迫我们实行资本管制（它有权这么做），整个内阁都应当加入银行门外必然出现的示威队伍，打出横幅，谴责欧洲央行和希腊央行如此严重的渎职。在这种令人遗憾的情况下，我们将义无反顾地采取紧急措施，这意味着启动我们自
256 己的欧元计价平行支付系统——并兑现我们宣称的欧洲央行证券市场计划债券“剃头”计划。[6]

在接下来的几周和几个月里，这仍是我对亚历克西斯和我们“战时内阁”的一贯建议。亚历克西斯，特别是帕帕斯，完全支持我的主张。[7]与此同时，我对资本管制的公开立场始终如一，从未动摇：我们的政府正致力于在欧元区内部达成一项理性的、互利的协议；资本管制在一个运行正常的货币联盟中毫无意义，并将损害联盟的完整性，因此我们坚决反对；如果实施资本管制，那绝不会是因为我们想要、寻求或认可这么做。

就在那个周末，杰夫·萨克斯也在大西洋彼岸辛勤工作，试图说服美联储代表我们出面干预，劝说欧洲央行放弃正在实行的扼杀战略。

他向珍妮特·耶伦传达的信息很简单：希腊新政府的改革方案和财政目标是合理的；他们很清楚，希腊退欧是一条异常危险的道路，除非迫于欧洲央行的压力，否则他们自己不会主动走上这条路；耶伦应该告诉欧洲人，不要为了区区几十亿欧元而去冒险破坏全球经济稳定，并建议德拉吉切莫实行资本管制，因为这解决不了任何问题。

与此同时，媒体在报道中越来越多地针对我个人。英国广播公司的一篇报道称我是“希腊的卡珊德拉[1]”。针对这种观点，曾积极投身于反华尔街运动的美国经济学家比尔·布莱克站住来为我辩护：

> 那么，为何英国广播公司将瓦鲁法克斯视为浪荡的左翼分子，而将戴塞尔布卢姆视为受人尊敬的“三驾马车”发言人，哪怕戴塞尔布卢姆是一个狂热的空想家（由于他的意识形态僵化，在经济上实属无能，两者的交集使他给人类造成了巨大的痛苦）？瓦鲁法克斯认为，用紧缩措施应对大萧条具有自我毁灭的性质，这是主流的经济学观点。他当然是一个左翼分子，但他的政策观点来自不同的意识形态传统，大多数人会认为这些意识形态传统（对左翼）怀有敌意。这使他成为一个名副其实的非空想家。相比之下，“三驾马车”完全由理论家领导。主要差异在于，他们是极 257
> 其糟糕的经济学家，他们给外围国家的劳动者造成了人间苦难，他们不但对此漠不关心，还加以鄙视和嘲笑。英国广播公司、《纽约时报》和《华尔街日报》永远不会写一篇剖析“三驾马车”领

---

[1] 卡珊德拉，古希腊神话中的特洛伊公主。她在阿波罗的帮助下可预卜吉凶，后因拒绝阿波罗的求爱而遭诅咒，从此无人再信其预言。

导层的“侧写”，提出上述任何一个观点。英国广播公司的侧写是我所说的暴露偏见的另一个例子。记者和媒体机构不时暴露和背叛他们的偏见——他们极力否认自己存在偏见，但很少能够摆脱偏见。[8]

不过，在我的第二场欧元集团会议之前，最令我振奋的一句话并非来自左翼人士或政治上的同路人，而是来自花旗银行全球首席经济学家威廉·比特。在一通建议反对资本管制的电子邮件末尾，他写道："Noli illegitimi carborundum!"他还贴心地帮我进行了翻译："别让那些浑蛋把你打垮！"

突破?

欧元集团会议的前一天晚上，亚历克西斯打来电话，传达了一个好消息。欧盟委员会主席让-克洛德·容克悄悄给我们发来一份公报草案。我能看看吗？这是我们想要的吗？

我迅速看了一遍。很显然，这是一个重大突破。

希腊属于并将留在欧元区。希腊与欧洲和国际伙伴（此前）达成的……方案是必要的，能够纠正宏观经济失衡，并使希腊走上获得融资和恢复市场准入的道路。但这场危机对希腊及其公民造成了巨大的经济和社会影响。目前需要在一项互利协议的基础上建立一种新型关系，不仅是为了希腊，也是为了整个欧洲。目标是为希腊构建一种新的经济增长模式，其基础是社会公平，稳健的公共财政，具有竞争力的、出口导向型并以投资为基础的经

济，稳定且受到良好监管的金融体系，以及现代的公共行政。 258

这份草案也对“三驾马车”进行了出色的重新评估。

希腊希望结束“三驾马车”的过度干涉，理解这是没有得到政治授权的技术官员的做法。若想在6月或7月之前就新协议达成一致，应可组织希腊同欧洲和国际伙伴以一种更具建设性的方式，就任务和对话问题进行讨论，并确保这种技术讨论时时刻刻得到政治授权的支持，而且充分考虑到增长的需要和所有改革的社会公平性。

此外，草案还包括一些有助于结束我们流动性短缺的条款。

临时的过渡性融资可以通过返还证券市场计划债券收益的形式……在这方面取得进展需要建立在互信和信誉的基础上（重要的是行动，而不是言辞）。为此，希腊应迅速采纳并落实一系列关键改革。[9]

自首次巴黎之行以来，我一直在向我见到的每一位官员提出这些建议，这份草案不啻对我的完全认可。

亚历克西斯和我们领导层中的其他人也松了一口气——我自己也是，但在内心深处，我仍然持怀疑态度。这一切看起来太美好，简直不像真的。当我说出我的担忧时，亚历克西斯说他理解，但鼓励我往最好的方面想。那天晚上，我比往常睡得多了一点。

蒙羞的欧盟委员

第二天早上，我的秘书告诉我，让-克洛德·容克手下的欧盟经济与金融事务委员皮埃尔·莫斯科维奇让我在下午 1 点 30 分，也就是欧元集团开会的半小时前，去他的办公室找他。我告诉她，我觉得“肚
259 子里有条蛇在爬”，这是希腊语里的一种说法，意思是充满了不祥的预感。

当我走进他的办公室时，皮埃尔起身和我打招呼。我们热情地握手，他请我坐下。他没有再说话，只是递给我一份文件。这是前一天晚上我看过的公报草案的另一个版本……只是略好一点。他向我征求意见。

“我在哪里签字？”我回复道。

“真的吗？”皮埃尔问。

“千真万确。”

皮埃尔看起来非常满意。“嗯，这样的话我们就会有一场轻松的欧元集团会议。要喝咖啡吗？”我接受了他的提议。

啜饮着我的欧盟标准咖啡，我问皮埃尔，他是否确定他的草案能在欧元集团获得通过。杰伦会接受吗？沃尔夫冈会如何回应？

“别担心。所有人都同意了。”

“谁搞定的？克里斯蒂娜和马里奥什么态度？”

“他们也在船上。”

“皮埃尔，你确定吗？”

“我确定，我们刚吃过午饭，就是为了讨论这件事：让-克洛德、我、马里奥、克里斯蒂娜和杰伦。”

“那沃尔夫冈呢？”

“没有他，沃尔夫冈不在。他不会喜欢的。不过，一旦他看到其他所有人都同意，他会让步的。”

“我发现我很难想象杰伦会同意这份公报，反对心怀不满的沃尔夫冈——特别是在我们上一场欧元集团会议之后。”

“就交给我吧。我只想让你把这件事交给我和其他人去做，由我们来争取获得通过。你尽量少说话，避免激怒沃尔夫冈。”

“我非常愿意保持沉默，皮埃尔。”

“不，不，你得说话，但只说你支持公报草案，到此为止。”

接下来是长时间的沉默。在欧元集团会议开始前，我们还有 15 分钟的时间。我继续喝着我的咖啡，心中如释重负。一场轻松的欧元集团会议，谁能想到呢？我心想。最终，我的怀疑战胜了我。这件事太完美了，不像真的，我对皮埃尔说。我简直无法想象杰伦在沃尔夫冈犀利目光的注视下朗读这份草案并表示支持的情景。皮埃尔自信地笑了，手里拿着这份公报草案，起身说，他会证明给我看。我们现在就 260
去找杰伦谈谈。于是我们去了，皮埃尔领着我沿着走廊走到杰伦的办公室。距离欧元集团会议的预定开始时间还剩十分钟。

皮埃尔敲了敲杰伦的门，就直接进去了。欧元集团主席的办公室是欧盟委员办公室的两倍大，里面全是助手。一些人坐在沙发上，另一些人坐在椅子上，其中一人坐在地板上，他们忙着在笔记本电脑上敲敲打打，相互交谈，所有人都专注于最后一刻的准备工作。浓烈的体味和水汽朦胧的窗户表明，他们已经奋战了一段时间，而且相当紧张。我们进去时，杰伦站在一张长长的会议桌旁，正在阅读一张 A4 纸，身边围绕着埋头苦干的助手。他的助手们一看到我们，就立刻收拾好装备和文件离开房间。浓重的味道和他们离开的速度印证了我的预感，一切都不太好。

杰伦朝我们点头，示意我们进去就座。他坐在桌子的尽头，背对着窗户。皮埃尔在杰伦右手边找了张椅子坐下，与杰伦隔着两张椅子的距离，右手拿着他的公报草案。我则坐在皮埃尔的右手边，也与他隔着两张椅子，面朝着杰伦，中间隔着皮埃尔的侧影。杰伦拿起他正在看的那张 A4 纸，滑给桌子对面的我。“看一下这个，告诉我你的想法。”他说。

我看了一遍。这甚至比我们在第一次欧元集团会议上断然拒绝的那份草案还要糟糕。它承诺，希腊政府“将完成现有方案”，只允许我们在“现有方案的既定弹性内”执行我们的授权。这完全不是容克前一天晚上和皮埃尔几分钟前拿给我们看的草案，里面的所有让步都被删掉了。在眼前的这份草案中，“方案”前面没有任何形容词，内容也是变本加厉。

我对杰伦说了我的想法：上一场欧元集团会议之所以陷入僵局，是因为他坚持要发表一份公报，如果非要说有何不同的话，那就是那份公报比这份稍微简单易懂一些。我转向已经垂头丧气的皮埃尔，问他发生了什么事情。“你刚刚拿给我一份公报草案，我是非常乐意在上面签字的。你是负责经济事务的欧盟委员。我是一个遭受重创的欧盟
261 成员国的财政部长。我能请在座唯一具有欧盟官方身份的人解释一下这是怎么一回事吗？”[10]

皮埃尔没有看我，而是转向杰伦，第一次也是最后一次试图挽回欧盟委员会的尊严。“我们可以把你的草案和这份草案中的部分措辞结合一下吗？”他用沙哑的嗓音恳求，指着右手拿着的那份草案。

“不！”杰伦用一种只能被称为有限挑衅的态度拒绝了他。“那份

草案中能用的都已经用了。”杰伦断然表示。

我看着皮埃尔。我告诉他，在那一刻，一些重要的东西变得岌岌可危，其意义已超出希腊的困境或当天欧元集团会议的范畴：那就是妥协和相互尊重的原则，以及欧盟委员会维护这种原则的权威。“皮埃尔，”我问他，“你是不是准备就这样屈服于这份完全是单方面强加的公报，放弃欧盟委员会的观点和你准备好的草案？”

皮埃尔不敢看我，声音因沮丧而颤抖。他用一句话作为回答，这句话有朝一日可能出现在欧盟的墓碑上：“欧元集团主席说什么就是什么。”

现在就比较轻松了，杰伦建议我把我“不喜欢”的单词或短语划掉，换成其他字眼。于是我拿出自己的笔，乖乖照做。在杰伦版公报的开篇第一句话中，我在“希腊和希腊人民在过去几年里努力进行了引人注目的调整”之后，加上了“遗憾的是，由于现有方案的设计缺陷，复苏未能实现”。再往下，我划掉了承诺“完成现有方案”，代之以承诺“同希腊的欧洲和国际伙伴通力合作，设计并落实一种希腊人民能够接受并拥有的改革和复苏方案”。完成修改之后，我把文件又滑给了杰伦。

欧元集团主席大发雷霆。他提高了嗓门，指责我浪费时间，图谋破坏第二场欧元集团会议——区区几分钟后，受人尊敬的记者就在推特上发布并报道了这些指控，这就是布鲁塞尔宣传机器的效率。

我谨慎地给出答复，但语气愈发坚定，“杰伦，你没有资格对我提
高嗓门。在上一场欧元集团会议上，你违背了作为欧元集团主席应该 262
向新任财长提供指导的义务。恰恰相反的是，你故意误导我，再三发出第二天就被证明是虚假的威胁。我强烈建议你不要再对我大喊大叫。

否则，我只能把你的丑陋行为公之于众。”

杰伦立即退让了。他承认，他紧张时有时会过于兴奋。

“别担心，我们都是这样的。”

随着敌意的消散，杰伦看了看手表，上面的时间显示我们已经迟到了。“我们不要再耽搁了，”他说，因为我们三人缺席的每一分钟都会助长无益的谣言。当我们起身离开时，他建议说，鉴于这场会议显然无法达成协议，我们应该速战速决，避免造成太大的损失。我突然想到，某种损失一定是他想要的结果，但我没有说出来。

从杰伦否决他的妥协建议的那一刻起，直到我们三个走进欧元集团会场，皮埃尔一言不发。在欧元集团开会时，每当我看到他，我就会想到，如果让雅克·德洛尔[1]或任何一位欧盟创始人目睹杰伦办公室所发生的一幕，他们该有多么恐惧。听着他在会上发表屈从于朔伊布勒和戴塞尔布卢姆的观点（我非常清楚他并不认同这些观点），我听到了欧盟坠入耻辱深渊的声音。在我看来，他的蒙羞象征着欧盟委员会被缺乏法律地位或民主合法性的势力完全征服。在接下来的几个月里，皮埃尔·莫斯科维奇与我仍然保持着友好的关系，在所有的实质性问题上都达成了一致，但我们之间的一致就像我们离开杰伦办公室时他手里仍然攥着的那份公报草案一样无关紧要。事实上，从那天起，每当他或让-克洛德·容克试图帮助我们这一边时，我都有一种恐惧感。

---

[1] 雅克·德洛尔（1925— ），法国经济学家、政治家。1985 年任欧共体委员会主席。1989 年连任，任期内欧盟成立，他继续担任欧盟委员会主席至 1995 年。在欧洲一体化方面的主要功绩是，拟订并执行了促进欧共体成员国之间货物、服务和人员自由流动的总体计划，倡导统一欧共体货币体制并设立欧洲央行。上述内容后均被欧盟立法采纳。

因为我知道，那些实权在握的人会无情地击倒我们，以便给莫斯科维奇或容克一个教训，把欧盟委员会打回它的笼子里。

几个星期后，皮埃尔开始散布这个故事，称 2015 年 2 月 16 日在戴塞尔布卢姆的办公室里，杰伦和我在那次会面中差点打起来了，他不
得不介入把我俩分开。后来，在他的回忆录中，他声称不可能与我谈 263
判，欢迎我从欧元集团消失。我只能假设这些都是为了试图掩盖他自己的耻辱。

一场无果而终的关键会议

与随后召开的长达几小时的欧元集团会议相比，在杰伦办公室里的那 15 分钟感觉要长得多，当然也更重要。会议一开始，首先由那些“机构”发布了一份报告，介绍了我们两个技术团队之间的讨论。“三驾马车”的代表礼貌地对我方团队的观点发出了一些噪声，并表达了他们的“关切”，即我们政府的计划无法促使他们相信，我们可以“成功地完成现有方案”。如果他们试图让自己的声音听上去像是一张卡住的唱片，那他们做得不能再好了。

于是，我再一次做了我必须要做的事情。

> 我们之所以不愿接受“延长现有方案并成功将其完成”的字眼，是因为本届政府绝对不会做出自己兑现不了的承诺……例如，为了达成协议，我可以接受一个私有化目标，比如说 50 亿欧元，这样就安抚了所有人。但我知道我做不到。就像前几届政府一样，他们面对资产价格暴跌的市场同样做不到……我们的任务是进行我国需要的深层次改革，最大限度地提高我们还给你们的偿债资

> 金的净现值。然而，如果我接受现有方案的优先事项和基本观点，我知道我将再次触发债务—通缩恶性循环，我将失去我们人民的支持，这个国家也将因此变得无法改革……在这个房间里，我的国家存在信用赤字，作为这样一个国家刚刚任命的财政部长，我相信你们会理解我为何不愿承诺我认为自己做不到的事情。

我在讲这番话时，我想到了希腊人民，想到了全体欧洲人，还想
264 到了那些臭名昭著的市场。得知第二场欧元集团会议陷入僵局的消息，他们会怎样回应？他们会如何解读？我决定最佳路线就是直言不讳地说出真相。在新闻发布会上发言时，我备感轻松，因为我用尽可能客气的方式告诉全世界，在关着的门后面究竟发生了什么。

> 我非常高兴在此报告，这次谈判是本着集体精神进行的，清楚地表明了目标的统一……建立共同点，以便在希腊、欧洲当局和国际货币基金组织之间达成一份有意义、可持续的新长期契约。此外，我毫不怀疑，谈判将在明天和后天继续进行，直至达成协议。如果是这样的话，为什么我们未能就公报达成一致呢？就公报达成一致，这句话的意思简单明了，会立即解锁目前陷入僵局的谈判。
>
> 真正的原因在于，我们之间存在一项重大分歧，接下来的任务是完成现有的希腊方案，还是与我们的合作伙伴坐下来，以开放的心态重新思考这项方案？我们的政府之所以当选，就是为了挑战其背后的逻辑，而且根据我们的估计，绝大多数头脑清醒的人也是这么估计的，这项方案不仅未能稳定希腊，反而引发了一

场严重的人道主义危机，并使绝对必要的改革在希腊变得极其困难。请记住，债务—通缩恶性循环不会帮助希腊进行其所急需的成功改革，从而停止依赖合作伙伴和那些“机构”的贷款。

上周三，在上一场欧元集团会议上，我们拒绝了一项迫切的要求，即要求我们同意“延长并成功完成现有方案”。由于出现了这种僵局，第二天下午，也就是上周四，在峰会之前，杰伦·戴塞尔布卢姆主席和亚历克西斯·齐普拉斯总理达成了一份联合公报，大意是双方将在现有方案和新政府同欧洲的新契约之间探索共同点。这是一个真正的突破。

今天下午又有了突破。在欧元集团会议之前，我见到了莫斯科维奇。我要感谢他在这一进程中发挥的高度积极的作用。他拿 265
给我一份公报草案，我愿意当场就在上面签字。因为这份草案承认了人道主义危机，并谈到了延长目前贷款协议的问题，可能以为期四个月的中期方案的形式作为一个过渡阶段，在此期间双方可以协商并达成促进希腊经济增长的新契约。这份草案还表示，欧盟委员会将向希腊提供技术援助，以加强并加快改革的落实。基于我们与欧盟委员会之间的这种谅解，我们非常愿意申请延长贷款协议……我们对另一方的唯一条件是，不应要求我们承诺在延长期内采取导致衰退的措施，比如削减养老金或提高增值税。

遗憾的是，在距离欧元集团会议开始还有几分钟的时候，欧元集团主席用另一份文件取代了这份好极了的文件。而新的文件甚至不是让我们退回到上周四，实际上是退回到上周三，也就是他们强迫我们签字的时候；不是在延长贷款协议的文件上签字，而是在整个方案的文件上签字……事实证明，在这种情况下，尽管希腊政府怀着无限的善意，但我们还是不能在这份塞给我们的公报上签字。因此，磋商仍在继续。

我们准备好并且愿意在未来两天里不惜一切代价达成一份体面的协议。我们的政府将接受一切能够兑现的条件，只要这些条件不会加剧我们的社会危机。任何人都没有权利走向僵局，特别是对欧洲人民同样构成伤害的僵局。

这是我们在五天内第二次对“三驾马车”说不。还有12天的时间，银行或许就将不得不进入无限期的假期。但我们已经表明，我们是不会眨眼的，原因很简单，因为我们没有在虚张声势。

“战时内阁”

266 尽管所有证据都指向相反的方向，但出于一个不变的理由，我们仍然相信，欧洲有能力创造出好的机构：欧洲投资银行。欧洲投资银行归全体欧盟成员国所有，由各国财长出任董事。第二场欧元集团会议结束后的第二天上午，我有幸参加了欧洲投资银行董事会会议。在我的就职演讲中，我表示我十分看好欧洲投资银行的潜力，并简单谈到，欧洲投资银行和欧洲央行之间的联盟如何可以在不需要克服政治难题修改条约的情况下，将欧洲从恶性通缩中解救出来。[11]

欧洲投资银行的德国行长维尔纳·霍耶表达了他对实现这一想法的强烈兴趣。但我的老朋友乔治·奥斯本保持沉默，他或许全神贯注于国内的恐欧浪潮。杰伦·戴塞尔布卢姆也是如此，他的脑海中肯定有比欧洲的通缩力量更重要的事情。现在是该回雅典了。

到家后，我终于从一种孤独的状态中解脱了出来，这种孤独是分泌多少肾上腺素都弥补不了的。达娜厄从奥斯汀回来了，搬家这件事也终于告一段落，尽管在此过程中我们体验了不仅是希腊还有美国官僚机构的极度无能。在接下来忙乱的三天里，我们实际上仍然聚少离多，但这无关紧要。重要的是，知道她在身边就够了。

然而，在马克西莫斯官邸，亚历克西斯、帕帕斯和亚历克西斯的办公室主任季米特里斯·察纳科普洛斯却大发雷霆。[12]“你们对‘三驾马车’有什么期望？”我想问他们，“立即投降吗？”

季米特里斯会用极度不信任的眼光看着我。他会声嘶力竭地大喊：“除非我死了，否则你就别想在《谅解备忘录》上签字。”帕帕斯不时也会大喊大叫，但不针对任何人。至于亚历克西斯，虽然他比另外两人更冷静，但他偶尔也会失去冷静，威胁要毁掉谈判。他们有理由愤怒：我们刚刚光明正大地赢得了一场选举，但欧洲当局丝毫不给我们机会制定自己的政策，管理自己的部门，甚至确定自己的政策重点。我也理解季米特里斯为何倾向于怀疑我：我不是激进左翼联盟党员，而且与拉里·萨默斯和杰夫·萨克斯等美国局内人关系密切；我在意识形态上肯定是可疑的，可能是一个只想把亚历克西斯拉下台的走狗。

在如此动荡的气氛中，我的最佳盟友是身材魁梧的内阁秘书长斯 267
皮罗斯·萨吉亚斯。因为尽管我们存在许多分歧，但我们都认为，要想与债主决裂，就必须三思而后行。与此同时，为了安抚心烦意乱的同志们，减轻他们的紧张，我不得不劝说他们：我也已经准备好退出谈判，虽然目前的谈判已经非常像是一场打哑谜游戏，但我们应该冷静地选择适当的时机，避免在一个绝对不能出错的谈判过程中出现意外的破裂。在那之前，我们应努力尽可能地让德拉吉和默克尔难以证明他们扼杀我们是合理的——首先是对他们自己，然后是对全世界。

在安抚焦虑者的同时，我也需要给冷静者注入能量。变成“纾困斯坦”的这五年里，财政部的工作人员已经把希腊政府向“三驾马车”屈服认为是理所当然。当务之急是坚定他们的信心，让他们意识到他们有可能再次以主权国家公务员的身份工作。在财政部之外也是如此：整个国家都需要鼓励。随着我在布鲁塞尔的每一场新闻发布会上都拒绝了债主的要求，所有希腊人，无论具有什么样的政治色彩和取向，他们的腰杆都挺得更直。但至关重要的是，我们必须说明，虽然我们恢复了尊严，但民族主义和反德偏见绝无容身之地。

即使在最好的时候，24 小时通常也不足以应对每天通过官僚机构排山倒海般涌入财政部长收件箱的诸多问题。试想一下，在我们这样如此耗费精力的谈判期间，还要管理一个破产国家的财政部是多么困难。在回到雅典的那三天里，我竭尽全力地对我们已经启动的国内项目进行管理，要想与债主达成协议，这些项目是极其重要的——其中最重要的就是我们打击逃税的努力。

2 月 18 日（周三），我还完成了两份部长级报告：一份讲述了我们的团队在布鲁塞尔应对“三驾马车”的情况，总结了我们的方案，并对其进行了一些技术上的改进；另一份专注于改革问题，不仅是税务部门的改革，还有更广泛的公共行政部门改革。

在撰写报告的同时，我与拉里·萨默斯通过电子邮件进行了交流，他的支持具有影响力，只会有助于我们的事业。他的建议和他的性格一样简单直接：我们应该提出一项让默克尔和欧盟觉得自己赢了的协
268 议，同时兼顾公正与真相。我心想，说起来容易做起来难。不过我也意识到，他的这个建议相当重要。具体说来，拉里建议我申请将贷款协议延长六个月。这份协议将于十天后到期，有可能造成灾难性后果。

我回复他说，目前有一个障碍：延期六个月的话，就是在 7 月和 8 月到期，届时我们必须向欧洲央行支付 67 亿欧元用于赎回部分证券市场计划债券，而我一直建议应该将这些债券进行债务重组，或置换成永续债券和其他长期工具。我还讲述了莫斯科维奇在我面前蒙羞一事。拉里就此得出结论说，欧盟委员会已经回天乏术。

在我们长时间的详细交流中，拉里显然想要确定我的立场是务实的，而不是一成不变的，然后他才会答应帮我。确定这一点之后，他还想知道是否可以信任亚历克西斯，他是会认同一项明智的交易，还是会我行我素？我向他保证，亚历克西斯和我一样，都想要达成一份互利的协议，但只有在对方也表现出相同的意愿时，我们才会做出重大让步。在首先确定这些条件之后，拉里了解了谈判的进展，以及我们对目前局势的看法。这时，他建议我们寻找一名声援者，一个同情我们立场的人，有能力把我们的情况通报给“最高当局”。

“这就是我们找你的原因。”我回答说。从他同意帮我们找国际货币基金组织和欧洲央行的联系人，向他们介绍我们的情况来看，他似乎对我的答案很满意。

同一天，杰夫·萨克斯从沃尔夫冈·朔伊布勒的办公室给我打了个电话。事实证明，这通电话至关重要。柏林正在发出信号，表明有可能取得突破。他们似乎会给予我们延期处决的待遇，条件是我愿意在欧元集团会议上就四点问题表明态度：有兴趣延长贷款协议，但不是延长六个月，而是延长 75 天；接受“债务可持续性的概念”；承认“有必要进行结构性改革以恢复竞争力”；以及认同国际货币基金组织必须成为“新参数”的一部分。

我很愿意这么做，我逐条回复了杰夫。他们要求过渡期只有 75 天，

这与我的想法不谋而合。我认为，趁着我们的政府仍然享有令人难以
269 置信的民众支持率（约 75%），我们应当赶在欧洲央行的证券市场计划债券在 7 月到期之前得出永久性的结果（要么拿到一份好的协议，要么就彻底翻脸）。在回应他们要求我接受“债务可持续性的概念”这一点时，我问杰夫：“我们的德国朋友怎么变得幽默起来了？我每晚入睡和每早醒来的时候，都做着一个梦，那就是‘三驾马车’的方案所缺少的东西——债务可持续性！”杰夫哈哈大笑。至于背诵柏林最喜欢的口头禅——推行“结构性改革”以提高“竞争力”，我说，我非常愿意顺着他们，就好像在耶稣受难日，我虽是无神论者，但也会跟着一起唱“啊，我甜蜜的春天”。最后，我没有任何理由拒绝国际货币基金组织成为“新参数”的一部分，除非我想要毁掉所剩无几的工会或养老金体系；况且，在我们的债权人中，国际货币基金组织仍是唯一宣称我们的公共债务必须大幅“剃头”的机构，而出面的是它的高层克里斯蒂娜·拉加德和波尔·汤姆森。

那天下午，“战时内阁”在马克西莫斯官邸开会，亚历克西斯之前也收到了德国总理府发来的类似和解消息。最初的辩论主题是，我们是否应该正式致函戴塞尔布卢姆，要求欧元集团正式同意延期处决。我的观点得到了萨吉亚斯和德拉加萨基斯的赞同，即要求延期也在我们得到授权的职责范围内，只要我们不是为了延期而接受现有方案。然后，我们讨论了柏林提出的四项条件。事实证明，对“战时内阁”的部分成员来说，国际货币基金组织的继续参与是最难以接受的。接着，柏林传来消息，要求我们做出第五个承诺，才能获准延期：“承认希腊对所有债权人的财政义务。”

现在看来即将破局。我们的政府之所以上台就是因为债务重组，

党内很大一部分人要求迅速且深度的“剃头”。“我们怎么可能承认我们欠所有债权人的债务呢？”愤怒的察纳科普洛斯问道。我建议我们以一种微妙的方式解读他们的要求：一家企业可以“承认”自己欠银行家的债务，同时仍然可以寻求进行深度的债务重组，以帮助自己走出危机，否则股东和银行都会深受其害。同样，我们可以“承认”希腊的公共债务，同时坚持要求立即进行债务重组，这样债权人才能拿回更多的钱。激进左翼联盟党内的前述派别要求立即进行单方面“剃头”，理由是这些债务本身是非法的。他们对我们的“承认”肯定怒不可遏，但最终我的这种立场在“战时内阁”里占了上风。大家同意由 270
我写信给欧元集团，正式提出延期请求。言下之意，我们同意柏林的条件，即我们“承认”债务，同时就债务重组问题进行谈判。

虽然对这一决定感到高兴，但我担心钟摆或许在妥协的方向摆动得太远了。在返回自己的办公室撰写申请函之前，我向内阁提出了两种可能性。比较好的是，到目前为止，德拉吉和默克尔已经了解到足够充分的情况，明白我们不会让步；出于这个原因，他们将向朔伊布勒施压（从而向朔伊布勒几乎完全控制的欧元集团施压），要求给予我们一段过渡期，期待通过谈判达成一份合理的长期协议，其中包括债务重组，从而一劳永逸地解决希腊问题。然而，更有可能的情况是，延期只是一种战术：通过推迟任何结果，他们只是在等着我们目前的人气和少量的流动性储备消耗殆尽，待延长后的协议在6月到期时，他们可以坐视我们筋疲力尽的政府缴械投降。

我主张，如果真的是后一种情况，那么我们的最佳战略就是，请求延期，同时向“三驾马车”表明：想要通过收紧流动性绞索逼我们就范的任何尝试都会导致我们拒绝向国际货币基金组织偿还接下来的款项；试图把我们推回“三驾马车”失败方案桎梏的任何努力都会导致欧洲央行的证券市场计划债券遭到单方面“剃头”，并激活平行支付系统，修改关于希腊央行的法律，以恢复议会对央行的主权。

出于同样的原因，最糟糕的战略则是：请求延期，得到批准，但当我们的债权人背离过渡协议的精神时，我们未能向他们表明我们已经准备好触发这些措施。我说，如果我们犯了这个错误，他们会在协议延长期间把我们拖入泥潭，然后在我们最脆弱的时刻，大约是6月底，对我们大开杀戒。

他们全都表示赞同——帕帕斯和亚历克西斯一个劲地点头，德拉加萨基斯含糊其词地点了一下头，萨吉亚斯给出了有益的提醒：欧洲
271 央行的证券市场计划债券是希腊公共债务中仍受希腊法律管辖的最后一小块，这意味着如果我们单方面“剃头”的决定遭遇挑战，那也要由希腊的法院审理，而不是由伦敦或纽约的某家充满敌意的法院审理。

在接下来的四个月里，随着流动性短缺愈发严重，银行关门和资本管制的威胁与日俱增，我会定期提醒亚历克西斯和“战时内阁”别忘了这个决定。每当我发出提醒时，他和他们都会重申自己的承诺。[13]只可惜，几周过去后，他们的热情消退了，向我重申承诺时开始像是应付差事。日复一日，周复一周，我说的最坏情况开始悄悄降临到我们身上。

开心的日子与建设性模糊

回到自己的办公室，我写好了申请延期的信件。我的团队看过后，交给亚历克西斯和萨吉亚斯把关，后者既是内阁秘书长，也是政府的首席律师。最后，这封信被发给了欧元集团主席。我在信中说，申请

延期的目的是使希腊和欧元集团可以开始致力于达成“希腊当局设想在希腊、欧洲当局和国际货币基金组织之间达成的关于复苏和增长的新契约，用于取代现有方案”。

这是一封秉持妥协精神的信。实际上，正如我在巴黎首次见到法国财政部长时对他说的那样，我选择了“契约”一词取代国际货币基金组织使用的“方案”，就是为了反映卢梭关于平等契约关系的理念。因此，这封信中含有“三驾马车”会嗤之以鼻的措辞，比如“社会公平和减轻当前危机给社会造成的巨大代价”，以及“亟须进行意义深远的实质性改革，通过真正的经济增长、有报酬的就业和社会凝聚力，恢复千百万希腊公民的生活水平”。此外，还有一些措辞是我们这边，尤其是激进左翼联盟成员难以接受的。“希腊当局承认希腊对所有债权人的财政义务”，我写道，并计划“与我们的伙伴合作，旨在避免我们在执行我们认为具有约束力的主要贷款协议时遭遇技术障碍”。这封信代表了我们为使柏林满意所能做的最大努力。

那天晚上，趁着信件发出，我们在等待布鲁塞尔回复的时候，我
给自己难得地放了个假：我和达娜厄去希腊国家剧院看了一场话剧， 272
是塞缪尔·贝克特的《开心的日子》[1]。当我们离开时，等在附近的记者
对我们选择观看这样一出凄凉的剧目表示惊讶。我告诉他们，与我在

❶ 这是一部两幕剧，由 50 岁左右的温妮和 60 岁左右的威利两个人物演绎，背景是一片晒枯的草地。剧中，温妮始终被埋在草地中央的小土丘里，第一幕埋至腰部，第二幕则埋至颈部，她一边使用身边黑包内的物品过着近乎日常的生活，一边回忆并喋喋不休地向威利诉说着自己“开心的日子”；威利栖身于小土丘后的洞中，寡言少语，几乎失去行动能力，剧终时试图靠近温妮却重重跌倒再未站起。

欧元集团经历的粗暴扼杀相比，贝克特设置的一名女人逐渐被埋葬的剧情放松了我的心情；不仅是因为伟大的艺术本质上具有振奋人心的能力，还因为他剧中的主人公具有非凡的能力，以无休止的反抗面对她的窒息。

第二天上午，来自柏林和布鲁塞尔的答复通过秘密渠道传来。我的信被认为是“有益的”，是在第二天的欧元集团会议上达成协议的“良好基础”。但这意味着什么呢？就在几天前，欧盟委员会的那份好极了的公报草案被欧元集团主席全盘否决。在那个虚幻的黎明过后，一切事情都不能想当然。就这样，2 月 20 日，我带着希望飞往布鲁塞尔，但绝对没有因此而盲目乐观。

欧元集团会议开始前，我与克里斯蒂娜·拉加德进行了简短的会晤。她相信协议马上就要达成。“但沃尔夫冈会放弃对我的讨伐，不再要求我对这项方案和《谅解备忘录》做出承诺吗？”我问。克里斯蒂娜的表情说明，她既有信心，也有担忧。

然后我见到了杰伦。这是我们第一次（也是最后一次）正式会晤。杰伦想告诉我两个坏消息。首先，延期会是四个月，而不是我在信中要求的六个月。正如我向杰夫·萨克斯表示的那样，我对此完全不在意。其次，欧洲央行坚决要求将多达近 110 亿欧元的“信用卡”贷款（根据设计，希腊的银行在需要紧急基金时可以动用）从希腊金融稳定基金转移到位于卢森堡的上级机构欧洲金融稳定机构。这有点像你的银行通知你，你已经获批但尚未使用的透支贷款将从当地的银行分支转移到银行总部。[14]

我告诉杰伦，我会做出这些让步，但在我看来，这些让步几乎毫无实际影响，而我要求得到我真正看重的东西：政策空间。从欧洲纾困基金（欧洲金融稳定机构和后来的欧洲稳定机制）获得资金的欧元区成员国必须每隔几个月就接受一次“评估”。这是不可避免的，而且我们始终准备接受评估，以此作为我们获得过渡性协议的条件。然而，一个涉及数十亿欧元的问题是：按照何种标准进行评估？沃尔夫冈·朔伊布勒会立刻回答，根据现有方案的《谅解备忘录》所规定的标准。然而，我得到的授权是，要求希腊新政府重新获得成为标准制 273
定者（至少是共同制定者）的权利，通过重新制定这些标准，我们将结束荒唐的紧缩水平，为希腊复苏去除障碍。简言之，我要求用我们政府提出的新改革清单取代《谅解备忘录》，或者我们至少要拒绝接受30% 的条款，同时将我们的基本盈余目标从占国民收入的 4.5% 降至不超过 1.5%。

令我大吃一惊的是，杰伦同意了。至于基本盈余，他建议我们用“可观的基本盈余”取代 4.5% 的目标，留待以后再讨论 1.5% 是否“可观”。我则建议把“可观”换成“适当”。他也同意了，我们很快就公报草案达成一致。

> 根据目前的安排，希腊当局将在 2 月 23 日周一结束前提交第一份改革措施清单。各家机构将进行初步评估，判断这份清单是否足够全面，可以成为成功结束审查的有效起点。这份清单将进一步具体化，并在 4 月底之前得到各家机构的认可。

我认为，如果这段内容能够纳入最终公报，这将是欧元区弱国的一次胜利。这将是受困于纾困方案的一国政府首次有权用自己制订的改革方案取代“三驾马车”的《谅解备忘录》。当然，这只是初步的胜利，因为在就议程达成一致之前，首先需要得到各家机构的认可，但这是朝着解放的方向迈出的一大步——相当于囚犯从单人牢房里逃脱，越过监狱的围栏，正在穿越树林。

这份公报的主要缺点是，希腊没有得到暂时摆脱流动性短缺的喘息之机。在欧元集团内部的一次吹风会上，我向马里奥·德拉吉指出，既然协议已经就绪，欧洲央行就没有借口不恢复我们的豁免权，这意味着不能再威胁我们关闭银行，一切回归常态。只要欧洲央行允许希
274 腊的银行以我们当选前的利率购买短期国债，那么根据我的团队估算，假如我们也采取了一些认真的节约措施，我们能撑到 6 月底。其间我们有四个月的时间，可以争取达成我们想要的长期协议。一些人说，我应该要求德拉吉做出书面承诺。还有一些人叫我“傻瓜”，因为我没有这样做。

如果我要求马里奥做出书面承诺，从而导致另一场僵局，叫我“傻瓜”的大概还是那些人。毕竟，根据欧洲央行的规定，行长无权发布这样的书面声明。过渡协议的目的是争取必要的时间，寻找现有的共同点。我们寻找的不是具体的共同点，而是足够模糊的语言，既能让双方都满意，又不会暴露我们之间依然存在的裂痕。在这个阶段，若想取得任何进展，千万不能踩到对方的红线。欧几里德提醒我，亨利·基辛格给这种外交技巧起了个名字：建设性模糊。这就是我们眼下的任务。

“白烟”：2 月 20 日协议

2015 年 2 月 20 日的欧元集团会议，是我感觉最不难熬的一场。此时距离希腊银行预定关门的日子只有八天了。这场会议堪称刻意模糊

的典范，也证实了德国总理有能力从欧元集团通常的掌控者——她自己的财政部长——手中夺过欧元集团的控制权，尽管是暂时的。在会议即将开始的时候，法国经济部长埃马纽埃尔·马克龙给我发了一条短信，告诉我他与安格拉·默克尔共进了午餐，其间向她施压，希望她帮助双方达成一份都能接受的协议。他还向我透露，默克尔已经批准公报，直接指示戴塞尔布卢姆结束连篇累牍的希腊传奇故事，至少目前是这样。

在以前的欧元集团会议上，一旦进入各国财长发表意见的环节，每次都是按老规矩来。首先，朔伊布勒博士啦啦队中的东欧财长争相发言，一个个比朔伊布勒还朔伊布勒。接着，前纾困国家（如爱尔兰、西班牙、葡萄牙和塞浦路斯）的财长们——朔伊布勒的模范囚徒——
顺着朔伊布勒的心思发表一些陈词滥调。最后，沃尔夫冈本人出场， 275
为自始至终由他掌控的这个故事进行最后的润色。只可惜，在 2015 年 2 月 20 日，没有什么事情是按照他觉得应该的方式进行的。在德国总理的直接指示下，杰伦摆脱了沃尔夫冈的魔咒，宣读了公报草案，然后把讲台让给我，由我发表支持公报草案的意见——我欣然从命，称赞这是欧洲历史上的一个重要时刻。在这一刻，欧洲领导人证明，民主不是一种只有债主可以享受，欠债者无权享受的奢侈品。在这一刻，共同的逻辑和共同的努力战胜了缺乏经济现实支持的条条框框。

在我简短发言之后，杰伦邀请其他人发表意见。他们一侧没有人把名牌转过来。一个人都没有！朔伊布勒的啦啦队员没有像往常那样争先恐后，只剩一片尴尬的寂静。由于害怕沃尔夫冈，他们不会表示支持公报草案，但他们也不敢表示反对，因为这份草案得到了安格拉·默克尔的支持。夹在两位“主子”之间，他们只好低着头，把自己的想法藏在心里。后来，当马里奥·德拉吉和克里斯蒂娜·拉加德并不热情地表示支持公报草案时，他们的困境并没有得到缓解。不出所料，被激怒的沃尔夫冈多次发言，要求公报重申希腊对《谅解备忘录》和现有方案的承诺，他坚称这是唯一重要的事情。但杰伦是不会让步的。

毫无疑问，沃尔夫冈固执地反对公报，但每当他发言表示反对，他的嗓音就愈发尖锐，他的论据也愈发薄弱。最后，我数不清他干预了多少次——肯定有二十多次。只有葡萄牙财长和坐在我身边的西班牙财长路易斯·德金多斯支持他，前者只发言两次，后者则发言十多次——这无疑反映出西班牙政府的担心，激进左翼联盟的任何成功都会促使人们在即将举行的西班牙大选中支持立场相近的“我们能”党。

在缺席的默克尔与无处不在的朔伊布勒之间的这场冲突中，我只能作壁上观，有时间摆弄手机，与我的同志们互发短信。会议从下午 3 点 30 分开始。晚上 8 点 30 分，欧几里德给我发短信，急于知道事情进展到哪一步了：“我们是不是正摇摇摆摆地走向一个成功的结局？”

276 “到目前为止，沃尔夫冈已成光杆司令一个。”我回复他。

“德拉吉同意松开绞索了吗？”

“还没有正式同意。一会儿去找他谈。”

亚历克西斯也发来短信：“媒体报道说，目前的进展有利于我们。保持冷静，保持耐心，别让他们对公报进行任何不利于我们的修改。”

“到目前为止一切顺利，”我回复他，“沃尔夫冈已经失去对场面的控制。”

8 点 39 分，我给欧几里德和亚历克西斯发短信，告诉他们发生了一件不同寻常的事情：沃尔夫冈离开了房间，显然很生气。

亚历克西斯简直不敢相信。“我们能往外说吗？”他问。

但几分钟后，沃尔夫冈又回来了。我起身走过去对他说，虽然我理解他的反对立场，但基于桌面上的这份公报达成过渡协议的话，对我们两国都是极好的，并可能由此结束这场否则会没完没了的闹剧。他对我的态度表示感谢，但他似乎太恼火了，没心思给我笑脸。

8 点 56 分，亚历克西斯向我询问最新情况。

朔伊布勒阵营还没有放弃，不过成员只剩下伊比利亚帮，主要是路易斯·德金多斯。但杰伦正在设法控制他们。“荷兰人处理得很好。”我回复他。

9 点 14 分，亚历克西斯问我，德西联盟是否可能破坏公报。

“他们正在尽最大努力，”我回答。几分钟后，我告诉他，拉加德已发言支持公报。“她正在营救公报。”我发短信说。亚历克西斯似乎很高兴，但和欧几里德一样，他最关心的是欧洲央行。德拉吉会放过我们吗？我回答说，我们应该先让这份协议落袋为安。然后我再向德拉吉提出，他有责任结束敌对状态，从恢复豁免权开始。一步一步来。

9 点 28 分，亚历克西斯再次发来短信：还有失败的可能吗？杰伦第一次宣读之后，公报还有没有修改过？

九分钟后，我回复了他的短信：“我们这次赢了。但我们还是别庆祝了。我们最不需要的就是让沃尔夫冈觉得更加难堪。”

过了一会儿，焦急的埃马纽埃尔·马克龙也给我发来短信。“我们得到了一个好结果，”我告诉他，“现在我们需要认真工作了。谢谢你的帮助。”

埃马纽埃尔像同志一样回复说：“让我们继续战斗。”

在离开房间时，我走到马里奥·德拉吉面前，开始与他聊天，尽 277

管这是他想要避免的。我提醒他，16 天前，在他的办公室，他对我说了什么，以及那天晚上他打电话告诉我的事。当时，他不知为何急不可耐地取消了希腊银行的豁免权，切断了希腊银行获得欧洲央行流动性的渠道：一旦我们在欧元集团的层面上达成协议，欧洲央行不再有理由拒绝给予希腊银行豁免权。马里奥点点头，承诺说，既然欧元集团延长了希腊的贷款协议，欧洲央行董事会很快就会讨论这一问题。我追问他，能否给出希腊银行重新获得欧洲央行流动性的确切日期。他边走边说，“很快”，但不大可能在下周三之前，欧洲央行高层定在那天举行会议。就目前而言，我能做的就这些了。

我走向新闻发布室，心中的石头终于落地，因为这次等在那里的记者能够对象征着协议达成的“白烟”[1]进行报道了。但我也为亚历克西斯感到高兴，他的立场始终没有动摇：他在新闻发布会召开前发给我的最后一条短信中提醒我，要当着镜头的面强调，公报中的“适当盈余”应当解读为不超过国民收入的 1.5%，“顶多 3.5%”。

两个月后，当我从亚历克西斯的办公室返回财政部的路上，我又把那条短信拿出来看了一遍。这使我的精神几近崩溃。

值得细品的黑暗时刻

经过三场欧元集团会议，希腊和欧洲才翻开了新的一页。最后，正如我告诉与会媒体的那样，我们已经表明，谈判意味着妥协，但也意味着准备好说“不”。对于一些方案、建议和条件，我们不具备说

---

[1] 这是对教皇选举中宣示新教皇当选方法的借用。在教皇选举中，选举结果会通过选举地梵蒂冈西斯廷教堂的烟囱向外界传递，如果已选出新教皇，烟囱冒出的是白烟，否则是黑烟。

“是”的道义权力、政治权力和民众授权。我们把逻辑和意识形态结合起来，把尊重规则与尊重民主结合起来。我们反对这样一种观点，即一个负债累累的国家不可能通过选举改变任何事情。我们顶住了巨大的压力，站稳了脚跟。我们的斗争不是民族主义、民粹主义的，不会想要通过牺牲其他欧洲人的利益来改善自己人民的利益。我们从第一天起就表示，我们不干坑蒙伙伴的事情，而是从整个欧洲的利益出发重新调整我们的政策。我们拒绝将我们的谈判视为一场损人利己的零和博弈。

我对杰伦表示感谢，在他的主持下，当晚的欧元集团会议朝着达 278
成过渡协议的方向取得了进展。我称赞这是一个开始认真工作的机会。在那个周末，我告诉媒体，我和我的团队将夜以继日地准备我们政府的改革清单，这份清单须在三天后提交。“这将是一项艰巨的工作。”我承认。“但既然我们之间已经变成一种新的平等关系，我们现在很高兴能做这件事”，因为这使我们有机会证明，伙伴关系——而非胁迫——才是通往成功的道路。

接下来的周末确实很漫长。是的，我们赢得了用我们截然不同的改革取代《谅解备忘录》中最不利内容的权利。但这种权利不会自动转化为现实。这只是希腊迈向新协议的第一步。商定的程序还包括另外三个步骤。首先，我们通过电子邮件提交我们的改革清单，最晚截至 2 月 23 日（周一）下午，也就是不到 72 小时之后。然后，各家机构将在周二上午之前及时对我们的方案进行研究，以便在周二下午召开欧元集团电话会议。届时，德拉吉、拉加德和莫斯科维奇将代表作为债权人的三家机构，就我的清单是否“足够全面”（从而可以作为评估希腊政府的标准）发表意见。第三步，即评估，将在 4 月中旬进行。

如果成功通过，我们将获得资金，用于偿还国际货币基金组织。只有在这三步都完成后，我们才能进入谈判的应许之地。谈判将围绕我们要求的促进增长和复苏的新契约——我们的“圣杯”——进行，并在6月底之前结束（过渡协议将在那时到期）。

经常有人问我，我是否认为我们真的有很大的可能成功渡过这些险恶的水域，在欧元区内为希腊争取到一份新协议。我回答说，实际的概率既无法计算，也并不重要。我们必须争取机会，使我们的债权人能够带着合乎逻辑的人道想法坐到谈判桌旁，使我们有机会让他们听到我们的想法。这种机会总是渺茫的，但希腊人民赋予我们的使命就是尽最大努力，争取在欧元区内部实现可持续的未来。

时至今日，我因为达成了2月20日的欧元集团协议而受到猛烈的批评。希腊议会反对派因为在此前两轮纾困方案上签字而声誉受损，他们一直热衷于宣称我已经签署了他们的《谅解备忘录》，但由于我是个“傻瓜”，我们并没有拿到任何钱。当然，他们忽视了这样一个事
279 实：我们经历了三场欧元集团会议，才在公报中去掉了任何提到《谅解备忘录》或方案的字眼。奇怪的是，激进左翼联盟的左翼平台也持相同观点，将我们最终的投降归咎于2月20日的协议，而不是“战时内阁”后来的一系列失败。还有批评者认为，“建设性模糊”在谈判中总是有利于实力较强的一方，但他们忘了，朔伊布勒曾拼命阻止协议达成。包括欧几里德在内的一些同志事后批评我未能在公报中加入有关欧洲央行承诺结束我们的流动性短缺的内容，但他们忘了，欧洲央行神圣的独立性意味着，欧元集团的公报中永远不可能出现这样的措辞。

然而，在2015年7月我们最终失败后，对2月20日协议的猛烈抨击确实印证了我和达娜厄起初的预测。当我在亚历克西斯的公寓里接

到出任财政部长的邀约后，我俩预感到，不论真正的原因是什么，我们政府的失败都会有一个单身父亲，那就是我。

不过有趣的是，有一种荒唐但流传甚广的看法认为，我们最后的失败在我们签署那份欧元协议时就已注定。2 月 20 日的过渡协议是逃离“纾困斯坦”必须要迈出的第一步，但这一步迈得不够大。为了使其足够大，使我们走上解放的道路，“战时内阁”的坚定意愿是必不可少的，这样才能在过渡协议提供的窗口期执行我们事先商定的作战计划。我们需要时时刻刻准备着，一旦我们遭到银行关门和资本管制的威胁，我们就将启动我们的威慑力量。为了做好准备，我们必须相信，对希腊而言，最糟糕的结果就是为了让银行开门，只得签署“纾困斯坦”的延期协议。如果我们都做到了，2 月 20 日的协议肯定会将我们从“纾困斯坦”中拯救出来。希腊若想恢复经济可持续性和尊严，要么在欧元区内部通过谈判达成新协议，要么就痛苦地与欧元区决裂。不论通过哪种方式，这至少将恢复希腊在世界上崭露头角的能力。

在从布鲁塞尔飞往雅典的航班上，同机的希腊乘客一个个兴高采烈，尽管他们大多数人支持反对党。我们挺身反对“三驾马车”，带着一份体面的过渡协议回国，这可是德国财政部长竭力想要搅黄的事情。这一切都值得庆祝。然而，尽管我感到疲惫，眼皮也变得沉重，但有 280
一个问题一直萦绕在我心头：“战时内阁”是否会采取一切必要措施，确保“三驾马车”规规矩矩？如果债主使出肮脏的伎俩，我们会启动我们的威胁力量吗？

回到雅典，我收到诺曼·拉蒙特发来的一通电子邮件。“《经济学人》批评你，因为你说希腊破产了，我觉得很可笑。”他写道。诺曼之所以觉得可笑，是因为我这么说的言下之意是，欧洲央行管理层多年来一直在违反他们自己的规则，因为欧洲央行明文规定禁止向破产政府放贷。显然，这个故事出自欧洲央行的盟友。与诺曼不同，他们不觉得好笑，讲这个故事是为了反对我。更令人担心的是，法兰克福方面在2月20日协议达成后放出这些消息的事实意味着，欧洲央行并不想要松开绞索。这让我更加确信，除非我们真的准备好对国际货币基金组织违约，对欧洲央行的证券市场计划债券进行“剃头”，并筹备我们的平行支付系统，否则债主们不会遵守过渡协议的精神。

在这通电子邮件中，诺曼讲述了他对过去几天事情的看法：

> 你似乎遇到了很多不顺利的事情（就像尤利西斯）？但无论如何还是在逆境中取得了一些难得的进展。我想，最大的奖赏是你在四个月后得到什么，即使你不得不在短期的“结构性改革”（每个人都在用这个词，但没人知道是什么意思）上做出一点让步。反正无论如何，你认为你在这次较量中赢了不招人喜欢的朔伊布勒。

毫无疑问，沃尔夫冈对这种广为流传的看法深感愤怒。我知道他会反击的。我完全没想到的是，最早是我的财政部内部开始挥刀相向，稍后是我们自己的“战时内阁”，还有马克西莫斯官邸的那间办公室——在我们宣誓就职那天，亚历克西斯就是在这里让我感动得流泪。

本章注释

1. 参见瓦鲁法克斯2016年著作《弱者任人摆布？》第六章。

2. 我在引言中重申了我的论点，如果我们想要说服希腊人民接受“三驾马车”的方案，那么就必须对其进行改革，否则“三驾马车”之前在雅典的所作所为只会起到相反的作用。“我们承诺与三家机构中的每一家都通力合作，这个承诺不会动摇……我们认为今天在布鲁塞尔召开的这次会议是一个全新的开始，将服务于希腊和欧盟的利益……我们详细审阅了《谅解备忘录》的内容，并希望就此与你们展开讨论。”我坦言我们的政府缺乏经验，并将我们团队的微薄资源与他们的进行了对比。但我安慰他们说，缺乏经验是民主进程的一个正常特征，选民在选出一个新政府时，都会料到这一点，并给予即将上任的政府一个蜜月期，让他们在这段时间内将其想法发展为政策，这是民主进程必不可少的一部分。有鉴于此，我建议此次会议只考虑我们团队的总体政策框架，而不是抓着细枝末节不放。毕竟，欧元集团同意在《谅解备忘录》和我们政府的计划之间寻找共同点，并在以此为原则的基础上达成协议。我还提到了我们的铁面团队，以及我们真的在尝试对数十万逃税者进行追查。我对他们说，如果“三驾马车”对实质性改革和向我们政府的国库大量注资感兴趣的话，我预计他们会全力支持我们打击逃税的努力。

3. 随着第一天的过去，消息泄露的情况变得更加严重。杰米一度向我报告说，媒体的报道令我们的团队感到气馁，媒体称他们没能力提出“三驾马车”可以接受的“延长方案”的建议。我立即回复说：

> 我们必须用他们自己的这种说法对付他们，只须说一句话：谢谢你们指出这一点。你们说得很对。我们没能力提出任何政策，以圆满完成现有方案。原因很简单，这个方案无可救药。这就是

为什么我们在欧元集团会议上坚持要进行重大修正。事实上，我们的团队今天和明天开会的任务不是为了完成现有方案，而是搭建一座桥梁，通向新的可行安排。如果不对其中金融、债务和改革议程的逻辑进行修正，并在达成修正的过程中保持冷静，就不会有任何方案。

4. 例如，在对我们与“三驾马车”之间的讨论进行总结时，我写道：“在结构性改革方面取得了良好进展，确定了在数量十分可观的领域，希腊当局可以支持目前的改革议程……在未来几周，新政府需要时间对目前改革进行更详细的评估。希腊政府完全致力于继续在这些领域做出努力。”欧几里德让我删除第一句话中的“十分”，并建议我将最后一句改为：“希腊政府致力于继续执行的改革议程将结合现有方案和希腊本国改革议程中的最佳元素。”在其他地方，我曾写道：“希腊当局致力于在未来十年继续实现基本盈余，以确保稳健的公共财政。”他建议我用“不久的将来”代替“未来十年”，并补充说，“毕竟我们正在寻求召开债务会议，做出这样的承诺有些多余”。几个月后，当欧几里德取代我时，情况则发生了天翻地覆的变化。
5. 如果限制纸币出境，纸币也会立刻贬值。
6. 我计划建立的平行支付系统经常受到批评，说它只在理论上是以欧元计价，但实际上平行支付系统内一欧元的价值将低于“应得的”一欧元纸币。这是真的，但如果欧洲央行实行资本管制，那么这个国家实际上已经拥有双重货币，所以这种说法有点具有学术性。
7. 这个非正式的、相当松散的“战时内阁”的核心是亚历克西斯、帕帕斯、察纳科普洛斯、德拉加萨基斯、萨吉亚斯和欧几里德，他们之前几周一直在马克西莫斯官邸的总理办公室开会讨论战略。

8. 媒体几乎没有报道杰伦·戴塞尔布卢姆的办公室如何收回了起初的说法，即他在一所爱尔兰大学获得了硕士学位。媒体这种克制的表现真是难能可贵。我经常好奇地想，如果我的学历出现类似的争议，同一群记者会如何对待我。
9. 容克的草案就建议通过一部民事诉讼法，修改所得税法和税收程序法，立法拓宽税收诈骗和逃税的定义，并改革天然气市场。我们还被问到是否有其他可以迅速落实的改革——这是一种最具合作态度的立场，因此也最受欢迎。
10. 欧盟委员会是欧盟最接近政府的机构，欧盟委员的地位相当于政府部长，而如前所述，欧元集团在任何欧盟条约中都不具备法律地位。从这个意义上说，戴塞尔布卢姆在官方职务和法律地位上并不高于荷兰财政大臣，莫斯科维奇在法律上的地位更高。
11. 在我们的《温和建议》中，欧洲投资银行被誉为经济发展的可能支柱，与本应成为金融稳定支柱的欧洲央行并驾齐驱。参见瓦鲁法克斯 2016 年著作《弱者任人摆布？》附录。
12. 季米特里斯·察纳科普洛斯是一名年轻的律师兼激进左翼联盟活跃分子，在我辞职几个月后，他被提升为政府发言人，并被任命为不管部部长。
13. 只有我的学术伙伴、经济部长乔治·斯塔萨基斯准备公开质疑这种承诺的力度——从我们上任的第一天起，他就这样做了。我记得他私下告诉我，当危机来临时，“我们会接受他们给我们的任何东西”。当时我非常生气，亚历克西斯也是。出于这个原因，亚历克西斯与斯塔萨基斯保持了一定的距离，这就是为什么斯塔萨基斯在我们上台后的头几个月不是“战时内阁”的固定成员。后来的事实证明，乔治是唯一始终对我坦诚相待的激进左翼联盟局内人。更值得称赞的是，他曾试图警告我，其他人的战斗意愿只是“暂时的”。

14. 在第二轮纾困中，有 500 亿欧元专门用于对希腊银行的资本重组，存在争议的 109 亿欧元就是那笔钱里剩下的——参见第二章的《“纾困斯坦 2.0”》一节和第五章的《希腊式复苏？》一节。鉴于希腊银行的账面上存在巨额的不良贷款，剩下的这笔资金不足以使希腊银行恢复健康，而且在找到某种办法解决不良贷款问题之前，“三驾马车”不愿让希腊政府投入更多的钱，因为这只会白白打水漂。国际货币基金组织和欧洲央行希望通过取消抵押品赎回权和拍卖罚没住宅与办公室的形式解决不良贷款问题。在政治上，这么做将是极其有害的，所以这 109 亿欧元只能以欧洲金融稳定机构债券的形式，在欧洲金融稳定机构的希腊分支希腊金融稳定基金的账面上等着落灰。欧洲央行希望将这些欧洲金融稳定机构债券从希腊金融稳定基金转回欧洲金融稳定机构。为什么？为了引人注意，证明他们对我们正强硬起来。但在现实中，这并没有什么不同，因为就算这些欧洲金融稳定机构债券由希腊金融稳定基金持有，希腊政府也无权擅自动用，除非得到欧元集团工作组也就是欧洲央行的授权。值得注意的是，我们议会中的反对派将这次无关紧要的转账形容为“瓦鲁法克斯在自己的眼皮子底下损失了 110 亿欧元”。

第十章　摘下面具

在我从机场赶往议会的路上——松了一口气的议会已经在就这份 281
欧元集团协议展开讨论——我的手机上传来了数量相同的赞誉和谴责。杰夫·萨克斯在电子邮件中称赞我们，争取到了“120 天的期限，可以好好思考，集思广益……这是一个历史性的突破，打破了欧元区自上而下式管理的所有规则”。“这些都是成就！”他说。不过，我童年时期的两位左翼英雄马诺利斯·格列索斯和米基斯·塞奥佐拉基斯谴责了这份协议。格列索斯是抵抗纳粹的英雄，2015 年 2 月时是欧洲议会议员，塞奥佐拉基斯是传奇作曲家，我极其看重这两人的观点。[1] 他们都是正确的。这是一个历史性突破，但如果我们稍不留心，则会导致失败和屈辱。

2 月 21 日（周六）晚些时候，我回到财政部，开始制订我们将提出用于替代《谅解备忘录》的改革清单。我砰的一声关上了办公室的软包门，一头扎进工作中。我的任务是删除《谅解备忘录》中的不利承诺，并用新的政策意图加以取代。这部分内容约占整个文件的30%，要求加大紧缩力度，加强对最弱势群体的阶级斗争。我的部分团队成员将这份《谅解备忘录》称为“丑陋的大杂烩”。我们阐述新的政策意图时必须要注意措辞，不能招致“三驾马车”的反对，但也必须要为我们一直主张的真正的治疗措施敞开大门，而这几乎肯定会遭到“三驾马车”的反对。在理论上，我有48小时的时间来完成这份文件。但在现实中，我还有很多迫在眉睫的事情，能用在这件事上的时间就少了很多。

一旦我们在周一傍晚提交了文件，马里奥·德拉吉、克里斯蒂娜·拉加德和皮埃尔·莫斯科维奇会在第二天上午对其进行审议，而欧元集团确定在周二下午开会。开会时不会再有争吵：他们三个会直
282 接给出对这份措施清单的评估意见，接着不是开绿灯，就是亮红灯，部长们是没有发言权的。

在这场电话会议上，要是被亮了红灯就惨了。我们在之前几周辛辛苦苦争取到的结果将灰飞烟灭，银行将关门歇业，我们看上去就像是被拒绝的请愿者。我们有必要在周一晚上之前就提前知道这一切是否会发生。如果僵局不可避免，那么我会拒绝提交任何改革清单，而是会举行新闻发布会，宣布并解释谈判失败的原因，称赞格列索斯和塞奥佐拉基斯等老战士的直觉。与此同时，我同样急切地想要避免因为一些本来可以弥合的小分歧而陷入僵局。为了保持与债权人的沟通渠道顺畅，我把我的副手、欧元集团工作组代表乔治·胡利亚拉基斯留在了布鲁塞尔。他的任务是从布鲁塞尔的重要官员口中探听出债权人会在哪里画定红线，测试债权人对我们这边红线的敏感度，并最终

在周一晚间之前警告我是否可能出现僵局。

整个周六夜里，我把自己关在办公室里，汗流浃背地为我被囚禁的祖国制订一份将提交给狱卒的逃跑计划。我从这份文件的第四部分，也是最后一部分写起，我给这部分定的题目是《人道主义危机》。我选择这个题目作为试金石。杰伦·戴塞尔布卢姆对这种表述不屑一顾，认为“太政治化”，无法纳入我第一次参加的欧元集团会议公报。如果周二的电话会议因为这部分内容而拒绝接受我的清单，我就知道该怎么做了：宣布欧元集团层面的谈判结束，按下我的电话会议设备上的关闭按钮，然后给亚历克西斯打电话，让他部署好我们的威慑力量。在整份文件中，最难的部分就是在模糊与具体之间取得适当的平衡。然而，尽管我在许多领域故意保持模糊，但在最后这个部分的最后一个条目中说得非常清楚。我在这个条目中表达了希腊政府和一个很不情愿的欧元集团致力于为贫困家庭提供一张不带耻辱的预付借记卡的雄心壮志，使他们有钱支付食品、住所、药品和电力的费用。

写完最后一部分后，我开始删掉《谅解备忘录》中那些损害基本权利的条目。我增加了一条不允许把人从家庭主要住房中逐出的禁令；对私有化标准进行了重新评估，纳入了最低投资水平、环境标准、劳工权利以及对当地社区的关注；成立一家投资银行，盘活公共资产，283
将所得收益与苦苦挣扎的养老基金分享；暂停之前商定的下调养老金；确认我们对恢复工会代表权的承诺；保证公务员的最低工资不会进一步削减；等等。作为交换条件，我保留了《谅解备忘录》中的大量“重要举措”。其中有丑陋的，有坏的，也有一些好的。但这就是妥协精神的意义所在。在 2 月 20 日欧元集团会议的最后讨论中，戴塞尔布卢姆明确指出，我的清单应该“宽泛一些”，最多不超过三页纸。最后，我发给他们五页纸。

与敌人合作

周日，乔治·胡利亚拉基斯带着消息从布鲁塞尔回来了。他一直在与欧盟委员会的“三驾马车”关键代表德克兰·科斯特洛联络，后者的态度显然是积极的，表示期待看到我们通过周二的考验。我问他是否给科斯特洛看过我的草案。他给科斯特洛看了，反应很好，但科斯特洛希望我们用“三驾马车”青睐的行话和模板对这份清单进行重新加工。“他们对内容很满意，但想要保留他们自己的格式。我先去我的办公室一趟，整理一下，然后用他们的语言加工一下我们的清单。”胡利亚拉基斯如是说。听起来不错。接受他们僵化的格式，但去掉其中一些可怕的内容完全在我的红线之内。

乔治回来时，带来了一份令人失望的文件。其中的措辞显然与“三驾马车”的《谅解备忘录》一样，但我先前那份草案里的内容要么没加进去，要么就是大打折扣到令人无法接受的地步。于是，我拉出一把椅子，请乔治坐在我身旁，由我来对他的文本进行编辑。这是一次并不容易的合作。我们非常努力地尝试合作，取得了一些成果，但显然我们处在不同的波段——不论在问题分析上、政治上还是文化上。在乔治看来，这份文件本身就是最终目的。在我看来，这是使改革清单获得认可，从而争取到预先进行债务重组的一块垫脚石。如果没有债务重组，我的改革清单，实际上是任何改革议程，都会因为提取偿债资金的过程而变得无关紧要。这将使希腊陷入债务—通缩恶性循环，
284 在这种状态下，任何社会都会与改革绝缘，最终导致失败。在问题分析的层面，我们的分歧也开始增多。我们对财政政策讨论得越多，乔

治对“三驾马车”荒谬经济模型的容忍程度就越让我感到震惊。我认为正是因为这样，他才对“三驾马车”高利贷式的财政目标采取了放松到令人不安的态度。

财政部长应该完全信任他的经济顾问委员会主席，后者掌管着经济分析师团队，为部长进行大量的数据计算，此外还要代表部长出席各种重要论坛。我没有这种信心，但这不是乔治的错。责任在我，因为我当时并不认为找一个自己人出任这个关键职位是至关重要的事情，更不用说还要不顾副总理的意愿坚持任命我自己的人。然而，目前有一项工作摆在我们面前，我们必须完成。好几个小时之后，并肩而坐的我们尽全力完成了这项工作。

我在我的笔记本电脑上对胡利亚拉基斯的Word文档进行改写，直到我们两个都满意为止。晚上9点刚过的时候，我们把文件发给了科斯特洛，等他做出回应。三个多小时后，我们才收到回复。幸运的是，试金石那部分没有出问题。令我感到意外的是，科斯特洛对《人道主义危机》那部分内容完全没有提出异议。实际上，他根本没有提到这部分，而是选择在“文本中可能会造成重大问题的另外两个领域”与我对峙：把人逐出住房和私有化。

暂时停止把家庭从他们的主要居所中逐出的做法与“三驾马车”的立场格格不入。“三驾马车”承诺银行家拥有收回所有房产并进行拍卖的自由，不论房产是大是小，是主要的还是次要的。“三驾马车”要求对欠债的企业和家庭进行清算，每月补偿他们几百欧元，让他们用这点钱从兰布罗斯和其他许多人无法摆脱的废墟中重新振作起来。尽管科斯特洛不可能知道（也不可能在乎）我对兰布罗斯的誓言，但他足够聪明，意识到我不会赞成接受这些措施。因此，他提出了一些

“措辞”，他是这么说的：就写政府致力于“避免”把人逐出住房，别提“在现阶段”暂停这种做法，如何？胡利亚拉基斯认为，为了实现一个更宏伟的计划，这是一个合理的让步。我同意了。

在私有化的问题上，科斯特洛对我提出了两方面的要求。首先，他要求上届政府批准的私有化项目不可撤销，如果招标流程已经开
285 始，那就应该允许进行下去。在这一点上，我同意尊重正在进行的招标流程，同时加入了一项条款，即由法院决定某项私有化是否应该取消。因为我非常清楚，希腊法官渴望恢复他们的宪法权力，这是他们自 2010 年以来第一次有机会阻止对国家的掠夺，停止可耻的廉价甩卖。[2] 其次，“三驾马车”坚决反对我提出的关于设立一家投资银行，用公共资产作为抵押品以创造投资，并将收益与资金匮乏的养老基金进行分享的建议。科斯特洛的外交解决方案是，建议我将这部分内容从我的清单上完全删除，“因为这个想法需要几个月的时间才能成形，不是眼下必须讨论或解决的问题”。这是我同意做出的另一个让步，我在心里默默地做了个记号，等 4 月之后再把这个问题提到我的优先事项的首位。

在办公室的红色沙发上睡了几小时之后，我开始了一场马拉松式的会议，以获得总理、“战时内阁”同僚和关键部长的首肯。每个人都对我清单上的某一项有着强烈看法，而最强烈的反对意见来自左翼平台或与左翼平台接近的同僚。在他们看来，我们与债权人谈判根本就是欠考虑，我的清单还使用了“三驾马车”的措辞，这和背叛相差无几。这反映了他们的观点，即希腊退欧应该是我们的目标——在我看来，这条路线不仅在战略上是错误的，而且有违选民授予我们的权力。尽管存在这些或那些反对意见，但我们还是在 2 月 23 日（周一）下午

达成一致。

大约在同一时间，我收到了“三驾马车”官员分别发来的三通电子邮件，“建议”我恢复《谅解备忘录》中被我删掉的那些内容。与科斯特洛不同，他们每个人都以私人身份写道，他们是出于“朋友”的立场，不想让我走向“死胡同”。我实事求是地分别回复他们说，我不准备恢复那些有害的措施，就连科斯特洛也没要求我这么做。我提议，如果他们是非常强烈地建议，那么他们可以去劝说他们的领导人（拉加德、莫斯科维奇和德拉吉），在第二天的电话会议上拒绝我的改革清单。

他们软化了态度，以非官方的身份同意了我在周一下午发给他们的清单。但他们不是没有拖延，而且这种拖延造成了损害。他们直到午夜过后才不情愿地开了绿灯。这是一种战术拖延吗？如果不是，这个巧合对他们那方也太有利了。因为我希望在得到准信之后再正式提 286
交我的清单，在他们承诺不会拒绝之前，我只有等待。午夜的钟声已经敲响。什么消息也没有。然后，十分钟过去了，三个人奇迹般地同时回复了我。午夜零点 13 分，我把我的清单发给了科斯特洛以及欧洲央行和国际货币基金组织的“三驾马车”代表。

有人或许认为晚 13 分钟无关紧要。但当你成为宣传战走狗的目标就不一样了。周二早上，全世界的媒体以这 13 分钟为把柄，把我描绘成一个无能、拖沓、毫无章法的人。《瓦鲁法克斯错过了提交改革清单的最后期限》是典型的新闻标题。这是一个我无法反驳的指控，除非我向外界公开，在正式提交清单之前，我一直在与希腊债权人秘密谈判。然而，随着我在那段时期内受到的指控愈演愈烈，这样的指控只是毛毛雨。在那个周二上午，布鲁塞尔的宣传机器正在开足马力地工作，他们即将对我提出另一项指控，后者的杀伤力比这可要大多了。

在我延迟提交建议的消息传出后不久，他们又曝光了清单的具体内容——而希腊内阁会议在几小时后才正式批准这份清单。我的大多数部长同僚尚未看过这份清单，可想而知，他们在前往议会大厦的途中用平板电脑浏览新闻时才看到这份清单会有多么生气。然而，尽管他们的恼火是合情合理的，但将这种恼火转化为巨大的政治打击和个人打击的是报道此事的大字标题，如《科斯特洛的清单》，这是支持“三驾马车”的希腊媒体的典型写法。《瓦鲁法克斯：“三驾马车”的最新走狗》则是左翼网站的解读。一名排队进入会场的部长带着既有怜悯又有失望的眼光看着我，对我说，他从没想到我会听命于科斯特洛。

我的清单竟是科斯特洛写的？这种荒谬的指控令我一头雾水。我的最初反应是置之不理，认为这依然是胡编乱造，只不过这次媒体找到了一个对我发起指控的抓手。显然，一名聪明的记者（后来我们成了朋友）发现，点击泄露文件的“属性”键，人们会看到“作者”——软件把最早建立这个文档的那台电脑的注册用户定义为作者。听到这个消息，我赶紧打开我的笔记本电脑，打开包含我的改革清单的那个
287 文档，点击“文件”，然后点击“属性”，看到“作者”旁边显示的是“德克兰·科斯特洛（经济与金融事务总司）”，在下面的“公司”字样底下，则显示的是“欧盟委员会”。这让我感到极其屈辱。

眼看内阁会议即将开始，我费了好大劲才压住心中的怒火，把精力集中到争取部长们的同意上来。经过两小时的辩论，我成功达成目的。然后，我立即回到财政部，把胡利亚拉基斯叫了过来。是的，他承认，他在我的办公室里拿给我看的那份文件，就是我后来大刀阔斧地修改的那份，实际上是德克兰·科斯特洛在布鲁塞尔写的，不是他

写的。“你是不是觉得告诉我这件事不合适？告诉你的部长，你的文件，我显然不满意的那份文件，是由我们的头号敌人写的？”我质问道。他不作声。“也可能你一开始没有注意到，或者你不好意思承认，”我接着说，“但当你看到我在辛辛苦苦地对其内容进行大刀阔斧地修改，与‘三驾马车’最难对付的官员创建的文档较劲时，你就没有想到要提醒我一下吗？甚至到我马上要发出邮件时也没想到吗？”

面对我的质问，他以一种完全是典型的胡利亚拉基斯式的态度耸耸肩，那种无动于衷的态度让人冒火，没人能从他脸上的表情破译他心中的想法。[3] 在正常情况下，他会被当场解雇，但正常情况是我在任期间从未享受过的奢侈。座机的铃声已经响起。欧元集团会议即将开始。我坐在听筒旁，紧紧握住我的笔记，胡利亚拉基斯坐在我旁边。我需要集中精力投入一场更重要的战斗。

朔伊布勒的报复

当你在谈判中处于弱势时，里面传来叽里呱啦声音的电话线只会让事情变得更糟。在面对面的会议上，一个人至少可以通过自己的声音、眼神接触和身体举动在更大程度上掌控房间内的情况。相比之下，电话会议的形式令本已具有挑战性的会议变得更加困难。这一次，为了消除严重不公平的经济环境，我成功争取到杰伦·戴塞尔布卢姆的承诺，这场电话会议只允许三家机构（欧盟委员会、欧洲央行和国际货币基金组织）的领导人参加，旨在就一个问题得出是与否的结论： 288
我的清单是否“足够全面，可以作为成功完成对希腊第二轮纾困协议的最终评估的基础”？这就是当天摆在桌面上的唯一问题。实际上，在 2 月 20 日上一场欧元集团会议结束时，杰伦曾告诉所有人，让沃尔夫冈·朔伊布勒极其失望的是，在 2 月 24 日的电话会议上不会有辩论环节。这场会议的功能有限，只是让各家机构在这场会议上放出“白烟”或“黑烟”。没有其他事情。

我的清单已经事先获得认可，尽管是非正式的，但如果没有出现“白烟”，那会是非常出人意料的。就算没有出现“白烟”，我也准备了足够的弹药，将在新闻发布会上揭露“三驾马车”的两面三刀，从而赢得这场卸责游戏。我主要担心，沃尔夫冈会以某种方式推翻关于辩论的禁令，气急败坏地在电话中发起辩论，不知怎的又使《谅解备忘录》重新回到谈判桌上。我的所有精力都用在设想他会如何做到这一点，以及我如何才能阻止他。我的最佳论据是杰伦之前做出的明确承诺，但我能信任这个荷兰人吗？

事实证明，沃尔夫冈不必在电话会议上发起意料之外的辩论，杰伦也不必违背自己许下的将阻止辩论的承诺。会议的安排比我想象的要聪明得多。各家机构的领导人一开口，情况就已经很清楚了。第一个发言的是欧盟委员会副主席、拉脱维亚人东布罗夫斯基斯：“在欧盟委员会看来，这份清单足够全面，可以作为成功结束最终评估的基础……”“白烟”如期升起，我心想，松了一口气。但东布罗夫斯基斯接着说：“不过，我想强调的是……这份清单不能替代《谅解备忘录》，后者才是现有方案的官方法律基础。”

一开始我很困惑，但很快就意识到发生了什么：沃尔夫冈·朔伊布勒已经从三天前的屈辱中缓了过来，再次完全控制了局面。在之前的那个周末，就在我竭力寻找《谅解备忘录》的替代品的时候，德国财政部长已经成功地将局面扭转到于己有利的一边——他干得非常漂亮，以至于他根本不必插话，强行启动辩论，甚至连话都不用说，就可以救回《谅解备忘录》。[4] 东布罗夫斯基斯完成了朔伊布勒交给他的任务，明确表示我的清单"不能替代《谅解备忘录》"。如果这份清单不能替代《谅解备忘录》，那么这份清单就没有任何意义。我们再次陷入第一场欧元集团会议时的僵局。 289

东布罗夫斯基斯是单独行动的吗？皮埃尔·莫斯科维奇、马里奥·德拉吉和克里斯蒂娜·拉加德的发言证明他不是一个人。

"我们的理解是，与欧元集团上周五的决定一致，"马里奥说，"这份清单不会质疑目前的安排，因此也不会质疑《谅解备忘录》中的现有承诺，这是此次评估的基础。"

"与欧元集团上周五的决定一致"？对于这种奥威尔式"双言巧语"❶，我想不出还有更好的例子——欧洲央行行长无耻地说出这样的话，心里却非常清楚，恢复《谅解备忘录》至高无上的地位明确且直接地违反了 2 月 20 日协议的精神和文本。

马里奥·德拉吉的弥天大谎又被克里斯蒂娜·拉加德赶忙重复了一遍。"我完全认可并支持马里奥的所有观点，"她开口了，"……关于评估完成的讨论……不能局限于希腊政府提出的清单，我认为马里奥提到《谅解备忘录》是特别重要的……最后，如果雅尼斯能向我们说明该政府的流动性状况，以便开始评估，那将是极其有帮助的。"于是我明白了。这是一场精心策划的埋伏，以一个惊人的大转弯开始，然后以一个几乎不加掩饰的威胁结束。

"雅尼斯现在必须就几点问题做出回复，这些问题是在各家机构就

❶ 英国作家乔治·奥威尔（1903—1950）在其代表作《1984》(1949）中，创造了不少用于掩饰说话者真实意图的措辞，后被称为"双言巧语"(double-speak)。

所有措施达成必要一致的背景下提出的，”杰伦说话了，“这是我们工作的基础。”

当我按下启动麦克风的按钮时，我的大脑在飞速运转。对于这种令人震惊的违反协议的行为，我该怎样做出反应？我如何应对这种挑战？为了给自己争取一些思考的时间，我开始回答东布罗夫斯基斯、莫斯科维奇、德拉吉和拉加德提到的所有相对次要的问题。每说一个字，痛苦就增加一分。

宣称 2 月 20 日的协议并未向我们承诺用我们自己的改革清单取代《谅解备忘录》的主张荒谬至极，接受这种主张就等同于接受将《谅解备忘录》恢复原状。这样一来，我们所争取到的一切将化为乌有。这就是接受了沃尔夫冈·朔伊布勒在我们的第一场欧元集团会议上对我们所要求的一切，接受了杰伦·戴塞尔布卢姆自我们第一次见面以来
290 试图强加于我的一切。最重要的是，这将构成对我们人民不可原谅的背叛：那些最近给予我们信任的人，以及格列索斯和塞奥佐拉基斯那样的已经冲过来谴责我投降的老战士，现在将对我怒目而视。

在谈到私有化和财政目标时，我在脑海中盘算着两个选择。一是礼貌地结束电话会议，声明希腊政府即将退出欧元集团层面的谈判，因为各家机构的领导人试图将《谅解备忘录》恢复原状，这使谈判已经失去意义。另一个选择是继续参加电话会议，但对各家机构关于 2 月 20 日欧元集团协议的解读提出异议，并郑重声明，希腊政府根据该协议的精神和文本，坚决反对将《谅解备忘录》恢复原状。

摊牌时刻即将来临。我必须当机立断，只有胡利亚拉基斯在我身边观望。这是我人生中不得不做出的最艰难决定。

我的重罪

我心里很清楚，退出电话会议的后果就是，第二天上午，也就2015年2月25日（周三），我们的银行将被迫关门。这刚好是我们当选的一个月后。鉴于希腊贷款协议还有四天即将到期，欧洲央行无疑会切断银行的流动性。因此，在退出电话会议之后，我必须立即赶往马克西莫斯官邸，传达这个糟糕的消息，并坚定地建议立即启动我们的威慑计划。这意味着宣布证券市场计划债券“剃头”的日期，通过税务局网站建立电子借条，并修订有关希腊央行的法律。这是一个艰难的抉择。但我应该这么做。

相反，我选择了比较温和的选项，这是一个灾难性的选择。我在发言的关键部分是这么说的：

> 三家机构曾都对我说，（我们的）清单不是取代《谅解备忘录》，这份清单只是嫁接到《谅解备忘录》上……现在，你们也看到了，我们开了三次欧元集团会议，只是为了讨论将这个方案与我们政府 291
> 的首要任务结合在一起的必要性。给我——这届政府——留下的印象是，我们正在重新开始……我们将坚持认为……完成评估的前提是，双方明白这届政府的改革清单是评估的起点。

回头来看，我实在是太怯懦了。虽然我正确地指出，2月20日的协议已经放弃《谅解备忘录》，改用我的改革清单作为评估的基础，但我应该将重申这一原则作为继续进行电话会议的条件。当然，就算我坚持要求重申这一原则，我很可能也不会如愿。然后我不得不退出电话会议，从而彻底翻脸。但我当时的想法——我忍住没这么做的原因——基于三点推测。

第一，对谅解备忘录地位的重申完全是口头上的。只是在欧元集团的电话会议上表个态，会后不会发表公报，这场会议的议题也只是批准我的清单。唯一的书面协议仍是2月20日的欧元集团协议，该协议认可我的改革清单，并未提及《谅解备忘录》，同时也为通过谈判结束紧缩措施并进行债务重组创造了空间。[5]我没有退出电话会议，实际上并不意味着支持以任何形式将《谅解备忘录》恢复原状。

第二，我们需要更多的时间。我们的政府上台只有27天，建立必要的平行支付系统以应对银行关门，并为银行关门造成的困局做好准备，都需要时间。

第三，由于债权人沆瀣一气，我们的政府变得团结而坚强，愿意并且应该为我们退出谈判的确切时机承担集体责任。因为，我认为，虽然我在电话会议上做出的结束这一进程的任何决定，并未经过首相或内阁的考虑，但就目前而言，我完全有权以财政部长的身份声明，我们反对“三驾马车”试图恢复《谅解备忘录》的举动。

前两点推测是对的。第三点不是。如果第三点也是对的，那么我在电话会议上做出的决定此后就会被证明是正确的。如果我们这边像我想象的那样坚定，冷静地选择合适时机进行报复，我就不会写下这
292 些满是懊悔的话了。唉，在2月24日“三驾马车”企图重新将《谅解备忘录》强加给我们时，我们未能一致对外。我们分裂了，最后，我们被控制了。

我当时有足够的信息能够预见到这一切吗？我掌握的信息并不是很多，但事后看来，这些信息足够了。这份Word文档揭示了胡利亚拉基斯和科斯特洛之间的密切关系，我应该由此意识到我们之间的分

歧。由于不愿考虑其他可能性，我被蒙蔽了双眼，无法想象我的副手之所以这么做其实是出于其他原因，并非是判断失误。我宁可把那桩意外归因于他的懒散和内向。然而，还有其他一些东西在促使我这么想（不仅仅是因为谁也不想被认为是偏执狂），比如恐惧。

在 2 月 20 日晚间举行的新闻发布会上，我称赞这份协议是一个重大转折点。我说的没有错。沃尔夫冈·朔伊布勒在自家后院举行的单挑对决中败北，至少是暂时败北。正如路易斯·德金多斯和杰夫·萨克斯所指出的那样，这是一个改变游戏规则的成就。我们的政府和人民认为这是天赐之物。我们赢得了 120 天的看似正常的生活，有权通过谈判达成在很大程度上是新的改革议程、新的财政目标并进行债务重组。这是一个值得细细品味的时刻。如果我在 2 月 24 日退出电话会议后告诉大家，世事难料，达成体面协议的梦想已经破灭，银行即将关门，人们会有多么失望。这是我无法忍受的。从心理上说，担此重负是个挑战，而我无力应对这一挑战。

犯错就像犯罪一样，其问题在于，它会导致一错再错。由于我未能退出 2 月 24 日的欧元集团电话会议，几天后，我又犯了一个更大的错误。

设局

我首先要向亚历克西斯通报“三驾马车”的出尔反尔，以及我所做的决定。我们在议会的总理办公室见面，我向他讲述了发生的一切。我们被债权人耍了，我告诉他。他们试图把《谅解备忘录》放回谈判桌上，我们需要团结一致阻止他们这么做。“除非我们准备好启动我们 293
的威慑力量，对国际货币基金组织和欧洲央行违约，否则他们将把我们拽回他们的进程，收缴我们的武器，让我们筋疲力尽，然后在 6 月底的时候，任由我们自生自灭。”我直截了当地对他说。

亚历克西斯聚精会神地听着，然后对我说，我不必担心。如果他们想沿着这条路走下去，他们很快就会三思而后行的。这正是我想要听到的话。于是我继续按原计划走。

既然欧元集团电话会议已经正式批准我的改革清单，我们的政府就有义务向债权人发出正式请求，申请按约定将贷款协议从 2 月 28 日延期至 6 月 30 日。向债权人发送这份正式请求是我的职责。问题在于，这封申请函采取何种格式。

第二天，即 2 月 25 日（周三），我的办公室主任乔治·库图尔科斯交给我一份申请函模板，告诉我应该按照这个格式向欧盟委员会、欧洲央行和国际货币基金组织发送申请函。

“这是哪儿来的？”我问。

“戴塞尔布卢姆的办公室发来的。”库图尔科斯回答。

我迅速浏览了一遍。完全无法接受。尽管我愿意使用债权人要求的某些关键表达方式，但我也不准备在这样的一封信上签字——他们已经把这封信完全写好了，只留下虚线处让我签字。鉴于我们的政府承诺将恢复希腊的国家主权，我觉得必须要坚持由我们自己组织语言撰写此信，而且这封信应该反映我们要求延长贷款协议的目的和理由。库图尔科斯完全同意，但提醒我，布鲁塞尔已经明确表示，他们的草案容不得任何修改。

我拿着信赶往马克西莫斯官邸，去找我们的内阁秘书长斯皮罗斯·萨吉亚斯。他和我一样，对债权人的立场感到震惊和愤怒。我们去和亚历克西斯谈，他也是这种态度：我发给债权人的信不能由债权人自己写。这不是象征性的问题，而是涉及主权的本质问题。在接下来的两小时里，我和萨吉亚斯坐在总理办公室旁边的一间办公室里，重新起草了属于我们自己的一封信。然后，我回到财政部，把信发给布鲁塞尔，等待他们的回复。

欧元集团工作组主席托马斯·维泽尔负责做出反馈，因此我委托我在工作组的代表乔治·胡利亚拉基斯把这封信发给他。然后我回家梳洗打扮，接上达娜厄，和她一同前往中国大使官邸参加晚宴，旨在 294
梳理我们政府毫无头绪的对华关系。

第二天一大早，即 2 月 26 日（周四），我一到财政部就看到了托马斯·维泽尔发来的一条信息：修改贷款延期申请函的最后期限已经过去。要么我在他们寄给我的信上签字，要么延期申请就不会得到考虑。

“过期了？”我愤怒地问库图尔科斯，“什么时候过期的？”库图尔科斯不知道。“中午之前查清楚。”我告诉他。

在库图尔科斯进行追查时，我步行前往希腊央行。我的昔日好友斯图纳拉斯即将在央行股东年会上发表演讲。既然我决心尊重这一机构，我觉得我有必要参加股东年会。我本以为，我的出席会换取央行对政府的同等尊重，但这个希望很快就破灭了。听着斯图纳拉斯的演讲，我意识到，如果前总理安东尼斯·萨马拉斯在 1 月 25 日击败了我们，他就会发表这样的演讲：对上届政府的政策大唱赞歌；重复选举前的那套谎言，称希腊一直在复苏当中；完全拥护“三驾马车”的议程；并用遮遮掩掩的措辞对政府发出一系列威胁。这就像是斯图纳拉斯在排练接受朔伊布勒、戴塞尔布卢姆和德拉吉组成的三人小组的面试。对于央行的独立性而言，这真是悲哀的一天，我在离场时心想，后悔浪费了宝贵的两个小时。

回到财政部，我把库图尔科斯和瓦西里叫到我的办公室，想弄清楚维泽尔的话究竟是怎么一回事。经过进一步的追查，我得知，修改这封信的最后期限已经过了三天——最后期限是2月23日，也就是在我必须提交改革清单的同一天。

几分钟后，我回到马克西莫斯官邸，见到了亚历克西斯、萨吉亚斯和帕帕斯。“他们太过分了，”我说，“他们在2月25日告诉我，我可以修改这封信的内容，但修改这封信的最后期限却是两天前的2月23日。这就是在宣战。他们如此设局算计我，休想让我在这封信上签字。”他们全都表示同意。亚历克西斯建议我联系维泽尔，向他明确表示，鉴于他们的所作所为，我不会在这封信上签字，还要向全世界揭露他们的龌龊伎俩。

我回到财政部，用适当的措辞组织了发给维泽尔的一条信息：“你在2月25日通知我，我可以修改贷款延期申请函，但你非常清楚，修
295 改的最后期限是在两天前。这样一来，我自然无法修改这封函。”库图尔科斯将这条信息发给了布鲁塞尔。两小时后，他带来了维泽尔的回复：2月21日，他们发信通知我，截止日期是2月23日。

“我们收到过那封信吗？”我问了库图尔科斯、瓦西里和我的秘书们。没人见过这封信。“现在就给维泽尔的办公室打电话，”我对他们说，“告诉他们，我们没有收到他们在2月21日发来的那封信，因此我们要求得到这封信的副本，能够证明收件人在雅典。”

我们收到回复的时候已经接近傍晚。维泽尔的办公室告知我的办公室，包含申请延期流程所有相关内容的那通电子邮件已于2月21日发送给五名希腊官员：胡利亚拉基斯（身份是我在欧元集团的副手和欧元集团工作组代表）、德拉加萨基斯（副总理）、斯图纳拉斯（希腊

央行行长）、财政部公共债务管理局局长以及银行纾困基金希腊金融稳定基金负责人。我要求看那通邮件。邮件上白纸黑字地写明，日期是2月21日，也确实是发送给这五个人的。我目瞪口呆。我指责布鲁塞尔把最后期限设定在已经过去的日子，现在他们用确凿的证据反驳了我的指控。

在维泽尔设为收件人的五个人中，有两个人我不能追究责任：公共债务管理局局长和希腊金融稳定基金负责人。维泽尔把邮件发给他们，只是为了把这两个不相干的人牵扯进来。至于央行行长斯图纳拉斯，他从许多方面来说都是"三驾马车"派驻本地的官员。如果我在与债权人的斗争中指望着从他那里获得信息，我就是咎由自取。现在只剩下两名同志，他们不论是出于宪法上的义务，还是出于政治上的责任，都应当把这条消息转达给我：那就是胡利亚拉基斯和德拉加萨基斯。

我先给德拉加萨基斯打电话。他收到那通电子邮件了吗？他想不起来了。"有太多的邮件被抄送到我的办公室，我们都数不清了。"他如此回答。我不信。他的属下十分清楚维泽尔发来的任何邮件的重要性，更何况这通。

"几周前我不是告诉过你吗？"瓦西里说，"德拉加萨基斯一路都在陷害你。就在今天上午，他的人还对记者通报说，你已在'三驾马车'的掌控之中。"即使这是真的，我也缺少指控副总理蓄意构陷的证据。 296

胡利亚拉基斯的情况则截然不同。作为我在欧元集团的副手，他的工作就是代表我与托马斯·维泽尔和"三驾马车"其他官员进行沟通。把债权人发出的哪怕是最不重要的信息传达给我，都是他的明确职责，更不用说这么重要的一通邮件了。当我质问他时，他也宣称这通邮件在他的收件箱里“丢失了”。

“这样一通邮件怎么就能在你的收件箱里丢失呢？”我问他，几乎不敢相信自己听到了什么。胡利亚拉基斯的反应和两天前我就科斯特洛创建文档这件事与他对峙时一样，他似乎觉得没什么可道歉的，好像什么事情都没有发生。

“乔治，这件事咱俩没完。”我极其克制地说，然后急忙赶往马克西莫斯官邸去处理由他造成的危机。

“这个坏东西我必须承认是属于我的”

在马克西莫斯官邸，萨吉亚斯和亚历克西斯已经做好战斗准备。他们明白胡利亚拉基斯使我们落入的陷阱会让我们付出多大的政治代价。全盘接受债权人的文本，对这种性质的申请函不加任何改动，无异于政治自杀：这表明，我们未能按照我们的条件从他们那里争取到延期，而“三驾马车”选择按照他们的条件进行延期；这证明，那些人说的是对的，他们认为“三驾马车”正在发号施令，而我们试图夺回希腊主权的斗争已可悲地误入歧途。（我后来告诉萨吉亚斯，当我找德拉加萨基斯和胡利亚拉基斯对质时，他们是如何做出反应的。萨吉亚斯苦笑着，用右手食指点了点自己的头侧，好像在说，“我早就说吧”，并提醒我，在我们上任的头几天他就预见到，德拉加萨基斯的目标是亚历克西斯。）萨吉亚斯用最强烈的措辞建议我解雇胡利亚拉基斯。“马上把他赶走！”他说，还加上了各种没法公开的脏话。我决定这样做，但首先我们必须处理手头的情况。

亚历克西斯非常不想让我在债权人的信上签字，萨吉亚斯则站在律师的角度，认为我在没有任何正式的政治支持的情况下这么做是相

当冒险的。正常的行动方式是将这封信交给议会。然而，亚历克西斯 297
不愿这么做。要求议会批准一封“三驾马车”完全用自己的措辞预先写好的信，会使我们自己的议员感到不满，并被左翼平台抓住把柄——他们早就指责我们向债权人投降。选民也会对我们失望。而反对派将趁势而起，他们会兴高采烈地欢呼我们也和他们一样对债权人屈服了。不论怎样，我们都已进退维谷。如果我不在这封信上签字，要么是因为我自己拒绝签署，要么是因为议会否决了我们授权签署的请求，银行就会关门，我们也将失去三个月的延长期。但是，如果我在这封信上签字，我们就会直接落入敌人之手。无论如何，我们必须做出决定，而且必须在周五早上太阳从伊米托斯山那边升起之前做出决定。

那个周四的夜晚无比漫长。部长们来来去去，党工的身影在总理办公室、周围的大厅和各个房间之间起起落落，但各种汇报、会议和讨论没有给我们的困境带来一丝新的曙光。在整个过程中，萨吉亚斯和我坐在亚历克西斯的办公室里，交换着毫无希望的想法，偶尔来回踱步，试图化圆为方。

当晚来找我们的人里有经济部长斯塔萨基斯。他对胡利亚拉基斯把我们弄到这个烂摊子上非常生气，首先指责我怎么会雇用这样的人（我提醒他说，他是德拉加萨基斯直接任命的，我是不太想雇他的），接着他又指责我为什么不因为科斯特洛的 Word 文档那件事解雇他。我不得不再次提醒他，就算我那时解雇他，也已经太晚了，因为胡利亚拉基斯干的这两件坏事是同时发生的：科斯特洛文档事件曝光和他向我隐瞒维泽尔发来电子邮件是在同一天。我对他说，无论如何，在解雇胡利亚拉基斯之前，我们需要先解决一个严重的问题。斯塔萨基斯表示同意，连连点头，然后走了。看着他回家，我感到万分羡慕。多亏了肾上腺素恪尽职守，不一会儿，我就恢复了我的使命感。

夜渐渐深了，亚历克西斯似乎迷失了方向。“我不能把这封信带到议会去。左翼平台会杀了我，反对派会嘲笑我。”他反复说个不停。我建议，我们可以尝试一种全新的解决方案：说真话。我们应该向我们的议员通报究竟发生了什么。“我们没有什么可羞愧的。”我坚持认为。
298 我们可以直接告诉他们，维泽尔偷偷地把截止日期只通知了几个人，我们是在最后期限过后才明白发生了什么。我们可以利用这一机会，与我们的议员——包括我们的左翼平台同志——再次确认本届政府对我们战略的集体承诺：争取时间，给谈判一个机会，但如果债权人继续强行施加《谅解备忘录》，并拒绝债务重组，我们也准备好在我们选择的时机终止谈判。

亚历克西斯不为所动。这会使党和我们的议员产生隔阂，他说。“直接告诉他们发生了什么，他们就会知道，我们这边的一些人知道这封信，但没有告诉我们。”

萨吉亚斯表示同意。公开暴露分歧，或指责政府成员无能，这些都是我们承受不了的——除非我们解雇这些人。“当债主正从四面八方包围我们，现在是公开反目成仇的时候吗？”他说的有道理。于是夜变得更长，我们的心情变得更加阴暗。

我不能坐视黑洞吞噬我们。总得有人与之抗争。霎时间，我做了个决定：我要帮亚历克西斯卸下这个负担，直接把责任扛在自己肩上。我是承受对激进左翼联盟的批评的理想替罪羊，也是反对派的完美目标。考虑到亚历克西斯承诺将坚持我们共同谋划的路线，国家利益决定了，延期势在必行。个人代价无足轻重。

“你不能去议会，不能告诉他们实情，也没法赢得表决批准我在信上签字，然后就此翻过这一页，你确定是这样吗？”我问他。

他转头望向萨吉亚斯，看上去疲惫又沮丧。萨吉亚斯也是同样的表情，建议他不要这样做。

“既然如此，亚历克西，”我尽可能决绝地说，“我将承担起全部责任。我会在不经议会批准的情况下就在这封该死的信上签字，然后发给债权人，这一页就翻过去了。如果这意味着我会受到同志们的谴责，理所应当地受到政治迫害，那也是我必须要冒的风险。我们不能再这样下去了。没时间了！”

亚历克西斯的眼睛亮了起来。“你会那样做吗？”

“如果有人要为这件事情牺牲，那就让我来吧。”我说，“毕竟，这就是你选择我的原因，不是吗？还记得你要我别加入激进左翼联盟，这样我就可以做一些党员不能做的事情吗？好吧，如果不是现在，那是什么时候？我会这么做的，亚历克西，但前提是我们要明白，一旦‘三驾马车’试图把我们限制在《谅解备忘录》的框架内，使我们永远 299
受到债务奴役，我们就退出谈判——按照我们说好的。对吗？”

亚历克西斯没有回答我。相反，他转头看着萨吉亚斯。“他能就这样签字吗？”他问。

萨吉亚斯持怀疑态度。“你将在没有为自己免责的法律意见的情况下被扔进狼群，”他警告说，“我们至少需要让国家法律委员会主席给我们出具一份书面的法律意见，说明这是在财政部长的职权范围内。”

“现在就给他打电话。”亚历克西斯说。那是凌晨四点。半个小时后，那个可怜人赶到了马克西莫斯官邸，脸色煞白，有些胆怯。

国家法律委员会由保守派律师组成，负责向各位部长和其他政府部门提供经过精心措辞的法律意见，以便承担任何集体责任。谨慎是他们的口头禅，避免争议是他们的宗教信仰。这位先生就任才刚刚几周，对他的任命是前总理安东尼斯·萨马拉斯在即将离任时留下的临别礼物。三更半夜被新总理召见，还有我和萨吉亚斯凝视着他，他似乎吓呆了，导致我也被他吓呆了。然而，当时的形势比房间里的任何一个人都更要紧。只有得到他的法律意见，我才能在一封信上签字，从而为希腊争取到三个月的时间，其间我们将彻底弄清楚，希腊是否可能与债权人达成一份像样的协议。

从法律上讲，我们要求他做的事情是完全合理的。萨吉亚斯说明了他应该做什么，从宪法和司法的角度来看，情况再清楚不过了：我完全有权代表政府在我们贷款协议的延期申请函上签字。问题在于，根据国家法律委员会主席的说法，是没有这样的先例。“总理，”他咕哝着说，“以前的情况是，财政部长发给债权人的要求达成贷款协议的信函，都首先得到了议会的批准。”

面对他的抗议，亚历克西斯、萨吉亚斯和我的反应就像是彩排好的三重奏。我们认为，签署新的贷款协议与签署现有贷款协议延期申请函之间存在巨大差异。签署新的贷款协议自然需要获得议会批准，因为这会让国家承担起新的债务和义务，签署现有贷款协议延期申请函则不涉及新的贷款或债务。我们的观点是完全正确的，但他似乎仍然不知所措，因为他此前并未给没有先例的事情提供过法律意见。

300 他的这种状态持续了好一会儿。在此期间，亚历克西斯和我一边和他讲道理，一边用坚定的态度向他施压，终于使他摆脱了这种状态。最后，我们的压力产生了结果。这位焦头烂额的政府法务部门负责人回到他的办公室，撰写了一份法律意见，声明财政部长有权签署上述申请函，并通过官方信使把这份意见送到我的办公室。收到这份意见后，我立即在正式的申请函上签了名，并怀着厌恶的心情，把它发给了债权人。这是个坏东西。但我承认它是属于我的。[1]

亚历克西斯会履行我们的契约作为回报吗？他是否愿意给谈判一次机会，但同时准备好在谈判无果时启动我们的威慑力量？2月27日（周五）的那个凌晨，虽然我不确定，但我相信他会这样做的。在接下来的一天，致命的怀疑出现了。

摘下面具

换掉胡利亚拉基斯已成当务之急。一个国家的欧元集团工作组代表和欧元集团副代表必须是这个国家财长的矛尖。面对着像瑞士奶酪一样百孔千疮的财政部，我迫切需要财政部经济顾问委员会主席是一个我完全信任的人，不论是作为一名经济学家还是一个人。而我在其中任何一个方面都不能信任胡利亚拉基斯。我认为，他的分析技能不扎实，学历不入流，张口闭口都是“三驾马车”的那套空洞的计量经济学，令人担忧。他的性格则完全不适合作为一名团队成员：难以捉摸，开会时几乎总是迟到，而且经常找不到他。我打电话给他时，他很少接听，就连他的秘书往往也不知道他究竟在哪里。根据欧几里德和亚历克西斯告诉我的情况，他也很少接听他们的电话。“胡利亚拉基斯在哪儿？”这个问题经常被我们三个拿来当作笑话。如果有人问我，

---

[1] 这两句是对本节标题的呼应。本节标题语出莎士比亚剧作《暴风雨》第五幕第一场，是主人公普洛斯帕罗在说他的奴隶卡列班。在剧中，卡列班是一个生于荒岛之上的半人半兽怪物。普洛斯帕罗流落此荒岛后，收服了卡列班，却未能成功教化后者。

我会耸耸肩说："我怎么知道？我只是他的领导。"毫不夸张地说，这个笑话现在一点也不好笑。

然而，我来不及考虑以后的事情，我现在没办法解雇他。我们最不希望让敌视我们的媒体看到任何内讧的迹象。但科斯特洛的文档和维泽尔的电子邮件让政府遭到嘲笑，让希腊与债权人的关系过早破裂。
301 别的就不说了，反正现在不可能让他继续代表我与那两个狡诈危险的人联系。

那天上午晚些时候，在我们都补了几小时的觉之后，我回到马克西莫斯官邸，向亚历克西斯简要介绍了我换掉胡利亚拉基斯的计划。我的想法是把他从经济顾问委员会主席提升为负责财政政策的秘书长，这是财政部的一个更高级职位，但在这个职位上，他相对不会造成太大的破坏，而且这个职位现在是空缺的。至于经济顾问委员会主席的职位，我提议由我在雅典大学的同事尼古拉斯·提奥卡拉基斯接替。他本该出任负责财政政策的秘书长，但出于一些官僚机构的原因迟迟未获任命。作为一名毕业于剑桥大学的顶尖经济学家，早在激进左翼联盟成立之前，他与激进左翼联盟的政治立场就非常相近，而且是我终身可以信赖的朋友。他是理想的继任者。

亚历克西斯有些不高兴。我不得不提醒他，这是胡利亚拉基斯没有尽到他的工作职责而咎由自取的结果。亚历克西斯没有对我的理由提出异议，但令我不解的是，他仍然不支持我的计划。只有当我告诉他，萨吉亚斯和斯塔萨基斯也认为胡利亚拉基斯必须走人时，他才答应了下来。"如果你想这么做，那就这样吧。"他说，似乎并不满意，有些泄气。

在返回财政部的路上，我一直在想，究竟是什么导致了亚历克西斯的不情不愿。我猜，他之所以这么谨慎，是因为不想惹恼德拉加萨基斯，与这位副总理的联盟使他投入了太多的东西。不过，我仍然想不明白的是，亚历克西斯为何不喜欢我提出的解决方案。根据这个方案，胡利亚拉基斯获得了晋升，并不会给他和德拉加萨基斯带来一丝的尴尬。

虽然这个问题一直萦绕在我的脑海中，但我还是给提奥卡拉基斯打了个电话。“尼古拉斯，我有一个你无法拒绝的邀约。我需要由你担任经济顾问委员会主席。”我告诉他。尼古拉斯左右为难。一方面，作为我的好友和一名忠实的激进左翼联盟支持者，他觉得他应该接受。另一方面，我于 2012 年离开雅典大学前往美国后，已经把维持政治经济系团结的重担交给了他，还有我们两人在 2001 年创立的为之投入许多心血的进步主义经济学博士生项目。他担心，如果接受了我的邀约，他在大学里的一切奋斗成果将化为乌有。然而，当我向他说明国家正处在危急关头，以及我所遇到的人事问题时，他同意了。

现在是该把胡利亚拉基斯叫来了。他一到我的办公室，我就直奔 302
主题。我解释说，最近发生的两件事使我对他的信任不可能达到他的这个职位所需要的程度。而且不仅仅是因为这两件事，我补充说。即使这两件事可以被解释为一时失误，我也无法接受他没有时间观念，经常失去联系，而且继续使用“三驾马车”明显存在缺陷的宏观经济模型。因此，我提出了我的建议，把他提升为负责经济政策的秘书长，由尼古拉斯·提奥卡拉基斯接替他担任经济顾问委员会主席。

我知道胡利亚拉基斯对此不会满意。这是可以理解的：没人喜欢别人告诉自己，他们不受信任，他们的经济模型是有缺陷的，他们将得到提升，只是为了给别人让路。然而，就算在最可怕的噩梦中，我也没想到他会这样回答我。

“这是你的决定，雅尼斯。你要知道，如果你决定从我手中夺走经济顾问委员会，我也不会接受负责财政政策的秘书长一职，这届政府中的任何职位我都不会接受。我会到希腊央行任职，斯图纳拉斯已经为我准备了一个职位。”

面具就此摘下。真是天大的嘲讽。作为我的财政部官员，他不仅不准备切断他与“三驾马车”官员之间的秘密联系，反而相当厚颜无耻地告诉我，他已经准备好直接为“三驾马车”效劳。此外，他还公开承认，他与“三驾马车”的主要盟友、希腊央行行长是一丘之貉，后者在我们竞选期间就开始煽动银行挤兑，作为阻止我们上台的一种手段。我目瞪口呆。为了避免难堪的对骂，我告诉他，我会考虑他的回复，他可以走了。我立即动身前往马克西莫斯官邸，我要提醒亚历克西斯，我们中间隐藏着一个“第五纵队”的奸细。

在我们赢得大选之前的几个月里，亚历克西斯及其团队一直认为，央行行长斯图纳拉斯是激进左翼联盟政府的一大障碍。这么想没错。前总理萨马拉斯之所以把斯图纳拉斯从财政部调到央行行长的位置上，正是为了在激进左翼联盟政府上台后进行暗中破坏。亚历克西斯一再告诉我和其他人，除掉斯图纳拉斯是他的首要任务。讽刺的是，我曾建议他采取温和的立场，缓解了他对斯图纳拉斯的敌意。我
303 指出，要想换掉央行行长，政府必定会与欧洲央行董事会发生严重冲突。我主张，只要欧洲央行真诚地与我们谈判，我们就需要尊重其希腊分行——但如果他们关闭我们的银行，并试图推翻我们的民选政府，我们自然会与他们翻脸。然而，由于我试图抑制亚历克西斯对斯图纳拉斯的怒火，我给激进左翼联盟的领导层留下了这样一种印象：我对

“三驾马车”最钟爱的雅典代言人态度温和。

我确信，当我告诉亚历克西斯，我们的经济顾问委员会主席扬言要叛逃到斯图纳拉斯那边时，他一定会大发雷霆。但他并没有。相反，他用几小时前我宣布决定解雇胡利亚拉基斯时的那种沮丧表情看着我。他的语气明显是同情叛变者的，眼神中还带着令人不安的麻木，他说：“我了解那小子——他与斯图纳拉斯之间的这个约定有一段时间了。”

这就好像军情五处处长对英国首相透露，他们的首席特工威胁说，如果把他调离职位，他就去投靠俄罗斯联邦安全局，结果首相回答说：“我了解那小子——他与俄联邦安全局之间的这个约定有一段时间了。”

如果说，在 2 月 24 日的欧元集团电话会议上，面对“三驾马车”试图恢复《谅解备忘录》的举动，我的反应是令人遗憾的无力，那么面对亚历克西斯令人震惊的漫不经心，我的表现近乎可悲。诚然，我对亚历克西斯的内心世界只有短暂的一瞥，但我所看到的可怕景象——尽管转瞬即逝——本该让我怒不可遏。胡利亚拉基斯胆敢用叛逃威胁我们，但亚历克西斯并没有生气。这本该让我意识到，“三驾马车”的影响力已经渗透到那间办公室，其触角不仅局限于财政部之内。令我羞愧的是，我对此视而不见，任由一厢情愿的想法掩盖了我所看到的事实。于是，这成了一种模式。在接下来的几周和几个月里，我一次又一次地为亚历克西斯背弃我们的契约寻找借口。我将其归咎于恐惧、沮丧和经验不足，最后完全依靠信念在支撑：他总会振作起来的，甩掉身上的束缚，重新激活他对我们事业的信心，兑现他在入主马克西莫斯官邸的第一天激励我的那些豪言壮语。

我还能怎么做呢？事后之见模糊了历史的界限，用毫无意义的假 304
设折磨心灵。不过，有一件事我可以肯定：如果我在 2 月 24 日参加欧元集团电话会议之前发现了面前的深渊，我几乎肯定会当场退出与“三驾马车”的谈判。我没有这么做的唯一原因是，我相信在日后的紧要关头，我可以指望亚历克西斯按照共同的承诺宣布与之决裂。当他为嚣张地威胁要投敌的胡利亚拉基斯道歉时，我丧失了对他的信心。

我之所以在很长的一段时间里选择对不受欢迎的严峻现实视而不见，并情愿相信亚历克西斯的话，只是出于一个原因，那就是我在雅典街头和希腊村镇所看到的正在发生的一切。全国上下重获尊严，因为我们两个将在布鲁塞尔、法兰克福和柏林昂首挺胸地代表他们。由于我极其不愿破坏这种尊严，所以我未能做一些如今看来必要的事情去捍卫它。我应该阻止亚历克西斯的退缩——如有必要，我应该在公开场合这么做。相反，我继续相信我们是一体同心的。然而，“三驾马车”在我们之间插入了冷冰冰的楔子，这个过程是缓慢且曲折的，最终把我们彻底分开。

本章注释

1. 马诺利斯·格列索斯称2月20日的协议是“禁肉不禁鱼”的做法（东正教在大斋节期间禁止食肉，但吃鱼有时被认为可以接受），他向希腊人民道歉，因为他当初支持了我们的政府，因此也参与了这场骗局。米基斯·塞奥佐拉基斯把我和亚历克西斯形容为被一只残酷的蜘蛛诱骗进网的两只昆虫。
2. 值得注意的是，一位政府部长必须要通过谈判的方式，才能在其与国际债权人达成的协议中加入一项条款，声明应该允许本国法院履行宪法赋予他们的职责。我在与希腊国务委员会的法官们讨论中明确得知，自第一轮纾困启动以来，他们一直被要求做出违背他们实际法律意见的判决——对这些为法治奉献终身的正派男女而言，这是最大的侮辱。〔国务委员会（Council of State）是希腊政府中的行政监督和咨询机构，也是希腊最高行政法院，身兼咨询和司法两种职能。它一方面需要审理重大行政争端，另一方面需要审查行政法律和规章制度草案是否违宪，是否与已有法律相抵触，并提出修改意见。——编者注〕

3. 乔治·胡利亚拉基斯是我见过的唯一能让欧几里德·察卡洛托斯愤怒到说脏话的人。

4. 读者或许会怀疑，沃尔夫冈·朔伊布勒反对 2 月 20 日的欧元集团公报只是做做样子，目的是诱骗我相信，我已经达到目的，从而在 2 月 23 日的会议上算计我。我不这么认为。在 2 月 20 日的欧元集团会议上，沃尔夫冈显然被激怒了。实施这样一个精心谋划的骗局需要他像优秀的演员那样能够装出两幅面孔，但他没有这种能力。

5. 相关段落称："希腊当局还承诺根据 2012 年 11 月的欧元集团声明，确保维持适当的基本财政盈余或融资收益，这是保证债务可持续性所必需的。对于 2015 年的基本盈余目标，各家机构将把 2015 年的经济环境考虑在内。""适当的基本财政盈余"的措辞表明，之前的目标已被搁置，他们愿意与我们的政府进行谈判，承认我们有权通过谈判结束紧缩措施，而"保证债务可持续性"为就债务重组问题进行真正的谈判敞开了大门。

第十一章　毁掉我们的春天

305 2015年，希腊的春天来得很早。经过一个湿润的冬天，在三月初阳光明媚的日子里，野花明显蠢蠢欲动。这为人民反抗债主的暴动提供了绝佳的背景。我们的贷款协议已经获准延期，我们只要在6月30日之前达成新契约即可。尽管一些激进左翼联盟议员满腹牢骚，但全国人民的情绪都很高涨。[1]

对“三驾马车”官员而言，这是一场噩梦。他们只能枯坐在布鲁塞尔、法兰克福和华盛顿被日光灯管照亮的办公室里。他们无法飞往希腊，坐在奔驰和宝马轿车组成的车队里，在雅典招摇过市。这让他们无处彰显自身权威，以便再次在心理上控制住希腊人民。如果他们一不小心，危险的想法或许会入侵其他欧洲人的头脑——西班牙人、意大利人，可能还有法国人——比如说，人们会认为，现在有可能在欧洲内部重拾国家主权，恢复国家尊严。对“三驾马车”来说，把自己的钱拿回来是件好事，但放在更大的框架内看，钱的问题是次要的。债权人知道，更多的紧缩措施并拒绝我的债务置换方案会使希腊的收入减少，最终提高他们自己的长期成本，但他们并不在意。正如朔伊布勒的欧元集团啦啦队里的最卖力成员、斯洛伐克财政部长在几个月前所说："因为他们的'希腊之春'，我们不得不对希腊采取强硬态度。"[2]就像"布拉格之春"被苏联坦克摧毁一样，在雅典，人们的希望被银行摧毁。他们的战略如下。

首先，他们拒绝就任何具体目的达成路线图（更不用说我们希望达成的目的），连沿路设立任何里程碑都不可以。通过这种方式，他们使希腊民众对本国的未来产生并保持深深的怀疑，这种怀疑具有腐蚀人心的作用。任何融资规划，不论是家庭的、小企业的，还是大公司的，不论是短期的还是长期的，在这种情况下都是不可能的。这种 306
"永久的暂时性"是一种屡试不爽的战略，可以使被占领的土地永远臣服。[3]

其次，他们实施了我之前所说的"财政水刑"。[4]就像对囚犯实施水刑一样，受害者（在这种情况下是欧元区成员国政府）体会到了濒临窒息的感觉。但就在实际违约之前（这将触发欧洲央行关闭该国银行），债权人提供的流动性又刚好足以使濒临窒息的政府不致毙命。在这一短暂的喘息期，政府对债权人要求的紧缩措施或私有化举措全盘照收。就我们而言，"财政水刑"早在我们当选之前就以一场精心策划的银行挤兑拉开了序幕，并随着我们在 2015 年 2 月 4 日被取消豁免权而加强。

"三驾马车"在我们的面前设置了一个偿债雷区，并使希腊人对未来感到十分迷茫，因此不愿纳税。他们预计我们最晚在 6 月初就会憋得受不了，准备投降。唯一的危险在于，亚历克西斯可能会履行我们的契约：对债权人违约，启动平行支付系统，把球踢到默克尔一边。为了避免出现这种情况，他们制定了第三种战略（大英帝国正是凭借这一战略，才能依靠如此之少的军事资源统治世界如此之久），那就是分而治之。

自2010年以来，我们的债主成功地利用希腊的统治精英——我称他们为“罪恶三角”——实施对希腊的占领。除了将精英与普通民众分开，各家机构还被要求直接或间接地向“三驾马车”负责。正如我们已经看到的，税务局、银行纾困机构和统计局都已不再接受议会的审查。与此同时，一个由智库、媒体和营销机构组成的网络为利益均沾论提供了合法性，并通过宣传使人们默许这种现象。然而，我们政府的当选打破了这个三角，破坏了其机制。“三驾马车”现在必须分裂我们的政府，才能重新确立其统治地位。

以上就是他们的战略。接下来该如何落实呢？

挑选对手

自从我首次参加欧元集团会议以来，杰伦·戴塞尔布卢姆一直在
紧锣密鼓地四处活动，试图完全绕过我。他会直接给亚历克西斯打电
307 话，甚至直接去他在布鲁塞尔入住的酒店房间找他。戴塞尔布卢姆暗
示，只要亚历克西斯同意让他不必与我打交道，他便会采取比较温和
的立场。如此这般，他成功削弱了我在欧元集团的地位，进而削弱了
希腊的席位。

或许更重要的是，“三驾马车”也在所谓的技术层面上——即在欧元集团工作组内——精明地挑选了自己的对手。2月27日，在惊

讶于亚历克西斯对胡利亚拉基斯威胁投敌的反应之余，我想起沃尔夫冈·朔伊布勒在欧元集团工作组的代表并不是他的经济顾问委员会主席，而是财政部的一名官员。这让我萌生了将胡利亚拉基斯留在经济顾问委员会的念头，因为我担心公开解雇他可能会导致这艘已经漏洞百出的船彻底触礁。我想正式任命尼古拉斯·提奥卡拉基斯为财政部负责财政政策的秘书长，这个高级职位使他有资格接任我在欧元集团的副手兼希腊驻欧元集团工作组代表。

这是个非常糟糕的主意。在尼古拉斯就任后，欧元集团工作组于 3 月 17 日以电话会议的形式召开了第一场会议。主持会议的托马斯·维泽尔不失时机地表达了他的偏好："很遗憾，乔治·胡利亚拉基斯今天不能参会，尼古拉斯·提奥卡拉基斯代替他出席这次会议。"打那时起，维泽尔、戴塞尔布卢姆和"三驾马车"的其他人就在无耻地为胡利亚拉基斯复职奔走呼号。这让他们花了两个月的时间，但他们终于在 4 月底把他们的人找回来了。

我非常清楚"三驾马车"为何要把我和尼古拉斯赶走。与胡利亚拉基斯不同，尼古拉斯比维泽尔和其他人更了解"三驾马车"用于财政预测的计量经济学模型，知道它们的缺点，并决心阻止欧元集团工作组把他们的懒惰假设在欧元集团会议上变成"事实"。至于我，他们知道我永远不会签署第三轮纾困协议，鉴于只有财政部长才有权代表欧元区成员国签署贷款协议，因此把我赶走势在必行。此外，能够选择对手显然是一个巨大的优势。什么样的诉讼当事人、将军或商业领袖会拒绝选择对手的机会？我没有料到的是，亚历克西斯已经做好了默许的准备。分而治之的战略闹出了一个笑话：作为一个凭借反对
"三驾马车"而上台的政府，我们派去与"三驾马车"谈判的代表竟然 308

是“三驾马车”任命的。

欧元区的反复

亨利·基辛格有句著名的俏皮话，当他想和欧洲商量事情时，他不知道把电话打给谁。我们的处境比这还要尴尬。正如我们所看到的，每当我们试图与沃尔夫冈·朔伊布勒进行有意义的讨论，他就坚持要我去找那些“机构”，以此搪塞我们。等我去找那些“机构”，我很快就发现，“机构”也是分裂的，而且不止在一个方面。众所周知，国际货币基金组织非常支持债务重组，欧洲央行则坚决反对。但欧盟委员会的情况更糟：在私下的交谈中，欧盟委员莫斯科维奇欣然且热情地认同我对前后连贯的财政政策和劳资关系等问题的观点。但欧盟委员会驻欧元集团工作组代表德克兰·科斯特洛随后会断然否决所有这些想法。

外行人可能会认为，欧元区的这种反复是债权人无能造成的，他们有这种想法可以理解。尽管其中有一定的道理，但这是一个错误的结论。这种态度上的反复是一种系统性的控制手段，专门用于对付银行业或公共部门资金紧张的成员国政府。事实上，沃尔夫冈·朔伊布勒这样的政客十分青睐欧元区的这一特征。比方说，如果不想让某国财长提交一份债务重组方案，那就直接拒绝与他交谈或拒接他的来电即可，这样他就不知道找谁去谈这件事。对维泽尔和科斯特洛这样的官僚而言，这种反复是他们个人权力的关键组成部分。

“瑞典国歌”套路

我和我的团队认为，好的想法可以鼓励富有成效的对话，能够打破僵局。于是，我们非常努力地工作，基于严肃的计量经济学研究和细致的经济学分析提出了我们的建议。一旦这些建议通过了相关领域某些最高权威的考验，从纽约华尔街、伦敦金融城到一流学者，我便 309
把这些建议提交给希腊的债权人。然后，我坐下来，面对着一片茫然的凝视。只要我不说话，他们面前就好像没有任何文件似的。从他们的肢体语言可以明显看出，他们根本不承认我放在他们面前的那几张纸的存在。他们在给出答复的时候，根本没有考虑到我究竟说了什么。我就算一直高唱瑞典国歌也无所谓。不会有任何不同。

可能是因为我的学术背景，我根本想不到在布鲁塞尔会有这样的经历，因此这也是令我最沮丧的。在学术界，人们早就习惯了自己的论文被批得体无完肤，有时毫无礼貌可言——但人们从未经历过死一般的寂静，所有人都拒绝与你接触，假装你根本没有提交一篇论文。在聚会上，当你发现你被别人孤立无视，不论你在交谈时说什么他们都当没听见，自己想说什么就说什么时，你可以拿起你的杯子，躲到房间里的一个偏僻角落。然而，当祖国的复苏取决于目前进行的对话，而且房间里没有可以躲藏的角落时，恼火可能会变成绝望（或者愤怒），如果你明白眼前究竟正在发生什么：这是一种战术，旨在使有损“三驾马车”权力的一切事物化为乌有。

“珀涅罗珀诡计”

认为时间在他们这边的一方总是使用拖延战术。“三驾马车”的态度是把我的提案当作瑞典国歌处理，同时拒绝他们自己这边提出任何超出《谅解备忘录》范围的提案，哪怕《谅解备忘录》并不可行，并在此期间从希腊政府压榨出那点仅剩的流动性。此外，他们还使出了我所说的“珀涅罗珀诡计”。

荷马史诗中有一个关于奥德赛的妻子忠贞不渝的故事。这个故事说，珀涅罗珀在丈夫不在的时候，用一个诡计骗过了来势汹汹的追求者们。她对他们说，等到她为奥德赛的父亲雷欧提斯织好裹尸布，她便会宣布嫁给他们其中的哪一个。白天，她不停地编织，但到了晚上，她就把织好的布解开。“三驾马车”的“珀涅罗珀诡计”有两个要素。
310 一是威胁，如果我们胆敢把我们的提案公之于众，我们的提案就永远不会得到讨论——就像珀涅罗珀对她的追求者们说，如果他们在她织完布之前求婚，她就会把他们排除在选择范围之外。二是没完没了地要求提供数据，以供派往雅典的事实核查团使用，比如要求提供所有公共机构或公司开设的所有银行账户的信息。像珀涅罗珀一样，他们会用整夜的时间清除他们白天整理的电子表格里的数据。

荒谬的是，将希腊政府的各个部门完全置于其掌控之下并不能让他们满意，他们还要进入这些部门。事实上，希腊一些部门的下设机构——我所说的瑞士奶酪上的孔洞——干脆将他们的数据和文件先发给“三驾马车”审批，然后才发给我们，他们的部长。尽管如此，“三驾马车”还是要求获得派人前往雅典进入这些部门的权力，只是为了得到他们正在审批的同一批数据，而这些数据我们连看都没看过。他们挖到的数据越多，他们用这些数据所描绘出来的现实就越糟糕，我们的社会就越痛苦，我们政府的流动性蒸发得就越快。

歪曲真相与全有或全无

与此同时，“歪曲真相运动”拉开了帷幕。通过推文、泄密和一场涉及布鲁塞尔媒体网络关键节点的造谣运动，“三驾马车”散布消息说，我才是那个浪费时间的人，参加会议时要么根本没有提案，要么提案缺乏量化内容，只是空洞的意识形态论调。相比之下，“三驾马车”成功地把自己标榜为全面解决方案的捍卫者，其所提出的方案包含对希腊社会经济方方面面的改革。我是多么渴望这样一个全面的解决方案！然而，“三驾马车”在口头上鼓吹的方案在现实中根本无法落实。

除非包括某种形式的债务重组和应对银行破产的条款，否则不可能达成全面的——或者说是可行的——协议。做不到这一点，任何财政政策都不会起到长远的效果，任何希腊人都不会愿意接受拟定的改革。但柏林断然拒绝就债务重组问题进行讨论。鉴于我们必须在非常短的时间内达成协议，一个现实的方法是找到四五个可以迅速达成协
议的领域，起草必要的立法，推动其在希腊议会获得通过，从而为达 311
成长期协议奠定基础。他们之所以坚持达成一份全面协议，要求一次性就所有问题达成一致（除了作为一切问题基础的那个问题），就是为了确保根本不会达成任何协议。

颠倒因果

霸凌者总是把责任推到受害者身上。聪明的霸凌者会让受害者的罪过不言自明。事实证明，在我与之打交道的三家机构中，欧洲央行是最擅长这一套的。这一切都源于棘手的短期国债问题。

短期国债是政府为了立即获得流动性而发行的短期借条。通常情况下，短期国债被认为是超级安全的，因为它们通常在比如说三个月内到期，而政府不大可能在这么短的时间内破产。因此，银行和保险公司等机构投资者对短期国债的需求量相当大，他们需要将现金存放在安全的地方。此外，投机者可以将短期国债作为抵押品拿到央行贴

现，以换取现金。简而言之，短期国债的流动性几乎等同于现金，但它们还有利息。这就是为什么短期国债很有市场。

然而，欧洲央行对一国政府在任一时点可以背负多少未偿还的短期国债设定了上限，因为过量增发短期国债可能使人们对政府赎回未偿还债券的能力丧失信心，从而使短期国债本身变得不安全。换言之，短期国债相当于政府的信用卡，借款额度由欧洲央行确定。在2月20日达成协议后，到6月30日最后期限来临之前，希腊的流动性在很大程度上取决于马里奥·德拉吉如何维持我们的信用卡额度，以及在此基础上希腊银行对我们的短期国债持续产生多少需求。之前，就在萨马拉斯政府当选后不久，欧洲央行将该政府的短期国债上限从150亿欧元提高到183亿欧元——尽管此举纯粹出于自私的目的，是为该政府赎回欧洲央行所持有的债券提供资金。

然而，等到我们的新政府上台时，手头的现金仅能维持几天，对
312 希腊短期国债的需求也枯竭了。马里奥·德拉吉揪住这一点，想要以此证明我们的短期国债风险太大，因此应该禁止希腊的银行购买它们。这表面上是为了保护银行，使其免受风险，但实际上是为了扼杀我们的政府。通过颠倒因果关系，他创造了一种对付我们的致命武器。X先于Y发生的事实并不总是意味着X导致了Y。例如，每年圣诞节前玩具需求增加的事实，并不意味着圣诞节是由此前的玩具需求增加所导致的。

希腊财政部的短期国债也是这种情况。需求枯竭的原因是，受欧洲央行泄密的推动，人们预计欧洲央行将挤压我们政府的流动性，从而使希腊濒临破产。正如对圣诞节的预期导致玩具需求增加一样，对欧洲央行会扼杀我们的预期导致市场对希腊财政部短期国债的需求下降。[5]

马里奥·德拉吉声称，他阻止希腊银行增持短期国债只不过是在遵守欧洲央行的规定。这样就使我们无法在现有短期国债到期时，将其中未偿还的部分通过债务展期的形式转换成新的短期国债。这招非常巧妙。你怎么能指责一个人遵守他所在机构的章程强加给他的规定呢？他肯定也没有别的办法吧？我竟然幻想可以通过忸怩作态和道德说教说服他不这么做，这肯定是我的错了？这完全是欧洲央行采取的审慎行动，他们把我们银行的健康放在首位，言下之意是我们政府的流动性问题纯属自作自受。

果真如此吗？实际上，在2008年之后，如若欧洲央行试图严格、冷静地按照其章程办事，那么各种豁免、重新解释和非同寻常的诡计就不可能出现，但是到目前为止，正是这些东西阻止了欧元区的分崩离析。欧洲央行在政治上非但不中立，还拥有巨大的自由裁量权，可以决定什么时候执行其规定，什么时候绕过它们——即什么时候扼杀一国政府，什么时候放它一马。这使欧洲央行成为世界上最讲政治的央行。与任何可悲的暴君一样，德拉吉的权力很大，这使他无法什么都不管，但同时他的权力又没那么大，这使他无法充分行使权力。最终，德拉吉只能把规则强加于我们，而对其他所有人都网开一面。

与龙握手

在欧洲央行无耻地威胁要扼杀希腊政府，导致人们对希腊短期国 313
债不感兴趣的同时，我们还落入了德拉吉的圈套：放任左翼以过时的眼光敌视可能给我们带来好处的外国投资，使“三驾马车”得以把我们描绘成粗野的左翼分子，活该被欧洲央行扼住喉咙。我决心以一举两得的方式结束这种局面：一边吸引外国投资进入实体经济，一边同时向外界展示我们吸引短期国债买家的能力。

激进左翼联盟的直觉有一点是对的：希腊不需要更多甩卖式的私有化。我们需要的是有耐心的投资者，愿意向希腊生锈的基础设施投入大笔外国资金，为我们衰败的产业注入新生活力。如果这需要部分的私有化，我完全支持。朝着这个方向，我能迈出的尽可能最好的第一步就是，说服激进左翼联盟放弃此前做出的不让中国国有巨头中远集团参与运营比雷埃夫斯港的草率承诺。

作为希腊的主要港口，比雷埃夫斯港共有三个集装箱码头，中远集团从 2008 年开始负责运营其中的两个。此外，经过与前几任政府的数年谈判，中远集团即将在第三个码头的 35 年租约中获得 67% 的股份，几乎完全控制该港。[6] 从 2008 年至 2015 年，激进左翼联盟在竞选活动中不仅承诺要阻止这种情况发生，还扬言要把中远集团彻底赶出比雷埃夫斯港。事实上，和我同在内阁的两三位部长把他们在议会的当选归功于这种宣传。

激进左翼联盟胜选在北京自然不是好消息。

从战略角度看，我认为我们正在与柏林、法兰克福和布鲁塞尔拉开战线时还要与北京为敌愚蠢至极。抛开战略不谈，我也坚信激进左翼联盟把目标对准中远集团和中国人是错误的。在激进左翼联盟尚未上台执政的前些年里，有党内同僚对中远集团口出恶言，当时我撰文表示我不仅支持中远集团参与运营比雷埃夫斯港，还进而建议把希腊破烂老旧、运转失灵、一直亏损的铁路系统也卖给中国企业。我当时解释说，尽管我认为英国铁路的私有化是一个巨大的错误，但希腊有着特殊的国情。我们的港口和铁路都是 19 世纪的老古董，需要大量投
314 资，但希腊经济负担不起（法国和德国企业也不行）。中国是显而易见

的出路。中国企业能够筹得数十亿美元的投资资金，拥有卓越的工程能力，而且建成“新丝绸之路”对他们而言有着长远的利益。他们很重视这个计划，即通过改建苏伊士运河并修建比雷埃夫斯港至中欧的铁路，把中国和欧洲连接起来。与绕行直布罗陀走鹿特丹港的路线相比，如此一来，通往欧洲大陆核心地区的货运时间缩短了整整八天。这一切所需要的只是我们两个文明古国的政府之间达成一份坦诚、互利的协议。

打从上任的第一天起，我就有了启动这一进程的想法。格伦·金在进行调研后，向我汇报了一个并不令人感到意外的消息：我的一些内阁同僚散布的反对中远的言论果然激怒了北京，但现在有一个绝佳的机会，可以发动魅力攻势以挽回损失。格伦总结了采纳他的建议所能得到的三条切实好处：

> 首先最重要的是（为希腊）争取到短期融资，这在未来几天可能至关重要。其次是获得长期投资资金，这些资金将极大地改善本国部分商业基础设施的资本状况，并创造潜在的新增就业岗位。第三是向我们的欧洲伙伴证明，希腊新政府在执政伊始就能吸引到关键的外国投资资金。

这与我的想法不谋而合。为了试探中国的态度，我让秘书接受了中国大使发出的 2 月 25 日的晚宴邀请。（要是当时我知道，接受中国大使的邀请会与我们的贷款协议延期申请函所引发的闹剧撞车，我或许会再考虑考虑。在我当选和获得任命后，由于时间太紧，我不得不拒绝了几乎所有驻希腊大使发出的邀请。）事实上，我放下手头一切事情，选择赴约，这说明了我对于修复与中国人的关系并设法与他们建立长期关系有多么重视。

315 赴宴的前一天晚上，我向达娜厄说明了这次晚宴的重要性。25日，我离开马克西莫斯官邸后急忙赶回我们的公寓，一进门就看到达娜厄穿着一件美极了的中国丝绸连衣裙，让我既惊讶又满意。这条裙子是我们2006年去上海旅行时买的，如今已恍如隔世。大使和夫人显然很高兴我接受了他们的邀请，更何况达娜厄的裙子，但他们一开始用含蓄的礼节掩盖了心情。不过，等到晚宴结束时，气氛已经变得非常欢乐、友好，甚至可以说是庆祝。

在享用前菜和主菜期间，我听大使向我讲述了中方对事情的看法。大使独自说了很久，语气中满是气馁，他恳求我不要对中远集团采取任何敌对行动。显然，他误以为我属于激进左翼联盟内部热衷于把中国人赶出比雷埃夫斯港的一派，他的目标很低，只想说服我让我相信，把中远集团的现有成果全盘推翻会带来可怕的后果。因此，当我在吃甜品期间开始表达我的观点时，大使的满意之情溢于言表。虽然我承认在激进左翼联盟内部会遇到阻力，但我与东道主分享了我的构想——这一构想不仅涉及中远集团在特定情况下更多地参与比雷埃夫斯港的运营，还有更多中方可以参与的领域。

"希腊的造船厂奄奄一息，上千年传承下来的技能正在随之消失。"我对大使说。因此，我提议，在第二阶段的合作中，随着中远集团吸引越来越多的集装箱货轮停靠在地中海的希腊港口，中远集团等中国企业应该对希腊的三大造船厂进行投资，将其改造成集装箱货轮的维修中心。"不过，如果把集装箱运往中欧的铁路又破又慢，还不安全，就算拿下比雷埃夫斯港又有何用？"我接着说。我主张，对希腊铁路进行类似投资也很有意义。最后我说：“希腊拥有受过良好教育的劳动力，但工资水平却下降了 40%。为何不让富士康这样的企业在比雷埃夫斯港附近的科技园区里建设生产或组装工厂，享受特殊的企业税费优惠？”

这样的合资项目让大使兴奋了起来。刚才还是在请求高抬贵手放中远集团一马的他，现在则开始以合作伙伴的自信与我交谈。我们讨论了开始这一合作的诸多好处。不过，尽管怀疑有所减少，但谨慎依旧存在。

“部长先生，你必须明白，在北京看来，中远是龙的下巴。首先， 316
我们必须确保龙的牙齿咬得很紧，这样龙的头才能进去。一旦进去，就不必担心或怀疑了：龙的其余部分将紧随其后。”

意思再清楚不过了：让我们先完成中远的交易，其他的一切将紧随其后。

我表示同意。“你会通知北京不必对我们的政府感到担忧了吗？”我问。

“你和夫人离开的时候我们会伤心的。”他回答。然后他接着说：“既然我们之间结成了新的关系，北京希望能够得到一些公开的承诺。雅典可以采取某种姿态，向我们政府中那些持怀疑态度的人证明，我们开启了一个新的局面。”

“过几天我和你一起考察中远对比雷埃夫斯港的运营状况怎么样？这样行吗？”我提出建议。

“你会这么做，部长？真的吗？”他带着孩童般的笑容问道，好像得知自己即将得到一份大礼一样。

“是的，当然。我说到做到。”我向他保证。

“我们可以带一个中国的拍摄团队一起去吗？”他怀疑地问。

“我绝对希望你带上他们。”

那天晚上剩下的时间就像是老友聚会。对比雷埃夫斯港的访问安排在两天后，然后双方将在我的办公室举行会晤，就初步条款达成协议。

当内阁秘书长斯皮罗斯·萨吉亚斯得知我与大使达成协议，并将造访中远运营的港口设施时，他的喜悦之情溢于言表。在大选之前，萨吉亚斯为中远提供过法律咨询。因此，他受制于极大的利益冲突，不能为中远游说。我主动这么做的话，不仅解除了他的利益冲突，还把激进左翼联盟内阁各位部长反对中远的怒火完全吸引到我身上。对我来说，这是一项冒险的举动，正如我对萨吉亚斯解释的那样，我之所以这么做，是因为这件事很重要，应该有人去做。“你做得非常非常好。”萨吉亚斯说。

对比雷埃夫斯港的访问达到了预期目的。尽管整个上午和午餐时一直下大雨，但达娜厄和我还是受到招待，完成了全部的访问行程。冯总是中远在当地的负责人，他是一个坚毅粗犷的人，对整个运营过程了如指掌，而且非常聪明。他派出一名希方经理和一名公司律师作
317 为我们的导游，同时用一些手势、一个热情洋溢的笑容和几个精心斟酌的措辞把握着此次活动的方向。在没有特意指出的情况下，他确保我们注意到，中远运营的集装箱码头与相邻的码头之间形成了鲜明对比：前者超级现代，运营顺畅；后者仍然是国有的，看上去令人感到悲哀，锈迹斑斑，几乎被遗弃了。

我们前去吃午饭的时候，我看到一间食堂，一些员工在里面休息，于是我偏离了东道主安排的行程，走过去与他们说话。他们与我握手，

总是微笑，但当我问到他们在中远工作的感受时，他们有些拘谨。“这里很好。”他们愿意说的就这么多。他们脸上的表情很难读懂。我回头一看，冯总和他的希腊白领随从在看着我们。我在心里默默记下，告辞之前，我要坚持把所有工人有权享有全部工会权利作为达成任何协议的先决条件。

从食堂出来，东道主迅速把我送到公司餐厅，那里有着罕见的美景：近处的海边是古老的港口，远处的背景是萨拉米斯岛，中间的海峡就是公元前480年波斯人和雅典人之间那场著名海战[1]的战场。现在，第三个古老的民族在这里的历史上留下了他们的印记。

“部长，您想先听好消息还是坏消息？”

午餐是希腊菜和中国菜的奇怪混合，但味道很好，其间我还接受了一个中国摄制组的快速采访。午餐过后，我们安排了中远的希方代表与萨吉亚斯之间的后续会晤，旨在就协议条款进行谈判。几天后，也就是 3 月 2 日晚上，我们在财政部开会。这场会议很短，但效率很高。

我重申了加快比雷埃夫斯港私有化的承诺，之后将组建更大也更大胆的合资企业，并阐述了我已经向中国大使解释过的相同条件：中远集团在比雷埃夫斯港的持股比例从 67% 降至 51%，之间的差额（16% 的股权）由希腊政府保留，日后可以将其转给资金吃紧的海军、造船厂和市政工人养老金；中远承诺在 18 个月内投资高达 3 亿欧元；比雷 318

❶ 指萨拉米斯海战，公元前 5 世纪希波战争中的决定性战役，以希腊战胜波斯告终，并为希腊赢得整场战争的最后胜利奠定了基础。

埃夫斯港的所有中远雇员都将加入工会，工资和劳动条件由集体协议商定，不通过外包公司雇用员工；沿海航运将由比雷埃夫斯市政府掌管，港口所在岛屿的当地有关部门也将积极参与，确保当地社区共同获益。

最后，我要求中国政府承诺，立即购买马里奥·德拉吉领导的欧洲央行禁止希腊银行购买的 15 亿欧元短期国债，以展现出帮助希腊重新站稳脚跟的意愿。一旦我们与债权人的僵局以这样或那样的方式结束，我说，“雅典会极其感谢中国人民，如果北京帮助希腊发行第一批新债券并至少购买 100 亿欧元的话”。

中远的代表似乎信心满满地认为，北京将带着同情的心理就我提出的条款进行听证。与中国大使的进一步沟通也证明了，我的新朋友对这项交易很满意，从龙的国家即将传来积极的回应，因为龙牙已经咬住了。事实上，不到 48 小时后，也就是 3 月 4 日上午，我们就看到了展现诚意的切实迹象。财政部公共债务管理局局长打电话告诉我，有消息说中国财政部以间接和秘密的方式购买了 1 亿欧元的希腊短期债券——这个消息差一点就让我满意了。

但距离满意还有一段距离。别忘了，两天后我必须筹到 3.018 亿欧元还给国际货币基金组织。再过一周，也就是 3 月 13 日，我必须筹到另外 3.396 亿欧元继续还给国际货币基金组织。再过三天，即 3 月 16 日，我还得拿出 5.659 亿欧元巨款汇给国际货币基金组织。然后在 3 月 20 日，我又要从空荡荡的国库里拿出 3.396 亿欧元，继续送到同一个地方。仅在 3 月一个月，我们还给国际货币基金组织的钱就超过 15 亿欧元。有鉴于此，北京承诺购买 15 亿欧元短期国债将使我获得三周的喘息时间。接下来，在 4 月 13 日，“财政水刑”将再次开始，届时我们还要向国际货币基金组织偿还 4.527 亿欧元。之后，在 5 月 12 日至 6 月 19 日期间，我们还需要向国际货币基金组织还款六次，总计 25.2 亿欧元。但最热的月份尚未带来：7 月我们不得不还给债权人将近 40 亿欧元，8 月还要 319
还 32 亿欧元。[7]

换句话说，中国注入的 15 亿欧元流动性是远远不够的。实际上，不论北京有多么愿意，注入再多的贷款也无法使我们免于破产。正如我多年来一直所说的那样，它们只能推迟我们的破产。然而，15 亿欧元将为我们争取到至少两个月的时间，以确定是否有可能与我们的债权人达成新的契约，还使马里奥·德拉吉不可能再坚持自己的观点，即除了希腊的银行之外，不可能有人想买我们的短期债券。与此同时，这也将证明我们有能力吸引外国投资，并且灵活变通，将殖民地式的甩卖变成了与世界超级大国之间的互利协议。

我和萨吉亚斯向亚历克西斯汇报了情况，并着手开始准备。我们的目的是在中国接受新条件的前提下，重新启动比雷埃夫斯港的正式招标流程，同时两国政府在幕后就中国向希腊政府提供贷款达成协议。方案很快定稿，只等落实。首先，北京将购买剩余 14 亿欧元的希腊短期国债，兑现购买 15 亿欧元的承诺。几乎与此同时，副总理德拉加萨基斯将对北京进行正式访问，强化两国政府之间的关系，并就这项协议达成非正式的一致。最后，亚历克西斯将在 4 月或 5 月对北京进行国事访问，宣布并签署雅典和北京之间的全面协议。

这对两国来说都是一个难得的机会。对希腊而言，这是一条生命线；对中国而言，这是“新丝绸之路”进入欧洲心脏地带的一次巨大飞跃。3 月 25 日，德拉加萨基斯在希腊外长的陪同下前往北京。靠着月底会注入财政部的这 14 亿欧元，我东拼西凑，总算筹到了我们在 3 月应当还给国际货币基金组织的 15 亿欧元。我们以前的想法是在那个月给债权人最后一次机会，看看他们是否会带着严肃的目的与我们接触，以期达成一份可行的协议。现在，中国与我们的成功休戚相关，我们吸引中国投资的能力将在谈判中成为一种重要武器。这笔钱本身将为我们再争取到一个月的时间，我们可以利用这段时间提出我们自己制订的、考虑周全的希腊复苏计划。

320 3 月 31 日，也就是北京承诺创纪录地购买 14 亿短期国债的当天，我一直在办公室等着电话响起。拍卖原定于上午 11 点左右结束。10 点半，我忍不住给财政部公共债务局局长打了个电话。“还没消息，”他对我说，“但别担心。中国人总是在最后一刻参加拍卖。”于是我继续等待。

11 点 02 分，我的电话响了。我飞快地接起电话。“部长，既有好消息也有坏消息。您想先听哪一个？”公共债务管理局局长问。

“先说好消息。”我说。

“嗯，中国人已经参加拍卖，但坏消息是，他们仅仅再买了 1 亿欧元。”

还没等我们的电话断线，我就用手机拨通了中国大使的电话。当我告诉他发生了什么之后，他说：“我简直不敢相信。我能现在就去你的办公室吗？”

“当然可以。”我回答。

半小时后，疲惫不堪的中国大使坐在我的红色沙发上。我相信他是真的苦恼。他恳求我相信，他完全不知道会发生这样的事情，他感到非常尴尬，他会尽其所能地查清楚为何出现这种缺口。在我的办公室，他试图给中国财政部打电话，但未能接通。于是他回到他的办公室，承诺一有消息就给我打电话。

几小时后，他打来电话，听上去轻松多了。“部长，我可以向你保证这是一个技术故障。北京对此非常抱歉。两天后，当你进行另一场短期国债拍卖时，购买将完成。”

我既感到松了一口气，又感到怀疑。一方面，北京通过大使撒谎是没有意义的，因为他真的渴望达成我们的协议。另一方面，认为中国技术官员只是犯了一个错误的想法同样令人难以置信。时间将证明一切。

两天后，我在办公室等着我们的公共债务管理局局长打来同样的电话。11 点 05 分，电话铃声响起。“部长，既有好消息也有坏消息。您想先听哪一个？”不会再来一次吧，我心想。

“请别告诉我他们又带着 1 亿欧元进入市场吧？”我恳求他。

“他们就是这样做的。”他回复说。 321

这一次我省去了给大使打电话的麻烦，直接去了马克西莫斯官邸。在那里，我向亚历克西斯讲述了事情的经过，强烈建议他联系中国总理。

第二天，亚历克西斯收到了北京传来的消息。显然有人从柏林给北京打电话，传达了一个直截了当的信息：在我们与希腊人达成协议之前，不要与他们达成任何协议。

当我再次与中国大使交谈时，我试图向他说明，当外国势力佯装成我们的合作伙伴，把希腊人民对复苏和尊严的希望压个粉碎时，我们的人民是何种感受。

“我明白，我明白。”他回答道。我相信了他。

随着两个文明古国之间的一份完美协议遭到暗算，关于债主的漫长故事中的一段糟糕插曲就这样结束了，我们的债主根本不想要回他们的钱。[8]

三月的潮水

2 月 20 日的欧元集团协议达成后，我带回雅典的是希望。3 月初，我感觉似乎潮水突然退去，希望被留在沙滩上，曝光，沾污，搁浅。债权人此前曾允许我们共同制定希腊改革议程并就事关生死的债务重组进行谈判，却早在 2 月还没结束之前就收回了承诺。然而，2 月的瑟瑟寒风坚定了我的信心，相比之下，3 月的一丝暖意却让我备感寒冷。

不同之处在于，将我和亚历克西斯绑在一起的纽带上出现了一条狭窄的裂缝——很窄，但现在不可能视而不见。无论我多么成功地设法将其置于视线之外，我都做不到完全不去想这件事。在那个月里，每当我们做出让步，每当亚历克西斯对“三驾马车”的进攻反应迟缓，我就会陷入更深的怀疑。当“三驾马车”选择由他接受考验时，他会果断启动我们的威慑力量吗？到了 3 月底，肯定是 4 月初之前，我心中的“公正的旁观者”告诉我，我们的对手已经成功地吓倒了他。我身体的其余部分花了一点时间才接受这一点。

我们与债权人的谈判涉及两个方面：一是围绕我们的改革议程（预计将于 4 月中旬结束），二是围绕债务重组和结束紧缩措施。为了
322 使希望之火永燃不熄，这两方面的谈判绝对不可分开进行：只有进行了债务重组，改革议程才有意义。然而，尽管债权人之间存在分歧，但他们对待我们的态度出人意料地团结，挖空心思地想把两方面的谈判强行分开：只有当我们接受了他们的改革优先事项后，他们才会考虑讨论债务重组问题。这是一场日渐孤单的斗争。亚历克西斯、帕帕斯、德拉加萨基斯，甚至还有我的朋友欧几里德，他们似乎越来越倾向于接受一项只包括对债务的含糊承诺的协议，只要激进左翼联盟的一些神圣不可侵犯之物得以保全，比如重新引入集体谈判协议和保留

养老金。他们渐渐陷入了著名的布鲁塞尔甜点心态。

“三驾马车”那边是僵硬的意志，而我这边是不断缩水的雄心壮志，两者之间的差距使我备感恐惧和孤独。“战时内阁”会议正在变成演习，依据激进左翼联盟在下次选举中的存活能力对各种投降形式的效果进行权衡。在这样的时刻，我对党内政治嗤之以鼻，很高兴我不是他们的一员。帕帕斯会喋喋不休地谈论如何保留禁止大规模解雇的行政命令——国际货币基金组织希望废除这项禁令。亚历克西斯则更关注已被柏林盯上的养老金问题。其他人反复提及私有化问题。我受不了了。我也非常关心所有这些问题，但如果我们不首先跳出厄运循环，这一切有何意义？如果加强紧缩措施，导致大小公司统统倒闭，那么何必保留禁止大规模解雇的行政命令？当我们的养老金体系所仰仗的政府都资不抵债时，关注养老金问题的意义何在？

每当我试图将我们的讨论拉回到真正重要的问题——债务重组、结束紧缩措施、投资和坏账银行上时，他们都认为我分散了对主要议程的注意力。我会问，如果“三驾马车”拒绝认真讨论债务重组问题，我们是否仍然坚持在 3 月底——最晚在 4 月初——首先对国际货币基金组织，随后对欧洲央行开始违约？如果他们威胁进行资本管制，并关闭银行，我们是否仍然决心通过减记欧洲央行证券市场计划债券并激活我们的平行支付系统的方式进行报复？作为对我的回答，他们会再次宣誓效忠我们的战略，以此安抚我，但说服力越来越差。

回到财政部，我会试着振作精神，继续埋头苦干。任何协议都需 323
要我签字，而且只需要我签字，这个事实让我觉得自己既至关重要，又是可以拿来牺牲的。但在我被牺牲之前，我想，我还是拥有一定的权力，可以做到：将债务减免置于清单的首位，整合两方面的谈判，继续让亚历克西斯遵守我们的契约，争取国际上的盟友，推动完成我们通过算法对严重逃税行为的打击，研发我们的平行支付系统，以及（最后但同样重要的是）推动通过一项化解人道主义危机的法案。这是我能为兰布罗斯和其他数百万人做的最起码的事情。套用我的祖母爱说的一句伯罗奔尼撒古语，正是这数百万人会向我们送上“他们的所有祈祷和（如果我们辜负了他们，就是）所有诅咒”。

下一场欧元集团会议将于3月9日在布鲁塞尔举行，届时我们将对谈判情况进行评估。在“三驾马车”看来，评估结果最好是没有任何进展，这完全符合他们的利益。他们可以将原因归为我们的顽固不化。所以，当国际货币基金组织的波尔·汤姆森在3月1日打电话给我，宣布“三驾马车”准备飞赴雅典时，我知道他们是来猎杀我们的。

欢迎“三驾马车”官员进入我们的各个部门会导致谈判走向错误的方向。在那样的谈判中，欧盟委员会、欧洲央行和国际货币基金组织的技术官员会要求我们的各位部长就“三驾马车”方案的一些细节做出让步。如果我们回应说，只有在谈判涉及债务置换和紧缩措施的情况下，我们才会与他们讨论这些问题，他们会断然拒绝，并告诉我们，就我们的债务问题进行谈判超出了他们的薪酬等级。事实也确实如此。避免走入这条死胡同的唯一出路就是坚持不让“三驾马车”的中层管理人员与我们的民选部长在雅典进行谈判。换句话说，我们的拒绝不仅仅是象征性的，而且具有至关重要的战略意义。然而，“三驾马车”的官员开始对媒体说，我们之所以不欢迎他们来雅典，是出于“意识形态”，他们只是想做好必要的工作。

3月3日，我向我的团队简要说明了整合两方面谈判并坚持达成一份全面协议的重要性。我没忘了提醒他们，“三驾马车”可能会以资本管制相威胁。我还向我最信任的一些人透露，一个小团队正在研究威慑手段：平行支付系统和证券市场计划债券“剃头”。与此同时，杰夫·萨克斯正在华盛顿忙着与国际货币基金组织二号人物戴维·利普顿和波尔·汤姆森会面，竭力试图弥合我们之间的分歧。 324

媒体战仍在继续。一两天后，马里奥·德拉吉公开用“夸夸其谈”这个词形容我和亚历克西斯。杰米·加尔布雷斯用他典型的风格回应道：“通常情况下，央行行长会在私下传达这样的信息，而他选择不这么做正是夸夸其谈的证据。”针对有人指责我对欧元集团同僚讲话的语气比一般的财长更加“直率”，意大利日报《共和国报》请他就此发表评论。杰米是这么回答的：“就算瓦鲁法克斯或许真的偏离了财长当中关于直率的常规标准，我也不认为这有什么问题，因为我无论如何都支持提高这方面的标准。”

3 月 5 日，为了试图扰乱“三驾马车”的战略，我致函欧元集团主席杰伦·戴塞尔布卢姆，要求开始谈判，包括提议立即落实各家机构在 2 月 24 日的电话会议上批准的七项改革。他们的回应是，对我随信附上的七项拟行改革嗤之以鼻，抓住德国副总理西格马·加布里尔在 2 月的会议上非常热衷的一个想法——雇用各行各业的人对发生的交易进行记录，以打击逃税行为[9]——极尽嘲讽之能事。从那以后，我们利用算法大规模清查逃税的计划一直被完全无视，就算提到也会被嘲讽地称为“卧底游客计划”。

同一天，我和我的常务副部长纳迪娅·瓦拉瓦尼正忙于给我们的人道主义危机法案最终定稿。其核心是两项措施：一是向 30 万没有食物、住所和电力的家庭提供预付信用卡；二是想方设法地让 40% 的希腊家庭重新进入税务系统，之前他们因为拖欠税款而退出。如何做到？让他们每月还一小笔钱，就算 20 欧元也好。尽管数百万人在危机中变得一贫如洗，就算这么少的钱可能也拿不出来，但我们相信，他
325 们将尽其所能地筹到这笔钱，以换取权利重新激活他们的纳税档案编号，离开正式破产的炼狱。这是一种兼具仁慈之心和经济学常识的做法。实际上，该系统随后启用的一个月内，那些努力想要回到正规经济部门的人就向国库缴纳了 7 亿欧元。[10]

随着人道主义危机法案即将完成，我需要打一个重要的电话。我的秘书告诉我，美国财政部长杰克·卢想和我通话。我们的交流开始得很顺利，他要求我向他通报最新的谈判进展。我告诉他，尽管我们希望 2 月 20 日达成的为期 120 天的过渡协议可以开启一个新的进程，打破目前的僵局，但在过去一周里，各家机构和他们的一些关键伙伴已经发表声明，显然推翻了协议，违反了协议精神，要求我们恢复以前的安排，这是我们不可能也不会做的。他的回应比较接近美国驻希腊大使的立场，而不是奥巴马总统的公开声明：从本质上说，美国财政部在紧缩的问题上认同我们的观点，但我们还是不得不让步。我解释说，我没有信心筹到要在 3 月 18 日还给国际货币基金组织的钱。财长卢回复的大意是，我们应该相信我们的债权人。

当时在华盛顿布鲁金斯学会任职的土耳其前财政部长凯末尔·德维什警告我不要听从这样的建议。在他看来，波尔·汤姆森从国际货币基金组织驻希腊代表团团长晋升为欧洲部主任对我们而言是灾难性的：旧的希腊方案或许是一大败笔，但这是汤姆森的孩子。“你或任何人对此都无能为力，但（现在）更重要的是与克里斯蒂娜·拉加德见上一面，”他说，“我与她的关系确实很好，她基本上是一个非常通情达理的女人。但她要扑灭的火实在是太多了，尤其是乌克兰的烂摊子，她

往往顾不上这里的一切。”[11] 我差不多也是这么盘算的，但我们怎么才能与克里斯蒂娜达成一份明智的协议，绕过她的欧洲部主任决心捍卫的那份方案？

更有可能破解谈判僵局的人是安格拉·默克尔。她是我们在 2 月 20 日的欧元集团会议上找到共同点的唯一原因。但默克尔一背过身去，《谅解备忘录》就回到了谈判桌上，这一进程随之瓦解。眼看下一场欧元集团会议召开在即，谈判依然处于停滞状态，我建议亚历克西斯给默克尔打电话：“如果她不希望自己在两周前取得的良好成果付之东流，想必会再次干预的吧？” 326

那天晚上，亚历克西斯和德国总理通了电话。她给予了热情积极的回复。她说，她会派托马斯·维泽尔来雅典，以便找到解决问题的办法。我们备受鼓舞。托马斯·维泽尔是一个极其沉闷的人，但他的权力大到令人难以置信，而且他知道如何在安格拉·默克尔和沃尔夫冈·朔伊布勒之间走钢丝。他是理想人选。

没带信件的密使

默克尔总理派维泽尔到希腊来的前提条件是绝对保密。希腊政府部门不参与安排他的访问行程。他不能由政府公车接送，会议必须在一个隐秘的私人住所举行。我认为我们的公寓正合适。一辆非官方轿车去机场接维泽尔，然后直接把他拉到我们这里来。幸好天气很冷，天色阴沉，我们公寓建筑外的街道空空荡荡，无须担心参观对面新卫城博物馆的游客会把他认出来。

可以这么说，托马斯·维泽尔把这种天气带进了我们的公寓里。我们的七人团队——德拉加萨基斯、提奥卡拉基斯、胡利亚拉基斯、欧几里德、亚历克西斯的秘书、达娜厄和我——迫不及待地对维泽尔表示了热烈欢迎。维泽尔同样迫不及待地与我们保持距离。他的开场白令人气馁：“我很高兴来到这里，尽管我并不知道我为什么要来这里。”派他来见我们的那个人一定解释了原因吧，我问。“我不知道是谁派我来的，”他回答，“我只是在我的办公室里看到一张字条，指示我登上飞往雅典的飞机。”

我不愿意绕圈子，把事情一五一十地告诉了他：我们陷入了僵局，只有默克尔总理的干预才能打破僵局。事实证明，她愿意进行这样的干预，并提出派他以非正式的身份来见我们，商讨如何重启谈判的问题。

令人难以置信的是，维泽尔对此一无所知，继续表示他不知道总理参与了他的这次行程。相反，在漫长的用餐过程中，他以执达吏的
327 气场和律师的敏锐掌控着局面。在概述未来几周乃至几个月的情况时，他谨慎地避开了关于谈判的实质内容，而是向我们详细介绍了欧元集团和欧元集团工作组的规则和限制。从他冗长的“三驾马车”风格的谈话中，我们发现了一件有趣的事情：我们可以预计，在 4 月 30 日之前，我们的流动性短缺问题不会得到缓解——根据他的说法，这是官僚机构的限制自然导致的不具政治意味的后果。

作为回应，我告诉维泽尔，除非我们收到债权人的信号，表明他们真心想在改革议程上做出让步，并进行有意义的债务重组，从而使理智的财政政策成为可能，否则我们在 4 月 30 日之前必定会对国际货币基金组织违约。“不论我们的偏好和政治意愿如何，”我说，“我们的流动性不用等到那时候就早枯竭了。”

他回复说，我们可以掠夺养老基金、大学、公用事业公司和地方

机构等非政府性质的公有部门，这样就可以大大延长维持的时间。

“我们为什么要那么做？”我问。如果债权人没有对谈判表现出一丝诚意，我们为何还要继续从我们社会骨瘦如柴的身体上剜下更多的肉，拿来向国际货币基金组织还债，而即使是国际货币基金组织也认为这笔债务最终是无法偿还的呢？

面对这个问题，维泽尔平日里的训练开始发挥作用。他说自己没有得到讨论债务重组和紧缩问题的授权，拿这个事实当挡箭牌。

意识到这种谈话纯属浪费时间，我提到了那 12 亿欧元的事情，我的法律顾问和金融顾问告诉我，希腊可以向债权人索要这笔钱。显然，上届政府从国家储备中拿出这笔钱，用于救助希腊的几家小银行，尽管各方一致认为，这笔钱应当来自存放在希腊金融稳定基金的第二轮纾困贷款。我问维泽尔，鉴于我不愿意听从他的建议掠夺剩余的储备，我们是否可以用这笔贷款偿还在 3 月到期的国际货币基金组织债务，这样可以为我们双方争取到更多的谈判时间。“这听上去很合理。”维泽尔回应道。他建议我向他的上司杰伦发出正式申请，要求获得那 12 亿欧元。（几天后，当我这么做的时候，杰伦建议我去找欧元集团工作组主席……托马斯·维泽尔！既然他一直有权做这个决定，他到底是怎 328
么决定的呢？他的决定是，我的要求“太复杂了”。）

眼看实现突破无望，唯一有用的东西只剩试图在我们之间建立起某种形式的人际纽带——至少把一些人性带入这一进程，就算纯粹是为了刺激而已。欧几里德、尼古拉斯·提奥卡拉基斯、达娜厄和我带头，把话题转移到谈判以外的任何话题上：我们谈论艺术、音乐、文学和我们自己的家庭。在总共六个小时里，我们享用了简单但美味的希腊食物，喝了相当多的葡萄酒，最后是克里特岛的茴香酒。托马斯·维泽尔进行了非同寻常的抵抗。他吃着喝着，脸上总是笑着，但事实证明，他建立起来的防止与我们形成任何友情的力场难以穿透。

当晚餐接近尾声时，尼古拉斯问维泽尔，他是否与右翼经济学先驱、奥匈帝国财政大臣弗里德里希·冯·维泽尔有亲戚关系，后者的思想深深影响了路德维希·冯·米塞斯和弗里德里希·冯·哈耶克等自由主义者。托马斯回答说，是的，他确实是冯·维泽尔的堂侄孙，但他承认，自己对这位伯祖父的作品了解不多。我从书架上拿出一本我和尼古拉斯在2011年合著的大部头，其中一章谈到了冯·维泽尔的影响，题目再合适也不过了，叫作《冷漠帝国》[12]。我把这本书送给了托马斯。他接受了。

当他起身离开，准备回酒店休息，第二天一早赶飞机飞回布鲁塞尔时，我十分想念我在学校的那些日子，分歧可以通过辩论的力量而不是蛮力解决。几周后，当“三驾马车”的蛮力登峰造极时，我想起了冯·维泽尔的一句名言，好奇如果他得知自己的后代在欧元区的苦难中所扮演的角色，他会感到高兴还是震惊。这句话就是：“自由必将被某种秩序体系取代。”

去欧元集团！

维泽尔的来访带来了一个残酷的现实：在距离下一场欧元集团会议还剩不到24小时之际，默克尔不愿像之前那样进行干预。也许她从
329 未认真地想要与我们达成共识，也许她在战术上不敌沃尔夫冈·朔伊布勒。这不重要。我们面前的选择还是一样的：只要“三驾马车”继续试图扼杀我们，我们就暂停向“三驾马车”还款，同时表明基于他们的《谅解备忘录》我们不会谈判，坚持要求把债务重组和结束惩罚

性紧缩措施严格作为前提条件。否则我们就准备投降好了。

在飞往布鲁塞尔之前，我向亚历克西斯和“战时内阁”简要介绍了我们在欧元集团会议上可能遇到的要求：第一，要求我们持续向国际货币基金组织还款，这会让我们的非政府公共机构失去活路；第二，要求我们允许“三驾马车”以胜利者的姿态回到雅典；第三，要求将谈判限制在《谅解备忘录》的模板内。令我震惊的是，第二条似乎最让他们激动，但他们的怒火似乎并不涉及第三条。

这让我发现，我感到担忧是对的。在我准备出发之前，我嗅到了一个有趣的事态发展：胡利亚拉基斯又出现在马克西莫斯官邸，目前领导着一个由激进左翼联盟顾问组成的非正式团队，背着我正在准备一份送给“三驾马车”的让步清单。拥有独立于财政部的第二个经济顾问团队对总理而言不一定是坏事。鉴于我们面临的严峻形势，这样的制衡是审慎的做法，但这个特别的团队和亚历克西斯使用它们的方式带来了真正的危险。他们将激进左翼联盟最糟糕的僵化意识与“三驾马车”最令人厌恶的偏执结合在一起，倡导增加企业税等等（在正常情况下，这是一个非常好的左翼政策，但当企业正在失血而亡时就另当别论了），为的是满足“三驾马车”提出的增加政府盈余的要求。这种两害叠加的经济政策直接削弱了我提出的以削减紧缩措施作为降低税率前奏的主张。

与此同时，斯皮罗斯·萨吉亚斯正在起草与金融事务相关的法案，这超出了他的职责和能力范围（例如，有关转移定价的问题，这涉及同一个企业集团旗下两个不同的子公司之间的货物交换），并试图将这些法案强加于我。更糟糕的是，在我即将飞往布鲁塞尔参加欧元集团会议的前一天，我们的国防部长、我们为了获得议会多数席位而不得

不容忍的那位右翼阴谋论者发表了一份声明，内容如同直接照抄自魔
330 鬼靡菲斯特的笔记本一般。伦敦《每日电讯报》的大标题对此总结道：《希腊国防部长威胁要把包括圣战分子在内的移民送到西欧》[13]。这恰恰是我们不需要的。渐渐地，马克西莫斯官邸开始编写起如何不进行谈判的教科书。

登机前我与亚历克西斯最后见了一次面。我提醒他，“三驾马车”会拖延，然后说是我们拖延，要求我们通过立法，将我们的剩余储备搜刮殆尽，以便继续向国际货币基金组织还款。接着，一旦希腊像伯罗奔尼撒无核小葡萄干一样失去汁水，他们就会关闭银行，挑动人民反对我们。我们必须阻止事态恶化。如果即将举行的欧元集团会议像我预料的那样是个陷阱，我们唯一的出路就是对国际货币基金组织“硬违约”，同时启动我们的威慑力量。

当我把计划提交给布鲁塞尔的各种非正式文件交给亚历克西斯时，我对他说：“我会私下里找他们所有人谈，国际货币基金组织、朔伊布勒、德拉吉、莫斯科维奇。我会采取我自己都难以置信的和解态度，准备在不损害希腊复苏概率的情况下尽可能地做出让步。但是，亚历克西斯，如果他们一如既往地采取咄咄逼人和颠倒黑白的态度，不给我们任何回旋的余地，那么在我回来之后，我们必须果断行动。我相信你会同意的。”

亚历克西斯表示同意。就这样，我带着做出最大让步的决心登上了前往布鲁塞尔的飞机——我要去明明白白地确定，希腊的债权人是否真的拒绝与我们达成哪怕是最低限度的理性协议。

很快，我就拿到了证据，证明事实果然如此。在所有双边会谈中一直陪着我的杰夫·萨克斯见证了这一切。[14]

本章注释

1. 激进左翼联盟议员分成两派，一派对贷款协议延期感到松了口气，另一派主要来自左翼平台，他们对贷款协议延期而不是取消感到愤怒。有趣的是，对于此事并没有预先得到议会批准，几乎没人提出反对，而是全都盯着究竟应不应该延期的问题不放。（要是他们知道在 2 月 20 日至 25 日期间，我的代表在欧元集团工作组如何挖自家的墙脚，我确定他们的反应会有所不同。）在专门召开的一次场面喧闹的议会政党会议上，我在讲台上花了整整一个小时解释为什么延期势在必行，在亚历克西斯、帕帕斯和德拉加萨基斯的旁观下，我为全部的事情承担起个人责任。
2. 参见保罗·梅森 2016 年发表在美国《国家》杂志的文章《激进左翼联盟奋力拯救希腊的内幕故事：独家专访该党高层，揭秘欧元区的最后摊牌》（Paul Mason, 2016, "The Inside Story of Syriza's Struggle to Save Greece: Exclusive interviews with the party's top players shed light on the eurozone showdown", *The Nation*），网址：http://www.thenation.com/article/the-inside-story-of-syrizas-struggle-to-save-greece。
3. 参见阿拉斯泰尔·克鲁克 2011 年发表在《伦敦书评》第 33 卷第 5 期的文章《永久的暂时性》（Alastair Crooke, 2011, "Permanent temporariness", *London Review of Books*, Vol. 33, no. 5, pp. 24–5）。
4. 参见瓦鲁法克斯 2016 年著作《弱者任人摆布？》第六章。
5. 有关短期国债的更多信息，参见第五章注释 17。
6. 其余 33% 的股份分散在多个投资者手中，这些投资者会逐步将其股份出售给中远集团。

7. 全部还款时间表参见第四章注释 4。7 月的应还款项包括还给欧洲央行的 34.9 亿欧元，用于赎回部分臭名昭著的证券市场计划债券。8 月的应还款项全部是还给欧洲央行的，为了赎回更多到期的证券市场计划债券。

8. 2016 年 1 月，债权人继续按照我们的政府组建之前的条件将比雷埃夫斯港移交给中远集团。中远最终或许如愿以偿地获得了第三个码头 67% 的股份，但中国失去了我提议的对希腊铁路、科技园区和造船厂进行大规模长期投资的机会。“三驾马车”将希腊铁路出售给了一家没有能力进行大规模投资的意大利公司，而希腊的造船厂在我撰写此书时已濒临永久倒闭。北京在与我们打交道时就最低投资额和劳动保护及对本地经济的保障做出了承诺，而后来进行的私有化并没有得到这样的承诺。北京当时还已经准备好等到希腊恢复偿债能力时帮助希腊政府重新站稳脚跟（通过购买政府债券的形式），但我们错失了这个机会。换句话说，希腊失去的不仅仅是一份港口协议，而是一个具有战略意义的产业合作伙伴。

9. 参见第七章的《社会民主运动的滑铁卢》一节。

10. 当我接管财政部时，政府的应收账款高达 760.8 亿欧元。税务局估计，其中只有 89 亿欧元有可能收上来。当我追问他们时，他们承认，在这 89 亿欧元中，16 亿欧元是由 350 万公民欠下的，每人欠款不到 200 欧元——这些小人物已被危机和随之而来的紧缩措施压垮。该法案旨在解救这些小人物，使他们摆脱正式破产的境地。“三驾马车”反驳说，希腊有钱人进行策略性违约，寻求政府减记他们的欠款，而我们的法案使他们得以逍遥法外——正是他们欠下了 760.8 亿欧元中的大部分。没错。然而，我掌管的财政部和希腊法院没有识别出这些策略性违约者并将他们与小人物区别对待的资源和机制。这么做需要好几年的时间，小人物熬不了这么久。此外，正如我一直对“三驾马车”所说，策略性违约者大多不在我们的执法范围内，因为他们住在伦敦、纽约和巴黎等地。“让我们把那些小人物从债务奴役中解放出来吧！”我记得我对克里斯蒂娜·拉加德说，“接着，在几个月后，一旦我们清查偷税的算法就绪，我们将一个个处理他们。”但是不行，“三驾马车”更懂行。当我在两年后撰写此书时，政府的应收账款已超过 900 亿欧元。

11. 凯末尔·德维什还建议我抵制甩卖和全面私有化。这让我很感兴趣，因为他一直以伟大的新自由主义革新派的形象享誉西方。但他的实际经历截然不同。以土耳其航空公司为例。2001 年，国际货币基金组织给凯末尔施加了巨大压力，要求将一直亏损的土耳其航空公司私有化，但他选择拒绝。取而代之的是，他查明了亏损的原因。“愚蠢的价格控制，没有峰谷定价，全是政治干预。”他对我指出了问题所在。凯末尔没有将土耳其航空公司拱手让给外国航空公司接管，而是改革了《航空法》，允许积极的峰谷定价方式。如今，土耳其航空公司被认为是一家全球领先的航空公司。凯末尔用这样一句话结束了他给我的建议：只有当你认为价格合适的时候才能进行私有化。

12. 参见雅尼斯·瓦鲁法克斯、约瑟夫·哈莱维和尼古拉斯·提奥卡拉基斯合著的《现代政治经济学：看懂 2008 年后的世界》（Yanis Varoufakis, Joseph Halevi and Nicholas Theocarakis, *Modern Political Economics: Making sense of the post-2008 world*, London and New York: Routledge, 2011, pp. 125–7）。

13. http://www.telegraph.co.uk/news/worldnews/islamic-state/11459675/Greeces-defence-minister-threatens-to-send-migrants-including-jihadists-

to-Western-Europe.html

14. 到了 3 月初，债权人显然正在向媒体散布假消息，诸如我对他们说了什么、他们对我说了什么，以及我的介绍有多么复杂之类。因此，我确定，在那些会议上我得有一名见证者。杰夫·萨克斯与拉加德和德拉吉等重要人物有私人交情，他们尊重他，这使他成为理想人选。

to-Western-Europe.html

14. 到了 3 月初，债权人显然正在向媒体散布假消息，诸如我对他们说了

第十二章　默克尔的魔咒

3 月 9 日，上午 11 点，在欧元集团会议开始前，我在杰夫的陪同下，与波尔 · 汤姆森约在我入住的酒店大堂见面。波尔在谈话开始时向我保证，国际货币基金组织“不是教条的”。他对我说，早在我们的左翼政府当选之前，他们就已对希腊方案失去信心。波尔怒气冲冲地谈到了萨马拉斯政府。“我们对他们失去了耐心。他们几乎根本没有兑现他们的承诺。”他宣称，“萨马拉斯顺着德国人的心思说，但什么也不做，然后为了赢得选举，他把拿到的钱全部用于为希腊人民提供税收减免和其他优惠上。” 331

这时我打断他说，鉴于他与前几届希腊政府打交道的经历，他肯定会理解我们为何不愿做出我们不愿做也做不到的承诺。“波尔，”我诚恳地对他说，“你要知道，如果你我之间达成一份可行的协议，我就是上天入地也会兑现我这边的义务。但在永久性破产的有毒迷雾中，我们做不到这一点。在做任何事情之前，我们首先需要实现债务的可持续性。”

“希腊需要债务减免，然后才能同意做出任何妥协。”杰夫补充说，“债权人首先必须要让希腊喘口气，接着（他们才能）提出进一步的要求。”

从他点头和积极的表述看来，汤姆森似乎表示赞同。他说：“我认为进行合理的债务可持续性分析不是很困难，你们的短期流动性问题也不是难以克服。”

我顺着他的观点得出了一个自然而然的结论：“是的，波尔，我毫不怀疑，你们这些在华盛顿的好人对我们的债务为何不可持续到荒唐的程度有着出色的分析。我也毫不怀疑我们的短期流动性问题只要马
332 里奥·德拉吉或国际货币基金组织大手一挥就可以解决。但无论这会有多大的帮助，这都不是问题所在，不是吗？房间里的大象是债务重组问题，如果没有债务重组，我们仍将资不抵债，无法改革。不论你们得出了什么样的分析结果，也不论你们怎样放松我们的流动性限制，都无法改变这个问题。我们需要从一开始就减免债务。只有你，国际货币基金组织，能够促成这件事。现在球在你们的脚下。你会这样做吗？”

汤姆森完全明白我在说什么，但仍然不置可否，只是喃喃地说着“欧洲人”在这个问题上的立场难以转变。我坚称：如果他们不改变立场，就不可能达成协议，这是一个代价非常高昂、完全可以避免的意外。

“欧洲人有他们的方式……”这是波尔语焉不详的最后一句话。

我们下一场双边会谈是与欧洲央行的两位重要人物举行的，他们的沉重靴子已经踩在我们的脖子上。

杰夫和我走进一间小办公室，见到了马里奥·德拉吉和伯努瓦·克雷。马里奥像老朋友一样同杰夫打招呼，显然惊讶于我是和后者一起来的。不过，尽管他的嗓音很温柔，但传达的信息没有变化。欧洲央行秉持不插手政治的独立精神，如果没有看到欧元集团开绿灯，它就不会掺和进来，更别说开绿灯了。我再次复述了我一贯的反驳论点：鉴于欧洲央行在 2012 年夏天与萨马拉斯政府谈判期间增加了该政府的流动性，没有什么事情比减少我们的流动性更具政治性了。德拉吉试图以技术细节为由对我的观点嗤之以鼻。杰夫插话说，哪里有善意，哪里就有防止意外的办法。德拉吉不为所动。

我接着指出，欧洲央行至少可以还给我们近 20 亿欧元，这是他们从我们的证券市场计划债券中赚取的利润，这笔钱早就该在 2014 年还给希腊。我一边说，一边直视着伯努瓦。我知道他也同意这一点。“如果你们希望我们在未来几周里能够把钱还给国际货币基金组织，这就是一个合理的建议，因为我们现在没有钱还给它。毕竟，这是我们的钱。”我说。

马里奥回答说，向我们归还证券市场计划债券利润不是他一句话能够决定的。在欧元集团达成一致后，他有义务将这笔钱交给欧元区各成员国央行，由各国央行交给各国政府，再由各国政府交给希腊。

“这些我都知道，马里奥，”我说，“但无论如何这都是我们的钱。” 333
我对他说，无论欧元集团在没有得到欧洲议会或欧盟任何合法机构批准的情况下杜撰出何种晦涩难懂的规则，我只是试图找到一种切实可行的方法，避免在未来两周内对国际货币基金组织违约。“情况很简单：我们欠‘三驾马车’的成员之一——国际货币基金组织一笔钱，但我们拿不出来这笔钱。与此同时，‘三驾马车’的另一个成员——欧洲央行欠我们一笔数额差不多的钱。从逻辑上说，我们可以把这两笔债相互抵消。”我甚至没有要求债权人把我们的钱交给我，仅仅是要求“三驾马车”把承认欠我们的钱拿出来，用来还给自己。“如果需要的话，可以把这笔钱从欧洲央行转到各国央行，再交给各成员国政府，由他们直接转给国际货币基金组织。这是一个务实、合乎逻辑、公平的解决方案。”

“这不由我说了算，”德拉吉说，“这取决于欧元集团。”

杰夫鼓起勇气又试了一次。“马里奥，”他说，“我一直在听你们的讨论。我觉得有必要告诉你，我对此感到担忧。雅尼斯一直在努力为一个很容易解决的问题提出一个务实的解决方案。你拒绝了这个方案。如果存在技术问题，你拒绝也是合理的，但我没有听到你提出任何替代性解决方案。”

马里奥耸耸肩：“央行无权提出这样的解决方案。这是主政者的事情。”

“等着瞧。等我向主政者们提出这个问题时，看他们会怎么说。”当我们离开时，我对杰夫说，“他们会让我回来找欧洲央行，可能是波尔·汤姆森。”杰夫难以置信地摇了摇头。

我在会场入口处遇见了尼古拉斯·提奥卡拉基斯，他取代了胡利亚拉基斯成为我在欧元集团的副手。这将是他的烈火洗礼。但当我们走进会场时，我看到我的座位旁边坐着一个人，居然是乔治·胡利亚拉基斯！

我和尼古拉斯跟他打了招呼，然后我们三个坐了下来，各国财长和他们的副手正依次入场。胡利亚拉基斯知道，各位财长只能带一名副手参加欧元集团会议（我们政府的首场欧元集团会议是个例外，当时德拉加萨基斯获准与会），所以时至今日，我都无法想象他当时是怎么想的。当我俯身过去，礼貌地要求他和杰夫·萨克斯在希腊代表团办公室等我们时，他拒绝了，解释说他忘了正式通知维泽尔，尼古拉斯已经取代他。“别担心，”我对他说，“我会和维泽尔说的。” 334

就在这时，杰伦宣布会议开始。坐在杰伦旁边的维泽尔发现了胡利亚拉基斯的闹剧。维泽尔可是一个从不错过批评我们的任何机会的人，他走过来对我们说，我的两个副手必须有一个离开。胡利亚拉基斯最后气鼓鼓地起身离开了。后来我得知，他没有在我们的办公室等着，而是直奔机场，登上了回雅典的航班。

3 月 9 日的欧元集团会议进程完全不出意料。“三驾马车”的领导人一个接一个地指责我们导致谈判陷入僵局，就像纵火犯看着自己点燃的大火并点评火势一样。轮到我发言时，我用尽可能温和的语气解释了造成僵局的两个原因：首先，“三驾马车”拒绝在谈判中纳入我提出的债务置换方案，从而无法开启真正全面的谈判，因此也不可能放松紧缩措施。其次，他们要求——特别是国际货币基金组织要求——派遣所谓的“代表团”回到雅典，直接与我们的各位部长进行“磋商”。我提醒各位财长，我已致函戴塞尔布卢姆要求开始谈判。最后，我向他们提出了之前向马里奥·德拉吉和伯努瓦·克雷提出的务实解决方案，恳请他们停止围堵并扼杀我们的政府。

德拉吉再一次重申了他的立场，即欧洲央行严格按照其规则运作，同时避免做出可能使其工作政治化的决定。我决定礼貌但坚定地戳破这个谎言。

> 目前的情况与 2012 年夏天（的情况）类似，同样是希腊新政

府上台，方案暂停，正在就谈判问题进行谈判，同时希腊政府有大量债务需要马上偿还。但在今天，欧洲央行拒绝用2012年对待上届政府的类似态度对待我们的政府。马里奥关于欧洲央行独立于政治之外的说法缺乏事实依据。事实上，对于欧洲央行如今行为的唯一合理解释就是，欧洲央行对一国政府存在偏见，只因为其董事会纯粹出于政治原因不喜欢这个政府。

335 当我给出使这一论断无可反驳的一连串事实和数字时，我可以通过余光看到，马里奥·德拉吉似乎如坐针毡。另一方面，沃尔夫冈·朔伊布勒的表情甚是从容。我不愿就此放过欧洲央行行长，于是我继续说道：

在2月20日的协议达成前，欧洲央行行长曾对我说，一旦我们与欧元集团达成过渡协议，希腊银行将重新获得豁免权和流动性。这一承诺至今仍未兑现。而没兑现的承诺不止这一个。当我要求恢复我们短期国债的上限时，马里奥明确无误地对我说，只要有证据证明，除了希腊的银行之外，还有客户对我们的短期国债有需求，欧洲央行就会提高其上限。好吧，我可以十分有把握地说，一名中国投资者五天前购买了我们1亿欧元的短期国债。可惜，旨在扼杀我们的限额并未提高。我不厌其烦地提到这些细节只有一个原因：因为我们为达成2月20日的协议而付出的辛苦努力正在以一种你们或许不知情的方式受到破坏，而我们的政府不应为此负责。

对于我提出的欧洲央行正在插手政治的这项极其严重的指控，杰伦未置一词，而是仓促地试图结束这场讨论。他建议我们发表一份简短的声明，称谈判将在两天后开始，各机构将前往雅典。我立即回应道，我欢迎谈判开始，但提议在布鲁塞尔谈判。杰伦反驳说，谈判各方需要的数据只有到我们的各个部门才能拿到。我说，我非常欢迎各机构派技术人员到雅典采集数据，然后交给布鲁塞尔的双方谈判代表。这时，皮埃尔·莫斯科维奇罕见地进行了有益的干预，建议由我和他在接下来的两天里解决这个问题。我们成功地避免了落入接受“三驾马车”回来的陷阱。

从会后的短信交流来看，亚历克西斯很高兴：“我们认为这是一次胜利：政治谈判将在布鲁塞尔沿着 2 月 20 日协议的思路举行，从而结
束僵局。”他还提醒我注意一件事。据媒体报道，爱尔兰财政部长迈克 336
尔·努南似乎曾表示，我即将被人取代。“我们对此予以否认。”亚历克西斯给我发短信说。在另一条信息中，他补充说：“我认为那个爱尔兰人正在试图给你搞破坏，从而为债权人的计划提供便利，因为你是个不好对付的谈判者。”

亚历克西斯另外给我发短信说，杰伦已经直接联系他，希望能让“三驾马车”两天后即 3 月 11 日到雅典谈判：“他告诉我们，你同意了。帕帕斯回答说，他相信瓦鲁法克斯永远不会同意。”

我回应道：“他威胁说，如果不让‘三驾马车’回来，一切就到期为止。我告诉他，他的威胁不会奏效。”

亚历克西斯对杰伦的下流战术大为光火：“杰伦威胁我要终止谈判，因为他‘感到厌烦’。帕帕斯让他深呼吸，因为我们才刚刚启动一个历史性进程。雅尼，今天就把这件事搞定，免得它把我们搞垮。”

我明白他的意思：确保谈判在布鲁塞尔举行，不惜一切代价阻止“三驾马车”回到雅典。“别担心，亚历克西。我会把这件事扼杀在萌芽状态。”我向他保证。要完成这项任务，我需要立即去和莫斯科维奇谈。但在这之前，我还有两件事要做。

震惊的杰夫

在欧元集团会后不得不举行的新闻发布会上，杰伦哀叹“浪费了两周时间”，显然是在暗示，我们是拖延谈判的罪魁祸首。之后，我到我们的代表团办公室找到杰夫，一起前往走廊另一头的德意志联邦共和国办公室。

对于像我这样的欧洲主义者而言，这条走廊象征着美好，走廊两侧的每一间办公室都属于一个欧洲国家。的确，这条走廊位于一栋丑陋建筑里一个毫无特色的楼层，但它的存在本身就是一件极其值得自豪的事情。事实上，当我与杰夫和尼古拉斯·提奥卡拉基斯一起走向沃尔夫冈的办公室时，虽然我对可能会发生什么感到担忧，但心中已经有了计划。

现在回想起当时发生的事情，迈克·泰森的一句名言便浮现在我的脑海中。泰森的拳击生涯跌宕起伏，这是他在巅峰时期说过的一句话，一句棒极了的话：“每个人都有一个计划，直到被一拳打在脸上。”
337 我的计划是受意大利财政部长皮耶尔·卡洛·帕多安的启发，一个多月前，我在罗马和他见面时，他给我了一条建议。皮耶尔·卡洛设法推动意大利议会通过了沃尔夫冈提出的一项改革方案，从而打破了与德国财政部长之间的坚冰。改革方案的成功通过为他赢得了沃尔夫冈的信任。“给他点儿类似的东西。”皮耶尔·卡洛如此建议。

沃尔夫冈以最佳状态开始了会议。“你们的总理和你们的内阁想方设法地使我们失去了对你们政府的所有信任。”这是他的开场白。

我对此感到极其莫名其妙。我说：“但是，沃尔夫冈，我们从来没有得到过你们的信任。看在上帝的分上，我们可是希腊激进左翼政党组建的政府！你们怎么会信任我们呢？”沃尔夫冈被我的直言不讳逗笑了。“但是，”我急忙补充说，“当我告诉你，我希望得到你的信赖和信任时，请你相信我。”我接着说：“问题是如何做到？沃尔夫冈，我不会像在我之前的其他人那样，用我兑现不了也不愿兑现的承诺欺骗你。这么做只会适得其反。我知道赢得你信任的唯一方法就兑现一个难以实现的承诺，但首先是我想要兑现，其次是你想让我兑现。所以，我的建议是：你为什么不直接告诉我，你认为我们在希腊应该进行哪三四项改革？如果我们能就三四项重大改革法案达成一致，我们都认为这将对希腊起到治疗作用，并将增加你们收回资金的机会，那么我所要求的只是在未来四周不会出现目前的流动性短缺。我将用这四周时间努力推动我们的议会通过这些法案，并着手落实。如果我成功了，你就有理由开始信任我了。如果我没成功，那就请你继续执行扼杀我们的计划。”

我之前没有和杰夫说过我的计划，但似乎他对此很满意，急于听到沃尔夫冈的回答。我猜沃尔夫冈的回答对他来说有些出乎意料。“我不会和你谈判的。还是像我上次和你说过的，你必须去找那些‘机构’！”

“但是，沃尔夫冈，”我回应道，“时间不多了。一两周后，我们将不得不对国际货币基金组织违约，这将给所有人带来不可估量的后果。你让我去找那些‘机构’。但那些‘机构’根本无权采取一切必要措施避免崩盘，也无权与我们就希腊在欧元区内达成一项可行协议进

338 行谈判。我之所以告诉你这一切，是因为有些势力正在试图破坏这一进程。”

沃尔夫冈的表情从冷漠变成好战。尽管我从过去的会议中了解到，沃尔夫冈表情的这种变化意味着他极其失望，但在这个场合，我从没料到他会做出这种不同寻常的反应。“我不认为任何政府能让希腊留在欧元区。”他宣称。

“这也是总理的观点吗？”我问。

“她有其他想法。”他不屑一顾地回答。

如果我还怀疑我们的债主最不在意的就是要回他们的钱，那么沃尔夫冈已经彻底打消我的怀疑。德国财政部长似乎已经接受这样的想法，即他的国家一分钱也拿不回来了。因为如果像希腊这样的国家退出欧元区，其新货币将大幅贬值，并导致本已难以为继的欧元债务变得更加无法偿还。

沃尔夫冈用这个重磅炸弹终结了我们之间的谈话。鉴于他确信不论希腊是如何治理的，这个国家都无法在欧元区生存下去，因此不论我对他如何说希腊可以找到偿还很大一部分债务的方法，也是无济于事。然而，就希腊退欧问题展开讨论也是不可能的，因为默克尔有“其他想法”。这就僵住了！

当我们离开去参加下一场会晤时，杰夫真的是快要把他的头发拔出来了。“我简直不敢相信我的耳朵刚刚听到了什么，”他说，表情都扭曲了，“沃尔夫冈没有意识到，他正在破坏我们60年来所打造的一切吗？”[1]在我们走回希腊办公室的路上，杰夫继续表达着他的愤怒之情：“即使我们假设他们对弱势群体毫不关心，这些人难道没有意识到，他们为了相对不多的一笔钱，正冒着触怒一众权贵的风险吗？”当我们进门时，他还在思考自己的问题。

沃尔夫冈·朔伊布勒任命的欧元区纾困基金（最初是欧洲金融稳定机构，后来是欧洲稳定机制）负责人克劳斯·雷格林正在等着我们。作为一个几乎没有自由裁量权的官员，他没有权力对我们的处境做出任何改变。尽管如此，他还是要求见我，出于礼貌，我同意了。我希望借此机会向他介绍几个关于我提议进行的债务置换的想法，债务置换归他的基金管。结果却是，从一开始，他就比我在那漫长的一天里见过的其他任何人更不愿意讨论解决方案。他似乎唯一想说的就是，339
我欠他 1426 亿欧元。

我几乎无话可说，或许只能背诵达里奥·福的戏剧《拒不付款》的标题。我没有这样做，而是向他提出了一个道德难题："鉴于我们似乎在一两周内就会用完所有钱，没钱拿来还给国际货币基金组织，也没钱支付工资和养老金，你建议我怎么做，克劳斯？是选择对年老体弱者违约，还是对国际货币基金组织违约？考虑到我们的央行欠我们一笔类似数目的钱，因此这自然不是一个必要的两难选择。"

对克劳斯来说，这个问题的答案显而易见。"你一定不能、永远不能对国际货币基金组织违约。还是停止支付所有养老金为好。这是你必须做的事情。"他异常坚定地说。

就算我们坐视每个养老金领取者饿死，我们在接下来的几个月里仍不可能拿出钱来还给国际货币基金组织和欧洲央行。我选择不和他谈这些，只是对他说："这真是悲哀的一天，欧洲稳定机制的负责人建议我做一些将对我们的社会和经济造成严重破坏的事情。"

这是忙碌但毫无进展的一天，唯一的亮点就是沃尔夫冈·朔伊布勒宣称，希腊退欧不可避免。当这一天结束时，杰夫对我说了一番话，我认为这是对我的大大褒奖：“参加了你和汤姆森、德拉吉、朔伊布勒和雷格林的会晤之后，我必须告诉你，在我几十年来参与过的债务国政府与国际货币基金组织、美国政府、世界银行……等债权人的会晤中，我从没见过这样的事情。在每一场会晤中，你都表现得非常积极，满脑子都是关于务实解决方案的想法。他们不断否定你的想法，尽管那都是些好想法，但他们连一个自己的想法也没有提出来。真是难以置信！”

把“三驾马车”关在笼子里

亚历克西斯的指示非常明确：不能允许“三驾马车”返回雅典，就像什么都没有改变一样。杰伦则威胁说，如果“三驾马车”返回雅典受阻，他将结束目前的进程。

我面带笑容地驳斥了他的威胁。“现在最重要的是，”我说，“谈判
340 应以最大限度地提高达成协议概率的方式开始。请试着在这件事上再稍微积极一点。无论如何，我们不是说好了，谈判的确切地点和流程由我和莫斯科维奇商讨吗？”

“好吧，”他面带愠色地承认，“但我希望这件事在 24 小时内解决。”

我和皮埃尔·莫斯科维奇当天早上在布鲁塞尔见过面。对于我们拒绝“三驾马车”回来，他报以完全的同情。事实上，他重申了他的观点，即“三驾马车”的进程不仅是对希腊的侮辱，也是对欧盟委员会的侮辱，“三驾马车”的行为削弱了欧盟委员会的作用。在不到一刻钟的时间里，我们便已经就一项明智的进程达成一致：关于债务重组、财政政策和改革议程的政治谈判将在布鲁塞尔举行。部长级官员将与部长级官员和皮埃尔（他是欧盟委员，等同于部长）会谈，我们的副

手则在旁边的房间里磋商。与此同时，各家机构可以自由派遣“技术人员”前往雅典，进行现场数据挖掘和事实调查。他们只会与希腊的“技术人员”对接，说明他们想要的事实和数据，完全不会参与事关政治决定的讨论或谈判。取而代之的是，他们收集的事实和数据将传回布鲁塞尔，交给那些参与政治谈判的人。皮埃尔提议将新的进程命名为“布鲁塞尔集团”——尼古拉斯·提奥卡拉基斯将其笑称为“比吉斯”[1]。

皮埃尔和我在“比吉斯”的问题上达成一致后，我们讨论了如何防止“三驾马车”的成员蓄意破坏我们的协议。皮埃尔认为，在马里奥·德拉吉和克里斯蒂娜·拉加德加入之前，我们一定不能让别人知道这个计划。他担心如果某些人听到风声，他们会在这个计划还没启动之前就找到扼杀它的办法。（尽管他没有提到名字，但我确定他心中的潜在搅局者名单上包括托马斯·维泽尔、德克兰·科斯特洛，当然还有波尔·汤姆森。）所以，当他去试图说服马里奥和克里斯蒂娜的时候，他要我保持无线电静默。我答应只告诉亚历克西斯，他则答应在24小时内给我回信——在杰伦最新划定的最后期限到期之前。

接下来是紧张的一天，皮埃尔和我交换了信息，起草了一份说明新进程的联合公报，但我们还是成功地在最后期限之内完成了任务。“比吉斯”已经做好登台的准备。我打电话给尼古拉斯·提奥卡拉基斯，要他召集我们的部队，明早抵达布鲁塞尔，准备战斗。我还打电话给斯皮罗斯·萨吉亚斯，他将负责在雅典接待“三驾马车”的技术人员。 341

[1] “比吉斯”，成立于1958年的英国流行音乐组合，在20世纪60年代至90年代一直是有代表性的大众文化符号。其拼写Bee Gees与“布鲁塞尔集团”（Brussels Group）的首字母缩写谐音，故提奥卡拉基斯有此笑称。

萨吉亚斯有充分的理由担心，“三驾马车”的“风暴兵”一到达雅典就会故态复萌。亚历克西斯也坚决地认为，我们不应允许他们像过去那样大摇大摆地进入我们的各个部门。因此，政府在雅典希尔顿酒店包了一个楼层，并预订了地下一层的会议区，作为“三驾马车”的技术总部所在地。应“三驾马车”的要求，我们这边各个部门的官员和技术人员将带着必要的文件、笔记本电脑和硬盘前往希尔顿酒店拜访他们，以满足他们对数据和事实的渴求，尽管这种渴求是完全虚假的——他们甚至比我们更快地拿到数据和事实，因为我们的部门更多地受他们的控制，而不是我们。

第一次小规模冲突发生在我们的访客入住后的不到 12 个小时。克里斯蒂娜·拉加德对我的办公室表示，她派到雅典的国际货币基金组织团队惊讶于自己被关在希尔顿酒店，并担心这里的安全问题。据说，希腊政府没有安排任何安保人员。我打电话给我们的情报主管鲁巴蒂斯了解情况，然后立即打电话给克里斯蒂娜。她把自己听到的故事又说了一遍——她派去雅典的人为他们的人身安全感到担忧。我向她转述了鲁巴蒂斯刚刚告诉我的话，大约有 300 名便衣警察和特勤局官员守卫着希尔顿酒店。我说，我从未见过为国际货币基金组织的雅典特派团提供如此大规模的安保。克里斯蒂娜表示她没想到，但她更倾向于由穿制服的警察保护。“为什么？”我问。我没有得到答复。可不可能是因为“三驾马车”希望被人看到？如果没有警察鸣笛护送他们的车队，希腊人民怎么能知道他们已经来了？这或许并不令人感到意外，他们需要被人们看到，让人们知道他们来了雅典，并且掌控着雅典。

从第一天起，“三驾马车”的雅典特派团就在竭力打破皮埃尔和我达成一致的政治和技术分离。提交给我们各个部门的问题包括：“鉴于希腊的人口结构，你们打算如何解决养老基金的长期赤字问题？”尽管这是一个很好的问题，但属于政治选择的范畴，并不是在确定事实或评估我们的处境。此外，他们对数据的实际需求范围之广、数量之大，需要一支公务员大军花费数周时间才能满足。

与此同时，在“布鲁塞尔集团”，政治谈判毫无进展。这要归功于欧元区态度反复、“珀涅罗珀诡计”和“瑞典国歌”套路混合而成的强力鸡尾酒。公平地说，我们这边也对这些谈判走向惨败起到了推波助澜的作用。尼古拉斯·提奥卡拉基斯的任务艰巨，他负责管理一个已经截然不同的团队。从根本上说，这个团队目前已经一分为二：一边是我的专家团队，包括埃莱娜·帕纳里蒂斯、拉扎尔公司的人和格伦·金；另一边是胡利亚拉基斯和他的激进左翼联盟小伙伴们。胡利亚拉基斯那伙人拒绝与我的团队进行协调，开会迟到，在关键时刻出去吃饭，通常表现得就好像背后有总理撑腰，极其傲慢。尼古拉斯对我如此形容他的挫败感：“有时我觉得自己是个幼儿园老师。” 342

相比之下，尽管胡利亚拉基斯那伙人没有提出任何实质性的建议，唯一关心的就是如何避免关于债务重组的任何讨论，但“三驾马车”总是及时、合拍、精确地配合他们。尼古拉斯向我报告说，当格伦·金走进房间时，德克兰·科斯特洛再次提出抗议：“我们的房间里不能有从事债务减记工作的人。”当然，尼古拉斯重申了我们有权选择任何人加入我们的团队。不过，科斯特洛的战术极其说明问题：对胡利亚拉基斯那伙人和蔼可亲，对格伦、尼古拉斯和埃莱娜冷酷无情——经典的分而治之。

我们这边的弱点在雅典也体现得很明显。“三驾马车”要求我们提供不存在的事实和他们已经掌握的大量数据，这种要求或许是荒谬的，但我们的各个部门应对不力也是事实。一些人，特别是受左翼平台控制的那些人，断然拒绝配合我们的工作，理由是整件事情都是骗人的把戏。他们说的或许没错，但不论是何结果，我们政府的政策是，在我与皮埃尔·莫斯科维奇达成的协议框架内，秉持 2 月 20 日欧元集团会议协议的精神展开合作，这就需要我们尽最大努力与债权人建立起共识。只要亚历克西斯与“战时内阁”致力于真诚的谈判，债权人背信弃义的事实并不能成为不合作的借口。提奥卡拉基斯、萨吉亚斯和我花了好几个小时与我们的一些同事谈判，有时是在恳求他们，请称职、及时地对提供数据的要求做出回复。我们往往无法说服他们这样做。有时，我们不得不从有关部门以外的其他来源获得数据，或从某
343 个部门愿意配合的官员那里得到本应从另一个部门得到的答案。

尽管我们这边存在弱点，但毫无疑问，他们不应对僵局负责。即使我们的“布鲁塞尔集团”团队与国内各个部门合作得天衣无缝，结果也不会有任何不同。在 2015 年的那个春天，希腊的债主们根本没有谈判的心情——他们决心在他们帝国的一块反叛领土上重新建立起自己的权威，以确保他们的其他臣属没有类似的想法。尽管《华尔街日报》和《金融时报》的评论文章宣称，布鲁塞尔和雅典在财政目标、税率和行政部门改革的问题上存在重大分歧，但实际上正在发生的事情相当于大英帝国在 19 世纪使用的炮舰外交。

亚历克西斯、萨吉亚斯和帕帕斯似乎明白这一点。尽管他们一点一点地放弃了我们重组债务和结束紧缩措施的目标，这让我扼腕叹息；但在现阶段，他们仍准备采取果断行动，以阻止“三驾马车”重新占领我们的各个部门。萨吉亚斯废寝忘食地工作，竭力使他们的技术团队止步于希尔顿酒店，而帕帕斯威胁要把他们全都赶走。3 月 15 日，

当“三驾马车”的技术团队发来一份关于养老金的荒唐问题清单时，亚历克西斯怒喝道：“真是够了！”

他是对的。这些问题与数据或事实无关——它们纯粹是政治问题。事实上，如果有人向沃尔夫冈·朔伊布勒提出这些问题，他也不会回答。鉴于德国严峻的人口结构，就算是成熟、资金充裕的德国政府也没有想出如何使本国的养老金体系具有长期的可持续性。考虑到希腊政府刚刚组建不久，国家资不抵债，而且每两个家庭中就有一个家庭没人从事带薪工作，全靠一人的养老金过活，怎么能指望希腊政府回答出这样的问题呢？通过向我们不堪重负的社会保障部门的公务员提出这样的问题，“三驾马车”的技术代表是在诱导他们做出不当行为：他们要么拒绝回答，在这种情况下他们可能被指责为不肯合作，要么就得被迫做出远远超出他们职权范围的事情。

随着3月17日欧元集团工作组电话会议的临近，我们将在这次会议上对谈判进行“全面评估”。亚历克西斯命令我指示尼古拉斯，要他
在会上明确表示，“三驾马车”的雅典特派团已经越过红线。为了确保 344
不会产生误解，我坐在亚历克西斯的办公室，写好了尼古拉斯的声明，先给亚历克西斯过目，等他批准。他扫了一眼就立即批准了。

事实证明，这是一次具有历史意义的电话会议。会议以通常的方式开始，“三驾马车”的代表陈述了他们的立场。德克兰·科斯特洛首先发言，然后是伯努瓦·克雷，最后是波尔·汤姆森。三人的发言都是出自同一个脚本，内容可想而知。

> 除非希腊方面加快速度，否则在4月不会达成协议……我们需要一种全面的方法……加强这项工作的力度刻不容缓……希腊

> 人必须明白，他们不仅需要遵守之前的承诺，还需要遵守欧洲的条款……如果他们违反了他们之前承诺的磋商流程，那将是令人遗憾的……我们担心雅典试图采取单边行动……人道主义协议和新的分期付款法是我们关心的问题……这一进程目前极其不令人满意。他们把这项任务视为一件麻烦事……

他们发言完毕后，作为主席的托马斯·维泽尔对希腊的代表不是乔治·胡利亚拉基斯表示遗憾，然后轮到尼古拉斯宣读亚历克西斯指示我撰写并经他批准的那份声明。由于感到即将要做的这件事情意义重大，他用一开始有些颤抖的声音宣读了以下内容：

> 我很遗憾地报告，在我国政府和总理看来，各家机构派往雅典的技术团队的行为违反了有关技术团队在雅典只收集事实和数据的协议。我国总理现在已将谈判提升至最高的政治层面。现在必须达成的解决方案不是技术层面上的，而是政治层面上的，远高于欧元集团工作组的层级。从这个层面上说，我不认为这次电话会议有什么用处，除此之外，我无权在此明白无误地再说些什么。

345 现场沉默了几秒钟。然后，维泽尔试图继续开会，就好像尼古拉斯没有说过话一样。其他人也加入了他的行列，怪异地试图假装与希腊的谈判可以继续进行。在亚历克西斯和我的指示下，尼古拉斯把手伸向我们的电话会议设备，按下了关闭按钮。我们互相看着对方。然后笑了。这是一个值得自豪的时刻，但我们知道，我们将在几小时内为此付出高昂的代价，消息会一如既往地通过惯常渠道透露给媒体，把尼古拉斯——我所认识的与我最意气相投、最有教养、最细致入微、最温和、受过最好教育的一位欧洲人——描绘成一个暴虐、无能的搅局者。

同一天，德克兰·科斯特洛给尼古拉斯发来一通电子邮件，让他转交给我，警告我们不要把我们的人道主义危机议案提交到议会。他“强烈敦促我们”，在进行下一步之前与他、托马斯·维泽尔、波尔·汤姆森等人预先磋商。“否则就是以东拼西凑的态度采取单方面行动，这违背了你的承诺。”他写道。这是一份完美的礼物——使我得以立即推动该议案在议会获得通过，同时，公开科斯特洛的邮件，让人们知道“三驾马车”反对我们的计划，不允许我们向处境最为艰难的那些希腊家庭提供他们急需的帮助。这在希腊国内乃至国外引发了极其强烈的抗议。科斯特洛肯定追悔莫及。但“三驾马车”很好地吸取了教训：从那以后，他们再也没有发过电子邮件，或把暴露他们目的或性格的东西落实到纸面上——至少，在6月下旬的那一天之前一直如此，直到他们做好大开杀戒的准备。

第二天上午，“三驾马车”的技术团队奔赴机场。几周来，我第一次感觉到，我们这边或许仍有可能团结在一项全面计划的背后，这项计划是希腊自己的政府为希腊人民制订的，旨在结束这场危机。然而，如果想要取得成功，我们需要一致对外，对马里奥·德拉吉、安格拉·默克尔和克里斯蒂娜·拉加德，做出尼古拉斯在自己首场欧元集团工作组电话会议上所做的事情：按下关闭按钮。

默克尔的魔咒

在他在野的那些年里，亚历克西斯一直在公开贬损德国总理。他对默克尔“夫人”或“太太”的挖苦讽刺在媒体上广为流传，而且激进左翼联盟一直承诺，一旦上台执政，他们将单方面撕毁《谅解备忘
346 录》，减记债务，并做出其他令人惊叹的壮举。这与他们宣称的想要为希腊留在欧元区和欧盟内达成一份新协议的意图截然相反。特别是亚历克西斯有一种错觉，认为欧洲之外的力量，从俄罗斯和中国到美国和伊朗，都会来帮助我们，同时欧洲外围国家会以某种方式帮助遏制柏林，特别是遏制默克尔。

这与我经常表达的观点形成鲜明对比。我认为，在欧洲乃至全世界的希腊潜在盟友中，默克尔是我们最大的希望。自然，这种观点让包括亚历克西斯在内的那些人深感震惊，他们希望我把目光转而投向法国、意大利或西班牙等国，对这些国家而言，默克尔代表着共同的敌人。但我确信，欧元区没有哪个赤字国家的政府胆敢反对柏林，就算他们在心里是反对的。相反，我们取得成功的关键在于安格拉·默克尔保持欧元区完整的决心，因为她虽然不是右翼，但具有保守倾向，而且厌恶结构性断裂。[2]

从 2010 年到 2014 年，身处政坛之外的我一直致力于让希腊政治人物相信，要想迫使默克尔总理介入，从而为希腊争取到债务减免和一份合理协议，唯一的方法就是要她做一个简单的选择：要么把我们踢出欧元区，而你要为此付出政治代价；要么把我们救出济贫院。我那时相信，现在依然相信：沃尔夫冈·朔伊布勒肯定会抓住这个机会把我们撵出欧元区，而安格拉·默克尔与他不同，无论有多么不情愿，她都会避免启动退欧进程。而且从我入主财政部的那天起，我一直在密切关注这位德国领导人，确保我们做的事情不会阻止她（如果她选择这么做的话）向德国联邦议院提交我们的债务置换方案和修改后的

改革议程，以此作为她为解决希腊危机而提出的方案。允许她将这些方案据为己有是达成一份体面协议的必要条件。但这远远不够。为了激励她采纳我们的方案，我们在受到沃尔夫冈及其左膀右臂的希腊退欧威胁时，我们必须保持立场坚定，毫不动摇。只有这样，德国总理才会介入。

这就是亚历克西斯与我的不同之处。他对默克尔的看法非常负面，认为她是永远不会退让的敌人，除非华盛顿、莫斯科或其他某个大国迫使她退让。但我在她身上看到了一位政治家的务实，一旦所有其他选项都用完了，她就会做正确的事情。与许多希腊人不同，我没有妖魔化默克尔，但也不指望她在没有适当动机的情况下就代表我们行事。
因此，当她在 2 月 20 日的欧元集团会议召开前进行了大有助益的干预 347
时，我的预测得到了证实：如果她担心我们不会退缩，这位总理会在最后万不得已时介入。同样，当她在两周后承诺再次进行积极的干预时，我的预测也再次成真：这位总理不到万不得已不会让步。维泽尔对我们公寓的访问使她的这次干预不了了之。

但亚历克西斯对默克尔的行为有着不同的看法。当她在 2 月 20 日之前介入时，他的负面期待导致了意外的狂喜。然后，他对默克尔的期待越来越高，而默克尔可以随意粉碎这些期待，这导致亚历克西斯陷入了痛苦的深渊：她利用这种能力将亚历克西斯玩弄于股掌之上，先提振他的精神，然后打击他，并根据她的需要再次提振他。我通过自己对她行为的分析，尽最大努力减轻她对我的总理的影响，主张达成体面协议的唯一途径就是确保她始终意识到，我们不怕按下关闭按钮。但这么做并没有用。到了 4 月，我感到亚历克西斯已经屈服于德国总理的魔咒。

如果读者认为亚历克西斯轻而易举就成为默克尔的猎物，那就大错特错了。错不在他。是冷战的遗产把我们年轻的总理推向了她，而她惊人的职业道德使他一经捕获就完全屈服了。

20 世纪 40 年代的灾难性内战让希腊人尝到了分裂的苦果，并对两个霸权产生敬畏：俄罗斯和美国。右翼人士将美国视为对抗红熊的堡垒；左翼人士则希望，如果他们上台执政，他们将得到苏联的支持。当然，等到激进左翼联盟掌权时，苏联已不复存在，但激进左翼联盟的一部分人继续将莫斯科视为我们与新自由主义“三驾马车”斗争时的潜在朋友。有些人甚至幻想弗拉基米尔·普京会送来石油美元支持我们的事业。

尽管亚历克西斯相对不易受到这种错觉的影响，但他似乎确信，俄罗斯会提供某种帮助。当他告诉我这件事时，我竭尽全力地劝阻他。“俄罗斯不是中国。”我记得我是这么对他说的。我告诉亚历克西斯，即使普京准备提供资金，以换取一些管道或某家国有公司，我们也不能接受，原因有三。首先，普京是一个不可靠的朋友，众所周知，俄罗斯企业没有能力，也不愿进行适当的长期投资——这一点与中国企业（打个比方）不同。其次，俄罗斯本国财政都捉襟见肘，其所承诺的任何实质性援助最终都被证明是空洞的。第三，普京及其政权在人
348 权方面的记录着实不佳：作为欧洲进步主义者的唯一真正后盾，难道我们希望与这样的政府联系在一起吗？

与此同时，我们麻烦不断的极右翼执政联盟伙伴却有着相反的想法：我们可以拜倒在美国脚下，以此摆脱默克尔的控制。有一次，在内阁会议休息期间，国防部长坎梅诺斯走过来对我说，我没必要为了德国人担心。“我可以从大西洋对岸给你弄到几十亿美元，外加美联储

的互换协议，这将使退出欧元区变得没有痛苦。”他说。[3]我微笑着，努力不让他知道我的想法。他继续说，建议我见见他的一位朋友，一位在华尔街公司的希腊裔美国人，这位朋友已经把一切问题都解决了。亚历克西斯一直在听，他说我应该了解一下。希腊是一个财政压力极大的国家，作为希腊的财政部长，我有义务不放过任何一个可行的办法。所以，尽管我确信这是一个骗局，但我还是尽了自己应尽的职责，在我的办公室约见了这位先生，甚至让杰米·加尔布雷斯到纽约拜访这位先生的同事。不出我所料，所谓的美元生命线只是空中楼阁。[4]当我向亚历克西斯证实并报告美联储互换协议和美国骑士团是一种错觉时，普京显然也告诉他，不要指望俄罗斯提供任何资金或任何帮助。“你必须与德国人达成协议。”他说。[5]

由于没有希望得到任何一个冷战超级大国的支持，亚历克西斯别无选择，只能求助于默克尔，这使他很容易受到她的心理操控和非凡勤奋的影响。

3 月 9 日的欧元集团会议惨淡收场后，亚历克西斯与安格拉·默克尔通了电话，请求她再次介入。作为回应，德国总理要求他让自己人详细地在《谅解备忘录》上注明具体的分歧点，并说明他们提出的替代方案。当然，亚历克西斯同意了，并立即给我打电话，要求我准备这份文件。那天晚上，我一个人待在办公室，再一次与《谅解备忘录》里的 15 段话做斗争。在每一段的下面，我以颜色为区分进行了点评：在绿色的部分，我解释了我们同意该段的哪些方面及其原因；在红色的部分，我列举了我们的反对意见并一一进行说明；最后在蓝色的部分，我提出了备选政策，用以取代我们反对的部分。到了第二天早上，原来的 4 页文件已经变成 27 页。

3月20日，在提奥卡拉基斯按下欧元集团工作组电话会议关闭按
349 钮的三天后，亚历克西斯如期参加了在布鲁塞尔举行的欧盟峰会。安格拉·默克尔提出，他们两个在正式晚宴之后可以见一面，好让他把这份文件交给她，两人可以进行讨论。结果，正式晚宴拖得比预想的要长，几乎到了午夜，亚历克西斯以为他们没机会一对一见面了。但结果不是这样。不知疲倦的安格拉把他带到隔壁的一间会议室，和他花了几个小时的时间，逐字逐句地讨论文件中的每一个细微差别。当他们终于完成的时候，她对他带来了这样的文本表示祝贺——事实上有两次，亚历克西斯带着扬扬自得的神情对我说。她的祝贺、她的勤奋和她对希腊方案令人难以置信的了如指掌，给亚历克西斯留下了相当深刻的印象。[6]

默克尔对亚历克西斯的影响力一直在稳步增长。当德国总理最终准备收网时，她瞄准了亚历克西斯和我之间的团结。她的建议大致是这样的：鉴于大多数希腊人对沃尔夫冈·朔伊布勒深恶痛绝，她建议他们绕过各自的财政部长（用她的话说，用瓦鲁法克斯“抵消”朔伊布勒，用朔伊布勒“抵消”瓦鲁法克斯），由她和亚历克西斯在幕后合作，达成一份合理的协议。为了达成这一目的，安格拉·默克尔建议他们建立第三个层面的谈判，独立于“布鲁塞尔集团”和欧元集团，甩开我和朔伊布勒，而亚历克西得到承诺，他将得到在欧元集团不可能得到的让步。

亚历克西斯喜欢这个主意。因此，他们安排了一次秘密会议，在法兰克福举行，由他们的特使参加，后来这拨人被称为“法兰克福集团”。默克尔选择在欧盟委员会工作的德国官员马丁·泽尔迈尔作为她的代表，亚历克西斯则选择了尼科斯·帕帕斯。加入他们的还有伯努瓦·克雷，他代表马里奥·德拉吉，以及无所不在的波尔·汤姆森，

他代表克里斯蒂娜·拉加德。“法兰克福集团”是欧元集团的缩小版，只是少了三名伤亡人员：沃尔夫冈、我和皮埃尔·莫斯科维奇，容克的代表莫斯科维奇换成了另一名法国人吕克·托隆尼亚，此人也在欧盟委员会任职。

事实证明，“法兰克福集团”在很大程度上无关紧要，但它意在制造一个重要的效果：亚历克西斯变得确信（或者他是这样说的），我为这项事业做出了巨大贡献，因为我“抵消”了沃尔夫冈；但实际上是安格拉·默克尔成功地将我排除在外。这是一个绝妙的计策，成功地在我们的队伍中挑起了不和，并给亚历克西斯以希望，她真的打算全力冲刺。“法兰克福集团”成立不到一个月后，将我和朔伊布勒捆绑在 350
一起产生了一个居心险恶的副作用：在“战时内阁”的集体意识中，沃尔夫冈和我在心理上属于同一类人——两个好战分子相互抵消了。但到了 5 月中旬，一开始的赞美——称我做出自我牺牲，从而成功地除掉了朔伊布勒——逐渐演变成对我的指控：我与沃尔夫冈·朔伊布勒沆瀣一气，背着德国总理和希腊总理密谋进行资本管制，让希腊退出欧元区。

要是没有我们“战时内阁”的慷慨相助，这样的含沙射影永远不会有人相信。想象一下，当我发现“战时内阁”不仅给予了这样的帮助，而且最初可能是基于希腊情报机构给出的虚假报告时，我是有多么恐惧。

直到今天，还有人问我，“亚历克西斯是什么时候转变的？”这是一个我拒绝回答的问题，因为我知道，我的答案永远不可能令我满意。尽管如此，我还是很有兴趣听听别人给出的答案。其中一个答案让我着迷。2016 年初，我和达娜厄与另一对夫妇共进晚餐，是一位电影导演和他的夫人。当我们的另一半在讨论这个问题时，电影导演和我一直保持沉默，直到他突然主动开口，给出了一个简单至极的答案：2015 年 3 月 23 日。他的精确性和肯定性令我大吃一惊，我问他为什么是这个日子。作为一名视觉艺术家，他拿出一个平板电脑，给我看了两张照片，作为他的理由。一张是亚历克西斯首次正式访问柏林时走进德国总理府的照片，那是在他与默克尔的布鲁塞尔深夜会谈的两天之后。[7] 在这张照片中，他看上去像是受欺负了一样。第二张照片是大约一个小时后，他在默克尔总理的陪同下离开总理府，仪仗队向他致敬。他看上去兴高采烈。

"你知道他离开总理府时在想什么吗？" 我的朋友问。

"我不知道。"

"见鬼，我现在该拿瓦鲁法克斯怎么办？他就是这么想的。"

本章注释

1. 杰夫指的是战后设计和建立欧盟的美国人和欧洲人。
2. 例如，请参阅我于 2013 年 7 月 24 日发表在德国财经类日报《商报》（*Hardelsblatt*）上的一篇文章，题为《欧洲需要一个称霸的德国》（"Europe Needs an Hegemonic Germany"）。
3. 不同国家中央银行之间的互换协议是指一家央行承诺将一定数量的本国货币与另一家银行的货币进行交换。美联储和希腊央行之间的互换协议很可能使我们能够（在希腊退欧后）以给定的汇率将希腊新货币换成美元。
4. 杰米花了一两天时间赶到华尔街，拜访了这些人。他向我汇报说，他们说得是很好，已经在传奇人物保罗 · 沃尔克（Paul Volcker）办公室所在的大楼预订了办公室，并且正在策划一种机制，由希腊向美国企业提供在东地中海盆地的油气钻探权，以此换取美联储的互换额度。遗憾的是，没人问过美联储的意思。这就有点好比说，一旦鲁珀特·默多克（Rupter Murdoch）对你们的学生报纸投入了大量资金，你们的学生报纸就可以提供重要的宣传曝光机会，但你们忘了与鲁珀特谈谈这个想法。

5. 这就是亚历克西斯告诉我的情况。完成了首次莫斯科之行后，亚历克西斯是带着满面笑容回来的，因为他从普京那里得到了 50 亿欧元的预付款，用于修建一条输气管道。亚历克西斯以为我会兴高采烈（他认为 50 亿欧元会大有帮助），但我让他失望了，我告诉他，即使我们能拿到这笔钱，我们也应该尽可能地往后推迟。如果我们拿了这笔钱，“三驾马车”就会推迟谈判，如此一来这笔钱就只能全部还给国际货币基金组织和欧洲央行。谢天谢地，俄罗斯人没有使我们陷入这种两难境地。在亚历克西斯第二次访问俄罗斯期间，这一次是去圣彼得堡，他告诉我说，普京已经收回自己的提议，让他还是去找德国人。当俄罗斯财政部长打电话给我，告诉我国际制裁正在耗尽莫斯科的金库时，我亲自确认了这一点。遗憾的是，他没有能力帮助我们。由于我既没有预料到也不希望得到他们的帮助，我并不特别失望，但我能预见到这件事将对亚历克西斯产生负面影响。
6. 由于我当时并不在场，我对这部分的叙述是基于亚历克西斯回来后告诉我的情况。
7. 3 月 21 日凌晨，他们在布鲁塞尔举行深夜会晤期间，默克尔正式邀请亚历克西斯访问柏林。这是她采取的另一个举动，导致亚历克西斯产生错觉，认为他们之间已经建立起一种特殊的关系。

第十三章　好事办砸

351 “什么时候革命带来的不是灾难？”

20 世纪 80 年代中期，我在东英吉利大学任教，同校的一名讲师曾向我提出这个问题。他是一名深受埃德蒙·伯克思想影响的英国人，在他看来，这是一个充满真理和智慧的反问。在一名希腊人看来，这完全是一派谬论。如果没有 1821 年的革命，我们这个国家就不会存在——这是一场反对奥斯曼帝国的起义，成功的可能性微乎其微，当时遭到了大部分希腊精英的反对，他们认为这是鲁莽之举。

每年的 3 月 25 日，全国的每个村庄、乡镇和城市都会举行游行，庆祝这场为了乌托邦式的信仰而鲁莽采取的行动。现代希腊正在这种几乎偶然的情况下得以建立。我必须承认，我一直觉得这些游行过于庸俗和军国主义，但在2015年，1821年起义❶的精神似乎对大多数希腊人而言有了新的意义。在这一年，春天不仅仅是野花和燕子，自豪和尊严再次在这片土地上绽放，在移居美国和澳大利亚的希腊人当中也是如此。因此，当亚历克西斯派我代表政府参加其中一场游行时，我欣然应允，并要求参加干尼亚的游行。干尼亚是克里特岛上的一座城市，该岛当年规模最大的游行将在那里举行。

除了父系和母系的一些祖先，我和克里特岛几乎没有什么联系，但这个岛对我而言是特别的。达娜厄坚信我有克里特人的性格，姑且不论她这么说是什么意思，而我出生在澳大利亚的女儿虽然只去过克里特岛一次，但她告诉悉尼的朋友自己是克里特人。无论背景如何，我都很兴奋，因为我和达娜厄可以参加干尼亚的希腊独立日游行。到了这一天，我们和一大群当地官员在干尼亚市中心走了一圈，走得很慢，走到了一个大帐篷里。然后，我站在克里特岛大主教、干尼亚市 352
长和警察局长的旁边，看着当地学童、警察、消防员、救护人员、身穿革命时代服饰的男男女女列队前进。最令人感动的是，五位经历过克里特岛战役的老战士乘坐轮椅，由他们的孙辈推着参加了游行。[1]游行队伍经过我们面前时，游行者转向我，向他们的政府代表致意。这让我感到既自豪又好笑，但我承认，我享受着其中的每一刻，尽管我身体里的无政府主义者在不停地嘲笑我自己。之后，我们向战争纪念碑敬献了花圈，然后缓慢穿过拥挤的人群，向已经准备好午餐的小酒馆走去。

---

❶ 即伯罗奔尼撒起义，标志着希腊独立战争的开始。起义爆发的3月25日（儒略历）后被定为希腊国庆节。

在这段路上，人们急切地握住我的手，拥抱我，说着鼓励的话。所有人说的都是一个意思："不要屈服！不要投降！不要回头！"突然，我注意到一名记者在拍摄我们。当一位中年女士反复高呼"现在就决裂！"的口号时，考虑到那名记者在场，我停下来，与她握手，对她说："我相信你明白，这是我们必须团结一致的事情。这不仅仅是我们要做的。我们必须同舟共济。"

"我们力挺你们！"她坚持说。

"是的，但你必须在决裂后的第二天还力挺我们！"

正如我所希望的那样，这段镜头成为当晚所有电视台的主要新闻。与我们债主之间的真正谈判尚未开始，选择决裂还是投降的时刻即将来到。数百万人督促我们选择决裂。亚历克西斯已经在"战时内阁"提出这个问题："今天呼吁决裂的那些人之后还会力挺我们吗？还是会因为我们导致了决裂而咒骂我们？"这个问题很重要，因此我想在公开场合进行回答。

那天晚上，我们回到雅典后，亚历克西斯与我进行了电话长谈。"你真的告诉一位大婶她最好在决裂后力挺我们吗？"他问。

"是的，亚历克西，我是这么说的。我们必须使我们的人民做好准备。表现得好像没什么可担心的，是不可原谅的。如果我们希望他们在发生冲突时站在我们一边，我们就必须让他们逐渐了解真实情况。"

亚历克西斯对此表示同意，但他提醒说，恐慌的民众会加剧银行挤兑。这个观点有其道理，但我感觉到，亚历克西斯正在逐步退缩到不惜一切代价进行拖延的地步。

353 于是我转变了话题，向亚历克西斯转述了我刚刚与拉里·萨默斯进行的一次电话交流的内容。后者打电话给我，提供了一些信息和一条可靠的建议：国际货币基金组织正计划邪恶地拧紧紧缩措施的螺丝钉。他们会宣称，我们将出现巨额的基本预算赤字，相当于国民收入的 –2% 至 –5%。考虑到我们当时保持着基本预算盈余，这是一个荒谬的预测：事实上，即使在 2015 年夏天出现了那些事件后，本财年结束时也是没有基本预算赤字的。

亚历克西斯有些不高兴，对萨默斯表现出一些敌意。我解释说，拉里并不是在纵容国际货币基金组织的立场，他是在告诉我们，无论我们做出什么让步，都绝对不能接受更多的紧缩措施。奥巴马、卢、国际货币基金组织，以及纽约华尔街和伦敦金融城的每一位银行家都明白，这是一种残酷、不同寻常和愚蠢的惩罚。“拉里的意思很明白，”我说，“既然世界上最有权势的人在一件事情上与我们看法一致，我们就不应该在这件事情上做出让步。”

亚历克西斯接受了这个观点，似乎放松了一点。为了缓和紧张气氛，我们开了一两个玩笑，然后才挂断电话。

夜很深，已经是凌晨两点多了。我和达娜厄坐在沙发上调整了一会儿情绪，接着上床就寝。她问我感觉如何。当我开始回答时，她拿出手机开始录像。“这是具有历史意义的时刻。”她解释说。达娜厄后来又这么做了几次。观看这些视频的经历已经使我足够痛苦，以至于我根本不想再看一遍。那天夜里，我脱口而出的回答是：“我感到孤独，达娜厄。我坐在我的部长办公室里，据说领导着 1.4 万名公务员。但在现实中，我只有一个人，面对着一支庞大的、装备精良的军队，而我的手中就连一个小小的防身盾牌也没有……见鬼，我们连一个正经的新闻办公室都没有，无法让全世界知道我的小小团队正在从事的扎实的政策工作，更不用说保护我不受谎言的歪曲了。这些谎言就算是约瑟夫·戈培尔也会感到自豪。”

这种感觉——以及证实这种感觉的证据——只会变得更加明显。

从沮丧到疯狂再到荒唐

截至3月底，希腊政府手头的所有流动性都被我们拿去还给了国际
354 货币基金组织。根据第二轮纾困贷款协议，这些欠款，总计约15亿欧元，本该由欧洲纾困基金和国际货币基金组织划拨款项抵消，但这部分钱当然被截留，作为迫使我们投降战略的一部分。欧洲央行欠我们的19亿欧元也被截留，他们还阻止北京向我们提供15亿欧元。尽管如此，我的财政部还是设法筹到了15亿欧元还给国际货币基金组织，同时维持了公务员工资和养老金的发放，这堪称奇迹。这件事证明，尽管深陷严重危机，但希腊政府一直是量入为出的，所有指责我要求从其他欧洲国家贷款用于支付高额养老金和工资的说法都是无稽之谈。

尽管如此，我们还是走到了路的尽头。我们给了债权人整整一个月的时间，测试他们是否愿意与我们妥协，带着诚意坐到谈判桌旁，为结束希腊危机商讨出一份适当的计划。他们故意没有通过那次测试。“布鲁塞尔集团”止步不前，因为“三驾马车”对我们提出的每一项方案都嗤之以鼻，但也不提出他们自己的想法。我们从来没有从他们那里收到过任何一页含有任何实际解决方案或政策的文件。然而，就连希腊的主流媒体也在报道说，希腊政府未能提交与各家机构“精心准备”的提案相匹配的成本预算。他们的报道与现实之间的巨大差距令我确信，我们是在梦游，直至末日。现在必须立即采取行动：是选择投降还是战斗，是选择倒闭还是违约。

作为第一步，我们需要宣布，只要欧元集团和各家机构拒绝正经

谈判，我们就不打算继续还钱给国际货币基金组织，然后是欧洲央行。4月3日，一次非正式内阁会议将在总理办公室召开，我很早就赶到马克西莫斯官邸，以便面对面地说服亚历克西斯做出一个早就该做的决定：是宣布即将对国际货币基金组织违约，还是打电话给默克尔询问我们投降的条件，他必须选择一个。“你没有别的选项，亚历克西，”我坚定地说，“延长目前的停滞期只会对沃尔夫冈及其党羽有利，他们正在通过消耗战把我们挤出欧元区。”

亚历克西斯态度冷淡，他显然很沮丧，用一句他常说的话回复我：我们会违约的，但还没到时候。“我们一定不能输掉卸责游戏……我再找安格拉谈谈……现在还不是时候。”

我反驳说，我们已经输掉了卸责游戏。“看看新闻，亚历克西，”
我说，“媒体把过去的每一天都报道成我们未能提出合理方案的又一 355
天。”我们已经等了足够久，展现了我们妥协的意愿，也给了对方妥协的机会。为了这么做，我们在2月20日疏远了许多自己人。对方如何回应？他们几天后就违背了协议。“那是一个月前的事了，亚历克西。从那以后，他们愈发变本加厉，而安格拉尽管跟你说的都是好话，并做出承诺，但她并没有介入。如果不是现在，那么我们准备什么时候违约？”

我们接下来又谈了一会儿。他固执己见，虽然没有什么热情，但还是按照他惯常的做法，同意我说的每一句话，却能够得出相反的结论。他语速很慢，好像睡着了一样，似乎更加无精打采。最后，我们没有时间了：各位部长已经等候在他办公室对面的会议室里。我离开了他的办公室，加入了部长们的行列，给亚历克西斯留点时间，好让他打起精神主持会议。这次会议的目的不仅仅是向几位主要的部长通报情况，还旨在鼓舞他们的士气。

我在会议桌旁就座后不久，亚历克西斯走了进来，看上去精神好了一些。像往常一样，他在会议一开始向大家通报了政府的最新进展，但由于没有好消息可以披露，也没有宣布任何大胆的倡议，他很快就泄气了。摆在我们面前的进程显然不会产生任何结果，而他还得对其进行令人泄气的评估。他说得越多，房间里的气氛就越阴郁。当他得出结论时，房间里已经有了一种听天由命的沉闷气氛。在随后的讨论中，各位部长在发言时的语气都十分凝重。当所有想发言的人都发言后，亚历克西斯再次发言，对此次会议进行总结。一开始，他的语气与通报情况时一样，缓慢、低沉、几乎是沮丧的，讲述了情况有多么严峻，面临哪些危险，但渐渐地，他的语速和语调略有提高。

> 在你们都进来之前，我正在办公室和瓦鲁法克斯谈话。他试图说服我，现在是对国际货币基金组织违约的时候了。他告诉我，他们没有表现出想要妥协的迹象，这样就没法达成一份艰难但体面的协议，一项对我们而言在经济上可行、政治上可控的协议。
> 356 我向他解释说，现在不是违约的合适时机。我们在 2 月 20 日获得了延期，现在还剩三个月的时间，这么做会使我们输掉卸责游戏。对国际货币基金组织违约将引发交叉违约，这样德拉吉就有权关闭我们的银行。[2]

好戏开始了，我想。我一句话还没说呢，他就在内阁和我摊上牌了。

只是我大错特错了。在短暂但夸张的停顿之后，他继续往下说，只是声音突然变得自信起来——不仅仅是他的声音，他的整个身体逐渐开始亢奋起来。令我大吃一惊的是，我听到他说："但你们知道吗，同志们？我认为他是对的。我们已经受够了。我们接受了他们的流程。我们竭尽全力向他们表明我们愿意妥协。他们所做的只是一拖再拖，然后指责我们拖延。希腊仍然是一个主权国家，我们作为内阁有义务说'够了！'"。然后，他从椅子上起身，声音越来越大，指着我咆哮道："我们不仅要违约，你还要登上飞机，飞到华盛顿，亲自告诉那位女士，我们将对国际货币基金组织违约！"

房间里爆发出欢呼声。各位同僚面面相觑，想要确定他们听到的是不是真的，每个人都充分意识到了这件事的历史意义。阴郁和黑暗一扫而空，就像在一个阳光明媚的日子猛然拉开窗帘。和其他人一样，我自己在那一刻也备感欢欣鼓舞，或许还比其他人的感觉更强烈。在那一刻，一群无神论者似乎体验到了最接近崇高圣餐的仪式。

当我走出马克西莫斯官邸时，亚历克西斯沉默地与我拥抱告别。欧几里德和我一起走了出来，看起来同样心满意足。因为我们朝同一个方向走，于是我用摩托车捎他一程。两位希腊部长骑着雅马哈 XJR 摩托车的照片传遍了全世界。那天晚上，欧几里德给我发了条短信："我的女儿嫉妒我了。她们也想坐你的摩托车。"这是难得的快乐日子。

那天晚上，我与斯皮罗斯·萨吉亚斯一起花了几个小时准备我将向克里斯蒂娜·拉加德提出的法律论据。斯皮罗斯在一个拍纸本上用希腊语潦草地写着，我则用笔记本电脑打字。我们两个设法一点一点地写好了我们致国际货币基金组织总裁公开信的希腊语和英语版本。其要点是，在希腊政府看来，国际货币基金组织无法指望我们向其偿还债务，首先因为"三驾马车"已经暂停向希腊拨款，即使那是希腊

357 自己的钱，其次因为欧洲央行正在削减我们的流动性。[3]

与此同时，我的秘书一直在设法联系克里斯蒂娜·拉加德的办公室。这费了一些时间，因为那天是耶稣受难日。[4]亚历克西斯希望我立即动身前往华盛顿，这意味着我将在复活节当天即周日抵达。与克里斯蒂娜的办公室取得联系后，我们向对方解释说，这里有特殊情况，需要会面。他们给我们的答复是，她会缩短复活节假期，周日下午晚些时候将在她的办公室与我见面。

在途经慕尼黑飞往华盛顿的长途航班上，陪同我的是塔基斯·鲁迈利奥蒂斯。他曾是希腊驻国际货币基金组织代表，因为很早就对国际货币基金组织的希腊方案提出批评而闻名。[5]我的包里装着一封公函，我在递交这封函的同时还将口头宣布，我们不会向国际货币基金组织偿还下一笔欠款。这笔欠款的金额为 4.625 亿欧元，将于 2015 年 4 月 9 日到期。与此同时，我一直在脑海中谋划如何最好地利用我们即将进行的违约，从而将希腊从厄运循环中解救出来。长途飞行至少让我有了几小时与世隔绝的时间。其间，在杰夫·萨克斯和其他人的帮助下，我重写了一份文件。这份文件将成为希腊财政部替代《谅解备忘录》的建设性方案。首先是违约，然后为希腊立即制订一份温和、合理的方案——这是撼动债主并结束恶性循环的唯一途径。

抵达华盛顿的罗纳德·里根国家机场后，我发现我的美国签证失效了（尽管有效期还剩一年），因为我为了参加希腊的议会选举，已经从得克萨斯大学辞职。当然，在美国移民官看来，我是一国部长，要在两小时内与国际货币基金组织总裁会面，明天还与美国财政部和白宫有约的事实，统统无关紧要。像其他任何外国人一样，我必须在网上走正式的申请流程，于是我在移民检查站提交了申请。尽管这是一种不便，但美国在入境时的人人平等还挺令人满意的。

通关的额外时间使我很晚才有空把手机开机。回想起来，这使我获得了又一个小时的内心平静。因为当我打开手机时，我看到了亚历克西斯发来的一条简短的信息：“给我打电话。”我自然立刻打了过去。

“雅尼，你看，”他说，“我们已经决定，我们不会违约，还没到 358
时候。”

我大吃一惊，问道：“‘我们’是谁？是谁决定‘我们’不会违约？”

亚历克西斯听上去有些不好意思地说：“我、萨吉亚斯、德拉加萨基斯……我们决定在复活节之前违约不合适。”

“谢谢你告诉我。”我气愤而沮丧地回复他。接着，我用尽可能冷静、不带情绪的语气问他：“那我现在该怎么办？坐同一架飞机回去吗？我现在去见拉加德还有什么意义？”

“不，你必须去见她。你必须按我们说好的去做。去那儿，告诉那位女士，我们要违约。”

这或许是我听过最荒唐的事了。我对自己说，我肯定是听错了。我需要证实。“你是什么意思？告诉她，我们要违约，但你们已经决定我们不会违约？”

“没错，”亚历克西斯说，“威胁她，让她感到焦虑。她就会给德拉吉打电话，迫使他停止流动性紧缩。然后，我们将投桃报李，宣布我们不会对国际货币基金组织违约。”

我体内的肾上腺素飙升，将疲劳和时差的痕迹一扫而光。我强忍着愤怒，问他：“就算我威胁拉加德要对国际货币基金组织违约，她也告诉了德拉吉，但他就是不放松流动性紧缩，又该怎么办？你说怎么办，亚历克西？”

“他们会投降的，雅尼，他们会的！”他给出的只是毫无依据的乐观预测。

“如果他们不这么做呢？你难道不明白，虽然大卫仅凭一个小小的投石器就击败了歌利亚，但把这个投石器置于危险之中是非常愚蠢的吗？我们的投石器就是违约的威胁。只有在你想用的时候才能拿出来。如果你威胁要使用它，但当敌人说你是虚张声势时，你就退缩了，那我们就完蛋了。他们永远不会再害怕你的威胁。我们太弱了，不可以虚张声势，亚历克西。而且，作为你的财政部长，我不能让你浪费我们唯一的武器。既然你已经明确告知我，你不打算让我违约，那我也不会对拉加德说我们会违约。”

“你要告诉她我们会违约。就当这是总理的命令好了。”

这是亚历克西斯第一次用官职压我。而且他这么做竟是为了浪费我们唯一的王牌。当我关掉手机时，我突然觉得奇热无比，令人喘不过气来。看着走在前面的塔基斯走向航站楼出口，坐上等候在那里的
359 轿车，与车里的大使馆陪同人员碰面，我感觉他离我那么遥远，我们之间隔着一片悲哀的阴霾。我羡慕他一无所知，羡慕他用不着思考回荡在我脑海中的那些问题。是不是德拉加萨基斯和萨吉亚斯趁我在飞机上时让亚历克西斯改变了主意？亚历克西斯在马克西莫斯官邸激动地发表演讲，其间接受了我的违约建议，难道这一切都是骗人的，只是为了在怯懦地取消违约之前鼓舞内阁士气吗？面对一位如此随意地就同意对世界上最强大的金融机构发出空洞威胁的总理，我怎么能为他效力呢？

当汽车驶离路边时，我知道我必须要想办法消除脑子里的杂音。马克西莫斯官邸究竟发生了什么，这个问题的答案目前不得而知，只

能等待。克里斯蒂娜·拉加德正在她的办公室等我，要不是为了我，国际货币基金组织总部现在本该是空荡荡的。而我接到了总理的命令，要我走进去，对她发出我认为我们应该兑现，但他认为我们不该兑现的威胁。

有位女士，她知道……

在我短暂的部长任期内拜访的许多办公室中，只有克里斯蒂娜·拉加德在国际货币基金组织的办公室接近赏心悦目的标准。她本人也相当从容、友好。然而，我得到的荒唐指示破坏了这一切。就像有一根刺深深扎进我的脚里，走进那个房间的每一步都极其痛苦。我相信，我与克里斯蒂娜或许有可能达成某种共识，但看到波尔·汤姆森在她身边，我仅剩的一点希望也破灭了。

我向她道歉，我让她的复活节周日泡汤了。与此同时，我在苦恼地思索如何能在不损害我们信誉的情况下执行亚历克西斯的最高命令。“我们中没有人希望以一种负面的方式书写历史。”我以此抛出这个问题。接着，我试图使她明白，他们作为我们的债权人，将我们置于了何种艰难的境地。我用一个令人影响深刻的数字作为论据：14.2%。这个数字意味着，在我们政府上台的前三个月内，我的财政部必须要从希腊少得可怜的国民收入中抽出 14.2%，用于还给国际货币基金组织。[6] 我告诉克里斯蒂娜，鉴于我们 3 月的还款数额已非人类能力之所及，而且欧洲央行冥顽不化，“我们从 4 月 9 日开始将进入危险区。直接说吧，政府将被迫做出一个可怕的两难选择：是选择对国际货币基金组织违 360
约，还是对养老金领取者和公务员违约。你也明白，当一国政府陷入这种境地时……”。

克里斯蒂娜适时地打断我的话，说："是的，这根本不用想。"

值得高度赞扬的是，国际货币基金组织总裁在这个问题上所做的选择与克劳斯·雷格林截然相反。3 月 9 日的欧元集团会议结束后，我和杰夫在与后者会面时向他提出了这个问题。当然，当我更进一步问到换作她是一国财长会如何应对这种困境时，克里斯蒂娜避开了这个问题，只是说她会尽力避免遇到这种困境。

现在该传达从雅典带来的信息了。"根据法律建议，我将向你表达一个在雅典越来越受欢迎的观点。"说完，我开始朗读我和萨吉亚斯一起写的那封信。我解释说，我们这么做的依据很简单。希腊及其债权人受到一份贷款协议的约束。这份贷款协议规定内容包括：一、（希腊向债权人）偿债时间表；二、（债权人向希腊）拨款时间表；三、拨款的一系列条件（《谅解备忘录》）。自大选以来，希腊出现了三个重大的事态发展：首先，拨款已经停止；其次，希腊的流动性受到欧洲央行的限制；第三，根据 2 月 20 日欧元集团协议的内容，拨款条件正在重新谈判之中。因此，在通过谈判重新确定一系列条件之前，我们的还款应与拨款同时暂停——至少是在欧洲央行动用权力削减我们的流动性期间。[7]

克里斯蒂娜迅速巧妙地给出了回答，尽管其立场有违 2 月 20 日协议的精神。如果雅典坚持以拨款条件正在重新谈判为由暂停还款，那么她的回答是，根本就不存在关于拨款条件的谈判。[8] 我微笑着问她，如果我们不是在谈拨款条件，那么我们到底在谈什么？可想而知，我得到了一个模糊的回答："谈的是使《谅解备忘录》与你们的承诺相匹配。"

鉴于我们并非身处有权解决这一问题的法庭之上，我当时的任务

只是说出亚历克西斯命令我说的话：“我没有得到与你进行口水战的授
权。但我得到的授权是通知你，只要我们的债权人继续拖延谈判，欧 361
洲央行继续限制我们的流动性，我们将在四天后对国际货币基金组织违约，无法按计划偿还欠款。”我是可以自豪地说出这番话，但前提是以采取行动的意图做后盾。鉴于缺乏这种意图，我采取了不同的做法：试图以实话实说的方式争取国际货币基金组织总裁的支持。

我们谈了很久，话题涵盖各方面的问题。谈话气氛友好，具有建设性，令人愉快，因为我们都在尽力理解对方的观点。为了避免惯用的托词，我向她说明了我最担心的问题：欧元集团的所有讨论，包括“布鲁塞尔集团”的谈判，全都是在做样子。希腊在欧元区内部实现复苏且具可持续性，并非掌控局面的那些人所关心的问题。为了把这一点讲清楚，我向克里斯蒂娜讲述了我与沃尔夫冈·朔伊布勒的对话：我向他提出了三四个改革方案，表示我们可以合作起草；但他对这个主意不屑一顾，因为在他看来，任何希腊政府都不可能使希腊留在欧元区内。

“那么，你明白吗，克里斯蒂娜，”我急切地问她，“为什么我们需要一些证据才能证明我们在同一条战线上？我们全都希望找到一个让希腊留在欧元区的全面解决方案吗？我们并不相信我们是在同一条战线上。”

“你是说政治上吗？”她问道，脸上明显流露出关切的神情。

“是的，在政治上，”我回答，“我们希望有证据证明，欧元集团会议桌旁的每一个人都希望避免‘意外’。我希望我是错的，但在我看来，这一点根本不明显。大多数人盼着出现意外。我们会妥协，但我们不打算以签署《谅解备忘录》的形式妥协。我们认为这份《谅解备忘录》无法落实，就算落实也无济于事。”

“你说无法落实是什么意思？”

我解释说，对于一个已经打破世界紧缩纪录的国家来说，进一步的紧缩将极具破坏性：这将导致我们的债务收入比出现创世界纪录的涨幅。更多的紧缩措施和继续否认重组希腊债务的必要性，将导致希腊从数学角度而言必将被逐出欧元区或主动退出欧元区。

362 我从余光中可以看到波尔·汤姆森的目光死盯着地板。我回想起我们在巴黎第一次见面时的情景，他热情洋溢地赞同着我所说的每一句话。[9] 我还回想起波尔和“三驾马车”的其他官员再三指责我们“意识形态僵化”，于是我举了几个例子，说明“三驾马车”的意识形态僵化：“只有 9% 的失业者领取过失业金。希腊是自由至上主义者的梦寐以求之地。我们有 50 万人已经六个月没有拿到工资了。三分之一的有偿劳动没有报税。国际货币基金组织提供给每一个国家的模板在希腊不起作用。我们的主要问题不是劳动力市场的僵化。问题在于没有报税的劳动，这是非正式灵活性的最糟糕情况。即使是旅游业的提振也不能创造出必要的总需求增长。现在有一些 60 岁出头的人失业了，失业意味着无法获得社保，从而带来了将他们纳入养老金体系的压力。这些就是我想谈的问题。”

“我们也想谈谈这些问题。”克里斯蒂娜以一种极其具有和解意味的口吻说。就在这时，波尔插话了，以确保我们不会和解。相反，他把话题转向了眼下谈判的“进程”上。

“问题在于进程，”他不出所料地说，“结束谈判不是不可能。如果你与我们保持接触，我能看到曙光就在前方。说说看，你对这个方案有什么不满意的地方。”

我告诉他们，默克尔总理向亚历克西斯索要的正是这样一份文件。我说明了我是如何编辑了一份长达 27 页的文件，其中将我们同意、不同意和替代方案的部分以不同的颜色区分。我还对他们说了亚历克西斯和安格拉在深夜会晤，仔细商讨这份文件的事情。

“她实在是令人钦佩。”我说。

“总理？”克里斯蒂娜问。

“是的，总理。”我予以肯定。

“我们都爱她。”她如此回答。

对此我回复道：“现在咱们有点儿跑题了！”

然后，我拿出了那份文件。汤姆森似乎非常满意。浏览过后，他说“这非常有用”，还说国际货币基金组织“需要就全面措施达成一致”。

那太好了，我回复说。我告诉他们，我最想做的就是坐下来制订一份充分全面的长期计划。我们一刻也不想耽误这方面的讨论。“但是，363
让我们先从流动性悬崖脱身吧，”我说，“同时向我们的人民和各家机构表明，我们是认真的……我们可以制订三项方案，在两周内获得议会通过，创造改革势头。当然，我们同时还需要讨论债务重组问题，没有债务重组的话，任何协议都不会是全面的。”

克里斯蒂娜插话了：“也许你的方法是正确的，但我怀疑……我不认为他们（‘那些欧洲人’）会喜欢提出三四项方案的想法。你会遭到沃尔夫冈的反对。我认为还是‘全面一些’（接受全面评估的过程）为好，以此表明你的决心。”

感觉到我已经说服了她，但还没有说服波尔，于是我继续说：“克里斯蒂娜，要我们首先就一切事情达成一致，然后才能在紧迫的改革和流动性危机方面做一些切实的事情，这种想法在我们看来似乎是对寻找解决方案不感兴趣……我确信我们和国际货币基金组织双方都有良好的意愿。但我对其他人没有把握。我希望我能改变在这方面的看法。沃尔夫冈的立场不可动摇，令人失望。你应该和他争论才是，而不是我。这就是我们去找默克尔的原因。因为我们需要明确意图。”

克里斯蒂娜看上去真的被我说服了，她转身问波尔：“你能介绍一下（希腊）政府希望推动通过的这三、四或五项方案的关键内容吗？怎样才能使这件事与全面的流程相适应？”

看到克里斯蒂娜对我的提议很感兴趣，波尔有点不高兴，试图把球踢出球场。“我们需要在雅典开始我所认为的更好的技术流程。”他试图把我们拉回他最喜欢的话题上：让“三驾马车”返回雅典。

轮到我来挫败他了。“我担心，波尔，”我说，“你们派到雅典的那些人的所作所为令人震惊，他们模仿你自 2010 年担任国际货币基金组织驻希腊代表团团长以来的做法，试图以此打造（他们的）职业生涯。”

克里斯蒂娜笑着插话说，“噢，不不不……我对此无法表示赞同，”她带着忍不住的笑意说，“我必须支持我的团队！”

“当然，你必须支持你的团队，”我也笑着承认，“就像我必须支持我的团队一样！”

364 波尔以他惯常的不苟言笑的风格打断了笑声：“我想……回去工作了……”

唯独这一次，他被克里斯蒂娜打断了，她说：“以更快的方式。”（意思是加快谈判进程。）

然后，我打断了他们，提出了我的质疑：“波尔，你说要着手制订一份全面的方案，但让我告诉你一个可怕的事实：没人想和我们谈论希腊的可持续性，没人想要致力于这一目标的达成。”

“我们想谈谈这件事。”克里斯蒂娜说。

“你们派驻雅典的人和你们在‘布鲁塞尔集团’的人对严肃的讨论不感兴趣。”我说。

“你现在说话像凯恩斯一样。”她回应说。

我又忍不住笑了。我选择不回应她的评论，继续说道：“你们的人进行对话的方式，就好像他们要把我们踢出欧元区，否则就是希望我们像僵尸一样留在欧元区。安格拉·默克尔的立场非常明确。她想要一个蒙混过关的虚假解决方案，解决不了我们的资不抵债问题，但能使希腊留在欧元区。沃尔夫冈·朔伊布勒的立场甚至更加明确，他希望希腊退出欧元区。我们只是他试图约束其他欧元区国家的附带损害。这对欧洲来说是极其危险的。”

经过大约一分钟的争执，克里蒂斯娜终于承认了这一点。“拿希腊杀一儆百是不明智的。”她承认。这证明了我的直觉是正确的：要是没有汤姆森和朔伊布勒等人的牵制，她和我本可以找到共同点。

为了表示感谢，我接下来说了一番话，引发了下面的这段交流。

瓦鲁法克斯：我很高兴加快速度，但我们需要找到解决流动性问题的方法……然而，鉴于我连两周后自己是否会违约都不清楚，因此要我坐在谈判桌旁，条理清楚地为2025年做计划，这也太难了吧。要求我们在耗尽最后一点流动性之前通过这次评估的观点是荒唐的。试想一下：如果欧洲央行按照我的建议，把本属于我们的证券市场计划债券利润划拨给你们，我们今天就不会在这里了。没有流动性，就没有进展。就这么简单。[10]

365 拉加德：你必须就此向马里奥·德拉吉施压。他对过去十天的讨论提速表示赞赏。就这个问题向他施压。

瓦鲁法克斯：国际货币基金组织也可向他施压。当马里奥榨干我们的流动性时，你们也别指望能把自己的钱拿回来。

拉加德：我们一直在交流。但他需要在听取自己团队的意见之后自行做出决定。

瓦鲁法克斯：克里斯蒂娜，我认为你需要也向他施压。我们自己也在施压。但鉴于我们马上需要对国际货币基金组织还款，而这需要我们对自己的人民违约，现在国际货币基金组织必须做出决定：你认为事后追悔莫及比暂停还款更可取吗？说服欧洲央行履行职责不是更好吗？欧洲央行在这个问题上失职了。

拉加德：但他们会告诉你，他们不是你们的最终贷款人。

瓦鲁法克斯：他们在2012年7月可是萨马拉斯政府的最终贷款人。如果马里奥不想破坏自己的名声，被认为是政治化的欧洲央行行长，那么他必须一视同仁。我们不是要求特殊待遇。

这场关于如何才能让我们放弃对国际货币基金组织违约的有趣讨论正在得出一个自然而然的结论。我必须要抓住这个千载难逢的机会，向唯一能与我适当沟通的对话者说明问题的症结所在。

瓦鲁法克斯：让我们认真对待这个问题。你们的人——马里奥、安格拉和你——必须给我们一张路线图。我把沃尔夫冈排除在外，是因为我们知道，他的路线图会把我们带到哪里。我们不能仅仅因为一句人云亦云的话——说以后会发生一些事情，希腊从此将摆脱困境——就随波逐流至未知的境地。我们需要进行成年人的对话，明确具体日期，一边在4月13日前后重新打开流动性水龙头。我不能回到雅典对我的内阁说，我们一致认为，在我们从悬崖边掉下去之前的某一刻，可能会发生一件神奇的事情。我无法鼓励我的同僚，除非有人拿起电话向我们保证，我们目前处于谈判进程当中，随之而来的是为挽救这一谈判进程所必需的 366
流动性拨备。

拉加德：但这两件事之间显然是有关联的。

瓦鲁法克斯：是的，但我们需要的不仅仅是这些。我们需要有人向我们表明，这一进程将适时进行。

波尔插话了，又让我回到了被指责的位置。我希望他是无意的，除非他偷听到了我和亚历克西斯的最后一次对话。“9号不还钱不是解决方案，”他说，“如果这就是你要对你的欧洲同僚所说的。”

“我从来没有那么说。”我表示抗议。

克里斯蒂娜帮我说话。“他没那么说。”她为我作证。

“我说的是，”我澄清说，“如果我们得不到任何流动性拨备，那么我们将不得不违约，但这并非我们所愿。”

至于我要求进行“成年人的对话”，克里蒂斯娜提出了自己的意见：“但这必须是一场大人之间的谈话，没有闹剧，没有记者尾随我，没有花招，没有即兴表演——我们都是非常无趣的人。谈话必须是非常技术性的、非常枯燥的。我们目前未能开始那样的谈话。现在才刚刚开始。不论在哪儿谈，我们已经做好白天、晚上、周末连轴转的准备。我们愿意一切都在雅典进行。但从镜头的角度（从希腊舆论的角度）看来，我们可以在布鲁塞尔做一些事情。你提出的建议——比你的改革清单略简单一些（意味着它们可以进行进一步的充实）——实际上也是为了实现最初方案的目标。”

我们走上了正确的道路。为了尽可能地拓宽这条道路，我建议我们的新合作可以先迈一小步：无论是在雅典还是在“布鲁塞尔集团”，从现在开始，我们应该把我们的讨论按主题划分为不同的部分，即使在某个问题上陷入僵局，也不会妨碍其他方面的进展。克里斯蒂娜非常喜欢这个主意，波尔似乎也很满意。这就是进展。尽管没有找到答案，但我们已经奠定了理解问题的共同基础。

我们第一次有机会认真讨论，在每个人心里，哪些改革才是迫在眉睫的。我请克里斯蒂娜先说。

“我吗？我吗？”她兴奋地问道，“我知道这只是道听途说，你或许认为这是吹毛求疵……”

367 “拜托，不会是药剂师的事情吧，”我打断了她，“这就是你要说的吗？”

“有何不可？”她回答说，“我只是觉得非常惊讶，你在《华尔街日报》上为药剂师辩护。我想，这可不是雅尼斯！我惊讶地发现，你支持他们来垄断婴儿食品和化妆品——我知道这会带来问题，从我担任财政部长的时候起就知道。而且我为此进行过斗争。”

我知道国际货币基金组织在希腊药店问题上的执着。希腊药店基本上都是小型家族企业，受到一项法律的保护。这项法律只允许医学院毕业生开办药店，并禁止超市销售非处方药。但是，在所有可能需要解决的问题中，国际货币基金组织总裁面对一个濒临违约的欧洲国家，想要讨论的就是这个问题吗？我只好掐了掐自己以确定这是真的。

我解释说，药店对婴儿食品和化妆品的垄断销售已经成为过去，而且我反对的不是结束他们对某些其他商品的垄断，而是反对由一两个跨国连锁企业接管医药行业，使成千上万的药店业主成为无产者。

尽管仍有疑虑，但克里斯蒂娜暂且相信了我的话。接着，她指责我制定了我们的欠税分期偿还措施（这是我的人道主义危机法案的一部分，允许欠税者每月分期偿还哪怕是很少的税款，从而使 40% 的希腊公民回到税收体系中），这让她“感到震惊”：[11]

拉加德：我不敢相信，你竟然不对无力缴税者和刻意逃税者进行区分，就贸然对缴税方式进行这种重新安排。

瓦鲁法克斯：让我来解释一下富有违约者的做法。当他们被起诉时，他们反而把税务局告上法庭，然后法院听证会将在 2022 年举行。在此期间，我们不能动他们。所以，我们正在做的是，给他们一个机会，让他们开始一点一点地还款，同时安排庭外和解程序。这样一来，我们在关键时刻可以采取强制行动，没收策略性违约者的可用资金。

拉加德：那很好。

瓦鲁法克斯：但我被告知，我们采取的是单边行动，（被）命令收回。与此同时，我们有 360 万人欠政府的税款不到 3000 欧元，而且他们无力偿还——他们渴望通过一点一点地偿还少量税款，重新成为正规经济的一部分…… 368

拉加德：但你可以核实他们的财力……

瓦鲁法克斯：我们的税务部门不具备在短时间内核实三四百万人财力的资源。因此，我们计划做的是，把他们纳入分期还款方案（开始还款），然后追查其中的策略性违约者。

现在轮到我告诉克里斯蒂娜我认为哪些改革真正重要了。这些改革甚至没有出现在她的关注范围内，而且正如我即将对她解释的那样，她对这些改革一无所知的事实与我们政府面临的流动性危机密切相关。所有这一切都与希腊腐败的银行家有关。“我想你肯定不知道这些事，但当‘三驾马车’与我们的腐败银行家勾肩搭背，而将目标对准药剂师和养老金领取者时，‘改革’就变成了一个肮脏的词。更糟糕的是，当欧洲央行与相同的银行家合作，拒绝向人民刚刚选出的政府提供流动性，以迫使我们同意对极低的养老金进行削减时，全国人民都反对欧洲央行、你、当权的每一个人。”

克里斯蒂娜似乎听得入迷。我接着向她介绍了希腊银行家（想想阿里斯和佐尔巴之流）耍的把戏，以使他们继续控制自己已经破产的银行。所有这一切都得到了主导希腊金融稳定基金的欧元集团工作组的积极支持，希腊金融稳定基金提供的资金让银行得以继续运营，银行家逍遥法外。当我说这番话的时候，波尔看上去像是一个要中风的人。但我要说的还有更多。我解释说，银行家随后利用欧洲央行提供的流动性和债权人调拨给他们的资金——这自然会增加最弱势的纳税者的负担——资助媒体机构，为那些已被银行家控制的政客大肆进行宣传。这就是“罪恶三角”。

“当欧洲央行与腐败，以及积极破坏民主制度的腐败银行家同床共枕时，我们认为这是敌对行为。”我说，“我不是在告诉你，马里奥知
369 道这件事。但我想说的是，法兰克福肯定有人知道。你派到雅典的人很聪明，肯定已经发现了，尽管我毫不怀疑他们对你隐瞒了这件事。

当我们的人民看到，同一伙人在‘三驾马车’的帮助和教唆下，仍然控制着破产的银行和破产的媒体，而为救助银行和媒体借入的新债所产生的利息却由小人物来承担，你就不能指望他们认真对待你们。如果我们按照你们的吩咐做，他们也不会认真对待我们。

“我们不能再这样下去了，克里斯蒂娜。这对我们来说非常艰难。我们希望谈谈改革。但在这种战争状态下，鉴于沃尔夫冈·朔伊布勒告诉我，‘我不会和你谈’，我正在发出警告：这不是我们与之缔约的那个欧洲。我们是欧洲一体化的坚定支持者。我们希望让希腊留在欧元区。我认为，如果欧洲当局能够表明，欧洲不仅可以与其附属的建制派政党打交道，也可以与有着不同——在你们看来很奇怪——世界观的亲欧洲政党打交道，这将是一件再好不过的事情。而且向希腊人民表明，他们可以成为这一进程的一部分。哎，希腊人民目前所看到的只有你们的官员与我们的寡头结成的‘罪恶三角’同流合污：破产的银行、起坏作用的电视台、腐败的采购……”

克里斯蒂娜似乎颇感忧虑，我认为她是真心的。

拉加德：但你为什么不去抓他们，如果你有证据证明他们……

瓦鲁法克斯：他们目前控制着局面。媒体是他们的代理人。司法机构效率低下，在某些情况下存在腐败。当然，我们会去抓他们，即便这意味着跌倒。但这就是我们需要喘息空间的原因……电视台痛斥我们抵制“三驾马车”，使国家陷入触礁的境地，同时批评我来这里与你们谈判削减养老金的事宜。我们终将占据上风，因为我们与人民关系融洽，还因为我们设法在大多数希腊人和电视台之间制造了脱节——他们不再受电视台影响了。

我不知道这会持续多久。我们需要的是一小段平静期。我们要求的是 90 天……

370 拉加德：你可以创造时机……

瓦鲁法克斯：我希望如此。

拉加德：为了证明你有这么做的意愿，我们也会尽力配合。与你合作。

接着，波尔特别指出，克里斯蒂娜和他是用一个声音说话，我刚刚目睹的某些事情是不真实的。“你从我这里，或从我们驻雅典代表团那里听到的任何消息，”他声称，“你都大可放心，国际货币基金组织的每一个人都用一个声音说话。”

对此，我无法表示反对，于是说：“是的，我知道，你们就像天主教会！”

克里斯蒂娜好脾气地接受了这个玩笑，坚称国际货币基金组织是一个更好的机构。

这时，天已经黑了。当我们快要结束时，克里斯蒂娜很想知道，我现在会不会去媒体宣布我们即将违约。而我也很想让她承诺将做点什么，以缓解“财政水刑”。我们理解对方，但我们不得不以最后一轮角力结束今天的会谈，尽管这轮角力是以极其礼貌的方式进行的。

拉加德：对希腊而言，违约糟糕至极。

瓦鲁法克斯：当然，但这对国际货币基金组织和欧洲也是糟糕至极。

拉加德：是的，是的。

瓦鲁法克斯：对你，对国际货币基金组织违约，将触发交叉违约，然后马里奥会拒绝提供紧急流动性援助，结果就是导致银行挤兑。

拉加德：那么资本管制……

瓦鲁法克斯：我们不会接受资本管制，克里斯蒂娜。这是一个政治决定。当然，这是一场噩梦。好在我们晚上不睡觉。但我们不能接受在货币联盟中实行资本管制。我们正做我们应该做的准备。

拉加德：这将给希腊带来可怕的后果。想想通货膨胀吧。

瓦鲁克基斯：为什么？你认为实行资本管制，把希腊变成一个无法获得任何流动性的受保护国会更好吗？

我们已经说完了所有要说的话，但当我们起身准备离开时，克里 371
蒂斯娜要我留下，私下和我说会儿话。她说，当她了解到我所说的“罪恶三角”，特别是关于我们银行家的事情时，她感到“骇人听闻”。“我是律师，我很想了解……我知道这是极其敏感的事情，但我很想了解正在发生的事情。”我与她分享了我的银行清理计划。根据这一计划，我当天的同伴塔基斯将出任希腊金融稳定基金主席，并派新的首席执行官去掌管关键的银行。[12] 她点点头，即使不是表示同意，至少也是为了表明她清楚地了解我要做什么和我提出了什么。然后，她低声说：“我会和马里奥谈谈。我不能保证结果。”鉴于我目前的处境，这是我能得到的最好结果。

似乎是为了给我一些安慰，克里斯蒂娜的临别礼物是承诺“挖掘”一些希腊人的背景和活动（这些人或许会危及我的工作），并向我通报他们的情况。尽管她从未向我通报过，我也从未指望过她会这么做，但重要的是她有这个想法。

“再次感谢你牺牲了复活节的周日。”这是我离开时的最后一句话。

本章注释

1. 克里特岛战役于 1941 年 5 月 20 日打响。当希特勒下令发动历史上第一次大规模空降入侵以夺取该岛时，希腊大陆已经落入纳粹之手。克里特岛由希腊军队、英国军队以及至今在克里特岛和澳大利亚仍被称为澳新军团（ANZAC）的部队保卫，但包括老幼妇孺在内的平民也拿起农具和炊具与德国侵略者进行了殊死搏斗。1941 年 6 月 1 日，该岛被攻占，许多平民被占领者处决。时至今日，克里特岛人依然因为他们的不屈而昂首阔步。
2. 他的观点是正确的。希腊的第一轮和第二轮纾困贷款协议规定，如果希腊对三个债权人中的一方违约，其余两方可以认为这是宣布希腊也对他们违约的理由。
3. 我在写给克里斯蒂娜·拉加德的这封信中的关键论点是：“将希腊当局和各家机构捆绑在一起的契约安排意味着……尽管我们正在就贷款协议的条件进行重新谈判，但各方不能称其为违约事件，应适用暂停还款的规定。在这种背景下，为了让 4 月 24 日的欧元集团会议在没有‘事件’的情况下获得一段‘平静期’，我们的建议是，希腊要么在该日期之前暂停对国际货币基金组织还款，要么欧洲央行（在 4 月 8 日之前）取消限制措施（即恢复豁免权，以及 / 或者结束将希腊银行持有短期国债数额限制在极低水平的做法）。”

4. 2015年，天主教/新教的复活节在4月5日，而希腊东正教的复活节在一周后的4月12日。〔耶稣受难日也即复活节（每年过春分月圆后第一个星期日，即3月21日至4月25日之间）前的那个周五。——编者注〕
5. 20世纪80年代，鲁迈利奥蒂斯作为泛希腊社会主义运动官员和政府部长而声名鹊起。2010年，尽管鲁迈利奥蒂斯有着泛希腊社会主义运动背景，但他很快就站出来，对第一轮纾困提出了严厉的批评。他的勇敢立场得到了亚历克西斯和激进左翼联盟内部其他人的注意和赞赏。4月5日，在我的华盛顿之行期间，我任命鲁迈利奥蒂斯担任希腊金融稳定基金董事会主席（在德拉加萨基斯的鼓励下）一事正在走流程——这项任命最终被“三驾马车”通过托马斯·维泽尔阻挠。〔最后，鲁迈利奥蒂斯被任命为雅典埃莱夫塞里奥斯·韦尼泽洛斯机场（Athens Eleftherios Venizelos Airport）董事长。〕鉴于他对国际货币基金组织的了解，我很高兴得到他的陪同，特别是鉴于我们时任驻国际货币基金组织代表是由上届政府任命的，后者的行为处事就好像他是为国际货币基金组织工作一样，而不是作为我们的代表在国际货币基金组织内部宣传希腊的情况。
6. 从我们当选之日起，到2015年4月的那一天，我们偿还给国际货币基金组织的款项占同期经过季节调整后国民收入的6%。此外，向国际货币基金组织还款的这一高峰还恰逢当年国民收入和税收最少的时期——比平均水平低大约0.86%，原因是圣诞节过后销售额下降，且旅游收入低迷。再加上我们从萨马拉斯政府继承的财政缺口（相当于国民收入的4.9%），我们总共需要拿出11.76%的国民收入。最后，鉴于欧洲央行的流动性紧缩，迫使我们更多地动用国家储备，我们为了还钱给国际货币基金组织而不得不掠夺的国民收入份额攀升至14.21%。

对于一个遭遇人道主义危机、同时被货币市场拒之门外的政府而言，从人民身上大肆搜刮现金，只是为了还钱给单个债主的想法是不可忍受的。我对克里斯蒂娜说，我们之所以这么做，是为了表明我们致力于履行我们的义务，具有谈判的诚意。“但我们不能继续这么做了，因为欧洲央行正在榨干我们的钱，而且布鲁塞尔和柏林全都拒绝就事关我们生死存亡的问题进行谈判——比如债务重组。”最后这一点旨在触动国际货币基金组织的痛处，特别是考虑到波尔·汤姆森2月初在巴黎向我坦白了这一点。

7. 我的准确措辞是：“鉴于希腊贷款协议所规定的拨款已经停止，但与此同时，根据2月20日的欧元集团协议，我们正在就这份贷款协议的条件进行重新谈判，因此根据英美法，我们似乎有理由暂停偿还我们的欠款，而且不能被称为信用事件。在此基础上，我已得到授权提出如下要求，要么欧洲央行履行职责，要么我们必须讨论在欧元集团达成最终协议之前推迟4月还款的可能性。”
8. 她还说了一些被历史证明是错误的话：在希腊被宣布违约之前，任何欠款的推迟偿还都不能超过30天。当6月我们确实对国际货币基金组织的一笔欠款出现违约时，国际货币基金组织董事会单方面将这笔欠款与未来的欠款捆绑在一起，因此推迟了近一个月才宣布希腊违约。参见第十五章的《毁灭倒计时》一节。
9. 参见第七章的《带来希望的联系人之二：“三驾马车”的代表》一节。
10. 针对这笔证券市场计划债券利润，拉加德提出了一个绝妙但令人伤心的观点：我从未收到这笔钱不是德拉吉的错。是沃尔夫冈的错，这就是原因所在。欧洲央行从所有债券交易中获得的利润按照各国的GDP占比分配给各国央行。作为欧元区最富有的国家（经济规模“最大”

的国家），德国央行分得了最多的一笔。然后，各国央行将这笔钱汇给各国财政部，供他们任意使用。就欧洲央行根据证券市场计划所购买的希腊债券的利润而言，欧元集团已经同意将这笔钱返还给雅典，但朔伊布勒和其他财长已经在2014年瓜分了这笔钱。实际上，他们已经把它花掉了。这意味着将这笔钱还给我们实际上是不可能的，因为这需要他们从本国2015年的税收中拿出这笔钱，而这是朔伊布勒迫切想要避免的。

11. 参见第十一章注释10。

12. 我是这样介绍我的银行清理计划的。"我们最不希望让我们的合作伙伴认为，我们的左翼政府正在抢夺银行。与此同时，我们也不会允许银行家肆意妄为。我希望任命塔基斯出任希腊金融稳定基金主席。我与希腊金融稳定基金的首席执行官保持着良好的关系，尽管她与前政府关系密切，而且是由前政府任命的。我认为有了她和塔基斯，我们可以做好清理银行的工作。与此同时，我们应当让来自北欧的声誉良好的资深银行家出任银行的新首席执行官（反正我们是大股东）。这与塞浦路斯银行（Bank of Cyprus）的做法类似，他们邀请阿克曼〔指瑞士银行家约瑟夫·阿克曼（Josef Ackermann），2014—2019年在塞浦路斯银行任职。——编者注〕出任行长。这是前进的唯一途径。我不是在征求你的意见，我只是在与你分享我的想法。我想不出任何其他的解决方案——才能终结希腊政府和寡头政治之间的旋转门综合征。我们党与希腊银行界没有任何关系，因此我们处于有利地位，能够通过从外界引入德高望重的银行家，以粉碎这个类似黑手党的集团。我考虑过英国人，但后来我得出结论，德国人或许更好，可以借此向柏林表明我们解决问题的决心。"

第十四章　最残酷的月份

372 第二天，我飞回希腊，得知我将在一周后返回华盛顿，争取把奥巴马总统拉到我们这边。[1] 换作一周前，我会对这一前景兴奋不已。只可惜，随着我对同志们的信任已被消磨殆尽，任何事情都难再让我兴奋起来。

因此，一想到要去马克西莫斯官邸向亚历克西斯汇报情况，我再也感受不到以前每次回国时感受到的那种兴奋。我在脑海中能够想象出来，他会同意我说的每一句话，但什么也不做。然而，我必须要告诉他的事情是如此之多，如此之重要，如此之紧迫，因此我觉得我有必要以一份全面政策建议书的形式进行书面汇报，以恢复我们对自己命运的掌控。当我走下飞机时，这份文件几近完成。我将其称为“N+1计划”：“N”指的是需要大量改革，但其数量是灵活的；“1”指的是债务重组，这是其他一切事情的前提。

当我见到亚历克西斯时，我对他直言相告。“时间已经不多了。我们距离去里加（下一场欧元集团会议将于 4 月 24 日在里加举行）还有两周时间。我的华盛顿之行至关重要。我们要么采取主动，提出我们自己的全面政策方案，”说着我递上我的汇报文件，“要么我们就碰上大麻烦了。”亚历克西斯目光呆滞地扫了一眼文件，文件中包括未来两周的每日行动计划。[2] 很明显，他要么是不愿意，要么就是无法参与其中。

我有些难过，但并不为此担心。我回到财政部，与我的团队共同研究我们最新的债务可持续性分析和债务置换方案。经过四天的不懈努力，改进后的“N+1 计划”准备在 4 月 14 日——也就是我飞回华盛顿的前一天——召开的内阁会议上提交给内阁。在这场会议上，我警告其他部长，我们的时间不多了，摆在他们面前的“N+1 计划”是我们最后的机会。 373

> 如果我们不想投降，我们必须告诉债权人，从现在开始，这个计划是我们讨论的唯一基础。为了支持这一要求，我们必须做出两个承诺：第一，告诉德拉吉，如果他实施资本管制，我们将单方面给他的证券市场计划债券“剃头”，并启动我们的平行支付系统；第二，告诉默克尔，如果她屈服于朔伊布勒的计划，同意把我们赶出欧元区，那么我们不会对她摇尾乞怜，也不会让她给我们什么我们就签什么——我们将不情愿地拾起我们的 X 计划，就在我说这番话的时候，该计划即将完成。除了这项战略之外，唯一的选项就是投降。

第二天我飞回了华盛顿。或许最能说明我们政府的纪律已彻底崩溃的迹象是，胡利亚拉基斯给我打电话，说他宁愿去布鲁塞尔与托马斯·维泽尔那伙人共度时光。我坚持认为，作为我的经济顾问委员会主席，他应当与我同行，尤其是为了出席正在举行的国际货币基金组织春季会议。他坚持要去布鲁塞尔。我放弃了。这是一场毫无希望的政变。此外，如果我能在华盛顿挽回任何东西，那将恰恰是因为他们不在场，而不是因为他们在场。

我在华盛顿的第一天极其充实。我首先对美国工会的心脏——美国劳工联合会和产业工会联合会的办公室——进行了一次愉快的访问。劳工联合会和产业工会联合会主席里奇·特拉姆卡告诉我，我们的成功将增强劳工在民主党内的话语权。该组织政策主管戴蒙·西尔弗斯则提出了一些明智的建议，作为对我的鼓励："在他们意识到他们无法收买你，吓唬你，或威胁你之前，他们会一直抱怨你不通情达理。然后，他们就会进行真正的谈判，通常是在深夜。"里奇把他办公桌上的一块牌子指给我看，上面写着："通情达理的人永远一事无成。"

接下来，我会见了一群友好的记者，向他们发布了一条令人沮丧的信息：希腊政府正在输掉这场宣传战。"三驾马车"投入了令人难以置信的资源抹黑我们的形象，特别是我的形象，因此我们需要一家专
374 业的游说和公关公司在布鲁塞尔为我们工作。但我就算在雅典也没有一个像样的新闻办公室。当我前往国际货币基金组织大楼参加下一场会晤时（与克里斯蒂娜·拉加德和波尔·汤姆森见面），我在心里对自己说。

在克里斯蒂娜的办公室，当她抱怨我们这边没有按照我们一周前商定的速度采取行动时，我十分尴尬。她是对的，但我怎么能承认我

对马克西莫斯官邸的瘫痪状态怒不可遏呢？这是一次短暂的会议，但她在此期间传达出一条重要的信息：与柏林和其他地方的许多人不同，她同意我的看法，即欧洲无法顺利应对希腊退欧。她已经和德拉吉谈过这一点，还有我们的流动性问题。然而，她再一次恳求我们，不论我们正在做什么，都得加快速度。我只希望这是由我说的算。

我的下一站是久负盛名的布鲁金斯学会，在那里我就希腊危机的成因和我对结束危机的建议发表了高姿态的演讲。碰巧在两小时前，沃尔夫冈·朔伊布勒也在那里发表了自己的政策演讲。活动结束后，我的东道主大胆地将两场演讲进行了对比：他们告诉我，我对经济的分析站得住脚，而且包含了切实的建议，而沃尔夫冈的演讲在长达一个小时的时间里全是否定的内容，没有对如何调整欧洲提出任何想法。或许，作为友好的东道主，他们有些夸大其词，但他们明确表示，他们对沃尔夫冈态度严厉，公开表示不赞同他的观点。

“总统先生，我们的情况不是这样！”

从布鲁金斯学会出来，我的陪同人员提醒我赶往白宫，在那里我将有机会与奥巴马总统进行简短的交谈。那一天，即 4 月 15 日，奥巴马邀请希腊裔美国人社区成员在白宫庆祝希腊国庆节（3 月 25 日），虽然为时已晚。有人告诉我，如果我去参加这场招待会，总统可能会与我私下谈几句。

“希腊财政部长就在我们中间，”总统在招待会上发表欢迎辞时说，“我或许可以走过去，跟他借点儿钱。”尽管这是一个并不好笑的笑话，而且当时的环境也不是很理想，但当我们两人站在其他宾客中间时，我们进行的简短交流却比我在清静的房间里与官员进行的许多交流更 375

具实质性。

奥巴马：我一点儿也不羡慕你。你在严峻的环境下承担着一项艰巨的任务。我们将尽力以我们力所能及的最佳方式进行协助。

瓦鲁法克斯：谢谢你，总统先生。在我们当选后，从你第一次发表声明表示支持我们开始，对我们的人民和我们而言，你就是一股清风。

奥巴马：我知道当选后就接手一场重大的危机意味着什么。我在2009年就不得不应对这种局面。

瓦鲁法克斯：我们都记得，这是自1929年以来最严重的危机。然而，总统先生，主要的不同之处在于，你每走一步都有中央银行做后盾。我们每走一步都有中央银行在背后捅刀——因为我们正试图做与你在2009年所做的类似的事情！

奥巴马：我明白。但你必须知道，我当时被迫做了对我来说非常艰难的事情，我不想做的事情，相当于政治毒药的事情。为了拯救华尔街，我不得不违背我的政策，与制造了这个问题的那些人合作。

瓦鲁法克斯：我们对此深表理解，总统先生。相信我，我们甚至也准备好与那些造成我们危机的人合作，并承担这么做的政治代价。只要资产负债表是有盈余的，只要收益大于损失。我相信你肯定知道，无法偿还的债务加上紧缩措施已经造成一场人道主义危机。

奥巴马：我知道，我知道。紧缩真是烂透了。但你与各家机构打交道时必须妥协，这样才能锁定协议。

瓦鲁法克斯：总统先生，我们准备妥协，妥协，再妥协一些，但我们并不准备以妥协告终。

说到这里，奥巴马笑了，他同情地把右手放在我的左臂上。他的陪同人员试图引起他的注意，暗示他要赶不上下一场会晤了。他与我握手，准备离开。但随后他改变了主意，转身回来了——令一名保镖 376
几乎掩饰不住他的恼火。

奥巴马：我们将帮助你们，持续对欧洲人施压。但你必须与他们相向而行。

瓦鲁法克斯：不只是相向而行，总统先生。我们已经朝着他们的方向走完了五分之四的路，但他们一步未动。

奥巴马：你别无选择，只能继续努力。我们会帮忙的。

瓦鲁法克斯：我希望这也适用于贵国财政部。我必须告诉你，我们感到失望的是，杰克·卢在这件事情上并没有遵从奥巴马路线。在他的官方声明中，他指责是我们这边缺乏进展。

奥巴马：（笑）你知道这是怎么回事。财长比他们的领导人更保守。

瓦鲁法克斯：（几乎在笑）总统先生，我们的情况不是这样！……不过，如果你的财政部能够与你更加步调一致，我们将不胜感激。

又一次热情的握手，又一次友好的微笑，然后他走了。

我也必须要走了。在附近大名鼎鼎的宇宙娱乐部，大约 15 名希腊裔美国政界人士与我共进晚餐。杰米·加尔布雷斯和菲尔·安热利代斯组织了这次活动，后者曾任加州财务长，目前是金融危机调查委员会主席（该委员会奉奥巴马总统之命对2008年的华尔街崩盘进行了调查）。[3]我用了不到一个小时的时间向他们解释我的政策目标和做法，消除了媒体一直在向他们灌输的歪曲意见，从而赢得了他们的支持。他们是如此热情，以至于在我们散场之前，他们组成了一个五人委员会，负责在国会协调对我们政府的支持。[4]

我离开时已经很晚了，但漫长的一天远未结束。一通电话召唤我去国际货币基金组织办公室进行简短讨论，以便为第二天的会议铺平道路。从国际货币基金组织出来后，我独自一人走到酒店的酒吧，在那里与拉里·萨默斯小酌了一杯，与他进行了本书开头的那段富有启发性的长篇对话。

意料之外的美国朋友

377 工会干部和希腊裔美国政界人士向来支持我，但要想恢复我已被消耗殆尽的精力，我需要两个美国人的帮助。不过，几乎没有人认为他们是希腊的朋友。一个是功成名就的华盛顿破产律师李·布赫海特，另一个是国际货币基金组织二号人物戴维·利普顿。第二天，在与更有名的其他一些人进行的无数次不具实际意义的会晤间隙，我见到了这两人。

在杰米·加尔布雷斯的陪同下，我前往李的律所办公室拜访他。我是匿名去的，因为对寻求债务重组的财长而言，李·布赫海特被誉为他们的“仙女教母”。如果媒体得知我们会面的消息，将把这描绘成在债务问题上单方面背信的举动。就算这是我们应该做的，但现在还不是登上新闻头条的时候。杰米和我步行赴约，从侧门进去。一路上，我把马里奥·德拉吉刚刚在长达一小时的谈话中告诉我的事情告诉了杰米。马里奥煞费苦心地想要使我相信，他没有参与任何试图推翻激进左翼联盟政府的阴谋，但他的“手被捆住了”。我相信他。尽管他宣称独立，但没有哪位西方的央行行长比欧洲央行行长更加受到隐秘的政治阴谋的影响。“我刚才从马里奥那里得知了一件有意思的事情，”我对杰米说，“就是他建议我应该寻求与国际货币基金组织达成协议。他认同债务减免的重要性。因此，只有与国际货币基金组织达成协议并保持密切的工作关系才能帮助希腊。”

李·布赫海特是一个极其聪明、风度翩翩的人物，仿佛来自过去的时代。在谈及现状之前，他希望澄清他过去与希腊政府的关系。在他看来，希腊政府对他才能的使用方式浪费了将希腊从债主监牢中解放出来的一个绝佳机会。[5] 他毫不客气地指出：我们的这次会面使他看到了一个救赎的机会。至于现状，在他看来是严峻的。“他们决心用威胁吓倒你，而他们的威胁很可能是空洞的。”他的建议尖锐而明确：我们需要向安格拉·默克尔发出信号，表明我们不会被希腊退欧的威胁吓倒。这是我们在欧元区内获得一份体面协议的唯一机会。这与我的观点一模一样。

李提出了两个实际的举措。首先，在未来一周内，亚历克西斯应 378
该在他们发出退欧威胁之前先发制人，告诉安格拉·默克尔：各家机构正在拖延时间，以至于意外似乎愈发在所难免，作为负责任的领导人，他们需要为此做好准备。接着，亚历克西斯应该建议默克尔向希腊的一个岛屿派遣三四名能力和魄力都受到她信任的技术人员。在那里，他们可与我们的技术人员团队一起工作，在安静、专业、远离媒体的环境中防范意外的发生。他们应该仅向默克尔和亚历克西斯汇报。为了防止走漏任何消息，也为了具有象征意义，李建议派一名特使前往柏林传达这一信息，向德国总理大声做口头陈述，不留下任何纸面上的东西。我们很快就会知道，默克尔是否准备支持沃尔夫冈推动希腊退欧，或者她是否会介入，向我们提供我们赖以维持生存的最低限度的债务重组。

李的第二个建议涉及希腊央行和我们的黄金储备。

> 要确保希腊黄金的所有权不属于希腊央行，应转给希腊政府。因为如果与欧洲央行发生冲突，马里奥·德拉吉将试图没收你们的黄金和希腊央行的所有资产，以冲抵希腊央行在欧洲央行体系中的负债。如果你们不得不启用一种新货币，那就成立一家新的央行来做这件事，让现有的央行倒闭，这样法兰克福对其享有的所有债权就会随之消失。[6]

听了李的建议，我感觉晕头转向，接着前往美国财政部拜访杰克·卢。出于我此前对奥巴马总统解释的一些原因，我预计这次讨论基本上不会出现什么有益的结果。果然不出所料，他对我施压，迫使我向柏林屈服，并明确表示，就算我的分析是正确的，美国也认为希腊处于柏林的经济势力范围内。在这次乏味的会面中，我唯一得到的积极结果就是他和拉加德一样，也承认“那些欧洲人”错了，错以为他们可以应对希腊退欧。[7]

然后，我前往国际货币基金组织参加了一场漫长且同样乏味的会议。世界各国财长和他们的陪同人员齐聚一堂，一个接一个地发表毫无意义的演讲。会议结束后，我遇到了杰夫·萨克斯，他带来了坏消息。沃尔夫冈已成功争取到华盛顿绝大多数建制派的支持，联合他们一起反对我们，他对我说。杰夫尤其担心戴维·利普顿对我们怀有敌意。“你今晚一定要见他。”他坚持说。杰夫判断，鉴于利普顿是国际货币基金组织与白宫之间的纽带，只有与他结盟，才能让马里奥·德拉吉加入进来，最终说服观望中的安格拉·默克尔站到我们这边，而不是朔伊布勒那边。“我已经安排你今晚在戴维的办公室与他见面。” 379

那天晚上，在埃莱娜·帕纳里蒂斯的陪同下，我又一次前往国际货币基金组织，这次是与利普顿会面。帕纳里蒂斯在华盛顿工作时就认识他。利普顿身材魁梧，脾气暴躁，他并没有试图掩饰杰夫曾提醒我的他对我们的敌意。我展现出极度的理性，直到一小时后利普顿的态度才开始好转。然后他提到了他与杰夫·萨克斯的对话，告诉我他原来是杰夫的学生，杰夫在他面前为我说好话给他留下了相当深刻的影响。然而，尽管气氛转暖，但我们的对话依然停滞不前：利普顿不厌其烦地重复着国际货币基金组织的标准立场，即他们需要在《谅解备忘录》的基础上进行全面评估，而我也不厌其烦地重复着为什么这么做必然会导致一场本不必要的意外。突然，利普顿令我大吃一惊。他停止念他的咒语，看着我，仿佛灵光乍现一样，说：“除非……”然后是长时间的停顿。

“除非？”我问。

“除非你采用波兰的战略。”他意味深长地说。

我不知道他说这话是心血来潮，还是早有准备。这不重要。这是一个重大突破。正如他解释的那样，波兰的战略很简单。20 世纪 90 年代，波兰背负着过去时代的巨额债务，当国际货币基金组织受邀在波兰实行紧缩、改革和债务重组计划时，华沙政府曾拒绝接受基于《谅解备忘录》的国际货币基金组织方案。他说：“就像你现在拒绝的一样。”波兰人所做的是制订自己的计划，涵盖债务、财政政策和改革问题，然后提交给国际货币基金组织，作为谈判的基础。“据我所知，让国际货币基金组织被迫放弃自身方案，接受政府方案作为谈判基础的只有这一次。”利普顿瞅了一眼天花板，问道，“你为何不试试‘波兰战略’呢？毕竟是杰夫帮他们制订的方案。”

坚持用一份我们至少参与起草的新契约取代《谅解备忘录》（就像
380 我在 2 月 20 日所做的那样）是一回事；但由国际货币基金组织的美国代表、克里斯蒂娜·拉加德的副手、杰夫原来的学生告诉我，我们不仅应该从零开始制订我们自己的计划，这么做在波兰还有过被国际货币基金组织接受的先例，则是完全不同的另一回事。这是自 2 月 20 日以来我取得的最令人欢欣鼓舞的突破。再加上李·布赫海特的建议，我们的制胜战略似乎已经有了基础。“这是我得到过的最好建议，戴维。”我在出门时一边握手一边对他说。“在我们说话时，杰夫正在我的酒店等我。”我接着说，“我们要立刻投入工作了。”利普顿祝我好运，露出了我们见面后的第一次微笑。

回到酒店酒吧，我见到了杰夫。我们拥抱了一下，我把利普顿的建议告诉了他。杰夫很高兴，准备停下手头上的一切事情，与我共同制定我们自己的“波兰战略”，但他提醒我：“你仍必须做好冲突的准备。我恳请你让你们的总理加入进来，允许你为银行关门做准备，因为他们会试图恐吓你。即使你设法与利普顿和德拉吉结成联盟，朔伊布勒也控制着欧元集团，决心在银行关门的情况下逼你谈判。”

这正是我一直在思考的：要想利用戴维·利普顿的建议，我们必须将其与李·布赫海特的建议结合起来。我们必须双管齐下：为希腊制订我们自己的全面反《谅解备忘录》计划，同时说服亚历克西斯派特使前往柏林，传达李为我们写好的信息。这是唯一的出路。然而，我在马克西莫斯官邸的那些身心俱疲的同志会支持这么做吗？

“三驾马车”去巴黎

接下来的一天，4 月 16 日，我们一整天都在国际货币基金组织开会。在上午的全体会议中，我感觉自己就像一名士兵：长时间的无聊，偶尔会有突然间的躁动。在会议的大部分时间里，我坐在欧洲央行二把手伯努瓦·克雷旁边。听着没完没了的冗长演讲，我们两个像淘气的小学生一样聊天。伯努瓦一直是友好的，一直渴望把自己描绘成我们在欧洲央行的朋友，但他明显的担忧掩盖不住他语气里隐含的威胁。
在我们的交谈中，他说：“我们现在必须为发生意外做好准备。”他建 381
议我要求实行资本管制。

“你指的是欧洲央行自去年 12 月以来一直在努力制造的‘意外’吗？”我挖苦地问。

他并不感觉难为情：“如果出现银行挤兑，而且欧洲央行不增加紧急流动性援助，那么在谈判继续进行期间，我们可能不得不关闭银行。”

我告诉他，指望我们要求资本管制，与他们一起勒索我们自己是不合情理的，而且这么做从根本上违反了货币联盟的原则。就在这时，法国财政部米歇尔·萨潘走过来问我，是否知道“布鲁塞尔集团”以及我们与各家机构之间谈判的消息。我与他进行了简短的交谈，然后米歇尔回到自己的座位上，那是在大厅的另一侧，紧挨着沃尔夫冈·朔伊布勒。伯努瓦和我继续小声交谈，突然我听到有人喊叫。伯努瓦看上去很担心。

“发生了什么事？”我问他。当我专注于我与伯努瓦的讨论时，我丝毫没有注意到我身后正在上演的闹剧。

“米歇尔冲沃尔夫冈大喊。”他回答说。

“为什么？”我只注意到有人大声说话，而面对我的伯努瓦目睹了一切，或许也确实听到了究竟说了什么。

“因为沃尔夫冈说，他想让‘三驾马车’去巴黎。”伯努瓦苦笑着说。

真相已然大白。在雅典出生和长大的“三驾马车”现在将奔赴巴黎，因为它的最终使命是控制法国的国家预算。强加给希腊的严厉而失败的政策与我们的国家无关。在米歇尔朝沃尔夫冈喊叫的那一刻，伯努瓦向我发出的关闭希腊银行的威胁与我们的银行无关。这是沃尔夫冈向巴黎发出的信号：如果法国想要欧元，就必须放弃对本国预算赤字的主权。所有这一切的背后都有一个逻辑——一个或许是扭曲的逻辑，一种最终可能不可逆转地损害欧盟的逻辑，但其背后始终都有一个逻辑。不过，有一件事情仍然令人费解：在迫使我们屈服的过程中，米歇尔和伯努瓦的相互勾结也导致了法国政府的屈服。

在回雅典的路上，我在华盛顿机场碰见了另一个法国人皮埃尔·莫斯科维奇。在登上各自的飞机之前，我们俩有半个小时的空闲
382 时间，于是我们攀谈起来。“德国是一个问题，不仅仅是你的问题。”他表示。但他补充说，我们与债权人之间仍有可能达成协议，“尽管有朔伊布勒”。我反驳说，我从国际货币基金组织和美国政府那里得到的消息是，只有在华盛顿、欧洲央行和欧盟委员会一致同意的情况下，

协议才有可能达成。他表示赞同。我提到了我与伯努瓦的交谈，以及在谈判期间关闭银行的威胁。

“这种漫不经心的谈话在雅典很容易被解读为事关生死存亡的威胁。”我告诉皮埃尔。

“别担心，”欧盟委员莫斯科维奇回应道，“伯努瓦容易感到焦虑。作为一名央行行长，他觉得有必要为一切事情制订应急计划。我会就你的事情和他谈一谈。”

我们同意下周见面。我向他告别，心里并不相信他的保证。

回到雅典，伯努瓦给我打电话，继续进行我们之间被米歇尔与沃尔夫冈的争吵打断的谈话。可能是因为皮埃尔在这段时间给他打了电话，伯努瓦安心多了。然后，我指责他隐晦地威胁要关闭银行，提醒他关闭银行不是自然而然导致的，也不是因为某种意外，而是欧洲央行纯粹的政治决定的结果。

克雷：别这么说。银行可能会关闭，因为他们用完了符合条件的抵押品。

瓦鲁法克斯：这是不可能的。我作为财政部长，每隔一周，都会为银行出具的面值高达几百亿欧元但实际一文不值的借条提供担保，然后他们将这些借条拿给希腊央行用作抵押品。只有当你们欧洲央行的人禁止希腊央行接受我的担保时，他们才会用完符合条件的抵押品。而这是100%的政治决定，因为我们全都知道，希腊政府从来没有能力兑现这些担保。

克雷：你说的对，但作为央行行长，我必须为行长理事会三分之二的成员做出这样的决定做准备。[8]

383 瓦鲁法克斯：我明白这一点。只是要知道，如果发生这种情况，我们的政府不会束手待毙，坐等一些人为我们策划塞浦路斯式“解决方案”。我们不会退缩。取而代之的是，即使你们关闭我们的银行，我们也会创造我们自己的流动性，以欧元计价，基于以税收为后盾的电子借条。当然，如果你们迫使我们走上那条路，对国际货币基金组织和欧洲央行违约的道路，你们就是在迫使我们违背我们的意愿，走上万劫不复的道路。

克雷：谢谢你告诉我这一切。我很高兴知道这些。现在让我向你做出我自己的承诺。如果我感觉到事态正朝着那个方向发展，违背我们的意愿，我保证提前让你知道，这样你可以呼吁召开一次特别的欧洲理事会峰会，要求最高层做出政治决定。

瓦鲁法克斯：我很高兴你这么说，伯努瓦。这些事情超出了我们的职权范围。

他们的职权范围也管不着。决定权在亚历克西斯手中。

里加遇伏

两天。这就是我在雅典的所有时间，我说服亚历克西斯接受了我在华盛顿之行期间得出的战略（与戴维·利普顿提出的“波兰战略”类似的“希腊计划”，加上李·布赫海特建议的捎给默克尔的口信），然后我便飞往拉脱维亚的里加，参加4月24日的欧元集团会议。我确信这是终局的开始。我把我的建议落到了纸面上，小心翼翼地确保没有一份副本泄露到网上，而且亚历克西斯收到的是打印版，仅此一份，是我亲手交给他的。

我和亚历克西斯的会面与我担心的情况如出一辙。针对我们应当自行制订“希腊计划”的想法，他带着他那种熟悉的犹豫表情说：“他们将认为这是一个开战理由。”至于布赫海特的主意，他几乎不加考虑。他用了几秒钟的时间，飞速浏览了我的书面建议书，然后把它放在一边，说：“默克尔答应我她会介入的。我们现在不要惹她生气。”

“她给不了你任何东西，”我回答，“除非我们自行提出可靠的议程，并全力支持之，假如我们不先发制人的话。”

“现在不是时候。你明天去里加，寸步不让。别被吓倒了。在那里 384
坚守阵地就可以了。明晚我会再和默克尔谈一谈，在我们的层面达成协议。”

显然，默克尔的魔咒已经生效。我能做的只是希望亚历克西斯能以某种方式说服她去做一些她既不想做，也没有理由必须去做的事情。

4 月 24 日欧元集团会议的召开主要是作为庆祝拉脱维亚担任欧盟轮值主席国的一项活动。从理论上说，这会是一场相对不太正式的会议，预计全程不超过两小时。在我和尼古拉斯·提奥卡拉基斯飞抵里加的那一天，亚历克西斯联系我们，说了一些鼓励的话：“这将是一场轻松的欧元集团会议，基本上是仪式性的，不会涉及多少希腊问题。你们不论做什么都要冷静，对他们寸步不让。”亚历克西斯只须说几句精心构思的话，就能令我为之一振，他的这种能力丝毫没有减弱。尽管我极为忐忑，但在里加的地狱里，他的鼓励话语令我大为受用。

在我们抵达拉脱维亚首都的那一刻，我的秘书福蒂妮提醒我，我的团队被安排到一家与我下榻的酒店相当远的酒店，这使我们难以进行面对面的关键磋商——第一个不对劲的迹象出现了。我不愿屈服于阴谋论，决定将其解读为后勤上的失误。

第一天晚上，在一场无关紧要的盛大晚宴过后，我回到我住的酒店。无法放松心情的我把尼古拉斯从离我很远的酒店叫来，准备与他一起商量一下明天上午的欧元集团会议该怎么办。在尼古拉斯过来之前，我有半个小时的时间可以打发，于是我下楼，在大堂里等他。在那里，我看到了他们。

“三驾马车”的全体人员都在酒吧：波尔·汤姆森、伯努瓦·克雷、托马斯·维泽尔、杰伦·戴塞尔布卢姆、皮埃尔·莫斯科维奇，还有一些我想不起来的人。出于同僚间的礼貌，我决定和他们打个招呼。他们张口结舌，显然很不自在。为了化解尴尬的气氛，我开玩笑地问道：“那么，我们在这儿干吗呢？被我抓了个现行吗？”我的轻松口吻没有得到同样的回应；相反，我被告知他们正在开会，但稍后他们会欢迎我加入。我笑了笑，祝他们晚安，便走开了。

第二天上午，我和尼古拉斯走向欧元集团会议室。在我身后，我听到皮埃尔·莫斯科维奇热情地与我打招呼。于是我们边走边聊天。
385 “我为我们做到了这一点感到自豪。”他说，指的是“布鲁塞尔集团”，“只有这样才是正确的，谈判在布鲁塞尔举行，部长与部长对话，技术官员与技术官员对话。”“欧盟委员会部分恢复了其所失去的荣光。”我们进门时，我对他说。

房间里诡异地半空着。大家都去哪了？除了皮埃尔、尼古拉斯和我之外，只有杰伦·戴塞尔布卢姆、托马斯·维泽尔和其他四五个代表在场。沃尔夫冈·朔伊布勒、马里奥·德拉吉、波尔·汤姆森、米歇尔·萨潘和其他关键的部长全部缺席。会议开始时，我和尼古拉斯面面相觑，确信附近正在酝酿着一些必定令人不快的事情。第一项议程是一个不需要辩论的程序性问题。处理完这项议程后，杰伦说：“好的，各位同人，现在让我们进入第二项议程，希腊问题。”突然间，门打开了，沃尔夫冈、马里奥、波尔、米歇尔和其他失踪的部长鱼贯而入。

杰伦首先开火。在他的开场白中，他要求“三驾马车”返回雅典，以结束“布鲁塞尔集团”的“低效”。我看着皮埃尔。他会为他最近一直称赞的“布鲁塞尔集团”辩护吗？欧元集团主席似乎计划再次羞辱这位欧盟委员，迫使他食言，就好像他在 2 月的第二场欧元集团会议上所做的那样。[9] 皮埃尔果然食言了。“技术讨论和政治讨论，”皮埃尔在发言的最后一句承认，“必须相结合，并在同一地点同时进行。”为了防止任何人有任何疑问，波尔·汤姆森连忙澄清他所指的地点是雅典。

接着，波尔也上演了大变脸，就像要与皮埃尔一决高下一样。2 月 1 日，当我和波尔在巴黎初次见面时，他向我承认，希腊的债务是不可持续的，早在 2015 年之前就应该批准减免数百亿欧元的债务。现在，这个人却唱着大相径庭的曲调。波尔宣称，在激进左翼联盟政府当选之前，希腊的债务是可持续的；只有在我们上台后，希腊的债务才变得不可持续；如果不是我们的政府，现在既不需要债务减免，也不需要额外的资金。[10]

马里奥·德拉吉为下一轮打击做好了准备，他提出了自己的观点，即与此前的银行挤兑不同，希腊目前的挤兑并没有影响到欧元区其他国家。换句话说，希腊退欧只会伤害希腊人，而不是同样使用欧元的 386
其他国家。这是朔伊布勒的财政部长啦啦队以希腊退欧相威胁发起进攻的信号。针对汤姆森荒谬地指责我们的倒退和延误导致希腊再次出现赤字，斯洛伐克财长惊呼：“不可思议！”接着，他发表了一段讲话，最后一句是这么说的：“我们已经准备好帮助希腊。但如果希腊不需要帮助，或许是时候讨论一下后果了。”很快，沃尔夫冈·朔伊布勒就对斯洛伐克人的强硬言论表示支持：“我们朝着错误的方向走得太快了……（笑声。更多人惊呼：‘不可思议！不可思议！’）我无法想象我们如何才能得出解决方案。”挑明他的言外之意的任务落在了斯洛文尼亚财长的肩上：“我们无法说服对希腊风险敞口最大的斯洛文尼亚人付出更多努力帮助希腊摆脱困境了。因此，我认为我们应该谈谈 B 计划了……我知道我们不想谈 B 计划。包括斯洛文尼亚在内，我们想要解决这个问题。但我现在我看不到解决问题的希望。”

我开始了我的回答，冷静温和地解释了他们提出的每一个问题，纠正了每一个不准确的地方，然后谈到了关键的症结所在：“我们（甚至）不应提到 B 计划。即使只是提议进行这种讨论，也是极其反欧洲的。我亲爱的斯洛文尼亚同人应当知道，就算我们现在讨论这个问题，也并不符合该国民众的利益。我拒绝进行这种讨论。我们的政府打算不惜一切代价，以可持续的方式留在欧元区。”

此后，我每次开口发言都是为了提出建设性建议，以便尽快达成协议。每当我这样做，杰伦都表现得咄咄逼人，要求我同意让“三驾马车”返回雅典，同意只有在“三驾马车”首肯的情况下才进行立法，并默许“三驾马车”那种“要么全有要么全无”的立场。这意味着放弃我提出的基于三四项改革方案和一项可行的财政计划达成过渡协议的建议。我忠于亚历克西斯的指示，“寸步不让”，坚持自己的立场。

人身攻击

“三驾马车”在里加的伏击还伴随着一场精心策划的宣传战。在欧
387 元集团会议紧张召开期间，媒体错误地报道说，与会的其他部长对我

个人进行了指责。据彭博社报道："一名知晓会谈情况的人士透露，欧元区的多位财长说，瓦鲁法克斯对待会谈的态度不负责任，指责他是浪费时间的人、赌徒和外行。由于交谈是私下进行的，这名知情者不愿透露姓名。"[11] 在随后的新闻发布会上，杰伦被明确问到是否有人这么称呼我。欧元集团主席没有直接说不，通过不否认的方式提高了这些假消息的可信度。相反，他意味深长地微笑着回答说："这是一场非常关键的讨论，在房间里体现为极强的紧迫感。"

那天晚上，当我开完了自己的新闻发布会，结束了一天的公务后，我获悉各位财长邀请我前往附近的乡村参加一场非正式晚宴，那里距此有45分钟的车程。筋疲力尽的我决定不去了，想要准备第二天上午我将在经济与金融事务部长理事会会议上的发言。于是，我与尼古拉斯、福蒂妮以及另一名团队成员在里加市中心共进了晚餐，以便我们对明天的事情进行评估，提前做好计划。在与他们会合的路上，我在寒风中走过了整座城市，这足以让我重新振作精神，好在回去之后可以熬夜工作。

这是多么令人精力充沛的一段路！我走了大约半个小时，路边的古老建筑沐浴在路灯发出的橙色光线中，这种光线穿透了彻骨的寒雾。置身其间，呼吸着凛冽的空气，我感觉我活过来了。我和同事们在一家德国主题的啤酒香肠餐厅享用了晚餐。正如我所希望的那样，这顿饭使我恢复了元气，让我想起正常生活的感觉。第二天一早，路透社发出了下面这篇报道。

> 周五晚间，当大巴载着欧洲各国财长前去参加在拉脱维亚首都举行的盛大晚宴时，一名财长选择留在酒店，然后独自在黄昏中漫步。希腊的雅尼斯·瓦鲁法克斯说，他计划在别处用晚餐。

> 此前，他在里加的首日会议上遭遇挫折，这凸显出他在试图避免国家破产过程中所遭受的孤立。当其他财长在里加会议期间受到随行人员的贴身服务，身边有人端茶倒水、嘘寒问暖时，瓦鲁法
> 388 克斯几乎在每一个场合都是只身一人，没有助手或其他安保人员。“他完全被孤立了，”一名不愿透露姓名的欧元区高级官员对路透社记者说，“他甚至没有代表他的国家出席晚宴。”[12]

“赌徒”“外行”“浪费时间的人”，现在还有“几乎在每一个场合都是只身一人”，“被孤立了”，不尊重其他部长，不愿代表他的国家。这与那名友好的美国财政部官员警告我的情形几乎一模一样：我将在一周内面临一场人身攻击运动。他的预测只晚了一天。

当然，不论是在布鲁塞尔，还是其他地方，我会受到这种攻击是保守得最差的秘密。2015 年 2 月初，大约在我参加前两场欧元集团会议期间，一名了解这场运动一手情况的通讯员对一些希腊记者说了差不多的内容。其中一名希腊记者后来对这段对话进行了报道。

> “瓦鲁法克斯能挺住这些压力吗？”那名通讯员问道。
>
> “至少齐普拉斯仍然信任他。”我们（希腊记者）回答。
>
> “那就告诉希腊政府和希腊民众，这种攻击以后只会更多。”他说。[13]

我和亚历克西斯之间的信任纽带是“三驾马车”最大的障碍。我知道这一点。他们显然也知道这一点。正如我即将发现的，亚历克西斯同样知道这一点。

针织衫的线头

在从里加返回雅典的航班上，我得知，亚历克西斯与安格拉·默克尔的谈话进行得相当不顺，而他对此曾抱有极大的希望。更糟糕的是，德国总理府向媒体透露，这位德国领导人不仅对亚历克西斯态度冷淡，而且对他试图绕过欧元集团的做法感到不满。这是一种非同寻常的——如果说并不意外的——背信弃义行为。她曾对亚历克西斯承诺，在瓦鲁法克斯和朔伊布勒相互“抵消”的情况下，他们两个将在幕后找到一个解决方案，现在她把他晾在一边了。 389

到了雅典机场后，我要求司机直接载我去马克西莫斯官邸。走进亚历克西斯的办公室，我意识到这是一个多么美丽的春日午后。阿提卡半岛的明媚阳光透过面朝大海的宽敞窗户照了进来。亚历克西斯与我拥抱，我们在俯瞰海湾景色的窗户边找了两把扶手椅坐下来，远离他的办公桌和“战时内阁”的会议桌，正对着阳光。我先开口，讲述了欧元集团发生的事情，并提出了我对三个重要事件的看法（默克尔对他食言，“三驾马车”在里加的伏击，以及伯努瓦敦促我们要求实行资本管制），而这正是他们威胁我们的事情——这三件事加在一起，构成了一场可怕的屠杀。[14]

在亚历克西斯有机会回应之前，我发自内心地对他说：“亚历克西，请允许我提醒你，我现在为什么在这里。我辞去得克萨斯州的工作不是因为我想当部长。我是来以个人身份帮你的。而我这么做是因为你告诉我，你赞同我提出的结束厄运循环的计划。但现在我们站在十字路口。我吸引了债主们的箭、子弹和导弹。我一点儿也不介意这一点，因为我还彻底觉得自己会成为保护你的避雷针呢。然而，你似乎产生了一些不同的想法，有悖于我们之前所达成的一致。或许我现在挡你的路了。或许你觉得换一位财政部长会更符合你的计划，因为我仍然认为我们最初的计划是唯一的出路。如果是这样的话，你应该换掉我，我在公开场合会全力支持你。还记得我为什么在这里吗？来帮助你。”

亚历克西斯用同志般的热情眼光久久地看着我，他停顿了一会儿，然后说道：“雅尼，听着。我和你现在就像是一件羊毛针织衫。如果我们让他们抓住一根线头，开始拉扯，这件针织衫最终会被拆散。这就是他们的战略。他们的目标是通过打败你来打败我。他们想让你找我算账。我们不会让他们得逞的，对吧？我们要站在一起。我不想再听这些无意义的话了。坚强些。我们要打赢一场战争。”

亚历克西斯再次只用了几句话，就让我忘记了以前的事情，原谅了他。加上我极其渴望相信他的话，认为我们真的有机会将我们的国家从恶性循环中拯救出来，他的这番话令我重燃希望，坚定了我的决心。

390 几分钟后，当尼科斯·帕帕斯走进来时，这种使命感得到了进一步的增强。他露出了灿烂的笑容，祝贺我在里加挺身而出对抗“三驾马车”，我们以前在普西里街区谈话的精神得到了短暂恢复。帕帕斯带来了一个消息：杰伦·戴塞尔布卢姆显然刚刚给亚历克西斯的办公室发了一通电子邮件，要求换掉我。

“看到了吗？”亚历克西斯看着我说，“他们正在努力呢！试图离间我们。”他转向帕帕斯说：“尼科[1]，告诉他，他没戏。”

但帕帕斯咄咄逼人地回应道：“这都是你的错，亚历克西。”他接

[1] 尼科斯的昵称。

着说了一连串我不愿重复的形容词。“通过直接与杰伦对话，而不是让他去找雅尼斯，你给杰伦留下的印象是，他可以绕过与他作对的财政部长，直接联系总理。你怪不得任何人，都怪你自己。”他用最尖厉的声音总结说。

亚历克西斯承认了自己的“错误”，并说：“我今晚就给他发邮件，明确告诉他，他想对我们说任何话都必须通过瓦鲁法克斯。”

那天晚上，我回到家里，心里再次充满希望。“那件针织衫看起来完好无损。”我故作神秘地对达娜厄说，然后开始解释来龙去脉。

第二天，“战时内阁”会议结束后，我问亚历克西斯他是否给杰伦发了邮件。“没有，我决定不发了，雅尼。”他说，“为什么非要让他生气呢？让他自己去碰钉子，然后他就不得不去找你。”尽管对这一决定感到震惊，但我还是没能意识到残酷的事实：那件针织衫已经开始脱线了。

最残酷的四月天

“四月是最残酷的月份。”这是 T. S. 艾略特的《荒原》里的第一句。在 2015 年 4 月，27 日（周一）是那个月里最残酷的一天。我们的“战时内阁”会议持续了六小时十五分钟。首先，亚历克西斯宣布他决定送给“三驾马车”某件东西，以表善意。那件“东西”就是我的副手尼古拉斯·提奥卡拉基斯的脑袋，这个人在我们总理的命令下，挂断了托马斯·维泽尔和欧元集团工作组的电话。

亚历克西斯在解释他的这个决定时，听上去几近合情合理。“我和戴塞尔布卢姆谈过两次。他要的是瓦鲁法克斯的脑袋。他还想让胡利亚拉基斯在欧元集团工作组代表我们。我不能让他替我们做选择，但 391

同时我们也不能对所有事情都说不。因此我决定牺牲提奥卡拉基斯，让胡利亚拉基斯回来。”

内阁秘书长斯皮罗斯·萨吉亚斯最先做出回应。他谈到了“失败的谈判”，谈到了我们一直在追求“错误的进程”，谈到了迅速达成协议的必要性。这是一次拖拖拉拉的发言，没啥内容，虽然没有对我指名道姓，但显然把责任推到了我的头上。经济部长、另一位我在大学里曾与之长期共事的同僚乔治·斯塔萨基斯更进一步：“瓦鲁法克斯和提奥卡拉基斯这两个人，我爱他们，他们就像我的兄弟一样，但他们不能拿到协议。胡利亚拉基斯能。”

“如果斯塔萨基斯所说的‘协议’指的是向维泽尔和戴塞尔布卢姆投降，那么他完全正确。胡利亚拉基斯是签署投降文件的合适人选。”我插话说。我的简短发言得到了一阵尴尬的沉默。

然后欧几里德开始发言。他肯定会反对这场进行中的政变吧？他没有。取而代之的是，他没有提到我或胡利亚拉基斯，而是宣称提奥卡拉基斯是一位优秀的学者、思想家和同志，但不具备进行如此复杂谈判所需要的组织才能。言下之意是，他支持胡利亚拉基斯回来。

我对斯塔萨基斯从未有过一丝一毫的敌意。他的观点从一开始就很明确：我们应该接受“三驾马车”给我们开出的任何条件。是我的那些曾经发誓永不投降的同志们让我大失所望。欧几里德的立场使我非常难过。他知道胡利亚拉基斯是什么人，这个人做过什么。他跟我谈起胡利亚拉基斯时，措辞比我用过的所有措辞都尖刻。为什么欧几里德现在会对我们的朋友提奥卡拉基斯恶言相向，支持亚历克西斯的可怕提议？为什么他不像帕帕斯，甚至德拉加萨基斯那样至少保持沉默？帕帕斯再也不像两天前那样快人快语，而德拉加萨基斯无疑对这一决定感到满意，觉得没必要再说什么了。答案在几分钟后揭晓：亚历克西斯宣布，欧几里德将负责协调在“布鲁塞尔集团”的谈判、雅典的技术进程以及我在欧元集团的斗争。

在那次漫长会议的剩余时间里，我一反常态，一言不发，其他人则制定了与《谅解备忘录》进程完全一致的路线，与我从华盛顿带回来的计划形成鲜明对比。我沉默的原因是，我正在脑子里构思我的辞职信。路已经走到尽头。在一个有意或无意投降的内阁里，没有我的位置。 392

像鲨鱼一样嗜血

那天晚些时候，我揣着辞职信去了亚历克西斯的办公室。我没有和任何一个人谈起过这件事，就连达娜厄也没有。我想再给亚历克西斯一次重新考虑的机会，而这一次我不会满足于那些掩盖了丑陋事实的悦耳话语。谢天谢地，他这次没说这种话。

我到的时候，亚历克西斯向我表示欢迎，但让我等一会儿，他先去趟洗手间。我坐在沙发上等他，突然瞥到旁边咖啡桌上的几页 A4 纸。我拿起了这几页纸。等到亚历克西斯回来的时候，我的表情无疑表达了我对所读内容的愤怒。

我拿着这几页纸，质问他：“我是不是可以这样假设，因为你知道我会否决这些让步，所以你不会由我做出这些让步，是吗？”

“是的。”他带着愧疚的微笑承认。

“你明白这些数字是什么吗，亚历克西？你意识到你向他们让步是在做什么吗？难道你不明白你刚刚接受了新的巨额紧缩政策吗？”

我脑海中的那个主要数字是 3.5，这个数字像一颗生锈的钉子一样把我的注意力牢牢地钉在那里。这几页纸是致“三驾马车”的一封信，结尾有希腊总理的签名，承诺将预算的基本盈余目标定为国民收入的3.5%。令人难以置信的是，同样的数字出现在2018年、2019年……直至2028年的旁边。除了新加坡和富产石油的挪威，世界上没有哪个国家能够连续十年保持3.5%的基本预算盈余。一个低迷的经济体连正常运转的银行都没有，投资还是负数，怎么可能做到这一点，这样的经济政策和荒诞派戏剧差不多。

“怎么才能做到，亚历克西？”我质问道。

393 “胡利亚拉基斯认为我们需要做出这个让步才能达成协议。”他如此回答。显然，这就是斯塔萨基斯为什么说胡利亚拉基斯是能快速达成协议的唯一人选，他的意思就是完全投降。

我深吸了一口气，让自己镇定下来。“我敢打赌，胡利亚拉基斯也是说服你在没有问我的情况下把这封妥协信寄给维泽尔和戴塞尔布卢姆的那个人。”

“不是，”亚历克西斯回答，“这是我的主意。承认吧，雅尼。出于充分的理由，我相信你会反对的。但是雅尼，在谈判的时候，你必须有舍才能有得。”

“那你得到了什么？胡利亚拉基斯告诉你‘三驾马车’会给你什么？你付出的是另一个失去的十年，人民把我们选上台，是为了让我们结束资本主义历史上最糟糕、最漫长的紧缩时期，而你给他们带来的依然是惩罚性紧缩措施。”

“他们现在必须要减免我们的部分债务。”他回复道。我一时语塞。他的论点愚蠢到让我说不出话来。然后，我第一次用居高临下的口气跟他说话。

“你是认真的吗？你是不是完全疯了？如果你向他们保证永远实现3.5%的基本盈余，他们为什么会对你让步，同意进行债务重组？你的论点就像是把血倒进海里以抵御鲨鱼的攻击。想想看：当你宣布准备好以盈余的形式从所剩无几的希腊经济中抽取3.5%的国民收入时，你的言下之意是宣布，你可以连续十年每年向债主们偿还3.5%的国民收入！难道你还看不明白，这么说就是在宣布我们真的不需要债务重组吗？难道你还看不明白，这么说就是在宣布我们是喜欢债务重组但我们真的不需要它吗？”

“胡利亚拉基斯认为，如果我们的经济恢复增长，我们可以实现3.5%的盈余目标。”

这正是上届政府的愚蠢论据，而我们拼了命才取代了他们。

“如果是这样的话，亚历克西，我们为什么要费这番劲上台执政呢？为了名声？我们不是强烈反对萨马拉斯政府的政策，认为除非结束紧缩，否则我国经济永远不会复苏吗？这不是意味着撕毁荒谬的盈余目标，换成顶多1.5%的目标吗？”

亚历克西斯看上去焦虑不安，试图安抚我。“什么事情都没有最终确定，雅尼。在达成全面协议之前，我做出的任何让步都不是板上钉钉的——我随时可以撤回。”

“什么？”我爆发了，“你真的认为你可以撤回你刚刚答应他们的 394
大规模紧缩措施吗？你让鲨鱼尝了你的血，他的牙齿已经咬住了你的胳膊，你现在认为你可以把胳膊拽回来，因为在最终协议达成之前不会有任何交易？你是不是误认为我们才是这场谈判中的强势一方？”

到了那个阶段，我的血液都在沸腾。事实上，在这次交流的大部分时间里，我是如此愤怒，以至于我差点忘了我去找他是为了提交辞呈。到谈话快结束时我才想起来这件事，于是我决定不要在愤怒中冲动行事。我需要离开，冷静下来，认真考虑一遍，再做最后的决定。

我回到自己的办公室，打电话给我的朋友瓦西里，把这件事告诉了他。他深深地倒吸一口气，发出了一种表示极其不满的声音，然后告诉我把辞职抛在脑后。“想想投票给你的14万人。他们不希望你辞职。他们希望看到你留在这场乱局之中，让那些浑蛋都见鬼去。”

回到家里，达娜厄也表明了同样的观点，尽管她并不知道瓦西里对我说了什么。她说：“想想那14万信任你的人吧。”然后，我花了令人心碎的一个小时，在电话里向尼古拉斯·提奥卡拉基斯解释为什么总理“牺牲了”他，而选择胡利亚拉基斯。

我面临着一种残酷的两难境地。尼古拉斯告诉我，《金融时报》已经报道说，欧几里德取代了我成为首席谈判代表，尽管谈判实际上显然是由乔治·胡利亚拉基斯负责。与此同时，“战时内阁”已经转向，绝大多数人现在倾向于全盘投降，视我为主要障碍。尊严要求我辞职。但在那天晚上，一旦我平静下来，把事情想透了，我意识到迫使我留下来的不仅仅是职责。

亚历克西斯向紧缩措施投降，这让他犯下了一个政治上、经济上和道德上的错误，但在这个错误背后，隐藏着一个更大的错误：他相信“三驾马车”会与他迅速达成协议，并以第三轮纾困作为回报。毫无疑问，默克尔和维泽尔鼓励亚历克西斯和胡利亚拉基斯相信这一点。然而，姑且撇开我们没有从选民那里获得达成这种协议的授权不谈，这件事根本不可能的原因有二。首先，债主们肯定想拿亚历克西斯杀
395 鸡儆猴——他在野多年，上台执政只有几个月，还大肆抨击前者——以威慑西班牙、意大利、葡萄牙，乃至法国的或许想与他们对抗的任

何政治人物。为此，他们不仅不需要他投降，还需要对他进行非常公开的羞辱。其次，“三驾马车”多年来一直否认希腊需要第三轮纾困贷款或大规模债务减免。他们现在为第三轮纾困贷款辩解的唯一借口就是——就像波尔·汤姆森在欧元集团里加会议上所做的那样——宣称在激进左翼联盟上台之前，希腊债务实际上是可持续的。为了证明他们的指控，他们必须要关闭希腊的银行，造成大量的新增亏损和破产，然后将责任归咎于亚历克西斯的政府。

在天亮之前，我得出了结论：亚历克西斯做出的让步越多，他们要求的就越多，在银行关门之前不会达成协议，等到银行关门，他就得被迫达成一项极其屈辱的协议。然后欧元集团就可以把这份协议拿到镜头前，对着所有欧洲人说：“这就是你们与我们作对的后果！”意识到这一点之后，我想到了一个问题，亚历克西斯会做出何种反应？他只有42岁，我对自己说。在默认了这样的屈辱后，他难道只能考虑躲上个几十年吗？当他最终看到“三驾马车”和安格拉·默克尔的要求时（令他颜面扫地，令我们的人民不堪重负），想必他会拒绝。只要还有很大的机会，我就要坚守岗位，准备随时出手相助（提出我们的“希腊计划”并激活支付系统，以使我们继续运转），直到默克尔下定决心：站到沃尔夫冈·朔伊布勒一边，以希腊退欧为序幕，启动欧元区的解体进程，或者接受我们的计划作为达成协议的基础。

因此我决定留下来。我会竭尽全力维持我们的威慑力量，以备亚历克西斯的不时之需，并与杰夫·萨克斯和尼古拉斯·提奥卡拉基斯——当晚我也劝说他不要辞职——一起完成我们的“希腊计划”。同时，诺曼·拉蒙特、拉里·萨默斯、托马斯·迈尔等支持者和我的直属团队将对我们鼎力相助。这是一条吃力不讨好的艰难道路。我一直

396 知道，“三驾马车”视我为眼中钉，但我现在知道，我们自己的“战时内阁”也是这么想的。支撑我前进的一丝希望是，亚历克西斯在他即将蒙受屈辱的那一刻，会找到我，最终对我说：“我们动手吧！”

遭到窃听

朋友们责备我的隐忍。他们认为我过于天真执着，面对所有这些证据，仍然指望亚历克西斯回心转意。我希望通过接下来的两件事说明我们当时所承受的压力和我们面前问题的严重性。

那天傍晚，当我从马克西莫斯官邸返家后，达娜厄连珠炮般地问了我许多问题，并用她的手机录下了我的回答。就在她这么做的时候，我的手机响了。是杰夫·萨克斯。我不愿在安全没有保障的电话线路中流露出绝望之情，于是选择与他分享了当天唯一的好消息：几乎在晚了整整一个月后，我们终于准备好向国际货币基金组织违约。尽管萨吉亚斯、德拉加萨基斯、胡利亚拉基斯表示反对，但亚历克西斯、帕帕斯和欧几里德在这件事上站在我这边。国库空空如也。如果国际货币基金组织想要钱，“三驾马车”的其他机构现在是时候释放一些流动性了。“色子已经掷好了，”我告诉杰夫，“我想亚历克西斯这次是认真的。我们不会向国际货币基金组织支付下一笔款项了。”

杰夫欣喜若狂。“是时候了。”他说，然后提出了如何应对违约后果的建议。

半小时后，我的电话又响了。还是杰夫，他笑到止不住的程度。“你不会相信这件事的，雅尼斯，”他说，“我们挂断电话五分钟后，我接到了（美国）国家安全委员会的电话。他们问我，我是否认为你说的是认真的！我告诉他们，你确实是认真的，如果他们想要避免对国际货币基金组织的违约，他们最好让那些欧洲人讲点儿道理。”

我完全预料到自己的电话会被窃听，但杰夫的消息中有两点尤其引人注意。首先，窃听者不仅有能力意识到我说的话具有的重大实际意义，他们必定还能随时与美国国家安全委员会通话。其次，他们完全不在乎别人知道他们窃听了我的电话！

当时是凌晨三点左右，但我还是打电话通知了亚历克西斯。尽管 397
我们的统一战线分崩离析，尽管我们的纽带支离破碎，但这样的时刻提醒着我，我们最终面对着同一个敌人。

达娜厄的壮举

另一件事情发生在第二天傍晚，当时我正在享受着一件难得的乐事：与达娜厄一起同一名从澳大利亚来的朋友在伊格萨基亚区我们最喜欢的一家餐厅共进晚餐。

与达娜厄初次见面时，我当时就住在伊格萨基亚区。我的女儿克塞尼娅就是在我位于该区的公寓里迈出了她的第一步——事实上，在20世纪70年代，十几岁的我也是在这片近郊区域迈出了我的第一步。这是一个体现了雅典狂野一面的社区，以小众的唱片店、书店、酒吧而闻名，但使其最为出名的是，这里是希腊各式各样的无政府主义团体的根据地。总之，伊格萨基亚区过去是，现在某种程度上仍然是我的地盘，尽管我在2005年之后再也没有住在那里了。

达娜厄和我们的朋友先到了。我同德拉加萨基斯和他的团队开完会后直接赶过来，把我的摩托车停在餐厅门外。这家餐厅有一个可爱的带围墙花园，我看到他们坐在花园角落里紧挨着瓦尔特齐乌街的一张桌子旁，便走过去坐下。快到五月了，茉莉花丛在温暖的春夜里发出醉人的香气。经过了令人身心俱疲的一天后，坐在花园里小酌一杯，身旁有密友相伴，实在是放松身心的必备良药。

在看到那些人之前，我先听到了声音。大约一小时后，当我们准备点甜品时，三个蒙面男子走进花园，嘴里骂骂咧咧。起初我没有意识到我就是他们的目标，但随后他们把几个酒瓶摔碎在我们桌子前的砖石地面上，玻璃碎片击中了我的脚。袭击者让其他顾客离开，走近我们的桌子，嘴里继续辱骂着。我腾地一下站起来，朝他们走去，以便把我的同伴与这几个人隔开，但我没有考虑到达娜厄的决心与速度。

达娜厄冲到我和袭击者之间，抱着我，背对着他们，双手捂住我的头顶。她真的把自己变成了人体盾牌。我试图把她推到安全的地方，
398 但她抱得太紧了，我意识到要想把她推开，我不可能不伤害到她。与此同时，她用头的一侧紧紧地顶住我的脸，对他们喊道："你们必须先过我这一关！"

蒙面男子试图用碎玻璃瓶攻击我，但达娜厄抱得太用力了，她用身体完全挡住了我，以至于他们不可能不伤到她。他们泄气地丢掉瓶子，用手和拳头打了我们两个几下。由于达娜厄受到的攻击比我多，他们放弃了，无疑不愿意打女人，像来的时候那样大声咒骂和威胁着离开了。惊魂未定的我们坐回桌子旁，我们的澳大利亚朋友浑身发抖。

然而，那晚远未结束。袭击我们的人一定是要求增援了，因为不到半小时后，就有 60 多个人在餐厅门外一字排开。餐厅现在空空荡荡，只剩我们，还有另一桌似乎未受打扰的客人和餐厅员工。他们很是担心，一直在道歉。我坚持不让他们报警：如果警察大批赶到，一定会发生流血冲突。事实上，我没有警察护送或许还是件好事。[15]

"你打算怎么办？"我们的朋友问。餐厅老板提出让我们在餐厅

过夜。

“我要走出去和他们对话。如果他们想打我，那就打吧。”我们的朋友认为我疯了。

达娜厄说：“好的，我们开始吧。”我们告诉这位朋友留在餐厅，直到那伙人离开，然后我们两个，达娜厄和我，走到了人行道上。

在雅典的一条狭窄街道上，60 名戴着连帽衫帽子的年轻人大喊大叫，不停咒骂。这个场面甚是壮观。我的心跳得很快，但我认为他们不会再次袭击我们。达娜厄给他们留下了深刻的印象，

我相信他们会佩服我们既没有报警，也没有躲在餐厅里。更给我壮胆的是，他们并没有损坏我的摩托车，尽管这对他们来说小菜一碟，摩托车依然停在大约 10 米远的地方。我想，如果他们计划再次袭击我们，他们早就会把摩托车砸了。

于是，我和达娜厄径直走向我的摩托车，手里拿着我们的头盔，但没有戴在头上。那群暴徒大声辱骂我们，但没有采取任何行动。我启动摩托车，达娜厄骑上去，开始慢慢地戴上她的头盔，但我决定我
不要从伊格萨基亚区被赶走，这是我自己的地盘。所以，我把我的头 399
盔放在摩托车上，向他们走去。“我在这里。告诉我，你们为什么要袭击我。我洗耳恭听。”我说。

那个头目警告我离远点：“如果你再走近一点儿，你会后悔的。”

“我想知道我做了什么惹你生气了。如果这意味着我会被打，那就打好了。”我说。他们仍未动手的这个事实给了我勇气。

一场匪夷所思、七嘴八舌的对话就这样开始了。起初，他们不愿解释自己为何愤怒，只是继续咒骂着，威胁着。最终，经过我的反复劝说，他们指控伊格萨基亚区的警察与海洛因贩子勾结。我告诉他们，

如果是这样的话，我并不感到意外。“但你们为什么对我这么生气呢？”我问。

“别傻了。”一个人对我说。他们的怒火并非针对我个人，而是针对“政府恐怖行径及其代表”。“你就是他们中的一员。一个部长。他妈的滚出去。伊格萨基亚是我们的解放区。到你喜欢的别处去吧。只要不是在这儿。别来烦我们。”

我刚刚与亚历克西斯和“战时内阁”发生冲突，心里十分清楚，希腊和欧洲根深蒂固的建制派正试图将我除之而后快。于是我决定告诉他们一个秘密。

“我明白你的意思了，”我说，“我可以接受你恨我，因为我代表政府权力。但是你们要知道：你们厌恶建制派，而建制派厌恶我，我是他们的眼中钉，相信我，他们就要除掉我了，把我赶走。我只是想让你们知道……”

他们的愤怒奇迹般地消失了。经过一阵沉默后，他们的头领第一次用平静，几乎是友好的语气对我说：“得了。骑上你的摩托车回家吧。”

我朝着摩托车和达娜厄走去，但在戴上头盔骑车之前，我回过身说：“我在伊格萨基亚走街串巷的时候，你还有几十年才出生呢。你现在是在告诉我，我不能回来吗？你是在禁止我走进我的地盘吗？”

他想了几秒钟，然后回答说：“等你不是部长了，欢迎你回来。”

“那回头见。”我回答道。

当我们发动摩托车时，我看了看后视镜。约莫有 60 个人的这伙人突然看起来更像是确保我们安全离开的保镖，而不是袭击者。我们到
400 家后，我停好摩托车，达娜厄拥抱了我。我也拥抱了她，我们两个都有一点颤抖。第二天早上，一名通常对我持批评态度的记者写道：“昨

晚，伊格萨基亚区的无政府法西斯主义暴徒遭遇了他们30年来的最大惨败，而他们的对手是一个女人：达娜厄·斯特拉图。”

不过现在，一种更邪恶的暴力正冲着我们而来。

本章注释

1. 在返回雅典之前，我进行了两次试探性会晤：一次是在美国财政部与副部长内森·斯蒂茨（Nathan Steets）会面（因为杰克·卢那天不在华盛顿），另一次是在白宫与国家安全委员会的卡罗琳·阿特金森（Caroline Atkinson）会面。他们就像粉笔和奶酪一样截然不同。斯蒂茨表示同情，而阿特金森的表态就像是德国财政部低级官员和2008年之前的国际货币基金组织官员的混合体。这是我第一次预感到我在华盛顿得到的信息会是极其复杂的。
2. 我提出了如下的时间表。4月12日，提奥卡拉基斯将向“布鲁塞尔集团”提交“N+1计划”。接下来的两天，即4月14日之前，我们将根据反馈对其进行修改。4月15日，我应邀前往华盛顿的布鲁金斯学会发表一次重要的政策演讲，我将在演讲中公布修改后的计划。与此同时，欧几里德和和帕帕斯将前往布鲁塞尔把这份文件交给莫斯科维奇，而亚历克西斯和德拉加萨基斯将与默克尔和容克接洽，告诉他们，就希腊政府而言，这将成为进一步谈判的基础。4月17日，我将向美国财政部长杰克·卢递交“N+1计划”。4月19日，帕帕斯应召集“法兰克福集团”会议，要求接受“N+1计划”作为起草立法的基础，以此完成最后审议。最后，在欧元集团里加会议期间，即4月20日至24日，符合“N+1计划”的立法起草工作将最终完成。“只有通过这种方式，通过如此紧凑的日程安排，”我总结说，“我们才能与债权人达成协议。”

3. 《纽约书评》双周刊称赞金融危机调查委员会的最终报告是“迄今为止对美国金融失败的最全面控诉”，并且“为这段时期的历史盖棺定论”。参见杰夫·麦德里克2011年4月28日发发表在《纽约书评》上的文章，题为《华尔街利维坦》（Jeff Madrick, “The Wall Street Leviathan”, *New York Review of Books*, 28 April 2011）。

4. 该委员会由菲尔·安热利代斯、迪娜·泰特斯（Dina Titus，内华达州民主党联邦众议员）、约翰·萨班斯（John Sarbanes，马里兰州民主党联邦众议员）、尼基·特松加斯（Niki Tsongas，马萨诸塞州民主党联邦众议员）和詹姆斯·比利拉基斯（James Bilirakis，佛罗里达州共和党联邦众议员）组成。

5. 李详细讲述了他参与其中的故事。2011年，当泛希腊社会主义运动政府否认希腊破产时，时任财政部长乔治·帕帕康斯坦丁努拜访了他。在李看来，帕帕康斯坦丁努显然不是自愿来的，而是应了国际货币基金组织的要求。当时的希腊政府甚至不愿听到“债务重组”的字眼，实际上在竭力诋毁像我这样敢于说出这个字眼的人。但是，根据李的说法，国际货币基金组织把钱借给了一个破产政府，而没有预先对其进行债务重组，他们一想到这件事就感到极其恐慌——因此他们迫使帕帕康斯坦丁努去找李，后者是全世界最权威的债务重组专家。“他们逼他来见我，”李对我说，“他显然不愿意和我进行那次谈话。”据李透露，帕帕康斯坦丁努推迟了一次意义重大的债务“剃头”，以至于国际货币基金组织希望他下台。2011年夏，帕帕康斯坦丁努被另一位泛希腊社会主义运动政治人物埃万耶洛斯·韦尼泽洛斯取代后，李再次迎来访客。他告诉我，他对这位新任财长发出警告，要当心柏林正在强加给希腊的那种债务重组，即对私人持有债务进行大规模“剃头”，同时从欧洲纳税人手中又借入巨额贷款。令他难以置信的是，后者竟然对此不以为意。看到雅典为了不惹恼柏林而白白浪费了一个债务重组的机会，李被气得不行。最终，作为一名专业人士，李进行了柏林要求的债务重组。这成了历史上规模最大的一次“剃头”，但值得注意的是，这也使希腊的债务彻底变得无法偿还。“在我的参与下，他们对希腊人民做了一件可怕的事情，也浪费了削减你们债务的一个绝佳机会，”他说，“如果现在能帮上忙，我会毫无保留地去做。希腊应该得到喘息的机会。”

6. 这是一个非常好的建议，尽管它的内容引人担忧，带来了一种恐惧感。两年后的 2017 年初，当关于意大利是否应当退出欧元区的讨论升温时，马里奥·德拉吉向他的意大利同胞发出信号：如果意大利退出欧元区，意大利央行将不得不向欧洲央行支付数千亿美元。如果有意大利决策者读到这部分内容，我强烈建议他去找李·布赫海特简单谈一谈。

7. 当我结束与杰克·卢的会晤准备离开时，一名官员走过来，好心提醒我，我即将面临一场污名化运动。参见第一章的《迷宫门口的忒修斯》一节。

8. 关闭一国银行的决定（通过拒绝这些银行从本国中央银行的紧急流动性援助中获得更多流动性）必须要在欧洲央行行长理事会得到三分之二多数的同意方可通过。

9. 参见第九章的《蒙羞的欧盟委员》一节。

10. 波尔·汤姆森的确切说法是：“这意味着六个月前，我们认为希腊可以重返市场，不再需要新的资金。现在将面临对非常多的新资金的新需求。其次，直到六个月前，我们还认为债务减免是不必要的。我们认为目标是可以实现的。”

11. 参见 https://www.bloomberg.com/news/articles/2015-04-24/varoufakis-said-to-take-hammering-from-frustrated-euro-ministers。
12. 参见 http://www.reuters.com/article/us-eurozone-greece-varoufakis-idUSKBNoNGoEO20150425。
13. 参见尼科斯·什韦尔科什于 2015 年 5 月 2 日在 ThePressProject 网站发表的文章，题为《布鲁塞尔媒体机器的秘密》(Nikos Sverkos, “Secrets of the Brussels Media Machine”, ThePressProject, 2 May 2015)，网址 https://www.thepressproject.gr/article/76506/Secrets-of-the-Brussels-media-machine。
14. 4 月 25 日（周六）上午，在飞回雅典之前，我参加了金融与经济事务委员会会议。作为一场相当仪式性的会议，每个成员国的代表不仅是该国财长，还有央行行长。当我和斯图纳拉斯坐在一起时，他对我说，他认为实行资本管制的时候到了——和伯努瓦·克雷一周前，即 4 月 16 日，在华盛顿对我说的一样（参见本章的《“三驾马车”去巴黎》一节）。我对斯图纳拉斯的回复与我对伯努瓦的回复是一样的：我们的政府反对资本管制，因为我们认为这么做违背了货币联盟的理念。
15. 2008 年 12 月，一名警察在伊格萨基亚区开枪打死了一名青年，声称自己感觉受到威胁。结果不仅是一个小伙子死亡，还有十天的火灾和暴力。

第三部分　终局

第十五章　毁灭倒计时

在伊格萨基亚区经历了那个夜晚之后，终局的上演共历时 66 天。 402
艺术家雅尼斯·约安努的一幅政治漫画形象地对这段时期进行了总结。在漫画中，“希腊”女人跪在地上，双臂被反绑，她挣扎着想要逃脱。一名代表欧盟的危险人物挥舞着刽子手的斧头，斥责她为什么不乖乖等死，把脑袋主动放到木墩上：“你到最后还不能表现出一点点责任心吗？”

一部与之迥异的文艺作品更好地概括了我自己在那段日子的经历：塞缪尔·贝克特的剧作《终局》。这部戏或许也反映了欧洲建制派的心态，因为 2008 年的金融灾难使他们失去了如何维持我们社会运转的想法，但又无法放弃对社会的控制欲。剧情讲述的是：一个失明的威权主义者对他的仆人、从小就被他收养的克劳夫厉声发号施令，没完没了地重复着毫无意义的行为，在口头的咒骂和内心的渴望中，一步一步走向一个既不可避免又难以捉摸的结局。因为在整个5月和6月，我清楚地知道，亚历克西斯和“战时内阁”已经输掉了他们选择的棋局。我们只是在走过场，走向在劫难逃的败局。仅存的一丝幻想是，我隐约相信面对“三驾马车”计划对他进行的羞辱，亚历克西斯会停下脚步，在最后时刻选择下另一盘棋——我们一路谋划的那盘棋。这种信念日渐消逝，但只要它还存在，不论多么微弱，我都会坚守下去。至少，我不会让债权人轻而易举地换掉财政部长，他们需要财政部长的签名才能延长希腊的无期徒刑。

我把剩余的精力投入到四项任务上：打击逃税和赌博机；准备我
403 在欧元集团会议上的发言，尽可能使其无懈可击；开发平行支付系统，其中包括X计划；以及制订我们的“希腊计划”，这是最重要的事情。杰夫·萨克斯和我早就开始着手攻克最后一项任务，除了诺曼·拉蒙特、拉里·萨默斯和托马斯·迈尔的贡献外，我们还得到了杰米·加尔布雷斯和另一位经济学家玛丽安娜·马祖卡托的帮助。

5月7日，我将在布鲁塞尔做主旨演讲。这将是一次机会，我可以抛出这项计划的一份早期草案先探探路，然后在5月11日举行的下一场欧元集团会议上正式提出这项计划。届时，杰夫将开始在国际货币基金组织和华盛顿的其他机构为这项计划拉票。我从未幻想着沃尔夫冈和他的那伙人会张开双臂欢迎这项计划，无论这份计划是多么完善，但一个令人信服的计划确实有可能导致敌意较小的其他部长冲破束缚，对其表示支持。在布鲁塞尔演讲之前，我决定飞赴巴黎和罗马，演讲之后去趟马德里，看看我的计划在那里是否奏效。

有了这样的敌人，谁还需要朋友？

由于已经没有什么可失去的了，而且知道目前的僵局也让法国人、意大利人和西班牙人感到担忧，于是我决定坦率地要求他们直接对一个大胆的建议做出回应。我建议希腊总理劝说德国总理相信，对他们而言，唯一的出路是向那些“机构”提交一份希腊–德国联合方案。其内容包括：首先，在 5 月底之前，推动希腊议会通过一揽子改革方案（包括修改财政计划、简化增值税、对税收部门进行大规模重组、严格限制提前退休等等），这将成为希腊完成现有方案的新“共同条件”；其次，欧盟与希腊达成一份长期的希腊复苏契约（即我们的“希腊计划”），其中将包括我一直提议的债务置换、一项重大投资倡议、一家处理银行不良贷款的公共坏账银行、许多急需的公共行政部门和产品市场改革，以及一项抗击人道主义危机的方案。[1]

我主张，拿着这份计划去找默克尔是我们唯一的机会。这是一个 404
温和建议，包含了希腊当前和未来所需要的一切，同时使债权人有最大的可能性拿回他们的钱，但最重要的是，这项战略将允许德国总理将其作为自己的想法提出。我认为，如果她表示拒绝，那就不可能达成任何可持续的解决方案。我说，在这种情况下，我们就放手去做吧，不论结果如何。

5 月 5 日，我在巴黎会见了米歇尔·萨潘和皮埃尔·莫斯科维奇。他俩的表态相互矛盾，像往常一样对我们表示口头支持，完全没有自己的想法，当谈到战略问题时，即是否用这种方式接近默克尔，他们既不表示支持，也不表示反对。但那天我遇到的另一名法国政治家真正参与了这个计划，他告诉我这是个好计划，鼓励我继续推进。这个人就是埃马纽埃尔·马克龙。

5月6日，在罗马，皮耶尔·卡洛·帕多安为我准备了一个大大的惊喜。在欧元集团，他向来循规蹈矩，总是用一只眼睛瞄着沃尔夫冈，等待他的首肯。然而，在他自己的办公室里，他露出了我预计中的本来面目。“你必须要极其坚定地推动这件事，”他对我说，“没有时间可以浪费了。你们的总理必须现在就给默克尔打电话，最晚明天，就此向她施压。不能等到周一（5月11日，欧元集团会议当天）。到时候，如果安格拉不采取行动，沃尔夫冈就会占上风。”

我惊呆了。但这还不是全部。为了强化我们的论点，即我们不应该遵循两套不同的条件（这意味着我们在满足现有方案的条件之前无法达成我们的新协议），而应该遵循一套涵盖两者的共同条件，皮耶尔·卡洛建议我们这么说：“三驾马车”之前的两轮方案——希腊人民选我们上台就是为了拒绝这些方案——是基于国际货币基金组织的逻辑，而任何新的安排都应该远离国际货币基金组织的逻辑，更接近世界银行的发展逻辑。皮耶尔·卡洛提出的唯一批评是，我们不该使用“人道主义危机”的字眼。“他们不喜欢别人批评他们造成了这种事情。”他对我说。他建议用“反贫困运动”的字眼代替，我立即采纳了这个建议。当我离开他的办公室前往菲乌米奇诺机场时，我感到既高兴又震惊：高兴的是，欧洲至少还有一个大国保持着理性和诚实；震惊的
405 是，欧洲确实曾串通一气，旨在确保理性和诚实从未出现在我们的共同机构中，特别是在欧元集团。

5月7日在布鲁塞尔发完言后，我于5月8日抵达马德里，受到了我在欧元集团会议桌上的邻座路易斯·德金多斯的接待。作为西班牙保守派政府的财政大臣（该政府把激进左翼联盟在西班牙的姐妹党“我们能”党看作死敌），路易斯在欧元集团会议上从未错过任何一个

与沃尔夫冈站在一起反对我的机会。但我已经产生怀疑，这或许只是战术上的权宜之计，而不是出于信念。那天，在他的办公室里，他证实了我的推测。我们享用了一道简单但美味至极的海鲜饭，配上一杯上好的红酒，乘兴进行了一场卸下防备的友好谈话。路易斯不仅旋即表示支持我打破僵局的想法，而且当我告诉他，皮耶尔·卡洛也是类似的反应时，他表示赞许地摇摇头说："你们、意大利人和我们必须团结起来。"

我来了兴趣，怂恿他说出真相。"你是在告诉我，路易斯，你不再想要推翻我们的政府吗？难道你放弃了这个尽人皆知的愿望？"

路易斯思忖了一会儿。"不想了。"他带着坏笑说。

"为什么变了？"我问，"我记得你支持沃尔夫冈，希望希腊退欧。"

"因为，"路易斯若有所思地回答说，"'我们能'党不再像几个月之前那样对我们构成威胁了。而且，我现在比以前害怕希腊退欧。我不再确定我们能否控制住局面。"

西班牙通过信贷推动的微弱经济复苏确实相当脆弱，可能无法挺过希腊退欧所造成的冲击；同时"我们能"党真的发生了内讧，导致该党丧失崛起势头。尽管他永远不会站出来公开这么说，但从他的角度看，希腊、意大利和西班牙达成一份避免希腊退欧并安抚市场的协议是有意义的。[2]

在从马德里返回的航班上，我一直在想，现在有这样一个机会摆在我们面前，我们要是错失了该如何是好。法国经济部长、意大利财政部长和西班牙财政大臣对我们表示完全赞同，认为亚历克西斯应当立即给德国总理打电话，把我的建议告诉她。当然，他们是永远不会出头的，但如果亚历克西斯出头，他们会支持我们，至少是在背后偷偷支持。

406 当我抵达雅典时，“希腊计划”已经敲定。杰夫·萨克斯漂亮地编辑了我几天前发给他的草稿，诺曼·拉蒙特添加了一些重要的细节，拉扎尔公司的人员完善了债务置换方案，拉里·萨默斯则提供了他的背书。其他人也做出了贡献，包括在债务可持续性分析和坏账银行政策方面的出色工作。杰夫建议，这份文件的标题应该起得枯燥一些，听上去很温和的样子，这是国际货币基金组织所喜欢的。于是，题目就成了《关于希腊财政整顿、复苏和增长的政策框架》。在上面签名的政策制定者来自不同的政治派别，但全都具有最高水平的治理经验，两者的结合使这项计划成为一件强大的武器。[3]

那个周六的上午，即我飞回布鲁塞尔参加 5 月 11 日欧元集团会议的两天前，我让我的办公室打印了几份《政策框架》，装进我的背包里，然后骑上摩托车去马克西莫斯官邸找亚历克西斯。见面后，我对他说，我的方案在巴黎、罗马和马德里受到了欢迎，这令我感到鼓舞。然后我把几份打印好的《政策框架》交给他，并明确地告诉他，这是他仅剩的武器，如果打不赢战争，至少也要防止被他们彻底毁灭。

亚历克西斯直接把《政策框架》放在一边，就连假装看一眼的意思都没有。“现在不是激怒她的时候。”他说，指的是默克尔。

我哑口无言。这份文件是希腊政府为希腊人民制订的希腊复苏计划，并得到了世界上一些最聪明、最有经验的政策制定者的鼎力相助。他拒不接受这份文件，还宣称这是我们政府反对《谅解备忘录》的文件，这是在浪费谈判桌上的大好机会。得不到总理的批准，《政策框架》文件从此不过是财政部的一份绿皮书，给了债权人一张可以完全无视它的许可证。

亚历克西斯所采取的一种抵抗仍不过是威胁要对国际货币基金组织违约（同时在幕后向默克尔表示他准备好展期）。需要还给国际货币基金组织的下一笔款项总计7.65亿欧元，将于5月12日（周二）到期，也就是欧元集团会议后的第二天。然而，到了5月10日（周日），雅尼斯·斯图纳拉斯刚好在另一次“战时内阁”会议开始前打来电话，告诉我们他奇迹般地在某个被遗忘的账户里发现了闲置的6.5亿欧元，我们可以把这笔钱还给国际货币基金组织。我们没有办法证明我们对剩 407
下的1.15亿欧元违约是有正当理由的。“浑蛋！他们已经开始拿自己的钱还给自己，就是为了阻止我们违约。”亚历克西斯这么说。

“事实上，他们宁愿自己还钱，也没有宣布希腊违约，这应该使你更有力量和勇气，亚历克西，”我对他说，“这显示了你所拥有的那种力量。”

我试图令他打起精神的努力没有引起注意，在接下来的几个小时里，让“战时内阁”讨论如何以新的方式向旧的方案投降时，我选择沉默。直到会议快结束时，我才开口问道：“明天我得飞到布鲁塞尔参加另一场欧元集团会议。对我有何指示？”我得到的回复是，我要顶住沃尔夫冈及其军队的攻势，寄希望于默克尔会来救我们。

沃尔夫冈的举动

为了做到知己知彼，在欧元集团会议开始前的一小时，我带着提奥卡拉基斯和胡利亚拉基斯前往德国代表团的布鲁塞尔办公室——我和沃尔夫冈约好在那里见面。[4]他带着两名副手接待了我们。他绕过通常的那些客套话，直奔主题。“你看，”他说，“千万不要欧盟委员会说什么，你就信什么。他们能给你什么？他们说啊说啊说啊，但一切只是说说而已。别理他们。”

依据过去的经验，他说的没错。出乎我意料的是，我这次发现，他提出的无视欧盟委员会的建议也同样适用于他自己的总理。他说：“我知道你们的总理一直在与她联系。”显然，他越说越激动，问道：“为什么他总是找她？干什么？他希望从她那里得到什么？她什么也不能给他！”或许意识到自己已经出格了，他的态度有些收敛：“我非常高兴地得知，你们的总理提到了全民公投的可能性，因为那样就太棒了！但你必须非常小心。你必须非常明确地——非常、非常明确地——告诉希腊人民，他们的选择是什么。民调结果显示，他们想要欧元。你必须告诉他们，如果他们想要欧元，他们必须接受《谅解备忘录》。如果他们不想要《谅解备忘录》，那好吧，请继续。继续向前走。”

408 我反驳说，接受失败政策难以成为保留欧元区成员国身份的条件，反正这些政策会使一个国家在同一个欧元区内难以为继。

他立即驳回了我的主张：“《谅解备忘录》，就是《谅解备忘录》，原封不动。要么就是德拉克马。如果你想要欧元，就必须接受《谅解备忘录》。如果你不想要欧元，那就是另一回事了。希腊人民必须在这个问题上做出抉择。这就是我为什么很高兴听到你们的总理谈到全民公投。而且，你知道，如果希腊人民需要六个月的时间，以便有充足的时间做出决定，那也没问题。我们将为你们提供六个月的全额资金。”

我就这样得到了证据。说什么欧洲央行拒绝向我们提供流动性只是在遵守自己的规则之类的，纯属无稽之谈。如果他们愿意，出于政治目的，他们会为希腊提供“全额”偿债资金。还不仅仅是我们一直要求的两三周，而是整整六个月——相当于110亿欧元！

“但是，沃尔夫冈，”我回答说，仍然不敢相信他的话，“作为负责任的领导人和欧洲人，我们应该尽我们所能阻止希腊退欧，让我们的人民清楚地看到在欧元区内过上体面生活的愿景。逼迫他们选择留在欧元区内，接受灾难性的财政政策，还是选择灾难性地退出欧元区，并不是开明的政治领导层的做法。你难道不明白，《谅解备忘录》的问题在于，它完全无法让人看到未来过上体面生活的希望吗？”

他承认，他自然是明白的。“《谅解备忘录》对你们的人民来说很糟糕。它不会给你们带来复苏。它不利于经济增长。所以你们需要全民公投。把这个道理讲清楚。”

他随随便便就支持欧元区解体的态度令我深感震惊。我说：“暂时撇开希腊不谈，你真的认为你能控制住希腊退欧所释放的可怕力量吗？这实在是愚蠢的想法。没人能控制得住。这将是一个历史性错误。”

“那就不要叫作希腊退欧，”沃尔夫冈说，“你不必把这看成希腊退欧。看成一次暂停好了。按照我的理解，你们先退出一会儿，就会非常迅速地触底反弹。你们可以让货币贬值，以便恢复竞争力。这样大约一年后，当你们的竞争力大半恢复时，你们可以再回来。”

我几乎不知从何说起。“沃尔夫冈，我们当初确实不应该加入欧 409
元区，但现在我不能坐视希腊退出。由于创造一种货币需要一年的时间，一年后才能开始贬值，这相当于提前一年宣布货币贬值。我们将在短期至中期内付出沉重代价。虽然我担心这样的代价依然小于为了永远留在欧元区而接受毁灭性《谅解备忘录》的代价，但我坚持认为，逼我们在《谅解备忘录》和德拉克马之间做出抉择并不符合欧洲的利益。即使你不关心希腊，希腊退欧——或希腊暂停，不论你管它叫什么——都必然使欧元光芒尽失。意大利和西班牙将首当其冲，遭到沉重打击，然后是巴黎。就算马里奥·德拉吉全力开动欧元印钞机，也无法减轻这种损害。不受你控制的力量将在一切地方瓦解货币联盟。”

沃尔夫冈不赞同我的观点，表达了他的不同意见，但奇怪的是，我俩的意见存在重叠的部分。“在欧元集团，你可能是唯一明白欧元区不可持续的人，”他说，“欧元区的结构是错误的。我们应该有政治联盟，这一点毫无疑问。”

“我一直都知道你是一个坚定不移的联邦主义者，”我插话说，“我记得在20世纪90年代初，你与你的同僚意见不合。我确信默克尔没有像你那样认识到联邦政治结构与货币联盟相配合的重要性。”

他似乎高兴了一下。“法国人也是，”他补充道，“他们反对我。”

“我知道，”我说，“他们想要使用你们的德国马克，但不愿分享主权！”

沃尔夫冈由衷表示同意。“是的，就是这么回事。我不会接受的。所以，你看，”他接着说，“我唯一能把这件事处理好的方法，我唯一能维持团结的方法，就是实行更严格的纪律。只要想要欧元，就必须接受纪律约束。如果根据纪律，希腊退出欧元区，那么欧元区将比现在强大得多。”

我用余光可以看到胡利亚拉基斯脸色惨白。提奥卡拉基斯则对德国财政部长的交底印象深刻，但并未感到惊讶。趁着这个机会，我说：“你将无法控制希腊退欧引发的混乱进程。忘掉暂时退出吧。一旦退
410 出，就是永远退出，其余国家也会开始离心离德。你正在谋划一个超出你控制范围的局面。”

“我不同意你的看法。”他回答说，摇了摇头，看着地板，“你们退出之后，我们能够更好地维护欧元。然后在我们的大力帮助下，你们是可以回来的。”

他坚信自己有能力控制一种恶性的自然力量，对他的这种信念提出质疑显然毫无意义。不过，当德国财政部长表示会向我们遭受重创的国家提供“大力帮助”时，作为财政部长，我有义务问个清楚。因此我问他：“好吧，你说‘大力帮助下’，这个‘大力’是什么意思？顺便问一下，沃尔夫冈，你的这个想法对你们总理说了吗？”

他狠狠地看着我，脸上露出了意味深长的微笑。他说：“如果我回答了这个问题，而你把它泄露出去，我就亲手杀了你！”

“沃尔夫冈，”我说，“我有没有泄露过我们之前见面时谈到的任何事情？你有，但你知道，我可没有。”

他笑了起来，说：“没错，你是对的，你是对的。她知道的，而且我会让她确信这是个好主意。”

和我推测的一样，德国总理知道沃尔夫冈的计划，但没有批准。这时，我突然意识到，我和他有着一个关键的共同点。我们在所有问题上都有分歧，包括希腊退欧，但我们有一点是一致的：都有一位试图蒙混过关的领导人。

“从你告诉我的情况来看，”我试探着说，“你并没有得到与我进行这种对话的授权。”

“是的，你需要得到你们总理的授权，才能与我们进行这种对话，我也需要从我们总理那里得到授权。”

“好的，”我说，“我会给你打电话的。”我们交换了电话号码，说好以后再谈。

与此同时，我们要去参加欧元集团会议了。在欧元集团会议上，我给亚历克西斯发短信，把沃尔夫冈的消息告诉了他。以下是我们之间的快速交流。

瓦鲁法克斯:（16点21分）沃尔夫冈今天在我们见面时来了一段漂亮的芭蕾旋转。

齐普拉斯:（16点22分）什么意思?

瓦鲁法克斯:（16点25分）他正在向你发出暂停的消息……

齐普拉斯:（16点26分）他是提议退出还是采用平行货币?

411 瓦鲁法克斯:（16点27分）通过后者实现前者。他完全清楚《谅解备忘录》正在扼杀我们。

齐普拉斯:（16点30分）那就告诉他，如果他是认真的，那就让我们讨论一下如何在最好的条件下实现这一目标。有资金，有共识，相互帮助，不违约。

瓦鲁法克斯:（16点35分）他提出会在过渡期提供大力帮助。

这时，杰伦要我就针对希腊政府的常见指控做出回应：造成拖延，不愿提供可靠的方案，诸如此类。我把早已形成的标准答案又说了一遍，并强烈要求发表一份不偏不倚的公报。发言完毕后，我恢复了与亚历克西斯的交流。

齐普拉斯:（17点50分）我很好奇，想知道他究竟在想什么。也把另一个方案的事情告诉他，看看他怎么想。[5]

瓦鲁法克斯:（17点51分）好的。我可以在严格保密的情况下与他谈所有这些事情吗？

齐普拉斯：（17点53分）可以，但要确保你不会留下你同意的印象。小心别让他泄露出去。

瓦鲁法克斯：（17点53分）好的。我们的立场是：1.我只是和他谈谈，探讨他的建议，但不做任何承诺。2.如果他泄露出去，我们将予以否认。

当欧元集团的议题从希腊问题转向其他问题时，沃尔夫冈招呼我绕过巨大的会议桌，到他那边去。我走过去，半跪在他旁边。

朔伊布勒：我一直在想我们刚才说的话。

瓦鲁法克斯：我也是。我很高兴地告诉你，我已得到总理的授权，可以与你讨论你的想法，但不能与你达成任何协议或做出任何承诺。

朔伊布勒：听着，我俩得到讨论的授权是不够的。重要的是他们先就此谈一谈。

我明白他的意思：我们两个都非常容易惹上麻烦，被人指责在如此至关重要的问题上胡作非为。

瓦鲁法克斯：我明白。那我们该怎么做呢？不管怎么说，我们谈话后你得到你们总理的授权了吗？ 412

朔伊布勒：我明天上午找她谈谈。但这不足以说服她。她和齐普拉斯必须先谈谈这个问题。你们总理和她谈了那么多次，为什么没有提到这件事？

瓦鲁法克斯：（微笑）好吧，好吧，沃尔夫冈。你也不想他犯这样的错误吧？如果他真的提到了，《金融时报》或《明镜》周刊立刻就会报道说，希腊政府在谈判桌上提到希腊退欧！我有一个更好的主意，为何不让你们总理向齐普拉斯提出这个问题？

朔伊布勒：（微笑）因为你会爆料说，德国总理正在把希腊赶出欧元区。

瓦鲁法克斯：听上去像是个僵局，沃尔夫冈，不是吗？

沃尔夫冈板起面孔，陷入深思，几秒钟后，他和我分享了一个新的主意："为什么齐普拉斯不在他们谈话时逼问她：'朔伊布勒正在劝说瓦鲁法克斯让希腊暂停，你怎么看？'如果他以指控的语气提出这个问题，没人能看出来究竟是齐普拉斯还是你支持我的建议。但与此同时，总理可能会说：'这或许不是个坏主意，让我们谈谈吧。'如果他们这么做了，那么咱俩就可以讨论一下'大力帮助'是什么意思。"

我同意了，回到雅典后，我把整个交流过程对亚历克西斯如实相告。尽管有些困惑，但他还是答应会向默克尔提出沃尔夫冈设计的这个挑衅性问题。

融化的欧元，无奈的心

将近一个月后，即2015年6月8日，我来到柏林。在杰米·加尔布雷斯的陪同下，我在沃尔夫冈的办公室与他最后一次见面。朔伊布勒热情地接待了我，尽管他忍不住开了一个伤人的玩笑。我们刚坐下，他就拿出一堆欧元硬币形状的牛奶巧克力。"这是德国小学生送给我的，但我告诉他们，我要把这些巧克力送给我的希腊同僚，因为他可能需要巧克力舒缓心情。”我微笑着接过巧克力，递给他一块（他拒绝了），413 我自己则剥掉另一块的铝箔，把它塞进嘴里。

“相当有助于舒缓心情，”在用坏消息破坏他的心情之前，我重申了巧克力的作用，“沃尔夫冈，似乎你一个月前在布鲁塞尔对我说的话绝对没有得到授权。”

他一头雾水，问我究竟是怎么回事。于是我把亚历克西斯对我说的事情告诉了他。亚历克西斯问过安格拉·默克尔了。按照他的建议，亚历克西斯向她提出了那个问题：“朔伊布勒究竟对瓦鲁法克斯说了什么关于暂停的事情？”她很恼火，告诉亚历克西斯这不是她想要考虑的事情，她还故作严肃地说：“如果他（朔伊布勒）找你再谈这件事，告诉我！”[6]

沃尔夫冈看上去好像喘不过气来一样。他甚至没有试图质疑亚历克西斯的说法，这表明他也预计默克尔会是这种态度。他的微笑消失了，他的肩膀耷拉了，他的愉快心情烟消云散了。他一再耸肩，对我说，鉴于事情发展到这一步，他也没有办法了。他似乎无话可说。他只是反复说，他“不知道”如何打破僵局，他“没有权力”背着各家机构讨论在欧元区内部达成协议的问题。我第一次意识到，他不是没有兴趣，也不是玩弄愤世嫉俗的伎俩，他真的是无能为力了。于是我试着让他振作一点儿。

“外面的那些人，沃尔夫冈，”我指着窗外说，“并不指望马里奥（马里奥·德拉吉）或克里斯蒂娜（克里斯蒂娜·拉加德）去做正确的事情，避免灾难发生，找到解决方案。他们从来不曾给那些人投过票。他们为你和我投票，支持我们一起达成一份协议。他们授权给我们，希望我们找到解决方案。如果我们没有做到，他们会责怪我们。”

他拒绝直视我的眼睛。实际上，他看起来状态不好。

“我们的难题，”我接着说，“我们的任务是找到一个解决方案，把痛苦降至最低，但要遵守你和我都认为具有约束力的两个条件：第一，《谅解备忘录》没有为希腊提供可行的解决方案；第二，无论是你还是我，都无权讨论希腊退欧、暂停以及诸如此类的问题。因此，就让我们在现有的约束条件下找到最佳的解决方案吧。这是民选从政者必须要做的事情。”

“什么样的解决方案？”他问，把球踢给我，要我提出一个替代方案。就这样，我得到了就一项实际的解决方案与他沟通的机会。

414 我解释了我们可以怎样进行债务置换，而无须他说服德国联邦议院；解释了希腊为何不需要新的资金；解释了我们如何保证雅典再也不会丢人现眼地出现基本赤字；解释了我们如何实施他和我都同意实施的意义深远的改革，并根据我与德国顾问（与德国总理府和财政部的关系密切）共同的建议，成立一家开发银行。简而言之，我对他说的等同于我的《政策框架》文件修订版的摘要。在过去一个月里，我们一直在完善这份文件，加上了一些新想法和一个新题目：《结束希腊危机：结构性改革、投资引导的经济增长和债务管理》。[7]

根据我的记忆，沃尔夫冈没有在我的方案中挑出错来。后来，我请杰米·加尔布雷斯写下他对沃尔夫冈反应的印象，看看他是怎么认为的。以下是他对沃尔夫冈反应的描述。

> 朔伊布勒认真仔细地听取了陈述。身体语言表明，他对其中的任何观点都不存异议。瓦鲁法克斯反复表示，解决方案应该是

> 最终的，而不是进一步失败和持续纾困的前提……朔伊布勒回应中的最重要事实是，他一再无奈地表示，他“不知道”如何解决这个问题。

我向他施压，要求他好歹给出个回应。“我来这里，是请你告诉我该怎么做，你可是欧洲最富有最强大国家的财政部长。你拒绝了我的想法；你自己的方案被你们的总理拒绝；与此同时，我们总理的团队和‘三驾马车’在‘布鲁塞尔集团’的谈判正朝着与解决方案相反的方向前进。我该怎么办，沃尔夫冈？”

他终于抬起头来，无精打采地说：“在《谅解备忘录》上签字吧。”我们又回到了原点。

“好的，”我说，“姑且假设我这么做了。假设我签了那该死的东西。告诉我：我们会不会在6个月或12个月后再次陷入同样的局面？会不会有另一场融资危机将岌岌可危的希腊再次推上新闻头条，让我们出现更多的经济衰退，并遭到欧元集团在政治上的强烈抨击？”

沃尔夫冈稍微打起精神，对此表示同意。他说：“这就是我为何让 415
你去说服你们的总理考虑暂停。”

“但你们的总理结束了那场讨论。”

“好吧，那你就只剩《谅解备忘录》了。”他说，再次退回到同一个不是解决方案的方案上。

只有超越推理与修辞的举动才能打破恶性循环，我想，这就是人性的姿态。“沃尔夫冈，你能帮我个忙吗？”我谦卑地问。他热心地点了点头。“你干这方面的工作已经有四十年了，”我说，“我只干了五个月。从我们以前的会面中，你也知道，自20世纪80年代末以来，我一直在密切关注你的文章和讲话。我请你在这几分钟里忘掉我们是部长。我想征求你的意见。不是告诉我怎么做，而是建议我怎么做。你能帮我这个忙吗？”

在副手警觉的注视下，他再次点头应允。这令我欢欣鼓舞，我对他表示感谢，希望他以一位年长的政治家，而不是强制执行者的身份回答我的问题。“换作你是我，你会在《谅解备忘录》上签字吗？”我原以为他会给我一个意料之中的答案，比如，在这种情况下别无选择，再加上所有那些常用的毫无意义的论据。但他没有。相反，他望向窗外。按照柏林的标准，这是一个炎热的晴天。然后他转过头来，给出了一个令我大吃一惊的回答。“作为一名爱国者，我不会的。这对你们的人民是有害的。”

一个裂缝出现了。我自然试图把它撬开。我说，既然我们现在一致认为《谅解备忘录》是“有害的”，而且希腊退欧不是谈判的选项，那么我提出的那样一份协议是唯一符合我们的授权和我们对人民——德国人和希腊人——义务的解决方案。但到了这个时候，沃尔夫冈看上去已经一蹶不振。

愤世嫉俗者会说，朔伊布勒在下一盘更大的棋（正如他在国际货币基金组织会议上的发言，那番话导致了米歇尔·萨潘的爆发，也引发了他在 5 月 11 日的欧元集团会议开始前对我所说的），在他来看来，希腊退欧只是实现目标的一种手段，而他的目标是打造一个规模更小、纪律更强的欧元区，派“三驾马车”镇守巴黎。愤世嫉俗者说的几乎是对的。[8] 只是这并非事情的全貌。那天，当我离开的时候，我与之告辞的并不是一位马基雅维利式的独裁者——留在那里的是一颗无奈的心，一个表面上在欧洲几乎是一人之下万人之上的人，但当他想要做自己认为是正确的事情时，却感到完全无能为力。正如悲剧大师告诉我们的那样，没有什么比至高无上的权威加上彻底的无能为力具有更 416 大的悲剧性。

在走出他的办公室之前，我把欧元巧克力装进自己夹克的口袋里。我们相互道别。我乘电梯到了一楼，走进最为明媚的艳阳下。当我坐上等候着我们的轿车时，我抬头望向沃尔夫冈办公室的方向，一种奇怪的悲伤之感竟然涌上心头，因为我想起了他的无奈心情。那天晚上，我将在柏林大教堂发表演讲。在当晚热情欢迎我的那些人中，有谁相信我竟有这种感觉？[9] 等我抵达大教堂时，热气融化了欧元硬币。那个口袋里还有我特意一直装着的那封没有注明日期的辞职信，也被巧克力弄脏了。

模型战

《末日的味道》是 1967 年开播的电视连续剧《星际迷航》第一季的第 23 集，讲述了埃米尼尔和文迪卡尔两颗行星之间长达五百年的战争。为了降低战争的经济成本，作战双方达成了一项有趣的协议。他们不必向对方发射真正的导弹，双方同意在纯数字的情况下继续战斗：利用计算机模型模拟各自的攻击，向敌方的模拟城市发射模拟导弹。尽管没有造成物质上的损失，但伤亡是非常真实的。因为该协议强制双方根据模型得出的在实际攻击中死亡的人数，向专用的“解体室”送去相同数量的人。

与“三驾马车”谈判期间也发生了类似的“模型战”，希腊人民的实际伤亡惨重。例如，每当我主张，对于一个饱受贫困和逃税之苦的孱弱经济体而言，增加政府增值税或企业税收入的最佳方法就是降低增值税和企业税税率时，“三驾马车”就反驳说，他们的计算机模型得出了相反的结果：只有提高增值税和企业税的税率，税收才会增加。在乔治·胡利亚拉基斯的领导下，希腊财政部的经济顾问委员会也在使用相同的模型，得出支持紧缩的相同观点。我对此感到愤怒和疑惑。
417 有一天，我要求他们给我看一眼模型内部结构。他们告诉我，这些模型很复杂，言下之意是我理解不了，但我坚持要看。我干了半辈子的计量经济学家，我回复道。

当他们把模型拿给我看时，我意识到他们为何不愿意给我看。其内部结构简直是治学严谨的经济学家的噩梦：内置了一个极其荒谬的假设——增值税上调所导致的价格上涨永远不会抑制销量，而企业税率的上调总是会导致企业缴纳更多税款。他们的模型完全不包括“价格弹性”因素——我用专业术语指出他们的愚钝错误。据我所知，没有哪位经济学家会认为，无论涨价幅度多大，销售额将始终不受影响。或者反过来说，降价始终无法刺激销售额。又或者，提高企业税率总是会导致企业向政府缴纳更多税款。然而，每当“三驾马车”、我的经济顾问委员会和受人尊敬的财经媒体——即使是其中那些拒绝支持提高希腊税率的人——为这些模型辩护，反驳我的观点时，他们恰恰是默认了这种白痴的经济理论。

为了证明这一缺陷，我做了一次简单的测试：我把“三驾马车”模型中的增值税率从23%提高至223%，看看会对政府收入产生什么样的影响。我们都知道，如果在现实中把税率提高至如此荒唐的程度会发生什么事情：销售额会锐减，政府收入也会随之锐减。但在“三驾马车”的模型中不是这样的，政府税收会暴增。与所有模型一样，垃圾的假设产生垃圾的预测。即使如此，与《末日的味道》剧情一样，伤亡是实实在在的：贫穷的养老金领取者更加赤贫，企业被推下悬崖，整个社会经济处于崩溃边缘。

为了对抗“三驾马车”的模型，我急需构建我们自己的模型，一种科学上更加优越、社会上更加人性的模型。在正常情况下，这是经济顾问委员会的工作，但胡利亚拉基斯缺乏专业知识。更重要的是，他缺乏这种意愿。他似乎完全满足于服从“三驾马车”的模型，而这些模型得出的结果让维泽尔和科斯特洛更占上风。然而，由于他现在得到了马克西莫斯官邸的全力支持，与他争辩毫无意义。取而代之的是，我要求我自己的团队，在埃莱娜·帕纳里蒂斯的带领下，从头构建一个像样的模型。

与 70 多个人组成的经济顾问委员会相比，这个小小的团队不仅没有前者的那些资源，连一个正经的办公室都没有，但他们做得非常棒。我们一起完成了计量经济学部分的工作，对价格和税收变化在不同市 418
场的反应进行了像样的估计，并完成了编码工作。没用上两个星期，“三驾马车”派驻雅典的技术人员便承认，我们的模型优于他们的模型。当然，问题在于：这不是一场学术竞赛，最准确的模型获胜；这是一场模型战，最强大的一方获胜。这一点可以从一段插曲中得到体现，这段插曲涉及国际货币基金组织的波尔·汤姆森。

有一天傍晚，在布鲁塞尔，波尔像往常那样，发表了一通令我耳朵生茧的长篇大论。这次谈论的是我们的增值税系统，以及他认为应该如何对其进行简化。“增值税有六个税率太荒唐了，”他嚷嚷着，“这套系统容易受到套利和欺诈的影响。”[10]

我的回答是，在希腊，增值税的真正问题不是它的复杂性，而是对于陷入衰退的希腊经济和深困泥潭的希腊社会而言，23% 的税率太高了，数百万人无力负担。我们需要为希腊人民提供一份新的社会契约：政府降低税率，人民也真的纳税。此外，我主张，我们需要将交易数字化，以防逃税。

波尔很坚决：税率太多才是问题所在。他不停地说啊说。“你们只需要两个税率就够了。”他坚称。

这是漫长的一天，我已经筋疲力尽，于是决定直奔主题：“好的，波尔。我和你达成个协议。我采纳你的建议，在全国范围内只按两档税率征收增值税。条件是你同意税率为6%和15%，此外使用现金的非借记卡交易上调3%。你觉得怎么样？”

波尔看着我。“你是认真的吗？”他问道，显然对我的建议很满意。

“是的，认真的，”我回答，“那我们就这么握手说定了。”他向我伸出手，我们握了手。

回到雅典，要想说服亚历克西斯的人和内阁支持这项新政策，需要付出巨大的努力。我的论据是，这将使人民和企业获得一个巨大的喘息空间，有助于在人民和政府之间建立起新的融洽关系，并将是我们第一次在重大改革问题上与国际货币基金组织意见一致。虽然我被开了绿灯，但很多人显然并不高兴。看到自己从“三驾马车”那里拿来的模型被搁置，胡利亚拉基斯感到沮丧，其他一些人也是如此。在他们看来，我的团队存在本身才是真正的问题。

419 5月18日，我将接受希腊电视台的现场采访。事前，我请求亚历克西斯允许我提及新的增值税政策，以表明谈判取得了进展，以及我们的计划提供了对过度征税的缓解措施。他同意了，于是我就这么做了。采访播出后的第二天，部分媒体抨击增值税方案“不可行”，是“瓦鲁法克斯凭空想象的”。我的新闻官和瓦西里向我报告说，副总理办公室和胡利亚拉基斯正在向记者吹风，表示反对已经宣布的政策。我告诉他们，我再也不会为我的同志在背后捅刀子而感到烦恼了："我与汤姆森和亚历克西斯达成了一致，这对我来说已经足够了。"

两天后，我接到我们驻"布鲁塞尔集团"的一位代表的电话。得知我和波尔达成了这样的协议，他一度非常高兴，迫切希望在"布鲁塞尔集团"的层面上将其最终定案。在电话中，他听上去怒不可遏。"国际货币基金组织已经推翻你们的协议。他们的特派团团长确实提到，你和汤姆森就两档税率达成了一致，但他宣称，最高一档不应从目前的23%降至15%，而应上调至24%。这就是他们的模型得出的结论。"杰夫·萨克斯曾经告诫我的话似乎没错："这些人会撒谎。别相信他们。"然而，我还是不敢相信波尔会如此明目张胆。

我再次见到他时，是在布鲁塞尔，我们在走廊里擦身而过。他的眼睛盯着地板，显然不想与我交谈。我没让他得逞。"波尔，"我说，"我们关于两档增值税的协议出了什么问题吗？不是说好一档6%，另一档15%，外加现金附加税吗？"他含糊其词地讲了一些难懂的话，说收入不够高什么的。"我们达成协议了，波尔。"我坚称。

他咧嘴坏笑了一下，说："你会给我劳动力改革吗？"[11]

我想，这根本不是谈判的办法。我什么也没说，就走开了。

尽管希腊媒体嘲笑我，但我没有屈服。在整个6月，我和我的团队反复证明了我们模型卓越的准确性，坚持我们自己的观点。当时的情况真的是荒唐至极：代表激进左翼联盟的左翼财政部长像里根时代的共和党人一样，主张降低企业税等税率，而站在对立面的所谓新自由主义官员却坚持提高税率。这是一个明确的迹象，表明这次谈判毫无经济学基础。

420 有一天，在马克西莫斯官邸，亚历克西斯向我表示祝贺。“你的模型赢了，”他赞许地说，“布鲁塞尔承认你的模型比他们的更好。”然后他补充说：“但是，雅尼斯，他们仍然坚持相同的参数改革（税率），我们决定答应他们。”[12] 他让我想起了《末日的味道》中埃米尼尔星领袖阿南 7 号，他要求自己的人民自愿进入解体室，因为这是他与敌人一致认同的模型所要求的。

划清界限

在上届政府的诸多无耻行径中，有两件事关系到艺术乃至我们的文化大环境。其中之一是关闭了国家广播电视台希腊广播和电视组织——相当于希腊的英国广播公司。另一件事是非法免去了安娜·卡菲奇的国立当代艺术博物馆馆长职务，她为这座博物馆的创立、完善和成功付出了毕生心血。[13] 激进左翼联盟在野期间曾承诺将推翻这些倒行逆施的行为。

在我们的“战时内阁”中，捍卫我们当初的约定需要大多数人的支持，而萨吉亚斯和帕帕斯是其中至关重要的两票，尽管他们来自不同的背景：萨吉亚斯是旧制度的产物，帕帕斯则喜欢把自己塑造成亚历克西斯的另一个更加激进的自我，是我们反抗力量的担保人。当帕帕斯和萨吉亚斯背弃我们关于希腊广播和电视组织与国立当代艺术博物馆的承诺时，我第一次预感到他们要投靠另一边。在那个残酷的 4 月，萨吉亚斯投下一枚炸弹。我无意间向他问起，希腊广播和电视组织重新开门后谁将被任命为首席执行官？他提到了拉比斯·塔格马塔奇斯。2011 年，就是在这位前首席执行官掌权时，我登上了希腊广播和电视组织的黑名单。[14]

“这就是我们为希腊广播和电视组织谋划的新时代吗？”我问，“难道我们争取希腊广播和电视组织重新开门只是为了让拉比斯官复原职？我们就这么急着回到过去那样的糟糕年代吗？回到由政府直接控制一家低俗公共电视台的年代？”

萨吉亚斯耸耸肩。“我听到的就是这样，”他说，“别责备我。你找帕帕斯谈。”

第二天，在“战时内阁”例行会议的间隙，我向帕帕斯提出质问，他是负责媒体事务的部长。“你真的考虑让拉比斯重新执掌希腊广播和 421
电视组织的大权吗？”

“别闹了，”他回答说，“就好像我会支持他似的！”

我的心放了下来，我问他心中的人选是谁。帕帕斯提到了乔治·阿夫格罗普洛斯，一位才华横溢的年轻人，当过战地记者，现在是纪录片制片人。他给我留下的印象是，这是一个极好的选择。那天晚上，我告诉达娜厄，我后悔自己怀疑帕帕斯——后来的事实证明，我其实不必后悔。

与此同时，每当我遇到我们的文化部长，我都会询问安娜·卡菲奇重返国立当代艺术博物馆的事情。“你认为我们什么时候能让她回来？”我总是这么问。

“会尽快的，”这是他的标准回答，偶尔还夹杂着一两句鼓舞人心的评价，比如“她是唯一能够顺利重启这家博物馆的人，只有她能够让它享誉全球”。这完全是我的想法，我想。

接连发布的两份声明击碎了我的幻想：帕帕斯发布新闻稿称，拉比斯·塔格马塔奇斯将在希腊广播和电视组织重新开门后出任首席执行官；文化部则宣布，代理馆长将继续留任，任期未定，而萨马拉斯政府正是通过一纸命令用此人取代了安娜·卡菲奇。无数的人联系我，愤怒地表示我们违背了自己做出的这两项承诺。曾经有成千上万人走上遭到封锁的街头，要求给他们一个不同的希腊广播和电视组织，世界各地还有许多人对安娜的去职提出抗议，我们辜负了这些人的期望。

我甚至比公众还要愤怒，因为我知道一些可能并不广为人知的事情。国立当代艺术博物馆的代理馆长是拉比斯的人生伴侣，萨吉亚斯则亲口对我说起过他与拉比斯的长期友谊。当帕帕斯重新任命拉比斯出任希腊广播和电视组织的首席执行官时，他与萨吉亚斯走得越来越近，而所有部长都知道他对总理具有影响力——其中包括文化部长。即使这些任命基于任人唯贤的原则，在我看来也是一种警告，表明裙带关系正悄悄进入我们的队伍，并向我们发誓要取代的政权靠拢。

我认为，这也绝非巧合，这些事情刚好出现在“战时内阁”内部出现关键变动之际，帕帕斯和萨吉亚斯显然与我们的约定渐行渐远。随着帕帕斯和萨吉亚斯的出走，支持最初战斗计划的成员从四比二的多数——亚历克西斯在每次会议结束时都会投出表示支持的第五
422 票——变成了二比四的少数，我和欧几里德越来越孤立。

假情报

通过似乎无关紧要的人事选择，帕帕斯和萨吉亚斯暴露出他们正在转向“三驾马车”。在我的同事中，这么做的不是他们两个。3 月的一个下午，希腊国家情报局局长雅尼斯·鲁巴蒂斯在马克西莫斯官邸找到我，向我提出一个请求。他解释说，他想为希腊博彩委员会的现任主席美言几句。该委员会是博彩业的监管机构。“他与前政权的关系非常密切，”鲁巴蒂斯承认，“但我相信他已经找到一种方法，使这个

运转不良的行业保持了相对的干净。仅仅因为他不是我们自己人就把他解职是错误的。”我决心尽可能地保持连贯性，而且在通常情况下，鲁巴蒂斯的话足以采信，特别是考虑到我们的良好关系以及我对他抱有的极大尊重。

然而，我的财政部团队对此并不买账。“如果有一个人你必须除掉，那就是他。”他们如此评价鲁巴蒂斯希望我继续留用的那个人。在研究了他们的说法并评估了情况之后，我确实除掉了他。这件事引发了已经私有化的国家彩票公司针对我个人和我刚刚任命的希腊博彩委员会负责人的一场人身攻击行动。[15] 尽管可能只是巧合，但就在这时，鲁巴蒂斯停止了此前一直向我提供的有益情况通报。

与此同时，帕帕斯和萨吉亚斯对我的态度明显恶化。4 月 27 日，亚历克西斯决定同意戴塞尔布卢姆的要求，解雇提奥卡拉基斯。这标志着情况的急转直下，他们变得越来越不礼貌。没用上一个月，他们对我的态度就变成了彻头彻尾的粗鲁和咄咄逼人。有一天，在“战时内阁”会议间隙，我问亚历克西斯，他是否注意到了这一点。他漫不经心地说注意到了。当我问他是否知道原因时，他的回答让我大吃一惊。

齐普拉斯：萨吉亚斯确信你与朔伊布勒串通，要让我们退出欧元区。我想他也说服了帕帕斯。

瓦鲁法克斯：你相信这是真的吗，亚历克西？ 423

齐普拉斯：我不信，但他们相信。

瓦鲁法克斯：为什么？有什么依据？如果说，我在哪件事情上取得了成功，那就是代表你阻止了朔伊布勒的退欧图谋。

齐普拉斯：鲁巴蒂斯给他们提供了相反的情报。

当“战时内阁”的其他成员继续讨论时，我的大脑在尽力想明白这条令人震惊的消息。鲁巴蒂斯告诉他们，我与朔伊布勒串通一气？如果是这样的话，我们的间谍头目是在彻头彻尾地撒谎，我想。显然，有人影响了我的两位“战时内阁”同僚，进而影响了亚历克西斯。但我是从亚历克西斯那里听说这一切的。为什么会这样？如果亚历克西斯相信我是朔伊布勒的走狗，他为什么要告诉我这些？他肯定是在用这条消息诱我上钩，然后好除掉我吧？话说回来，如果亚历克西斯不相信这件事，为什么他不站在我这边，反对萨吉亚斯和帕帕斯？会不会是亚历克西斯在撒谎，鲁巴斯蒂并没有指责我与朔伊布勒串通？我需要找到真相。

在5月11日欧元集团会议的前一天晚上，我得到了机会。“战时内阁”已经决定了我在此次会议上应该采取的战略，准备休会。鲁巴蒂斯碰巧在我们一小时讨论的最后15分钟加入了进来。当我们起身离席时，亚历克西斯转过来，当着所有人的面对我说：“明天要冷静。别沉不住气。”

我笑了笑，用冷静的声音说：“在欧元集团会议上我总是超级冷静。”看着鲁巴蒂斯，我向亚历克西斯问道：“有人告诉你我不冷静吗，亚历克西？”

亚历克西斯瞥了鲁巴蒂斯一眼，但什么也没说。

“你在里加确实不太冷静，雅尼。”鲁巴蒂斯说。

“不，没有。我一刻也没有失去冷静。如果你一直在对我的同事们说相反的话，”我指着房间里的其他人对鲁巴蒂斯说，“要么你的特工给你的情报是错误的，要么你是在撒谎。”

回到办公室，我从手机上把欧元集团里加会议的录音下载到电脑上。我把录音存到一个U盘里，交给我的秘书，指示她将这个U盘复制多份，亲自交到“战时内阁”成员手中，并附上我写的一张便条：“这就是真实发生的事情。”有意思的是，他们没有一个人跟我提起过这件事。直到今天，我都不知道他们有没有费心去听。

毁灭倒计时

在税务局和经济顾问委员会等财政部关键部门几乎没有支持的情 424
况下，我现在完全依赖一个顾问小团队。然而，对于那些从一开始就与“三驾马车”合作愉快的人，以及那些如今已经选择中途投降的人而言，这个团队的卓越模型和成员的坚韧不拔使他们恼羞成怒。埃莱娜·帕纳里蒂斯就是其中的一名顾问。

5月初，我通知国际货币基金组织，埃莱娜将接任希腊驻国际货币基金组织代表。我这么做得到了亚历克西斯的首肯，并得到了我们驻国际货币基金组织前任代表塔基斯·鲁迈利奥蒂斯和经济部长乔治·斯塔萨基斯的全力支持。几天后，她的任命获得批准。然而，到了5月中旬，亚历克西斯要求我换掉她，因为“党无法容忍曾在《谅解备忘录》上签字的人”。实话实说，埃莱娜有着显眼的新自由主义背景，参加新自由主义政治人物和经济学家的聚会，用过去当议员时的语气对媒体说话，而不是以人们认为作为部长顾问应有的那种较为谦恭的语气说话——希腊语不是她的母语，这或许也不利于她的表达。但对我来说唯一重要的事情是，她在国际论坛上出色地代表了我和我们的政府，并且绝对致力于让希腊摆脱困境的事业。到目前为止，她是这项工作的最佳人选。

我对亚历克西斯解释说，恰恰是因为她的才智和道德使她有勇气掉转枪头，挺身反对《谅解备忘录》的逻辑，我才信任她。我对她的信任肯定超过对那些没文化的激进左翼联盟好战分子的信任，后者根本不知道摆在他们面前的是什么。听到我的解释，亚历克西斯笑了笑，但坚持说我们遇到了问题。我坚持己见。这项任命由财政部长说了算。无须多说。然而，为了帮他顶住来自党内的压力，我提议我们采取公开招聘的办法，由德拉加萨基斯、斯塔萨基斯、欧几里德和我组成决策委员会，评估埃莱娜相对于其他候选人是否合适。亚历克西斯表示同意。埃莱娜再次被确认为合适人选，获得任命。[16] 我们向国际货币基金组织发出了一封新信件，再次确认了对她的任命。

425 四天后，一家报纸报道说，萨吉亚斯接受不了对她的任命，称埃莱娜是“《谅解备忘录》的选择”。事实上，他当时正在努力把亚历克西斯拖上一条通往《谅解备忘录》的道路，至少可以说这相当讽刺。然而，到了 6 月 1 日，在亚历克西斯的强大压力之下，埃莱娜辞职了。

如果认为这样的插曲无关紧要，那就大错特错了。“三驾马车”已明确表示，只有我们推迟债务减免并提高税率，协议才有可能达成，因此“希腊计划”不得不被枪毙，因为债务减免是其核心内容，我和我的团队一直在研究的税收模型也必须消失。埃莱娜的去职大大地帮助了萨吉亚斯和胡利亚拉基斯，他们在帕帕斯和德拉加萨基斯的支持下，设法引导激进左翼联盟政府不去寻求债务减免。

在一次“战时内阁”会议上，帕帕斯——正是他在 2012 年找到我，因为我专注于研究债务重组，并在 2015 年坚持要我当财政部长——轻蔑地指责我“死盯着”希腊债务问题。

“我当然要这么做，”我回应道，“在战俘营里，总得有个人死盯着逃跑的事情吧。”

萨吉亚斯急忙为帕帕斯解围，提出了一个令人难以置信的观点：

只要“三驾马车”提供还款资金，债务就不是问题。面对这种全盘推翻我们自2010年以来一直在说的所有主张的观点，亚历克西斯竟一言不发。目睹这一切的我替他感到惭愧。屈从于“三驾马车”的《谅解备忘录》流程，把我们的政府改造成温和版本的萨马拉斯政府，现在成了他们的目标。我记得我和欧几里德在马克西莫斯官邸徘徊，等着“战时内阁”开会，而在相邻的一个房间里，萨吉亚斯和胡利亚拉基斯，在德拉加萨基斯的全程指导下，撰写又重写了“三驾马车”所谓的《工作层协议》。这实际上是一份新的《谅解备忘录》，与原来的版本一模一样，只是加上了几块遮羞布，并大幅降低了财政可持续性。这一切的可怕程度令人痛苦至极。

一天，我对亚历克西斯说，他都说服不了自己接受萨吉亚斯的《工作层协议》，更何况说服我们的议会党团接受。使我放心的是，他同意我的看法，看上去似乎更加沮丧。与此同时，杰夫·萨克斯向我发出紧急警告：“他们要求先达成《工作层协议》，承诺之后再谈债务减免等问题。但他们在撒谎！一旦你与他们达成《工作层协议》，他们就会否认他们曾向你承诺过任何东西。别上当！”我怎么能开口对杰夫讲，我不再能说动亚历克西斯了？我怎么能告诉他，亚历克西斯似乎已经被迫走上一条无法回头的道路？

到了5月底，亚历克西斯似乎已经过于消沉，无法掌控“战时内 426
阁”会议的局面。萨吉亚斯现在负责主持会议，在德拉加萨基斯和帕帕斯的支持下，他打算让我们接受“三驾马车”《工作层协议》的语言和内容。我们在所有问题上都做出了让步（需要紧缩的财政目标、债权人的债务模型和加税、无限制的私有化），但没有得到任何回报。每当我指出，我们正在做出无法兑现的承诺时，我得到的回应或多或少是对萨马拉斯政府主张的重复：只要我们能够同步获得新的贷款，未来的承诺就无关紧要；债务不是问题，因为迟早会进行重组。

为了重新吸引亚历克西斯的注意力，我准备放手一搏。在格伦·金的帮助下，我把我们的债务置换方案重写了一遍，使之变得更加温和，幅度也更小。我建议亚历克西斯在即将与德国总理和法国总统举行的非正式三方会谈上拿出这份方案，并表示，如果不包括至少某种形式的债务重组，那么建立在萨吉亚斯的《工作层协议》之上的任何协议都将是希腊的政治毒药。亚历克西斯按照我的建议做了，后来他打电话告诉了我这个“好消息”。会谈进行得相当顺利，他对我说。“安格拉说，她准备对我们的债务方案进行研究，并要我派人去找维泽尔讨论这件事。”

但欧几里德从布鲁塞尔单独传来的消息讲述了一个不同的故事：“三方会谈进展不顺，我们会向他们做出更多让步！”

“亚历克西，”我说，“她让你去找给我们掘墓的托马斯·维泽尔，而此人显然没有获得与我们讨论债务重组问题的授权，你告诉我这是个好消息？”

尽管如此，我还是愿意派格伦·金去布鲁塞尔见维泽尔，以防万一。格伦凭借他一如既往的才智，向维泽尔展示了我们提出的债务置换方案是多么简单有效，而且对德国总理而言，只会带来微不足道的政治成本。维泽尔被迫承认，我们的方案有可取之处。但事实上，我们这边不再有可信的威胁，这意味着格伦的成功不会产生任何作用。

在5月30日的“战时内阁”会议上，当萨吉亚斯和胡利亚拉基斯向亚历克西斯建议，应当安排与维泽尔的另一次会面时，我打断了他们的话，字斟句酌地说：“如果你们愿意，我不介意我们再和维泽尔谈一次，但要知道，这不会有任何结果。我们重新掌控自身命运的唯一机会是，如果我们的总理，最晚在周三或周三之前，把我们自己反对《谅解备忘录》的方案交给公众监督，并就此展开讨论——这是我们的最终方案，既能终结现有方案，又能与欧盟达成新契约。讨论的基础不是他们的《工作层协议》，而是我们的‘希腊计划’。这两个月来，我一直在这样说，还在撰写一份适应这个目标的文件……” 427

坐在我旁边的萨吉亚斯用讽刺的语气重复着：“决裂方案、决裂方案、决裂方案……这就是你正在做的。建议一拍两散。”

我已经忍无可忍。我用手拍着桌子说：“听我说！你不能再打扰我了。你也不能把这些话强加于我，歪曲我的意思。‘三驾马车’及其媒体非常擅长干这种事情。但在这儿少来这套！如果你有不同意见，一会儿等轮到你的时候，你再发表你的观点。”

“现在你吓到我了！”萨吉亚斯用挑衅性的傲慢语气说。

“斯皮罗，现在当心点儿。你正在堕落到政治流氓的层次。”

萨吉亚斯对我咆哮道：“我在这个国家奋斗了 40 年，不像有的人从国外看到了在这里发展事业的机会才回来。”

“我很高兴看到你摘掉了面具，这样我们都能看清楚究竟是谁从内部构陷财政部长。”我回答说。

事后，我当着达娜厄的面，向埃莱娜·帕纳里蒂斯讲述了这场愤怒的交锋带来的不快与破坏：“今天我再一次距离辞职只有咫尺之遥。但我不会帮他们的忙。亚历克西斯试图维护我，但他做得很笨拙。”

“他们给他喝了迷魂汤。”埃莱娜说。

“不，不是的，”他说，“他在内心里已经投降了。他累了，失去了斗志。但他是我们最后的希望。我会一直坚持到这个希望完全破灭的时候。”

本章注释

1. 在进行债务置换的同时，还将达成一份协议，允许希腊加入欧洲央行的量化宽松计划，从而减少我们对欧洲纳税人资金的依赖。投资倡议是让欧洲投资银行参与进来，利用希腊剩余的公共资产创建一家开发银行。
2. 其中或许还涉及另一个比较个人化的因素。2015 年夏，欧元集团轮值主席任期届满。路易斯雄心勃勃地想要取代杰伦，显然想在此时争取各位财长的选票。
3. 名字出现在封面上的联署作者包括：詹姆斯 · K. 加尔布雷斯（美国得克萨斯大学奥斯汀分校）、杰夫 · 萨克斯（美国哥伦比亚大学，联合国秘书长特别顾问）、诺曼 · 拉蒙特勋爵（英国前财政大臣）、玛丽安娜 · 马祖卡托〔英国苏塞克斯大学，著有《创业型国家》（*The Entrepreneurial State*）一书〕、托马斯 · 迈尔〔德国弗洛斯巴赫 · 冯 · 施托希研究所（Flossbach von Storch Research Institute）所长，德意志银行前首席经济学家〕和拉里 · 萨默斯（美国哈佛大学，美国前财政部长）。
4. 在此之前，沃尔夫冈和我刚刚参加了一次财长会议，讨论对欧盟成员国征收金融交易税（FTT）的可能性。在那次会议上，我们两人难得地意见一致，都投票反对其他成员国对金融交易税的反对。会议结束后，沃尔夫冈回到他的办公室，我和我的副手前去拜访了他。
5. 他所说的“另一个方案”是一家德国金融和投资顾问公司意志高驰（Goetzpartners）提出的。该公司的方案与我提出的以公共资产作为抵押品成立开发银行的想法一致。在接下来的几周里，我与意志高驰的代表合作，改进了我的政策框架。参见下面的注释 7。

6. 这是亚历克西斯向我讲述的情况。当然，我当时不在场，无法求证亚历克西斯当时究竟说了什么以及怎么说的。
7. 这份新文件与早前的政策框架文件主要存在两方面不同。首先，尽管我心存疑虑，但我还是采纳了亚历克西斯已经接受的财政目标。作为他的政府中的忠实一员和他的财政部长，我不得不为他做出的糟糕让步承担连带责任，同时竭力挽救所剩余的部分。第二个变动之处是，对拟建的开发银行的设计方案进行了重大改进。这将彻底阻止“三驾马车”一直要求的对希腊的公共资产进行甩卖，同时结束希腊政府对公共资产利用不足的局面。这项政策倡议是与德国咨询公司意志高驰联合制定的，该机构与德国总理府和联邦财政部关系密切。
8. 事实上，几个月后，我在德国《时代周报》(*Die Zeit*)上发表了一篇文章，阐述了我对朔伊布勒构想的解读，文章题为《朔伊布勒博士的计划》(“Dr Schäuble’s Plan”)。网址：http://www.zeit.de/2015/29/schuldenkrise-europa-wolfgang-schaeuble-yanis-varoufakis。英文版本参见https://www. yanisvaroufakis.eu/2015/07/17/dr-schaubles-plan-for-europe-do-europeans-approve-english-version-of-my-article-in-die-zeit/。
9. 2013 年 7 月 24 日，我在德国财经类日报《商报》上发表了一篇评论文章(《欧洲需要一个称霸的德国》)。我在文章中表示，我支持一个强大的德国，这是领导欧洲走出困境的最佳方式。很多人对此大呼意外。在这种背景下，我希望看到一个强有力的朔伊布勒与干劲十足的默克尔步调一致，去做正确的事情，这不应令人感到意外。如果他们坚持要求我们投降，对欧洲做错误的事情，那么我将与他们开战。至少在我看来，这两件事并不矛盾。
10. 事实上，与许多其他欧洲国家一样，希腊的增值税分为三档：6%、

11% 和 23%。然而，追溯到 20 世纪 40 年代，爱琴海诸岛享受 30% 的增值税折扣，原因是交通不便，在那里经商或生活的成本较高。汤姆森将岛屿上的打折税率算成额外的三挡，全国范围内总共就是六档。事实上，西班牙（包括加纳利群岛）等国家也有类似的安排，但他对此视而不见。

11. 汤姆森想要的劳动力改革，是我们这边承诺，不会重新引入工会的集体谈判权，并取消对大企业（主要是银行和超市）大规模解雇员工的法律限制。
12. 一个模型的参数是它的常量——它的内置"设定"——而不是变量。在我们的模型中，税率是一个常量，而税收是一个变量，后者取决于诸多其他因素。因此，参数改革是对模型"设定"的调整——在这种情况下就是税率。
13. 卡菲奇自 2000 年开始一直担任这家博物馆的首任馆长。她用了十多年的时间，一直努力为博物馆在雅典市中心寻找一栋专用建筑，几乎是孤军奋战。最终，她成功地找到了一家老啤酒厂，并对其进行了适当的改造，但就在博物馆即将开放的几周前，萨马拉斯政府将她解职。一年后，我们赢得了选举，而博物馆仍然处于关门状态。我的消息人士告诉我，一位银行家阻止了博物馆的开放，以防止他向博物馆提供的信用证被兑现。
14. 参见第二章的《登上黑名单》一节。
15. 参见第六章的《国内战线》一节。
16. 5 月 26 日，欧几里德投了埃莱娜的反对票，斯塔萨基斯和我投了她的支持票。德拉加萨基斯投了弃权票，因为正如他解释的那样，埃莱娜显然是最合适的人选，但与此同时，该党不想要她。

第十六章　房间里的成年人

在接下来的一个月里，希望继续消散，记录我们落败的纪录片也进入了快进状态。 428

6 月 1 日，乔治 · 索罗斯试图通过我的渠道联系亚历克西斯。多年来，我一直被支持“三驾马车”的建制派和反犹右翼人士错误地称作“索罗斯的希腊走狗”，而他传递给总理的信息恰恰是一条反面的证据。“开除瓦鲁法克斯！欧洲受不了同时有两处开放性伤口——希腊和乌克兰（该国正在发生激烈内战）。雅典现在必须向德国投降，好让欧洲专心解决乌克兰问题。出于这个原因，瓦鲁法克斯必须被解职！”几个月后，当欧盟和国际货币基金组织宣布，我之前为希腊制订的同一套债务置换和名义收入指数化债券方案将被用于重组乌克兰的公共债务时，我终于沉冤得雪。

6 月 2 日，欧几里德从布鲁塞尔给我发来短信：“我们在所有战线上都输了！”

6 月 3 日，“三驾马车”有史以来第一次宣布，他们将向我们提出他们的方案。由于担心我们泄露信息，他们在一个见鬼的时间把胡利亚拉基斯叫到一间会议室，用 PowerPoint 展示他们的要求，让乔治做笔记。看过他的笔记后，我向亚历克西斯发去了我的解读：“这项方案是由国际货币基金组织撰写的，目的就是逼你拒绝。他们的战略很清楚：要求实施如此之多的紧缩措施，并丧失主权，这样柏林就会在债务减免问题上让步，否则希腊将崩溃。”

6 月 4 日，我问欧几里德：“我们向‘三驾马车’提出我们的计划了吗？还是我们让他们用《工作层协议》痛击我们？”欧几里德回短信说：“不用猜都知道！”

6 月 5 日，我们对国际货币基金组织尝试违约再次失败。这一次，国际货币基金组织没有发现藏匿的资金，而是用不着我们在月底必须
429 还款，把这笔欠款与以后的欠款合并在一起。但就在两个月前，在克里斯蒂娜·拉加德的华盛顿办公室，她告诉我这是不可能的。[1]

6 月 6 日，我告诉亚历克西斯出现了一件奇怪的事情，我们“战时内阁”的某位成员与财政部的一名官员多次会面，后者一直在破坏我利用算法追查逃税者的计划。就在同一天，帕帕斯通过短信对记者解释说，我必须被免职，因为我是“那只锚，一直在拉着我们，妨碍我们与‘三驾马车’达成协议”。

6 月 7 日至 9 日，我在柏林与沃尔夫冈·朔伊布勒见了次面。他的无可奈何令我感到震惊。我还见到了绿党和社会民主党议员，并在柏林大教堂发表了演讲。在演讲中，我提到了美国国务卿詹姆斯·F. 伯恩斯在 1946 年发表的“希望演讲”，这场演讲启动了德国的复兴和再工业

化。我邀请安格拉·默克尔发表她自己版本的希腊“希望演讲”。

我的演讲产生了效果。在6月10日至15日期间，两次竞选德国联邦总统的社会民主党候选人格西娜·施万对我的柏林演讲和我向她介绍的“希腊计划”印象深刻，她试图说服西格马·加布里尔与我打交道。加布里尔的办公室对最新版本的“希腊计划”做出了积极的回应，表示这是达成协议的良好基础。我们之间的对话一直充满希望，直到6月15日。当时加布里尔对德国小报《图片报》说：“希腊政府的博弈论者正在输掉他们国家的未来……欧洲和德国不会容忍自己被勒索。我们不会让德国的劳动者和他们的家庭为一个部分是共产主义的政府在竞选时夸下的海口埋单。”格西娜大为震惊。她给我发电子邮件说，她为加布里尔感到惭愧。同一天下午，我前往克里特岛首府伊拉克利翁，在那里向主广场上的数千人发表了演讲。

6月16日，激进左翼联盟议员将在议会大厦的旧参议院会议厅举行会议。当我到达时，台下的所有座位都坐满了，但我没有接受邀请坐在讲台边的部长席上，而是选择坐在中前排的台阶上，挨着我的一个朋友。他是我原来在大学的同事，我们有一段时间没见了。

6月17日，报纸上刊登了我坐在台阶上的照片，标题是《下台了！》，指责我不尊重议会。在英国《金融时报》的头版看到我的照片 430
后，诺曼·拉蒙特给我发邮件说：“亲爱的雅尼，我看到你虽然遭到重创，但仍未屈服。你看起来很疲惫，但意志绝对坚定……你这样做是对的，希望很快会见到一些光明和理性。”在同一天，我联系了经合组织秘书长安赫尔·古里亚，为我制订的改革方案寻求更多帮助。安赫尔回复说，经合组织和他的团队愿意为我效劳。

第二天，即6月18日，欧元集团召开会议。这是“三驾马车”的最后一次猛攻。

表现糟糕的成年人

克里斯蒂娜·拉加德怒气冲冲来到了 6 月 18 日的欧元集团会议现场。在 6 月 16 日举行的希腊议会党团会议上，就是我坐在地板上的那次，亚历克西斯宣称国际货币基金组织对希腊的局势负有“刑事责任”。“嗨，主犯在这儿呢。”克里蒂斯娜用讽刺的口吻和我打招呼。我的神情似乎让她冷静了一点。“我不是要你负责。”她和善地说。

这场对我们的批斗大会是由马里奥·德拉吉领导的。他的发言与其说是发言，不如说是在朗读一本流水账，内容是希腊储户在过去一周从他们的账户里取走了多少欧元：“周一，3.58 亿欧元。周二，5.63 亿欧元。周三，8.56 亿欧元。周四，10.8 亿欧元。”

路易斯·德金多斯跟着问：“银行明天会开门吗？”

德拉吉的副手伯努瓦·克雷给出的答案是：“是的，明天开门。但周一呢？”。

没有什么比央行行长朗读记录银行挤兑过程的流水账更能加快银行挤兑的了。他的副手则暗示，他们不打算进行干预，银行或将在三天后关闭。

几个月后，据欧洲央行内部的一名吹哨人透露，就在 6 月 18 日，也就是欧元集团会议召开的同一天，马里奥·德拉吉委托外聘的律师事务所提供一份独立的法律意见。他的问题是，关闭希腊银行是否合法。欧洲央行内部设有一个规模庞大、能力极强、花钱很多的法律部门。马里奥选择绕过他们，去找私人律所，这表明他要做的事情——关闭希腊银行——引起了一定的反感。[2]

与此同时，沃尔夫冈的欧元集团啦啦队这次并没有批评希腊，而是批评“三驾马车”——因为对我们过于仁慈。斯洛文尼亚财政部长抨击拉加德和莫斯科维奇向最初的《谅解备忘录》里“掺水”，克里斯蒂娜和皮埃尔无疑乐于受到这种指责，这说明他们对我们做到了一碗水端平。与此同时，沃尔夫冈又搬出了他最喜欢的套路之一，要求不要把任何书面形式的《谅解备忘录》修正案发给他，因为那样他就必须将其提交给德国联邦议院。 431

轮到我发言的时候，除了像往常一样就火烧眉毛的问题发表意见之外（改革，债务置换，可信目标的必要性，投资和不良贷款的管理计划，各家机构的 PowerPoint 提案在财政、经济或政治上没有意义的原因），我还提出了一项新的建议。我说，与其在不可靠的模型基础上争论税率的细节，为何不进行“更深层次、更全面、更永久性的改革？一种赤字自动紧急刹车机制，由受到我们和各家机构一致认可的独立财政委员会进行立法并负责监督……请把这看作一个强烈的建议，我们的政府将在达成协议后立即落实”。[3]

如果他们有兴趣与我们达成协议，他们应该会欣然接受我的建议。米歇尔·萨潘发出了一些鼓舞人心的噪声。“各家机构必须认真对待雅尼斯的建议。雅尼斯在这件事情上是对的。他在投资问题上也是对的……专家不可能解决所有问题。欧元集团是一个政治论坛。它应该做出政治贡献——即使这件事已被提升至更高的政治层面。”但在其他人那里，我的话依然被当作“瑞典国歌”。

在会议的后半程，当我表示，我对如此重要的建议被当作耳旁风而深感震惊时，杰伦以他的最高权威终结了这方面的讨论：“今天提出的任何新建议必须得到各家机构的考虑。欧元集团不负责对其进行评估。”有鉴于此，胡利亚拉基斯和萨吉亚斯也就顺势放弃了我的债务刹车建议，以讨好维泽尔和欧元集团工作组。

在欧元集团会议结束后的新闻发布会上，一名希腊记者问克里斯蒂娜·拉加德，国际货币基金组织支持减免希腊债务的立场得到了欧元集团其他成员国的反对，她对此是不是不高兴。克里斯蒂娜故意忽
432 视了这个问题的实质，而是选择发泄她的愤怒：“目前我们缺乏对话，当务之急是恢复与房间里的成年人的对话。”

她当然是对的。我们需要欧元集团的成年人、柏林的成年人和马克西莫斯官邸的成年人。问题是，这三个地方都缺少成年人。然而，媒体报道说，拉加德的话是对我的攻击，给他们到目前为止形容我的一长串绰号里又增加了新的一个——“大小孩”。我再次见到克里斯蒂娜时，我说：“媒体报道说，你说‘我们需要房间里的成年人’是在说我。”

“胡说八道。”她友善地说。

第二天，也就是 6 月 18 日，我收到了格西娜·施万发来的一条消息：“我被你在欧元集团的发言所打动。”到那个阶段，我已经吸取教训：为了避免媒体的曲解，并防止他们日后对我在欧元集团会议上的贡献进行错误报道，我现在会把演讲全文发布在个人网站上。“加布里尔和社会民主党一定是疯了，所以才看不出你的建议有多么好。”她说。我在日记中写道：“要是亚历克西斯也被打动就好了。”关于加布里尔和社会民主党，我回想起 2 月初在柏林与约格·阿斯穆森和杰罗明·策特尔迈尔之间的那次并不十分秘密的晚餐。于是我在日记中潦草地写道：“他们并不是疯了。他们似乎只是认同默克尔的战略，不触及债务重组问题。”

那天晚上，回到雅典，我开了个小差，和达娜厄出门与一对友人夫妇共进晚餐。奥尔加说了一些直戳痛处的话：“你似乎已经输掉这场战斗。从你告诉我的情况来看，亚历克西斯想要投降。鼓励他带着一定的尊严投降吧。告诉人民，这场战斗已经输了。”

6 月 20 日，当萨吉亚斯和胡利亚拉基斯继续着他们滑稽的行为，试图代表“三驾马车”撰写最终的《工作层协议》时，我在马克西莫斯官邸遇到了亚历克西斯，向他提出了我与之前为之奋斗的事业截然不同的一条建议。我告诉他，我现在清楚地看到，他已经下定决心——他想投降。尽管我坚决反对他的这个决定，但正如他所知道的，他是总理，只有他才能做出决定。“尽管如此，无论是做出什么决定，看在上帝的分上，不要误导我们的人民。不要让他们走上街头，煽动他们，只是为了在事后欺骗他们。我偶尔听你谈到全民公投。除非你想回到我们最初的作战计划，否则不要这么做。如果你想投降，就投降吧。但要以这种方式……”我递给他一张纸，上面是一篇简短的演讲稿，一篇在电视上对全国人民宣读的演讲稿。 433

> 希腊同胞们。我们与铜墙铁壁般的债权人组成的“三驾马车”进行了英勇的斗争。我们已经尽了全力。只可惜，我们很难与不想要回钱的债权人争辩。我们面对的是全世界最强大的机构、本土寡头，他们的势力远远大过我们。我们得不到任何人的帮助。有些人，比如奥巴马总统，对我们说了一些善意的言语。其他国家，如中国，则同情地看着我们。但没有人挺身而出，向我们提供任何实质性的援助，帮助我们抵御那些决心要碾压我们的人。我们没有放弃。今天，我要告诉你们的是，我们选择活着，择日

> 再战。明天上午我将接受“三驾马车”的要求。但这仅仅是因为这场战争日后还有很多硬仗要打。从明天起，在我屈服于“三驾马车”的条件后，我和我的部长们将开启一场环欧之旅，告诉欧洲人民发生了什么事情，动员他们、邀请他们加入共同的斗争，结束腐败，恢复欧洲的自由民主原则与传统。

读完后，亚历克西斯以他现在已经惯有的沮丧态度说：“我不能向我们的人民承认我要投降。”他的意思很清楚了：他实际上已经决定投降，只是向人民开不了这个口。

欧元区特别峰会定于6月22日（周一）在布鲁塞尔举行。在前一天的内阁会议上，我告诉我的同事，我们迎来了一个历史性抉择，摆在我们面前的是两个清晰的选项。一是投降。我告诉他们我已建议亚历克西斯向全国发表演讲的事情。二是继续战斗。但如果我们这么做，我提醒他们说：

> 从周二开始，欧洲央行将试图关闭银行，并实施资本管制。只有当我们打算用自己的威胁回应他们的威胁时，沿着这条路走下去才是有意义的：面对欧洲央行的挑衅性决定，我们应该单方
> 434 面推迟从欧洲央行赎回27亿欧元的希腊政府证券市场计划时代的债券，把它推迟到一个遥不可及的日期；我们应该启动我在2月首次向你们介绍的平行支付系统。如果我们不准备以这种方式回应，那么我们明天就该投降。

在欧元区峰会举行之前，欧元集团预先召开了筹备会议。在发言

时，我历数了亚历克西斯做出的让步，并为之辩解，但没有提及我对这些让步的强烈不满。我还提出了一个具体的建议，有助于减少欧元集团需要为希腊提供的新贷款的数额，如果他们同意提供贷款的话。[4]回首往事，我惊讶地发现自己竟然忠于一项自己认为既失败又错误的事业。但我想，我之所以保持忠诚，不仅仅是因为我有责任这么做，还因为我知道，“三驾马车”对亚历克西斯的让步不感兴趣。他们已经决定要关闭银行，拿他杀鸡儆猴——我想，到了一定的时候，他或许还有一丝丝的可能，会一改默许的态度，重新打起精神。

在这场欧元集团会议上，发生了两段有趣的交流，否则这场会议毫无意义。沃尔夫冈·朔伊布勒在会上攻击皮埃尔·莫斯科维奇，指责他胆敢在国际货币基金组织——实际上是柏林——对亚历克西斯开绿灯之前，就对亚历克西斯的让步给予积极的评价。当皮埃尔试图否认这一点，辩解说国际货币基金组织一直迟迟没有表示同意时，沃尔夫冈大发雷霆。“欧盟委员给出了积极的评价……我们不是白痴！你可以耍任何手段把责任推给国际货币基金组织。要是没有国际货币基金组织的全面参与，就不可能……”

皮埃尔被吓坏了，他乞求宽恕。“欧盟委员会从未、从未、从未想过把责任推给国际货币基金组织，”他申辩说，“也许我们反应得快一些，但我们是合作的。”

第二段交流发生在朔伊布勒和马里奥·德拉吉之间。沃尔夫冈要求知道，欧洲央行还会向希腊银行提供多久的紧急流动性援助。马里奥显然很生气，他回答说：“我明白，我们提供多长时间的紧急流动性援助关系到我们的利益。至于你想知道我们还将提供多久的紧急流动性援助，我感谢你有这份兴趣。但你也需要理解，我们的独立性是更加重要的事情。因此，就像我问你有关财政政策的问题一样，我必须克制住自己，不去问你。我希望你自己也能同样克制。”在接下来的会
435 议上，沃尔夫冈和马里奥显然都在生对方的气。

会后，亚历克西斯和我见到了欧洲理事会主席、波兰人唐纳德·图斯克。他的态度非常明确：在之后的任何会议上，都不应再提起债务减免的事情。当我们离开的时候，我问亚历克西斯：“你的任务不是提出别的事情，除非你想放弃——如果是这样，你就赶紧放弃，长痛不如短痛。”他的表情清楚地表明，他想放弃。

据当晚陪同亚历克西斯出席欧元区峰会的欧几里德说，亚历克西斯用尽了他权力范围内的一切办法想要投降。但正如我所担心的那样，默克尔不会允许他投降。他的让步被嗤之以鼻，被认为是不够的。他被要求回去找“三驾马车”，与他们达成进一步的协议，然后在两天后的另一场欧元集团会议上表决通过。

6 月 23 日，萨吉亚斯和胡利亚拉基斯继续干起那份可怜的工作，重新起草“三驾马车”的《工作层协议》。他们相信，更大幅度的让步会让他们在第二天上午与“三驾马车”达成协议，并在当天下午的欧元集团会议上获得正式批准。这就好比浮士德正准备把自己的灵魂出卖给靡菲斯特，却没有意识到靡菲斯特根本没有购买的兴趣。结果是没有达成协议。亚历克西斯做出的所有这些让步换回的，仅仅是“三驾马车”提出的将希腊贷款协议延期三个月的方案，之后债权人将回来索取更多的东西，比现在要多得多。

在随后召开的欧元集团会议上，齐聚一堂的各国财长都很生气。他们有理由生气，因为他们赶来参加了一场毫无意义的会议。杰伦·戴塞尔布卢姆再次拉低了自己已经很低的道德水准，他拒绝分发

亚历克西斯提交的修改后的《工作层协议》，只是分发了“三驾马车”拟定的版本。看到大家都很厌倦，我于是建议，欧元集团作为一个整体应该得到一定的休息时间，不要再为希腊问题烦恼，所以拟定的延期方案应该至少再加上六个月，直至 2016 年 3 月，免得大家总得出席这些无休无止的会议。好像差不多每个人都喜欢这个建议，这对我来说是难得的经历，但最终没有人敢公开表示支持。两小时后，我们休会了，第二天再开会，寄希望于亚历克西斯的团队和“三驾马车”能在一夜间达成协议，而我对此不抱希望。

回到酒店，亚历克西斯、萨吉亚斯、德拉加萨基斯、欧几里德、帕帕斯、胡利亚拉基斯（和他的一些团队成员）以及我聚集在一件会议室里。我没有什么可说的。他们都知道我的立场。那些曾信心满满 436
地认为大幅让步就会达成协议的人泄气了。欧元集团最后与我们达成的协议是，我们将明早六点碰头，继续研究我们的让步内容。现在是需要领导力的时候。亚历克西斯此时应该展现他的力量，但他选择逃避，宣布他很累，将与我们的右翼国防部长坎梅诺斯共进晚餐。

当他走出房间时，欧几里德和德拉加萨基斯因为我没有注意到的原因爆发了激烈的争吵，最后欧几里德怒气冲冲地走了。德拉加萨基斯和萨吉亚斯之后也消失了，剩下我和胡利亚拉基斯及他的两名助手。或许是纯粹的惯性在驱使他们继续起草《工作层协议》。不论出于何种原因，他们正在忙着写下更多的让步。我看了一眼他们正在做什么。“我们的议会不可能投票支持取消微不足道的‘团结’福利，这是给每月养老金不足 200 欧元的退休者准备的。”我告诉他们。

“来自其他政党的议员会的。”其中一人回答说。

我明白了：我们已经在指望着争取亲“三驾马车”的反对派议员。

分裂激进左翼联盟的行动正在进行当中。

欧几里德不接电话，也不开门。一小时后，他给我发信息道歉，并留言说他再也无法忍受“他们的愚蠢”，需要发泄他的懊丧。午夜刚过，他又发来信息：“不用说，这种愚蠢是我们两个都受不了的。”

我回复他说：“我认为，我们现在帮助亚历克西斯的最佳方式就是弃权。我们留在酒店。或许他会意识到他需要重新考虑他的工作方法。”

欧几里德显然尴尬地回复说，他们现在都在欧盟委员会，“三驾马车”正在对他们施压。“我以为你在另一辆车里。”他发信息说。我告诉他，他们没有邀请财政部长。欧几里德说：“我会坚持要求他们让你来。”我回他说：“不必了，欧几里德。我不去。我显然就是个摆设。再也不能让他们名正言顺地这么做。”

第二天一大早，欧几里德打电话对我说，深夜的会谈是另一场灾难，但我们马上还要和他们谈一次。“你一定要来，这很重要。我们这边非常弱。”那天晚上，我把辞职信又改了一遍，我想是第六稿了。我原本计划代表希腊出席当天的欧元集团会议，等新闻发布会结束后
437 就辞职，因为我的政府放弃债务重组，而在我看来，这与我们得到的授权南辕北辙。这就是我辞职的原因。但只要我仍是财政部长，我想我不妨按照欧几里德的建议，在出席欧元集团会议之前先去参加那场会晤。

当我们抵达欧盟委员会时，我没有受邀与亚历克西斯、德拉加萨基斯、帕帕斯和胡利亚拉基斯一起进去，与拉加德、德拉吉、容克、维泽尔和戴塞尔布卢姆举行会晤。但几分钟后，亚历克西斯出来接我进去。当我们走向会议室时，他告诉我：“欧几里德坚持要你来。我同

意了，不过戴塞尔布卢姆看到你会很生气。”似乎是杰伦一直反对我出现。

我被房间里的局面吓坏了。“三驾马车”提出的最新版本的《工作层协议》似乎旨在确保亚历克西斯一回到雅典就会被私刑处决，如果他接受的话。例如，这份《工作层协议》要求，酒店增值税应从4%跃升至23%——在度假岛屿莱斯沃斯岛、科斯岛和罗得岛对面的土耳其海滨度假酒店，增值税为7%。胡利亚拉基斯几乎没说话。当他开口的时候，他听上去不可思议地像是维泽尔。德拉加萨基斯沉默不语。帕帕斯则滔滔不绝地说着半大小子一样的蠢话。只剩下亚历克西斯像一个乞求者一样与“三驾马车”对话。

与此同时，克里蒂斯娜和马里奥大肆发表几乎站不住脚的声明，而无人指责他们，同时杰伦将会议巧妙地引入另一个僵局。我进行了两次干预，指出了“三驾马车”拨款方式的前后不一致之处；但当克里斯蒂娜和马里奥注意到我的发言时，每个人都清楚地看到，我起到的确实只是个摆设的作用。几个月后，亚历克西斯对一名记者谈到这次特别的会议时说：“雅尼斯很棒，说了一些有用的话，但在那个房间里，显然没有人信任他。”

重振旗鼓

既然希腊财长已被击败，我的欧元集团同僚们在6月25日的会议上本应感到所向披靡才是，但事实并非如此。那天下午，我进入会场时就已下定决心，这是我最后一次参加会议，我的口袋里已经装好了那封修改后的辞职信。或许这使我有一种解脱的感觉，也或许我已经没有什么可失去的了（贾尼丝·乔普林和尼科斯·卡赞察基斯对自由 438

的定义[1]），事实证明，我的表现是相当有效的，成功挑拨了"三驾马车"各家机构之间的关系。[5]

会议程度开始时，杰伦通知我们，没有达成任何协议。然后，他以三份文件的形式给出了"三驾马车"的最终报价：一份全面的《工作层协议》，其中包括可以想象得到的最严厉的紧缩措施、大甩卖式的私有化，以及关键公共政策和财产领域的国家主权进一步丧失；一份将于 2015 年 11 月到期的融资方案，这意味着很快就要召开新一轮的欧元集团会议，才能进一步延长该协议；第三份是债务可持续性分析报告。值得注意的是，国际货币基金组织拒绝认可最后一份文件。此外，马里奥·德拉吉第一次想要避免对融资问题发表意见。我感觉到这两个机构之间存在不和谐，或许在三家机构内部也是这样。这也难怪：后两份文件显然缺乏稳固的根基，只需轻轻一碰就会散架。

在我的欧元集团生涯中，我第一次决定不把注意力放在拟定的改革上，而是聚焦于融资和债务可持续性问题。

> 我认为，各家机构希望我们通过紧缩和改革措施。对于一个陷入衰退的经济体而言，这些都是艰难的决定。你们会给我们什么回报呢？你们认为，你们的改革和融资方案会为走出债务衰退周期开辟一条清晰的道路吗？有没有一条摆脱困境的可靠道路？我要问一个问题：这是可持续的吗？在这个问题得到回答之前，我无法把上述行动提交给我的议会，就像你也无法把它们提交给德国联邦议院一样，沃尔夫冈。各位同人，这个房间里没有一个

❶ 前者（1943—1970）是美国流行歌手。后者（1883—1957）是希腊作家。

> 人敢站出来说，各家机构提出的方案能够让希腊在中期内实现可持续发展。这应该是我们所有人——作为欧洲人——非常关注的问题。我们目前看到的是，经过多次会议和历时数月的谈判，各家机构提出的这个方案引发了我们对货币联盟运营方式的重大关切。我们不应该处于这样的境地：我们高举双手欢呼雀跃，同时 439
> 宣布我们不知道如何在中期内让希腊这样的国家实现稳定。

克里斯蒂娜·拉加德和马里奥·德拉吉似乎并不高兴。沃尔夫冈·朔伊布勒看上去脸色铁青。但我才刚刚开始。我接着指出了两个技术性问题。首先，“三驾马车”的融资方案到 2015 年 11 月就到期了，“但国际货币基金组织的项目一直持续至 2016 年 3 月。这意味着，国际货币基金组织在之后继续推进其项目是非法的，因为在 2015 年 11 月至 2016 年 3 月之间存在融资缺口”。国际货币基金组织在这方面有着明确的规定：在与国际货币基金组织的合约期内，如果一个国家的融资需要没有得到全部满足，那么国际货币基金组织就不能参与这个国家的改革，也不能向其放款。

第二个技术错误也与融资方案有关：“就我在这里看到的内容而言，方案建议在 7 月和 8 月赎回总计 67 亿欧元的证券市场计划债券，这笔钱将从希腊金融稳定基金的 109 亿欧元里出……各位同人，我想要对你们指出的是，这不是沃尔夫冈通过德国央行能够做到的事情。”感受到房间里的紧张气氛，我继续解释了原因。

> 我提醒你们，希腊金融稳定基金的 109 亿欧元资金是作为第二轮纾困协议的一部分获得批准的，目的是对希腊薄弱的银行进

> 行资本重组。假设我们全都对此睁一只眼闭一只眼，同意按照各家机构的建议，在今年夏天挪用这笔钱还给欧洲央行，那么如果在明天，或者在未来几个月内，欧洲央行作为我们银行的监管者，认为希腊的银行需要更多资本时会发生什么？由于希腊金融稳定基金的钱已经没了，那么就没有钱拿给希腊的银行。当我就此事询问伯努瓦·克雷时，他的回复是，如果走到那一步，欧洲稳定机制会提供新贷款，补足希腊金融稳定基金的资金——也就是说，这笔钱来自你们的纳税人。而这就是问题所在：要想做到这一点，沃尔夫冈的议会和其他议会，就需要批准第三轮纾困、第三个希腊方案。但各家机构提出这个方案的全部意义在于延长第二轮纾
> 440 困、第二个方案，避免出现第三轮纾困、第三个方案。但如果挪用希腊金融稳定基金的钱还给欧洲央行，你们实际上已经在第二个方案中嵌入了第三个方案。这既不合法，也不合逻辑。现在唯一的选项是允许希腊银行增购70亿欧元的希腊政府短期国债，用于还给欧洲央行。我不能将这个方案提交给我的议会。你能吗，沃尔夫冈？各位同人，请记住，我们现在必须回答这些问题。我们今天没有不达成协议的权利。

在前一天晚上发现胡利亚拉基斯的团队正在密谋与反对派结盟后，我拒绝让他在欧元集团会议上坐在我身边。欧几里德接替了他的位置，现在他在我耳边低声说：“无懈可击！”

沃尔夫冈开口了，他的反应对我来说是一份礼物，对“三驾马车”而言则是一次打击。

> 现在是要求我们同意，希腊将在11月发行短期国债，用于债务融资，以代替欧洲金融稳定机构的缓冲资金吗？这是开玩笑吗？用短期国债代替欧洲金融稳定机构缓冲资金？得了吧！……你们看看债务可持续性分析报告，根本看不到对一个三年期方案的硬性分析。我必须再说一遍：我看不到在2015年解决证券市场计划问题的出路……而我必须要求所有这些变动都须得到议会的批准。你认为那会管用吗？我无法想象我能够说服我的议会。

当沃尔夫冈告诉“三驾马车”，他们给我们开出的最终报价一文不值，他不能将其提交给本国议会时，我低声对欧几里德说：“这就是我喜欢这个家伙的原因。”而我也完全意识到，我们的情报部门很可能把这件事汇报给马克西莫斯官邸，进一步印证了我是沃尔夫冈的走狗。

斯洛文尼亚外长没有意识到沃尔夫冈这番发言的重要意义，他继续发言，就好像什么也没发生过一样。“我们今天唯一能做的事情，”他断言，“就是对希腊说：‘要么接受，要么离开。’”马耳他的代表也表达了他的关切，即“三驾马车”向希腊的让步太过仁慈，以至于令人对欧元集团的信誉产生怀疑。其他一些人也发言了，但由于沃尔夫冈反 441
对欧盟委员会，而杰伦和德拉吉保持沉默，我们的对手被逼到了墙角。

再次要求发言获准后，我对克里斯蒂娜·拉加德问道：“国际货币基金组织是否认为，根据拟定的协议，希腊的债务是可以持续的？”轮到她发言时，克里蒂斯娜试图回避这个问题，但最终承认希腊的公共债务问题“不得不受到重新审视”。我插话说，在我看来，这意味着他们逼我接受的《工作层协议》并未得到国际货币基金组织的最终批准。它不仅不够全面，也是不可持续的。不仅是沃尔夫冈不可能推动其在德国联邦议院获得通过，它还违背了国际货币基金组织的内部指导方针。

克里斯蒂娜看上去脸色不大好。我后来得知，前一天晚上，国际货币基金组织迫于压力，隐瞒了其对希腊债务进行的最新可持续性分析。毫无疑问，正如《纽约时报》所报道的那样，原因在于："在进行了统计之后，国际货币基金组织现在接受了瓦鲁法克斯的核心论点：希腊破产了，需要欧洲减免债务才能生存。"[6] 正如我稍后发现的那样，国际货币基金组织在 6 月 25 日欧元集团会议上的沉默导致其华盛顿总部发生了一次叛乱。我在国际货币基金组织的熟人证实，"事情已经到了临界点"，克里蒂斯娜的领导地位似乎岌岌可危。

克里斯蒂娜还没来得及回应，沃尔夫冈再次突然发话。"在我们看来，各家机构拿出的文件是不可接受的，"他说，"不可能再有更多的钱了……我们一个月也不想延期……不会有更多的新融资，他们必须更多地依靠经济增长。"

尽管沃尔夫冈的立场很明确，但杰伦还是继续向我施压，要我接受各家机构给出的那些文件。好像他根本没有听到沃尔夫冈的话。我承认，我几乎是带着喜悦的心情问杰伦："这是否意味着我们要么接受各家机构的文件，要么就怎么样？正如一位同人所说，是不是'要么接受，要么离开'？我这么问是因为我需要报告给我的政府。"

杰伦看上去疲惫而焦躁，他以典型的方式回答说："需要达成协议。如果你想要一个'要么接受，要么离开'的方式，那也是有可能的。你可以直接说'好的'。这也是一个选项。说真的。"或许是明白他什么也得不到，杰伦宣布休息片刻。

442 "他会利用这段时间炮制一些不利于我们的东西。"我对欧几里德说，他点点头。

休会期间，当我回到会议室后，沃尔夫冈示意我过去找他。“请坐。”他说，示意我坐在他副手的椅子上。我们谈了 25 分钟。其间杰伦想要重启会议，但又不敢打断沃尔夫冈和我的对话。我们的谈话直接接着之前的谈话内容进行了下去。

朔伊布勒：我非常担心。

瓦鲁法克斯：我也是。

朔伊布勒：我知道。欧洲并不顺利。

瓦鲁法克斯：很明显。

朔伊布勒：我在这里看不到达成协议的可能性。

瓦鲁法克斯：我也没看到。但这不就是你想要的吗？

朔伊布勒：不是，我想要一个解决方案。我不想要一份让未来的事情变得更糟的协议。

瓦鲁法克斯：这就是我们当选的原因，因为那些《谅解备忘录》和贷款就会让未来变得更糟。他们假装已经解决了危机，把危机拖到了未来。

朔伊布勒：我知道，是这样的。

瓦鲁法克斯：沃尔夫冈，告诉我一件事，换作你是我，你会把那些“机构”正在推动的东西提交给你们的议会吗？把萨摩斯岛、莱斯沃斯岛、科斯岛和希俄斯岛酒店的增值税提高到 23%，而土耳其税率是 7%？旅游业是我们仅存的产业。你会这么做吗？

朔伊布勒：如果你这么做了，你必须对你的人民负责！

瓦鲁法克斯：这就是我不做的原因。

朔伊布勒：你做的是对的。你必须说服你的总理相信我们上次谈过的事情。

瓦鲁法克斯：我们已经讨论过了，沃尔夫冈。你不能让我这么说。这并非是因为我认为这不是最好的解决办法，而主要是因为你那边缺乏某种授权。

当然，我指的是默克尔总理明确否决了沃尔夫冈提出的希腊“暂时退出”欧元区的想法。

443 无论杰伦在休息期间谋划了什么，看到沃尔夫冈和我在这么长的时间里相谈甚欢，他一定打消了念头。在做了中立性的总结发言后，杰伦宣布会议结束。随后，杰伦发布的公报以这样一句话结束：“各位部长邀请希腊当局接受各家机构提出的方案。”没有什么比这句话还要假了。杰伦发表了这样一份虚假的声明，但他没有收到任何惩罚，唯一的可能就是，他得到了某人的支持，这个人的权力大于朔伊布勒、拉加德和德拉吉。符合这个条件的唯一人选就是默克尔总理。

紧急出口

第二天一大早，即6月26日（周五），亚历克西斯把我们所有人叫到我们下榻酒店的顶层，那里可以俯瞰布鲁塞尔市中心。和我同去的包括德拉加萨基斯、萨吉亚斯、欧几里德、帕帕斯、斯塔萨基斯、胡利亚拉基斯，或许还有一两名助手。我们采取了比以往更谨慎的预防措施，以免在亚历克西斯解释现在会发生什么之前被人偷听。由于没有达成协议的余地，大家都将返回雅典，只有我、欧几里德和胡利亚拉基斯留下。我和欧几里德是要参加第二天的欧元集团会议，胡利亚拉基斯则是或许要参加欧元集团工作组会议。那天晚上，亚历克西斯将召集内阁会议，届时他会提议将“三驾马车”的最后通牒交由全民公投决定。全民公投将在差不多十天后的7月5日（周日）举行，而我们会建议我们的人民投否决票。

“我希望你们每个人都非常清楚地知道，”他说，“我要求彻底的无线电静默。至关重要的是，在内阁会议结束后、我们在雅典正式宣布举行全民公投之前，没人会知道这件事。不要与任何人交谈——记者，给你们打来电话的妻子，特别是不要与‘三驾马车’的任何人交谈。好吗？”

几乎没有讨论。我们都意识到这项决定的严重性。我只问了一个问题：“我们举行公投是为了赢还是为了输？”

我得到的唯一答案——我认为这是一个诚实的答案——来自德拉加萨基斯：“我们需要一个紧急出口。”

和他一样，我确信我们将输掉公投。1月，支持政府的总票数仅占40%，而且我们现在面对的是在7月5日之前银行关门整整一周，以及 444
媒体的惊悚报道。但和我不同的是，德拉加萨基斯希望输掉公投，以便使我们可以顺理成章地接受“三驾马车”的条款。

当大家准备离开时，我走向胡利亚拉基斯，直截了当地对他说：“你听到总理的话了。我知道，你很难远离你在‘三驾马车’的朋友。如果我发现你一直在与维泽尔或科斯特洛联系，我会亲自处理你的。明白吗？”胡利亚拉基斯表示他明白。

回到自己的房间后，我拿起那天准备交给亚历克西斯的辞职信，撕成碎片，丢进了垃圾桶里。我们现在要为全民公投而斗争。如有必要，我会在差不多十天后重写一封辞职信。接着，我开始准备我在第二天的欧元集团会议上的发言稿，并起草了一封公开信，要求将我们的贷款协议延期一个月，以便举行全民公投。

几小时后，我向窗外看去，才意识到天已经黑了。我决定出去透透气，吃点东西。在酒店大堂，我碰见了格伦·金，看到他还在布鲁塞尔，我略感意外。和格伦见面总是一件令人高兴的事情，我邀请他和我一起吃饭。我立刻觉察到他的不情愿。“我要去开个会。”他说。

“真的吗？”我回应说，“和谁一起？”

“胡利亚拉基斯、维泽尔和科斯特洛。”

在过去的几周里，尽管激进左翼联盟内部的一些人最初反对格伦加入我的团队，但萨吉亚斯认可了他的能力，并在起草他们对“三驾马车”的让步时得到了他的帮助。尽管格伦的回答令我们两个都感到尴尬，但维泽尔和科斯特洛也参加这次会议确实令我感到不安。我与他道了晚安，没说别的，走到了街上。

接着，我给胡利亚拉基斯打电话，平静地问他这次会议是关于什么的，那天早上的时候我是不是没说清楚。

“不是什么重要的事情，”他说，“我们开会只是交换意见。”

我一句话也没说，直接挂掉电话，然后拨打了亚历克西斯的号码。他的秘书接了电话，告诉我他马上要开内阁会议。“我必须和他通话。”我执着地说。当亚历克西斯接起电话时，我告诉他，胡利亚拉基斯完全无视他的指示，并没有避免与“三驾马车”有任何接触。

445 有史以来第一次，亚历克西斯对我提高了嗓门。“我受够了你对胡利亚拉基斯的敌意，”他说，“如果你继续这样，我就不得不挂掉你的电话。”

我忍无可忍，怒气冲天说：“随便！挂掉我的电话吧，亚历克西！”

他挂掉了电话。两分钟后，他又给我打了回来，向我道歉，将他的情绪爆发归咎于压力。“胡利亚拉基斯的事情已经无关紧要，”他补充说，“我很快就会宣布全民公投的消息。”

一个人吃完饭的时候，我把事情重新想了一遍。无论我多么想要逃离这个污水坑，我还有两项工作要做：第一，熬过明天的欧元集团会议；第二，回到雅典，确保说服尽可能多的人在公投中投下否决票。亚历克西斯发出了战斗号召。希腊人民将第一次得到表达他们意愿的机会。现在不是内省或吵嘴的时候。

6 月 27 日（周六）上午，就在欧元集团会议开始前，我和欧几里德会见了戴塞尔布卢姆、维泽尔和米歇尔·萨潘。举行全民公投的消息令他们心神不宁，他们敦促我想办法将其取消。我说明了这一决定背后的理由：我们认为，希腊人民确实没有授权我们与我们的欧洲伙伴发生冲突，但也没有授权我们在一份毫无意义的协议上签字；这份协议不仅对我们而言毫无意义，对德国财政部长，对另外五位财长，实际上对国际货币基金组织的人员而言都是毫无意义。接着，杰伦开始找我的碴儿，说我们在希腊人民即将投票时向他们提出建议。

戴塞尔布卢姆：你们建议他们说不。

瓦鲁法克斯：主权在民。这不是政府的问题，也不是部长的问题。选民向我们下达了出发的指令。

戴塞尔布卢姆：政党宣传……

瓦鲁法克斯：当然。但这不是这次讨论的主题。我们要宣传什么是我们的事情。你需要知道的是——

戴塞尔布卢姆：但这表明了你们的意图。

瓦鲁法克斯：杰伦，你怎么看待我们作为主政者的意图无关紧要。就像我怎么看待你作为主政者的意图也无关紧要。这是你和你的选民之间的事情。

446 这时，萨潘反驳说，我们要求希腊人投票反对协议中难以接受的部分，比如紧缩措施，但没有承认其所具有的好处。我问他指的是什么好处。“债务措施、投资帮助，诸如此类。”萨潘回答。欧几里德指出，这些东西从未出现在谈判桌上，因为我们的债权人一直顽固地拒绝把它们放到谈判桌上。这时，杰伦再次介入。

戴塞尔布卢姆：让我们看看政治上的可行性。建立信任，就算是最强硬的部长在夏天过后也会准备讨论这个问题。如果他们获得了一点信心，该方案就会重回正轨。

瓦鲁法克斯：我接受。我明白。但你明白信任是双向的吗？希腊民众对欧元集团实现这一目标没有信心？是欧元集团对希腊政府没有信心，但等式两边的信任已经破裂，杰伦。你需要谈判桌上有黏合剂，我们也是。

随后的谈话没有什么结果，于是我建议我们暂且到此为止，等几分钟后欧元集团会议重新开始时，我们当着所有人的面再谈。

欧元集团并不存在！

2015 年 6 月 27 日（周六）的欧元集团会议不会被认为是欧洲历史上一个令人自豪的时刻。我们要求给予希腊人民一个短暂的窗口期，以决定是否接受各家机构提出的方案。我们的要求遭到否决。由于我在 2 月 20 日达成的贷款协议延长期将于 6 月 30 日截止，拒绝我们再次延期的要求意味着，欧洲央行此后有权拒绝通过希腊央行的紧急流动性援助安排，向希腊的银行提供更多的流动性。换句话说，希腊的银行在周一无法开业。

有趣的是，既然各家机构提出了存在问题的方案，政府理应就此征求人民的意见，这种观点竟然不被理解，并遭到了近乎侮辱的蔑视。447
我们怎么能指望普通人理解如此复杂的问题？意大利的皮耶尔·卡洛·帕多安如此问我。

“我们坚定地相信人民的能力、选民的能力、成为积极公民的能力，”我回答说，“对他们国家的未来进行深思熟虑的分析并做出负责任的决定。这就是民主的全部意义所在。”

我不得不说明这一点的事实，以及在座几乎所有人对此的负面反应，折射出欧洲民主及其体制的败坏。

在我们的请求遭到拒绝后，欧元集团主席打破欧盟传统，发表了两项非同寻常的声明。第一项声明是，他将在未经希腊同意的情况下发布公报，这违反了欧元集团（和欧盟）要求一致同意的惯例。第二项声明是，当天晚些时候，他将重新召开欧元集团会议，但不会邀请希腊代表参加，以便讨论“接下来的举措”。

这时，我向坐在戴塞尔布卢姆和维泽尔身后的秘书处发问：“欧元集团主席是否有权在未征得一致同意的情况下发布公报，并随意将有异议的财政部长排除在欧元集团会议之外？”会议暂停了一会儿，其间他们打了几个电话，其他人则在查阅厚厚的文件。

过了一会儿，杰伦把我们叫了回来。秘书处的一名成员对我说：“部长，欧元集团在法律中不存在，因为它不是任何欧盟条约的一部分。这是一个由欧元区成员国财长组成的非正式集团。因此，其运行方式没有明文规定，其主席也不受法律约束。”

于是我离开了。在等电梯的时候，我遇到了看上去忧心忡忡，但态度竟然友好的马里奥·德拉吉。“杰伦到底在干什么？”他说。

“毁掉欧洲，马里奥。毁掉欧洲。”我回答。

他点头，看上去愈发忧虑。我们坐电梯一起下楼，然后默默分道扬镳。

本章注释

1. 参见第十三章注释 8。
2. 在银行关闭一个月后，欧洲议会的德国议员法比奥·德马西（Fabio De Masi）致信马里奥，要求提供一份关于关闭银行的法律意见的副本。马里奥回复说，根据“保密条款”，他不得分享其内容。后来，法比奥和我发起了一项运动，名为“公开 # 希腊文件”，参与者包括政界人士、学者、法律专家和公众，要求公布这份法律意见。
3. 我还说：“根据这份协议，财政委员会将以周为单位，对政府预算的执行情况进行监督，如果发现最低基本盈余目标在可预见的未来似乎无法达成，财政委员会将发出警告，并在某一时刻触发各项支出的自动全面水平削减，以免滑落至预先商定的阈值以下。这样就形成了故障安全系统，保证了希腊政府的偿付能力和基本盈余，同时希腊政府保留了维持主权并能在民主环境下执政所必需的政策空间。”我建议将赤字刹车机制作为预防性紧缩措施的替代方案。实际上，我是在对债权人说：“请你们让我降低税率，并把养老金维持在最低水平。如果我未能提高收入和税收，自动赤字刹车机制将启动，提高税率并削减最低养老金。”我的这个建议被置之不理。在我辞职一年后，我的继任者被迫同时推出了预防性紧缩措施以及在此基础上的赤字刹车机制，即通过削减养老金并大幅提高税率来实现高盈余目标，外加自动的、预先商定的又一轮紧缩措施，其中包括更大幅度地削减养老金并提高税率。这一切将在他们荒唐的目标未能实现时生效。

4. 我说：“我们所同意的条件，应成为完成目前——第五次——评估的基础。与此同时，我们（应）与欧洲稳定机制达成新的协议，使用同样的条件，允许我们从欧洲央行回购证券市场计划债权，其中证券市场计划债权利润约为 90 亿欧元，将分批拨付，每批都要进行评估，已使《谅解备忘录》的落实得到适当地监督。最重要的是，我们可以进行一项安排，即希腊参与欧洲央行的量化宽松也取决于成功完成对新《谅解备忘录》的这些评估。我说这些话劳烦各位聆听的唯一原因在于，我们需要回答这个问题：我们如何确保我们正在努力达成的《谅解备忘录》——一系列条件——不仅在政治上可行，还要与提供一丝喘息之机的财政安排结合起来……这样欧元集团就无须在未来数月继续召开更多这样的紧急会议。”

5. 尼科斯·卡赞察基斯的墓志铭是这样的：“我无所求。我无所惧。我是自由的。”这句话也出现在贾尼丝·乔普林的歌曲《我和鲍比·麦基》（“Me and Bobby Mcgee”）的第一句。（乔普林歌曲中类似表述的歌词为“自由不过是一无所有的代名词”，出现在副歌部分第一句。——编者注）

6. 参见《希腊债务协议缺失的部分》（“The Greek Debt Deal’s Missing Piece”），发表于 2015 年 8 月 15 日，作者为小兰登·托马斯（Landon Thomas Junior），网址：https://www.nytimes.com/2015/08/16/business/international/the-greek-debt-deals-missing-piece.html。

第十七章　“笨驴”领导“雄狮”

448 那天晚上，我们回到马克西莫斯官邸，参加了“战时内阁”会议。我和欧几里德走进房间后，我立刻提醒他们，别忘了遵守他们多次发誓要遵守的那个约定：如果欧洲央行要关闭我们的银行，我们将采取反制措施，对欧洲央行持有的证券市场计划债券“剃头”，激活以欧元计价的平行支付系统，并宣布我们计划让希腊中央银行重新受希腊议会的完全控制。我对亚历克西斯说，这个时刻现在已经到来：周一银行将被迫关门。我们总说会采取这些反制措施，现在我们会吗？

“我们没必要仓促行事，”我说，“今天只是给他们发信号。我的建议是，我们今天宣布，我们将把 7 月和 8 月还给德拉吉的证券市场计划款项推迟一两年。此外，我们可以宣布在公投后的那周启动平行支付系统。下月是修改有关我们央行的法律。通过这种方式，我们发出的信号是，我们不会展期，但我们也想留给他们一个机会，他们可以在不久后带着一份像样的方案回来找我们。”

德拉加萨基斯以非同寻常的能量和速度驳斥着我的提议。他对此不屑一顾，认为这是危险的虚张声势的行为。他用的是一个希腊语单词，意思是狮子的咆哮。“我投反对票，”他说，“我建议我们不要与德拉吉作对，而是与他商量着来。”

其他人都没说话。每个人都看着亚历克西斯。他走到飘窗前，抽着雪茄——这是最近才养成的习惯。过了一会儿，他转向我，又过了一会儿，他说：“我们站在德拉加萨基斯这边，雅尼。”

我环顾了一下房间，发现只有欧几里德是我这边的。我占少数，只有两个人。

然后，话题转移到如何应对一名财政部长在和平时期可能面临的
最大噩梦：全国银行的无限期关闭。我表示，我们必须弄清楚谁对这 449
场灾难负有责任。自当选以来，我们穷尽了所有办法，为了让银行能够继续开门，我们甚至接受了明知道不可能落实的让步；相比之下，斯图纳拉斯和德拉吉竭尽所能地创造和煽动银行挤兑，最终导致银行关门。我主张，我们不应帮助他们，坐视自己被描述成一个选择拒绝公民取出存款的政府。因此，我建议我们让银行在周一早上照常开业，当柜台的现金用完时，经理就会被迫关闭他们自己的营业网点。这时，我们应当走上街头，与人民一起抗议“三驾马车”。

我天真地以为大家会同意。这一次，就连欧几里德也没有站在我这边。有人提出，如果等着银行把现金用完了再关门，我们可能在银行内外引起民众骚乱。这种说法有其道理，但我认为这种风险被严重夸大了，我们可以采取多种手段进行缓解。然而，如果我们不对银行关门提出公开抗议，别人会以为关闭银行是我们自己的意思，这是一

个灾难性的政治错误。我告诉他们，通过政府法令关闭银行意味着在国内输掉卸责游戏，意味着在全民公投中失败。

当我们准备离开马克西莫斯官邸的时候，我猛地意识到一件事：事实上，这就是他们的目的。但背黑锅的不会是他们，而是我。

在我们出去的路上，德拉加萨基斯走近我，看起来出奇地友好。“明天你必须召集系统稳定委员会开会，”他说，“我来不了，但我相信你能处理好。”系统稳定委员会是财政部长永远不想召集开会的机构。只有银行在紧急情况下必须关闭时，该委员会才会开会。从我们政府上台的第一天起，德拉加萨基斯的办公室就发布了一系列命令，撤销了财政部对银行的所有监管权力，将其置于副总理，也就是他的控制之下。虽然“战时内阁”是在他的要求下，不顾我的反对做出决定，认为政府应召开系统稳定委员会会议，从而关闭银行，但他不会出席
450 这次会议，更不用说主持会议了。他相信我会吞下他递给我的毒药，因为我在“战时内阁”中孑然一身，我唯一的备选方案就是辞去财政部长一职。而他知道我不会考虑这么做，因为我担心这会在支持投否决票运动的阵营中造成分裂。尽管这是一种无以言表的懦弱，尽管我反对这么做，但这种战略还是使我召集了该委员会开会。时至今日，希腊媒体仍把我称为“关闭银行的人”。

除了我自己的几名副手，系统稳定委员会成员还包括斯图纳拉斯、他在希腊央行的副手以及希腊各家商业银行的首席执行官。会议开始后，我解释了我们是如何陷入目前的困境的。我在发言中明确表示，斯图纳拉斯是这场灾难背后的推手之一。斯图纳拉斯似乎一点也不介意。事实上，他满心欢喜，对我极其友好。

那天晚上，在会议结束后，我和我的团队立刻启动了一项艰巨的

工作，设计一个公式，以确定自动柜员机应该释放多少现金，为没有借记卡或自动柜员卡的养老金领取者（这部分人占到85%）想出解决方案，并决定用我们央行所剩无几的那点流动性购买哪些进口产品。就像九头蛇的脑袋砍掉一个又会长出一个一样，新的问题总是不断冒出来。周一的凌晨1点40分，我收到斯图纳拉斯发来的一条短信："亲爱的雅尼，谢谢你的完美配合。"我很了解他。我认为，自从萨马拉斯在12个月前任命他出任央行行长以来，他一直致力于破坏我们的政府。现在这项事业取得了成功，他向我表达的感激之情与他溢于言表的喜悦一样真真切切。

就我而言，流淌在我血液中的肾上腺素帮助我抵御住了绝望，与我的团队不间断地工作到上午9点。在通常情况下，银行在这个时候开门；然而，我们的电视屏幕上充斥着人们在自动柜员机前排起长龙的画面，因为希腊人想要取出60欧元。这一数字是我们计算得出的结果，如果我们想要坚持到7月5日全民公投后的第二天早上，那么每个账户持有者最多只能取出这个数目。就在这时，有人告诉我，在限制取款的法令颁布之前的这个周末，议会大厦内部的自动柜员机被各位议员取空了五次。作为人民的代表，他们如此滥用议会大厦自动柜员机的使用权，这让我愤慨不已。显然，与其他地方的自动柜员机相比， 451
这些自动柜员机的钱箱得到了更频繁的补充。因此，当彭博社记者问我有没有在自动柜员机前排队取过钱时，我回答说我没有时间，但无论如何，我认为这么做并不合适。很快就有媒体报道说，我——"关闭银行的人"——认为自己太过重要，不能和其他民众一起排队。

那周晚些时候，我接受了《纽约客》杂志一名记者的采访。我向他敞开了心扉，谈话的内容包括我们的公寓和我的家庭成员。晚上与朋友们共进晚餐时，那名记者也在场，我讲述了在“战时内阁”推翻我提出的战略，不同意让银行继续开门之后，我还不得不代表“战时内阁”出面关闭银行，这件事是多么讽刺，而且令人极其痛苦。“就算是我的头号敌人，我也不希望这种命运落到他的身上。”我说。意识到我给聚会蒙上一层压抑的阴云之后，我试图让气氛变得愉快一些，于是以自嘲的口吻调侃说，要是有哪位狠心的编剧能把这些事情改编成戏剧，他肯定会让我对达娜厄说，“亲爱的，我把银行关闭了”——这套用了好莱坞一部电影的名字《亲爱的，我把孩子缩小了》。《纽约客》的那篇报道引用了这句话，随后被希腊媒体抓住把柄大书特书：“瓦鲁法克斯庆祝他关闭了银行，他对达娜厄说：‘亲爱的，我把银行关闭了！’”

我的形象和旨在毁掉它的歪曲报道本身无关紧要，只是在玷污我的同时，我的敌人正在破坏投否决票运动，正在毁掉挺身而出支持这场运动以挽救我们共同尊严的勇敢人民。实际上，人民是被“笨驴”领导的“雄狮”。“笨驴”有着各种各样的颜色。我记得有一次在议会里，一名激进左翼联盟议员走过来，他是支持希腊退欧的左翼平台成员，对我十分不满。鉴于他用了几个月的时间一直批评我没有实施资本管制，没有让我们退出欧元区，他的这种态度不足为奇。出人意料的是，在资本管制到位后，他为何依然感到愤怒：由于向国外汇款受到限制，他现在无法支付伦敦私宅的按揭贷款。“但你当时支持德拉克马和资本管制，”我厉声说道，“如果我当时就满足你的请求，你要如何支付你在伦敦的按揭贷款？用德拉克马吗？”这样的领导层配不上我们的人民。

回到马克西莫斯官邸，我建议各位部长应该前往希腊各大城市和主要岛屿，争取民众投否决票。尽管他们保证会做这件事，但什么也没有发生。相反，帕帕斯和德拉加萨基斯的办公室向媒体泄露了关于我的假消息；而瓦西里向我展示的证据表明，财政部的经济顾问委员会仍然由胡利亚拉基斯把持，他们正在公开宣传投赞成票。然而，最令我担心的是“战时内阁”的立场，他们禁止我向选民说明否决票的实际意义。我认为，我们必须向人民说明，否决票相当于对政府的指示，命其不得离开欧元区，而是要矢志不渝，争取在欧元区内部达成一项新协议——让我们走出债主监牢，重获尊严，并结束恶性循环。如果马里奥·德拉吉和安格拉·默克尔拒绝我们的要求，否决票就意味着对欧洲央行持有的希腊债券“剃头”，并启动以欧元计价的平行支付系统。这将为我们和债权人赢得空间和时间，以便从希腊退欧的边缘退回。如果沃尔夫冈的希腊退欧战略占了上风，以欧元计价的平行支付系统就有可能成为一种新的国家货币的基础。 452

如果我们向选民开诚布公地详尽说明这一战略，我确信我们的处境会更加有利。因为德拉吉和默克尔将不得不注意到这一点，肯定会进行适当的妥协。正如欧洲央行副行长维克多·康斯坦西奥在 2015 年秋所承认的那样，虽然欧洲央行发出希腊退欧的威胁，但永远不会将其兑现。然而，“战时内阁”的多数意见禁止我说出这些话。我能做的顶多就是宣布我们一定不会拿希腊退欧作为操弄的手段，但也不怕退欧，也不会在受到威胁时屈服，其余的就交由选民决定。

偶尔传来的振奋精神的消息则来自国外。银行关门的那天，一名要好的美国朋友再次致信克里斯蒂娜·拉加德，他的办公室把这封信抄送给我。“在我看来，”伯尼·桑德斯写道，“希腊人完全有理由在全民公投中投出否决票。通过威胁要把希腊踢出欧元区，德国总理安格拉·默克尔、法国总统弗朗索瓦·奥朗德和意大利总理马泰奥·伦齐正在玩一场危险的游戏，拿全球金融系统稳定和欧洲民主体制本身当赌注。”

同一天，马克西莫斯官邸举行了一场会议，讨论希腊养老金领取者的困境：他们中的许多人不相信技术，宁愿亲自去银行取出自己的养老金，而银行现在关门了。在会上，亚历克西斯高兴地看着我。“容克来电话了，他说他接受你的债务置换方案。你这个坏蛋，你得到了
453 这些年来你一直主张的东西。你得到了你的债务重组。但容克的要价是，他们在社会问题上压垮我们：增值税、岛屿、药店、劳资关系、私有化——他们对一切都提出了要求。”他向我出示了容克的非正式文件，问我：“这是重启谈判的基础吗？”

我快速浏览了一遍。“是的，”我说，“这为可持续的未来开启了一扇新窗，使我们能够将第二轮纾困抛在脑后。”

那是我最后一次听说容克的建议。它是被默克尔直接扼杀（她当时发现我们已经投降），还是被德拉加萨基斯、萨吉亚斯和胡利亚拉基斯间接扼杀（他们很久以前就放弃了债务重组），我永远不会知道。我所知道的是，如果我们坚持最初商定的战略，布鲁塞尔会与我们达成协议的。

不过，在那一周政治人物们试图为挽救欧洲荣誉而采取的所有举措中，最有趣、最真诚的举措是我在银行关门之前的黑色星期日收到的一条短信。

马克龙的姿态

6 月 28 日（周日）下午 6 点左右，法国经济部长埃马纽埃尔·马

克龙发短信给我。他告诉我，他正在尽力劝说奥朗德总统和来自社会民主党的德国副总理西格马·加布里尔寻找解决方案。“我不希望我这一代人成为导致希腊退欧的罪魁祸首。”他说。

没到一分钟，我就回复说：“我也不希望。但是要知道，我们需要一份协议，为我们提供一段较长的喘息时间，并保证这种情况不会在几个月后重演。”

埃马纽埃尔表示同意。他会找他的总统谈谈，然后给我回话。他说：“可持续的解决方案是关键所在，我和你的想法一样。”他提出，他第二天会匿名来到雅典，与我和亚历克西斯共进晚餐，争取在雅典、柏林和巴黎之前敲定一项协议。

午夜过后，当我们正在紧锣密鼓地准备银行关门事宜时，埃马纽埃尔再次发短信过来，告诉我奥朗德总统计划在上午发表声明，宣布重启谈判。“亚历克西斯会同意周一晚上或周二早上去巴黎吗？”他问。 454
我恳求他还是亲自来雅典。鉴于希腊的局势如此起伏不定，亚历克西斯不可能为了没有确定目标的开放式会谈离开国内。

“没问题，”埃马纽埃尔说，“我已经准备好了。我确信亚历克西斯、你和我会找到一项协议……明天我会说服总统。我们一定要成功！”

感激涕零的我发短信给他说：“我一直觉得你和我有共同语言。难就难在我们需要找到一个对我们而言可行，还要让沃尔夫冈可以接受的解决方案。”

6 月 29 日（周一），也就是埃马纽埃尔要来雅典的那天，他打来电话，请我帮个忙：亚历克西斯可否联系奥朗德总统，让后者知道前者已经准备好并且愿意在雅典接待作为法国总统特使的埃马纽埃尔？我给亚历克西斯打电话，向他说明了摆在我们面前的这个机会，他便同意了。然而，一小时后，亚历克西斯又打了回来，显然很生气。“怎么回事？奥朗德的办公室回复说，他们对马克龙可能前往雅典的行程一无所知。他们建议我去找米歇尔·萨潘。他是在和你开玩笑吗？”

当我把这段话转述给埃马纽埃尔时，他的解释令我震惊。“奥朗德身边的人不想让我来雅典。他们与德国总理府的关系比与我们政府的关系更近。他们显然拦截了亚历克西斯的接洽。但是请把他的个人手机号码给我。一小时后我会亲自去爱丽舍宫，和他（奥朗德）谈谈，让他直接给亚历克西斯打电话。”

几个小时过去了，但奥朗德并没有给亚历克西斯打电话。于是我给埃马纽埃尔发短信：“我是不是可以认为目前没有任何进展？你的行程已经取消了吗？”

马克龙沮丧地证实，法国总统及其随行人员把他拦住了。“我会再努努力，争取帮你一把，雅尼斯，相信我。”他承诺说。我相信他，我对他自然是感同身受。

在我辞职三个月后，即当年的 10 月，埃马纽埃尔邀请我造访他的部长办公室，尽管我已经不在政府任职了。他告诉我，在他试图与亚历克西斯进行斡旋未果之前的一次峰会上，他借用了我说过的一句话，即“三驾马车”的希腊协议是现代版本的《凡尔赛和约》。根据埃马纽埃尔的说法，默克尔听到了他的话，命令奥朗德将马克龙排除在希腊谈判之外。“默克尔魔咒”的威力和我想象的一样强大。

一出非常希腊式的闹剧

455 就一国的财政部而言，缺乏中央银行的支持既是荒谬的，也是致命的。在那可怕的一周里，当我们竭力用少得可怜的流动性维持尽可能长的时间时，其中的一件荒唐事就是，我压根不知道系统里有多少流动性。然而，鉴于银行挤兑就是希腊央行行长所引发的，而且在银行关门的那天晚上他显然欣喜若狂，这让我怀疑他们隐瞒了可用现金的数量。

在经过一些研究之后（杰夫·萨克斯对此也有贡献），我发现了一条有趣但没有使用的信息：不仅系统中的流动性比希腊央行报告的要多，欧洲央行还有160亿欧元现金存放在希腊央行各处分行的金库中。这是上一次现金危机的结果。那次危机发生在2012年夏天，当时欧洲央行组织了数百趟从法兰克福飞往雅典的货运航班，以使希腊自动柜员机能够继续吐出钞票。为了防止再次出现空运的需要，欧洲央行在希腊维持了现金储备，以防万一。

那天，在我日常造访马克西莫斯官邸期间，我发现亚历克西斯在他的办公室招待阿莱科斯·弗拉博拉里斯。弗拉博拉里斯是政府的不管部长，对亚历克西斯而言有点像父亲般的人物。和往常一样，我向总理简要汇报了当天的重要事项，主要是自动柜员机的现金流出速度。我还提到了那160亿欧元的储备。

亚历克西斯的眼睛亮了起来。“什么？有160亿欧元现金就放在那里，我们为何没有用它们装满自动柜员机，维持机器的正常运转？”

我解释说，我们不能动用这笔钱。没收这笔钱就是盗窃。“但是，雅尼，”亚历克西斯抗议道，“如果我的孩子就快饿死了，我又没有钱，我在道德上有权去偷一盒牛奶。现在的情况不是类似的吗？”

“从什么时候开始，盗窃进入了左翼的武器库？”我问道。

弗拉博拉里斯跳起来为他的弟子辩护。“我们完全有权，”他咆哮道，“把那笔钱拿来，别再让人民受苦了。”

随着谈话的进行，另一位部长帕纳约蒂斯·拉法扎尼斯也加入进来，他是左翼平台的领导人、欧元区公开的敌人、积极的希腊退欧
456 派。他问发生了什么事情。亚历克西斯和弗拉博拉里斯告诉他，我发现了 160 亿欧元现金。弗拉博拉里斯对拉法扎尼斯说，他和亚历克西斯不同意我的观点，他们认为目前的情况证明我们有理由动用这笔钱，否则它们只是在国有金库里干放着。我试图让他们冷静下来，鉴于拉法扎尼斯支持希腊退欧的立场，我向他们解释了什么才是我们真正的选项。

如果我们想留在欧元区，我对他们说，我们就不可能没收欧洲央行的钱。另一方面，如果我们想要希腊退欧，那么我们可以用这笔钱做一些有用的事情，以免被贴上“盗贼”的标签：我们可以将这 160 亿欧元收归国有，用特殊墨水在钞票上盖章，使其失去欧元的效力，然后将这些钞票命名为新德拉克马，把它们放进自动柜员机，用作一种新的货币。我们不得不向马里奥·德拉吉道歉，解释说我们处于国家紧急状态，并要求他告诉我们这 160 亿欧元的印制成本是多少，我们可以给予补偿。

我也重申了自己的观点，即那就是我们不应该这样做，而是应该启动我一直在准备的电子平行支付系统。如果我们最终与“三驾马车”达成一项良好协议，这将扩大我们在欧元区内的财政空间；如果达不成协议，这将为我们争取时间，即使在希腊退欧的最糟糕情况下，也可成为国家数字新货币的基础。

拉法扎尼斯自然喜欢用德拉吉的 160 亿欧元作为新德拉克马基础的想法，而且他同意，如果我们这样做的话，我们应该补偿欧洲央行制造这些钞票的成本。但由于他缺少说服亚历克西斯寻求希腊退欧的能

力，这种想法只是学术性的。至于亚历克西斯，他很快就忘了这160亿欧元的事情，但继续阻止我启动平行支付系统，坚持几天前的德拉加萨基斯的否决意见。

几个月后，一家支持“三驾马车”的保守派报纸把具有诽谤性的虚假流言当作事实发表了出来，称拉法扎尼斯计划冲击希腊央行金库、逮捕斯图纳拉斯并偷走现金。有些报道甚至把我描绘成这场阴谋的同党。这么做的目的显而易见：诋毁任何真诚地支持投否决票运动的人，以便在对比下凸显亚历克西斯的理智，他在最后一刻看到了曙光，将希腊从自己政党内部的无赖手中拯救了出来。事实上，亚历克西斯和弗拉博拉里斯都曾短暂地动过冲击希腊央行金库的念头，但这个事实从未引起公众的注意。

凝视深渊：对同志们的回望

“当你凝视深渊时，深渊也在凝视着你。”尼采的这句令人不安的 457
格言刻画了我在窥视同志们心灵时的感觉。在经历了成功主要靠自己努力的学术生涯之后，我发现自己站在了一场战争的前线，依靠同志们掩护我的侧翼和后方。解读他们的想法，以判断他们是否支持我，是我不得不做的最艰难的事情。

朋友和评论人士批评我在亚历克西斯身上看到了不存在的东西。我认为他们错了。他确实希望将希腊从恶性循环中解救出来。他的聪明才智和快速学习的能力就摆在那里。他对我提出的威慑战略和我强调的债务减免真的满怀热情。他也真心感谢我给他的团队带来了变化。当他当着我们内阁的面，指示我飞往华盛顿，告诉克里斯蒂娜·拉加德我们要违约时，那股劲头是真真切切的。我之所以在他身上看到所有这些事情，是因为这些事情真的存在。我错就错在忽视了与这些事情捆绑在一起的其他事情：他的备用方案，这将不可避免地使我的工作付诸东流；他的轻率；他的忧郁倾向；最后还有他强烈渴望向持怀疑态度的世界证明他并不是一颗流星。当他在我们上任的第一天指示我，要随时准备着将我们办公室的钥匙交给反对派，但绝不投降时，他没有撒谎。他告诉我的那部分就是实话。这就是我被他的话感动得流泪的原因。这就是为什么我相信他。

尽管他的态度出现了令人痛苦的 180 度大转弯，但我还是相信他，因为他承受着非人的压力。7 月的第一周，银行关门了，我正在竭尽全力地进行投否决票的宣传。与此同时，我向他提交了 X 计划的最终版本——这是他曾经要求我制订的应急计划，以防希腊退欧被强行施加给我们。当我把文件交给他的时候，他问我：“这可行吗？”

我老老实实地回答说：“读完了就哭吧。”向新德拉克马的过渡是非常痛苦的，将削弱我们的国家。X 计划一五一十地介绍了这种痛苦。当他在自己的位子上坐下时，我提醒他说，X 计划是制订好了，但还不能用，除非朔伊布勒得到了默克尔的支持。但我确实建议立即启动以
458 欧元计价的平行支付系统，这与 X 计划正好相反：该系统能使我们在全民公投中投否决票的情况下，在欧元区内维持足够长的时间，让默克尔和德拉吉有机会回来找我们（就像容克已经做的那样），从而达成一项协议，即纳入我们的最低要求，进行债务减免，并结束自我强化的紧缩措施。

亚历克西斯平静地看着我，问道：“雅尼，他们拿着像样的东西回来找我们的可能性有多大？”

在我国历史上的这个紧要关头，我有义务尽可能准确地回答这个

问题。我告诉他，如果他们理性行事，那么他们这么做的可能性是100%。然而，我警告说，正如伟大的美国经济学家，后来变成和平主义吹哨人的五角大楼战略家丹·埃尔斯伯格❶几周前在电子邮件中对我所说的那样："要记住，统治阶级可能会疯狂到自我毁灭的地步——不仅仅是装的！"

"有权有势的欧洲领导人过去也曾不顾自己的利益，落入非理性冲动的罗网。"我说。鉴于非理性会催生不可预测性，我估计更合理的可能性——默克尔总理会选择希腊退欧，确保相互伤害，而不是达成一份互惠互利的协议——大约是50%对50%。[1]

看着亚历克西斯在这种可能性构成的压力下屈服，我不禁想要原谅他的失误，为其寻找合理借口使之合情合理，尽管他的失误是不可原谅、不道德且非理性的。这样的失误有很多，但最重大的两个失误：一是他放弃了我们基于最初的战略达成的坚定协议，即通过新一轮纾困继续维持国家的资不抵债状况比希腊退欧要更糟糕，哪怕希腊退欧或许是痛苦的；二是他拒绝了我的请求，即向全国人民发表有尊严的投降演说，我已经为他准备好了讲稿，而不是组织一场他私底下希望输掉的全民公投。

在全民公投的筹备期，我向新闻界发表声明称，如果投赞成票的一方获胜，我将辞去职务。"作为民主人士，"我说，"我尊重人民的选择，他们有权让政府接受债权人的条款。但与此同时，我个人没有义

❶ 全名丹尼尔·埃尔斯伯格（1931— ），经济学博士。曾受雇于美国国防部，围绕1945年至1968年间美国在越南的战略决策从事秘密研究。1971年，将反映美国以谎言支持战争的内部文件透露给媒体，引起巨大波澜，史称"五角大楼文件案"。

务签署并落实那样的协议。如果投赞成票的一方获胜，我将辞去职务，让我的继任者做这件事。”事实上，我在政府的各位同人，包括亚历克西斯和欧几里德在内，在我需要知道的一切事情上的所作所为都与他们说的并不一致。从本质上说，我与各位激进左翼联盟同志的区别在
459 于，我的所有战略规划都集中在反对“三驾马车”上。相比之下，在 4 月 27 日之后，亚历克西斯一直忙着制定如何最好地牺牲我的战略。在那个残酷的日子里，他决定炒掉提奥卡拉基斯，让我靠边站，即使我正试图说服他，面对无情的欧元集团，他是可以放弃他的财政部长的，而且默克尔和朔伊布勒的可怕力量会起到适得其反的效果。

如果说亚历克西斯的内心是冷酷无情的，那我并没有看出来。我之所以认为他的内心显然不是这样，是因为他有能力做到他身边的其他人做不到的一件事：反省自己。我记得那是 5 月的一个下午，我们聚集在议会大厦的总理办公室里，之前我与他发生了冲突，因为他准备向“三驾马车”做出巨大的让步。在我还没有机会就他当时准备提出的什么该死战术提出质疑之前，他对我说：“我刚刚读了斯塔夫罗斯·莱吉尔罗斯（政治评论员）的一篇文章。那个无赖一语道破了我的处境。他把我的处境比作被钓到剑鱼。我已经上钩了，但对他们来说，我太强壮了，没法拉出水面。所以他们在等待时机。他们拉我一会儿，然后给我放点儿线。然后他们再把我拉回来。他们就这样一直循环往复，直到我精疲力竭为止。一旦他们意识到我没劲儿了，他们就会一鼓作气，把我拉出水面。”

其他人——比如德拉加萨基斯和胡利亚拉基斯——永远糊弄不了我。我从来不相信他们的托词，也永远不会加入他们所拥护的任何事业。但亚历克西斯的情况不一样。他不得不说服自己越过自己的红线，

绝不是从一开始就无意遵守原则。我可以想象亚历克西斯像莎士比亚笔下的理查三世那样对自己说："因此，我既无法由我的春心奔放，趁着韶光洋溢卖弄风情，就只好打定主意以歹徒自许。"只要把这句话中的"春心奔放"换成"起身反抗"，"歹徒"换成"局内人"就可以了。用汉娜·阿伦特的话说，亚历克西斯的行为并不平庸——他挣扎着让自己与自己的行为和解，实现内心的平静。我确信，他内心的声音既是他的力量源泉，也是他的堕落原因，既是我们共同事业的破坏因素，也是我相信他差一点就能坚持到底的原因。

亚历克西斯内心的声音给我造成了困惑，而我的朋友欧几里德更加令我困惑——他是一个罕见的混合体，既是一名来自我熟悉环境的学者，也是一名政党干部。套用阿伦特的另一句话，我和欧几里德在
英语中相遇。[2] 我们分享了同样的笑话、同样的文化引用、同样的激 460
进欧洲主义、同样的"英伦"情感。他喜欢假装在政治上比我还左翼，充当我的左翼良心。他的工作似乎是确保我与大家步调一致，防止我陷入资产阶级倾向，并对我的朋友保持怀疑，比如与诺曼·拉蒙特的友谊。我很喜欢让他这么做。他不喜欢亚历克西斯和帕帕斯，对他们嗤之以鼻（他们也对他有来有往），加上他是在我的苦苦争取下才进入内阁，有他在身边让我很安心。

当 4 月 27 日亚历克西斯迫于默克尔和戴塞尔布卢姆的压力与我决裂时，他向世界宣布，欧几里德是我们谈判团队新任命的协调员。媒体把这条新闻传遍了全世界，宣布欧几里德是我们的首席谈判代表。当然，对于亚历克西斯正在制订的让步时间表，我和他都不具有真正的影响力。当欧几里德发现亚历克西斯对新的紧缩措施已经投降时（接受长达十年的预算盈余达 10% 的目标），他和我一样震惊和愤怒。

直到最后，我们经常发现自己坐在马克西莫斯官邸或布鲁塞尔的某个房间里，彼此困惑地大眼瞪小眼。与此同时，萨吉亚斯和胡利亚拉基斯正在起草《工作层协议》的方案，这让我们不禁怀疑自己到底是干什么的。我们俩之间产生了一种“临刑前的幽默”。我会问他到底发生了什么事情，他则回答说：“你是不是把我错认成你认识的哪个人了？”

然而，我们在一个关键的方面存在差异：欧几里德是激进左翼联盟干部，而我不是。通过看似履行了分配给他的首席谈判代表的职责，从而使全世界认为实际上正在进行某种形式的谈判，他使这龌龊的谈判进程具有了合法性。我则寄希望于在决裂之后，亚历克西斯还会需要我在平行支付系统和债务重组方面的专业知识；同时我又下定决心，如果我明确得知，他们会要求我签署一份不可持续的协议，那我就立即辞职。由于我认为我和欧几里德是一条心，我们之间是可以互换的，所以我放松了警惕，没有预见到“可以互换”将意味着什么——欧几里德最终会成为建制派用来签署贷款协议的那个人，他们知道我永远不会在上面签字。

在全民公投之前，我并没有意识到可能会发生这种事情，尽管我注意到了两个突兀之处，这本应引起我的警觉。第一，当只有我们两
461 个谈话时，欧几里德会妙语连珠、入木三分地贬损“战时内阁”的其他人，特别是胡利亚拉基斯和亚历克西斯，但在“战时内阁”会议上，他的发言谦恭、冗长，丝毫看不出来是在支持我。他往往根本不会支持我。第二，在我们的私下交流中，他会习惯性地赞同我对当天事件的评价，但当我提议我们在为时已晚之前做出反应时，他会建议我等待时机，并警告我不要形成“地堡心态”。有一天，我忍不住了。“当身处地堡时，”我强调，“地堡心态或许是有用的。鉴于他们现在想要

抓我，认为他们想要抓我并不是妄想症！”

这一切尘埃落定之后，我花了一些时间查找原因，为什么我没有看透我的两位同志：亚历克西斯的内心对话和欧几里德的混合特征非常有效地阻塞了我的传感器。全民公投的结果和他们的突然蜕变使我茅塞顿开。在激进左翼联盟理论家的口中，这种转变是真正的激进派采取的真正负责任的行为，但在我看来，乔治·奥威尔《1984》的结尾是对此最好的总结：

> 他再也不会跑了，也不会叫喊了……公开审判的时候，他招供了一切，所有人都被他指控……一颗等待良久的子弹射穿了他的头……哦，那残酷且毫无必要的误会！哦，你这个冥顽不化、背离老大哥慈爱怀抱的流浪者！两滴带着杜松子酒味道的泪水划过鼻梁两侧。不过现在好了，一切都好了，斗争已经结束。他终于战胜了自己。他爱老大哥。

希望和荣耀广场

6月3日（周五）下午，随着工作日接近尾声，我长舒了一口气。银行关门的一周即将结束。尽管自动柜员机前排起长队，谁也不知道下个周一等待我们的是什么，但希腊没有出现暴力，没有出现恐慌，没有出现内乱。希腊人证明了自己是一个理智的民族。

尽管如此，媒体却设法突破了他们已经低到可笑的标准，争先恐后地寻找最具创新性的方式来吓唬公众，让他们不敢投否决票。要是在其他国家，这些无人买账、无人支持的报道大多会被认为是煽动暴力。民意调查的结果始终显示，赞成派将在全民公投中凭借六成以上 462

的选票获胜，而评论人士对政府胆敢违背债权人的意愿擅自举行全民公投大发雷霆。与此同时，议会中的反对派设法说服他们的支持者成批地走上街头，挥舞着欧盟旗帜和标语牌，上面写着："我们要留在欧盟！"[3]

那个周五下午的晚些时候，我收到了欧元区纾困基金欧洲稳定机制的总裁克劳斯·雷格林发来的一通电子邮件。他在邮件提醒我，他在法律上有权利要求我立即全额偿还在前两轮纾困中借给希腊的1463亿欧元。这通邮件的措辞表明，我个人是有还款义务的，恰恰是因为作为财政部长，我的名字出现在了贷款协议上。这可是一个千载难逢的好机会。我指示我的办公室给我们的大债主——就是曾建议我对养老金领取者违约，而不是对国际货币基金组织违约的这个人——回信，信上只有两个古老的希腊单词。公元前480年，在传奇的温泉关战役中，斯巴达国王率领三百勇士试图抵挡整支波斯大军。面对敌人发出的缴械投降的要求，斯巴达国王正是轻蔑地回复了这两个单词："Μολών λαβέ（过来拿吧）！"

那天晚上有两场集会，一场是支持投赞成票的集会，地点是在1896年举行首届现代奥运会的古奥林匹克体育场的外面；另一场是支持投否决票的集会，地点是在宪法广场。赞成集会是在下午晚些时候举行的，规模很大，平稳有序地举行，但在宪法广场举行的否决集会具有悠久的历史传承。当我还是个孩子的时候，我就在宪法广场上参加过一些规模宏大、改变人生的集会，但我和达娜厄在那天晚上参加的那场集会是前所未有的。

我们与亚历克西斯和其他内阁成员从马克西莫斯官邸走向宪法广场。一路上，我们被热情的支持者团团围住。当我们接近广场时，人群沸腾了。50 万人的身体组成的海洋淹没了我们。我们被一片手臂森林拉进了海洋深处：面容坚毅的男人红了眼眶，中年女性的脸上写满了她们的决心，年轻的男孩女孩活力四射，年迈者争着和我们拥抱，给我们送来美好的祝福。在两个小时的时间里，我和达娜厄尽力手牵着手，以免被分开，我们的四周挤满了一群单纯只是无法再忍受下去 463
的人。

来自不同世代的人们看到，他们个人的挣扎在那个晚上汇聚成一场盛大的自由庆典，庆祝他们摆脱了恐惧。一名参加过“二战”的游击队老兵把一朵康乃馨和一张字条塞进我的口袋，字条上写着：“抵抗绝非徒劳！”因危机被迫移居国外的学生们回国投票，他们恳求我不要放弃。一名养老金领取者向我保证，他和生病的妻子不在乎失去养老金，他们要的只是恢复尊严。每个人，无一例外，都在对我大喊：“不投降，无论付出什么代价！”

我相信他们是认真的。银行已经关门一周。债权人对我们的刁难显而易见。然而，他们就在这里，这些值得歌颂的人们用一个词说出了必须要说的话：“不！”不是因为他们冥顽不化，也不是因为他们是欧洲怀疑论者。他们渴望有机会对欧洲大声说“是”。然而，这个“是”是对心系人民的欧洲所说的，不是对一个一心想要碾压他们的欧洲。

那天晚上，当我和达娜厄最终走上通往议会的大理石台阶时，我终于想到了我一直在寻找的用于描述这一切的措辞：建设性违抗。这就是我一直试图在欧元集团践行的：提出温和、适度、合理的建议，但当树大根深的建制派就连谈判也不愿意时，我便会违抗他们的命令，对他们说“不”。“战时内阁”从来没有明白过这一点，但当晚挤满宪法广场的人类躯体肯定明白。

真正信仰者的胜利

那天晚上，几个月来的挫败感、马克西莫斯官邸的每一个糟糕时刻、一路走来的每一次失望、所有的腌臜和压力都被抹去了，剩下的只有心满意足，但我仍不确定否决阵营能否在这次全民公投中获胜。示威活动表明，虽然这项事业得到了更多的支持，但鉴于银行已经关

464 门，而且任何人就连考虑投否决票都会受到媒体的厉声斥责，成功似乎无望。

在我和达娜厄、杰米还有其他一些朋友在普拉卡街区的一家户外餐厅共进晚餐时，有人问我，如果赞成派获胜，亚历克西斯和欧几里德会不会辞职。“亚历克西斯将与反对派组成联合政府，”我预测，“在此之前，大多数真正的信仰者会辞职，或被迫辞职。”到那时我可能早就走了，我说。但杰米坚持认为我错了。没有人是赢家，他坚定地认为，而我对亚历克西斯的影响力将直线上升，因为我在实现这一结果的过程中发挥了重要作用。尽管并不相信，但我还是举起酒杯，为杰米的乐观干杯。“¡Hasta la victoria siempre!（为了永恒的胜利！）”他带着认真且专注的神情说。

公投当天，我驱车前往旧法利罗。那里位于雅典南部郊区，我从小在那里长大，我的父亲至今仍住在那里。我们一起去了投票站。投票站里的大多数选民看到我都非常高兴，只有一两个人愤怒地向我提出抗议，说我让银行关门了。对着电视摄像机，我跟一名愤怒的男人说，“三驾马车”给我们下了最后通牒，接受这个最后通牒将改变他和他孩子的未来；我们所做的就是给他一个机会，由他自己选择赞成还

是反对。“如果你认为这是一项可控的交易，那么就投赞成票。只有我们的政府才尊重你的决定权。事实上，在你有机会表达自身观点之前，‘三驾马车’就已决定关闭银行，只有你才明白这件事的意义。”

投票结束后，当我搀着父亲走回车里时，一名上了年纪的妇女走过来，电视摄像机像往常一样围着她拍摄。她厉声问我知不知道她住在哪里。我承认我不知道。“我就睡在旧法利罗这附近的一家孤儿院里。你知道他们为什么让我睡在那里吗？因为你的母亲不知疲倦地工作，让像我这样的流浪者有了一处永久的落脚点。”我感谢她主动告诉我关于我母亲的这些美好记忆。[4]但她还没有说完。“我每天都祝福她。但这些浑蛋知道这些吗？”她指着摄像机和电视台的人说，“我打赌他们不知道，他们也根本不在乎。”

“没关系。”我安慰她说。就算他们不知道，她知道就足够了。然而，当我看到晚间的新闻报道时，我十分生气。我们这场温暖人心的相遇被剪辑成一名无家可归的妇女和我搭话，指责我导致了她的一无所有。

到了那天下午的晚些时候，我才开始意识到一场历史性的胜利 465
或许即将到来。在我的办公室，我为个人博客撰写了一篇英语文章。“1967 年，”我写道，“外国势力与本国走狗勾结，动用坦克推翻了希腊的民主。2015 年，外国势力试图利用银行故技重施。但他们遇到了一群勇敢无畏的人，拒绝向恐惧低头。五个月来，我们的政府一直在怒斥光明的消逝。如今，我们呼吁所有欧洲人与我们一起怒斥，这样一来，从雅典到都柏林，从赫尔辛基到里斯本，任何地方的丝毫光明都不会消逝。”

晚上 8 点，我从电视主持人耷拉的肩膀和丧气的表情中看出来我们已经赢了。但我还不知道我们以多大的优势获胜。我担心，势均力敌的结果会给亚历克西斯以借口，说我们面对着一个分裂的国家，因此得到的支持并不足以让我们与“三驾马车”决裂。我告诉我的团队，55% 是一个关键的数字。如果反对票比这再多一点，亚历克西斯就会尊重这样的结果。我认真思考了我要对聚集在财政部新闻发布室的记者们说些什么，以便让亚历克西斯有这么做的必要动力。晚上 9 点，我写好了我的演讲稿。根据传统，部长会等着总理先发声明，然后再发表自己的声明，因此我在我的办公室等着亚历克西斯在马克西莫斯官邸先向媒体发表讲话。

9 点半的时候，我开始觉得事情有点不对劲。结果差不多已经出来了，否决票突破了 55% 的关口，但亚历克西斯仍然躲在他的办公室里。我的办公室主任催促我，要我赶快去我们的新闻发布室，因为记者们等得越来越不耐烦，已经开始发推特说，我们正在谋划什么邪恶的事情。我一直等到晚上 10 点。我给亚历克西斯打去电话。他没有接听，也没有秘书接听。瓦西里走进来通知我，其他部长已经开始向媒体讲话，对这个实际上是惊天动地的结果发表了不冷不热的声明。我不能允许这种情况继续下去。我们的选民理应得到一个适当的回应。

因此，在晚上 10 点半左右，我前往新闻发布室发表我的声明，心里盘算着完事后立即去马克西莫斯官邸，看看那里发生了什么。我宣读了我准备好的声明。在这一过程中，我强烈地感觉到，这是我作为部长的最后一次。这种感觉，加上两天前在宪法广场上的回忆，令我用反抗甚至是无耻的语气读了起来。

466 1 月 25 日，希腊人民找回了尊严。此后至今的五个月里，我们成为第一个敢于发声、代表人民说话的政府，对我们的“假意展期”纾困方案中存在破坏性的不合理内容说“不”。我们把“三驾马车”限制在其布鲁塞尔的老巢里；我们阐述了一种精妙的经济主张，这在欧元集团是第一次，但没有得到可信的回应；我们让世界知道了希腊的人道主义危机，以及其根源在于故意造成衰退的政策；我们将希望传播到希腊的国境之外，告诉人们在一个迄今为止由恐惧主宰的货币联盟里，民主制度是可以存活的。

结束没完没了、自我毁灭的紧缩政策并重组希腊的公共债务是我们的两个目标。但这两点也是我们债权人的目标。似乎很可能从我们当选的那一刻起，各方势力就启动了银行挤兑，并计划最终关闭希腊的银行。他们是何目的？为了羞辱我们的政府，迫使我们屈服于严苛的紧缩措施。迫使我们签署一项没有对明确定义的合理债务重组做出任何可靠承诺的协议。

6 月 25 日的最后通牒是他们计划实现这些目标的手段。希腊人民今天将这个最后通牒还给发出它的人，哪怕国内寡头媒体夜以继日地将恐慌心理输入千家万户。

我们的“不”是对民主的欧洲庄严、大声地说“是”。这是对像铁笼一样囚禁各国人民的欧元区反乌托邦愿景说“不”。但这是对为所有欧洲人提供共同繁荣的社会正义愿景响亮地说“是”。

当我踏进宪法广场时，我从身边的脸庞上看到了喜悦。自豪的人民证明自己是无罪的，他们理所当然地在庆祝。夜晚的空气充满了期待和信心。亚历克西斯的沉默让我忧心忡忡，但我拒绝相信马克西莫斯官邸已经与这种令人陶醉的反抗气氛隔绝开来。我想，这种气氛会通过墙上的某条裂缝，或通过在宪法广场上领教过政治的马克西莫斯467 官邸工作人员的心灵，渗透进去。然而，当我走进马克西莫斯官邸的时候，那里就像停尸房一样阴冷，像墓地一样欢乐。

推翻人民

在马克西莫斯官邸，我遇到的部长和官员看到我似乎愣愣的，很不自在，就像他们刚刚在选举中一败涂地一样。亚历克西斯的秘书告诉我，亚历克西斯和总统在隔壁的总统府，一会儿会来见我，于是我就和另外几名部长在会议室等待，看着电视上宣布了最终结果。当最后的数字出现在屏幕上时——总投票率为62.5%，其中61.31%的人投了否决票——我一跃而起，挥舞着拳头，突然意识到房间里只有我一个人在庆祝。[5]

在我坐着等亚历克西斯的时候，我发现手机上有一条诺曼·拉蒙特发来的信息："亲爱的雅尼斯，祝贺你。一场举世闻名的胜利。他们现在肯定会听的。祝好运！"他们会听的，我想，但前提是我们准备好讲话。坐在那里，我开始注意到我以前没有在周围的人身上注意到的事情。男人一改激进左翼联盟的那种粗犷面孔，看起来像是会计师了。女人穿得像是去参加国宴。当达娜厄来找我的时候，我意识到我俩不仅是这里仅有的高兴的人，也是仅有的两个穿T恤和牛仔裤的人。给人的感觉就像是身处某部科幻电影当中，抢夺人类身体的外星人已经悄悄接管了一切。

最后，亚历克西斯出现了。半个小时后，他在电视上向全国发表讲话。其中的两句话泄露了他的意图。一个是排除了与"三驾马车"决裂的可能性；另一个是宣布，他刚刚请求总统立即召集一个由政治领导人组成的委员会。在他们惨遭决定性失败的第二天早上，来自旧政权的支持“三驾马车”的领导人被叫到会议桌旁与他展开讨论。“他正在分裂激进左翼联盟，准备与反对派结成执政联盟，以推动‘三驾马车’的新纾困方案获得通过。”我对达娜厄说。我又等了一个半小时，他先分别见了萨吉亚斯和鲁巴蒂斯之后，才轮到接见我。

时间已经过了凌晨 1 点半。我走进他的办公室。亚历克西斯盯着我说，我们搞砸了。[6]

“我不这么认为，”我斩钉截铁地回答，“是有很多错误，但在这样 468
的胜利之夜，我们有责任庆祝并尊重结果。”

亚历克西斯问我是否介意马克西莫斯官邸的法律顾问季米特里斯·察纳科普洛斯旁听我们的会议。

“没问题，”我回答，“实际上我想让他在这里做个见证。”这不会只是另一次聊天。

亚历克西斯问，银行不久后能否开业。这是个棘手的问题。他是想证明，他决定投降是正确的。我假装不明白，回答说为了履行全民公投的否决结果，我们必须立即开始发行由未来税收做抵押的电子借条，并对德拉吉的证券市场计划债券“剃头”。“要是没有这些举动来增强你的议价能力，”我说，“那 61.3% 的选票将化为乌有。但如果我们今晚就宣布这么做，凭借 61.3% 的选民支持我们，我可以向你保证，德拉吉和默克尔很快就会带着一份像样的协议坐到谈判桌旁。如果你不宣布这项声明，银行第二天就会开门，他们就会把你打垮。”我解释说，我只需要几天时间，利用税务局网站激活这个系统。

他假装听进去了，于是我继续说。

“这 61.3% 的结果是一项资本，你必须利用好。你必须以比公投前更尊重人民的态度来处理这件事。你也必须更尊重你自己。今晚过后，你面对着一个简单的选择。要么你重新启动我们的计划，给我必要的工具，要么你就投降。”

我们谈了很长时间。我们回顾了之前的几个月、几周和几天。我一针见血，列举了他的一连串错误，指出“战时内阁”成员如何破坏了我们的斗争，他们往往与“三驾马车”及其工作人员串通。我与他分享了他们当中的一个人游走于腐败边缘的证据。

亚历克西斯看上去很惊讶，他问季米特里斯：我提到的那个人有这个问题吗？季米特里斯回答说：“是的，甚至更严重。”

谈话漫无边际，于是我决定直奔主题。我问，他是要尊重否决的投票结果，回到我们最初的约定，还是准备就此认输？

他的回答是隐晦的，但方向是明确无误的：那就是无条件投降。在那次交谈中，他第一次果决地表明态度是在说这段话的时候：“雅
469 尼，你看，你的预测都得到了证实，只有你做到了这一点。但现在有一个问题：我做了这么多的事情，换作其他任何政府，‘三驾马车’早就与之达成协议了。我给他们的比萨马拉斯还多，但他们仍想惩罚我，你也是这么说的。但是——让我们面对现实吧——他们既不想和你，也不想和我达成协议。让我们实事求是。他们想要推翻我们。然而，凭借这 61.3%，他们现在动不了我。但他们可以毁了你。”

“别担心我，亚历克西，”我说，“当你打算投降的时候，还是担心如何信守对人民承诺的问题吧。人民今晚正在外面庆祝。如果我们团结一心，启动我们的威慑力量，向‘三驾马车’表明我们是团结的，他们就动不了你和我。我们可以向他们提出一份协议，让他们能够理直气壮地将其包装为自己的想法、自己的胜利。”

在这一点上，亚历克西斯承认了一些我没有预料到的事情。他告诉我，如果我们坚持下去，他担心等待我们的是“高迪”的命运——指的是1922年六名政治和军事领导人遭到处决的事件。[7]我对此一笑置之。我说，我们得到了61.3%的选票，如果他们处决我们，我们将名垂青史。接着，亚历克西斯开始暗示，可能会发生类似政变的事情。他告诉我，共和国总统、斯图纳拉斯、情报部门和我们政府成员都处于“战备状态”。我再一次把他顶了回去：“让他们放马来吧！你知道61.3%意味着什么吗？”

亚历克西斯告诉我，德拉加萨基斯一直在试图说服他甩掉我以及来自左翼平台和坎梅诺斯的独立希腊人党的每一个人，然后与新民主党、泛希腊社会主义运动和大河党组成联合政府。德拉加萨基斯向他保证，一旦与“三驾马车”缔结协议，亚历克西斯就可以甩掉新民主党、泛希腊社会主义运动和大河党，然后拉我回来。我告诉他，这是我听过的最愚蠢的想法。

他微笑着，似乎表示同意，并用了一种在这里无法复述的表达方式形容德拉加萨基斯。“不过，这里有个将事情在两方面进行下去的主意。一方面是公开的，一方面是隐蔽的。在公开场合，我们可以用右翼的方式与债权人接触，包括内阁重组。这是向他们表示‘我们现在是好孩子了’。但与此同时，在避开公众视线的地方，我们可以准备进行反击。”

“这是个糟糕的主意，亚历克西，”我告诉他，“你看，今晚人民投票了。他们投否决票不是为了让你把它变成赞成票。”我跟他讲，他必须挺身而出，说出我此前在财政部的新闻声明中说过的话：否决的投票结果让他获得了与我们的欧洲伙伴合作找到一项解决方案所需要的 470

授权。“可以跟欧盟委员会、国际货币基金组织，甚至欧洲央行说几句赞美的话，意在表明当我们表示我们想要通过合作找到解决方案时，我们是认真的，但与此同时也要展现力量。别再胡扯准备在地下墓穴打一场地下战争这种话了。”我告诉他。无论我们现在做什么，我们都必须光明正大地做。我们必须明确宣布，我们正在准备自己的流动性，因为在欧洲央行关闭我们的银行时，我们有义务这么做。我们还必须明确宣布，欧洲央行的证券市场计划债券将根据希腊法律进行重组，因为它们本身也是根据希腊法律创造的。

“雅尼，我们很难让他们给我们一个解决方案。”他说。

“你一直在犯这个错误，认为解决方案是他们给我们的，”我回应道，“这么想是不对的。他们和我们同样需要一个解决方案。这不是他们给予的东西。我们必须设法从他们那里得到它。但这需要我们有可靠的威胁。给证券市场计划债券‘剃头’和我们自己的流动性就是！”

我们一直在兜圈子，彼此都身心俱疲。于是我对他说，既然他已下定决心以这种或那种方式投降，那他最好告诉我，他现在决定要做什么。他说，他正考虑改组内阁，以便阻止“三驾马车”、债权人和媒体拿我当靶子。他问我，我觉得应该由谁接替我当财政部长。他显然已经心中有数，但我决定奉陪到底，建议由我的好朋友欧几里德接任——尽管我确信，欧几里德已经同意接替我了。我甚至提出由我出面说服欧几里德接受。（当我这么做时，欧几里德装作他需要考虑一下。）

“我想请你接管经济部，这样就可以与欧几里德再次合作。”亚历克西斯说。

“斯塔萨基斯怎么办？”我问。

“如果他不再出现在我面前，我会很高兴的。让他在普通议员席位上自生自灭吧。”

“不，亚历克西，我没兴趣，”我告诉他，“几年前你和我见面，因为我把希腊债务变成了待屠之龙，还因为我提出了如何屠龙的方案。我活着，呼吸，思考，梦想着债务重组，梦想着削减盈余目标，梦想着结束紧缩措施，梦想着降低税率并重新分配财富和收入。我对其他任何事情都不感兴趣。接管经济部，负责管理欧盟结构基金的发放，只是为了继续当个部长，这不是我想做的事。你还记得我为什么从美国搬回来吗？因为你请我帮你从财政上解放希腊。我竞选议员不是因为我渴望成为议员，而是因为我不想成为技术官员，不想当个非民选的财政部长。我想，这样我会对这项事业更有帮助。现在，既然你已放弃这项事业，我也失去了当部长的理由。没关系的。让别人来做吧。我会留在议会，在那里尽我所能地提供帮助。” 471

“你可以接管另一个部门——或许是文化部？你和达娜厄都是这方面的行家。”他笑着说，“不管怎么说，未来会有很多你可以帮上忙的岗位。”

“亚历克西，你又把我和某位在意职务的人搞混了。我只关心一件事，你知道那是什么！”

“我们先去睡觉吧，让我们好好想想。”

“没什么好想的，”我说，“没时间了。你有很多事情要做。”

事后当我见到达娜厄时，她问我发生了什么。“今天我们遇到了一个奇怪的现象，一个政府推翻了它的人民。”我说。

不再是部长

回到公寓，我为达娜厄和她的摄像头讲述了我与亚历克西斯的谈话，接着睡了两个小时，然后起身撰写我的第七封，也是最后一封辞职信。在校对了几遍之后，我将这封信发布在我的博客上，题为《不再是部长》。这是我写过的最难写的文章之一。

一方面，我有责任警告人民，所有的希腊人，他们的授权即将被丢在一边。另一方面，我觉得我有义务保住我们政府内部和激进左翼联盟内部的任何进步势头。到了这个地步，我仍然坚信，像欧几里德这样的同志，他们在党内拥有我不具备的影响力，他们不会像亚历克
472 西斯和德拉加萨基斯那样准备在投降文件上签字。如果欧几里德不愿同流合污，拒绝接受又一轮严苛且无望的纾困，那么我们将在一两个月内失去第二位财政部长，这或许会导致政府和党内出现裂痕。这进而可能导致新的选举，从而进一步压缩我们为 61.3% 的选民实现愿望的机会。我需要发出信号，既要说明我支持否决派的反抗，也要发出团结的呼吁。结果就是下面的文字。

> 与所有争取民主权利的斗争一样，对欧元集团 6 月 25 日最后通牒的拒绝具有历史意义，但也伴随着巨大的代价。因此，目前至关重要的是，将了不起的否决票赋予我们政府的巨大资本立即投入到对一项适当的解决方案投赞成票上——达成一项涉及重组债务、减少紧缩措施、进行有利于弱者的重新分配并启动切实改革的协议。
>
> 公投结果公布后不久，我意识到一些欧元集团成员和各种“合作伙伴”对我的……“缺席”其会议有一定偏好——总理认为这个想法对于他达成协议可能有所帮助。出于这个原因，我今天将离开财政部。
>
> 我认为我有责任帮助亚历克西斯·齐普拉斯按照他认为合适

的方式利用希腊人民通过昨天的公投赋予我们的资本。

我将自豪地忍受债权人的憎恨。

我们左翼知道如何集体行动，不在乎头衔高低。我将全力支持齐普拉斯总理、新任财政部长和我们的政府。

勇敢的希腊人民引以为荣的超人般努力，以及他们向全世界民主人士说出的那个著名的“不”，才刚刚开始。

事后看来，我应该针对亚历克西斯的意图发出更响亮的警报。我没有说破的是，我不该相信政府中的许多人（主要是欧几里德），不该相信他们会恪尽职守，不会重蹈萨马拉斯政府的覆辙。但我不确定更明确的警告会有多大不同。从那天早上开始，与我交谈过的每一个人都非常清楚，在我们获胜的那个夜晚，他们听到我辞职消息的那一刻发生了什么。 473

除了债权人和他们的追随者，还有一个人对我的决定无条件地感到高兴。那就是我的女儿克塞尼娅，两周前她从澳大利亚来看我，但几乎没有见到过我的人影。她用早上起床的那副睡眼惺忪的表情瞅着我，说：“谢天谢地，爸爸。你怎么花了这么长时间？”

“是你做的，对吗？”

在接下来的几天里，我目睹了亚历克西斯的投降以惊人的速度推进。鉴于党内和政府内部仍有可能出现反对无视公投结果的叛乱，而我不愿成为一股分裂的力量，于是我保持了两个星期的沉默，但叛乱并未出现。为了给第三轮纾困铺平道路，在7月13日举行的欧元集团峰会上，亚历克西斯同意了“三驾马车”的要求，签署了他自己版本的《凡尔赛和约》。他谴责这是一场反对民主的政变，但承诺尊重其结果。在接下来的几天里，他越是表现出对债权人唯命是从的决心，对我的攻击就变得越猛烈。

几周以来，我因为没有可靠的威慑力量就与“三驾马车”发生冲突而备受嘲笑。但正如我在第四章的《平行支付系统》一节所描述的那样，当我最终让人知道，我确实精心策划了威慑力量，但亚历克西斯不让我启动时，突然间，那些嘲笑我愚蠢的人反而又指责我叛变了。[8] 把我称为卖国贼的指控，最初是在 2010 年提出的，后来发展成一场声势浩大的运动，要求召集一个特别法庭，对我的叛国罪进行审判。[9]

在撰写本书时，我仍受到如下指控：为了让银行关门，故意推迟与“三驾马车”达成协议，以便与沃尔夫冈·朔伊布勒合谋，通过设计一种平行货币，导致希腊退出欧元区。设想一下，这就好比 1940 年 6 月从敦刻尔克撤回的军人在英国受到指控，要他们为第二次世界大战
474 负责，同时柏林却受到歌颂，称其理性地恢复了秩序。[10] 这是一个滑稽的转折点：对我提出叛国罪指控，对尽最大努力关闭希腊银行并把我们推到希腊退欧边缘的那些人加以吹捧和尊重。

“三驾马车”和希腊国内寡头的动机显而易见。债务是债权人的权力，不可持续的债务使债权人获得了过大的权力。“希腊之春”挑战了债权人及其国内代理人执掌一个债务国的权利。投否决票的那 61.3% 的选民必须被污蔑成受机会主义者引导而误入歧途的人，既然亚历克西斯现在已经悔过，那“三驾马车”的视线中只剩下我一个。

克劳斯·雷格林等“三驾马车”官员和雅尼斯·斯图纳拉斯严肃地主张，我让希腊经济损失了大约 1000 亿欧元。恰恰是这些人在 2010 年和 2012 年通过纾困贷款让破产的希腊背负了如此之多的债务，以至

于到了 2015 年，唯一的解决方案就是将我们的债务剃掉 1000 亿欧元。我对希腊人民实话实说，而他们选择我们来做这件事。但“三驾马车”不愿承认自己的罪责，于是他们碾压我们的政府，为的是转而将债务展期。希腊国内也是同样的情况：曾经要求我签署“三驾马车”协议的那些政党、银行家和媒体老板又对协议带来的加税表示抗议；一手导演了银行挤兑的同一批人反而要我为银行挤兑负责；在 4 月嘲笑我被排除在谈判之外的同一群记者又指责我造成了 5 月和 6 月的谈判僵局；认为我拿希腊的欧元区成员国身份赌博的那些人希望我受到叛国罪的审判，他们对马里奥 · 德拉吉和沃尔夫冈 · 朔伊布勒却充满仰慕之情，但正是这两人关闭了希腊的银行，威胁到整个欧元区的完整。朋友们问我和达娜厄，我们是如何应对这些责难的，特别是来自希腊国内的抨击。我的答案是，我只能认为被这些人反感，使我与有荣焉。

说了这么多，到了忏悔的时候了。尽管来自“三驾马车”的明枪暗箭伤害不了我，我于此早有预料，但看到昔日的同事——留在政府并且同意接受第三轮纾困的议会同志们——也这么做，对我是有伤害的。

一开始是一片沉默。当反对派议员言辞激烈地谴责我让国家卑躬
屈膝时，激进左翼联盟议员只是望向天花板，不发一言。接着，他们 475
中的一些人加入了对方的行列，承认把财政部交给我管理是一个巨大的错误。然后，昔日的内阁同僚开始讲述自相矛盾、耸人听闻的故事。一个人说，我在 2015 年 2 月迫不及待地催促亚历克西斯投降；另一个人说，我要为当月与债权人发生的一次徒劳无功的冲突负责。再后来，有些人甚至支持让我受到特别法庭审判的呼吁。在大多数时候，亚历克西斯和欧几里德会让这些指控持续一段时间，然后出面干预，令人怀疑他们是否在故意拖延——他们会说几句言不由衷的话，以排除对

我的指控。无论我做了什么，他们都会说，至少我不是个骗子；他们会坚持表示，把一切都归咎于瓦鲁法克斯是荒谬的。

对这种行为的一种解释是，这群议员和部长知道，他们投票支持的议案是灾难性的，如果这些议案获得通过，他们从政以来的一切主张将土崩瓦解。当一个人相信一件事，却选择或被迫持有相反的主张时，结果就是认知失调。最终，为了忍受内心的冲突，这个人不得不改弦更张，就像奥威尔笔下的温斯顿·史密斯一样。但这种压力会引发情绪上的副作用，必须通过某种方式发泄出来——必须让其他人承担责任。既然我已经被获胜的“三驾马车”选为替罪羊，那我显然也是战败同志们的不二选择。

然而，这当然不是全部的故事。我想起我的父亲对我说过的一句话。那时他意识到，尽管我年纪尚小，但已经对左翼政治充满热情。“当我以共产党员的身份被关在集中营的时候，”他说，“我就知道，就算我们一方赢得了内战，我还是会被关在同一个集中营里，只是换了看守。”自从辞职以来，每当看到昔日同志的龌龊举动和无耻谎言，我就会想起父亲的先见之明。

为 2015 年的“希腊之春”编制一张最终版本的资产负债表看起来可能是一项艰巨的任务。其实不然。2015 年 7 月 13 日（周五），我遇到的两件事情体现了这本书中所讲故事的真正意义。

那天上午晚些时候，我有两场国际媒体活动要参加。第一场是在上午 10 点前后，地点在宪法广场附近的一家破旧商场的某间办公室里。当我离开的时候，等候在商场楼下的摄像机和记者要我发表一份声明。就在我发言的时候，有个中年男子开始辱骂我，指责我关闭银行，毁
476 掉了他的生意。我尝试着与他交谈，但他只对骂人感兴趣，于是我跟

他说再见，向商场的出口走去，我的摩托车停在那里。那个人尾随我来到我的摩托车旁，嘴里继续骂个不停。那天晚上的新闻节目对这件事大加报道："瓦鲁法克斯被愤怒的商人追着不放，这位前部长毁掉了此人的生活。"

没过多久，我在议会后面的国家公园里参加了第二场活动——一家德国杂志为我拍照，他们即将发表一篇关于我的重要专访文章，我在其中畅谈了欧元集团和欧洲的状况。在距离拍摄地点不远的地方，两个小男孩正在玩耍。我注意到他们衣着朴素，实际上无人照看。小的那个大概有 5 岁，他记得在电视上见过我，但叫不出我的名字。他叫来了他的哥哥（看上去约有 8 岁），问哥哥我是谁。"你知道这个人是谁吗？"他指着我，问他的哥哥。大一点的男孩立刻认出了我，朝我走来。出人意料的是，他是过来感谢我的。"他就是给我们的妈妈塑料卡的人。她可以用它从超市买东西。一个月 200 欧元！"哥哥说，为自己记住了这个数字而感到自豪。他又转过身来问我："是你做的，对吗？真的是你吗？"

"我们尽了最大的努力。"我回答说，拥抱了那个男孩。现场没有人目睹了这一幕，除了那名德国摄影师，但他听不懂我们用希腊语的交流，这让整件事情变得更加令人满意。

同一天晚上，我在家中与达娜厄和一名记者朋友聊天，电视开着当背景音。当电视上播放那名遭遇挫折的商人与我对话的镜头时，我们的朋友指出了一件有趣的事情。"你有没有注意到，尽管拍摄这一场景的摄像机是固定的，但当你们两个走远时，你的声音变小了，但那名商人就没有？"我说似乎是这样的。"你还不明白吗？那名商人身上戴着麦克风呢。你被算计了！"

“这不是第一次。”我回答说，不知怎的有些释然。

我们的朋友告辞后，达娜厄上床就寝，我则查看我的电子邮件，偶
477 然看到了那名西班牙记者发来的一通电子邮件。就是她在 2015 年 1 月我当选之前，把无家可归的翻译兰布罗斯带到我们的公寓。她在邮件中说，我推动通过的法案帮助兰布罗斯支付了房租。相同的法案向两个男孩的母亲提供了那张卡，而这个法案也让德克兰·科斯特洛及其“三驾马车”同伙非常生气，迫不期待地想要推翻它。西班牙记者在电子邮件的结尾写道：“兰布罗斯想让我告诉你，他明天就要搬进他的新公寓了，他为你深感自豪，他永远都会支持你。”

听到人们对我说了做了这些事情之后，我怎能认为自己配得上这份殊荣？

本章注释

1. 英国金融管理局前局长阿代尔·特纳（Adair Turner）勋爵在巴黎的一次会议上也与我分享了他的担忧，即柏林将推动希腊退欧，哪怕这对欧洲而言意味着一场灾难。“他们确信自己可以遏制住。”他说。
2. 阿伦特曾说她与马丁·海德格尔在德语中相遇。
3. 6 月 18 日，支持“三驾马车”的首场集会在宪法广场举行，当时我正在布鲁塞尔参加欧元集团诸多会议中的一场。少说有 1 万至 1.5 万人参加了这次集会，这令亚历克西斯和我们其他人深感忧虑。
4. 我的母亲埃莱妮·察加拉基–瓦鲁法克斯（Eleni Tsaggaraki-Varoufaki）担任旧法利罗的地方议员和副市长约有 20 年之久。她的确负责管理孤儿院等当地设施，将其改造成年轻人和老年人的庇护所。

5. 鉴于不允许邮寄选票或远程投票，62.5% 的投票率是非常高的水平。
6. 他的具体措辞实属不雅，恕我不在这里重复。
7. 这些人之所以被处决，是因为“土耳其国父”凯末尔（Kemal Atatürk）的军队和土耳其非正规军击溃了希腊军队，洗劫了希腊人的城市、村庄和社区，并将小亚细亚的希腊人全部赶走，而这些人自荷马时代就居住在那里。数十万人死亡，更多的人作为难民涌入希腊本土。希腊随即发生军事政变，并成立了军事法庭。这场灾难的政治和军事领导人在法庭上被判犯有叛国罪。〔希土战争（1920—1922）末期，1922年9月，土耳其收复原为希腊管辖的小亚细亚半岛西部重镇士麦那（Smyrna，今土耳其伊兹密尔）。当地约150万希腊居民成为难民，涌入希腊，也使得希腊人失去了在小亚细亚半岛的千年存在。希腊的惨败在其国内引发军事政变，国王逊位，首相迪米特里奥斯·古纳里斯（Dimitrios Gounaris，1867—1922）和小亚细亚陆军司令乔治斯·哈齐安尼斯蒂斯（Georgios Hatzianestis，1863—1922）等八人被送上军事法庭，其中六人被处决。正文中提到的“高迪”是雅典东部一个地名，曾设有陆军军营，也是上述军事法庭所在地。——编者注〕
8. 我对真相的揭露把媒体气得发疯。有鉴于此，我在英国《金融时报》上发表了一篇文章，说明了我在平行支付系统背后的想法。这篇文章的题目是《欧元区王国有东西烂掉了》（“Something is rotten in the Eurozone kingdom”）。网址：https:// www.ft.com/content/27db9c44-3483-11e5-bdbb-35e55cbae175。
9. 参见第二章的《“叛国者”——一项离奇指控的由来》一节。
10. 这个比方并非我自己想出来的。我是在英国广播公司的一个电视辩论节目中看到某人说的：“要是让瓦鲁法克斯为希腊的经济困境负责，就好比说让敦刻尔克为第二次世界大战负责。”

尾声

478 2015年8月中旬，亚历克西斯和欧几里德向议会提交了第三轮纾困贷款协议及其附带的《谅解备忘录》。晚上9点开会时，我们拿到了1000多页的文件，读起来像是用谷歌翻译之类的东西把“三驾马车”式的英语翻译成希腊语，要求我们在表决之前仔细阅读，表决定于第二天一大早举行。坐在议会，在那个漫漫长夜里，更像是守灵而不是辩论的一晚，我研究了这份《谅解备忘录》。

从第一页就可以看出这份文件有多么恐怖：希腊当局承诺同意债权人的一切要求，而“三驾马车”并未做出对等承诺——任何法院都不会认为这种完全屈从的承诺具有约束力。我愤怒了，连夜整理出《谅解备忘录》的注释版。[1]118名激进左翼联盟议员和114名支持“三驾马车”的反对派议员接受了把我们关进债主监牢的新判决。我是32名投反对票的激进左翼联盟议员之一，另有11人弃权。

不出所料，后果是毁灭性的。税率统统飙升。一切东西的增值税都上涨了：食品、酒店、书籍、药品、公用事业账单。企业无论大小，税收和社保费用都变多了，而且令人瞠目结舌的是，企业必须立即全额缴纳明年的预估税款。养老金不足 300 欧元的人原来可以领取一笔小额补助，现在这部分钱没有了，同时大部分人的养老金被下调。国家的所有剩余资产都将挂牌出售，所得纳入由“三驾马车”直接控制的一家新基金。恐怖的事情层出不穷。如果你想摧毁某国疲软的经济，对其施加这样的措施就可以了。

几个月后，在意大利的一次会议上，沃尔夫冈·朔伊布勒的副手延斯·斯潘训斥我说，第三轮纾困就是现代版炮舰外交的一个例子。
“但你们议会的绝大多数人投了赞成票，不是吗？”他指出。当然是这 479
样，我回答说。只是正如女权主义者和民权活动家很久以前告诉我们的那样，没有自由说“不”的同意是一种奴役。

辞职后不久，我接到了两通令人沮丧的电话。其中一通是帕纳约蒂斯·达尼斯打来的。在他的帮助下，我们成立了财政部的铁面团队，负责用算法追查逃税行为。“他们即将叫停这个项目，”他告诉我，“而我们马上就要抓到数十万大规模逃税者了，能够为政府收上来几十亿欧元。”我看了看《谅解备忘录》。在佶屈聱牙的长篇大论中，隐藏着这样一个条款，由“三驾马车”主导的税务局吸纳达尼斯的团队，以使他们不再构成威胁。我行使了作为议员的权利，发了言，对这种骇人之举提出警告。“我们创造了一个绝佳的机会，能够从根本上打击逃税行为，追回数目非常巨大的税款，让我们的人民获得正义感。不要拿这件事向《谅解备忘录》献祭。”我说。欧几里德在部长席位上默默地听着。我的激进左翼联盟议员同僚像看着一个愚蠢的乡巴佬一样看着我，但无法阻止我说出令人不快的真相。媒体上没有任何相关报道。到了秋天，达尼斯向亚历克西斯提交了他的报告，然后就辞职了。偷税漏税的寡头在其最好的朋友“三驾马车”的帮助下，逃脱了法律的制裁。

另一通电话是安东尼斯·斯泰约蒂斯打来的。我任命他担任博彩业监管机构的负责人——他获得任命之后，我与鲁巴蒂斯渐行渐远。他讲述了一个类似的故事：行业游说团体与副总理办公室串通，在财政部的默许下，正试图把他赶下台，这样就可以撤销我们禁止安装上万台视频彩票终端机的措施。到了年底，斯泰约蒂斯走人了，我们也失去了对那些人的制约，他们正试图利用希腊贫困人口的绝望心理从中牟利。

自由主义建制派?

对于我自己在“希腊之春”中所扮演的角色，以及这种角色给希
480 腊不负责任、没有人性的债权人所带来的哪怕短暂但实实在在的恐惧，我深感自豪。但我们的失败让我们付出了惨痛的代价。这场失败所造成的经济损失自然是由希腊最弱势的群体承担。与此同时，政治代价则由全世界的进步主义者承担。当他们看到，与奥威尔笔下的温斯顿·史密斯狂热地意识到他爱老大哥一样，激进左翼联盟竟也屈从于“蒂娜断言”（即“别无选择”）[1]，他们的心碎了。不过，失败总是比较容易忍受的，只要你能认识到它不过是一场更大斗争中的一段插曲。

---

[1] 蒂娜（TINA），系英国前首相撒切尔夫人的口头禅“There Is No Alternative”（别无选择）的首字母缩写，后被人用作她的绰号。

“观察欧盟应对危机的努力有点像是看《奥赛罗》——人们想知道我们的统治者为何会上这样的当……在这场捍卫欧洲完整和灵魂的宏大战役中，理性和人性的力量将不得不直面日益高涨的威权主义。”这番话出自我在2013年的一次演讲，题目为《捍卫欧洲完整和灵魂的肮脏战争》。[2] 在我辞职不到一年后，英国人民投票决定脱离欧盟。接着在2016年11月，唐纳德·特朗普轻松地入主白宫。排外的欧洲怀疑论者无处不在——在法国，在德国，在荷兰，在意大利，在匈牙利，在波兰。在希腊海岸登陆的难民所遭遇的可耻对待也是这种变化的症状之一。与此同时，自由主义建制派所遭遇的这种意想不到的挑战开始令评论人士和那些当权者感到不安。

我最不愿意用“自由主义”这个词形容这些建制派，我在前不久还与他们激烈交锋。曾几何时，自由主义计划指的是准备好“付出任何代价，承担一切重担，面对任何困难，支持任何朋友，反对任何敌人，以保障自由的生存和胜利，带来希望和公正”。这番话出自肯尼迪总统之口，令人心潮澎湃。通过任意颠倒黑白来废除民主授权，并实施其官员明知注定失败的政策，这样的建制派不能被冠以“自由主义”这个修饰词。让吉尔一贫如洗，以保住杰克的位置，是自由主义的反义词。自由主义以外的东西，甚至是新自由主义以外的东西，在没人注意到的情况下接管了建制派。

那晚我在议会阅读并注释的第三份《谅解备忘录》开头是这么写的：“希腊已请求其欧洲伙伴提供支持，目的是恢复可持续的经济增长，创造就业岗位，缩小贫富差距，以及应对本国金融稳定和欧元区所面临的风险。本《谅解备忘录》是应希腊共和国2015年7月8日的要求而准备的……”

481 受害者被迫假装请求惩罚，债权人只是大度地回应了这一请求。这就好比参加越南战争的某名美国军官宣称，为了将某个城镇从“越共”的控制下解放出来，因此不得不将其摧毁。同理，我们国家遭受的“财政水刑”被誉为一种明智的方式，能够使迷路的希腊人民重新走上正轨。从某种意义上说，希腊人民集体经历了英国穷人在就业中心申请福利时所受到的待遇，他们必须同意被人羞辱，重复着“肯定的”话语，比如“我的唯一限制是我为自己设定的限制”。[3]

2008 年金融危机以及随之而来的欧元危机爆发后，抱着不切实际的幻想，欧洲树大根深的建制派失去了所有的自我克制意识。我亲眼所见的事情只能被称为赤裸裸的阶级战争。这场战争针对弱者，可耻地偏袒统治阶级。比如，我注意到在财政部，我手下的一些员工，特别是希腊金融稳定基金的主席、首席执行官和董事会成员，他们的薪酬水平在我看来高得离谱。为了节约开支，也为了恢复公平，我动用法律赋予我的权力，宣布将这些岗位的工资砍掉 40%。这体现了自 2010 年以来希腊全国的平均减薪水平。在高等法院法官年薪不超过 6 万欧元、总理年薪仅为 10.5 万欧元的国家，原来年薪高达 18 万欧元的那名首席执行官现在可以拿到 12.9 万欧元——按照饱受危机之苦的希腊的标准，这仍然是很丰厚的收入。既然我们的债主如此热衷于削减希腊财政部的工资和养老金支出，他们有没有热情地支持我的决定？不，他们没有。相反，托马斯·维泽尔代表“三驾马车”多次写信给我，要求我收回这个决定。为什么？因为“三驾马车”认为，拿这些工资的人是他们自己人。我离开财政部后，这些人的工资涨幅高达 71%，首席执行官的年薪涨到 22 万欧元。

当拥有不正当权力的那些人失去了合法性和自信心时，便会发生这样的事情：他们变得丑陋。建制派不再对赢得知识或意识形态领域的争论感兴趣，而是诉诸造谣中伤和惩罚性措施，尽管他们知道这样做会导致更少的繁荣和更少的自由。他们动用野蛮的暴力，为的是实施就连罗纳德·里根和玛格丽特·撒切尔也不会赞同的政策。一旦他们扼杀了反对自己的叛乱，他们就会把表演性的咒语——比如我们的 482
《谅解备忘录》——强加给失败者，并着手封锁可能发生辩论或批判性探究的任何空间。简而言之，他们变成了极其非自由主义的建制派。

在与债权人进行讨论时，我经常提醒他们，压垮我们并不符合他们的利益。如果我们发起的民主的、进步的、欧洲主义的挑战被扼杀，日趋严重的危机将导致出现一个排外的、非自由的、反欧洲主义的“民族主义国际”。这正是“希腊之春”被镇压后所发生的事情。所谓的自由主义建制派如何应对他们黑暗且危险的非自由主义所导致的民族主义的、偏执的反弹情绪？这有点像杀害父母的凶手向法庭求饶，要求宽大处理，因为他现在是孤儿了。

不受欢迎的辩白

在危机爆发前，我的身份是学者，撰写晦涩难懂的学术文章，并深爱其间的每一分钟。当时我对两种人避之唯恐不及：追随者和敌人。在我的政府生涯结束后，我身边现在有了很多这两种人。但愿意带着批判性思维聆听我的观点，然后再表示同意或不同意的人寥寥无几。这是我的遗憾。可是，我并不后悔为了反对全欧洲的非理性而进入政府的决定。不过，“为了消除愚蠢行为而将你的工作置于危险之中，这难道不是愚蠢行为吗？”一名美国记者曾经问我。“如果你不在乎这份工作，只是把它当作消除愚蠢行为的一种手段，那么就不是的。”我回答说。

“你拿自己的祖国赌博，然后赌输了”之类的指责完全站不住脚。我的基本信条是，作为一个破产国家的财政部长，我无权拿这个国家的未来赌博。我并没有这么做。采取最佳立场并不是赌博，无论你的对手选择如何回应。抵制第三轮纾困是正确的做法，无论债权人是不同意一套可持续的政策，还是选择把我们踢出欧元区。尽管我们强烈倾向于前者，但后者也比投降要好。就算一直谴责我对债权人的抵制也是没用的，因为就连沃尔夫冈·朔伊布勒也告诉我，换作他是我，他也会拒绝签署第三轮纾困协议。

2016 年 3 月的一天晚上，我在伦敦的厄瓜多尔大使馆见到了朱利
483 安·阿桑奇，花几个小时时间听了国际货币基金组织的波尔·汤姆森和他的希腊代表团团长之间的电话录音。带着苦涩的满足感，我听到波尔证实了我所说的一切，即第三轮纾困协议不可持续。我还听到他情绪激昂地说，正确的财政目标就是我提出的——有趣的是，他在欧元集团拒绝接受这些目标。[4] 为失败辩白或许是空洞的，但至少可以让人在面对随之而来的迫害时镇定下来，因为迫害的目的是保护那些中途放弃我们计划的人不受指责，并免除非自由主义建制派率先将这样的计划强加给我们的罪责。

没有国家是一座孤岛

> 没有谁是一座孤岛，在大海里独踞；每个人都像一块小小的泥土，连接成整个陆地。如果有一块泥土被海水冲刷，欧洲就会失去一角……
>
> ——约翰·多恩，《生死边缘的沉思录》，第 17 章

2015年夏，我们的人民被击败，但仍未屈服，我面临着成立新政党的压力，以挽救“希腊之春”的生命。这个想法没能点燃我的热情。接着在8月的一天，我和达娜厄参加了一场在法国乡间举行的政治会议。我本来是要发言的。但令我颇感意外的是，现场来了一大帮人。我怀疑，他们来到这里不是为了声援我，或是声援被击败的希腊，而是出于另一个原因。为了验证我的怀疑，我对他们说了如下这番话：

> 我来这里是因为我们的“雅典之春”被镇压了，就像之前的“布拉格之春”一样。但我今天来这里并不是要为惨遭碾压的希腊民主争取支持。我来这里是为了代表希腊人民对法国民主给予支持和声援。因为这是至关重要的事情。法国民主、西班牙民主、英国民主、意大利民主、全欧洲的民主。希腊过去是，遗憾的是，目前仍然是一个实验室。在那里，假意展期贷款和自我毁灭的紧缩措施所构成的破坏性力量得到了检验。希腊现在是一块战场， 484
> 一场反对欧洲民主、反对法国民主的战争正在进行之中。希腊从来不是“三驾马车”及其小卒在意的问题。你们才是！这就是我来这里的原因。我来这里是因为在我们身上发生过的事情马上就要发生在你们身上。

从这番话赢得的一片赞许声来看，我知道我击中了要害。他们聚集于此，是因为他们能感觉到，希腊所遭受的一切正在走向他们。沃尔夫冈·朔伊布勒希望让“三驾马车”派驻巴黎，他们对此心知肚明。在法国的那块田野上，我看到了必须要做的事情。在德国市政厅出席会议的相似经历强化了我的信念：我们需要团结一心，不分国籍，跨越债务国与债权国之间的鸿沟。要想同时反对根深蒂固的建制派和民族主义国际，唯一可行的方法就是发起一场泛欧洲的、民主的、人文主义的运动，争取在 1929 年那代人失败的地方取得成功：弥合国界和政治分歧，避免重蹈 20 世纪 30 年代的覆辙。

几个月后，在 2016 年 2 月 9 日，这场运动诞生了。我们选择在著名的柏林人民剧场举办欧洲民主运动 2025 的建党仪式。一想到要在希腊成立一个新的政党，以满足欧洲民众对“希腊之春”精神的渴求，我的心中又燃起了那团之前未能燃起的火。我希望在不久的将来，这种移植到国外的精神能够强大到足以回归希腊，再次燃起希腊人民的心中之火，他们的勇敢和善良无与伦比。当那一天到来的时候，希腊人或许能够借用诗人乔治·塞菲里斯的一行诗向欧洲其他国家喊话：“我们一无所有的人教会了你们平静。”[5]

2016 年冬春之交，我发起的反脱欧运动让许多英国朋友感到不解。“在希腊遭受这样的对待之后，你怎么还能告诉我们留在欧盟呢？”他们如此抗议。“我们想要回我们的国家！”是他们完全合情合理的要求。“我们也想。”我这么回答。但为了要回我们的国家，我解释说，我们需要在整个欧洲重新树立共同的规范并恢复常识。正如没有哪个国家能够独自应对气候变化一样，我们面临的任务也不可能由哪个国家单
485 独完成。“英国脱欧后，英国的弱势群体会少吃一些苦吗？”我问道，“欧洲的弱势群体会好过一些吗？”或者，加强边界和欧洲的解体会不会有利于根深蒂固的建制派及其失败所催生的政治怪兽？

一些人被说服了，一些人仍持怀疑态度。欧洲的理念受到了如此严重的伤害；而且，主要是受 2015 年发生的那些事件的影响，好人正在放弃对这种理念的支持。就连一些对欧洲民主运动 2025 的泛欧洲主

义理念持同情态度者也认为这不过是乌托邦而已。但亲爱的读者，请允许我在告辞前把我的决心与你们分享：我们的运动或许是乌托邦，但我们的政策，即留在欧盟内部，保持建设性违抗，在这个非自由主义和反民主的欧洲内部反对它，是体现为欧洲解体的反乌托邦的唯一实际出路。这就是我作为希腊财政部长的立场。这至今仍是我的立场。

当然，我或许是错的。即使如此，我仍相信这是一项值得追求的事业。危险不是我们的目标定得过高而达不到；真正的危险是，我们把目光投向地板，并一直盯着那里。欧洲民主运动 2025 在柏林的建党仪式结束几分钟后，充满肾上腺素和希望的我与同事们遇到一名上了年纪的德国活动人士，他看上去不为所动。“这场运动注定失败。”他沮丧地告诉我们。

“那么，你来这里究竟是在干什么？”一名有点生气的同事质问他。

“当整栋大厦轰然倒塌时，总得有人出来收拾残局，我想和这些人在一起。”

这个理由足以令希腊人民在 2015 年春天点燃的星星之火在整个欧洲继续燃烧。

本章注释

1. 2015 年 8 月《谅解备忘录》的注释版可在以下网址找到：https://www.yanisvaroufakis.eu/wp-content/uploads/2015/08/mou-annotated-by-yv.pdf。
2. 这是我在 2013 年 10 月 23 日为西悉尼大学（University of Western Sydney）举办的欧洲讲座发表的开幕演讲，地点在悉尼的新南威尔士州立图书馆。全文可在以下网址阅读：https://www.yanisvaroufakis.eu/2013/10/25/the-dirty-war-for-europes-integrity-and-soul-europe-inaugural-public-lecture-uws-state-library-of-new/。美国广播公司（ABC）电台的《大想法》（*Big Ideas*）节目录制的音频可在以下网址收听：http://www.abc.net.au/radionational/programs/bigideas/the-dirty-war-for-europee28099s-integrity-and-soul/6261534。

3. 参见林恩・弗里德利（Lynne Friedli）和罗伯特・斯特恩（Robert Stearn）的《强制战略的积极影响》（"Positive affect as coercive strategy"），网址为 http://mh.bmj.com/content/41/1/40。
4. 全文可在维基解密网站上查阅：https://wikileaks.org/imf-internal- 20160319/。
5. "让受害者的头转向厄瑞玻斯（Erebus，深深的黑暗）：/ 我们一无所有的人将教会他们平静。/ 让他们不要忘记我们。"摘自乔治・塞菲里斯的《神话形象》（"Mythistorima"），出自 1989 年出版的《诗集》（*Poems*），雅典伊卡洛斯出版社（Ikaros）出版（由我翻译）。

致谢

就这种性质的书而言，若把值得感谢的所有人的名字一一列举，可能需要再写一本比这本还要厚的书。我相信，他们知道我对他们的感激。因此，在这里我只感谢两个人：本书编辑威尔·哈蒙德（Will Hammond），我无耻地利用了他的毅力、能力和包容；还有克里蒂斯娜·拉加德，感谢她贡献书名。

致谢

[illegible]

附录

附录一　通缩时期的虚幻黎明

有一系列数据支持建制派的观点，希腊国民收入在 2014 年确实有所增加。这是从所谓的国民实际收入或实际 GDP（国内生产总值）数据中得出的——只不过在通货紧缩（负通胀）时期，经济术语“实际”的意义恰恰是相反的。这种统计角度的海市蜃楼令人着迷，在萧条时期看似可取，其背后的原理如下。

当有人问你，你今天的生活是否比一年前更好时，如果你的货币收入（美元、英镑、欧元或日元价值）在过去 12 个月里有所增长，那么你的答案可能是肯定的。但你在回答这个问题时或许会考虑一个合理的附加条件，那就是生活成本也提高了。为了解释你的货币收入与其购买力之间的差距，经济学家把重点放在了你的货币收入的购买力上。这也被称为实际收入，即经过平均价格调整后的货币收入。

衡量一个国家的总收入也是如此。经济学家首先将每个人的货币收入相加，得出名义 GDP，或者为了方便起见，将其称为国民货币总收入（N）。然后，他们根据平均物价（P）的变动调整这个数字 N，也就是 N 除以 P。得出的比率（R）被用于衡量国民实际收入（R = N/P）。

在通胀时期，国民实际收入数字的用处在于，当我们听到货币收入大幅增长时，它让我们不会过于兴奋。例如，在物价上涨比如说 8% 的时候，货币收入每增长 9%，换算下来，实际收入仅增长 1%。因此很明显，每到通胀时期，在为经济增长欢呼雀跃之前，应该先看看国民实际收入数字。只有当 R 增长强劲时，我们才有充分的理由相信经济活动正在上升。

然而，在通货紧缩时期（价格下跌时），R 可能非常、非常具有误导性。请看下表，我虚构了一个通缩经济体作为例子。

	第一年	第二年	第三年
国民货币收入（N）	100	98	96
平均物价指数（P）	100	99	93
国民实际收入（R = N/P）	1	98/99	96/93
N 的增长率		− 2%	− 2.04
通胀率		− 1%	− 6.06%
R 的增长率		− 1.01%	+ 4.28%

从第一年到第二年，国民货币收入（N）下降了 2%（从 100 降至 98），而平均物价指数下降了 1%（从 100 降至 99）。在接下来的一年（第三年），经济衰退加剧，国民货币收入进一步下降 2.04%（从 98 降至 96），随着通缩幅度达到 6.06%，物价跌幅更大。这就是一个经济体从衰退滑向类似大萧条的过程：收入下降，但物价下降得更快。

但看看最后一排：国民实际收入似乎在第三年强劲反弹，较第二年大幅增长了4.28%。怎么可能呢？嗯，这就是物价下跌造成的海市蜃楼。简而言之，在通缩经济中，人们和国家都背负着沉重的债务，只有货币收入（而不是所谓的实际收入）增长才值得庆祝。

有人可能反驳说，哪怕货币收入在下降，但不断上升的“实际”数字总是好消息。如果价格下降的速度快于货币收入的下降速度，这肯定意味着我们可以用更少的钱买到更多的东西吧？这不是一件好事吗？这是因为没有考虑到一个破坏因素：债务。当人民和国家深陷债务时，只要他们为这些债务支付正利息，国民收入下降就会导致集体破产。

最后，需要声明的是，2014年希腊国民名义收入减少了28亿欧元，当通胀率为−2.21%时，其降幅为−1.569%。如果你用−1.569减去−2.21，你就会得到一个正的实际增长数字——这是掩盖经济萧条（收入下降、价格下降、债务收入比上升）的一个统计学上的海市蜃楼。与之相比，2013年的情况就不是这样，当年的名义GDP下降了−5.66%，物价下降了−2.54%：用−5.66减去−2.54，结果仍是负数。

附录二 国际货币基金组织有利可图的错误

国际货币基金组织错误地估算了纾困方案对希腊经济的影响，这无疑是经济预测史上最糟糕但也最有利可图的一次。进行首轮纾困时，国际货币基金组织预测，2011 年的投资将因此下降 11.8%。2011 年投资水平的实际降幅为 19.4%。国际货币基金组织预测，2012 年的经济增速为 0.8%，但实际上再次下降了 19.4%。国际货币基金组织曾预测，2013 年的投资增幅为 4.8%，但结果是再次下降，这一次为 13.2%。在通胀率方面，国际货币基金组织预测 2011 年为 0.5%，2012 年为 1%，2013 年为 0.7%，2014 年为 1%，2015 年为 1.1%。实际的通胀率：2011 年为 1%，2012 年为−0.3%，2013 年为−2.1%，2014 年为−2.6%。

国际货币基金组织估算方法的核心存在一个严重错误。为了假装到 2022 年希腊债务将得到控制，以结束国家的破产状态，希腊方案的制订者是这么计算的：

· 为了还钱给债权人，希腊应该在 2015 年至 2022 年期间产生多少盈余。我们称其为 S（盈余）。

· 考虑到税收，国民收入或 GDP 必须增长多少，才能实现那些盈余。我们称其为 G（增长）。

· 政府应该从经济中榨取的用于还钱给债权人和管理国家的总税收水平。我们称其为 T（税收）。

他们一旦有了这些数字，将其宣布为目标。他们要求希腊财政部长和总理签署宣誓书（也称为《谅解备忘录》），上面写着："希腊当局承诺争取 G 的增长率，从而允许征收 T 的税收，并在每年结束时达到相当于 S 的盈余。因为 S 能够满足希腊对债权人的还款需要，因此希腊债务可以持续。"

这一切听起来好得不得了，但存在一个小问题：这三个数字（S、G 和 T）是倒着计算的，从 2022 年偿还希腊债务所需的金额（即盈余 S 的累加总和）开始，最终得出了应该在开始时——即 2015 年——达到的经济增速 G。然而，政府宣布将对企业和家庭征收高达 T 的税收（要想实现 S，只能征收如此高的数目），这足以在 2015 年阻止企业投资和家庭消费。简而言之，使该方案奏效所必需的数字 T 和 S——即把"数字加总"（国际货币基金组织官员向来这么说）——与实现这两个数字所必需的经济增长率 G 不仅不相符，而且从根本上说存在矛盾。

尽管在预测方面犯下了令人叹为观止的错误，但事实证明，国际货币基金组织在希腊身上还是小赚了一笔。截至我辞职时，这个破产的国家已经向国际货币基金组织支付了超过 35 亿欧元的利息和费用，平均占后者净收入总额的 37%，保障了后者 79% 的内部开支。自从希腊被关进债主监牢以来，国际货币基金组织的平均经营利润为63%，远高于高盛或摩根大通。它的利润从何而来？当然来自欧洲纳税人。从某种意义上说，每当国际货币基金组织呼吁布鲁塞尔和柏林的官员减免雅典债务时，这些官员看起来都很尴尬，他们确实有理由感到尴尬：国际货币基金组织希望希腊的欧洲债权人（他们为国际货币基金组织提供了巨额利润）给希腊的债务“剃头”，但自己除外。就这样，希腊夹在国际货币基金组织和欧盟之间动弹不得：国际货币基金组织主张债务减免，这是正确的，但拒绝自己减免，因为从希腊身上有利可图；欧盟则利用国际货币基金组织拒绝给予希腊债务减免。

附录三　为什么我反对虚张声势

2012—2014 年，我在得克萨斯大学林登·约翰逊公共事务学院开设了一门关于欧洲金融和经济危机的课程。我为课程设计了一个游戏，旨在向学生展示如何用简单的博弈论分析阐述复杂的战略互动。以下是我给学生的讲义。

> 纾困协议将使希腊永远处于破败的状态，激进左翼联盟政府得到了人民的授权，对纾困协议背后的逻辑发起挑战。在激进左翼联盟政府上台执政的第二天，欧盟和国际货币基金组织作为官方债权人（我们称其为“三驾马车”）将面临选择：
>
> **“三驾马车”的第一次选择**
>
> 1. 接受新政府，达成一项可行协议（结果 1）。（游戏结束）

2．对新政府采取进攻立场，包括煽动银行挤兑、准备关闭银行，并对希腊发出威胁：如果激进左翼联盟不在他们的全新纾困方案上签字，希腊就会被踢出欧元区。（轮到激进左翼联盟出招）

在上述两种情况下，激进左翼联盟有两个选项：

激进左翼联盟的选择

3．投降并接受第三轮纾困（结果2）。（游戏结束）

4．反击。（轮到激进左翼联盟出招）

在上述四种情况下，"三驾马车"有两个选项：

"三驾马车"的第二次选择

5．达成一项可行协议（结果3）。（游戏结束）

6．把希腊踢出欧元区（结果4）。（游戏结束）

这场对峙将如何进行？答案取决于双方的偏好排序。图3显示的是，如果双方在新古典主义意义上是理性的，即以最符合他们偏好的方式行事，假设对方的偏好是已知的，我们可以合乎逻辑地设想对方将采取的行动，那么会发生什么。

以下就是大家都知道的事情。"三驾马车"的偏好：结果2而不是结果1（用符号{2，1}表示），结果1而不是结果3（用符号{1，3}表示）。简言之，"三驾马车"偏好激进左翼联盟投降，而不是在一开始就给激进左翼联盟一份公平的协议。但“三驾马车”也偏好在一开始就给激进左翼联盟一份公平的协议，而不是在与激进左翼联盟经过战斗后再这样做。激进左翼联盟偏好：“三驾马车”迅速妥协，拿到一份公正的协议，即结果1（用符号{1，3}表示），而不是经过战斗后再拿到协议（用符号{3，2}表示）。

究竟是何结果将取决于希腊退欧（结果4）和投降（结果2）在激进左翼联盟心中的排序，以及希腊退欧（结果4）和在战斗开始后达成公平协议（结果3）在“三驾马车”心中的排序。

可能出现四种情况，如图3所示。

1. 与希腊退欧（结果4）相比，激进左翼联盟偏好投降和第三轮纾困（结果2），而“三驾马车”偏好希腊退欧，而不是做出妥协。在这种情况下，“三驾马车”将选择进攻，预计激进左翼联盟将选择投降，这种预测将得到证实。因此是结果2。
2. 激进左翼联盟偏好希腊退欧（结果4），而不是投降（结果2），而“三驾马车”也偏好希腊退欧（结果4），而不是在激进左翼联盟发起战斗后默然接受（结果3）。在这种情况下，希腊退欧是肯定的，即使“三驾马车”和激进左翼联盟都偏好迅速达成公平协议。因此是结果1。
3. 与希腊退欧（结果4）相比，激进左翼联盟偏好投降和第三轮纾困（结果2），但“三驾马车”不愿希腊退欧，偏好结果3而不是结果4。因此是结果1。
4. 激进左翼联盟偏好希腊退欧（结果4），而不是投降（结果

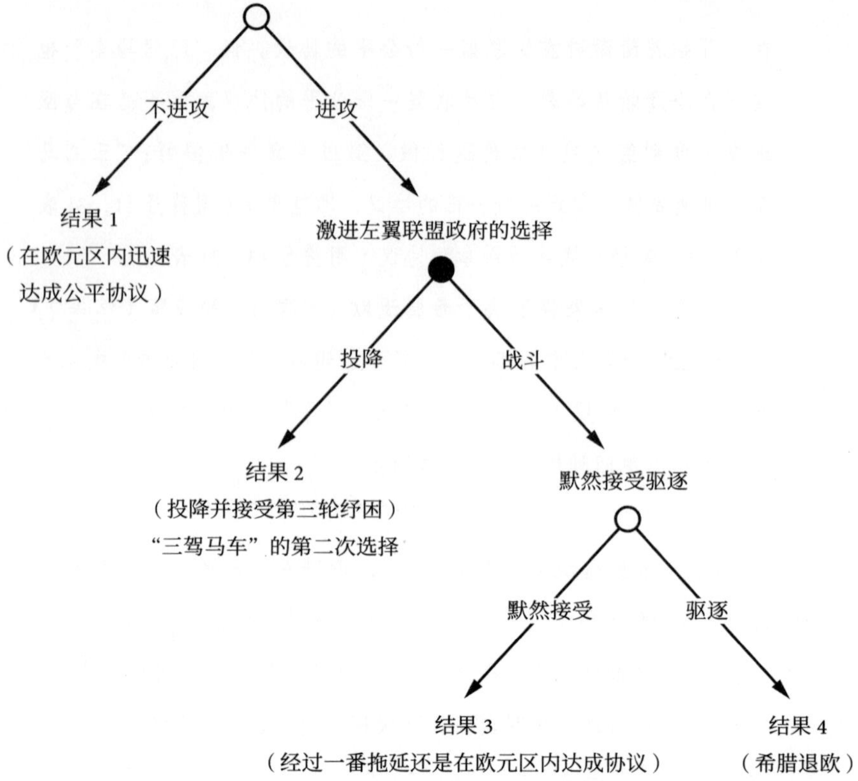

<table>
<tr><th colspan="4">理性谈判的结果</th></tr>
<tr><td colspan="2" rowspan="2">固定排序
“三驾马车”：{2，1} 和 {1，3}
激进左翼联盟政府：{1，3} 和 {3，2}</td><td colspan="2">激进左翼联盟政府的排序</td></tr>
<tr><td>不愿希腊退欧 {2，4}</td><td>不愿投降
{4，2}</td></tr>
<tr><td rowspan="2">“三驾马车”的排序</td><td>不愿妥协
{4，3}</td><td>(i) 结果 2
投降和第三轮纾困</td><td>(ii) 结果 4
战斗和希腊退欧</td></tr>
<tr><td>不愿希腊退欧
{3，4}</td><td>(iii) 结果 1
不进攻和在欧元区内部
达成可行协议</td><td>(iv) 结果 1
不进攻和在欧元区内部
达成可行协议</td></tr>
</table>

图 3　激进左翼联盟与“三驾马车”的博弈论分析

注：结果取决于“三驾马车”和激进左翼联盟的偏好排序。{X，Y} 意为偏好结果 X 而不是结果 Y。

2），但“三驾马车”不愿希腊退欧，偏好结果3而不是希腊退欧（结果4）。在这种情况下，“三驾马车”预计，激进左翼联盟在遭到挑衅时将选择战斗，因此“三驾马车”立即决定选择结果1，即选择不进攻。因此是结果1。

当然，上述过程的前提是双方都知道对方的偏好。如果他们不知道，不愿希腊退欧的“三驾马车”可能选择主动进攻以考验激进左翼联盟政府，抑或不愿希腊退欧的激进左翼联盟政府在“三驾马车”发起进攻后进行反击以考验“三驾马车”。

在本书讲述的这些事件发生后，时隔数年再次阅读这些讲义，应该可以清楚地解释为何我当时排除了虚张声势的可能性，而是集中所有精力劝说我的同僚，除非我们对希腊退欧的恐惧小于对投降的恐惧，否则当选是没有意义的。实际上，让希腊以可持续的方式留在欧元区的唯一方法，就是我们不那么害怕希腊退欧，而是更害怕第三轮纾困。

附录四　希腊债务的负债管理选项

我在非正式文件中提出的债务重组方案包含三部分，分别对应三种不同的希腊公共债务。这个方案基于我之前还在奥斯汀时所做的研究，以及来自拉扎尔公司的补充意见。

一、用永续债券置换欧洲央行的证券市场计划债券

债权人已经提到延长到期日并减少向希腊收取利息的可能性。就欧洲央行持有的证券市场计划债券而言，这种想法应该达到其逻辑极限，如果欧洲央行没有购买这些债券，它们就会被大规模“剃头”。我们的建议是，这部分希腊债务——目前达到270亿欧元——应置换为新发行的永续债券，这样就不用分期偿还了。证券市场计划债券与新发行的永久债券的拟议置换不会减少名义债务，但与不用分期偿还所带来的好处相比，这一点并不重要。

二、用与GDP挂钩的债券置换第一轮希腊贷款债务

未偿还的第一轮希腊方案债务（也称为希腊贷款安排）可以与GDP指数化债券和/或资产支持证券进行置换。这样一来，希腊就可以与其官方债权人分享经济复苏的好处。正如德国DWI研究所在一份报告中指出的那样，GDP指数化债券的优点在于将偿债数额与国家的经济增长表现联系起来，从而带来了反周期性。然而，鉴于这些债务已经获得大幅度的利率优惠，指数化可以更多地关注债务本金的偿还数目。资产支持证券也可用于置换欧洲金融稳定机构债务。就欧洲金融稳定机构的希腊分支机构目前所持有的银行股份这个具体问题而言，希腊可以用这些资产置换欧洲金融稳定机构债券，从而得益于欧洲稳定机制获得的直接持有银行资产的新能力。

三、将第二轮希腊借自欧洲金融稳定机构的债务一分为二

拖欠欧洲金融稳定机构的第二轮希腊方案债务也可置换为GDP指数化债券和/或资产支持证券。此外，将其拆分也可能有所帮助：将希腊对欧洲金融稳定机构的偿债义务分成两种债务工具；其中一半变成计息5%的债务工具，另一半变成一系列无息债务工具（零息债券），在到期时偿还另外50%的本金。这个想法源自欧洲稳定机制总裁克劳斯·雷格林在2013年发表的一番评论，称国际货币基金组织进行的债务可持续性分析没有正确反映债务所造成的实际经济负担。在评估债务可持续性时，债务参数与债务的名义水平本身同样重要：欧洲金融稳定机构贷款是非常长期的，而且非常优惠的利率降低了欧洲金融稳定机构的融资成本。明晰了债务优惠的好处是可以有一系列更广泛的选项。然后，负债管理工作将把重点放在无息资产上。一个比较简单的选项是，债权人可以取消没有利息的部分。就实际经济而言，他们几乎没有什么损失，只会损失无息债券的市场价值，而且仍然可以兑

现最初应付的利息。然而，将欧洲金融稳定机构享有债权的半数债务取消，可能对其本身造成直接的负面影响，进而对成员国的财政账目产生负面影响。即将与欧洲债权人——可能是欧洲央行——进行的讨论可以纳入一个关键的目标，那就是设立一种机制，能够为希腊带来债务取消的好处，同时随着时间的推移，以分阶段的方式分散对债权人公共账目所造成的直接财政影响。第二个选项是，希腊可以提出将无息资产置换成之前提到的资产支持证券或 GDP 指数化债券等其他债务工具。第三个选项是，政府可以直接出售部门资产，以市场价清偿欧洲金融稳定机构持有的无息债务工具。然后，欧洲金融稳定机构可以利用这些资源在市场上购买无息债务工具，以匹配其资产负债表。根据这样的方案，希腊所欠债务名义上将减少一半。

索引

（后标页码为原书页码，即本书边码）

A

B

C

D

E

F

G

H

J

K

L

M

N

O

P

Q

R

S

T

W

X

Y

Z

湖岸
Hu'an *publications*®

出 品 人_唐 奂
产品策划_景 雁
责任编辑_王 律
特约编辑_史 亦 楼伟珊
特约校对_黄智艳
营销编辑_王翔宇 姚天宜
特约营销_绿川翔
美术编辑_陆宣其
封面设计_尚燕平
版式设计_王柿原
内文制作_常 亭
责任印制_刘玲玲

@huan404
湖岸 Huan
www.huan404.com
联系电话_010-87923806
投稿邮箱_info@huan404.com

感谢您选择一本湖岸的书
欢迎关注“湖岸”微信公众号